CODE ÉLECTORAL COMMENTÉ

DE LA NÉCESSITÉ D'UN OUTIL EFFICIENT DE LECTURE DES NORMES ET PROCÉDURES ÉLECTORALES

Ndongo Fall

CODE ÉLECTORAL COMMENTÉ

DE LA NÉCESSITÉ D'UN OUTIL EFFICIENT DE LECTURE DES NORMES ET PROCÉDURES ÉLECTORALES

L'Harmattan Sénégal

10 VDN, Sicap Amitié 3, Lotissement Cité Police, DAKAR

http://www.harmattansenegal.com
senharmattan@gmail.com
senlibrairie@gmail.com

ISBN: 978-2-343-12598-5
EAN: 9782343125985

AVANT-PROPOS

DE LA NÉCESSITÉ D'UN OUTIL EFFICIENT DE LECTURE DES NORMES ET PROCÉDURES ÉLECTORALES

Le Code électoral est en principe rédigé dans un style assez dépouillé et de manière exhaustive, mais il n'est pas toujours aisé de cheminer dans la jungle du corpus d'un droit électoral inspiré du droit français avec un particularisme fort, nettement orienté vers l'objectif de mettre en place des mécanismes stricts susceptibles d'enrayer toute tentative de fraude à la loi électorale, sous la supervision et le contrôle assuré par divers organes institutionnels et les protagonistes politiques, dans un contexte de consolidation des piliers d'un système démocratique.

Certes, le système électoral a permis la transition politique par la voie des urnes, comme l'occasion en a été donnée en 2000 et en 2012 avec deux alternances démocratiques saluées de par le monde, mais l'élection politique n'en demeure pas moins un moment où les passions se nourrissent des interprétations divergentes des normes qui en régissent le cours. Aussi apparaît-il donc impérieux d'essayer de tendre un fil d'Ariane dans le dédale du processus électoral depuis les inscriptions sur les listes électorales jusqu'à la proclamation des résultats, en passant par le dépôt des candidatures, la campagne électorale, le déroulement du vote et le contentieux électoral.

Dans les développements qui suivent, il est procédé à un croisement des normes juridiques de statut législatif avec celles de nature décrétale pour donner un aperçu complet de règles complémentaires dans les différentes phases du processus électoral.
Au niveau des articulations thématiques les plus significatives de ces dispositions législatives et réglementaires sont insérées des notes d'analyse, des notes de synthèse et des commentaires s'y rapportant, dans lesquels chaque type d'élections a fait l'objet de développements séparés avec les renvois nécessaires pour aérer le texte et brider l'agaçante récurrence des thèmes qu'implique la diversité des élections, qui présentent des aspects communs. Ces notes comportent, s'il y a lieu, des références jurisprudentielles, doctrinales et des considérations tirées de la pratique de la chose électorale ou de données comparatives de nature à contribuer à améliorer l'interprétation des normes et procédures électorales. D'autres branches du droit pourront également être convoquées à leurs points de convergence avec le droit électoral. Ainsi, les aspects civils, administratifs ou pénaux du processus électoral seront développés.

Mais le Code électoral étant souvent assez explicite pour nécessiter, sur certains points, des commentaires, celles-ci ne seront de rigueur que si elles paraissent apporter un plus à la compréhension du texte ou si elles sont susceptibles d'ouvrir des pistes de réflexion sur certains aspects du système électoral, avec toujours le souci de ne pas négliger, autant que possible, les nécessaires références au contexte sociologique et à l'environnement politique, ainsi qu'aux repères importants de l'évolution des procédures électorales, car l'on peut clamer avec certitude – paraphrasant Alexis de Tocqueville – que « le passé explique le présent et éclaire l'avenir » ; c'est d'ailleurs dans ce sens qu'une note introductive générale retrace l'évolution contextualisée du système électoral sénégalais.

Sur le plan purement formel, ces diverses rubriques – loi, règlement et note – sont libellées chacune dans un style typographique différent pour assurer une meilleure lisibilité de l'ensemble.

❖

NOTE INTRODUCTIVE

CHAPITRE PRÉLIMINAIRE

DU VOTE, DE L'ÉLECTION ET DE LA DÉMOCRATIE REPRÉSENTATIVE

01-00. *Émis à l'occasion d'élections régulières, le vote, qui exprime la volonté populaire par le biais du suffrage déposé dans l'urne par les citoyens-électeurs, est devenu une pratique quasi rituelle dans les systèmes politiques modernes et le mode communément admis en vue de la détermination des choix fondamentaux au sein des nations, notamment à l'occasion de l'adoption des mécanismes constitutionnels régissant le fonctionnement des institutions ainsi que pour le choix des personnes en charge de les animer.*

Les consultations populaires reposent sur le principe fondateur de la démocratie représentative, consacré à l'article 3 de la Constitution de la République du Sénégal, suivant lequel « la souveraineté nationale appartient au peuple qui l'exerce par ses représentants ou par la voie du référendum ».

En dépit de la dualité de votation ainsi formulée dans la loi fondamentale, dans la pratique, l'élection est la voie royale en matière de consultations, à côté du référendum – qui constitue le mode alternatif d'expression de la volonté populaire – quand les électeurs sont appelés à se prononcer directement sur des questions d'importance nationale et qui joue un rôle relativement subsidiaire. La prévalence du mode électif sur le mode référendaire traduit l'option pour le système représentatif de gouvernement par rapport au système de démocratie directe.

L'élection politique – qui se distingue des autres élections pouvant être organisées pour la désignation des dirigeants de certaines corporations ou organismes paritaires – ayant pour finalité la désignation des représentants des citoyens au sommet du pouvoir exécutif, aux assemblées parlementaires et aux instances délibérantes des collectivités territoriales (ou locales), tend à s'imposer comme le mode universel de dévolution du pouvoir.

Ce type d'élection constitue un temps fort dans la vie nationale, en ce qu'elle offre aux citoyens-électeurs l'opportunité de procéder au renouvellement des personnels en charge de la gestion des affaires de la cité.

En permettant à de larges franges de la population de participer indirectement à la gestion des affaires publiques par la désignation des gouvernants, l'élection est un facteur d'intégration nationale en même temps qu'elle apparaît comme un puissant moyen de responsabilisation citoyenne favorisant l'obéissance civile, émollient irremplaçable des rugueuses rivalités entre groupes sociaux, courants politiques et individus aux intérêts divers et souvent divergents. L'élection instaure ainsi, dans l'évolution des nations, le primat des transitions douces sur les fractures historiques annoncées au Grand Soir révolutionnaire, ainsi que sur l'arbitraire ou l'anarchie des jacqueries politiques triomphantes ou défaites.

Mais pour l'acceptation des règles du jeu politique, le système électoral – tel qu'il résulte de l'ensemble des procédures et règles constitutionnelles, législatives, réglementaires ou jurisprudentielles applicables aux modes de désignation des personnels politico-administratifs – doit inspirer confiance aux acteurs politiques engagés dans des logiques de conservation ou de conquête du pouvoir et aux citoyens dépositaires des choix. Il doit offrir notamment la possibilité réelle d'accès au pouvoir par les urnes, car l'alternance au pouvoir constitue la démonstration de la robustesse et de la capacité de perpétuation des fondamentaux d'un système démocratique qui le rendent apte à survivre à d'importants changements de son personnel politique dirigeant et, par ricochet, de sa haute administration dans une certaine mesure.

L'importance du système électoral réside en ce que, outre la garantie de la régularité des consultations populaires transparentes, il apparaît comme une composante essentielle du système politique global dont il contribue à façonner directement certains aspects comme :

- *la structuration du système des partis politiques qui se traduira soit en une bipolarisation partisane caractérisant généralement les systèmes politiques anglo-américains, soit en un spectre partisan propre à la sphère d'inspiration latine ;*
- *les paramètres de rotation des gouvernants avec comme exemples emblématiques la relative stabilité politique en France depuis la Constitution de 1958 ou la théorie de gouvernements italiens chahutés par des majorités parlementaires évanescentes ;*
- *l'instauration d'une démocratie apaisée, l'élection n'étant plus un moment d'exacerbation des tensions sociopolitiques dès lors que les acteurs politiques acceptent les règles du jeu électoral, permettant l'accession au pouvoir en fonction de l'évolution de l'opinion des citoyens, etc.*

Dans la recherche d'un système apte à assurer une gestion démocratique des compétitions politiques, le Sénégal a connu depuis la fin du 19ème siècle une évolution marquée par une complexification des procédures électorales et de la mise en place progressive de mécanismes d'organisation des scrutins.

CHAPITRE PREMIER
À LA RECHERCHE D'UN MODE DE GESTION DES PROCÉDURES ÉLECTORALES ET RÉFÉRENDAIRES

***01-01.** Le système électoral sénégalais fonctionne suivant les modalités définies au Code électoral qui distingue, après la suppression du Sénat et des élections sénatoriales du dispositif institutionnel de la République, l'érection du « département » comme collectivité territoriale à la place de la « région », la disparition des « communautés rurales » par suite de la communalisation* *intégrale et l'institution du Haut Conseil des Collectivités territoriales : l'élection présidentielle, les élections législatives et les élections départementales et municipales ainsi que les élections des membres du Haut Conseil des collectivités territoriales. Comme ces divers types de consultations populaires, le référendum est organisé conformément aux dispositions spécifiques prévues dans la loi fondamentale et généralement suivant des procédures et techniques précisées dans le Code électoral.*

En dépit de la diversité des consultations populaires, le système électoral sénégalais présente une certaine cohérence eu égard à l'identité de plusieurs segments des processus électoraux, aux similitudes des mécanismes d'organisation et de fonctionnement des structures impliquées et des normes techniques ou juridiques de résolution des incidents et conflits pouvant survenir au cours du processus électoral.

Ce système a connu depuis quelques temps une évolution relativement rapide qui lui a conféré une originalité certaine et qui a connu un tournant notable avec une réforme intervenue en 1992.

CHAPITRE II

PANORAMA HISTORIQUE DE L'ENVIRONNEMENT ÉLECTORAL

Le profil du système électoral, qui repose dans une large mesure sur les règles du droit positif consignées dans le Code électoral, est tributaire de l'influence de l'ingénierie électorale internationale et de l'évolution du système politique dans ses soubresauts et compromis entre protagonistes du champ politique.

SECTION PREMIÈRE

L'ÉVOLUTION DU CONTEXTE POLITIQUE

01 – 02. *Avec l'élection des premiers députés du Sénégal – par un collège, il est vrai, restreint – que sont les mulâtres Valentin Durand (1848) et Alfred Gasconi (1879), la vie politique de la colonie française a commencé à connaître ses premiers frémissements, qui aboutiront en 1909 à l'élection du « natif » Ngalandou Diouf au Conseil général, puis de Blaise Diagne comme premier député noir élu en 1914, et auquel va succéder Ngalandou Diouf, qui siègera au Palais Bourbon, siège de l'Assemblée nationale française, jusqu'à sa mort, en 1934.*

Au lendemain de la Deuxième Guerre mondiale (1939-1945), les actualités bruissent des confrontations de la Section française de l'Internationale ouvrière (SFIO), dirigée au niveau local par Me Lamine Guèye et du Bloc démocratique sénégalais (BDS), sous la houlette de M. Léopold S. Senghor, qui deviendra le premier président de la République en 1960, au moment de l'accession à la souveraineté internationale du Sénégal.

L'Union progressiste sénégalaise (UPS) – parti issu de la fusion du Bloc populaire sénégalais (BPS), qui avait remplacé le BDS depuis 1956, et du Parti socialiste d'Action sociale du président Lamine Guèye – va alors, à partir de 1958, monopoliser le pouvoir comme « parti unique de fait », revêtu des oripeaux de « parti dominant » et qui polarisera toute l'activité politique officielle pendant les premières décennies du Sénégal indépendant, surtout après la dissolution du Parti africain de l'Indépendance (PAI), en août 1960, et l'absorption du Parti du regroupement africain-Sénégal (PRA-Sénégal), en mai 1966.

Malgré la reconnaissance, en 1974, du Parti démocratique sénégalais (PDS), qui se définissait comme un « parti de contribution », ce n'est qu'en 1976, sur initiative du Président Senghor, qu'il a été institué dans les faits un véritable multipartisme, mais un multipartisme encadré avec la limitation du nombre de partis à trois, se réclamant des grands courants idéologiques (socialiste, marxiste et libéral), qui constituaient les moules dans lesquels devaient se couler les sensibilités politiques que sont :

- *l'Union progressiste sénégalaise (UPS), qui deviendra le Parti socialiste (PS) et qui demeurait au pouvoir ;*
- *le Parti africain de l'Indépendance (PAI), représentant l'une des fractions du parti originel éponyme, émergeant de l'action politique clandestine ;*
- *le Parti démocratique sénégalais (PDS), ancien « parti de contribution » qui a troqué le travaillisme clamé dans ses statuts pour le courant libéral qu'offrait la « Loi des trois courants ».*

Le Mouvement républicain sénégalais (MRS) devait par la suite être reconnu à travers un quatrième courant dit « conservateur ».

Cette loi dite « Loi des trois courants », devenue « Loi des quatre courants », perçue généralement comme la mise en œuvre d'un multipartisme réel a constitué, aussi paradoxal que cela puisse paraître, la première limitation légale du multipartisme au Sénégal, car jusqu'alors, en dépit d'un parti unique de fait, le multipartisme était juridiquement la norme.

En 1981, après le retrait volontaire du Président Senghor, dont l'annonce a été faite le 31 décembre 1980 et l'accession à la magistrature suprême du Premier ministre Abdou Diouf, le multipartisme intégral a été restauré par la loi n° 81-16 du 6 mai 1981 portant révision constitutionnelle, adoptée le 24 avril 1981, qui a fait sauter le verrou limitatif de l'article 3 de la Constitution instituant les courants politiques. La création d'un parti politique étant désormais devenue une banale formalité administrative, il s'ensuivra l'éclosion d'une multitude de partis politiques, qui seront en 2000, une cinquantaine, et en 2017, environ 300, dont la plupart n'avaient qu'une existence superficielle.

Des joutes électorales de plus en plus âprement disputées seront organisées déjà en 1978 et ponctuées des premières entrées de l'opposition à l'Assemblée nationale, puis en 1983 et en 1988, à l'occasion d'élections présidentielles et législatives « couplées », puis en 1993 et 1998 pour des élections présidentielles et législatives séparées.

Les élections législatives de 1998 semblent constituer un tournant dans l'histoire des élections sénégalaises, avec une implication significative dans le processus électoral d'organismes de la société civile comme facilitateurs, la mise en ligne sur internet du fichier électoral dont la fiabilité continuait à susciter des controverses et la diffusion en temps réel, par les médias, notamment les radios privées, des résultats dont la compilation permettait d'identifier au cours de la « soirée électorale » les tendances lourdes dont l'irréversibilité a pu contribuer à renseigner suffisamment sur les résultats attendus et à désamorcer certaines formes de contestations.

En 2000, l'élection présidentielle devait aboutir, à l'issue du scrutin du deuxième tour, à l'avènement par la voie des urnes à la fonction de chef de l'Exécutif de Me Abdoulaye Wade, secrétaire national du PDS et candidat des franges les plus significatives de l'opposition, au détriment du président de la République sortant, M. Abdou Diouf, qui avait succédé, comme rappelé ci-dessus, au Président démissionnaire Léopold Sédar Senghor, grâce à un aménagement constitutionnel opportunément concocté par ce dernier pour mettre en orbite le Premier ministre en exercice, qui devait terminer le mandat du président de la République démissionnaire ou empêché et ainsi accéder au pouvoir sans être élu.

En 2012 est intervenue une deuxième alternance avec l'élection de M. Macky Sall, soutenu par une large coalition, à l'issue d'un second tour de l'élection présidentielle, face au candidat M. Abdoulaye Wade, le Président sortant dont la recevabilité de la candidature avait fait l'objet de moult controverses et contestations qui ont particulièrement occulté le débat programmatique et chahuté le processus électoral.

SECTION II

L'ÉVOLUTION DU DROIT ÉLECTORAL

La démocratisation réelle de la vie politique de la République du Sénégal, amorcée en 1976 avec la « Loi des trois courants » et amplifiée en 1981 avec le multipartisme intégral et l'éclosion consécutive de plusieurs formations politiques concurrentes, a été accompagnée par un réaménagement du système électoral qui était jusqu'alors régi, pour l'essentiel, par des textes épars hérités de la législation coloniale.

Dans la période allant de 1976 à 1981, période présentée comme celle de « l'ouverture démocratique », a été institué un premier Code électoral qui s'est substitué à la législation coloniale, qui était pour l'essentiel toujours en vigueur. Ce Code devait être remanié en 1982 avant d'être remplacé par le code dit « Code consensuel » de 1992.

I - LE DROIT ÉLECTORAL AVANT « L'OUVERTURE DÉMOCRATIQUE »

01 – 03. *Avant 1976, les différentes élections politiques étaient régies notamment par :*

- le décret organique du 2 février 1852 pour l'élection au corps législatif ;
- la loi du 7 juillet 1874 relative à l'élection municipale ;
- la loi du 5 avril 1884 sur l'organisation municipale en ses articles 13 à 29 ;
- la loi du 20 avril 1914 réglementant l'affichage électoral ;
- la loi du 31 mars 1914 réprimant les actes de corruption dans les opérations électorales ;
- la loi du 8 juin 1923 concernant la distribution des bulletins de vote ;
- la loi n° 46-1889 du 20 août 1946 relative au contrôle des inscriptions sur les listes électorales et la procédure des inscriptions d'urgence ;
- la loi n° 55-1489 du 18 novembre 1955 relative à la réorganisation municipale en ses articles 5 et 10 à 25 ;
- la loi organique n° 60-17 du 3 septembre 1960 sur la Cour suprême qui était le seul organe de centralisation et de proclamation des résultats des élections nationales ;
- l'ordonnance n° 63-02 du 6 juin 1963 relative à l'élection des députés à l'Assemblée nationale ;
- l'ordonnance n° 63-09 du 26 août 1963 portant loi organique relative à l'élection du président de la République.

II - LE DROIT ÉLECTORAL DE L'OUVERTURE DÉMOCRATIQUE DE 1976 À 1992

L'ouverture démocratique au Sénégal s'est traduite sur le plan de l'encadrement juridique des élections par l'adoption de nouveaux codes électoraux, en 1976 et en 1982.

A - LE CODE ÉLECTORAL DE 1976

01 – 04. *Pour accompagner le multipartisme limité à trois, puis quatre partis, correspondant formellement aux principaux courants doctrinaux censés animer le champ politique, par la loi n° 76-96 du 2 août 1976, le législateur a institué un nouveau Code électoral complété en sa partie réglementaire par le décret n° 77-871 du 5 octobre 1977.*

Les dispositions de ce Code, dont l'entrée en vigueur était prévue pour le 1er mars 1977 (article L.162) ont fait l'objet de plusieurs réaménagements successivement par :

- la loi n° 77-57 du 26 mai 1977 ;
- la loi n° 77-83 du 21 juillet 1977 ;
- la loi organique n° 77-95 du 17 octobre 1977.

Cette nouvelle codification a eu le mérite de regrouper en un document unique des textes épars, mais ne constituait pas une avancée significative dans le sens de l'amélioration du système électoral. C'est sous l'empire des dispositions de ce Code que se sont néanmoins tenues les élections générales du 26 février 1978 pour la désignation du président de la République, des députés et des membres des conseils municipaux et ruraux. Ces dernières élections, à l'occasion desquelles le premier président de la République du Sénégal, Léopold Sédar Senghor, était candidat à sa propre succession, avaient offert l'opportunité au Parti démocratique sénégalais de l'opposition de remporter 18 sièges de députés sur les 110 sièges mis en compétition, face au Parti socialiste au pouvoir.

B - LE CODE ÉLECTORAL DE 1982

01 – 05. *Le premier Code de 1976 a été abrogé et remplacé par la loi n° 82-10 du 30 juin 1982 portant Code électoral (partie législative) et le décret n° 82-478 du 7 juillet 1982 (partie réglementaire).*

La partie législative dudit Code a été modifiée par :

- la loi organique n° 82-33 du 4 août 1982 ;
- la loi organique n° 83-01 du 15 janvier 1983 ;
- la loi organique n° 83-63 du 3 juin 1983 ;
- la loi organique n° 89-38 du 27 octobre 1989 ;
- la loi n° 82-35 du 21 décembre 1982 ;
- la loi n° 83-48 du 12 février 1983 ;
- la loi n° 84-23 du 24 mars 1984 ;
- la loi n° 89-33 du 12 octobre 1989 ;
- la loi organique n° 89-38 du 27 octobre 1989.

La partie réglementaire, modifiée en janvier 1983, a été refondue dans une nouvelle rédaction par le décret n° 90-206 du 23 février 1990.

Ce Code de 1982, qui a été adopté dans la foulée du processus d'approfondissement de la démocratie par l'instauration du multipartisme intégral, a régi les élections présidentielles et législatives du 27 février 1983 qui virent l'entrée à l'Assemblée nationale de 9 députés du Parti démocratique sénégalais et du Rassemblement national démocratique à côté des 111 députés du Parti socialiste au pouvoir. Huit partis avaient présenté une liste de candidats sur les quinze partis officiellement reconnus à l'époque.

Le Code de 1982 devait être à nouveau mis à l'épreuve de la pratique à l'occasion des élections présidentielle et législatives du 28 février 1988 suivies de soubresauts politiques et sociaux avec les contestations des protagonistes électoraux, des émeutes, de l'arrestation des dirigeants de l'opposition politique puis d'une accalmie avec l'entrée, le 8 avril 1991, dans le « gouvernement de majorité présidentielle élargie », de partis d'opposition dont le Parti démocratique sénégalais, qui avait remporté 17 sièges contre 103 au Parti socialiste qui était au pouvoir.

Dans la période de gouvernement dit de « cohabitation » ou de « partage du pouvoir » ou – sur une tonalité plus sarcastique de certains commentateurs de l'époque – de « partage du gâteau », un nouveau Code consensuel a été élaboré, Code qui régit pour l'essentiel jusqu'à nos jours les processus électoraux en se substituant au « Code scélérat », pour reprendre l'expression de certains opposants de l'époque, qui traduisait bien une certaine réalité.

II - LE « CODE CONSENSUEL » DE 1992

***01 – 06.** Intervenu dans un contexte politique apaisé caractérisé notamment par la formation d'un gouvernement de large rassemblement dit de « majorité présidentielle élargie », le Code de 1992 devait subir rapidement quelques réaménagements pour remédier à certaines difficultés d'application que sa mise en œuvre a révélées.*

A - LA GESTATION DU CODE CONSENSUEL

Élaboré par une équipe dite « Commission cellulaire » regroupant les représentants de 17 partis politiques et des membres de la société civile choisis pour leur expertise, le projet de Code électoral, adopté par la loi n° 92-16 du 7 février 1992 (partie législative) et par le décret n° 92-267 du 15 février 1992 (partie réglementaire), a fait en effet l'objet d'un large consensus au sein de la classe politique.

Ce consensus fera dire à l'un de ses membres qui, il est vrai, siégeait à l'époque au gouvernement, en l'occurrence l'ancien opposant historique et futur président de la République, Abdoulaye Wade, que « toutes les dispositions essentielles ont été formulées et acceptées... [et] chaque chef de parti a fait une déclaration publique à la presse pour dire qu'il est satisfait de ce Code électoral et qu'il n'y a rien à y ajouter... » (Jeune Afrique Économique, *n° 146, août 1991*).

En écho à ces propos, le ci-devant président de la République Abdou Diouf devait surenchérir avec une certaine emphase que « c'est le meilleur Code du monde... » et qu'il souhaitait son adoption « sans changement d'une virgule » par l'Assemblée nationale. Ce qui fut fait dans un parfait concert.

Mais l'avenir devait appeler à plus de circonspection quand, à l'épreuve de la pratique, certaines dispositions de ce Code feront l'objet de difficultés d'application qui seront à l'origine de vives controverses.

On peut retenir néanmoins que le Code de 1992 a contribué de manière très significative à l'amélioration du système électoral avec :

- *le contrôle exercé par l'institution judiciaire avec les délégués de la Cour d'appel chargés du contrôle du scrutin ;*
- *l'implication dans tout le processus électoral des partis politiques légalement reconnus, dont les représentants constituent autant de témoins de régularité des opérations ;*
- *la reformulation et le perfectionnement des mécanismes traditionnels des opérations électorales ainsi que la création des commissions chargées du recensement des votes, recensement qui était auparavant, en dépit de la centralisation des résultats au niveau de la Cour suprême, l'apanage du ministère de l'Intérieur par le biais des divers chefs de circonscriptions administratives qu'une certaine opinion accusait, non sans raison, de faire dans la surenchère pour des résultats les plus favorables aux candidats du parti au pouvoir.*

B - LES RÉAMÉNAGEMENTS DU « CODE CONSENSUEL »

Le Code de 1992 a été réaménagé à plusieurs reprises et de manière substantielle avec la mise en place d'un organe de contrôle et de supervision des élections en 1997 et avec les modifications rendues nécessaires par des réformes institutionnelles relatives notamment au Sénat et à quelques vicissitudes politiques.

1 - La création d'un organe de contrôle et de supervision

01 – 07. *Les élections présidentielles et législatives du 21 février 1993 et du 9 mai 1993 organisées sous l'empire des dispositions du Code de 1992 ont révélé quelques insuffisances relatives notamment aux modalités de recensement des résultats du scrutin et à l'usage abusif d'ordonnances judiciaires, qui étaient délivrées sans justifications suffisantes ou qui étaient simplement fausses, permettant aux électeurs omis des listes de voter. Les réaménagements que ces manquements ont suscités n'allaient pas être capitalisés, en 1996, lors des élections régionales, municipales et rurales qui se sont illustrées notamment à Dakar et à Bignona par de graves défaillances dans l'organisation matérielle, ayant nécessité la reprise partielle du vote dans des circonstances pour le moins contestables dans ces deux localités.*

La réponse institutionnelle préconisée au sortir de ces élections fut la mise sur pied d'un organe original de contrôle et de supervision des élections par la loi nº 97-15 du 8 septembre 1997 modifiant le Code électoral. Cet organe dénommé Observatoire national des élections (en abrégé ONEL), à la satisfaction des observateurs et des acteurs politiques, devait apporter sa touche lors des élections législatives du 28 mai 1998 et de l'élection présidentielle des 27 février et 19 mars 2000 qui se seront déroulées dans des conditions de régularité et de transparence généralement relevées et dont la dernière devait aboutir, au second tour de scrutin, à la première alternance, avec l'élection du challenger du président de la République, candidat « sortant-sorti », et à l'ébauche d'une recomposition du paysage politique.

Par la suite, à la veille des élections régionales, municipales et rurales devant être organisées le 12 mai 2002, au sortir du Conseil des ministres du 14 février 2002, fut annoncé par le président de la République en exercice le remplacement de l'ONEL par une structure dénommée Commission électorale nationale indépendante (CENA).

Les contours de ladite CENA tels qu'ils résultent du décret de présentation nº 2002-217 du 4 mars 2002 révèlent une version améliorée de l'ONEL car, comme celui-ci, cette CENA n'organise pas les élections à l'instar des commissions électorales nationales indépendantes (CENI) expérimentées sous d'autres cieux, et demeure donc un simple organe de contrôle et de supervision des élections.

En dépit de molles revendications des opposants politiques pour la création d'une commission électorale nationale indépendante (CENI) – à l'image de celles mises en place à l'occasion de certaines Conférences nationales dont le Bénin a été l'initiateur de l'archétype qui inspirera les expériences plus ou moins similaires au Congo, au Gabon, au Mali, au Niger, etc. –, le projet de mise en place d'une Commission électorale nationale autonome (CENA) devait être ressuscité et s'est matérialisé dans la loi nº 2005-07 du 11 mai 2005, qui n'a institué en réalité qu'un succédané de l'ONEL avec un peu plus pouvoir.

Les modifications ultérieures du Code électoral ne changeront pas fondamentalement l'option pour un organe chargé exclusivement du contrôle et de la supervision des opérations électorales, sans être impliquées dans l'organisation matérielle laissée entre mains de l'Administration.

2 - Les autres réaménagements

***01 – 08.** Avec la création d'une deuxième chambre à côté de l'Assemblée nationale, en l'occurrence le Sénat, le Code électoral a été modifié par l'insertion d'un titre relatif à l'élection des sénateurs, objet de la loi organique nº 98-17 du 16 mars 1998, de la loi nº 98-18 du 16 mars 1998, de la loi nº 98-49 du 10 octobre 1998 et de la loi nº 98-50 du 10 octobre 1998,* *sous l'empire desquelles ont été organisées les élections législatives du 24 mai 1998 et les élections sénatoriales du 24 janvier 1999.*

Par ailleurs, la loi n° 98-24 du 26 mars 1998 a consacré une nouvelle numérotation du Code électoral afin d'assurer une meilleure lisibilité, car l'agencement de ses dispositions avait été très fortement bouleversé par les multiples insertions en différents segments du corpus.

En 1999, par des dispositions dérogatoires au Code électoral, notamment à la règle de la permanence des listes électorales posée en son article 34, la loi n° 99-75 du 11 mars 1999 et son décret d'application n° 99-224 ont offert l'opportunité d'une « mise à jour du fichier électoral » qui a permis d'expurger des listes électorales des électeurs qui y figuraient sans que cette présence se traduise par une activité électorale effective et qui constituaient ainsi une nébuleuse que l'on a pu appeler « stock mort du fichier ».

Le fichier électoral, mis à jour sur une base consensuelle avec la participation des partis politiques, n'en a pas moins continué d'alimenter la controverse sur sa régularité en dépit de l'audit favorable effectué à la veille de l'élection présidentielle de 2000 sur l'initiative et l'arbitrage d'organismes de la société civile. Après cette élection remportée en 2000 par le candidat de partis d'opposition coalisés, une deuxième mise à jour du fichier devait être effectuée au cours de cette année charnière vers d'autres enjeux électoraux, avec la compétition inédite de forces politiques, dont les plus significatives faisaient leur apprentissage de la gestion des affaires au sein d'un gouvernement dit « gouvernement de l'alternance » ou « de transition », c'est selon, et faisaient face à l'ancienne majorité dont la déségrégation accélérée s'amorçait, mais qui survivait au sein du Parlement en dépit de défections remarquables.

À la suite de l'adoption par le référendum du 7 janvier 2001 d'une nouvelle Constitution promulguée le 22 janvier 2001, la dissolution de l'Assemblée nationale par le président de la République a rapproché les échéances électorales avec l'organisation des premières législatives anticipées le 29 avril 2001.

Après une parenthèse de quelques mois au cours de laquelle les collectivités locales ont été administrées par des délégations spéciales à la suite d'un « amendement » – controversé mais déclaré conforme à la loi fondamentale par le Conseil constitutionnel – déposé par un député de la majorité présidentielle à l'Assemblée nationale, et qui a eu pour effet la dissolution des organes dirigeants de ces collectivités, des élections régionales, municipales et rurales devaient être organisées le 12 mai 2002.

L'élection présidentielle du 25 février 2007, remportée par le candidat sortant Abdoulaye Wade, sera suivie des élections législatives le 3 mars de la même année, élections chahutées qui ont été reportées, « découplées » de la présidentielle puis, finalement, boycottées par les partis de « l'opposition significative » regroupés sous le label « Front Siggil Senegaal ».

Les échéances électorales de la présidentielle du 26 février 2012 pour le premier tour et du 25 mars 2012 pour le second tour seront émaillées de vives controverses juridiques et de contestations politiques quant à la régularité ou à la recevabilité de la candidature annoncée du président de République en exercice, Abdoulaye Wade, et quant à la durée de son mandat à la suite de la révision constitutionnelle par la loi n° 2008-66 du 21 octobre 2008 modifiant l'alinéa 1er de l'article 27 de la Constitution ayant rallongé la durée du mandat présidentiel de cinq à sept ans. Elles déboucheront, après la validation par le Conseil constitutionnel de la candidature, sur un troisième mandat de M. Abdoulaye Wade et, à la suite de troubles sociaux assez graves, à l'élection au second tour de M. Macky Sall, qui a bénéficié du report de voix des principaux candidats éliminés au premier tour et regroupés au sein de la coalition dite « Benno Bokk Yakaar », formée par les franges les plus significatives de l'opposition. Cette coalition s'est maintenue, pour présenter une liste commune aux élections législatives du 1er juillet 2012 et s'est retrouvée largement majoritaire à l'Assemblée nationale.

En somme réceptacle juridique des compromis entre acteurs politiques, le Code électoral devait faire l'objet, entre la première et la seconde alternance politique, de diverses modifications par les lois suivantes :

- *la loi n° 2000-22 du 7 février 2000 ;*
- *l'ordonnance n° 2001 du 15 février 2001 ;*
- *la loi n° 2002-05 du 21 février 2002 ;*
- *la loi n° 2002-11 du 8 mars 2002 ;*
- *la loi n° 2005-07 du 11 mai 2005 ;*
- *la loi n° 2006-20 du 30 juin 2006 ;*
- *la loi organique n° 2006-38 du 21 novembre 2006 ;*
- *la loi organique n° 2006-41 du 11 décembre 2006 ;*
- *la loi n° 2007-18 du 19 février 2007 ;*
- *la loi organique n° 2007-20 du 19 février 2007 ;*
- *la loi n° 2007-22 du 19 février 2007 ;*
- *la loi organique n° 2007-23 du 22 mai 2007 ;*
- *la loi organique n° 2007-27 du 11 juillet 2007 ;*
- *la loi n° 2009-09 du 16 janvier 2009.*

Un souci de consolidation et des modifications de plus grande ampleur ont paru justifier en 2012, en 2014, puis en 2016-2017, une revue générale à l'issue de laquelle devait être élaboré et adopté à chaque fois un nouveau Code électoral.

CHAPITRE III
LA GESTATION DU NOUVEAU CODE ÉLECTORAL

Le Code électoral en vigueur est l'héritier du « Code consensuel » de 1992 dont les multiples réaménagements ont nécessité une relecture générale qui a accouché d'un nouveau Code.

SECTION PREMIÈRE
LES GREFFONS AU SOCLE DU CODE ÉLECTORAL DE 1992

01 – 09. *Le Code électoral de 1992 constitue indéniablement le substrat du droit électoral sénégalais sur lequel s'agrégeront les couches des diverses réformes ultérieures qui seront entreprises soit pour la consolidation du système électoral, avec notamment la création d'un organe de contrôle et de supervision des élections, soit pour améliorer certains aspects du dispositif électoral (cf. supra, n° 01-07).*

Toutefois, ces diverses modifications qui se sont greffées sur le socle historique du « Code consensuel » de 1992 n'ont pas perturbé pour autant de manière substantielle la cohérence globale de l'ordonnancement initial du texte en dépit de la restructuration formelle du Code, notamment par la renumérotation des articles.

Mais cette tentative de consolidation sera vite remise en cause par les différentes réformes de l'organisation politique et administrative qui ont fortement impacté le dispositif normatif. Il en sera ainsi notamment avec la réforme de l'administration territoriale et locale ainsi que les manifestations erratiques du Sénat, qui justifieront finalement la refonte du Code.

SECTION II
LES RÉFORMES INSTITUTIONNELLES ET LEUR IMPLICATION DANS LE DROIT ÉLECTORAL

Certaines contingences politiques, notamment les avatars d'une institution comme le Sénat et les réformes de l'administration territoriale et locale ont impacté fortement sur le dispositif normatif électoral.

I - L'IMPACT DES AVATARS DU SÉNAT

01 – 10. *Chambre haute du Parlement à côté de l'Assemblée nationale, le Sénat a connu entre 1999 et 2012 des fortunes diverses.*

Institué par une révision constitutionnelle du 24 janvier 1999, il a été installé à l'issue d'élections que la majorité des partis d'opposition, qui désapprouvaient sa création dans la formule retenue, ont boycottées.

L'adoption, après l'alternance de 2000, par le référendum du 7 janvier 2001, d'une nouvelle Constitution promulguée le 22 janvier 2001, a eu pour effet de mettre – au moins provisoirement – un terme à l'existence du Sénat, l'article 107 de la loi fondamentale prévoyant notamment l'abrogation de toutes les dispositions y relatives. Le Code électoral sera adapté en conséquence en février 2002 avec l'abrogation des dispositions relatives au Sénat et sa renumérotation à partir du Titre IV conformément à la loi n° 2002-06 du 21 février 2002 portant approbation de la nouvelle numérotation du Code électoral.

Restauré par la loi constitutionnelle n° 2007-06 du 12 février 2007 et pris en compte dans le Code électoral par l'insertion des dispositions relatives aux élections sénatoriales, objet de la loi organique n° 2007-23 du 22 mai 2007, le Sénat a été à nouveau supprimé le 19 septembre 2012 après une autre alternance survenue en février de la même année. Avec cette disparition du Sénat de l'architecture institutionnelle, les dispositions du Code électoral se rapportant à l'élection de ses membres devenaient sans objet et seront expurgées du Code électoral. Par la suite, la loi n° 2012-01 du 3 janvier 2012 abrogeant et remplaçant la loi n° 92-16 du 7 février 1992 relative au Code électoral (partie législative) modifiée – complétée par le décret n° 2012-514 du 5 janvier 2012 – a tenté une consolidation du dispositif légal et réglementaire par une nouvelle renumérotation partielle des articles du Code.

II- LES RÉPERCUSSIONS DES RÉFORMES DE L'ADMINISTRATION TERRITORIALE ET LOCALE

***01 – 11.** L'évolution du mouvement de territorialisation des politiques publiques avec notamment « l'Acte III de la décentralisation » a eu des incidences directes sur le dispositif électoral.*

Amorcé pendant la colonisation, le processus de décentralisation s'illustrait à l'Indépendance par l'existence de 34 communes de plein exercice et a connu une impulsion importante en 1972 avec l'institution des communautés rurales ainsi que deux avancées décisives en 1996, avec l'érection des régions en collectivités locales, puis en 2013, avec « l'Acte III de la décentralisation », qui a procédé à la suppression de la région comme collectivité locale, à l'érection du département en collectivité locale avec une emprise géographique coïncidant avec le territoire de la circonscription administrative éponyme, à la communalisation intégrale par l'érection des communautés rurales et des communes d'arrondissement en communes de plein exercice et l'institution de la ville en instance de mutualisation des compétences des communes qu'elle regroupe. Les membres des organes délibérants des collectivités locales, dotées d'une autonomie de gestion, sont élus au suffrage universel à l'instar des députés et du président de la République, conformément aux règles et procédures prévues au Code électoral, qui subit ainsi les contrecoups des réformes de l'administration locale avec la mise en place de types différents de collectivités.

Ainsi, l'entrée en vigueur de la loi n° 2013-10 du 28 décembre 2013 portant Code général des collectivités locales, qui a entrepris une réforme de l'organisation de l'administration locale baptisée « Acte III de la décentralisation », s'est traduite par un nécessaire réaménagement des mécanismes de l'élection des élus locaux.

SECTION III

LA RELECTURE DU CODE ET L'ADOPTION DE LA VERSION DE 2014

01 – 12. *Dans un contexte marqué par l'adoption de « l'Acte III de la décentralisation » est intervenue la loi n° 2014-18 du 15 avril 2014 abrogeant et remplaçant la loi n° 2012-01 du 3 janvier 2012 portant Code électoral modifié et le décret 2014-514 du 16 avril 2014 abrogeant et remplaçant le décret n° 2012-13 du 5 janvier 2012 portant Code électoral, modifié (partie réglementaire). Outre la prise en compte des modifications découlant de la nouvelle organisation de l'administration locale, l'élaboration du nouveau Code a offert l'opportunité d'intégrer dans le dispositif normatif « l'observation électorale » et de traiter de manière spécifique « l'administration électorale ». Comme indiqué dans l'exposé des motifs de ladite loi, la rédaction de ce nouveau Code est issue des travaux d'une commission technique de revue du Code électoral (CTRCE) qui s'est réunie au cours du premier trimestre de 2014 et qui était composée pour l'essentiel, à côté de juristes, des acteurs du processus électoral, notamment de :*

- *l'Administration représentée par le ministère de l'Intérieur, le ministère de l'Aménagement du Territoire et des Collectivités locales, le ministère de la Promotion de la Bonne gouvernance, chargé des relations avec les institutions ;*
- *la Justice (Cour d'appel de Dakar et tribunaux départementaux) ;*
- *les organes de supervision et de contrôle (Commission électorale nationale autonome, Conseil national de Régulation de l'Audiovisuel, Observatoire national de la Parité) ;*
- *les partis politiques regroupés au sein des « pôles » de la majorité, de l'opposition et des non-affiliés ;*
- *la société civile (collectif des organisations de la société civile en élection).*

Avec l'entrée en vigueur de l'Acte III de la décentralisation adopté le 28 décembre 2013 et l'érection d'un nouveau Code, à côté des élections nationales (présidentielle et législatives), les élections municipales et départementales vont désormais permettre la mise en place des organes délibérants des collectivités locales. Les premières élections organisées sous l'empire du nouveau Code le 29 juin 2014 ont permis de pourvoir les sièges de 46 conseils départementaux, de 557 conseils municipaux de droit commun et des conseils municipaux de ville de Dakar, Pikine, Guédiawaye, Rufisque et Thiès.

La création par la loi constitutionnelle n° 2016-25 du 5 avril 2016, adoptée par le référendum du 20 mars 2016, du Haut Conseil des Collectivités territoriales dédié « à la promotion de la gouvernance locale et du développement territorial », s'est traduite par une révision du Code avec l'ajout d'un titre III-bis intitulé « Dispositions relatives à la désignation des Hauts conseillers », dispositions sur la base desquelles ont été organisées le 5 septembre 2016, au scrutin départemental majoritaire à un tour, les élections, par un collège électoral composé d'élus locaux, de quatre-vingts (80) Hauts conseillers, parmi les cent-cinquante (150) membres qui composent cette institution, dont soixante-dix (70) sont nommés par le président de la République.

SECTION III

LA RELECTURE DU CODE ET L'ADOPTION DE LA NOUVELLE VERSION DE 2017

Un réaménagement de l'ensemble du dispositif normatif électoral a abouti à l'adoption de la loi n° 2017-12 du 18 janvier 2017 portant Code électoral, qui comporte un certain nombre d'innovations avec la prise en compte :

- *des modifications rendues nécessaires par l'institution de la carte nationale d'identité biométrique CEDEAO et comportant les données électorales qui dispensent désormais de l'émission séparée d'une carte d'électeur ;*
- *du vote des militaires et paramilitaires le même jour que les civils, un signe particulier étant prévu pour les distinguer des civils et leur enrôlement spécifique pour permettre de les retirer des listes d'émargement à l'occasion des élections locales auxquelles ils ne participent pas ;*
- *de l'admission des candidatures indépendantes à toutes les élections suivant des modalités particulières et la généralisation de l'exigence du dépôt d'un cautionnement pour la recevabilité de la candidature ;*
- *de l'option d'élire des députés dédiés à la diaspora dans les huit départements électoraux de l'extérieur du pays ;*
- *de l'énoncé linéaire des articles du titre III-bis intitulé « Dispositions relatives à la désignation des Hauts conseillers » qui, en devenant le titre IV du nouveau Code, a rendu nécessaire la renumérotation partielle des articles du Code ;*
- *et de la détermination de règles d'organisation du référendum pour combler un vide juridique.*

SECTION IV

PROPOS CONCLUSIFS

La présentation du panorama rétrospectif du corpus normatif électoral ne serait pas complète sans quelques considérations de légistique globale en raison notamment de chamboulements pour le moins erratiques, avec une succession de lois instituant de nouveaux codes électoraux, dont la durée de vie de chacune est relativement brève.

C'est ainsi que même si le Code consensuel de 1992 demeure toujours en substance le référentiel normatif prépondérant, outre des renumérotations partielles des articles, trois codes électoraux se sont succédé en l'espace de cinq années, portés par :

- la loi n° 2012-01 du 3 janvier 2012 abrogeant et remplaçant la loi n° 92-16 du 7 février 1992 relative au Code électoral (partie législative), modifiée – complétée par le décret n° 2012-514 du 5 janvier 2012 ;

- la loi n° 2014-18 du 15 avril 2014 abrogeant et remplaçant la loi n° 2012-01 du 3 janvier 2012 portant Code électoral modifié et le décret n° 2014-514 du 16 avril 2014 abrogeant et remplaçant le décret n° 2012-13 du 5 janvier 2012 portant Code électoral modifié (partie réglementaire) ;

- la loi n° 2017-12 du 18 janvier 2017 portant Code électoral.

Comme il en a été auparavant avec les phases successives de création et de suppression du Sénat qui ont occasionné des bouleversements du Code électoral (supra n° 01-10, « L'impact des avatars du Sénat »), l'insertion du titre IV (anciennement titre III-bis) relatif à la désignation des Hauts conseillers paraît être la justification principale de l'institution d'un nouveau Code en 2017, car les autres innovations, pour importantes qu'elles soient pour la bonification des procédures électorales, n'ont néanmoins que des incidences ponctuelles et mineures sur l'agencement formel du corpus. Or, comme pour les dispositions qui se rapportaient au Sénat, le titre relatif à la désignation des Hauts conseillers, en raison du mode spécial du choix des Hauts conseillers, pouvait parfaitement être placé en fin de Code, après le titre relatif au référendum régi par les mêmes mécanismes du vote au suffrage universel que les élections présidentielles, législatives et locales. Et, si c'est le rang protocolaire de l'institution qu'est le Haut Conseil des Collectivités territoriales qui a pu être la motivation sous-jacente au choix de cette distribution formelle du texte de loi, il faudrait objecter que ce rang, consacré dans la Constitution, ne devait justifier un tel bouleversement du Code électoral. D'ailleurs, pourquoi ne devrait-on pas intégrer les dispositions relatives à la désignation des Hauts conseillers au Code général des collectivités locales, qui deviendrait « Code général des institutions territoriales », pour se conformer à la lettre de la révision constitutionnelle adoptée par le référendum de 2016 qui, dans l'option de territorialisation des politiques publiques découlant de l'Acte III de la décentralisation, a remplacé l'intitulé du titre XI de la Constitution « des collectivités locales » par l'intitulé « des collectivités territoriales » ?

Certes, le Code doit nécessairement être adapté aux exigences procédant d'un souci d'amélioration des mécanismes électoraux et d'adaptation aux choix politiques de l'heure, mais une certaine stabilité de cet outil normatif est nécessaire pour favoriser, d'une part, l'érection d'un droit électoral référé à des repères précis de normes ainsi que de solutions administratives et jurisprudentielles, et d'autre part, une consultation aisée par tout intéressé, qu'il soit praticien, théoricien du droit ou utilisateur quelconque.

❖

LE CODE ÉLECTORAL ANNOTÉ

LOI N° 2017-12 DU 18 JANVIER 2017 PORTANT CODE ÉLECTORAL

ABROGEANT ET REMPLAÇANT LA LOI N° 2014-18 DU 15 AVRIL 2014 PORTANT CODE ÉLECTORAL, MODIFIÉE

(PARTIE LÉGISLATIVE)

(JO, NUMÉRO SPÉCIAL 6987 DU 19 JANVIER 2017)

DÉCRET N°2017-170 DU 27 janvier 2017 PORTANT CODE ÉLECTORAL

ABROGEANT ET REMPLAÇANT LE DÉCRET N° 2014-514 DU 16 avril 2014 PORTANT CODE ÉLECTORAL

(PARTIE RÉGLEMENTAIRE)

(JO N° 6989 DU 28 JANVIER 2017)

TITRE PREMIER

DISPOSITIONS COMMUNES À L'ÉLECTION DU PRÉSIDENT DE LA RÉPUBLIQUE ET AUX ÉLECTIONS DES DÉPUTÉS ET DES CONSEILLERS DÉPARTEMENTAUX ET MUNICIPAUX

CHAPITRE PRÉLIMINAIRE

DE LA GESTION ET DU CONTRÔLE DU PROCESSUS ÉLECTORAL

SECTION PREMIÈRE
L'ADMINISTRATION ÉLECTORALE

Article L premier.- Le ministère chargé des Élections est, dans les conditions et modalités déterminées par le présent code, compétent pour la préparation et l'organisation des opérations électorales et référendaires.

Toutefois, à l'étranger, cette compétence est exercée par le ministère chargé des Affaires étrangères, en rapport avec le ministère chargé des Élections, dans les conditions et modalités déterminées par le présent code.

Le ministère chargé des Sénégalais de l'Extérieur participe à l'information et à la sensibilisation des Sénégalais résidant à l'étranger.

Article L.2.- Le ministère chargé des Élections assure la gestion des listes électorales et du fichier général des électeurs.

Article L.3.- Sous l'autorité du ministre chargé des Élections, les services centraux en relation avec les Autorités administratives assurent la mise en œuvre des prérogatives indiquées dans les articles premier et deux ci-dessus.

À l'étranger, les prérogatives prévues à l'article premier, alinéa 2 sont mises en œuvre par les Ambassades et Consulats sous l'autorité du ministre chargé des Affaires étrangères.

❖

Article R premier.- Les services centraux du Ministère chargé des Élections assurent la mise en œuvre des prérogatives de celui-ci en matière électorale

Article R.2.- Sous l'autorité du ministre chargé des Élections, ils préparent et organisent les élections nationales et locales ainsi que les référendums. À ce titre, ils assurent notamment :

1. l'établissement, la révision des listes électorales et la tenue des fichiers électoraux ;
2. les études et le développement des applications relatives au fichier général des électeurs ;
3. la centralisation et le traitement des informations relatives au fichier général des électeurs ;

4. la conception, la confection, l'installation et la conservation des documents et archives électoraux ;
5. l'organisation et le suivi de la distribution des cartes d'électeur ;
6. la commande et le contrôle des conditions d'impression des bulletins de vote ;
7. la mise en œuvre et le contrôle, en liaison avec les autorités administratives, des principes applicables en matière de propagande électorale ;
8. l'appui aux services de sécurité pour ce qui concerne le dispositif de sécurité applicable lors des opérations de vote ;
9. la formation afférente au processus électoral des responsables administratifs, des agents électoraux, des autorités judiciaires et des élus ;
10. les campagnes de sensibilisation et d'information civique ;
11. l'élaboration et la gestion de la carte électorale ;
12. l'adaptation des outils informatiques aux besoins électoraux ;
13. l'analyse des scrutins électoraux ;
14. la diffusion de l'information technique relative aux élections notamment celle qui concerne la mise en œuvre du processus électoral et les diverses statistiques ;
15. l'appui aux autorités judiciaires dans l'exercice de leurs missions relevant du Code électoral.

Les prérogatives concernant les circonscriptions administratives sont mises en œuvre en relation avec les Autorités administratives

Article R.3.- Pour les besoins de la préparation et de l'organisation des opérations électorales et référendaires, le Ministre chargé des Élections s'appuie sur les forces de sécurité et de défense, en relation avec leur Ministère de tutelle.

❖

NOTE SUR L'ADMINISTRATION ÉLECTORALE

02 – 01*. Au Sénégal, l'Administration est le maître d'œuvre de l'organisation matérielle des élections, notamment par l'intermédiaire des services du ministre chargé des élections, qui sera souvent celui de l'Intérieur avec ses démembrements administratifs que sont la Direction générale des Élections, la Direction de l'Automatisation des fichiers chargée de la gestion du fichier général des électeurs et l'Administration territoriale. Pour les élections auxquelles participent les Sénégalais de l'extérieur, c'est le ministère en charge des Sénégalais de l'Extérieur qui prend en charge, en liaison avec le ministre en charge des élections, la gestion matérielle dans les pays où elles sont organisées.*

Certes, il peut paraître paradoxal, surtout dans des pays où les automatismes démocratiques ne sont pas encore parfaitement ancrés dans les mœurs, que les élections soient organisées par des administrations placées sous l'autorité hiérarchique de ministres membres d'un gouvernement dont le maintien au pouvoir peut dépendre des résultats des élections.

Mais inversement, l'on peut tout aussi bien se poser la question de la pertinence de la mise en place, à côté des trois pouvoirs classiques, d'un quatrième pouvoir, qui serait le pouvoir électoral, dont la légitimité déconnectée de l'adhésion populaire manifestée dans le libre choix de ses membres serait encore beaucoup plus problématique que celle de cet autre pouvoir non élu, en l'occurrence le pouvoir judiciaire, que des traditions historiques et des déterminants sociaux ont néanmoins fini d'installer dans une posture convenue du dispositif institutionnel de nombreux systèmes démocratiques.

L'organisation des élections par un organisme indépendant est de nature à conférer a priori une certaine crédibilité au processus électoral, mais son action peut s'avérer plus onéreuse en raison de surcoûts que ne manque pas d'entraîner le nécessaire recours à un important personnel, faute du concours de structures administratives existantes, qui ont l'avantage d'avoir une expérience dans la gestion et de couvrir l'ensemble du territoire national avec une logistique prête à l'usage et un personnel d'appoint conséquent.

Le législateur sénégalais a choisi une voie médiane qui combine l'organisation matérielle confiée à l'Administration et l'implication à toutes les phases des procédures électorales d'un organisme de supervision et de contrôle et surtout de l'ensemble des protagonistes politiques engagés dans la compétition électorale.

C'est justement dans cette implication des protagonistes politiques que réside l'avancée la plus remarquable du « Code consensuel » de 1992, dans le sens d'une plus grande transparence des élections. En effet, même si cela n'est pas souvent relevé par les observateurs – plus enclins à mettre exergue tantôt l'intervention de l'organe de supervision, tantôt les qualités éthiques des organisateurs de l'élection –, cette implication constitue une garantie forte de transparence. L'adage selon lequel « on n'est jamais mieux servi que par soi-même » ne trouve meilleure illustration en la matière que la présence des représentants des partis politiques, des candidats ou des listes de candidats dans les commissions d'inscription et de révision des listes électorales, dans les bureaux de vote et dans les commissions de recensement des résultats des votes, pour s'assurer de la régularité des opérations à tous les niveaux du processus électoral.

Avec la réforme introduite dans le Code adopté en 2014, ce contrôle des opérations électorales par les protagonistes est encore renforcé avec l'institution d'un représentant du candidat ou de la liste de candidats auprès de l'autorité administrative compétente. Ce représentant, dénommé « plénipotentiaire », a accès à tous les bureaux de vote de la circonscription administrative et est muni, à cet effet, d'un badge spécial.

Le Code électoral de 2017 devait par la suite instituer au niveau de chaque circonscription administrative, un « comité électoral » impliquant les protagonistes administratifs et politiques, chargé du suivi de l'ensemble du processus électoral, notamment de l'élaboration de la carte électorale et de la distribution des cartes non retirées.

La mise en œuvre – apparemment satisfaisante des procédures et mécanismes électoraux – semble avoir définitivement donné ses lettres de noblesse au système de gestion des compétitions politiques dont la configuration générale issue du Code de 1992 a été améliorée à l'occasion des diverses réformes ultérieures. Actuellement, même si elle est encore perfectible, l'administration électorale par les structures étatiques ne paraît plus faire l'objet de remises en cause significatives au Sénégal.

❖

SECTION 2
LA COMMISSION ÉLECTORALE NATIONALE AUTONOME (CENA)

Article L.4.- Il est créé une commission électorale nationale autonome, en abrégé CENA. Elle a son siège à Dakar.

La CENA est une structure permanente, dotée de la personnalité juridique et de l'autonomie financière.

Article L.5.- La CENA contrôle et supervise l'ensemble des opérations électorales et référendaires. Elle veille, en particulier, à leur bonne organisation matérielle et apporte les correctifs nécessaires à tout dysfonctionnement constaté.

La CENA fait respecter la loi électorale de manière à assurer la régularité, la transparence, la sincérité des scrutins en garantissant aux électeurs, ainsi qu'aux candidats en présence, le libre exercice de leurs droits.

Article L.6.- La CENA est obligatoirement présente à tous les niveaux de conception, d'organisation, de prise de décision et d'exécution depuis l'inscription sur les listes électorales jusqu'à la proclamation provisoire des résultats.

En cas de non-respect des dispositions législatives et réglementaires relatives aux élections ou référendums par une autorité administrative, la CENA, après une mise en demeure, peut prendre des décisions immédiatement exécutoires d'injonction, de rectification, de dessaisissement, de substitution d'action dans le cadre des opérations électorales et référendaires, nonobstant son pouvoir de saisine des juridictions compétentes.

Article L.7.- La CENA comprend douze (12) membres nommés par décret. Ils sont choisis parmi les personnalités indépendantes exclusivement de nationalité sénégalaise, connues pour leur intégrité morale, leur honnêteté intellectuelle, leur neutralité et leur impartialité, après consultation d'institutions, d'associations et d'organismes tels que ceux qui regroupent Avocats, Universitaires, Défenseurs des Droits de l'Homme, Professionnels de la communication ou toute autre structure.

La CENA est dirigée par un Président, assisté d'un Vice-président et d'un Secrétaire Général nommés par décret.

Les membres de la CENA sont nommés pour un mandat de six (06) ans renouvelable par tiers tous les trois (03) ans.
Dans l'exercice de leurs fonctions, les membres de La CENA ne doivent solliciter ni recevoir d'instructions ou d'ordre d'aucune autorité publique ou privée.

Dans l'accomplissement de sa mission, La CENA peut, en cas de besoin, recourir aux services d'experts indépendants.

Article L.8.- La CENA met en place dans les départements et les ambassades ou consulats, des structures correspondantes dont la composition et le fonctionnement sont déterminés par décret sur proposition de la CENA

Article L.9.- Il ne peut être mis fin, avant l'expiration de son mandat, aux fonctions d'un membre de la CENA que sur sa demande ou pour incapacité physique ou mentale, dûment constatée par un médecin désigné par le Conseil de l'Ordre, après avis conforme de la CENA

L'empêchement temporaire d'un membre est constaté par la CENA Si cet empêchement se prolonge au-delà de cinq (05) réunions statuaires consécutives, il est mis fin aux fonctions de l'intéressé dans les conditions prévues au premier, alinéa.

En cas d'empêchement définitif ou de démission d'un membre, il est pourvu à son remplacement par décret et par une personne appartenant à l'institution, l'association ou l'organisme dont il est issu. Le membre nommé pour remplacer un membre de la CENA, achève le mandat de celui-ci.

Article L.10.- Ne peuvent être membres de la CENA :

- les membres du Gouvernement ;
- les magistrats en activité ;
- les membres d'un Cabinet ministériel ;
- les personnes exerçant un mandat électif ;
- les Gouverneurs, les Préfets, les Sous-préfets ainsi que leurs Adjoints en activité ou à la retraite depuis moins de cinq (05) ans ;
- les personnes inéligibles en vertu de l'article LO.156 du code électoral ;
- les candidats aux élections contrôlées par la CENA ;

- les parents jusqu'au deuxième degré des candidats à la Présidence de la République ;

- les membres d'un groupe de soutien à un parti, à une liste de candidats ou à un candidat ;

- toute autre personne régie par un statut spécial l'empêchant d'exercer d'autres fonctions.

Article L.11.- Les attributions de la CENA sont les suivantes :

- superviser et contrôler tout le processus d'établissement et de gestion du fichier électoral, avec un droit d'accès à la documentation relative aux analyses, à la configuration physique du matériel et des équipements informatiques, à la programmation et aux procédures de saisie, de mise à jour, de traitement et de restitution des données. Chaque année, la CENA rend compte de l'exécution de cette attribution ;
- superviser et contrôler l'établissement et la révision des listes électorales par la nomination d'un contrôleur auprès de toute commission ou toute structure chargée de l'inscription sur les listes électorales, ainsi que leur révision ou refonte ; ce contrôleur garde un feuillet de l'attestation d'inscription ou de modification de l'inscription de chaque électeur, appose son visa sur le récépissé d'inscription remis à l'électeur et sur la souche qui sert à la saisie informatique ;
- contrôler et superviser toute mise à jour de la carte électorale ;
- superviser et contrôler l'impression, la distribution et la conservation des cartes d'électeur ; la CENA est informée de tout le processus d'appel à concurrence et de commande des cartes d'électeur ; un contrôleur, nommé par elle, est présent de droit dans toute commission ou structure chargée de fabriquer, de ventiler et de distribuer des cartes d'électeur ;
- superviser et contrôler le dépôt des dossiers de candidature aux élections législatives, départementales et municipales en vue d'apposer son visa sur le récépissé pour attester du dépôt dans les formes et délais légaux. Les listes de candidats sont déposées en double exemplaires. Un exemplaire est remis à la CENA ;
- veiller à ce que la liste des électeurs par bureau de vote soit remise quinze (15) jours au moins avant la date du scrutin :
  - aux candidats et aux listes de candidats, sur support électronique et en version papier ;
  - et à la CENA dans les mêmes formes ;
- superviser et contrôler la commande et l'impression des bulletins de vote ;

- veiller à ce que la publication de la liste des bureaux de vote soit faite au plus tard trente (30) jours avant le scrutin, ainsi que sa notification aux candidats et listes de candidats ;

- valider la nomination des membres des commissions d'inscription, des membres des commissions de révision, des membres des commissions de distribution, ainsi que des membres des bureaux de vote, désignés par l'Administration ;

- superviser et contrôler avec les partis politiques, la mise en place du matériel et des documents électoraux. Cette mise en place doit être effective la veille du jour du scrutin ;

- contrôler et superviser la publication des listes électorales, et faire procéder aux rectifications nécessaires ;

- contrôler le décompte des cartes d'électeur non retirées ; avant chaque reprise des opérations de distribution des cartes d'électeur non retirées, vérifier les scellés, faire l'inventaire des cartes d'électeur et dresser un rapport circonstancié ;

- désigner ses contrôleurs dans tous les bureaux de vote ;

- participer au choix des observateurs nationaux et internationaux ;

- cosigner les cartes des plénipotentiaires auprès des autorités administratives compétentes et des mandataires dans les lieux de vote des candidats ou listes de candidats. Cette formalité est accomplie par les démembrements de la CENA ;

- superviser le ramassage et la transmission des procès-verbaux des bureaux de vote aux lieux de recensement et la centralisation des résultats ; à cet effet, le représentant de la CENA fait obligatoirement partie du convoi ;

- participer aux travaux des commissions départementales et nationales de recensement des votes

- garder, par dévers elle, copie de tous les documents électoraux ;

- contribuer à l'éducation civique des citoyens en matière d'expression du suffrage ;

- faire toutes propositions relatives à l'amélioration du Code électoral.

Article L.12.- Pour les besoins de la supervision et du contrôle de la gestion du fichier électoral par la CENA, l'Administration est tenue d'assurer le processus de la révision de tous les enregistrements du fichier électoral.

L'organisation du traitement du fichier doit garantir toutes les possibilités de contrôle visant la reconstitution de tout enregistrement vers son origine et vice versa. L'Administration est tenue, pour ce faire, d'assurer la conservation séquentielle et chronologique par lieu, date et numéro d'ordre de tous les documents électoraux, en particulier des carnets d'inscription, de modification et de radiation sur les listes électorales des registres de distribution des cartes d'électeur.

Toute inscription sur le fichier électoral doit porter date et lieu de présentation de l'électeur devant la commission d'inscription ou de révision, ainsi que les références de la commission.

Article L.13.- La CENA veille à ce que la loi électorale soit appliquée aussi bien par les autorités administratives que par les partis politiques, les candidats et les électeurs.

En cas de non-respect des dispositions législatives et réglementaires relatives aux élections ou référendums par une autorité administrative, la CENA lui enjoint de prendre les mesures de correction appropriées. Si l'autorité administrative ne s'exécute pas, la CENA dispose du pouvoir de dessaisissement et de substitution d'action dans le cadre des opérations électorales et référendaires à l'égard de l'agent responsable, nonobstant son pouvoir de saisine des juridictions compétentes.

Elle propose, en outre, des sanctions administratives contre l'agent responsable et s'assure de leur exécution.

Les manquements commis par les partis politiques, les candidats ou les électeurs, sont portés par la CENA devant les autorités judiciaires qui statuent dans les soixante-douze (72) heures à compter de la saisine.

Le procureur de la République ou son délégué, saisi d'une plainte par la CENA à l'occasion des opérations électorales, garde l'initiative des poursuites. Toutefois dans la mise en œuvre de cette action, la CENA est jointe à toutes étapes de la procédure.

En cas de besoin, la CENA peut saisir la juridiction compétente par citation directe du mis en cause.

La saisine des juridictions se fait sans frais.

Article L.14.- Sauf cas de flagrant délit, les membres de la CENA ne peuvent être poursuivis, recherchés, arrêtés, détenus ou jugés pour des opinions exprimées ou des actes commis dans l'exercice de leurs fonctions.

Article L.15.- La CENA est dotée d'un Secrétariat dirigé par un Secrétaire Général nommé par décret sur proposition de son Président et chargé, sous l'autorité de celui-ci, de :

- l'administration de la CENA ;
- l'établissement des procès-verbaux des réunions de la CENA ;
- la réception, la gestion et la conservation de la documentation relative aux élections ;
- l'information du public.

Article L.16.- La CENA établit son règlement intérieur.

Article L.17.- La CENA exerce ses fonctions soit de sa propre initiative, soit sur saisine par les partis politiques en compétition, les candidats ou listes de candidats ou les électeurs.

Article L.18.- La CENA est tenue informée du calendrier d'exécution des différentes tâches du processus électoral.

La CENA assiste aux rencontres entre les partis politiques et l'Administration. Elle reçoit ampliation des correspondances entre l'Administration et les partis politiques.

Elle reçoit copie de tous les comptes rendus et de tous les procès-verbaux des réunions tenues par l'Administration dans le cadre de l'organisation des élections.

Dans l'accomplissement de leur mission, les membres de la CENA et de ses démembrements ont accès à toutes les sources d'information et aux médiats publics.

Les Gouverneurs, les Préfets, les Sous-préfets et leurs Adjoints, les agents de l'Administration territoriale, les Maires, les Présidents de Conseil départemental, les Chefs de village, ainsi que les présidents de bureau de vote, des commissions administratives de révision et de distribution et de façon générale, toute autorité ou tout agent intervenant dans le processus électoral, sont tenus de leur fournir tous les renseignements et de leur communiquer, sans délai, tous les documents dont ils peuvent avoir besoin dans l'exercice de leurs fonctions.

Article L.19.- La CENA s'adjoint, le jour du scrutin, des superviseurs désignés par son Président qui leur délivre des ordres de mission garantissant les droits attachés à leur qualité et définissant les fonctions qui leur ont été confiées. Leurs frais de mission sont inscrits au budget de la CENA Ces superviseurs procèdent à des contrôles, sur pièce et sur place.

Les dispositions de l'article L.14 relatives aux immunités sont applicables aux superviseurs de la CENA le jour du scrutin, ainsi qu'aux contrôleurs de la CENA pendant l'exercice de leur mission.

Les superviseurs de la CENA sont choisis parmi les fonctionnaires et agents publics en activité ou à la retraite, les agents du secteur privé ou tout sénégalais majeur jouissant de ses droits civiques et politiques, sans appartenance politique et sachant lire et écrire dans la langue officielle.

Article L.20.- Les membres de la CENA prêtent serment devant le Conseil constitutionnel.

Les membres des commissions électorales départementales autonomes prêtent serment devant les juridictions de leur ressort.

Les membres des délégations de la CENA auprès de chaque ambassade ou consulat du Sénégal dans les pays où les ressortissants sénégalais participent aux élections, prêtent serment devant le Chef de la Mission diplomatique.

Article L.21.- La CENA informe régulièrement l'opinion publique de ses activités et de ses décisions par la presse ou par toute autre voie jugée opportune.

Des rencontres peuvent avoir lieu entre la CENA et les partis politiques légalement constitués, à l'initiative de la première ou à la demande des derniers.

Article L.22.- La CENA élabore son budget en rapport avec les services techniques compétents de l'État et l'exécute conformément aux règles de la comptabilité publique.

Les crédits nécessaires au fonctionnement et à l'accomplissement des missions de la CENA et de ses démembrements font l'objet d'une inscription autonome dans le budget général. Ils sont autorisés dans le cadre de la loi de finances. Les crédits correspondants sont à la disposition de la CENA dès le début de l'année financière.

La CENA est dotée d'un ordonnateur de crédit en la personne de son Président et d'un Comptable public nommé par le Ministre des Finances.

Article L.23.- La CENA fait un rapport général après chaque élection ou référendum et l'adresse au Président de la République dans les trois (03) mois qui suivent le scrutin.

La CENA établit un rapport annuel d'activités qu'elle adresse au Président de la République, au plus tard un mois après la fin de l'année écoulée.

La CENA publie le rapport général et le rapport annuel d'activités, au plus tard dans les quinze (15) jours suivant leur transmission au Président de la République.

Article L.24.- Des indemnités et frais de mission sont accordés aux membres de la CENA dans les conditions fixées par décret.

❖

Article R.4.- Avant leur entrée en fonction, les membres de la CENA prêtent devant le Conseil Constitutionnel le serment suivant : « Je jure d'accomplir ma mission avec impartialité, de ne me laisser influencer ni par l'intérêt personnel présent ou futur, ni par une pression d'aucune sorte. Dans mon appréciation, je n'aurai pour guides que la loi, la justice et l'équité. Je m'engage à l'obligation de réserve et au secret des délibérations, même après la cessation de mes activités ».

Article R.5.- En cas d'empêchement ou de démission d'un membre de la CENA dans les conditions prévues à l'article L.9 du présent code, il est pourvu, par décret, à son remplacement par une personne appartenant à l'institution, à l'association ou à l'organisme dont il était issu.

Article R.6.- Les membres de la CENA perçoivent, durant leur mandat, des indemnités mensuelles dont les montants sont fixés par décret.

Les frais de mission qui leur sont versés, en cas de besoin, correspondent à ceux qui sont en vigueur au niveau de l'État.

Le Secrétaire Général de la CENA perçoit une indemnité mensuelle dont le montant est fixé par décret. Le taux de ses frais de mission est le même que celui des membres de la CENA

Article R.7.- La CENA ne peut délibérer valablement qu'en présence de neuf (9) de ses membres au moins.

Les décisions de la CENA sont prises par consensus ou, à défaut, au scrutin secret à la majorité des deux tiers des membres présents. Si cette condition n'est pas remplie, il est procédé à un troisième vote et la décision est cette fois-ci prise à la majorité simple. En cas de partage des voix, celle du Président est prépondérante.

Article R.8.- Les contrôleurs et les superviseurs de la CENA sont choisis parmi les fonctionnaires et agents publics des hiérarchies A, B ou assimilées en activité ou à la

retraite, ou parmi les agents du secteur privé de niveau équivalent. À défaut, ils sont choisis parmi les citoyens sachant lire et écrire dans la langue officielle.

Article R.9.- La CENA est secondée dans sa tâche de supervision et de contrôle par des démembrements au niveau des départements et à l'extérieur du territoire national.

Les démembrements de la CENA sont mis en place dès le début des opérations électorales ou référendaires ou pour toutes autres missions jugées utiles par la CENA

Pour le suivi de l'activité des démembrements, chaque membre de la CENA a sous son autorité la gestion d'entités territoriales suivant les conditions et modalités déterminées par l'Assemblée Générale de la CENA

Le mandat des démembrements prend fin dès que les opérations ou les missions pour lesquelles ils ont été institués arrivent à leur terme.

Article R.10.- Au niveau de chaque Département et pour toutes les opérations électorales et référendaires, la CENA est représentée par une « Commission Électorale Départementale Autonome » (C.E.D.A.). Celle-ci comprend cinq (05) membres nommés par le Président de la CENA parmi les personnalités indépendantes du département, de nationalité sénégalaise, connues pour leur intégrité morale, leur honnêteté intellectuelle, leur neutralité et leur impartialité après approbation de l'Assemblée Générale.

Article R.11.- Auprès de chaque Ambassade ou Consulat du Sénégal situé dans un pays où les ressortissants du Sénégal ont le nombre requis pour participer aux élections, la CENA est représentée par une délégation comprenant :

1. un Président nommé par le Président de la CENA parmi les membres de la colonie ;
2. deux autres membres de la colonie nommés par le Président après consultation des ressortissants ;
3. un agent de l'Ambassade ou du Consulat faisant office de Secrétaire général.

La nomination des membres des Délégations Extérieures de la Commission Électorale Nationale Autonome (D.E.CENA) est faite par le Président de la CENA, après approbation de l'Assemblée Générale de la CENA et enquête sur leur intégrité morale, leur honnêteté intellectuelle, leur neutralité et leur impartialité.

La D.E.CENA exerce les fonctions de contrôle et de supervision des opérations électorales et référendaires et des élections pour le compte et sous l'autorité de la CENA

Article R.12.- En cas d'empêchement préjudiciable aux missions de contrôle et de supervision des opérations électorales ou référendaires ou de démission dûment constatés, les membres des démembrements de la CENA sont remplacés, sur décision du Président de la CENA et après délibération de l'Assemblée Générale de la CENA

Article R.13.- Les membres de la C.E.D.A., et de la D.E.CENA perçoivent, durant leur mandat, des indemnités mensuelles dont les montants sont fixés par décret.

Article R.14.- Avant leur entrée en fonction, les membres des C.E.D.A., et des D.E.CENA ainsi que leurs contrôleurs et superviseurs prêtent serment, dans les termes prévus à l'article R.4 :

1. devant le Tribunal d'instance du ressort ;
2. ou devant le Chef de mission diplomatique ou consulaire.

Article R.15.- Le Secrétaire général de la CENA, les Secrétaires généraux des démembrements, le personnel et les experts sont soumis à une obligation de réserve et de discrétion.

❖

NOTE SUR

LA COMMISSION ÉLECTORALE NATIONALE AUTONOME (CENA)

En dépit de la similitude de l'appellation avec d'autres organismes de gestion des élections existant notamment dans la sous-région ouest-africaine, la Commission Électorale Nationale Autonome (CENA) du Sénégal est un organe de contrôle et de supervision des élections.

CHAPITRE PREMIER

CONSIDÉRATIONS GÉNÉRALES SUR LA PROBLÉMATIQUE ET LES MODALITÉS DU CONTRÔLE DES ÉLECTIONS

03 – 01. *Eu égard aux suspicions légitimes que l'on peut nourrir à l'égard d'une administration placée sous l'autorité hiérarchique des membres d'un gouvernement dont la survie politique peut dépendre des résultats d'une élection, il est souvent préconisé dans les pays en transition démocratique de mettre en place une structure de gestion électorale complètement autonome. Cette autonomie s'entend sur les plans organique, fonctionnel et financier. C'est ainsi qu'il est parfois mis en place un véritable quatrième pouvoir électoral à côté des autres pouvoirs institutionnels que sont l'exécutif, le législatif et le judiciaire.*

Une telle option est parfaitement justifiée dans un contexte de consolidation d'une démocratie naissante caractérisée notamment par l'absence de mécanismes de résolution des litiges par un juge de l'élection crédible à même de redresser et de sanctionner les dérives éventuelles d'une administration partisane. Toutefois, le déploiement d'un tel organisme de gestion a un coût parfois exorbitant, car sa mise en œuvre requiert pratiquement l'érection d'une administration parallèle pour être réellement efficace, sans aucune assurance quant aux résultats attendus, eu égard à l'inexpérience ou à la mollesse du lien hiérarchique des membres qui la composent, surtout quand la structure n'est pas totalement permanente.

Le Sénégal, en dépit de certaines revendications d'un organisme autonome de gestion des élections, a fait le pari, dans le « Code consensuel » de 1992, qui demeure la trame du système électoral, du recours à l'Administration étatique pour l'organisation matérielle des élections.

Mais pour atténuer les critiques et pour fiabiliser davantage le processus électoral, il a d'abord été institué l'Observatoire national des élections (ONEL) par la loi n° 97-15 du 8 septembre 1997, qui le définit comme « une structure indépendante chargée de la supervision et du contrôle des opérations électorales » et qui est mis en place en année électorale dès le début du processus électoral (articles L premier et 3 de la loi 92-08 du 7 février 1992 portant Code électoral, modifiée par la loi suscitée).

Le caractère non permanent de l'ONEL, qui n'était mis en place qu'en début d'année électorale, ainsi que le caractère limité de ses prérogatives ne lui conféraient que peu d'emprise sur le processus électoral et le confinaient pratiquement à un rôle de veille et d'alerte, rôle néanmoins bien assumé si l'on s'en tient au jugement des observateurs émis en son temps.

Créée par la loi n° 2005-07 du 11 mai 2005 dont les dispositions ont été intégrées dans le Code électoral, la CENA, qui s'est substituée à l'ONEL, contrôle et supervise l'ensemble des opérations électorales et référendaires, comme indiqué dans ladite loi.

Elle veille notamment à leur bonne organisation matérielle et apporte les correctifs nécessaires à tout dysfonctionnement constaté.

Elle fait respecter la loi électorale de manière à assurer la régularité, la transparence et la sincérité des scrutins en garantissant aux électeurs ainsi qu'aux candidats en lice, le libre exercice de leurs droits.

À la différence de l'ONEL, la CENA est une structure permanente dotée d'une personnalité juridique et d'autonomie financière. Son siège se trouve à Dakar. Elle est représentée, au niveau de chaque département et de chaque ambassade ou consulat des pays étrangers où l'élection est organisée pour les résidents Sénégalais, par ses démembrements locaux.

Son caractère permanent et ses représentations locales permettent à la CENA, d'une part, de pouvoir superviser tout le processus électoral depuis la phase d'établissement et de révision des listes électorales jusqu'au scrutin et la proclamation des résultats en passant par la campagne électorale, et, d'autre part, de couvrir totalement toutes les zones dans lesquelles se déroulent les différentes opérations du processus électoral.

Le président et les membres de la CENA sont désignés pour six ans, alors que ses démembrements sont mis en place en principe au début des opérations électorales.

CHAPITRE II

LES ATTRIBUTIONS DE LA CENA

La CENA exerçant un contrôle de terrain qui se déploie à toutes les phases du processus électoral, les modalités de l'exercice d'un tel contrôle seront examinées dans les différentes phases de ce processus. Il est néanmoins opportun à ce stade de rappeler les grandes lignes du contrôle de la régularité des opérations électorales dévolu à la CENA, qui peut également saisir les juridictions.

SECTION PREMIÈRE

LE CONTRÔLE DE LA RÉGULARITÉ DES OPÉRATIONS

03 – 02. *La CENA est obligatoirement présente à toutes les phases du processus électoral.*

Dans l'accomplissement de sa mission, outre son pouvoir d'injonction en vue des rectifications nécessaires à l'application conforme de la loi électorale par l'autorité administrative compétente, la CENA a également un pouvoir de dessaisissement et de substitution d'action ainsi que de proposition de sanctions à l'égard de tout agent fautif dans le cadre de l'exercice d'une fonction du processus électoral (articles L.5 à L.13 du Code électoral).

SECTION II

LA SAISINE DES JURIDICTIONS

03 – 03. *L'habilitation de la CENA est posée à l'article L.13, alinéas 4 à 7 du Code électoral, qui dispose que :*

> *« Les manquements commis par les partis politiques, les candidats ou les électeurs, sont portés par la CENA devant les autorités judiciaires qui statuent dans les soixante-douze (72) heures à compter de la saisine.*
>
> *Le procureur de la République ou son délégué, saisi d'une plainte par la CENA à l'occasion des opérations électorales, garde l'initiative des poursuites. Toutefois, dans la mise en œuvre de cette action, la CENA est jointe à toutes étapes de la procédure.*
>
> *En cas de besoin, la CENA peut saisir la juridiction compétente par citation directe du mis en cause.*
>
> *La saisine des juridictions se fait sans frais ».*

Toutefois, cette habilitation à la saisine des juridictions qui peut revêtir divers modes peut être considérée comme subsidiaire.

I – LE CARACTÈRE SUBSIDIAIRE DE LA SAISINE DES JURIDICTIONS

03 – 04. *Le caractère subsidiaire de la saisine des juridictions par la CENA, qui doit d'abord utiliser les pouvoirs dont elle a été dotée par la loi avant la saisine des juridictions, a été réaffirmé à l'occasion d'un contentieux qui avait fait l'objet de vives controverses pendant les élections locales du 22 mars 2009.*

Dans la conduite de sa mission de contrôle et de supervision à l'occasion de ces élections locales, la CENA a constaté le dépôt, après la date limite du 20 janvier, des listes de candidatures de la Coalition Sopi 2009 dans les localités de Ndindy et Ndoulo, dans le département de Diourbel, listes qui, en dépit de la forclusion les affectant, ont été reçues par les sous-préfets de

Ndindy et Ndoulo et hors la présence des représentants de la CENA. Par l'intermédiaire de son démembrement local (la CEDA de Diourbel), la CENA a mis en demeure l'autorité administrative de procéder aux mesures de correction nécessaires suite à la publication des listes de candidats dans lesquelles figuraient celles de la Coalition Sopi 2009. Cette mise en demeure n'ayant pas été suivie d'effet, la CENA a saisi la Cour d'appel de Dakar pour l'invalidation des listes de candidatures de ladite coalition. Par arrêt du 5 février 2009, la Cour d'appel de Dakar, réunie en assemblée générale, a rejeté la demande de la CENA pour « insuffisance de preuve ».

La CENA s'est alors pourvue en appel de cette décision devant la Cour suprême qui, par arrêt n° 6 en date du 16 mars 2009, a rejeté la requête de la CENA comme mal fondée en écartant les conclusions déposées devant elle au motif que les arguments développés par la CENA n'avaient pas été soumis au premier juge, en l'espèce la Cour d'appel.

La Cour suprême a, par la suite, publié un communiqué qui en dit plus que la décision elle-même sur le rôle de la CENA. Ce communiqué annonçant le rejet du recours de la CENA rappelle à celle-ci qu'elle doit user de ses pouvoirs propres avant de s'en référer aux juges, en ces termes :

> *« Par arrêt du 16 mars 2009, la Cour suprême a rejeté le recours de la CENA tendant à l'invalidation des listes de candidature déposées par la Coalition Sopi 2009 auprès des autorités administratives de Ndoulo et de Ndindy, en rappelant principalement à celles-ci les notables prérogatives que la loi électorale lui a conférées, notamment en ses articles L.3 et L.10 [correspondant aux articles L.6 et L.13 de l'actuel Code en vigueur].*
>
> *En effet, la CENA, après avoir formalisé des mises en demeure restées infructueuses, aurait dû réagir contre l'inaction de l'administration en prenant des décisions immédiatement exécutoires, comme les articles L.3 et L.10 précités lui en donnent le pouvoir.*
>
> *La saisine des juridictions compétentes est subsidiaire, notamment en matière pénale où l'exercice de l'action publique est de la compétence du Parquet, qui peut être saisi par plainte.*
>
> *La CENA ne peut renoncer aux compétences qu'elle tient de la loi, les règles en la matière étant d'ordre public.*
>
> *C'est une position constante de la Cour suprême qui, en 1966 déjà, énonçait que "le président de la République, qui avait le pouvoir hiérarchique d'annuler ou de réformer un arrêté ministériel, n'est pas recevable à présenter devant la Cour suprême des conclusions reconventionnelles tendant à l'annulation dudit arrêté" » (Communiqué de la Cour suprême en date du 16 mars 2009).*

En bref, selon la Cour suprême, la CENA doit d'abord mettre en œuvre ses propres attributions légales avant toute saisine des juridictions.

II – LES MODALITÉS D'INTERVENTION DE LA CENA

03 – 05. *La CENA peut intervenir dans la procédure judiciaire comme partie jointe ou comme partie principale.*

A - LA CENA, PARTIE JOINTE

La CENA peut avoir un rôle de partie civile privilégiée quand le ministère public a déclenché des poursuites pour une infraction commise à l'occasion des opérations électorales. Le cas échéant, sa participation à la procédure consistera, à ce niveau, à fournir à la juridiction saisie des éléments d'appréciation que son contrôle de terrain lui aura permis de recueillir et à proposer des solutions qu'elle estime de nature à faire respecter la loi électorale.

B - LA CENA, PARTIE PRINCIPALE

La CENA peut prendre l'initiative des poursuites, en usant de la procédure de citation directe, en cas d'infractions pénales se rapportant aux opérations électorales ou référendaires. Ces infractions sont celles prévues notamment au chapitre IV du titre 1er du Code électoral intitulé « Des dispositions pénales », objet des articles L.88 à L.113 *(cf. infra nos 08-45 à 08-56 et nos 12-05 à 12-07).*

La citation directe dont la CENA peut prendre l'initiative est faite en principe par voie d'huissier, huissier exerçant une profession libérale et qui aurait pu prétendre à des émoluments conformément au tarif des frais dus aux huissiers régi par le décret n° 66-572 du 13 juillet 1966 relatif aux frais de justice en matière criminelle, correctionnelle et de simple police. Mais la CENA, qui est une institution de la République, donc assimilable à une administration publique, sera ainsi dispensée aussi bien du versement d'une provision que des frais d'huissier, qui seront taxés conformément au décret susvisé.

La citation devant le juge correctionnel est faite conformément à l'article 539 du Code de procédure pénale qui dispose :

> *« La citation est délivrée à la requête du ministère public ou du président du Tribunal d'instance investi des pouvoirs du procureur de la République, de la partie civile, et de toute administration qui y est légalement habilitée.*
> *L'huissier doit référer sans délai à leur réquisition.*
> *La citation énonce le fait poursuivi et vise le texte de loi qui le réprime.*
> *Elle indique le tribunal saisi, le lieu, l'heure et la date de l'audience et précise la qualité de prévenu, de civilement responsable, ou de témoin de la personne citée ».*

Mais toute irrégularité n'est pas constitutive d'une infraction pénale pour nécessiter la mise en œuvre de l'action publique. Aussi, sous réserve des pouvoirs propres de la CENA, notamment le pouvoir d'injonction pour la prise des mesures de correction appropriées par les autorités administratives et le pouvoir de dessaisissement et de substitution d'action dans le cadre des opérations électorales et référendaires à l'égard de l'agent responsable, la saisine du juge des référés, en raison de l'urgence à faire cesser le trouble occasionné par les manquements constatés, peut s'avérer plus appropriée. Mais au regard de la position indiquée par la Cour suprême (cf. supra n° 03–04), la CENA devra d'abord prendre, sur le fondement de l'article L.6, alinéa 2, après mise en demeure, des décisions immédiatement exécutoires d'injonction, de rectification, de dessaisissement, de substitution d'action, l'intervention du juge des référés pouvant éventuellement consister à apporter son imperium dans le cadre des modalités d'exécution de la décision de la CENA

Pour la saisine du juge des référés, il est procédé comme prévu aux dispositions suivantes du Code de procédure civile :

> *« Article 247 : Dans tous les cas d'urgence ou lorsqu'il s'agit de statuer provisoirement sur les difficultés relatives à l'exécution d'un titre exécutoire ou d'un jugement, il est procédé ainsi qu'il est réglé ci-après.*
> *Article 248 : La demande est portée à une audience tenue à cet effet par le président du tribunal ou par le juge qui le remplace aux jour et heure indiqués par le tribunal.*
> *Article 249 : Si néanmoins le cas requiert célérité, le président ou celui qui le remplace peut permettre d'assigner, soit à l'audience soit en son hôtel, à heure indiquée, même les jours de fête ; et, dans ce cas, l'assignation ne peut être donnée qu'en vertu de l'ordonnance qui commet un huissier à cet effet ».*

Les actes extrajudiciaires, comme l'assignation visée à l'article 249 ci-dessus, accomplis par l'huissier, sont soumis au décret n° 2009-503 du 29 mai 2009 abrogeant et remplaçant le décret n° 84-1239 du 29 octobre 1984 portant tarif des huissiers de justice en matière civile et commerciale.

À noter toutefois que le juge des référés ne peut s'ériger en juge de l'élection, par ailleurs spécifié dans chaque cas et à qui est spécialement dévolu le contrôle des opérations électorales. Aussi, le champ de sa saisine se limitera à ses missions classiques, notamment à la prescription de mesures strictement conservatoires ou ayant pour unique but de faire cesser un trouble manifestement illégal ou de prévenir un danger imminent, dans des circonstances qui ne sont pas intrinsèquement liées aux opérations électorales, mais qui sont susceptibles d'en affecter la sincérité, comme par exemple la diffusion d'affiches non officielles ou la publication dans les médias en dehors des émissions de propagande réglementée d'informations inexactes (comme celles relatives à des ralliements à une candidature) ou diffamatoires (comme celles portant atteinte à l'intégrité d'un candidat).

Par ailleurs, il faut noter que « les manquements visés à l'article L.13, alinéas 2 et 4 sont de la compétence de la Cour d'appel de Dakar » comme indiqué à l'article L.49, alinéa 3 du Code électoral. Il s'agit des cas de non-respect des dispositions législatives et réglementaires par les autorités administratives ou par les partis politiques, les candidats ou les électeurs. À ce propos, si l'on peut comprendre que les manquements imputables aux autorités administratives puissent relever de la compétence de la Cour d'appel de Dakar, les manquements commis par les partis politiques, les candidats ou les électeurs constituent un contentieux de proximité dont la résolution gagnerait en efficience avec un accès plus facile au juge compétent. Ainsi, l'attribution de cette compétence au tribunal d'instance –siégeant au niveau départemental à l'instar des Commissions électorales départementales autonomes (CEDA) – peut sembler plus adéquate dès lors que ces démembrements de la CENA représentent celle-ci au niveau de chaque département et exercent les fonctions de supervision et de contrôle des opérations électorales et référendaires pour son compte et sous son autorité (articles R.10 en ce qui concerne les CEDA et R.11, alinéa 3, pour les Délégations extérieures de la CENA).

❖

SECTION 3
DES COURS D'APPEL

Article LO.25.- Les compétences dévolues en matière électorale à la Cour d'appel dans le cadre du présent code sont exercées par la Cour d'appel de Dakar. Toutefois, chaque Cour d'appel est compétente pour les élections départementales et municipales au niveau des circonscriptions électorales de son ressort. Dans le cas où la Cour d'appel concernée n'est pas installée, la Cour d'appel de Dakar est compétente.

❖

NOTE SUR LE RÔLE DES COURS D'APPEL ET DES AUTRES JURIDICTIONS

04 – 01. *Outre la Cour d'appel, d'autres juridictions comme le Tribunal d'instance, la Cour suprême et le Conseil constitutionnel interviennent dans le processus électoral, étant entendu toutefois que les dispositions relatives à ces dernières juridictions figurent dans des parties éparses du Code électoral en fonction de leur implication dans des phases particulières dudit processus.*

I - L'INTERVENTION DE LA COUR D'APPEL DANS LE PROCESSUS ÉLECTORAL

En matière électorale, le législateur a parfois apporté des dérogations aux règles de compétence de droit commun relatives aux cours d'appel pour s'adapter aux spécificités des élections concernées et aux stades de l'évolution de la carte judiciaire.

A - LA COMPÉTENCE TERRITORIALE DES DIFFÉRENTES COURS D'APPEL

Comme précisé à l'article 25, les différentes cours d'appel exercent, chacune dans son ressort, les attributions dévolues à la Cour d'appel dans le Code électoral dans le cadre des élections départementales et municipales, celles relatives aux élections présidentielle et législatives relevant de la Cour d'appel de Dakar en raison de leur caractère national.

En application des dispositions de l'article 24 du décret n° 2015-1145 du 3 août 2015 fixant la composition et la compétence des cours d'appel, des tribunaux de grande instance et des tribunaux d'instance, les cours d'appel se répartissent ainsi qu'il suit sur le territoire national :

- le ressort de la Cour d'appel de Dakar, dont le siège est établi à Dakar, comprend les ressorts des tribunaux de grande instance de Dakar, Pikine-Guédiawaye et Rufisque ;

- le ressort de la Cour d'appel de Saint-Louis, dont le siège est établi à Saint-Louis, comprend les ressorts des tribunaux de grande instance de Saint-Louis, Matam et Louga ;

- le ressort de la Cour d'appel de Kaolack, dont le siège est établi à Kaolack, comprend les ressorts des tribunaux de grande instance de Kaolack, Fatick, Tambacounda, Kédougou et Kaffrine ;

- le ressort de la Cour d'appel de Ziguinchor, dont le siège est établi à Ziguinchor, comprend les ressorts des tribunaux de grande instance de Ziguinchor, Kolda et Sédhiou ;

- le ressort de la Cour d'appel de Thiès, dont le siège est établi à Thiès, comprend les ressorts des tribunaux de grande instance de Thiès, Diourbel, Mbour, Mbacké et Tivaouane ;

- le ressort de la Cour d'appel de Tambacounda, dont le siège est établi à Tambacounda, comprend les ressorts des tribunaux de grande instance de Tambacounda et de Kédougou (ladite cour n'étant pas encore installée, ses compétences sont dévolues provisoirement à la Cour d'appel de Kaolack).

Avec la création et l'installation de nouvelles cours d'appel qui pourraient ultérieurement intervenir, cette répartition des compétences pourrait également changer.

B - LA COMPÉTENCE MATÉRIELLE DES COURS D'APPEL EN MATIÈRE ÉLECTORALE

Dans le schéma qui s'est désormais imposé dans la structuration du dispositif organique électoral bâti en un triptyque comprenant l'Administration, la CENA et la Justice, la Cour d'appel joue un rôle central avec :

- la surveillance du scrutin par le biais des délégués de la Cour d'appel de Dakar ;

- le recensement et la proclamation provisoires des résultats des élections présidentielle et législatives par la même Cour d'appel ;

- les mêmes missions de recensement et de proclamation exercées par chaque Cour d'appel installée, dans le cadre de son ressort territorial, pour les élections départementales et municipales.

La répartition des compétences entre la Cour d'appel de Dakar et les autres cours d'appel s'explique par le fait que les élections présidentielle et législatives ont, à la différence des élections locales, une dimension nationale qui nécessite un traitement centralisé notamment à Dakar. Cette dimension nationale, évidente pour la présidentielle, se retrouve dans le mode de scrutin mixte des législatives, qui combine un scrutin de liste nationale et un scrutin de liste départementale. Mais il convient de relever que dans l'exercice de la compétence qui lui est dévolue, en application de l'article unique de la présente section, la Cour d'appel de Dakar peut habiliter tous magistrats d'une autre juridiction d'appel comme délégués de la Cour d'appel.

À noter enfin la distribution du texte de loi qui apparaît pour le moins approximative du point de vue formel, avec l'omission des tribunaux départementaux devenus tribunaux d'instance de cette section intitulée « Des Cours d'appel » dans le présent chapitre préliminaire du Code consacré à la gestion et au contrôle du processus électoral. Toutes les juridictions qui interviennent dans cette phase du processus électoral auraient dû figurer dans ce chapitre, les éventuels développements pouvant faire l'objet de renvois à d'autres parties du texte de loi.

II - L'INTERVENTION DES AUTRES JURIDICTIONS

04 - 02*. La Justice, par l'organe du président du Tribunal d'instance, connaît des contentieux préélectoraux et par le biais de la Cour d'appel et du Conseil constitutionnel, contrôle, recense et procède à la proclamation des résultats provisoires ou définitifs de l'élection, comme indiqué dans les développements relatifs au recensement et au contentieux des différentes élections.*

Toutes ces juridictions – qui interviennent aussi bien au stade de l'élaboration des listes électorales que dans le recensement et de la proclamation des résultats des scrutins – auraient bien pu figurer dans ces « dispositions communes à l'élection du président de la République, et aux élections des députés, des conseillers départementaux et municipaux », au même titre que la Cour d'appel, ne serait-ce que sous forme de présentation sommaire, les modalités d'intervention de toutes ces juridictions étant exposées dans les différentes phases du processus électoral. Mais l'exigence impérieuse d'une solution au problème saillant d'une répartition de compétences entre cours d'appel a pris le dessus sur la cohérence globale du texte. D'ailleurs, toutes les implications des cours d'appel, en dépit de la généralité du titre de la présente section, n'ont pas été abordées à ce niveau et ce, sans même aucun renvoi à d'autres dispositions. D'ailleurs, une telle formulation de la loi peut exposer à quelque méprise dans son interprétation (cf. infra n° 25–06, Cour suprême administrative, Arrêt n° 32 du 24 juin 2014).

❖

SECTION 4
DE L'OBSERVATION ÉLECTORALE

Article L.26.- Toute organisation nationale ou internationale ou tout particulier dont la demande d'accréditation est acceptée par le gouvernement du Sénégal peut observer l'élection présidentielle, les élections législatives, l'élection des Hauts conseillers, les élections départementales et municipales au Sénégal comme à l'étranger.

Les modalités ainsi que les conditions pour exercer les missions d'observation sont précisées par décret.

❖

Article R.16.- **Le Gouvernement du Sénégal peut inviter des Organisations nationales ou internationales, gouvernementales ou non gouvernementales à observer l'élection présidentielle, les élections législatives, les élections départementales et municipales et les référendums.**

Toute organisation ou tout organisme, de même que tout particulier intéressé par le processus électoral, peut également demander une accréditation pour observer les élections aussi bien à l'intérieur du pays qu'à l'étranger.

Article R.17.- **Toute mission d'observation électorale qui souhaite être accréditée doit présenter les pièces suivantes :**

1. une demande adressée au ministre chargé des élections ou au ministre chargé des Affaires étrangères pour le vote des Sénégalais de l'Extérieur ;

2. un acte officiel de reconnaissance en original ou certifié conforme ;

3. la liste et l'identité complètes des observateurs.

Pour les observateurs internationaux, en plus des pièces précédentes et pour chaque observateur, il faut :

1. une photocopie du passeport : page d'identification et celle comportant le cachet d'entrée sur le territoire national ;

2. un ordre de mission pour chaque observateur délivré par la structure ou l'organisme qui l'envoie ;

3. une photocopie du billet d'avion aller et retour, le cas échéant ;

4. les ressortissants de la Communauté Économique des États de l'Afrique de l'Ouest (CEDEAO) qui empruntent les voies terrestres, doivent présenter une photocopie de la pièce d'identité et un ordre de mission visé à l'entrée par le service national de la police des frontières ;

5. une assurance pour la prise en charge maladie ou de rapatriement du corps en cas de décès ;

6. la justification de ressources suffisantes pour couvrir le séjour et les activités de la mission d'observation.

Le dossier complet doit être déposé ou envoyé au ministère chargé des Élections directement ou par le canal du ministère chargé des Affaires étrangères au plus tard quinze (15) jours avant le jour du scrutin.

Les dossiers déposés au-delà de ce délai sont déclarés irrecevables.

Article R.18.- **Il est créé à la veille de chaque élection, une commission chargée de la réception et de l'instruction des demandes d'accréditation de mission d'observation électorale. Elle siège trois (3) mois avant et un (1) mois après le scrutin.**

Elle reçoit et instruit l'ensemble des pièces de la demande d'accréditation.

Elle prépare les lettres d'invitation et les titres d'accréditation qui sont soumis à la signature du ministre chargé des Élections.

Elle délivre également les lettres d'invitation, les titres d'accréditation ainsi que les badges individuels.

L'accréditation des observateurs relève du pouvoir discrétionnaire de l'administration électorale.

Article R.19.- La commission est composée ainsi qu'il suit :

1. trois (3) représentants du Ministère chargé des Élections ;
2. un (1) représentant du Ministère chargé des Affaires étrangères ;
3. trois (3) représentants de la Commission Électorale Nationale Autonome (CENA) ;

Elle est présidée par un représentant du ministre chargé des Élections.

Article R.20.- Un arrêté du ministre chargé des Élections détermine les modalités d'organisation et de fonctionnement de la commission prévue par l'article R.18 du présent code.

Article R.21.- Les missions d'observation ont droit notamment :

1. aux titres d'accréditation et badges d'identification ;
2. à l'accès à la législation électorale et aux documents électoraux ;
3. à l'accès à l'information électorale ;
4. à l'accès aux acteurs du processus électoral ;
5. à l'accès aux centres, lieux et bureaux de vote ;
6. de regard sur les opérations du processus électoral à travers tout le territoire national ; s'agissant des Commissions de recensement des votes, les missions d'observation doivent requérir au préalable l'agrément du président de la Commission nationale de recensement des votes ;
7. à l'assistance en matière de sécurité en cas de besoin.

Article R.22.- Le Gouvernement peut signer avec certaines missions d'observation un protocole d'accord. En tout état de cause, l'observateur doit, à titre indicatif :

1. respecter la souveraineté et la législation nationales du pays ;
2. être neutre et impartial ;
3. éviter toute ingérence ou commettre un acte de nature à porter atteinte ou préjudice au processus électoral ou aux acteurs électoraux, surtout l'administration électorale. Il peut cependant porter à l'attention des membres de l'Administration électorale ou des agents électoraux, certaines constatations d'irrégularités qui pourront être corrigées rapidement tout en évitant de donner l'impression qu'il s'agit d'instructions ou de contredire les décisions des responsables électoraux ;
4. s'abstenir de faire des commentaires personnels ou prématurés en public ou en privé ;
5. s'abstenir de porter ou d'afficher des symboles, couleurs ou bannières appliqués à un candidat ou liste de candidats ;
6. décliner son identité aux autorités compétentes sur demande ;
7. se munir des pièces d'identification prescrites par le Gouvernement, c'est-à-dire le titre d'accréditation ou le badge ;
8. s'acquitter de ses tâches avec discrétion, sans perturber ni entraver le processus électoral, les procédures de vote ni le dépouillement des voix ;
9. s'abstenir de faire des injonctions à l'administration électorale ou des remarques tendancieuses ;
10. s'abstenir de demander une assistance matérielle ou financière à l'État du Sénégal ou à ses démembrements.

Article R.23.- La mission d'observation électorale doit faire une déclaration d'arrivée, décliner l'objet et la durée de la mission et communiquer son adresse, une fois sur le territoire national.

Après l'élection, elle doit produire un rapport final, transmis au ministère chargé des Élections et à la CENA, au plus tard dans les (03) trois mois qui suivent le scrutin.

La mission d'observation électorale qui ne respecte pas ces obligations n'est pas habilitée à demander de nouveau une accréditation.

Article R.24.- En cas de violation de la loi électorale, les sanctions sont de la compétence exclusive des institutions sénégalaises.

Le Gouvernement peut, à tout moment, retirer l'accréditation soit provisoirement, soit définitivement, en cas de manquement aux obligations liées à l'observation électorale.

S'il s'agit d'une mission d'observation étrangère ou d'un observateur étranger, après le retrait définitif, l'expulsion est immédiate.

❖

NOTE SUR L'OBSERVATION ÉLECTORALE

05 – 01. *La consécration légale de l'implication des observateurs électoraux a souvent été une demande des organismes dont ils relèvent. Parfois décriés pour leur complaisance supposée avec les régimes en place par des opposants persifleurs qui ne sentent pas leur influence sur les opérations électorales et les affublent du sobriquet de « touristes électoraux », les observateurs, considérés par d'autres comme les « chiens de garde de la démocratie », font remarquer que conformément à la règle de non-ingérence dans un domaine qui relève de la souveraineté nationale, leur code de conduite leur interdit toute entrave du processus électoral, les irrégularités constatées devant seulement être portées à l'attention des membres de l'administration électorale.*

La légitimation de l'observation électorale peut être référée à la Déclaration universelle des droits de l'homme adoptée en décembre 1948, ainsi qu'au Pacte international relatif aux droits civils et politiques, adopté en décembre 1966, qui ont reconnu la volonté des peuples, telle qu'exprimée par le biais d'élections libres et transparentes en tant que base de l'autorité gouvernementale.

Des instruments internationaux et régionaux ont mis en place des mécanismes d'observation électorale.

Au plan national, les articles L.26 et R.16, alinéa 2 du Code électoral prévoient un système d'observation très ouvert puisque « toute organisation ou tout organisme, de même que tout particulier intéressé par le processus électoral peut également demander une accréditation pour observer les élections aussi bien à l'intérieur du pays qu'à l'étranger ».

Mais – même si l'observation électorale peut être entreprise par tout particulier dans des modalités qui restent à être précisées –, dans les faits, les missions d'observation électorale viennent le plus souvent des Nations unies, des États-Unis ou de l'Union européenne et opèrent à côté des organismes régionaux et nationaux d'observation. En tout état de cause, l'observation par « tout particulier intéressé » visée dans le Code ne peut être envisagée que si son action projetée est adossée sur un appareil structuré.

CHAPITRE PREMIER
L'OBSERVATION ÉLECTORALE INTERNATIONALE

À côté des Nations unies, les États-Unis et l'Union européenne contribuent le plus sur le plan international à l'assistance électorale et à l'observation électorale.

SECTION PREMIÈRE
L'OBSERVATION PAR LES NATIONS UNIES

05 – 02. *La Déclaration universelle des droits de l'homme apporte la justification légale et morale en faveur de l'assistance électorale. Mais depuis l'adoption et la proclamation de cette déclaration en 1948, la notion d'observation électorale ou sa variante, qu'est l'assistance électorale internationale, a subi plusieurs transformations et interprétations.*

L'article 21 in fine de la Déclaration universelle des droits de l'homme réaffirme que « la volonté du peuple est le fondement de l'autorité des pouvoirs publics ; cette volonté doit s'exprimer par des élections honnêtes qui doivent avoir lieu périodiquement, au suffrage universel égal et au vote secret ou suivant une procédure équivalente assurant la liberté du vote ».

La « Résolution 46/137 de 1991 de l'Assemblée générale des Nations unies portant sur le renforcement de l'efficacité du principe d'élections périodiques et honnêtes » recommande l'érection d'un bureau devenu la Division de l'Assistance Électorale des Nations Unies (DAENU) qui bénéficie sur place de l'assistance technique du Programme des Nations Unies pour le Développement (PNUD).

SECTION II
L'OBSERVATION PAR LES ÉTATS-UNIS

05 – 03. *Les États-Unis interviennent dans l'assistance de l'observation électorale essentiellement par le biais de :*

- *l'Agence des États-Unis pour le développement international (USAID) ;*
- *le Département d'État ;*
- *le National Endowment for Democracy ;*
- *la Fondation Internationale des Systèmes Électoraux (FISE) ;*
- *et le National Democratic Institute (NDI) à côté de la fondation privée Carter Center.*

SECTION III

L'OBSERVATION PAR L'UNION EUROPÉENNE

05 – 04. *Le Parlement européen observe les élections conformément à la Déclaration de principes pour l'observation internationale d'élections et le Code de conduite à l'usage des observateurs électoraux internationaux, instruments entérinés par cette institution communautaire en 2007.*

Les missions d'observation des élections de l'Union européenne ont pour but de renforcer la légitimité et la crédibilité du processus électoral ainsi qu'à assurer une meilleure protection des droits de l'homme et à contribuer, s'il y a lieu, à la résolution des conflits et à la stabilisation du pays.

Le Parlement européen n'organise des délégations d'observation que dans un pays où cette délégation pourra s'intégrer dans une mission d'observation à plus ou moins long terme. C'est ainsi que certains membres de la délégation font un séjour d'environ une semaine pour l'observation du scrutin alors que d'autres restent deux mois sur place et arrivent en général quelques semaines avant le jour du scrutin afin de s'imprégner des opérations préélectorales et d'observer le scrutin, et restent sur place pour suivre la phase de proclamation des résultats.

CHAPITRE II

L'OBSERVATION EN DROIT RÉGIONAL AFRICAIN

05 – 05. *L'observation dans l'espace africain est faite généralement sous les auspices de l'Union africaine, qui a élaboré deux instruments juridiques de base : la Charte africaine de la démocratie, des élections et de la gouvernance et la Déclaration de Durban (Afrique du Sud) de L'OUA/UA sur les principes régissant les élections démocratiques en Afrique.*

Au niveau sous-régional, la Communauté Économique des États de l'Afrique de l'Ouest est particulièrement active en la matière.

SECTION PREMIÈRE

L'OBSERVATION DANS LA CHARTE AFRICAINE

05 – 06. *La Charte africaine de la démocratie, des élections et de la gouvernance, adoptée par la huitième session ordinaire de la Conférence tenue le 30 janvier 2007 à Addis Abeba (Éthiopie), a rappelé dans son préambule « la nécessité de renforcer les missions d'observation des élections dans le rôle qu'elles jouent, particulièrement en ce qu'elles concourent de manière notable à assurer la régularité, la transparence et la loyauté des élections ». Elle précise notamment en ses articles 17 à 22 les conditions et modalités de l'observation électorale à fournir.*

Pour la mise en œuvre de l'observation électorale, l'État partie à la Charte peut convenir avec la Commission africaine de l'envoi de missions consultatives spéciales en vue de renforcer ses institutions et processus électoraux. C'est ainsi qu'au cours de la période précédant le vote, la Commission, en concertation avec l'État concerné, peut envoyer une mission exploratoire. Cette mission recueille toute information et documentation utile et fait au rapport Président en indiquant si les conditions nécessaires sont réunies et si l'environnement est propice pour la tenue d'élections transparentes, libres et justes, conformément aux principes de l'Union régissant les élections démocratiques. Sur invitation de l'État concerné, la Commission envoie, pour les élections prévues, une mission d'observation des élections qui doit bénéficier de la garantie de sécurité, du libre accès à l'information, de la non-ingérence dans ses activités, de la libre circulation ainsi que de la pleine coopération de l'État.

La mission d'observation des élections est effectuée par les experts compétents dans le domaine des élections provenant d'institutions continentales et nationales, notamment le Parlement panafricain, les organes électoraux nationaux, les parlements nationaux et par d'éminentes personnalités, en tenant dûment compte des principes de la représentation régionale et de l'équilibre entre homme et femme. À l'issue des élections, la mission d'observation soumet dans un délai raisonnable au président de la Commission africaine un rapport d'activités dont un exemplaire est soumis, également dans un délai raisonnable, à l'État concerné.

Enfin, la Charte recommande aux États parties de créer un environnement propice à la mise en place de mécanismes nationaux indépendants et impartiaux de contrôle ou d'observation des élections.

SECTION II

L'OBSERVATION DE L'UNION AFRICAINE (UA)

05 – 06. *La Déclaration de Durban (Afrique du Sud) de L'OUA/UA sur les principes régissant les élections démocratiques en Afrique, adoptée dans le cadre de la 38ème session ordinaire de la Conférence de l'OUA, appelle l'organisation continentale à s'engager pleinement au renforcement du processus de démocratisation, en particulier par l'observation et le suivi des élections dans ses États membres, conformément aux directives qui reprennent les grandes lignes dégagées par la Charte et précise que le pays hôte de la mission d'observation doit s'assurer que les invitations à l'organisation pour participer à l'observation ou au suivi des élections sont envoyées au moins deux mois avant la date de l'élection.*

SECTION III

L'OBSERVATION DE LA « COMMUNAUTÉ ÉCONOMIQUE DES ÉTATS DE L'AFRIQUE DE L'OUEST »

05 – 07. *Organisation sous-régionale, la Communauté économique des États de l'Afrique de l'Ouest (CEDEAO) est particulièrement présente sur le terrain de l'observation électorale locale.*

Par le Protocole A/SP1/12/01 sur la démocratie et la bonne gouvernance, additionnel au Protocole relatif au mécanisme de prévention, de gestion, de règlement des conflits, de maintien de la paix et de la sécurité, la CEDEAO a posé la trame d'un véritable droit électoral communautaire en instituant des règles basiques de nature à renforcer la transparence et la régularité des compétitions électorales et dont le respect doit servir de base à l'évaluation de la qualité des élections par la mission d'observation électorale (Section II, articles 2 à 10 du Protocole).

Dans ce cadre, cette organisation intergouvernementale, créée le 28 mai 1975 et comptant 15 États membres ouest-africains, dont le Sénégal, a notamment posé la règle de la prohibition de toute réforme substantielle de la loi électorale dans les six (6) mois précédant les élections, sans le consentement d'une large majorité des acteurs politiques ; elle a en outre prescrit la tenue des élections aux dates ou périodes fixées par la Constitution ou les lois électorales nationales.

Elle a également adopté en matière d'observation des élections les dispositions suivantes qui, en raison de la règle de la primauté et de l'applicabilité directe et immédiate du droit communautaire, s'intègrent dans l'ordre juridique national. Ce qui justifie la restitution ci-dessus de ces dispositions, objet de la section III dudit Protocole et ainsi libellées :

« DE L'OBSERVATION DES ÉLECTIONS ET DE L'ASSISTANCE DE LA CEDEAO

[...]

Article 11.- *Les dispositions de l'Article 42 du Protocole du 10 décembre 1999 sont complétées par celles de la présente section.*

Article 12.-

1. *À la demande de tout État membre, la CEDEAO peut apporter aide et assistance à l'organisation et au déroulement de toute élection.*

2. *Cette aide ou assistance peut s'effectuer sous n'importe quelle forme utile.*

3. *De même, la CEDEAO peut envoyer dans le pays concerné une mission de supervision ou d'observation des élections.*

4. *La décision en la matière est prise par le Secrétaire exécutif.*

Article 13.-

1. À l'approche d'une élection devant se tenir dans un État membre, le Secrétaire exécutif de la CEDEAO envoie dans le pays concerné une mission d'information.

2. Cette mission peut être suivie d'une mission exploratoire destinée à :

- collecter tous les textes devant régir les élections concernées ;

- collecter toutes informations et tous éléments caractérisant le cadre et les conditions dans lesquelles devront se dérouler les élections ;

- réunir toutes informations utiles relatives aux candidats ou aux partis politiques en compétition ;

- rencontrer tous les candidats, les responsables des partis politiques et autorités gouvernementales et autres responsables compétents ;

- évaluer l'état des préparatifs ;

- recueillir tous les éléments utiles à une exacte appréciation de la situation.

Article 14.-

1. Le Secrétaire exécutif désigne le chef et les membres de la mission de supervision ou d'observation qui doivent être des personnalités indépendantes et de nationalité autre que celle de l'État dans lequel se déroulent les élections.

2. La mission doit comporter des femmes.

3. Des fonctionnaires du Secrétariat exécutif sont désignés pour assister la mission.

Article 15.-

1. La mission de supervision ou d'observation, munie des documents collectés par la mission exploratoire et du rapport de ladite mission doit arriver dans le pays concerné au plus tard quarante-huit heures avant la date de déroulement des élections.

2. Elle peut être précédée par les fonctionnaires du Secrétariat exécutif qui devront préparer les rencontres de la mission avec les autorités nationales.

3. La mission doit tenir des réunions avec les autorités compétentes du pays hôte aux fins d'échange et de détermination du mode de déploiement dans l'État membre.

4. Elle peut coopérer avec les ONG et toutes autres missions d'observation tout en conservant son autonomie.

5. Les membres de la mission sont tenus à une obligation de réserve et doivent s'abstenir de toute déclaration individuelle. Toute déclaration est collective et faite au nom de la mission par le chef de mission ou un porte-parole désigné à cet effet.

Article 16.-

__1.__ La durée de la mission doit couvrir toute la période de déroulement des élections jusqu'à la proclamation des résultats.

__2.__ La mission fait aussitôt rapport au Secrétariat exécutif.

__3.__ Ledit rapport doit obligatoirement comporter :

- Tout ce que la mission a pu constater par elle-même ;

- Ce qu'elle a recueilli par témoignage ;

- Son appréciation sur le déroulement du vote par rapport, d'une part, aux lois nationales s'appliquant aux élections, d'autre part, aux principes universellement admis en matière électorale ;

- Ses recommandations aux fins d'amélioration des élections à venir et des missions d'observation.

Article 17.-

__1.__ Le rapport de la mission d'observation devra être signé par tous les membres de la mission et soumis au Secrétaire exécutif par le chef de la mission dans un délai de quinze (15) jours au plus tard pour compter de la date de la fin de la mission.

__2.__ En vue de la rédaction de ce rapport, la mission tient obligatoirement une réunion de concertation avant de quitter le pays d'accueil.

3. Tout membre de la mission ne pouvant prendre part à ladite réunion, remet un rapport écrit au chef de mission avant de quitter le pays.

__4.__ Les fonctionnaires du Secrétariat exécutif assistent la mission dans la préparation du rapport.

***Article 18.-** Le rapport est transmis par le Secrétaire exécutif avec le cas échéant, ses observations personnelles au Conseil de Médiation et de Sécurité qui décidera des recommandations à faire à l'État concerné et/ou à tous les États membres et le cas échéant des mesures à prendre ».*

CHAPITRE III

LES OBSERVATEURS NATIONAUX

***05 – 08.** Les organisations de la société civile nationale se sont engagées depuis 2007 dans l'observation électorale à côté des observateurs internationaux. Elles se sont inscrites dans une dynamique de partenariat qui s'est structurée dans une plateforme permettant la synergie des moyens matériels et humains pour une observation plus efficace. C'est ainsi qu'à l'occasion de chacun des deux tours de scrutin de l'élection présidentielle de février et mars 2012, l'observation électorale nationale a été menée par diverses organisations de la société civile sénégalaise parmi lesquelles :*

- le Réseau sénégalais des observateurs citoyens (RESOCIT) qui réunit le Collectif des Organisations de la Société Civile pour les Élections (COSCE) et Gorée Institute ;
- l'association dite Association culturelle d'autopromotion éducative et sociale (ACAPES) ;
- la Commission Épiscopale Justice et Paix (CEJP) ;
- la Plateforme des acteurs non étatiques associée notamment à ENDA-DIAPOL et à d'autres missions d'observation électorale nationale ;
- la Rencontre africaine pour la défense des droits de l'homme (RADDHO), pionnière dans l'observation nationale, avec une implication notable lors de l'élection présidentielle de février 2007, mais à qui l'accréditation nécessaire a été refusée pour des raisons liées à des contingences politiques en 2012. La RADDHO a déployé des observateurs à l'occasion des élections municipales et départementales du 29 juin 2014 et a fait des recommandations intéressantes pour l'amélioration du système électoral notamment l'institution du bulletin de vote unique qu'il faut sérieusement envisager dans l'attente de l'opérationnalisation du vote électronique ;
- Gorée Institute, qui est l'un des organismes initiateurs de la plateforme des organisations de la société civile, a abrité en mars 2015 un atelier de « capitalisation et d'évaluation du modèle et des outils d'accompagnement électoral », réunissant des experts et techniciens pour évaluer le modèle et les outils élaborés dans le cadre de l'observation. Dans les conclusions des travaux, il a été relevé que la seule observation à court terme n'est plus l'action la plus appropriée et qu'il faut privilégier une « approche du cycle électoral » par le développement de « différents outils qui permettent de recueillir, tout au long du cycle électoral, des informations [...] se rapportant au processus électoral, à savoir : le monitoring de la violence électorale, le monitoring des médias, le monitoring du recensement, l'observation à court terme, l'observation à long terme, etc. ».

CHAPITRE IV
L'INTÉRÊT DE L'OBSERVATION À TRAVERS UN CAS PRATIQUE D'UNE MISSION D'OBSERVATION

***05 – 09.** Les missions d'observation sont en général des sources d'information intéressantes pour la formulation des normes dans le sens de l'amélioration du dispositif électoral. Ainsi entre autres rapports de qualité desdites missions, l'on peut citer celui de la Délégation d'observation électorale de l'Union européenne à l'occasion de l'élection présidentielle de 2012 et qui avait notamment estimé que :*

« Dans l'attente d'une révision consensuelle du Code électoral pour encadrer la législation des observateurs nationaux et internationaux, [...] la mission d'observation électorale de l'Union européenne encourage les autorités sénégalaises [...] à mettre en œuvre la réglementation suivante : (I) un code de bonne conduite pour les observateurs ; (II) des critères clairs d'accréditation ; (III) des délais de dépôt et de remises des accréditations à la fois stricts et réalistes ; (IV) une garantie d'accès à toutes les étapes du processus électoral ; (V) et des délais précis pour la publication de la liste provisoire des organisations nationales accréditées » (Mission d'observation électorale de l'UE Sénégal/Élection présidentielle second tour/Déclaration préliminaire p. 5).

Ces diverses préoccupations qui recoupent celles de l'ensemble des autres missions d'observation électorale semblent avoir été prises en compte dans les nouvelles dispositions actuellement en vigueur.

Toutefois, la question du renouvellement des accréditations à l'occasion d'un éventuel second de l'élection présidentielle n'a pas été évoquée dans les nouvelles dispositions pour la raison bien simple que l'exigence de ce renouvellement apparaît comme un non-sens dès lors qu'un second tour est partie intégrante de la même élection, même si les organisateurs de l'élection semblent souvent frileux dès qu'il s'agit d'envisager cette éventualité dans les documents électoraux probablement en raison d'une certaine connotation de lèse-majesté pour le candidat sortant présumant de son potentiel gagnant « dès le premier tour ».

❖

SECTION 4
[PARTIE RÉGLEMENTAIRE]
DISPOSITIONS GÉNÉRALES

Article R.25.- Dans le présent code, les compétences conférées aux Préfets et aux Sous-préfets concernent :

1. **les départements pour les Préfets ;**
2. **les communes pour les Préfets et les Sous-préfets.**

Article R.26.- Lorsque le premier ou le dernier jour des délais prescrits au présent code est un Dimanche ou un jour férié ou chômé, le délai expire le premier jour ouvrable suivant sauf pour le dépôt des candidatures aux élections de liste.

Tous les délais prescrits sont des délais francs.

❖

NOTE SUR
LA COMPUTATION DES DÉLAIS FRANCS

05 – 10. *Le calcul d'un délai franc qui peut se compter en jour ou en mois est effectué suivant les modalités rappelées ci-dessous :*

- lorsque le délai franc se compte en jour franc, le délai ne commence à courir qu'à partir de la fin du jour de référence. Ainsi, un délai de 7 jours francs, qui débute un lundi, s'achève le lundi suivant au soir ;

- un jour franc est une durée de vingt-quatre heures à partir de zéro heure qui ne commence à courir qu'après l'écoulement du « dies a quo ». Ainsi, le temps restant avant le début de ce jour n'est pas compté ;

- lorsque le délai franc se compte en mois de quantième à quantième (c'est-à-dire en fonction d'un jour du mois désigné par son numéro d'ordre du 1er au 30-31ème), le « dies a quo » – c'est-à-dire le jour de l'événement ou de la notification ou de la connaissance de l'événement – et le « dies a quem » – c'est-à-dire le jour de l'échéance du délai – ne comptent pas (ainsi, s'agissant d'un recours contre une décision, le délai court à compter du lendemain du jour où est intervenue la décision ou sa notification si la décision n'est pas prise en présence de l'intéressé et comprend la journée qui suit le jour où il prend fin) ;

- lorsque le dernier jour d'un délai se comptant en jour ou en mois tombe un samedi, un dimanche ou un jour férié, la date limite est différée au premier jour ouvrable suivant (par exemple, pour une décision du 30 novembre 2016, un délai de 30 jours francs débute le 1er décembre 2016 et arrive à échéance le 2 janvier 2017 à minuit, le 1er janvier étant un jour férié ne comptant pas dans la computation du délai).

05 – 11. *Le régime des jours fériés qui influe sur la computation des délais est régi au Sénégal par :*

1 - la loi n° 74-52 du 4 novembre 1974 relative à la fête nationale et aux fêtes légales modifiée par :

- la loi n° 83-54 du 18 février 1983 (J.O. n° 4939 du 2 avril 1983, page 258) et la loi n° 89-41 du 26 décembre 1989 (J.O. n° 5332 du 10 février 1990, p. 93) ;

- la loi n° 2013-06 du 11 décembre 2013 complétant et modifiant certaines dispositions de la loi n° 74-52 du 4 novembre 1974 relative à la fête nationale et aux fêtes légales, modifiée (J.O. n° 6762 du jeudi 12 décembre 2013) ;

2 - le décret n° 74-1125 du 19 novembre 1974 fixant le régime de la fête nationale et du premier mai et celui des autres fêtes légales.

Conformément aux dispositions des lois et du décret ci-dessus référencés, les jours fériés qui sont tous chômés et payés sont les suivants :

- *le 1er janvier (jour de l'An) ;*
- *la Fête nationale (fête de l'Indépendance - 4 avril) ;*
- *le lundi de Pâques (1er lundi d'avril) ;*
- *le 1er mai (fête du Travail) ;*
- *l'Ascension, courant mai ;*
- *le lundi de Pentecôte (courant mai) ;*
- *l'Assomption, 15 août ;*
- *la journée de la Toussaint (1er novembre) ;*
- *le 25 décembre (lendemain du jour de Noël) ;*
- *la journée du Maouloud ;*
- *la journée de la Korité (fin du Ramadan – Aïd el fitr) ;*
- *la journée de Tabaski (Aïd el kébir) ;*
- *la Tamxarit (dixième jour du premier mois lunaire musulman - Achoura) ;*
- *la journée du Grand Magal de Touba.*

Quand la Korité et la Tabaski tombent un dimanche, le lundi suivant est férié.

Enfin, le président de la République peut, par décret, déclarer fériée toute autre journée.

❖

CHAPITRE PREMIER
LE CORPS ÉLECTORAL

Article L.27.- Sont électeurs les sénégalais des deux sexes, âgés de dix-huit (18) ans accomplis, jouissant de leurs droits civils et politiques et n'étant dans aucun cas d'incapacité prévu par la loi.

Article L.28.- Sont également électeurs :

- les étrangers naturalisés sénégalais qui n'ont conservé aucune autre nationalité en application de l'article 16 bis du Code de la nationalité sénégalaise ;
- les étrangers qui ont acquis la nationalité sénégalaise par mariage, sauf opposition du gouvernement par décret pendant un délai d'un an en application de l'article 07 du Code de la Nationalité sénégalaise.

Article L.29.- Le droit de vote est reconnu à l'ensemble des membres des corps militaires et paramilitaires de tous grades ainsi qu'aux fonctionnaires qui n'en sont pas privés par leur statut particulier.

Les membres des corps militaires et paramilitaires ne votent pas aux élections locales. À cette occasion, ils sont retirés des listes d'émargement des bureaux de vote où ils sont régulièrement inscrits.

À l'enrôlement ou à l'occasion d'une révision, un signe particulier permet de distinguer le militaire ou paramilitaire de l'électeur civil.

Article R.27.- Les corps militaires, paramilitaires et autres fonctionnaires et agents visés à l'article L.29 s'entendent :

1. des personnels de l'Armée nationale ;
2. des personnels de la Gendarmerie ;
3. des personnels de la Brigade Nationale des Sapeurs-Pompiers ;
4. des personnels des Forces de police ;
5. des personnels de l'Administration Pénitentiaire ;
6. des personnels de l'Administration des Douanes ;
7. des personnels des Eaux, Forêts, Chasses et de la conservation des sols ;
8. des personnels des Parcs nationaux ;
9. des personnels paramilitaires de la Direction de l'Hygiène publique ;
10. des personnels du Chiffre.

Sont également concernés, les recrues et les élèves en formation dans un des corps cités ci-dessus.

❖

NOTE SUR LE CORPS ÉLECTORAL

06 – 01. *Le corps électoral est l'ensemble des électeurs. Il est désigné parfois par l'expression « électorat », qui a un double sens parce que signifiant également les conditions constitutives de la qualité d'électeur qui sont l'objet des dispositions sus-énoncées du Code électoral.*

La qualité d'électeur qui confère le droit de participer aux élections s'acquiert dans les conditions définies au Code électoral en ses articles L.27 à L.29, qui disposent que sont électeurs les Sénégalais des deux sexes âgés de dix-huit ans accomplis, jouissant de leurs droits civils et politiques, n'étant dans aucun cas d'incapacité prévu par la loi ainsi que – dans certains cas – les étrangers ayant acquis la nationalité sénégalaise.

La réalisation des conditions générales confère au citoyen la jouissance du droit de vote et en fait un électeur virtuel, mais, pour pouvoir exercer ce droit, il doit être inscrit sur les listes électorales et devenir ainsi un électeur effectif.

CHAPITRE PREMIER
LES CONDITIONS D'ACQUISITION DE LA QUALITÉ VIRTUELLE D'ÉLECTEUR

Les conditions d'acquisition de la qualité virtuelle d'électeur sont liées à la nationalité, à l'âge et à la jouissance des droits civils et politiques.

SECTION PREMIÈRE
LA NATIONALITÉ

06 – 02. *L'État définit le lien juridique qui le lie aux individus considérés comme ses propres nationaux, qui doivent néanmoins jouer parfois un rôle dans l'acquisition ou la perte de la nationalité.*

Au Sénégal, la nationalité est régie par la loi n° 61-10 du 7 mars1961 portant Code de nationalité – modifiée ou complétée par les lois n° 67-17 du 28 février 1967, n° 70-27 du 27 juin 1970, n° 70-31 du 13 octobre 1970, n° 79-01 du 4 janvier 1979, n° 84-10 du 4 janvier 1984, n° 89-42 du 26 décembre 1989 et n° 2013-05 du 8 juillet 2013.

La dernière de ces lois modificatives du Code de la nationalité a instauré notamment la neutralité en matière de genre en soumettant l'homme et la femme aux mêmes conditions relativement à la nationalité.

La législation nationale distingue deux types de nationalités : la nationalité d'origine et la nationalité acquise.

I – LA NATIONALITÉ D'ORIGINE

06 – 03. *La nationalité d'origine est conférée soit par la naissance soit par la possession d'état.*

A – LA NATIONALITÉ PAR LA NAISSANCE

Le Code de nationalité prévoit qu'est sénégalais suivant les deux modes d'attribution les plus communs. C'est ainsi que :

1) En vertu du droit du sol (le « jus soli »), la nationalité est attribuée :

- à tout individu né au Sénégal d'un ascendant au premier degré qui y est lui-même né. Ainsi, la personne née sur le territoire national d'un père Sénégalais né au Sénégal ou d'une mère née au Sénégal est considérée comme ayant la nationalité sénégalaise comme prévu à l'article 1er, alinéa 1er du Code de la nationalité ;

- à l'enfant nouveau-né trouvé au Sénégal et dont les parents sont inconnus. Toutefois, l'enfant trouvé cesse d'être Sénégalais si au cours de sa minorité, sa filiation est établie à l'égard d'un étranger et s'il a, conformément à la loi nationale de cet étranger, la nationalité de celui-ci conformément aux dispositions de l'article 3 du Code de la nationalité ;

2) En vertu du droit du sang (le « jus sanguinis »), la nationalité sénégalaise est attribuée aux enfants dont l'un des ascendants au premier degré est Sénégalais en application de l'article 5 du Code de la nationalité, quel que soit le lieu de naissance des enfants concernés.

B - LA NATIONALITÉ PAR LA POSSESSION D'ÉTAT

La possession d'état est généralement définie comme l'acquisition d'un état donné par l'apparence à une personne qui, dans la commune renommée, c'est-à-dire aux yeux de son entourage et du public en général, remplit les conditions pour en jouir.

1 - Conditions d'acquisition

Aux termes de l'article 1er, alinéas 2 et 3 du Code de la nationalité, la possession d'état de la nationalité d'origine, qui, pour être effective, doit être combinée avec la condition de résidence habituelle au Sénégal, consiste au fait, pour celui qui s'en prévaut :

- de s'être continuellement et publiquement comporté comme un Sénégalais ;

- d'avoir été continuellement et publiquement traité comme tel par la population et les autorités sénégalaises.

2 - Causes d'exclusion

Ne peuvent bénéficier de la nationalité par possession d'état :

- les individus auxquels une nationalité étrangère est attribuée d'office par la loi du pays dont les parents possèdent la nationalité ;

- les enfants nés au Sénégal des agents diplomatiques et consulaires de nationalité étrangère ;

- ceux qui ont conservé une nationalité étrangère acquise à leur naissance, en cas d'opposition par décret du Gouvernement dans le délai d'un an à compter du jour où un certificat de nationalité sénégalaise a pu leur être délivré (article 4 de la loi n° 70-31 du 13 octobre 1970 modifiant le Code de la nationalité non applicable aux personnes qui antérieurement ont obtenu le certificat de nationalité).

II – LA NATIONALITÉ ACQUISE

06 – 04. *La nationalité sénégalaise peut être acquise par la filiation, le mariage ou par décision de l'autorité publique.*

Mais dans tous les cas, l'étranger naturalisé sénégalais n'est électeur que s'il n'a conservé aucune autre nationalité comme indiqué à l'article L.28 du Code électoral, en application de l'article 16 bis institué par la loi n° 84-10 du 4 janvier 1984 modifiant la loi n° 61-70 du 7 mars 1961 portant Code de la nationalité sénégalaise qui dispose que :

« La nationalité sénégalaise acquise par décision de l'autorité publique est incompatible avec le maintien d'une autre allégeance ».

A - ACQUISITION DE LA NATIONALITÉ EN RAISON DE LA FILIATION

L'acquisition de la nationalité en raison de la filiation peut être automatique ou résulter d'une option.

1 - L'option pour la nationalité en raison de la filiation

Aux termes des dispositions combinées des articles 8 et 15 du Code de la nationalité, peut opter pour la nationalité sénégalaise à partir de 16 ans et jusqu'à ce qu'il ait atteint l'âge de 25 ans par déclaration devant le président du Tribunal d'instance de sa résidence ou devant les autorités consulaires compétentes :

- l'enfant légitime né d'une mère sénégalaise et d'un père de nationalité étrangère ;

- l'enfant naturel lorsque celui de ses parents à l'égard duquel la filiation a été établie en second lieu est sénégalais si l'autre parent est de nationalité étrangère.

Cette demande peut être faite par le mineur sans aucune autorisation, mais seulement à partir de 18 ans.

2 - L'acquisition automatique en raison de la filiation

Devient de plein droit Sénégalais, conformément aux dispositions des articles 9 et 10 du Code de la nationalité :

- *l'enfant qui a fait l'objet d'une adoption plénière par un Sénégalais ou, en cas d'adoption conjointe, si l'un des adoptants est Sénégalais ;*
- *l'enfant mineur dont l'un des parents acquiert la nationalité sénégalaise.*

Dans tous ces cas, la loi exclut du bénéfice automatique de la nationalité les enfants mineurs émancipés par le mariage.

B - ACQUISITION DE LA NATIONALITÉ EN RAISON DU MARIAGE

L'étranger qui épouse une Sénégalaise ou l'étrangère qui épouse un Sénégalais acquiert, à sa demande, la nationalité sénégalaise après cinq ans de vie commune à compter de la célébration ou de la constatation du mariage, sous réserve de la non-dissolution du lien matrimonial et de la conservation par son conjoint de sa nationalité sénégalaise.

Le gouvernement peut s'opposer à l'acquisition de la nationalité sénégalaise dans un délai d'un an à compter du jour où l'intéressé sollicite du ministère de la Justice le document attestant qu'il n'a pas usé de sa faculté de décliner celle-ci. En cas d'opposition du gouvernement, l'intéressé est réputé n'avoir jamais acquis la nationalité sénégalaise conformément aux dispositions des articles 7 et 7 bis du Code de la nationalité.

C - ACQUISITION DE LA NATIONALITÉ PAR DÉCISION DE L'AUTORITÉ PUBLIQUE

Peut être naturalisée par décret sur sa demande :

- *la personne qui réside habituellement au Sénégal au moment de la présentation de sa demande et s'il y séjourne antérieurement pendant au moins dix ans ou pendant cinq ans pour ceux qui y ont servi pendant cinq ans dans une administration ou un établissement public ;*
- *la personne qui a rendu au Sénégal des services importants ou dont la naturalisation présente pour le Sénégal un intérêt exceptionnel.*

La personne qui remplit l'une des deux conditions ci-dessus doit en outre :

- *être de bonnes vie et mœurs ;*
- *être reconnue saine d'esprit ;*

- être reconnue, d'après son état de santé physique ne pas être une charge pour l'État du Sénégal ni constituer un danger pour la communauté ;
- ne pas avoir été condamnée pour une infraction de droit commun à une peine privative de liberté non effacée par la réhabilitation ;
- ne pas avoir fait l'objet d'un arrêté d'expulsion ou d'interdiction de séjour, sauf si cet arrêté a été rapporté (sous réserve de la non-applicabilité de cette condition aux réfugiés).

Si la personne naturalisée devient immédiatement un électeur virtuel, elle ne peut toutefois pas, dans un délai de dix ans à partir du décret de naturalisation, être investie des fonctions ou de mandats électifs pour l'exercice desquels la qualité de Sénégalais est nécessaire, sauf si elle est relevée de cette incapacité par décret pris dans les conditions fixées à l'article 16 du Code de la nationalité.

III – LA DÉCHÉANCE (ET PERTE) DE LA NATIONALITÉ

La perte de la nationalité sénégalaise est susceptible d'intervenir suivant des modalités distinctes selon que la nationalité est acquise ou d'origine.

A- LA DÉCHÉANCE DE LA NATIONALITÉ EN RAISON D'UN COMPORTEMENT

La déchéance en raison du comportement peut concerner soit la nationalité acquise soit aussi bien la nationalité acquise que celle d'origine.

1 - La déchéance de la nationalité acquise en raison du comportement délictueux ou préjudiciable au Sénégal

Aux termes des dispositions de l'article 21 du Code de la nationalité, la déchéance de la nationalité acquise peut advenir en raison du comportement de la personne dans les cas suivants :

« Pendant un délai de quinze ans à compter de l'acquisition de la nationalité sénégalaise, peut en être déchu tout individu :
1°) condamné au Sénégal pour acte qualifié crime ou délit contre la sûreté de l'État ;
2°) condamné au Sénégal ou à l'étranger pour un acte qualifié par la loi sénégalaise crime ou délit de droit commun, à une peine supérieure à trois ans d'emprisonnement, lorsque la condamnation n'est pas effacée par réhabilitation ;
3°) qui s'est livré à des actes ou à un comportement incompatibles avec la qualité de Sénégalais ou préjudiciables aux intérêts du Sénégal.

La déchéance est prononcée par décret et ne peut être étendue aux enfants mineurs que si elle l'est aussi à la femme ».

2 - La déchéance de la nationalité acquise ou d'origine en raison d'une allégeance étrangère manifeste

L'article 21 bis qui s'applique aussi bien en cas de nationalité acquise qu'en cas de nationalité d'origine précise que :

> *« Le Sénégalais qui se comporte en fait comme le national d'un pays étranger peut, s'il a la nationalité de ce pays, être déclaré par décret avoir perdu la nationalité sénégalaise.*
> *Il est libéré dans ce cas, de son allégeance à l'égard du Sénégal à la date de ce décret ».*

Dans tous les cas, « la déchéance ne sera pas prononcée lorsqu'elle entraîne l'apatridie de la personne déchue » comme prévu au dernier alinéa de l'article 21 du Code de la nationalité.

B - LA « PERTE » DE LA NATIONALITÉ PAR SUITE DE L'ACQUISITION D'UNE AUTRE

En dépit de l'énoncé péremptoire de l'article 18 de la Code de la nationalité, la perte de la nationalité n'en demeure pas moins très problématique.

1 - L'énoncé péremptoire de l'article 18 du Code de la nationalité

L'article 18 du Code la nationalité prévoit que :

> *« Perd la nationalité sénégalaise, le Sénégalais majeur qui acquiert volontairement une nationalité étrangère ».*

Au regard de cette disposition, la déchéance est encourue par tout Sénégalais qui, par une démarche volontaire, a acquis une autre nationalité et n'a donc pas vocation à s'appliquer aux Sénégalais qui ont une ou plusieurs nationalités étrangères en vertu du droit du sol ou du droit du sang (nés par exemple dans un pays étranger d'un ascendant Sénégalais ou inversement nés au Sénégal d'un ascendant étranger quand la législation des pays étrangers concernés attribue la nationalité en vertu de ces mêmes droits consacrés par le Code de la nationalité).

In fine, il faut remarquer que cette disposition paraît néanmoins assez problématique (cf. infra n° 13-03).

2 - La problématique de la perte de la nationalité par suite de l'acquisition d'une autre

La législation de certains États prévoit que leurs nationaux qui possèdent une autre nationalité sont automatiquement déchus de leur nationalité. Au Sénégal, la problématique de la pluralité de nationalité en général laisse entrevoir quelques ambiguïtés notamment si l'on ne se limite pas à l'énoncé de l'alinéa 1er de l'article 18 du Code de la nationalité dont il convient pour une analyse correcte de convoquer l'intégralité des termes ainsi qu'il suit :

> *« Perd la nationalité sénégalaise, le Sénégalais majeur qui acquiert volontairement une nationalité étrangère.*
>
> *Toutefois, jusqu'à l'expiration d'un délai de quinze ans à partir soit de l'incorporation dans l'armée active, soit de l'inscription sur les tableaux de recensement en cas de dispense du service actif, la perte de la nationalité sénégalaise est subordonnée à l'autorisation du Gouvernement.*
>
> *Cette autorisation est accordée par décret.*
>
> *Ne sont pas astreints à solliciter cette autorisation :*
>
> *1°) les exemptés du service militaire ;*
>
> *2°) les titulaires d'une réforme définitive ;*
>
> *3°) tous les hommes, même insoumis, après l'âge où ils sont totalement dégagés des obligations du service militaire, conformément à la loi sur le recrutement de l'année ».*

À l'entame de l'examen critique de ces dispositions, il faut rappeler que la perte de la nationalité peut constituer l'exercice d'un droit par l'intéressé qui souhaite être libéré du lien d'allégeance à une nation donnée au profit d'une autre pour notamment échapper aux obligations militaires, surtout dans le contexte de la circonscription universelle qui était anciennement de rigueur dans certains pays et dont la résurgence peut être constatée à l'alinéa 3 de l'article 4 sus-énoncé, qui dispense de l'autorisation accordée par décret aux personnes qui ne sont pas concernées par la conscription pour perdre la nationalité. Ainsi, la perte de nationalité doit être distinguée de la déchéance prévue aux articles 21 et 21 bis du Code de la nationalité qui sanctionne soit un état, soit un comportement d'un titulaire de la nationalité (cf. supra nº 06-04, II).

Or, l'article 18 semble instituer une sanction légale qui s'applique automatiquement à quiconque acquiert une nationalité étrangère et apparaît comme un cas de déchéance. Mais il faut relever à ce propos que les autres alinéas dudit article remettent en cause le caractère d'automaticité de la perte de la nationalité que semble comporter la lettre de la loi telle que formulée à l'alinéa 1er. En effet, en soumettant dans certaines circonstances la perte de nationalité à une autorisation, ces dispositions paraissent se conformer à l'acception d'exercice d'un droit et contredire la règle de la perte automatique de la nationalité posée à l'alinéa 1er et ce, à la suite de l'expression adverbiale « toutefois », qui est restrictive de portée d'une proposition précédente.

Outre ce paradoxe consistant à subordonner une perte automatique (une déchéance) à une autorisation soumise à des conditions strictes, l'article 19 est également une autre illustration de cette apparente contradiction entre la règle posée à l'alinéa 1er avec le contexte textuel global en précisant que :

« Un Sénégalais, même mineur, ayant une nationalité étrangère peut être autorisé, sur sa demande, à perdre la nationalité sénégalaise. Cette autorisation est accordée par décret ».

Par ailleurs, le recours à la législation française qui a inspiré les mécanismes d'acquisition et de perte de la nationalité renforce le sentiment de l'existence de normes antinomiques dans l'énoncé de l'alinéa 1er et les dispositions consécutives. En effet, à la différence du législateur sénégalais, les articles 23 et 23-4 du Code civil français – dont la rédaction est assez proche dans son ensemble des dispositions des articles 18 et 19 du Code sénégalais de la nationalité – sont ainsi libellés :

« Toute personne majeure de nationalité française, résidant habituellement à l'étranger, qui acquiert volontairement une nationalité étrangère ne perd la nationalité française que si elle le déclare expressément, dans les conditions prévues [... au] présent titre » (article 23 du Code civil français) ;

« Perd la nationalité française le Français, même mineur, qui, ayant une nationalité étrangère, est autorisé, sur sa demande, par le Gouvernement français, à perdre la qualité de Français.

Cette autorisation est accordée par décret » (article 23-4 du Code civil français).

Un tel dispositif textuel paraît plus cohérent que la formulation de l'article 18 qui recèle apparemment une contradiction appelant à une nécessaire relecture.

En tout état de cause, l'article 18 du Code de la nationalité ne vise textuellement en son alinéa 1er que l'acquisition volontaire de la nationalité étrangère comme cause de perte de la nationalité sénégalaise et non la possession d'une nationalité étrangère d'origine qui peut parfaitement se cumuler avec la nationalité sénégalaise.

En revanche, l'article 16-bis du Code de la nationalité exclut le cumul de nationalité par la personne qui a bénéficié d'une naturalisation par décision de l'autorité publique, en spécifiant que « la nationalité sénégalaise acquise par décision de l'autorité publique est incompatible avec le maintien d'une autre allégeance » (cf. supra n° 06-04, C). Cette exclusion ne concerne pas les bénéficiaires de la nationalité en raison de la filiation ou en raison du mariage.

IV - LA PREUVE DE LA NATIONALITÉ

Le certificat de nationalité sénégalaise délivré par le tribunal d'instance à toute personne justifiant de cette nationalité atteste de la nationalité. Conformément à l'article 22 du Code de la nationalité, ledit certificat doit énoncer « en vertu de quelles dispositions de la loi l'intéressé a la nationalité

sénégalaise et quels documents ont permis de l'établir [et] fait foi jusqu'à preuve du contraire ».
Pour acquérir un tel document, il appartient à l'intéressé de faire la preuve de sa nationalité. Mais une fois qu'il est délivré, la charge de la preuve incombe désormais à celui qui conteste la qualité nationalité.

Mais la nationalité qui est une question d'État relève en principe de la compétence du tribunal de grande instance au regard des dispositions de l'article 24 du Code de la nationalité aux termes desquelles :

> *« Les tribunaux de grande instance sont seuls compétents pour connaître des contestations sur la nationalité ; qu'elles se produisent isolément ou à l'occasion d'un recours contre un acte administratif.*
> *Les exceptions de nationalité sénégalaise et d'extranéité sont d'ordre public ; elles doivent être soulevées d'office par le juge. Elles constituent devant toute autre juridiction que le Conseil d'État (loi organique n° 92-24 du 30 mai 1992), la Cour d'assises et la juridiction civile compétente une question préjudicielle qui oblige le juge à surseoir à statuer.*
> *La juridiction compétente devra être saisie dans les trois mois ».*

À ce propos, si l'absence du Conseil constitutionnel, qui a été institué en 1992, parmi les juridictions compétentes pour apprécier des questions touchant à l'état des personnes peut se comprendre aisément dès lors que cette juridiction n'existait pas au moment de l'adoption de la loi n° 61-10 du 7 mars 1961 (modifiée) portant Code de la nationalité, il peut paraître étonnant que la loi organique n° 92-24 du 30 mai 1992 qui a modifié l'article 24 du Code de la nationalité n'ait pas également visé le Conseil constitutionnel à côté du Conseil d'État institué par la loi n° 92-24 du 30 mai 1992 en même temps que le Conseil constitutionnel institué par loi n° 92-23 du 30 mai 1992 (modifiée par la loi n° 99-71 du 17 février 1999 puis remplacée par la loi organique n° 2016-23 du 14 juillet 2016 relative au Conseil constitutionnel).
Or, le Conseil constitutionnel, qui est le juge du contentieux électoral, peut être saisi d'une contestation relative à la nationalité, notamment à propos des candidatures de l'élection présidentielle ou des élections législatives. Mais en une telle occurrence, le Conseil pourrait faire œuvre de jurisprudence pour combler cette apparente lacune. Par ailleurs, la formule retenue dans le Code de la famille pour déroger à cette compétence de principe peut être de précieuse inspiration en ce qu'il y est spécifié en son article 96 que la Cour d'assises – ancêtre des Chambres criminelles instituées au sein des tribunaux de grande instance et des cours d'appel – « en raison de sa plénitude de juridiction, peut trancher directement [toute question d'état] sans que sa décision ait influence sur l'état de la personne ». En effet, le bref délai dans lequel le Conseil constitutionnel pourrait être appelé à statuer recommande un tel mécanisme dérogatoire.

En tout cas, pour les élections départementales et municipales, la compétence de la Cour suprême (héritière des compétences du Conseil d'État), dans le cadre de son office de juge d'appel du contentieux électoral, va de soi.

SECTION II

L'ÂGE

06 – 05. *La majorité électorale est fixée à l'article L.27 du Code électoral à dix-huit ans accomplis et a été instituée par la loi 92-16 du 7 février 1992, entrée en vigueur à une époque où la majorité civile restait maintenue à 21 ans avant que la loi n° 99-82 du 3 septembre 1999 modifiant les articles 340 et 276 du Code de la famille ne procède, en ramenant celle-ci à dix-huit ans, à une harmonisation des majorités civile, pénale et électorale.*

CHAPITRE II

LE CAS PARTICULIER DU DROIT DE VOTE DES MILITAIRES ET PARAMILITAIRES

Le droit de vote dont les militaires et paramilitaires étaient privés leur est actuellement reconnu avec néanmoins une restriction et quelques modalités particulières pour son exercice comme prévu à l'article R.60 ci-dessus.

SECTION PREMIÈRE

LA PROCLAMATION DU DROIT DE VOTE

06 – 06. *L'article L.29, alinéa 1er dispose dans une formule remarquable par son emphase déclamatoire laissant penser à la proclamation d'un droit nouveau que :*

> *« Le droit de vote est reconnu à l'ensemble des membres des corps militaires et paramilitaires de tous grades ainsi qu'aux fonctionnaires qui en sont privés par leur statut particulier ».*

En effet, cette formule, apparemment constitutive d'un droit de vote pour ces catégories de personnes, s'avère surabondante dès lors que les personnes concernées qui ne sont frappées d'aucune incapacité sont électeurs au sens de l'article L.27 du Code électoral.
Cette redondance n'est en fait qu'un tribut d'admiration à la réforme relativement récente à l'époque, réforme objet de la loi n° 2006-20 du 30 juin 2006 qui reconnaît le droit de vote à cette catégorie de personnes qui n'en jouissait pas. Or, au lieu d'une telle proclamation, la suppression des

dispositions qui avaient pour effet de restreindre les attributs citoyens de ces personnes aurait suffi pour les aligner au droit commun.

SECTION II

LA RESTRICTION DU DROIT DE VOTE

06 – 07. *L'alinéa 2 de l'article 29 apporte une restriction au droit de vote dont le principe de la généralisation est posé à l'alinéa précédent en disposant que « les membres des corps militaires et paramilitaires ne votent pas aux élections locales ».*

Le législateur justifie la restriction de ce droit dans l'exposé des motifs de la loi n° 2006-20 du 30 juin 2006 relative au vote des membres des corps militaires, paramilitaires et autres fonctionnaires et agents de l'État privés du droit de vote par leur statut particulier ainsi qu'il suit :

> *« En raison de la dimension républicaine et nationale qui sous-tend la mission de ces corps, qui sont moins impliqués dans la gouvernance locale, le droit de vote ne concerne que les scrutins nationaux. De même, il est certain que ce droit s'exerce difficilement pour les personnes en mission à l'étranger et placées sous une juridiction autre que celle du Sénégal ».*

Cette restriction peut s'expliquer aussi par la mission de sécurisation du scrutin assignée aux membres de ces corps et qui peut les amener à être déployés le jour du vote hors des circonscriptions où ils sont inscrits et dans lesquelles leur vote doit nécessairement être comptabilisé.

Cette privation du droit de vote pour les élections locales est normalement levée pour les concernés qui « auront définitivement cessé leurs activités au plus tard le jour du scrutin » de la plus prochaine élection comme indiqué à l'article 32, alinéa 3 de l'ancien Code électoral abrogé par la loi n° 2012-01 du 3 janvier 2012 portant Code électoral et non repris dans le nouveau Code électoral, mais qui est à cet égard un indicateur précis quant au moment de la levée de la suspension du droit d'être électeur.

❖

CHAPITRE II
LES LISTES ÉLECTORALES

SECTION PREMIÈRE
CONDITIONS D'INSCRIPTION
SUR LES LISTES ÉLECTORALES

Article L.30.- Nul ne peut refuser l'inscription sur les listes électorales :

1) à un citoyen sénégalais jouissant de ses droits civils et politiques et remplissant les conditions fixées par les articles L.36 à L.38 ;

2) à un citoyen sénégalais par naturalisation, après la date d'acquisition de la nationalité sénégalaise ou, pour l'un des conjoints ayant acquis la nationalité sénégalaise par le mariage, après la date d'expiration du délai d'incapacité prévu par l'article 7 du Code de la nationalité ;

3) aux personnes qui, frappées d'incapacité électorale à la suite d'une condamnation, bénéficient de la réhabilitation ou font l'objet d'une mesure d'amnistie ;

Les conditions dans lesquelles les Sénégalais établis à l'étranger exercent leur droit de voter sont déterminées par une loi.

Article L.31.- Ne doivent pas être inscrits sur la liste électorale :

1) les individus condamnés pour crime ;

2) ceux condamnés à une peine d'emprisonnement sans sursis ou à une peine d'emprisonnement avec sursis d'une durée supérieure à un mois, assortie ou non d'une amende, pour l'un des délits suivants : vol, escroquerie, abus de confiance, trafic de stupéfiants, détournement et soustraction commis par les agents publics, corruption et trafic d'influence, contrefaçon et en général pour l'un des délits passibles d'une peine supérieure à cinq (5) ans d'emprisonnement ;

3) ceux condamnés à plus de trois (3) mois d'emprisonnement sans sursis ou à une peine d'emprisonnement d'une durée supérieure à six (6) mois avec sursis, pour un délit autre que ceux énumérés au deuxièmement ci-dessus sous réserve des dispositions de l'article L.30 ;

4) ceux qui sont en état de contumace ;

5) les faillis non réhabilités dont la faillite a été déclarée soit par les tribunaux sénégalais, soit par un jugement rendu à l'étranger et exécutoire au Sénégal ;

6) ceux contre qui l'interdiction du droit de voter a été prononcée par une juridiction pénale de droit commun ;

7) les incapables majeurs.

Article L.32.- Ne doivent pas être inscrits sur la liste électorale pendant un délai de cinq (5) ans à compter de la date à laquelle la condamnation est devenue définitive, les condamnés soit pour un délit visé à l'article L.31, troisième tiret, à une peine d'emprisonnement sans sursis égale ou supérieure à un mois et inférieure ou égale à trois (3) mois ou à une peine d'emprisonnement avec sursis égale ou supérieure à trois (3) mois et inférieure ou égale à six (6) mois, soit pour un délit quelconque à une amende sans sursis supérieure à 200.000 FCFA, sous réserve des dispositions de l'article L.30. Toutefois, les tribunaux, en prononçant les condamnations visées au précédent alinéa, peuvent relever les condamnés de cette privation temporaire du droit de vote et d'élection.

Sans préjudice des dispositions de l'article L.31 et du premier alinéa du présent article, ne doivent pas être inscrits sur la liste électorale pendant un délai fixé par le jugement, ceux auxquels les tribunaux ont interdit le droit de vote et d'élection par application des lois qui autorisent cette interdiction.

Article L.33.- N'empêchent pas l'inscription sur les listes électorales :

1) les condamnations pour délit d'imprudence, hors le cas de délit de fuite concomitant ;

2) les condamnations prononcées pour une infraction autre que celles prévues par l'Acte uniforme révisé du 30 janvier 2014 relatif au droit des sociétés commerciales et des groupements d'intérêt économique et de la [loi du 29 juillet 1985] sur les sociétés qui sont qualifiées de délit, mais dont la répression n'est pas subordonnée à la preuve de la mauvaise foi de leurs auteurs et qui ne sont passibles que d'une amende ;

3) les condamnations prononcées pour des infractions prévues aux articles 92 à 95 du Code pénal.

Article L.34.- Nul ne peut être inscrit sur plusieurs listes électorales ni être inscrit plusieurs fois sur la même liste.

Article L.35.- Il existe une liste électorale pour chaque commune, de même que dans chaque représentation diplomatique ou consulaire.

Article L.36.- Les listes électorales des communes comprennent :

1) ceux qui y sont nés ;

2) ceux dont l'un des ascendants au premier degré y réside ;
3) tous les électeurs qui ont leur domicile réel dans la commune ou qui y résident depuis six (06) mois au moins ;
4) ceux qui figurent depuis trois (03) ans au moins sans interruption au rôle de la contribution foncière des propriétés bâties ou non bâties, de la contribution des patentes, de l'impôt général sur le revenu et, s'ils ne résident pas dans la commune, auront déclaré vouloir y exercer leurs droits électoraux : sont également inscrits, les membres des familles des mêmes électeurs compris dans la déclaration de l'impôt général sur le revenu ;
5) ceux qui sont assujettis à une résidence obligatoire en qualité de fonctionnaires ou agents de l'État, des collectivités locales et des établissements publics.

Article L.37.- Sont également inscrites sur la liste électorale dans les communes, les personnes qui, ne remplissant pas les conditions d'âge et de résidence lors de la formation de la liste, les rempliront avant la clôture définitive.

Sont aussi inscrites sur la même liste électorale, lors des révisions exceptionnelles, les personnes qui remplissent la condition d'âge au plus tard le jour du scrutin.

Article L.38.- Les citoyens sénégalais établis à l'étranger et immatriculés au Consulat du Sénégal, peuvent sur leur demande, être inscrits sur la liste électorale de l'une des communes suivantes :
1) commune de naissance ;
2) commune de leur dernier domicile ou de leur dernière résidence à condition que cette résidence ait été de six (06) mois au moins ;
3) commune où est inscrit l'un de leurs ascendants ou de leurs descendants au premier degré.

Cette demande est reçue à la Représentation diplomatique ou consulaire et transmise sur un imprimé spécial. Toutefois, s'il s'agit d'un électeur inscrit sur la liste électorale de la juridiction, sa carte d'électeur est retirée en vue de sa radiation de ladite liste.

NOTE SUR LES LISTES ÉLECTORALES (PRINCIPES GÉNÉRAUX ET CONDITIONS D'INSCRIPTION)

Le citoyen qui remplit les conditions de jouissance du droit de vote doit, pour pouvoir l'exercer, être effectivement inscrit sur les listes électorales.

CHAPITRE PREMIER

PRINCIPES GÉNÉRAUX

07 – 01. *Répertoire des électeurs, les listes – articulées sur deux volets se rapportant respectivement aux Sénégalais résidant sur le territoire national et ceux de l'Extérieur – sont régies par la règle de la permanence et ne comportent que les citoyens remplissant, outre les conditions de jouissance du droit de vote ci-dessus rappelées, les conditions relatives au domicile ou à la résidence au lieu d'inscription.*

SECTION PREMIÈRE

LES LISTES ÉLECTORALES, RÉPERTOIRE UNIQUE DES ÉLECTEURS

07 – 02. *Les listes électorales sont un répertoire alphabétique comportant les informations d'identification des électeurs admis à voter à l'occasion des consultations du suffrage universel direct que l'on distingue de nos jours des élections au suffrage indirect en raison de l'abandon par les législations modernes de toute référence à un quelconque type de suffrage censitaire.*

Sous ce rapport, il est d'ailleurs plus exact de faire état d'une seule et même liste électorale même si la segmentation de celle-ci, en fonction des lieux de rattachement des électeurs que sont les communes ou les pays de résidence des Sénégalais de l'Extérieur, peut faire penser à une pluralité de listes et induit l'usage fréquent du pluriel, qui n'est approprié que pour rendre compte de la coexistence de la liste électorale pour les élections du suffrage universel et la liste des grands électeurs impliqués, par exemple dans les élections au suffrage indirect – comme les sénatoriales qui ont été supprimées avec l'adoption de la Constitution de 2001 en même temps que le Sénat qui devait être restauré, puis à nouveau supprimé de l'architecture institutionnelle, ou comme l'élection au Haut Conseil des Collectivités territoriales créé par la loi constitutionnelle n° 2016-10 du 5 avril 2016, et pris en compte par l'insertion par la loi organique n° 2016-25 du 14 juillet 2016 d'un titre 3 bis devenu titre IV du Code électoral et intitulé : « De l'élection des hauts conseillers » – élections prévoyant le seul vote des grands électeurs que sont les conseillers municipaux et départementaux.

Sous réserve du cas particulier de l'élection des Hauts conseillers des collectivités territoriales, l'on peut remarquer qu'actuellement, l'unicité du collège électoral appelé à se prononcer pour les élections nationales, les élections locales ou les consultations référendaires, correspond à l'unicité de la liste électorale qui ne peut comporter qu'une seule et unique inscription de chaque électeur, la segmentation de ladite liste en fonction des circonscriptions de rattachement n'ayant d'autre intérêt que celui de faciliter le vote et de permettre le décompte et la prise en compte des voix en fonction du mode de scrutin propre à chaque élection.

SECTION II
L'OPTION DES LISTES ÉLECTORALES

07 – 03. *L'établissement initial et la révision périodique des listes des électeurs admis à participer à divers scrutins ne constituent pas des préalables nécessaires à l'organisation d'élections régulières et transparentes ; l'adoption d'un tel mécanisme de gestion de l'électorat ne traduit qu'une option des législations électorales d'inspiration française.*

Ce mécanisme, en permettant une disponibilité, au niveau de chaque bureau de vote, de listes électorales préétablies et en principe déjà soumises au contrôle préalable des acteurs du processus électoral, qui peuvent en critiquer les irrégularités devant le juge, est de nature à contribuer à une plus grande transparence de l'élection. En effet, avant la tenue du scrutin, la liste électorale garantit que seuls ceux qui ont la qualité d'électeurs y figurent et permet de détecter les inscriptions multiples.

Mais le procédé n'en constitue pas moins un facteur de complexification du processus électoral et d'amenuisement du corps électoral. En effet, l'inscription initiale sur les listes électorales et éventuellement les demandes de modification constituent des formalités obligatoires dont devra s'acquitter l'électeur et qui, ainsi, peuvent être de nature à empêcher une participation massive des populations à ces grands moments de la démocratie que sont les consultations électorales ou référendaires.

Ce mode de gestion de l'électorat comporte ainsi des inconvénients, mais les alternatives envisagées soit en présentent autant, soit sont difficiles d'application dans le court et moyen termes, dans un contexte où, à un état civil jeune correspond souvent un lâche maillage administratif qui ne permet pas toujours une identification précise des populations, surtout dans les zones rurales.

SECTION III

L'ALTERNATIVE AUX LISTES ÉLECTORALES

07 – 04. *L'alternative la plus souvent envisagée et qui mérite quelques développements est le vote sur présentation d'une pièce d'identification déterminée faisant présumer de la qualité d'électeur.*

Mais cette option présente également des insuffisances pouvant être constatées pendant le déroulement du vote et dans la phase préélectorale.

Au moment du vote, la vérification simultanée de l'identité réelle du porteur de la pièce d'identification et de l'authenticité de ladite pièce peut être source intarissable de contestations préjudiciables à la fluidité du vote et au bon déroulement du scrutin. D'ailleurs, le contrôle d'authenticité ne peut être efficient que si auprès de chaque bureau de vote est disponible le fichier intégral de la pièce d'identification, sur imprimés classiques ou en format de fichier informatique, supposant un équipement assez conséquent alors que dans le système des listes électorales, il suffit de doter le bureau de vote du listing des seuls électeurs admis à y exercer leur devoir civique.

Et, même à supposer que l'équipement nécessaire soit mis en place, pour les élections locales ou tout autre scrutin impliquant un décompte des suffrages dans le cadre des circonscriptions entre lesquelles sont repartis des sièges mis en compétition, il sera toujours nécessaire de rattacher par un procédé donné l'électeur à une circonscription, dans la mesure où le vote dans une circonscription déterminée a une influence sur les résultats de la consultation. En effet, si le « transfert d'électeurs », parfois déploré par les protagonistes politiques du processus électoral, est sans influence sur les résultats d'un scrutin national comme l'élection du président de la République au suffrage universel direct, il peut fausser le résultat d'un scrutin organisé dans le cadre d'une circonscription départementale ou communale. Aussi est-il indispensable, à défaut de la segmentation de la liste électorale par circonscription, de procéder à l'identification des électeurs de chaque circonscription suivant des modalités dont l'exécution équivaut pratiquement à dresser des listes électorales sans les avantages d'une telle technique.

Pour remplir efficacement sa fonction électorale, la pièce d'identification doit comporter à défaut des références d'un bureau de vote, celles de la circonscription de rattachement qui ne coïncide pas nécessairement avec le lieu servant d'adresse qu'il faut distinguer du domicile, de la même façon qu'il faut distinguer le domicile du lieu de résidence, comme rappelé plus loin *(cf. infra nos 07-06 à 07-20)**. Ainsi, il est apparu que seule une liaison organique des listes électorales avec le fichier de l'identification des citoyens – par l'édition d'une carte d'identité nationale comportant, outre un numéro d'identification nationale et les données de l'état civil (nom, prénom(s), date et lieu de* *naissance, filiation), les références du bureau de vote ou de la circonscription électorale de rattachement – peut dispenser de l'utilisation de la carte d'électeur* (*cf. infra n° 11–17*).

C'est justement ce mécanisme qui a été retenu avec l'adoption en 2016 de la carte multifonction CEDEAO.

Mais même dans un tel cas, il sera toujours nécessaire de dresser et de publier au préalable les listes électorales pour permettre aux électeurs de vérifier la validité des inscriptions et éventuellement d'exercer tout recours utile devant le juge du contentieux préélectoral.

En effet, faute de l'élaboration d'une liste électorale en amont du processus électoral, d'une part, la transparence de l'élection pourrait s'en ressentir surtout si la tenue de l'état civil présente des insuffisances, d'autre part, les litiges qui font l'objet du contentieux préélectoral dans le système des listes électorales pourraient se traduire par des contestations diverses au moment du vote ou être transférés dans la phase du contentieux de l'élection.

Or, il n'est pas souhaitable qu'après l'expression du suffrage des citoyens à l'occasion d'élections âprement disputées par des protagonistes aux pressantes prétentions et dont les résultats sont parfois attendus anxieusement par toute une nation, que les enjeux de l'heure s'égarent dans les méandres d'un contentieux judiciaire hypertrophié par l'agrégation de conflits politico-juridiques secondaires.

Ainsi, si le système des listes n'est pas parfait, il présente néanmoins des avantages qu'une tenue correcte – notamment au cours des révisions périodiques ou exceptionnellement à l'occasion de réformes ponctuelles (mise à jour ou refonte) – peut conforter.

SECTION IV

LA RÈGLE DE LA PERMANENCE DES LISTES ÉLECTORALES

07 – 05. *L'article L.39 du Code électoral dispose que les listes sont permanentes. La permanence des listes électorales ainsi réaffirmée constitue une garantie pour l'électeur d'être maintenu sur les listes électorales une fois inscrit. Aussi, toute décision d'omission ou de radiation ultérieure doit lui être notifiée pour lui permettre d'en contester le bien-fondé en cas de besoin, étant entendu que les motifs d'omission et de radiation des listes électorales sont limitativement énumérés par la loi.*

Il ne peut être dérogé à la règle de la permanence des listes que par autorisation expresse de la loi et une telle autorisation, pour ne pas réduire à néant la règle de la permanence, doit être exceptionnelle.

Quand cette autorisation vise un toilettage en profondeur, elle dépasse les limites d'une simple révision périodique pour revêtir la forme d'une mise à jour ou, en cas de nécessité, la forme d'une refonte par reconstitution intégrale de la liste électorale consécutive à une annulation de l'ensemble des anciennes listes.

Dans la pratique, des réaménagements importants de la liste électorale, en dehors des révisions ordinaires ou exceptionnelles, sont entrepris, soit sous la forme de la mise à jour ou refonte partielle, soit par la refonte totale. C'est ainsi qu'au cours des décennies passées de tels réaménagements ont été effectués dans les circonstances suivantes :

- *la liste électorale antérieure au 28 février 1977 a été annulée par l'article 1er de la loi n° 77-01 du 5 janvier 1977 et une nouvelle liste électorale établie en 1977 ;*
- *une « mise à jour » a été effectuée une première fois en 1999 et une deuxième fois en 2000 ;*
- *l'institution de la carte nationale d'identité numérisée par la loi n° 2005-28 du 6 septembre 2005 devait être précédée par l'adoption de la loi n° 2004-32 du 25 août 2004 portant annulation de toutes les listes électorales et de toutes les inscriptions figurant dans le fichier général des électeurs et prescrivant l'établissement de nouvelles listes électorales ;*
- *à la suite de l'adoption de la loi n° 2016-09 du 14 mars 2016 instituant une carte d'identité biométrique CEDEAO qui a abrogé notamment la loi n° 2005-28 du 6 septembre 2005 instituant la carte nationale d'identité sénégalaise numérisée, une refonte dite partielle, mais qui apparaît en réalité comme une refonte totale du fichier, a été entreprise.*

Dans tous les cas, sauf dérogation légale, notamment en cas de refonte du fichier électoral qui suppose l'annulation de toutes les inscriptions précédentes, la présomption en faveur de l'électeur du bien-fondé de son droit à demeurer sur les listes électorales a pour effet de transférer, à tout tiers électeur, à l'Administration ou à tout autre organisme habilité à contester sa qualité, la charge de la preuve qu'il ne remplit pas l'une des conditions exigées par la loi pour figurer sur une liste électorale donnée.

Toutefois, cette présomption ne profite pas à l'électeur nouvellement inscrit, car il lui appartient, dans la période contentieuse consécutive à sa première inscription, de rapporter à l'occasion d'une éventuelle instance contentieuse la preuve de son droit électoral contesté.

CHAPITRE II

CONDITIONS D'INSCRIPTION SUR LES LISTES ÉLECTORALES

Pour exercer son droit de vote, le citoyen qui en jouit doit être inscrit sur la liste électorale d'une commune ou d'une représentation diplomatique ou consulaire.

SECTION PREMIÈRE

CONDITIONS D'INSCRIPTION SUR LES LISTES DES COMMUNES

07 – 06. *Aux termes des dispositions de l'article L.36 du Code électoral, les conditions alternatives suivantes sont exigées de tout Sénégalais jouissant du droit électoral pour l'inscription sur les listes d'une commune :*

- *soit être né dans la commune ;*
- *soit y avoir un des ascendants au premier degré qui y réside ;*
- *soit y avoir son domicile réel ;*
- *soit y avoir résidé depuis au moins six mois ;*
- *soit y avoir une attache fiscale déterminée ;*
- *soit y être assujetti à une résidence obligatoire.*

Le citoyen qui remplit l'une de ces conditions a un domicile politique virtuel dans la localité considérée. Il peut donc, en s'inscrivant sur les listes électorales, y exercer son droit de vote.

I - LA CONDITION DE NAISSANCE OU D'UN ASCENDANT RÉSIDENT

07 – 07. *Les conditions de la naissance ou de l'existence d'un ascendant résidant sont suffisamment claires pour nécessiter des développements qui vont donc se limiter aux autres conditions sauf à préciser que l'ascendant au premier degré est soit la mère soit le père, et à se reporter, pour la notion de résidence, aux précisions faites par ailleurs* *(cf. infra n°s 07-14 à 07-16).*

II - LA POSSESSION D'UN DOMICILE RÉEL (OU DOMICILE POLITIQUE)

Le domicile réel doit être distingué des autres types de domicile et de notions voisines.

A - DÉFINITION DU DOMICILE RÉEL

07 – 08. *L'article L.36-2) précise que les listes électorales des communes comprennent « tous les électeurs qui y ont leur domicile réel... ».*

Le « domicile », composante de l'état d'une personne dont il concourt à l'individualisation, est défini à l'article 12 du Code de la famille comme « le lieu du principal établissement ».

La même définition est retenue à l'article L.40, alinéa 5 du Code électoral, qui précise que « la personne est domiciliée au lieu de son principal établissement et pour son activité professionnelle au lieu où elle exerce celle-ci ».

Le « lieu d'exercice des activités professionnelles » qui est accolé à l'article sus-énoncé, à l'expression « lieu du principal établissement » semble introduire une autre catégorie de domicile qui serait un domicile professionnel à distinguer de la résidence professionnelle qui est examinée ci-dessous (cf. infra n° 07-16). Mais à l'analyse, le lieu d'exercice de l'activité professionnelle, au sens dudit article, apparaît comme une variante du lieu de principal établissement qui englobe aussi bien l'établissement de confort que l'établissement pour des raisons professionnelles.

Ainsi défini, le « domicile réel » s'oppose, du point de vue sémantique, au domicile apparent que l'on peut assimiler à la résidence. Il est parfois désigné sous l'appellation de « domicile politique » ou sous celle de « domicile civique », expressions qui, même si elles ne sont pas consacrées par la loi, semblent plus adéquates pour désigner le lieu où le citoyen acquiert le droit électoral.

En tant qu'il constitue une catégorie spécifique du droit électoral, le domicile réel ou domicile politique se distingue du domicile au sens du droit civil ou du domicile au sens du droit pénal ou encore de l'adresse ou du domicile matrimonial.

B - DOMICILE POLITIQUE ET DOMICILE CIVIL

07 – 09. *Le domicile réel au sens du droit civil – qui constitue le droit commun des personnes et des biens auquel peuvent déroger des droits spéciaux – se caractérise par la fixité, l'unicité et la nécessité, notions qui peuvent être définies ainsi qu'il suit :*

- *la fixité est la première caractéristique du domicile civil, dans la mesure où il s'inscrit dans la durée et se distingue du lieu d'habitation momentané ;*
- *l'unicité est la seconde caractéristique, car une personne ne peut avoir plusieurs domiciles, les autres lieux d'habitation ne pouvant être que des résidences, à moins qu'il ne s'agisse de domiciles élus qui ne peuvent en tenir lieu que pour des procédures déterminées ou des actes ponctuels ;*
- *la nécessité est le troisième trait distinctif du domicile, dès lors que toute personne est présumée avoir un domicile. Même la personne*

considérée comme « sans domicile fixe » est identifiée à son dernier domicile connu, sous réserve d'une élection de domicile faite à son initiative.

En matière électorale, le domicile réel, en tant qu'il constitue une variante de domicile politique, a une acception légèrement différente. En effet, si le domicile politique emprunte au domicile civil ses caractères de fixité et d'unicité, il s'en distingue par celui de la nécessité, car le droit électoral sénégalais, en soumettant l'inscription sur les listes électorales à l'accomplissement de formalités particulières que tout électeur virtuel n'est pas tenu d'accomplir, rend de fait facultative l'acquisition d'un domicile politique.

C - DOMICILE POLITIQUE ET DOMICILE AU SENS DU DROIT PÉNAL

07 – 10. *Le droit pénal – sous réserve de l'acception du terme en droit processuel dans un sens identique à celle du droit civil – protège le domicile privé, qui acquiert ainsi le statut d'un havre dans lequel l'individu peut abriter ce qu'il estime relever de son intimité alors que le droit électoral, avec des préoccupations différentes, identifie le domicile au lieu où l'électeur peut acquérir et/ou accomplir son droit électoral.*

D - DOMICILE POLITIQUE ET ADRESSE

07 – 11. *Le domicile politique doit être distingué de l'adresse de l'électeur. Aussi, même si l'adresse fictive peut constituer l'une des facettes d'une manœuvre frauduleuse visant à altérer la sincérité du vote et doit appeler à la vigilance, le seul constat que l'électeur n'habitait plus à l'adresse donnée au moment de l'inscription ne justifie pas son omission des listes électorales. Cette solution dégagée par la jurisprudence française doit être retenue d'autant plus que l'adressage rudimentaire qui prévaut dans nos localités (lots ou parcelles non répertoriés ou rues non dénommées), la forte mobilité sociale et l'ampleur de l'habitat spontané rendraient aléatoire toute option tendant à faire coïncider l'adresse et le domicile politique.*

Aussi, l'adresse de l'électeur ne peut-elle, tout au plus, n'être qu'indicatrice du domicile civil entendu comme le lieu où peuvent valablement être notifiés des actes administratifs, comme les décisions des commissions administratives de révision des listes électorales ou des actes judiciaires en cas d'instance contentieuse. Elle correspond ainsi souvent au domicile civil sans pour autant pouvoir être identifiée comme tel.

E - DOMICILE POLITIQUE ET DOMICILE MATRIMONIAL

07 – 12. *Traditionnellement, le domicile matrimonial est pour la femme mariée celui de son mari, à qui revient le choix de la résidence du ménage.*

Cette tradition abandonnée dans certaines législations modernes est, en dépit de vives revendications pour l'instauration d'un traitement égal des époux, toujours maintenue en droit sénégalais; l'article 152 du Code de la famille posant sans ambages la règle suivant laquelle « le mari [...], chef de la famille [...] exerce [la puissance maritale] dans l'intérêt commun du ménage et des enfants ».

L'article 153 du même Code, s'inscrivant dans la même mouvance, dispose que « le choix de la résidence du ménage appartient au mari ; la femme est tenue d'y habiter avec lui et il est tenu de l'y recevoir », sauf autorisation accordée par le juge et justifiée par le danger d'ordre physique ou moral que présente le domicile fixé par le mari.

L'exégèse sommaire de ces dispositions légales permet de constater que le législateur, s'écartant de la différenciation généralement admise, semble assimiler « domicile » et « résidence ». Ce qui s'explique par le fait que le domicile matrimonial qui répond à la préoccupation d'assurer l'harmonie dans une communauté de vie se résout en fait en une obligation de cohabitation et partant au partage de la même résidence qui ne saurait, en tout état de cause, se confondre avec le domicile politique qui répond à un souci spécifique et qui est déterminé de manière à assurer efficacement l'application des modalités du concours des gens à la citoyenneté par l'exercice normal de leurs droits électoraux.

Aussi, en dépit de la fixation par l'époux du domicile matrimonial en un lieu déterminé, il appartient à la femme qui le souhaite de renoncer à son domicile d'origine en vue d'opter pour le domicile matrimonial comme lieu d'exercice des activités civiques.

D'ailleurs, cette liberté de choix du domicile politique par la femme est corroborée par l'acceptation légale du fait polygamique. En effet, compte tenu de la prégnance persistante de cette coutume – seulement tolérée par certaines législations ou bannie par d'autres, notamment occidentales –, le domicile matrimonial ne saurait correspondre nécessairement au domicile politique, surtout si l'on considère la situation de l'époux polygame du fait de la règle de l'unicité du domicile politique qui serait incompatible avec une pluralité de domiciles conjugaux pour l'époux polygame dont les épouses vivent dans des lieux de résidence distincts.

En définitive, le domicile matrimonial ne peut être considéré que comme une résidence qui, si elle s'inscrit dans la durée légale de six mois, permet l'exercice du droit électoral dans un lieu donné.

F - LES CATÉGORIES DE DOMICILE POLITIQUE

07 – 13. *Le domicile politique peut être soit le domicile d'origine soit, en cas de changement de domicile, un domicile acquis.*

1 - Le domicile d'origine

Le domicile d'origine est celui où la personne acquiert son droit électoral. En droit sénégalais, où le domicile politique est seulement virtuel tant que ne sont pas accomplies les formalités de l'inscription sur les listes électorales qui, seules, confèrent la qualité d'électeur réel, le domicile d'origine est le lieu du principal établissement au moment de l'inscription sur les listes électorales.

Une fois consacré par une inscription non contestée sur les listes électorales, le domicile d'origine confère un droit qui ne peut être remis en cause même s'il ne correspond plus au lieu du principal établissement ou à une résidence effective. Ainsi, même les agents qui sont astreints à une résidence obligatoire dans un lieu donné peuvent conserver leur domicile d'origine.

2 - Le domicile acquis

Une fois inscrit sur les listes électorales d'une commune, l'électeur dont le lieu du principal établissement a changé peut également modifier son domicile politique en renonçant expressément à son domicile d'origine. Il doit ainsi demander la radiation de sa première inscription et une nouvelle inscription à son nouveau domicile.

Le domicile acquis correspond ainsi au lieu du principal établissement de l'électeur comme il peut aussi correspondre au lieu de résidence ou au lieu où il a une attache fiscale déterminée.

III - LA RÉSIDENCE

Le citoyen jouissant de ses droits civiques, qui n'est pas né ou n'a pas son domicile réel dans une commune donnée, peut néanmoins y acquérir des droits électoraux s'il y a résidé pendant six (6) mois au moins ou s'il y est astreint à résidence du fait de sa profession (articles L.36-3 et L.36-5).

Mais, avant de spécifier les caractères de cette résidence à temps ou pour raison professionnelle, il est nécessaire de circonscrire la notion même de résidence.

A - LA NOTION DE RÉSIDENCE

07 – 14. *À la différence du domicile réel qui suppose de la part de l'électeur, outre la possession d'une habitation, qu'il ait dans la localité le centre de ses* *intérêts matériels et moraux, la résidence dans un lieu donné est réalisée par la présence physique effective et continue en cet endroit comme l'indique l'article L.40, alinéa 6 qui dispose qu'« au sens du présent Code, la résidence s'entend comme le lieu d'habitation effective et durable dans la commune ».*

La résidence se distingue aussi par cette caractéristique de la seule possession et/ou de la propriété d'une demeure qui n'est pas occupée de façon effective et continue.

Elle peut aussi être – contrairement au domicile qui est unique – plurielle, car la personne qui réside dans l'année alternativement pendant six (6) mois dans deux lieux différents, peut fort bien se retrouver en situation de possession virtuelle de deux résidences avec l'heureuse occurrence des périodes de révision ordinaire ou exceptionnelle des listes électorales. Toutefois, même dans ce cas, pour la détermination de son domicile politique, l'électeur devra opter entre ses deux résidences, étant entendu que, dans tous les cas, pour conférer le droit de vote, la résidence doit être effective au moment de l'inscription sur la liste électorale.

B - LA RÉSIDENCE PENDANT SIX MOIS

07 – 14. *Aux termes de l'article L.36-3 in fine du Code électoral, les listes électorales des communes comprennent tous les électeurs qui y résident depuis six (6) mois au moins.*

Ainsi, si l'on considère que l'électeur peut s'inscrire jusqu'à la clôture de la période d'inscription soit le 31 juillet comme prévu à l'article R.28 du Code électoral en cas de révision ordinaire, soit le terme fixé par le décret décidant une révision exceptionnelle, la durée de six (6) mois doit être effective au plus tard le dernier jour de la révision.

La résidence est une question de fait qui peut être prouvée par la production d'un certificat de résidence ou par tout moyen laissé à l'appréhension de la commission administrative, comme les factures ou contrats d'abonnement pour l'électricité, l'eau, le téléphone, quitus fiscal de moins de six mois (article R.32, alinéas 3 et 4), etc.

C - LA RÉSIDENCE PROFESSIONNELLE OBLIGATOIRE

07 – 16. *Du fait que c'est la loi – lato sensu – qui astreint certains agents à une résidence obligatoire, l'on appelle aussi « domicile légal » le lieu où ceux-ci exercent leurs fonctions.*

Ainsi, ont leur domicile légal dans une localité donnée, comme indiqué à l'article L.36-3) du Code électoral, ceux qui y sont assujettis à une résidence obligatoire en qualité de fonctionnaires ou agents de l'État, des collectivités locales et des établissements publics.

Cette résidence obligatoire se prouve par les actes administratifs idoines comme les décisions d'affectation, cartes professionnelles, etc.
Dans tous les cas, la résidence obligatoire n'entraîne pas automatiquement un transfert du domicile politique au lieu d'exercice des fonctions. Il n'y a pas nécessairement coïncidence entre le domicile légal et le domicile politique qui correspond au domicile d'origine, tant que l'intéressé n'a manifesté expressément, devant la commission administrative, son intention de lui substituer un autre lieu où il est susceptible d'acquérir des droits électoraux. Ainsi, en dépit d'une résidence obligatoire, l'électeur, notamment s'il s'agit d'un homme politique, peut exercer son droit de vote dans son fief politique.

Même en ce qui concerne les membres des corps militaires et paramilitaires dont l'inscription sur les listes électorales se fait comme indiqué à l'article L.40, alinéa 7 du Code électoral, sur la base de la carte d'identité biométrique CEDEAO et de la carte professionnelle ou d'une attestation en tenant lieu et délivrée par l'autorité compétente, le choix de la commune où ils exercent leur droit électoral est libre ; l'exigence de ces documents administratifs n'ayant d'autre intérêt que la spécification de leur inscription, qui ne leur permet pas de voter pour les élections locales en application de l'article 29, alinéa 2 du Code (cf. supra n° 06–07).

En tout état de cause, pour produire ses effets, la résidence obligatoire n'est soumise à aucune condition de durée. Elle permet automatiquement d'acquérir les droits électoraux au lieu d'exercice des fonctions.

IV - L'ATTACHE FISCALE

07 – 17. *L'article L.36-5) du Code électoral dispose que les listes électorales des communes comprennent ceux qui figurent depuis trois ans au moins sans interruption au rôle de la contribution foncière des propriétés bâties ou non bâties, de la contribution des patentes, de l'impôt général sur le revenu et qui, s'ils ne résident pas dans la commune, auront déclaré vouloir y exercer leurs droits électoraux.*

Le même article prévoit que sont également inscrits sur les mêmes listes les membres des familles des mêmes électeurs compris dans la déclaration de l'impôt général sur le revenu.

Ainsi, deux conditions cumulatives sont exigées pour que l'attache fiscale confère des droits électoraux : l'inscription sur un rôle fiscal déterminé et l'expression d'une volonté du contribuable. Ces deux conditions réunies profitent aux membres de la famille qui peuvent être enrôlés comme électeurs.

A - L'INSCRIPTION SUR UN RÔLE FISCAL DÉTERMINÉ

Le rôle fiscal sur lequel il faut figurer depuis trois ans sans interruption peut être l'un des rôles suivants :

1- le rôle de la contribution foncière des propriétés bâties ou non bâties qui, aux termes des articles 283, 284 et 296 du Code général des Impôts, est perçue au profil des collectivités locales et est due sur :

- les propriétés bâties telles que les maisons, fabriques, manufactures, usines et, en général, tous les immeubles construits fixés au sol à demeure ;

- les terrains non cultivés employés à un usage commercial ou industriel même occupés par d'autres personnes que le redevable, comme indiqué à l'article 245 du Code général des Impôts ;

2- le rôle de la contribution foncière des propriétés non bâties qui, comme prévu à l'article 257 du Code général des Impôts, est dû à raison des terrains non immatriculés, des terrains en cours de construction et des terrains où sont édifiées des constructions non adhérentes au sol ;

3- L'inscription sur le rôle de la contribution des patentes perçue, conformément à l'article 310 du Code général des Impôts, au profit des collectivités locales, frappe toute personne qui exerce au Sénégal un commerce, une industrie, une profession ne bénéficiant pas d'exonération ;

4- L'inscription sur le rôle de l'impôt sur le revenu représentant un impôt annuel unique sur les revenus de source sénégalaise et/ou étrangère des personnes physiques comme prévu aux articles 47 et suivants du Code général des Impôts.

À noter in fine que le Code général des Impôts a donné en son article 48.III une définition du domicile fiscal au Sénégal qui est spécifique au droit fiscal. En effet, le domicile fiscal tel que défini par le droit fiscal est susceptible notamment d'être un attribut de toute personne ayant ou non la nationalité sénégalaise. Aussi est-il préférable, dans le contexte du droit électoral, de se référer à la notion d'attache fiscale pour la détermination du lieu d'exercice du droit électoral.

B - LA VOLONTÉ EXPRESSE D'OPTER POUR UN DOMICILE POLITIQUE

L'électeur qui a l'attache fiscale nécessaire doit expressément déclarer, à la commission administrative, vouloir exercer ses droits électoraux dans la commune où il peut n'avoir ni domicile réel ni résidence.

La loi n'ayant pas déterminé le mode d'expression de la volonté d'acquérir des droits électoraux au titre de l'attache fiscale, une simple déclaration orale devant la commission administrative suffit sous réserve de l'exigence de la preuve de l'attache fiscale.

SECTION II

CONDITIONS D'INSCRIPTION DES SÉNÉGALAIS ÉTABLIS À L'ÉTRANGER

Les Sénégalais établis ou résidant à l'étranger peuvent, suivant des modalités spécifiques, s'inscrire sur les listes électorales des communes sénégalaises soit sur celles des représentations diplomatiques ou consulaires.

I - EN CAS D'INSCRIPTION AU SÉNÉGAL

07 – 18. *L'article L.38 du Code électoral prévoit que les citoyens Sénégalais établis à l'étranger et immatriculés au consulat du Sénégal peuvent, sur leur demande, être inscrits sur la liste électorale de l'une des communes suivantes :*

- *commune de naissance ;*
- *commune de leur dernier domicile politique ou de leur dernière résidence à condition que cette résidence ait été de six mois au moins ;*
- *commune où est inscrit l'un de leurs ascendants ou de leurs descendants au premier degré, c'est-à-dire le père, la mère ou l'enfant.*

Une telle inscription offre l'opportunité aux Sénégalais de l'Extérieur, lorsqu'ils se trouvent sur le territoire national au moment du scrutin, d'exercer leur droit de vote même pour les élections locales.

L'on remarquera aussi qu'à la différence des conditions générales d'inscription dans les communes sénégalaises, il est prévu la possibilité pour les Sénégalais de l'Extérieur de s'inscrire dans la commune de résidence d'un de leurs descendants. Même avec l'élection de députés dédiés à la diaspora, une telle option est laissée aux Sénégalais de l'Extérieur, qui ne peuvent toutefois figurer que sur l'un des deux fichiers.

II - EN CAS D'INSCRIPTION SUR LES LISTES DES REPRÉSENTATIONS DIPLOMATIQUES OU CONSULAIRES

07 – 19. *Les listes électorales des représentations diplomatiques ou consulaires du Sénégal comprennent, comme indiqué à l'article L.310 du Code électoral, d'une part, les électeurs qui ont leur domicile réel dans la juridiction de la représentation diplomatique ou consulaire où se trouve le pays d'organisation des opérations électorales ou qui y résident depuis six mois au moins, d'autre part, ceux qui y sont assujettis à une résidence obligatoire sans condition de durée de résidence.*

Elles servent, conformément aux dispositions de l'article L.303, de répertoire des électeurs pour l'élection du président de la République et les élections des députés à élire dans les départements électoraux de l'extérieur du pays.

CHAPITRE III

LA JOUISSANCE DU DROIT DE VOTE : PRIVATION ET RESTAURATION DU DROIT

Pour avoir la jouissance du droit de vote, le citoyen Sénégalais ne doit pas se trouver dans l'un des cas d'incapacité électorale prévus par la loi.

SECTION PREMIÈRE

LES CAUSES DE PERTE OU DE SUSPENSION DU DROIT

Certaines condamnations, l'état d'incapacité et l'exercice de fonctions spécifiées peuvent emporter soit la suspension, soit la perte du droit de vote.

I - LES CAUSES DE PERTE DU DROIT DE VOTE

Les causes de perte du droit électoral sont soit des condamnations, soit l'état de majeur incapable.

A - LES CONDAMNATIONS PRIVATIVES DU DROIT DE VOTE

07 – 20. *Aux termes de l'article L.31 du Code électoral, ne doivent pas être inscrits sur les listes électorales et ne peuvent donc jouir de leur droit de vote :*

- les individus condamnés pour crime ;

- ceux condamnés à une peine d'emprisonnement sans sursis ou à une peine d'emprisonnement avec sursis d'une durée supérieure à un mois pour vol, escroquerie, abus de confiance, trafic de stupéfiants, détournement ou soustraction de deniers publics commis par les agents publics à l'occasion de l'exercice de leurs fonctions, corruption, trafic d'influence, contrefaçon, ou pour tous délits passibles d'une peine supérieure à cinq ans d'emprisonnement ;

- ceux condamnés à une peine dépassant trois mois d'emprisonnement sans sursis ou à une peine d'emprisonnement supérieure à six mois avec sursis pour un délit autre que ceux énumérés au précédent tiret ;

- les faillis non réhabilités (les décisions emportant faillite ou réhabilitation des faillis qui sont prononcées par la juridiction compétente sont régies par les dispositions de l'Acte uniforme portant organisation des procédures d'apurement du passif adopté le 10 avril 1998 en ses articles 194 à 215) ;

- ceux qui sont en état de contumace : ceux-ci ayant été nécessairement condamnés pour crime, puisque la contumace n'est pas prévue pour les autres catégories d'infractions pénales, cette rubrique peut paraître redondante si elle n'est pas lue dans un premier temps à la lumière de

l'article 32 du Code électoral et au regard des implications de l'état de contumace.

En effet, l'article 32 spécifie la condition du caractère définitif de la condamnation emportant suspension du droit de vote, condition nécessaire a fortiori pour la privation de ce droit. Or, la condamnation par contumace n'est pas une décision définitive dès lors qu'il peut être procédé à la purge de la contumace qui anéantit la décision de condamnation en cas de représentation volontaire ou de l'arrestation du contumax comme prévu à l'article 356 du Code de procédure pénale. Dans un second temps, l'article 361 du même Code prévoit qu'« à partir de l'accomplissement des mesures de publicité prescrites [...] le condamné [par contumace] est frappé de toutes les déchéances prévues par la loi ».

Ainsi, sauf pour la contumace, dans tous les cas prévus à l'article 31 du Code électoral, la décision de condamnation ou de déclaration de faillite doit donc être définitive pour entraîner automatiquement la privation du droit de vote.

Mais cette automaticité de la peine complémentaire de privation du droit de vote peut par ailleurs faire l'objet de controverse en raison des exigences du principe de l'individualisation des peines qui doit être de rigueur dans l'application de la sanction pénale. À ce propos, il paraît intéressant de se reporter, en droit comparé, à la jurisprudence du Conseil constitutionnel français, qui a relevé l'inconstitutionnalité d'une telle peine privative du droit de vote qui était prévue à l'article L.7 du Code électoral français, en considérant que :

> *« L'interdiction d'inscription sur la liste électorale imposée par l'article L.7 du Code électoral emporte une incapacité d'exercer une fonction publique élective d'une durée égale à cinq ans. Cette peine privative de l'exercice du droit de suffrage est attachée de plein droit à diverses condamnations pénales sans que le juge qui décide de ces mesures ait à la prononcer expressément. Il ne peut davantage en faire varier la durée. Même si l'intéressé peut être, en tout ou partie, y compris immédiatement, relevé de cette incapacité dans les conditions définies au second alinéa de l'article 132-21 du Code pénal, cette possibilité ne saurait, à elle seule, assurer le respect des exigences qui découlent du principe d'individualisation des peines. Par suite, l'article L.7 du Code électoral méconnaît ce principe et doit être déclaré contraire à la Constitution. L'abrogation de l'article L.7 du Code électoral permet aux intéressés de demander, à compter du jour de publication de la présente décision, date d'entrée en vigueur de cette abrogation, leur inscription immédiate sur la liste électorale dans les conditions déterminées par la loi » (2010-6/7 QPC, 11 juin 2010, cons. 5 et 6, JORF du 12 juin 2010, p. 10849, texte n° 70, Rec. p. 111).*

B - LA PERTE DU DROIT DE VOTE PRONONCÉE PAR UNE JURIDICTION PÉNALE

07 – 21. *Aux termes des dispositions de l'article L.31-6), sont privés du droit de vote ceux à l'égard desquels la perte en a été prononcée par une « juridiction pénale de droit commun » : la formule ainsi utilisée peut raisonnablement faire penser qu'il s'agit là d'une maladresse de rédaction, car, en l'état actuel de la législation pénale, les infractions pénales sont jugées par les juridictions de droit commun sauf dérogations prévues par la loi. En effet, l'expression « juridiction de droit commun » désigne, dans l'organisation judiciaire sénégalaise, les juridictions ayant une compétence de principe et qui connaît de tous les litiges qui ne relèvent pas spécialement d'une autre juridiction, juridiction ainsi dotée d'une compétence d'attribution. Dans ce sens, la juridiction pénale de droit commun est, en premier ressort, le tribunal de grande instance et, en appel, la Cour d'appel.*

Après la suppression de la Cour de Sûreté de l'État en 1992, les juridictions pénales ayant compétence d'attribution sont le tribunal d'instance, la Cour de répression de l'Enrichissement illicite, le tribunal militaire et la Haute Cour de Justice. Ainsi, une lecture littérale de l'article L.31-6) du Code électoral ferait ainsi échapper sans aucune justification acceptable les personnes condamnées pour les graves infractions dont la connaissance est dévolue à ces dernières juridictions d'une privation du droit de vote encourue par des auteurs d'infractions moins graves visées au même article 31 du Code.

Aussi, l'intention du législateur ne pouvant être la limitation de la perte de droit par suite d'une condamnation prononcée uniquement par les juridictions pénales de droit commun, serait-il plus exact de viser la perte de droit de vote par suite d'une condamnation pour « infractions de droit commun », catégorie qui ne comprend pas les infractions politiques auxquelles sont assimilés les délits de presse et qui seraient les seules infractions qui pourraient ne pas être privatives de droit de vote si l'on se situe dans la trajectoire traditionnelle, qui est moins sévère pour ces infractions en ce qui concerne les peines complémentaires.

C - LES MAJEURS INCAPABLES

07 – 22. *Les incapables majeurs visés à l'article 32-7 du Code électoral sont des personnes qui, en raison de l'altération de leurs facultés psychiques et intellectuelles, ne peuvent, en principe, accomplir seules les actes de la vie civile et qui, ainsi placées sous tutelle, sont également privées du droit de vote.*

II – CAUSES DE SUSPENSION DU DROIT DE VOTE

07 – 23. *Seules certaines condamnations déterminées entraînent la suspension du droit de vote.*

A - LES CONDAMNATIONS, CAUSES DE SUSPENSION DU DROIT DE VOTE

L'article L.32 du Code électoral dispose que sauf pour la juridiction compétente d'avoir, en prononçant la condamnation, relevé les condamnés de la privation temporaire du droit de vote, ne peuvent jouir de ce droit :

- pendant une période de cinq ans à compter de la date à laquelle la condamnation est devenue définitive, les condamnés soit à une peine d'emprisonnement sans sursis égale ou supérieure à un mois et inférieure ou égale à trois mois, soit à une peine d'emprisonnement avec sursis supérieure à 200 000 francs CFA ;

- pendant le délai fixé par une décision de justice, ceux auxquels les juridictions compétentes ont interdit le droit de vote et d'être éligibles par application des lois qui autorisent cette interdiction.

SECTION II

LES CONDAMNATIONS NON PRIVATIVES DU DROIT DE VOTE

07 – 24. *N'entraînent pas, aux termes des dispositions de l'article L.33 la privation, même temporaire, du droit de vote, certaines condamnations limitativement énumérées.*

I - LES CONDAMNATIONS POUR DÉLIT D'IMPRUDENCE, À L'EXCLUSION DU CAS DE DÉLIT DE FUITE CONCOMITANT

Les condamnations pour délit d'imprudence sont relatives à l'homicide et aux blessures involontaires généralement commises à l'occasion d'accidents de la circulation. Elles ne sont pas privatives du droit de vote sauf s'il y a délit de fuite, auquel cas, l'article 307 du Code pénal prévoit que les peines prévues sont non seulement doublées, mais ne pourront être assorties du sursis, ce qui va situer les condamnations dans la catégorie de celles examinées ci-dessus *(cf. supra n° 07-23).*

II - CERTAINES CONDAMNATIONS POUR INFRACTIONS RELATIVES AUX SOCIÉTÉS

Les infractions relatives aux sociétés ont la particularité – qui est source de complexité – de relever de la législation nationale et de la législation communautaire de l'organisation pour l'harmonisation en Afrique du droit des affaires.

A - CONSIDÉRATIONS GÉNÉRALES SUR LES INFRACTIONS RELATIVES AUX SOCIÉTÉS

L'article L.33-2) prévoit que n'empêchent pas l'inscription sur les listes électorales « les condamnations prononcées pour une infraction autre que celles prévues par l'Acte uniforme du 17 avril 1997 relatif au droit des sociétés commerciales et des groupements d'intérêt économique ainsi que de la loi du 29 juillet 1985 sur les sociétés, qui sont qualifiées de délit mais dont la répression n'est pas subordonnée à la preuve de la mauvaise foi de leurs auteurs et qui ne sont passibles que d'une amende ».

Il y a lieu de relever, à ce propos, outre la rédaction de cet article, qui doit être améliorée, que la loi n° 98-22 du 26 mars 1998 (Journal officiel de la République du Sénégal du 25 avril 1996) a, en son article 22, abrogé et remplacé la loi du 29 juillet 1985 à laquelle se réfère l'article L.33 à partir de son entrée en vigueur qui devait être occurrente de celle dudit Acte uniforme fixée à la date du 1er janvier 1998.

Par ailleurs, l'Acte uniforme de 1997 a été abrogé et remplacé par l'Acte uniforme révisé relatif au droit des sociétés commerciales et des groupements d'intérêt économique adopté le 30 janvier 2014 qui prévoit les infractions suivantes :

- *infractions relatives à la constitution des sociétés (articles 886 et 887) ;*
- *infractions relatives à la gérance, à l'administration et à la direction des sociétés (articles 888 à 891-2) ;*
- *infractions relatives aux assemblées générales (articles 891-3 à 892) ;*
- *infractions relatives aux modifications du capital des sociétés anonymes (articles 893 et 896) ;*
- *infractions relatives au contrôle des sociétés (articles 897 à 900) ;*
- *infractions relatives à la dissolution des sociétés (article 901) ;*
- *infractions relatives à la liquidation des sociétés (articles 902 à 905).*

Ledit Acte uniforme renvoie à la loi nationale pour la détermination des sanctions pénales conformément aux dispositions de l'article 5 du traité de l'OHADA qui prévoit à son alinéa 2 que :

> *« Les Actes uniformes peuvent inclure des dispositions d'incrimination pénale ;*
> *les États parties s'engagent à déterminer les sanctions pénales encourues ».*

B - LES INFRACTIONS RELATIVES AUX SOCIÉTÉS NON PRIVATIVES DU DROIT DE VOTE

Aucune des infractions relatives à la gérance, à l'administration et à la direction des sociétés (articles 888 à 891-2 de l'Acte uniforme), ou relatives aux assemblées générales (articles 891-3 à 892) ainsi qu'aux infractions relatives aux modifications du capital des sociétés anonymes (articles 893 et 896) n'étant punie d'une seule peine d'amende, une condamnation pour l'un de ces chefs peut être privative du droit de vote dans les conditions de droit commun.

Seules les infractions relatives aux sociétés ci-dessous spécifiées ne font pas encourir la privation au droit de suffrage :

1 - Les infractions relatives à la constitution des sociétés

Parmi les infractions relatives à la constitution des sociétés, l'article premier de la loi du 26 mars 1998 dispose que « l'infraction prévue par l'article 886 de l'Acte uniforme aux droits des sociétés commerciales et du groupement d'intérêt économique est punie d'une amende de 100 000 à 1 000 000 de FCFA ».

Ledit article 886 incrimine « le fait, pour les fondateurs, le président-directeur général, le directeur général, l'administrateur général ou l'administrateur général adjoint d'une société anonyme, d'émettre des actions avant l'immatriculation ou à n'importe quelle époque lorsque l'immatriculation est obtenue par fraude ou que la société est irrégulièrement constituée ».

Cette infraction, qui est seulement punie d'une peine d'amende, n'emporte donc pas privation du droit de vote.

2 - Les infractions relatives aux modifications du capital des sociétés anonymes

Relativement aux infractions relatives aux modifications du capital des sociétés anonymes, l'article 8 de la loi pénale nationale dispose que « l'infraction, prévue par l'article 893 de l'Acte uniforme sur les sociétés commerciales et du groupement d'intérêt économique, est punie :

1°) d'une amende de 100 000 à 1 000 000 de FCFA pour les administrateurs, le président du Conseil d'Administration, le président-directeur général ou l'administrateur général ou l'administrateur adjoint d'une société anonyme qui, lors d'une augmentation de capital, auront émis des actions ou des coupures d'actions :

- *avant que le certificat du dépositaire ait été établi ;*
- *sans que les formalités préalables à l'augmentation de capital aient été régulièrement accomplies ;*
- *sans que le capital antérieurement souscrit de la société ait été intégralement libéré ;*

- sans que les nouvelles actions d'apport aient été intégralement libérées avant l'inscription modificative au registre du commerce et du crédit mobilier ;

- sans que les actions nouvelles aient été libérées d'un quart au moins de leur valeur nominale au moment de la souscription ;

- le cas échéant, sans que l'intégralité de la prime d'émission ait été libérée au moment de la souscription ;

2°) d'un emprisonnement d'un mois à un an et d'une amende de 100 000 à 1 000 000 de FCFA ou de l'une de ces deux peines seulement pour les personnes visées au présent article qui n'auront pas maintenu les actions de numéraire sous forme nominative jusqu'à leur entière libération ».

Au regard des dispositions de cet article, seules les condamnations pour les infractions prévues au 1°), qui ne sont susceptibles que d'une peine d'amende, n'entraînent pas la privation du droit de vote, à la différence des condamnations pour les mêmes faits prévus au 2°) avec cette circonstance de l'omission du maintien sous forme nominative des actions de numéraires jusqu'à leur entière libération.

En ce qui concerne toujours les infractions relatives aux modifications du capital des sociétés anonymes, l'article 9 de la loi pénale nationale dispose que « l'infraction prévue par l'article 894 de l'Acte uniforme relatif aux droits des sociétés commerciales et du groupement d'intérêt économique est punie d'une amende de 100 000 à 1 000 000 de FCFA ».

Les dispositions de l'Acte uniforme prévoient donc des infractions qui ne sont pas privatives du droit de suffrage et qui visent :

« les dirigeants sociaux qui, lors d'une augmentation de capital,

1°) n'ont pas fait bénéficier les actionnaires, proportionnellement au montant de leurs actions, d'un droit préférentiel de souscription des actions de numéraire lorsque ce droit n'a pas été supprimé par l'Assemblée générale et que les actionnaires n'y ont pas renoncé ;

2°) n'ont pas fait réserver aux actionnaires un délai de vingt (20) jours au moins, à dater de l'ouverture de la souscription, sauf lorsque ce délai a été clos par anticipation ;

3°) n'ont pas attribué les actions rendues disponibles, faute d'un nombre suffisant de souscriptions à titre irréductible, aux actionnaires qui ont souscrit à titre réductible un nombre d'actions supérieur à celui qu'ils pouvaient souscrire à titre irréductible proportionnellement aux droits dont ils disposent ;

4°) n'ont pas réservé les droits des titulaires de bons de souscription ».

De même, n'est pas privative du droit de vote la condamnation par application de l'article 11 de la loi pénale réprimant « l'infraction prévue par l'article 896 de l'Acte uniforme relatif aux droits des sociétés commerciales et du groupement d'intérêt économique [...] punie d'une amende de 100 000 à 1 000 000 de FCFA » qui vise :

> *« les administrateurs, le président-directeur général, le directeur général, le directeur général adjoint, le président de la société par actions simplifiée, l'administrateur général ou l'administrateur général adjoint qui, sciemment, ont procédé à une réduction de capital :*
>
> *1°) sans respecter l'égalité des actionnaires ;*
>
> *2°) sans avoir communiqué le projet de réduction de capital aux commissaires aux comptes quarante-cinq (45) jours avant la tenue de l'assemblée générale appelée à statuer sur la réduction de capital ».*

3 - Les infractions relatives à la liquidation des sociétés non privatives

Parmi les infractions relatives à la liquidation des sociétés, la loi pénale nationale ne punit d'une peine d'amende de 200 000 à 2 000 000 de FCFA non privative du droit de vote, en son article 20, que « l'infraction prévue par l'article 905 de l'Acte uniforme relatif aux droits des sociétés commerciales et du groupement d'intérêt économique » qui dispose que :

> *« Encourent une sanction pénale les présidents, les administrateurs ou les directeurs généraux de société qui ont émis des valeurs mobilières offertes au public :*
>
> *1°) sans qu'une notice soit insérée dans un journal habilité à recevoir les annonces légales préalablement à toute mesure de publicité ;*
>
> *2°) sans que les prospectus et circulaires reproduisent les mentions de la notice prévue au 1°) du présent article, et contiennent la mention de l'insertion de cette notice au journal habilité à recevoir les annonces légales avec référence au numéro dans lequel elle a été publiée ;*
>
> *3°) sans que les affiches et les annonces dans les journaux reproduisent les mêmes mentions ou tout au moins un extrait de ces mentions avec référence à ladite notice, et indications du numéro du journal habilité à recevoir les annonces légales dans lequel elle a été publiée ;*
>
> *4°) sans que les affiches, les prospectus et les circulaires mentionnent la signature de la personne ou du représentant de la société dont l'offre émane et précisent si les valeurs offertes sont cotées ou non et, dans l'affirmative, à quelle bourse.*
>
> *La même sanction pénale est applicable aux personnes qui ont servi d'intermédiaires à l'occasion de la cession de valeurs mobilières sans qu'aient été respectées les prescriptions du présent article ».*

C - LES CONDAMNATIONS POUR INFRACTIONS PRÉVUES AUX ARTICLES 92 À 95 DU CODE PÉNAL

Ces dispositions se rapportent aux incriminations des attroupements sur la voie publique. Ainsi, pour leur participation à certains attroupements sur la voie publique, en application de l'article 94 dudit Code, les personnes condamnées peuvent être privées, pendant cinq ans au moins et dix ans au plus des droits mentionnés à l'article 34 du même Code, notamment du droit de vote et d'éligibilité par la décision des juges.

CHAPITRE II
LA RESTAURATION DU DROIT DE VOTE

Outre ceux qui recouvrent leur capacité à l'échéance du délai de suspension du droit de vote, sont également rétablies dans leur droit de vote, les personnes qui, frappées d'incapacité électorale, bénéficient de la réhabilitation ou d'une mesure d'amnistie (article L.30 du Code électoral) ou qui ne sont plus sous tutelle.

SECTION PREMIÈRE
LA RÉHABILITATION

07 – 25. *La réhabilitation peut être de plein droit ou judiciaire.*

I - LA RÉHABILITATION DE PLEIN DROIT

La réhabilitation de plein droit est acquise à l'expiration du délai de sursis ou en cas d'absence de nouvelle condamnation à l'emprisonnement ou à une peine plus grave pour crime et délit, dans les conditions suivantes, conformément à l'article 741 du Code de procédure pénale :

- *pour la condamnation à l'amende, après un délai de cinq (5) ans à compter du jour de paiement de l'amende ou de l'expiration de la contrainte par corps ou de la prescription accomplie ;*
- *pour la condamnation unique à une peine d'emprisonnement ne dépassant pas six (6) mois, après un délai de dix (10)ans à compter soit de l'expiration de la peine subie, soit de la prescription accomplie ;*
- *pour la condamnation unique à une peine d'emprisonnement ne dépassant pas deux (2) ans ou pour les condamnations multiples dont l'ensemble ne dépasse pas un (1) an, après un délai de quinze (15) ans à compter soit de l'expiration de la peine subie soit de la prescription de la peine ;*
- *pour la condamnation unique à une peine supérieure à deux (2) ans d'emprisonnement ou pour les condamnations multiples dont*

l'ensemble ne dépasse pas deux (2) ans, après un délai de vingt (20) ans à compter soit de l'expiration de la peine subie soit de la prescription de la peine ;
- en cas de faillite personnelle emportant interdiction, par application de l'article 203 de l'Acte uniforme portant organisation des procédures collectives d'apurement du passif, d'exercer une fonction publique élective et d'être électeur pour ladite fonction, la réhabilitation de plein droit est acquise s'il y a décision de clôture pour extinction du passif.

À noter que l'article 741 du Code de procédure pénale précise in fine, d'une part, que pour l'application de ces dispositions, les condamnations dont la confusion a été ordonnée sont considérées comme une condamnation unique, d'autre part, que la remise totale ou partielle d'une peine par voie de grâce équivaut à son exécution totale ou partielle.

II - LA RÉHABILITATION JUDICIAIRE

La réhabilitation judiciaire peut être demandée en justice, du vivant du condamné par celui-ci ou – s'il est interdit – par son représentant légal et doit porter sur l'ensemble des condamnations prononcées qui n'ont été effacées ni par une réhabilitation antérieure ni par l'amnistie. Elle est accordée conformément aux dispositions de l'article 740 du Code de procédure pénale par la Chambre de l'instruction (anciennement dénommée Chambre d'accusation) de la Cour d'appel dans les formes et conditions déterminées aux articles 742 à 754 du même Code sur saisine du procureur général à qui sont transmises toutes les pièces utiles par le procureur de la République, destinataire de la demande de réhabilitation.

SECTION II

L'AMNISTIE

***07 – 26.** Mesure de pardon dont la portée est laissée au législateur, l'amnistie s'applique dans les conditions définies par chaque loi d'amnistie. Elle est soit réelle quand elle se rapporte à des faits précis, soit personnelle quand elle s'applique à des individus répondant à un profil déterminé.*
On peut citer à titre d'exemple les lois d'amnistie suivantes :

- *loi n° 64-08 du 24 janvier 1964 ;*
- *loi n° 67-05 du 24 février 1967 ;*
- *loi n° 76-26 du 25 mars 1976 ;*
- *loi n° 81-18 du 6 mai 1981 ;*
- *loi n° 83-76 du 5 juillet 1983 ;*
- *loi n° 88-08 du 24 janvier 1988 ;*

- loi n° 2004-20 du 21 juillet 2004 portant loi d'amnistie des infractions en relation avec les événements dans la région naturelle de Casamance ;
- loi du 7 du janvier 2005 dite « Loi Ezzan » amnistiant les infractions criminelles et correctionnelles commises en relation avec les élections générales ou locales ou ayant des motivations politiques de 1983 à 2004.

❖

SECTION 2
ÉTABLISSEMENT ET RÉVISION DES LISTES ÉLECTORALES

Article L.39.- Les listes électorales sont permanentes. Elles font l'objet d'une révision annuelle initiée par l'Administration, et exécutée par les commissions administratives composées d'un président et d'un suppléant désignés par le préfet ou le sous-préfet, du maire ou de son représentant et d'un représentant de chaque parti politique légalement constitué ou coalition de partis déclarée à cet effet auprès de l'autorité compétente.

Après validation de sa composition, la CENA est tenue de nommer un contrôleur auprès de chaque commission administrative pour supervision et contrôle.

Les commissions administratives des communes sont compétentes dans leur ressort pour procéder, sous la supervision et le contrôle de la CENA, aux opérations d'inscription, de modification, de changement de statut et de radiation dans les conditions fixées par décret.

Chaque élection est faite sur la base de la liste révisée pendant toute l'année qui suit la clôture de la liste.

Avant chaque élection générale, une révision exceptionnelle est décidée par décret. Toutefois, elle peut être décidée dans la même forme en cas d'élection anticipée ou de référendum.

Article L.40.- La commission administrative doit faire figurer sur la liste électorale les renseignements demandés par l'Administration chargée de l'établissement des listes électorales et susceptibles d'identifier l'électeur, notamment les prénom, nom, date et lieu de naissance, filiation, profession, domicile ou résidence de tous les électeurs.

Pour justifier son identité, l'électeur présente sa carte d'identité biométrique CEDEAO.

Pour toutes opérations au niveau de la commission administrative, si l'adresse domiciliaire qui figure sur la carte d'identité biométrique CEDEAO ne se trouve pas dans la circonscription électorale, l'électeur est tenu de prouver son rattachement à la circonscription par la production d'un certificat de résidence ou par la présentation de tout autre document de nature à prouver le lien avec la collectivité locale déterminée suivant les conditions posées par les articles L.36 et L.37 du présent Code.

Les pièces à produire ou à présenter sont énumérées par décret.

La personne est domiciliée au lieu de son principal établissement et pour son activité professionnelle au lieu où elle exerce celle-ci.

Au sens du présent code, la résidence s'entend comme le lieu d'habitation effective et durable dans la commune.

L'inscription des membres des corps militaires et paramilitaires sur les listes électorales se fait sur la base de la carte d'identité biométrique CEDEAO et de la carte professionnelle ou d'une attestation en tenant lieu et délivrée par l'autorité compétente.

Lorsqu'un électeur sollicite plus d'une inscription sur une ou plusieurs listes électorales, seule la première demande d'inscription est maintenue.

Article L.41.- La commission administrative délivre à chaque électeur un récépissé portant le numéro d'inscription sur la liste électorale, sa date de délivrance et le visa du contrôleur de la CENA

Article L.42.- Un électeur inscrit sur la liste électorale ne peut être radié sans une décision motivée et dûment notifiée.

La commission administrative peut procéder à des radiations soit sur demande, soit d'office. La radiation sur demande intervient à la requête de l'électeur intéressé. La radiation d'office intervient dans les cas prévus par décret.

Article L.43.- Dans les conditions fixées par décret, l'électeur qui a fait l'objet d'une radiation d'office, pour d'autres causes que le décès, ou celui dont l'inscription est contestée, reçoit de la part de l'autorité administrative compétente, notification écrite de la décision de la commission administrative à sa dernière résidence connue. Ils peuvent, dans les cinq (5) jours qui suivent, intenter un recours devant le président du Tribunal d'instance.

Le recours contre les décisions de la commission administrative est porté devant le président du Tribunal d'instance. Il est formé sur simple déclaration au greffe du Tribunal d'instance. Dans les dix (10)

jours suivant ladite déclaration, le président statue sans frais ni forme de procédure et sur simple avertissement donné trois (3) jours à l'avance à toutes les parties intéressées.

Article L.44.- Si la demande portée devant le président du Tribunal d'instance implique la solution préjudicielle d'une question d'état, il renvoie préalablement les parties à se pourvoir devant le juge compétent et fixe un délai de cinq (5) jours dans lequel la partie qui a levé la question préjudicielle devra justifier ses diligences.

En cas d'annulation des opérations de la commission, les recours sont radiés d'office.

Article L.45.- Les listes des communes sont déposées à la préfecture ou à la sous-préfecture et à la mairie. Elles sont communiquées et publiées dans les conditions fixées par décret.

Tout citoyen omis sur la liste électorale ou victime d'une erreur purement matérielle portant sur l'un de ses éléments d'identification et détenant son récépissé peut exercer un recours devant le président du Tribunal d'instance dans les vingt (20) jours qui suivent la publication de la liste électorale, soit directement, soit par l'intermédiaire de la CENA.

Tout électeur inscrit sur la liste électorale peut réclamer, dans les mêmes conditions, l'inscription d'un électeur omis ou la radiation d'un électeur indûment inscrit. Le même droit appartient à l'autorité administrative compétente.

Le président du Tribunal d'instance, saisi dans les formes décrites à l'alinéa 2 du présent article, statue dans les délais fixés à l'alinéa 2 de l'article L.43 puis notifie sa décision dans les deux (2) jours à l'intéressé, au préfet ou au Sous-préfet.

Article L.46.- La décision du Président du Tribunal d'instance est rendue en dernier ressort. Elle peut être déférée en cassation devant la Cour Suprême, conformément aux dispositions de la loi organique sur ladite Cour.

Article L.47.- Les listes électorales modifiées conformément aux dispositions des articles L.43 à L.46 sont conservées dans les archives de la sous-préfecture, de la préfecture ou de la Gouvernance. Tout électeur peut en prendre communication et copie à ses frais.

❖

Article R.28.- La révision des listes électorales a lieu chaque année, du 1er février au 31 juillet inclus, sous réserve des révisions exceptionnelles prévues par l'article L.39. Dans ce dernier cas, les dates indiquées, aux articles R.32, R.39, R.40 et R.41 sont décalées en tenant compte de la date du début de la révision exceptionnelle à moins que le décret instituant la révision exceptionnelle n'en ait décidé autrement.

Article R.29.- Au plus tard cinq (5) jours avant le début de la révision des listes électorales, les autorités administratives compétentes instituent, par arrêté, des commissions d'établissement et de révision des listes électorales, et précisent les horaires ainsi que les lieux où elles doivent siéger. Ces commissions sont constituées en application de l'article L.39. Elles informent les partis politiques de la date de démarrage de la révision en vue de leur représentation

Article R.30.- Dans les communes, les commissions fonctionnent de huit (8) à dix-huit (18) heures. Toutefois, leurs horaires peuvent être adaptés aux circonstances.

Si les circonstances l'exigent, les commissions fixes peuvent être transformées en commissions itinérantes par arrêté de l'autorité administrative compétente.

Article R.31.- À chaque président de commission administrative est remis un registre côté et paraphé par l'autorité administrative compétente et sur lequel sont mentionnées les opérations effectuées par la commission.

Ce registre est tenu à la disposition de la CENA, des électeurs et des partis ou coalitions de partis politiques.

Article R.32.- Du 1er février au dix (10) juillet, la commission administrative prévue à l'article L.39 reçoit les demandes d'inscription, de modification, de changement de statut et de radiation, qui lui sont présentées, sur des carnets spécifiques à chaque catégorie d'opération.

Le changement de statut concerne l'électeur civil devenu militaire ou paramilitaire ou vice versa.

Pour prouver son rattachement à la collectivité locale, si l'adresse domiciliaire ou le lieu de naissance qui figure sur la carte nationale d'identité ne se trouve pas dans la circonscription électorale, l'électeur doit produire un certificat de résidence. À défaut du certificat de résidence, l'électeur doit présenter soit une facture d'eau, d'électricité ou de téléphone soit un quitus fiscal.

La facture ou le quitus fiscal doit être établi au nom de l'électeur et dater d'au moins six (6) mois.

Article R.33.- La commission ajoute, à la liste électorale, les personnes :

1. qu'elle reconnaît avoir les qualités exigées par la loi pour être électeurs dans la commune ;
2. qui auront acquis les conditions d'âge et de résidence avant la clôture définitive de la liste électorale ;
3. qu'elle reconnaît avoir indûment omises.

Article R.34.- La commission retranche, de la liste électorale, les électeurs :

1. décédés ;
2. dont la radiation a été ordonnée par l'autorité compétente ou qui ont perdu les qualités requises par la loi ;
3. qu'elle reconnaît avoir indûment inscrits, bien que leur inscription n'ait été attaquée.

Article R.35.- La commission apporte, à la liste, toutes les modifications nécessaires dues aux changements de statut, de circonscription électorale, d'adresse du domicile de l'électeur ou à des erreurs constatées sur les prénoms, nom, filiation, profession ou domicile.

Article R.36.- Les inscriptions, modifications, changements de statut et radiations prévus aux articles R.33, R.34 et R.35 sont effectués sur des carnets confectionnés et mis à disposition par le Ministère chargé des Élections.

Les carnets ainsi que les feuillets qu'ils contiennent sont numérotés.

Les carnets sont également visés par le préfet ou le sous-préfet, le président de la commission et le contrôleur de la CENA.

Article R.37.- L'inscription des membres des corps militaires et paramilitaires sur les listes électorales se fait sur la base des mêmes carnets que ceux des citoyens civils.

Il est apposé la mention « électeur militaire ou paramilitaire » sur le feuillet.

L'attestation prévue à l'article L.40 est délivrée, pour chaque corps, par l'autorité compétente.

Article R.38.- À la fin des opérations de révision des listes électorales, sous la supervision et le contrôle de la CENA, le Président remet à l'autorité administrative :

1. les carnets entièrement ou partiellement remplis dans chaque catégorie d'opération, avec indication :
   - de leurs numéros
   - des numéros des premiers et derniers feuillets inclus ;
2. les carnets non remplis dans chaque catégorie d'opération, avec indication :
   - de leurs numéros ;
   - des numéros des premiers et derniers feuillets inclus ;
3. le registre signé par tous les membres de la commission et comportant, le cas échéant, mention de toutes les observations des membres de la commission.

Article R.39.- Les décisions de la commission sont prises au moment de la demande d'inscription, de modification, de changement de statut ou de radiation, en présence du demandeur.

Lorsque la commission refuse d'inscrire un électeur, cette décision lui est aussitôt notifiée. Il est délivré un avis de rejet motivé. L'intéressé est informé qu'il dispose de la possibilité de contester ladite décision en application de l'article L.43.

Lorsque la commission radie d'office un électeur pour d'autres causes que le décès, ou lorsqu'elle prend une décision à l'égard d'une inscription qui a été contestée devant elle, il est délivré, le 10 juillet au plus tard un avis motivé de radiation d'office, destiné à l'électeur radié.

La liste des électeurs radiés d'office est conservée à la préfecture ou à la sous-préfecture. Elle peut être consultée par tout électeur de la commune.

Article R.40.- Le Président du Tribunal d'instance saisi en vertu des articles L.43 et L.44, notifie sa décision, dans les deux (2) jours ou au plus tard le 27 juillet à l'intéressé, aux Préfets ou aux Sous-préfets.

Article R.41.- Le Préfet ou le Sous-préfet transmet les décisions du président du Tribunal d'instance à la commission administrative. Du 28 au 31 juillet, celle-ci modifie ou rédige, en conséquence, les feuillets d'inscription, de modification, de changement de statut ou de radiation.

Article R.42.- Les carnets d'inscription, de modification, de changement de statut et de radiation sont transmis sans délai par les préfets et les sous-préfets au Ministre chargé des Élections.

Article R.43.- Au vu des carnets d'inscription, de modification, de changement de statut et de radiation, le Ministère chargé des Élections fait procéder à la mise à jour du fichier général des électeurs par les services centraux.

Les services centraux procèdent au croisement des listes pour assurer que l'électeur ne puisse figurer qu'une seule fois dans le fichier général des électeurs.

Au cours du traitement des données, les services centraux peuvent rejeter des demandes. Toutefois, ces rejets sont motivés. Une liste de ces rejets accompagnée des motifs est établie.

Une fois le traitement terminé, toutes les listes des mouvements accompagnées des listes de rejets ainsi que des motifs sont déposées dans les préfectures et les sous-préfectures dans les deux (2) mois qui suivent la clôture des opérations de la révision.

En outre, des exemplaires de ces listes sont transmis :

1. **au secrétariat du conseil départemental ;**
2. **au secrétariat de la mairie concernée pour les villes et les communes ;**

Les Préfets et les Sous-préfets, les Présidents de conseil départemental et les Maires dressent un procès-verbal de réception des listes des mouvements et des rejets accompagnés des motifs. Ce document est affiché sur le panneau des annonces officielles des préfectures, des sous-préfectures, des hôtels de département et des mairies.

Cette formalité vaut publication de la liste électorale.

Le délai de vingt (20) jours prévu par l'article L.45 alinéa 2 commence à courir à compter du lendemain du jour de l'affichage du procès-verbal de réception des listes électorales.

Les listes détenues par les Autorités indiquées aux alinéas 4 et 5 du présent article sont à la disposition des électeurs qui peuvent les consulter.

Article R.44.- À l'issue de la révision des listes électorales, le Ministre chargé des Élections transmet, à chaque collectivité locale, par l'intermédiaire des autorités administratives, la liste de tous les mouvements subis par la liste électorale de ladite collectivité.

À la fin des opérations de révision, le Ministre chargé des Élections arrête et publie la liste définitive des électeurs par tout moyen de communication disponible. Un exemplaire de cette liste est adressé à la CENA

La carte électorale mise à jour à l'issue d'une révision exceptionnelle est publiée trente (30) jours au moins avant le scrutin pour lequel elle a été instituée.

❖

[N.B. : L'établissement et la révision des listes électorales, objet de la section 2 ci-dessus et dont les procédures de mise en œuvre supposent un contrôle des inscriptions, qui est prévu à la section suivante, les sections 3 et 4 du présent chapitre II font l'objet d'une même note sous le titre « Note sur l'établissement, la révision et le contrôle des listes électorales » (cf. infra n° 08-01 à 08-47 sous les articles L.52 et R.46).]

❖

SECTION 3
CONTRÔLE DES INSCRIPTIONS SUR LES LISTES ÉLECTORALES

Article L.48.- Le fichier général comprend deux (2) fichiers spécifiques :

- le fichier des électeurs établis sur le territoire national composé des civils [ainsi que] des militaires et paramilitaires ;
- le fichier spécial des Sénégalais de l'Extérieur.

Un électeur ne peut figurer qu'une seule fois dans le fichier général.

Le Ministère chargé des Élections fait tenir le fichier général des électeurs, en vue du contrôle des inscriptions sur les listes électorales. La CENA ainsi que les partis politiques légalement constitués ont un droit de regard et de contrôle sur la tenue du fichier. Un décret détermine les conditions d'organisation et de fonctionnement de ce fichier.

Article L.49.- La CENA, les Gouverneurs, les Préfets, les Sous-préfets font, par toute voie de droit, procéder aux rectifications nécessaires sur les listes électorales.

En outre, s'ils ont relevé une infraction aux lois pénales, ils saisissent le Parquet aux fins de poursuites judiciaires.

Les manquements visés à l'article L.13, alinéas 2 et 4 sont de la compétence de la Cour d'appel de Dakar.

Article L.50.- En cas d'inscription d'un électeur sur deux ou plusieurs listes, la CENA, les Gouverneurs, les Préfets, les Sous-préfets interviennent auprès du Ministère chargé des Élections.

Il est alors fait application des dispositions de l'article L.40, dernier, alinéa.

Article L.51.- Les rectifications aux listes électorales prévues par les articles L.40, dernier alinéa, L.49 et L.50 sont effectuées sans délai, nonobstant la clôture de la période de révision par les commissions administratives compétentes.

Les décisions de radiation du Ministre chargé des Élections peuvent être contestées devant le Président du Tribunal d'instance qui statue conformément aux dispositions des articles L.43, alinéa 2 et L.44, premier, alinéa.

Article L.52.- Les radiations d'office ont lieu soit à l'initiative du Gouverneur, du Préfet ou du Sous-préfet qui en donnent avis au ministre chargé des élections, soit à celle du service du fichier général des électeurs et ces radiations sont effectuées sous le contrôle de la CENA.

La liste des radiés lui est transmise.

❖

Article R.45.- Lorsqu'un électeur est décédé, son nom est rayé de la liste électorale. Tout électeur de la circonscription électorale a le droit d'exiger sa radiation. Une fiche de contrôle de radiation est transmise au Ministre chargé des Élections.

Si l'électeur décédé n'est pas inscrit sur la liste électorale du lieu de son décès, le Gouverneur, le Préfet ou le Sous-préfet transmet l'acte de décès au lieu d'inscription, s'il est connu, et une fiche de contrôle de radiation au Ministre chargé des Élections.

Dans les deux cas, la fiche de contrôle de radiation est également transmise à la CENA

Article R.46.- Tout électeur qui, en application de l'article L.47, prend communication d'une liste électorale doit s'engager au préalable et par écrit à ne pas en faire un usage commercial.

❖

NOTE SUR L'ÉTABLISSEMENT, LA RÉVISION ET LE CONTRÔLE DES LISTES ÉLECTORALES

08 - 01. *Pour l'établissement initial des listes électorales, des commissions administratives créées à cet effet procèdent aux opérations d'inscription dans les conditions prévues par la loi avec la création en 1977 d'un nouveau fichier électoral qui a été automatisé en 1978 par sa prise en charge par le service informatique du ministère de l'Intérieur.*

Une fois établies, les listes électorales – qui sont permanentes – peuvent néanmoins faire l'objet, en cas de nécessité avérée, par dérogation à la règle de la permanence des listes, soit d'une mise à jour ou refonte partielle, soit d'une refonte ou reconstitution intégrale du fichier.

De manière régulière, des révisions doivent permettre de faire les retouches nécessitées par l'inscription des nouveaux électeurs et les rectifications qu'appellent notamment les pertes de qualité d'électeur, les décès ou les changements de statut, de circonscription, de résidence, etc.

TITRE PREMIER
LES PROCÉDÉS EXCEPTIONNELS D'ÉLABORATION DES LISTES

08 – 02. *L'établissement initial de listes électorales à partir de données fiables sur les électeurs, suivi des révisions annuelles ou exceptionnelles effectuées dans les conditions de droit commun, devrait constituer le seul mode de gestion des listes électorales en vue d'élections transparentes et régulières et aurait ainsi dû dispenser du recours à certains procédés exceptionnels de réaménagement de ces listes. Mais la jeunesse de l'état civil – voire son état embryonnaire dans certaines contrées d'un pays sous-développé – conjuguée parfois avec les errements de sa tenue et le laxisme dans la conduite des opérations de certaines commissions administratives d'établissement ou de révision des listes électorales, constituent des facteurs dépréciatifs des listes électorales élaborées en aval.*

08 – 03. *Aussi peut-il apparaître nécessaire, au bout d'une certaine évolution caractérisée par l'accumulation des effets de ces facteurs négatifs, de procéder soit à une refonte qui aboutit à une reconstitution intégrale du fichier électoral, soit à une mise à jour (ou refonte partielle) qui permet de faire un nettoyage en profondeur des listes électorales.*

Il faut néanmoins relever qu'avec l'institution à partir de 2016 de la carte multifonction (carte d'identité CEDEAO comportant au verso des données électorales et servant de carte d'électeur), l'on peut escompter une plus grande stabilité du fichier électoral, qui pourra de plus en plus dispenser du recours à des refontes partielles ou totales dudit fichier.

CHAPITRE PREMIER
LA « REFONTE PARTIELLE » (OU « MISE À JOUR ») DU FICHIER ÉLECTORAL

08 – 04. *Utilisé pour la première fois en 1999, le procédé de la mise à jour ou refonte partielle du fichier électoral devait l'être à nouveau en 2000, mais il doit demeurer exceptionnel dans un système électoral dont le principe de la permanence des listes constitue l'un des repères fondamentaux appelant au retour à la procédure normale de révision des listes. L'usage répété de ce mode de réaménagement du fichier électoral en un intervalle de temps relativement court s'explique par la survenance, entre les deux mises à jour, d'un bouleversement politique important avec l'alternance au niveau de l'Exécutif et les enjeux électoraux annoncés dans le court terme (référendum et législatives en 2001 notamment), mais n'institue pas une règle justifiée par d'indéniables avantages pratiques.*

SECTION PREMIÈRE
LES JUSTIFICATIONS DE LA MISE À JOUR

Les raisons d'une mise à jour procèdent, d'une part, des insuffisances susceptibles d'affecter la qualité d'un fichier électoral, notamment par le maintien dans celui-ci d'un grand nombre d'électeurs qui auraient dû être retranchés des listes, d'autre part, des avantages qu'elle présente par rapport à la refonte du fichier.

I - LES AVANTAGES DE LA MISE À JOUR PAR RAPPORT À LA REFONTE

08 – 05. *Quoique mode de réaménagement exceptionnel des listes électorales, la mise à jour a le mérite de ne pas formellement déroger à la règle de la permanence des listes et présente deux avantages qui ne sont pas négligeables :*

- elle permet de débarrasser les listes électorales de leurs scories qui en constituent le « stock mort » tout en conservant un grand nombre d'électeurs dont une partie pourrait, pour des raisons diverses, ne pas se faire réinscrire si la formalité d'une nouvelle inscription devait leur être exigée, notamment en cas de refonte du fichier électoral ;

- le coût d'une mise à jour est moindre, car elle ne nécessite, en dehors de la fourniture du matériel nécessaire au relevé des électeurs ciblés sur les listes (surligneurs pour indiquer les électeurs maintenus sur les

listes, fiches du recensement, fiches de validation, outil informatique pour la saisie des inscriptions maintenues, etc.), que la mise en œuvre de moyens propres à l'Administration, avec l'assistance (en principe bénévole) des représentants des partis politiques dont le concours est surtout un moyen de contrôle de la régularité des opérations.

II - LA NÉCESSITÉ D'ÉLIMINER LES VICES DU FICHIER

08 – 06. *L'existence d'un grand nombre d'inscriptions d'électeurs n'ayant plus d'activité électorale effective et constituant le « stock mort » du fichier électoral rend aléatoire l'exigence, pour des candidats de l'obtention, d'un pourcentage déterminé d'électeurs inscrits pour être déclarés élus à l'occasion d'un scrutin.*

De même, le « stock mort » du fichier fait que le taux de participation au scrutin n'est plus une mesure fiable de l'intérêt des populations par rapport aux enjeux de l'élection.

Par ailleurs, dans le cadre d'un système électoral prévoyant un seuil de représentativité nécessaire pour être élu au premier tour d'une élection, comme à l'occasion de l'élection présidentielle, l'existence d'un important stock mort ne permet pas une appréciation judicieuse des données électorales. Mais, paradoxalement, c'est au moment où l'idée d'une mise à jour devant avoir pour effet d'atténuer ces inconvénients était agitée pour la première fois que l'Assemblée nationale, se fondant sur cet état de fait, a supprimé par la loi constitutionnelle n° 98-43 du 10 octobre 1998, le quart bloquant qui constitue pourtant une exigence démocratique pour l'élection du président de la République au premier tour du scrutin. La nouvelle Constitution adoptée par le référendum d'un 7 janvier 2001 a restauré cette règle du quart bloquant et les tentatives ultérieures de la remettre en cause ont été vaines, notamment avec la forte opposition qui s'est traduite par de violentes émeutes le 23 juin 2011, au moment de l'examen d'un projet de révision constitutionnelle très controversé.

Le « stock mort » est alimenté – outre les électeurs régulièrement inscrits, mais non actifs – par les cas de décès ou de perte de droit électoral non signalés et par les cas d'inscriptions multiples non détectés.

A - LES CAS DE DÉCÈS OU DE PERTE DE DROIT ÉLECTORAL NON SIGNALÉS

La tenue parfois approximative de l'état civil dans lequel ne sont pas enregistrés tous les décès, de même que le défaut de transmission à la Direction de l'automatisation des fichiers du ministère de l'Intérieur des actes de décès et des décisions de condamnations judiciaires emportant privation temporaire ou définitive de droit de vote, laissent subsister dans le fichier des inscriptions qui auraient dû être supprimées et dont l'accumulation au fil des ans peut rendre nécessaire une mise à jour du fichier électoral.

B - LES CAS D'INSCRIPTIONS MULTIPLES NON DÉTECTÉS

Les cas d'inscriptions multiples résultent principalement soit des aléas des méthodes d'identification de l'électeur, soit des erreurs de saisie, notamment au cours des révisions dont les effets péjoratifs sont amplifiés par la mobilité sociale. Avec l'institution d'une carte d'identité comportant les données électorales, le phénomène des inscriptions multiples pourra être notablement réduit.

1 - Les inscriptions multiples par suite des aléas de l'identification de l'électeur

Le souci de faciliter à l'électeur l'exercice du droit de vote en lui permettant de se faire inscrire sur les listes électorales sur présentation d'une pluralité de pièces d'identification peut favoriser des irrégularités sciemment commises ou non. Le fichier électoral, depuis sa confection initiale ou sa dernière refonte, a pu ainsi receler des données dont la fiabilité est toute relative.

En effet, l'article L.16 de la loi n° 76-96 du 21 août 1976 portant Code électoral (modifié par la loi n° 77-57 du 26 mai 1977), sous l'empire duquel a été établi le fichier initial en 1977, prévoyait, pour la justification de l'identité de l'électeur demandant son inscription, la présentation de l'une des pièces suivantes : passeport, carte nationale d'identité, livret de famille, livret militaire, permis de conduire, extrait de naissance, livret de pension civile ou militaire, carte d'artisan, carte de coopérateur et « toute autre pièce permettant d'établir l'identité de l'électeur ». Hors des communes, l'électeur qui serait dépourvu de toutes ces pièces pouvait justifier son identité par la preuve testimoniale en présentant, conformément au décret n° 77.881 du 5 octobre 1977 portant partie réglementaire du Code électoral, deux témoins plus âgés que lui et figurant sur les listes électorales.

Par la suite, la loi n° 82.10 du 20 juin 1982 portant Code électoral a ajouté la carte d'étudiant et la loi n° 89.33 du 12 octobre 1989 la carte consulaire au nombre des pièces justificatives de l'identité de l'électeur.

Manifestement, certaines de ces diverses pièces pouvaient ne pas présenter toutes les garanties d'authenticité et l'admission de la preuve testimoniale pouvait être la porte ouverte à tous les abus. Mais ce n'est qu'en 1992, avec l'adoption du Code dit « consensuel » que les pièces présentant plus de garantie comme le passeport, la carte nationale d'identité, le livret de pension civile ou militaire, le permis de conduire ou la carte consulaire pour les Sénégalais de l'Extérieur, ont été exclusivement retenues pour justifier de l'identité de l'électeur, ce qui permettait de limiter les abus sans pour autant éradiquer le phénomène des inscriptions douteuses faute d'interconnexion des fichiers des pièces exigées avec le fichier de l'identification nationale et le fichier électoral, interconnexion pouvant permettre à la Direction de l'automatisation des fichiers de contrôler efficacement toutes les données par croisement des données des fichiers.

C'est ainsi que – comme les exigences d'un fichier électoral de qualité le commandent – la carte nationale d'identité deviendra, à partir de 2004 jusqu'en 2016, la seule pièce justifiant de l'identité ; ce qui se justifie parfaitement dès lors que l'obtention des autres pièces nécessite en principe la présentation de la carte d'identité. Aussi avec la présentation obligatoire de la carte d'identité pour l'inscription, le fichier électoral paraîtra beaucoup plus fiable.

À partir de 2016, avec l'institution de la carte d'identité biométrique CEDEAO – carte multifonction servant également de carte d'électeur – la problématique de l'identification de l'électeur relèvera à terme désormais d'une page de l'histoire électorale sénégalaise.

2 - Les inscriptions multiples favorisées par la mobilité sociale

L'importance du secteur informel impliquant un décloisonnement et une fluidité des activités professionnelles et de fréquents changements de résidence fait que la résidence et la profession se révèlent être des repères très approximatifs pour l'identification des individus.

Cet état de fait conjugué avec les nombreuses homonymies (cf. infra n° 08-37) donnaient toute la mesure de l'ampleur du phénomène des inscriptions multiples et de la difficulté de les détecter au cours des opérations de révision des listes électorales, ce qui peut rendre nécessaire une mise à jour du fichier électoral à l'issue de laquelle ne seront conservées que les inscriptions correspondant à des électeurs ayant une activité électorale effective.

SECTION II
LA MISE EN ŒUVRE DE LA MISE À JOUR

08 – 07. *La mise à jour, telle qu'elle a été prévue et appliquée en 1999 et en 2000, présente les contours d'un mécanisme basal sous forme d'un diptyque avec la détermination d'un « noyau dur » et l'élimination du « stock mort »* *qui en constitue la première phase qui sera complétée par une révision exceptionnelle des listes.*

I - LA DÉTERMINATION DU « NOYAU DUR »

Le noyau dur du fichier électoral est constitué par les inscriptions d'électeurs ayant manifesté, à l'occasion de récentes élections, par un acte positif, la jouissance actuelle de leur droit de vote, parce que vivants et non frappés de déchéance ou, plus prosaïquement, ayant manifesté un intérêt à la chose électorale par une participation effective à une phase du processus électoral.

Selon l'option retenue, cette participation peut être soit le retrait de la carte d'électeur, soit le vote effectué le jour d'un scrutin déterminé, soit les deux.

Si pour la première mise à jour du fichier électoral effectuée en 1999, le législateur a retenu le critère du retrait de la carte d'électeur pour la détermination du noyau dur, il faut dire qu'il y fut contraint par non-disponibilité des listes d'émargement des votants des dernières consultations de l'époque.

En effet, ces listes d'émargement des votants présentent des garanties de régularité supérieures par rapport aux listes d'émargement des électeurs ayant retiré leur carte, eu égard au fait que le scrutin suscite plus de vigilance de la part des protagonistes du processus électoral que les opérations préélectorales. Elles donnent donc une configuration instantanée et précise des composantes du corps électoral que l'on ne retrouve pas dans la procédure de distribution des cartes d'électeurs, qui se déroule dans une séquence qui s'étire dans un temps relativement long et qui peut s'égarer dans les approximations des pratiques routinières des commissions administratives si elle n'est pas émaillée d'irrégularités (retraits par tierces personnes, rétentions de cartes, etc.).

D'ailleurs, le législateur a, en tribut d'admiration au critère des listes d'émargement des votants, dans la loi n° 99-75 du 11 mars 1999 relative à la mise à jour du fichier électoral, retenant le critère du retrait des cartes d'électeur, précisé dans une formule bien superfétatoire que seront maintenus dans le noyau dur les électeurs qui « ont voté » et ceux qui ont retiré leur carte « mais n'ont pu voter pour quelque motif que ce soit... ». Cette précision était inutile dès lors qu'il était constant que les listes d'émargement des votants n'existaient plus par suite de leur destruction après les élections.

Mais, à l'inverse, l'on peut retenir, en faveur du critère de retrait de la carte d'électeur, l'objection de principe suivant laquelle le vote n'étant pas obligatoire dans le système électoral sénégalais, l'abstention peut être interprétée comme mode normal d'expression de la position de l'électeur par rapport à l'enjeu électoral et que ce serait pénaliser les abstentionnistes quand le vote est seul retenu pour le maintien de l'inscription dans le fichier électoral.

II - LA SUPPRESSION DU « STOCK MORT »

Le second volet du diptyque de la mise à jour est la suppression du stock mort du fichier électoral, qui est le versant négatif du noyau dur et qui est constitué des doublons en cas d'inscriptions multiples, d'inscriptions rémanentes de personnes décédées ou ayant perdu leur droit de vote sans avoir été radiées ou enfin de inscriptions de personnes n'ayant pas manifesté par un acte positif un intérêt pour la chose électorale.

III - LES MODALITÉS D'EXÉCUTION DE LA MISE À JOUR

08 – 08. *L'analyse de la mise à jour révèle trois phases, à savoir :*

- *la phase de recensement des électeurs maintenus dans le fichier ;*
- *la phase de l'édition et de la publication des listes provisoires ;*
- *la phase de révision exceptionnelle des listes électorales qui se déroule dans les conditions de droit commun prévues au Code électoral* *(cf. infra n°s 08-13 à 08-27)*.

A - LA PHASE DE RECENSEMENT

Le recensement des électeurs devant être maintenus dans le fichier électoral peut être effectué par des organes créés à cet effet. Il peut s'agir d'un organe unique ou de plusieurs organes.

1 - Le recensement par des organes d'exécution pluriels

Comme lors de la mise à jour de 1999, le recensement peut être effectué par des « commissions régionales du recensement et de contrôle placées sous l'autorité d'une commission nationale chargée d'en valider les résultats ».

Les membres de ces commissions composées d'un président, d'un assesseur et d'un secrétaire, sont désignés par arrêté du ministère chargé des élections et comprennent, ainsi que prévu à l'article 3 de la loi 99-75 du 11 mars 1999, un représentant de chaque parti politique légalement constitué.

Le décret n° 99-224 du 11 mars 1999 déterminant les modalités de fonctionnement précise que la commission nationale peut – au vu des copies des procès-verbaux, des fiches de décompte et, s'il y a lieu, des fiches de rejet établies par les commissions régionales – redresser les erreurs constatées et éventuellement fournir les indications nécessaires à l'Administration en vue des corrections.

Dans l'accomplissement de sa mission, la Commission nationale peut être saisie, en cas de besoin, par tout intéressé ; elle peut aussi, si elle le juge utile, mener des vérifications à la Direction de l'automatisation des fichiers du ministère de l'Intérieur ou au siège des commissions régionales.

Dans une interprétation particulièrement extensive des pouvoirs quasi juridictionnels qui lui ont été conférés par les textes fondateurs, la Commission nationale a, au cours de la mise à jour effectuée en 1999, par décision prise en sa séance du 24 avril 1999, estimé qu'en cas de disparition ou d'impossibilité d'exploiter les listes, les électeurs figurant sur ces listes ont droit à être maintenus sur la liste électorale, droit qui ne peut être assuré que par le reversement de l'intégralité de ces listes dans le noyau dur du fichier électoral.

Le vide juridique qui a suscité cette création prétorienne assez audacieuse a été comblé, à l'occasion de la mise à jour effectuée en 2000, par le législateur, qui a autorisé le reversement intégral dans le noyau dur des listes d'émargement non disponibles ou non exploitables.

2 - Le recensement par un organe d'exécution unique

Par la loi du 21 février 2001 relative à la mise à jour des listes électorales, le législateur a institué un mécanisme de mise à jour basé sur le maintien sur les listes électorales d'une part, des électeurs ayant voté au moins à l'un des deux tours du scrutin de l'élection présidentielle de 2000 et d'autre part, des électeurs nouvellement inscrits à l'occasion de la révision exceptionnelle conformément au décret n° 2000-374 du 19 mai 2000.

Ce recensement des électeurs ayant voté à l'occasion de l'élection présidentielle sus-indiquée est effectué par une commission de recensement à partir des listes d'émargement disponibles.

La commission de recensement est composée d'experts du ministère chargé des élections et d'un représentant de chaque parti politique légalement constitué.

B - L'ÉDITION ET LA PUBLICATION DES LISTES ISSUES DES OPÉRATIONS DE RECENSEMENT

Des « états de contrôle » édités par la Direction de l'automatisation des fichiers à partir des données recueillies dans la phase de recensement sont transmis pour vérification à la Commission nationale (et/ou aux commissions régionales) qui procède à la validation et au besoin à la rectification en cas d'erreur.

Les états validés constituent les listes des électeurs qui serviront de base à la révision exceptionnelle et sont donc largement diffusés au niveau des gouvernances, préfectures et sous-préfectures ainsi qu'au siège des collectivités locales pour permettre à tout intéressé d'en prendre connaissance.

Quand la publication précède la révision exceptionnelle effectuée suivant les règles de droit commun comme ce fut le cas en 1999, elle ne donne lieu à aucun contentieux de listes, car l'électeur qui, par suite d'une erreur de la commission de recensement ou faute par la commission de distribution des cartes d'électeur ou le bureau de vote de l'avoir fait émarger régulièrement se trouvait omis, pourra toujours se faire réinscrire devant les commissions administratives de révision des listes électorales.

Par contre, quand, comme ce fut le cas lors de la mise à jour de 2000, la révision est faite avant ou pendant la période de recensement des électeurs du noyau dur, l'électeur – qui sera omis par suite d'une erreur matérielle, mais qui peut prouver, par la production de la carte d'électeur portant l'estampille « A VOTÉ », qu'il a retiré sa carte ou voté – doit être recevable à réclamer le maintien de son inscription devant le juge sur le fondement de l'article L.40 du Code électoral. En effet, il s'agit, dans ce cas, d'une « radiation d'office » au sens de l'alinéa 1er de cet article ou d'une « omission » au sens de l'alinéa 2 du même article qui, non notifiée ou publiée dans les formes prévues par la loi, est susceptible de faire l'objet d'un recours judiciaire sans aucune condition de délai.

N.B. : Il faut relever in fine que l'expression « mise à jour » est utilisée dans un sens différent dans le Code en vigueur à l'article R.43 pour désigner les opérations de consolidation par les services centraux du ministère chargé des élections effectuées après la clôture de la révision par les commissions administratives.

CHAPITRE II
LA REFONTE DU FICHIER ÉLECTORAL

La refonte peut être seulement technique ou être totale.

La refonte technique peut se limiter à un réaménagement formel consécutif à une révision des listes électorales et consistant en un reclassement de tous les électeurs inscrits dans les différentes circonscriptions électorales, en l'affectation de nouveaux numéros d'ordre et en la délivrance de nouvelles cartes d'électeur.

La refonte totale consiste en l'annulation des anciennes listes suivie d'une reconstitution des listes électorales, avec de nouvelles inscriptions de l'ensemble des électeurs. C'est dans ce sens que l'expression est utilisée dans les développements qui suivent. C'est le mode le plus radical de réaménagement du fichier électoral qui disparaît sous sa forme ancienne pour être remplacé par un nouveau fichier. Elle constitue en cela la négation même de la règle de la permanence des listes électorales *(cf. supra n° 07-05)* *et doit être justifiée par des circonstances exceptionnelles ayant entraîné des pertes ou dégradations importantes de listes, une dépréciation grave de leur qualité, etc.*

Au cours des dernières décennies, il a été procédé à des refontes, et celle qui devra être mise en œuvre à partir de 2017 paraît décisive pour la stabilisation du fichier électoral.

SECTION PREMIÈRE
HISTORIQUE DES REFONTES DU FICHIER ÉLECTORAL

08 – 09. *La refonte des listes électorales a été effectuée, une première fois, en 1977 quand les listes antérieures au 28 février de cette année ont été annulées par l'article 1er de la loi n° 77.01 du 5 janvier 1977 (JOS n° 4544) pour être remplacées par de nouvelles listes élaborées par des commissions administratives fonctionnant conformément aux règles du Code électoral de 1976 alors en vigueur, et qui ont procédé exclusivement à des opérations d'inscription.*

À la suite de l'institution de la carte nationale d'identité numérisée par la loi n° 2005-28 du 6 septembre 2005 « à partir de données biométriques », il a été envisagé la mise en place d'un nouveau fichier électoral. C'est ainsi qu'a été adoptée la « loi n° 2004-32 du 25 août 2004 portant annulation de toutes les listes électorales et de toutes les inscriptions figurant dans le fichier général des électeurs et prescrivant l'établissement de nouvelles listes électorales ».

La refonte constitue, techniquement, le mode le plus simple de réaménagement du fichier électoral puisqu'il s'agit d'exécuter la double opération de dissolution-recréation, en procédant à des inscriptions d'électeurs remplissant les conditions exigées par la loi, inscriptions qui se substituent aux anciennes.

Mais, outre la mobilisation de moyens matériels importants, la refonte comporte des inconvénients qui peuvent être particulièrement dissuasifs :

- *d'une part, comme il s'agit de créer à partir de rien, la reconstitution intégrale du fichier nécessitera plus de moyens matériels et humains pour atteindre un plus grand nombre d'électeurs ;*
- *d'autre part, elle comporte un risque d'amenuisement du corps électoral dès lors qu'aucun paramètre ne permet de mesurer à un moment donné la motivation des électeurs dont une partie, parmi ceux qui figuraient dans les anciennes listes, pourrait ne pas accomplir à nouveau la formalité d'inscription.*

Pour mémoire, la refonte décidée en 2004 et dont l'exécution de 2006 à 2010 a coûté une vingtaine de milliards de francs CFA a permis d'étoffer le fichier électoral de 4 917 160 inscriptions correspondant à plus du double de celles de l'ancien fichier électoral qui, après la mise à jour de 2000, comportait 1 926 241 électeurs. Mais cette forte augmentation doit être relativisée. En effet, elle n'est pas la preuve de la seule efficacité de la refonte du fichier électoral, car la refonte était combinée à l'émission simultanée de la nouvelle carte d'identité numérisée dont l'obtention était sans aucun doute la préoccupation de nombre d'enrôlés. Il en sera de même en 2017 avec l'adoption de la carte d'identité CEDEAO comportant des données électorales.

Toutefois, quand bien même paraissent-ils dissuasifs, ces inconvénients ne sauraient constituer des obstacles dirimants face à une impérieuse nécessité au regard d'un état de délabrement du fichier électoral qui ne permet pas l'organisation d'élections régulières, même à la suite d'une refonte (ou mise à jour) partielle qui constitue le mode intermédiaire de réaménagement des listes électorales, entre la révision et la refonte.

SECTION II

LA REFONTE DU FICHIER ÉLECTORAL CONCOMITAMMENT À LA CARTE D'IDENTITÉ CEDEAO

Une refonte décisive du fichier électoral devra être effectuée par le « couplage » carte d'électeur-carte d'identité avec l'institution par la loi n° 2016-09 du 14 mars 2016 (cf. infra n° 09–04) de la carte d'identité biométrique à puce CEDEAO comportant à son verso des données électorales et faisant ainsi office de carte d'électeur, en application de la loi n° 2016-27 du 19 août 2016 modifiée par la loi n° 2017-08 du 9 janvier 2017 et du décret n° 2017-1535 du 29 septembre 2016 portant « refonte partielle des listes électorales ».

À cette occasion, les commissions administratives créées à cet effet procèdent, au moment de l'instruction technique de la carte d'identité, d'une part, à la reconduction automatique des anciennes inscriptions, et d'autre part, à l'enrôlement de nouveaux électeurs ainsi qu'aux modifications de circonscriptions ou d'adresses électorales demandées.

Cette refonte – qui est dite partielle – est en réalité une véritable remise à plat du fichier. En effet, même si la formalité dite de « confirmation » de leur inscription par les électeurs qui figuraient initialement dans la loi sus-énoncée n'a finalement pas été retenue, il n'en demeure pas moins que tous les électeurs devront se présenter nécessairement devant une commission administrative.

L'abandon de la formalité de la « confirmation » de leur inscription, pour ceux qui étaient déjà inscrits, aurait pu dispenser exceptionnellement de la mise en place des commissions administratives, l'instruction des demandes de carte d'identité pouvant être suivie du reversement des personnes enrôlées ayant la qualité d'électeur dans le fichier électoral, quitte, ainsi, à s'accommoder de l'existence d'une proportion importante d'électeurs inactifs qu'un observateur de la chose électorale a pertinemment qualifié de « stock dormant » par opposition au « stock mort » qu'il s'agissait d'extirper des listes électorales à l'occasion des précédentes refontes (« Un fichier électoral entre stock mort et stock dormant : la pertinence d'une refonte », Ndiaga Sylla, expert électoral, contribution en ligne sur les sites de la place, 18 août 2016).

D'ailleurs, le mécanisme de la « confirmation » pour obtenir l'inscription sur les listes électorales – qui semblait se justifier par le souci d'éliminer ledit stock mort – n'aurait eu de sens que si les commissions d'inscription où s'effectue l'instruction de la carte d'identité étaient en interconnexion avec le fichier à jour du casier judiciaire pour éviter l'inscription de personnes privées de leur droit électoral, dès lors qu'en dehors des électeurs décédés qui ne pourront plus figurer dans le fichier électoral (parce que ne pouvant obtenir la carte d'identité en raison de la présence physique nécessaire dans la phase d'instruction) seules ces dernières pourraient constituer un stock à éliminer du fichier électoral.

Enfin, dans un système électoral qui ne prévoit pas le vote obligatoire de tous ceux qui ont la qualité d'électeur, il n'y a rien de plus normal que l'existence d'un stock dormant composé d'électeurs dont la passivité peut aussi bien traduire, de manière ponctuelle ou permanente, autant une sensibilité délibérément abstentionniste qu'une vulgaire paresse civique. Aussi, l'inactivité d'un électeur qui n'a pas participé à un ou plusieurs scrutins n'est pas un motif suffisant de radiation des listes électorales à l'occasion d'éventuelles refontes ou mises à jour du fichier électoral, au regard notamment de la règle de la permanence des listes électorales.

TITRE II
LA RÉVISION USUELLE DES LISTES

À la différence de la refonte ou de la mise à jour du fichier électoral auxquelles il est exceptionnellement procédé, les révisions des listes ont lieu périodiquement pour prendre en compte les nouveaux électeurs et faire les réajustements qu'impliquent divers changements qui se produisent dans le corps électoral.

Les révisons usuelles – révisions ordinaires annuelles ou révisions exceptionnelles – sont effectuées par des commissions administratives créées à cet effet et le ministre chargé des élections, et peuvent donner lieu à divers contentieux.

CHAPITRE PREMIER
LES MODES DE RÉVISION DES LISTES

Pour la prise en compte des mutations qui se produisent dans le corps électoral, les deux modes de révision des listes électorales prévus sont la révision annuelle ordinaire et la révision exceptionnelle qui peuvent donner lieu à un contentieux se déroulant dans des formes identiques.

SECTION PREMIÈRE
LA RÉVISION ORDINAIRE

08 – 10. *Les listes électorales permanentes font l'objet, conformément à l'article L.39 du Code électoral, d'une révision annuelle effectuée par l'Administration, sous le contrôle des partis politiques légalement constitués et sous la supervision et le contrôle de la CENA*

Cette révision a lieu, comme prévu à l'article R.32 du Code électoral, chaque année, du 1er février au 31 juillet inclus, période au cours de laquelle les demandes d'inscription, de modification, de changement de statut et de radiation sont consignées sur des carnets spécifiques à chaque opération.

L'élection est faite sur la liste ainsi révisée pendant toute l'année qui suit la clôture de la liste. Ainsi, théoriquement, si la date de clôture est le 31 juillet, les listes révisées servent pour toutes les élections qui pourraient être organisées jusqu'au 31 juillet de l'année suivante. Mais, dans la pratique, l'année électorale sera beaucoup plus réduite, car la clôture des opérations de révision par les commissions administratives sera suivie d'une phase de publication des listes, d'une période contentieuse et des opérations de rectifications nécessaires effectuées par le ministère chargé des élections. Ce n'est qu'après l'exécution de toutes ces opérations, qui se présentent en fait comme une seconde révision, qu'une élection pourra être organisée.

II - LA RÉVISION EXCEPTIONNELLE

08 – 11. *Avant chaque élection générale, une révision exceptionnelle est décidée par décret conformément à l'article L.39, alinéa 5 du Code électoral. Cette révision exceptionnelle peut s'ajouter ou se substituer à la révision annuelle ordinaire.*

En cas de révision exceptionnelle, les dates prévues pour la mise place et le fonctionnement des commissions sont décalées en tenant compte de la date du début de la révision à moins que le décret instituant la révision n'en ait décidé autrement (article R.28 du Code électoral).

Ainsi, la révision exceptionnelle doit comporter les mêmes opérations que la révision ordinaire, mais l'exécution des séquences peut être programmée suivant le calendrier défini par le décret qui en a décidé. Et c'est ainsi qu'elle donnera souvent lieu à un éventuel allongement de la durée de la période de révision par les commissions administratives.

SECTION II

LES ORGANES DE LA RÉVISION

Les organes de la révision sont les commissions administratives de révision et le ministre en charge des élections. En effet, la révision des listes électorales présente en réalité un double volet car, à la révision effectuée par les commissions administratives, succède la révision effectuée par le ministre en charge des élections attributaire des compétences en matière électorale, comme précisé notamment à l'article 1er, alinéa 4 du Décret no 2014-869 du 22 juillet 2014 relatif aux attributions du ministre de l'Intérieur et de la Sécurité publique.

Les attributions du ministre chargé des élections sont mises en œuvre par le biais de la Direction générale des Élections, chargée en général de l'organisation des élections nationales et locales ainsi que des référendums, et en particulier de l'établissement et de la révision des listes électorales, en liaison avec la Direction de l'automatisation des fichiers dépositaire technique des listes électorales que le Code électoral désigne en son article L.48 sous la dénomination de « fichier général des électeurs » qui comprend trois (3) fichiers spécifiques : le fichier des électeurs établi sur le territoire national et le « fichier spécial des Sénégalais de l'Extérieur » depuis la fusion de l'ancien « fichier des militaires et paramilitaires » avec le premier fichier composé désormais de civils ainsi que de militaires et de paramilitaires, qu'« un signe particulier permet de distinguer » de l'électeur civil au moment de l'enrôlement ou à l'occasion d'une révision comme indiqué à l'article L.29 du Code électoral.

I - CRÉATION DES COMMISSIONS ADMINISTRATIVES

08 – 12. *Instituées pour procéder à la révision, les commissions administratives sont organisées de manière à assurer l'efficacité et la transparence de leurs travaux.*

Chaque année, une ou plusieurs commissions sont créées dans chaque commune pour procéder aux opérations d'inscription, de modification ou de radiation sur les listes électorales (article L.39 du Code électoral).

Dans le cadre d'une révision ordinaire, les commissions doivent, aux termes de l'article R.29, être créées au plus tard cinq (5) jours avant le début des opérations. Les opérations devant débuter en application de l'article R.28 le 1er février, les commissions seront ainsi créées au plus tard le 26 janvier ou – si ce jour est férié – le 25 janvier. Elles sont créées par arrêté de l'autorité administrative compétente.

II - COMPOSITION DES COMMISSIONS ADMINISTRATIVES

Les commissions administratives comprennent, conformément à l'article 39, alinéa 1er du Code électoral :

- *un président et un suppléant désignés par l'autorité administrative compétente ;*
- *le maire ou son représentant ;*
- *un représentant de chaque parti politique légalement constitué ou coalition de partis déclarée comme telle auprès de l'autorité administrative compétente. Cette autorité, même si elle n'est pas précisée à l'article L.39, ne peut être que le ministère chargé des élections habilité à recevoir les déclarations des associations ;*
- *un contrôleur de la CENA pour la supervision et le contrôle des opérations de la commission.*

Dans les communes dont le territoire couvre de larges superficies nécessitant l'itinérance des commissions, la représentation des partis politiques par une seule personne nommément désignée constitue une entrave à la participation efficiente des partis politiques du fait de l'absentéisme de leurs représentants. Pour y remédier, un système de « badging » combiné avec la possibilité pour chaque parti politique de désigner plusieurs représentants, qui pourront siéger à tour de rôle, peut être envisagé.

III - FONCTIONNEMENT DES COMMISSIONS ADMINISTRATIVES

La commission administrative effectue du 1er février au 31 juillet (article R.28) ses opérations sous le contrôle des partis politiques ainsi que sous le contrôle et la supervision de la CENA, dont les représentants peuvent assister aux travaux et procéder à toutes vérifications nécessaires.

L'arrêté créant la commission détermine le lieu où elle doit siéger ainsi que son horaire de travail, qui sera de 8 heures à 18 heures, mais que l'autorité administrative peut réaménager pour l'adapter aux circonstances particulières de la localité (articles R.29 et R.30, alinéa 2 du Code électoral). C'est ainsi que pour les « communes urbaines », il est recommandé d'assurer une permanence le week-end pour faciliter l'accomplissement des formalités nécessaires aux travailleurs qui ne seraient pas disponibles les jours ouvrables de la semaine.

Si les circonstances l'exigent, pour rapprocher la commission des électeurs, celle-ci peut être transformée par arrêté en commission itinérante, comme l'autorise l'article R.30, alinéa 2. Elle peut alors se déplacer suivant un itinéraire qu'il serait souhaitable d'afficher à l'avance à son siège pour mettre tous les partenaires au même niveau d'information et éviter ainsi que l'itinérance ne soit l'occasion de procéder à des opérations suspectes. L'itinérance est surtout recommandée dans les « communes rurales » surtout quand elles polarisent plusieurs agglomérations distantes les unes des autres.

Avant le début des opérations, un registre coté et paraphé par l'autorité administrative compétente est remis conformément à l'article R.31 du Code électoral à chaque président de commission administrative qui y mentionne toutes les opérations effectuées et le tient à la disposition de la CENA, des partis politiques ou coalitions de partis politiques et des électeurs.

L'inobservation des règles de fonctionnement de la commission peut être cause de nullité de certaines décisions, comme elle peut entraîner la nullité des opérations lorsqu'elle est de nature à influer sur la validité de l'ensemble de celles-ci.

SECTION III
LES OPÉRATIONS DE LA RÉVISION

Dans une première phase, les opérations de révision sont effectuées par les commissions administratives. Dans une deuxième phase, les données issues des travaux des commissions administratives sont intégrées au fichier général des électeurs tenu par le ministère chargé des élections.

Après chacune de ces phases, le juge peut être saisi aux fins de rectification de toute irrégularité constatée.

I - LES OPÉRATIONS DES COMMISSIONS

La commission administrative – qui doit consigner ses opérations dans un registre des opérations coté et paraphé par l'autorité administrative – procède, sur les fiches prévues à cet effet, à des inscriptions d'électeurs, à des modifications ou à des radiations d'inscriptions qui sont susceptibles de faire l'objet de recours devant le président du Tribunal d'instance, comme prévu aux articles R.31 et R.32, alinéa 1er du Code électoral.

Les décisions de la commission doivent être prises dans la période comprise entre 1er février et le 10 juillet, comme indiqué à l'article R.32 afin de permettre le traitement des cas litigieux avant la clôture de la révision prévue pour le 30 juillet.

A - L'INSCRIPTION SUR LES LISTES

08 - 13. *La commission administrative, après instruction de la demande de l'électeur, procède à l'inscription ou rend une décision de rejet.*

La demande d'inscription est faite par l'électeur non inscrit et remplissant certaines conditions qui peuvent varier selon que la demande est faite dans le cadre d'une révision ordinaire ou d'une révision exceptionnelle.

1 - La demande d'inscription dans le cadre d'une révision ordinaire

08 - 14. *À l'occasion de la révision annuelle ordinaire, peuvent être inscrites sur la liste électorale, conformément à l'article L.33, outre les personnes jouissant de leur droit civique, mais ne figurant pas encore sur les listes électorales :*

- les personnes qui, ne remplissant pas les conditions d'âge lors de la formation de la liste, les remplissent avant la fin de la période de révision par les commissions administratives et qui auront ainsi dix-huit ans accomplis à la date du 31 juillet de l'année de la révision ;

- les électeurs résidant dans la commune depuis un temps qui, rapporté à la date de clôture de la période de révision, fera au moins six (6) mois ;

- les électeurs indûment omis dès lors que l'omission d'un électeur sans un motif spécifique prévu par la loi viole la règle de la permanence de la liste électorale posée à l'article L.39 (cf. supra n° 07-05) et justifie sa réintégration, même d'office.

2 - La demande dans le cadre de la révision exceptionnelle

08 – 15. *La révision exceptionnelle – pouvant être décidée avant chaque élection générale par décret qui en détermine la période – se déroule en règle générale dans les mêmes conditions que la révision ordinaire. La différence en ce qui concerne les inscriptions sur les listes électorales est justifiée par la suppression dans la législation actuelle des dispositions relatives aux « inscriptions en dehors des périodes de révision », qui faisaient l'objet des articles 23 à 28 de la loi n° 92-16 du 7 février 1992 portant Code électoral et qui ont été abrogées par la loi n° 94-74 du 22 août 1994 après de nombreuses contestations au sujet des ordonnances censées avoir été délivrées par les présidents de tribunaux départementaux, et qui ont été à l'origine des incidents qui ont émaillé les scrutins de l'élection présidentielle du 21 février 1993 et des élections législatives du 9 mai 1993.*

En effet, la révision exceptionnelle précédant une élection, les personnes qui ne rempliront toutes les conditions d'inscription que dans la période qui suit la clôture des listes pourraient de fait être privées de leur droit de vote si elles ne pouvaient être inscrites par anticipation. Pour éviter une telle situation, l'électeur qui aura 18 ans accomplis le jour du scrutin peut être inscrit pendant la période de révision exceptionnelle avec la prise en compte par anticipation de la condition d'âge requise, en application de l'article L.37 in fine du Code électoral.

3 - La forme de la demande

08 - 16. *La loi n'ayant pas prescrit une forme particulière, la demande peut être présentée oralement conformément à la pratique courante. Elle peut aussi être faite par écrit, mais même dans ce cas, l'auteur de la demande doit comparaître personnellement devant la commission administrative qui doit l'instruire en la présence du demandeur conformément à l'article R.39 du Code électoral.*

4 - L'instruction de la demande

Après la justification par l'électeur de son identité, la commission procède au relevé des renseignements nécessaires avant de prendre une décision d'inscription ou une décision de rejet.

§ 1 - La justification de l'identité de l'électeur (article L.40, alinéa 2)

08 - 17. *Pour justifier son identité, l'électeur présente sa carte d'identité nationale et éventuellement d'autres pièces complémentaires au cas où l'adresse domiciliaire figurant sur la carte d'identité ne se trouve pas dans la circonscription électorale.*

a) La présentation de la carte d'identité

Pour rappel, les dispositions issues du Code électoral, objet de la loi n° 92-16 du 7 février 1992 prévoyaient la présentation de l'une des pièces suivantes : passeport, carte nationale d'identité, livret militaire, permis de conduire, livret de pension civile ou militaire (article L 36, alinéa 2 du Code électoral ancien).

Sous l'empire de ces anciennes dispositions, il avait été relevé que certaines pièces comportent moins d'informations que d'autres et/ou n'attestent pas de la qualité d'électeur. En effet, le permis de conduire ne comporte ni la profession ni la filiation de l'intéressé et n'atteste pas de la nationalité ; il doit donc normalement être présenté accompagné d'un certificat de nationalité pour être recevable comme pièce justificative non seulement de l'identité, mais également de la qualité d'électeur. De même, le passeport ordinaire ne comporte pas la filiation alors que le passeport diplomatique n'atteste pas de la nationalité conférant droit électoral.

Aussi, pour fiabiliser davantage les listes électorales, l'option a été prise d'une inscription sur présentation d'une pièce d'identification unique, notamment la carte nationale d'identité, ce qui permet aussi dans les phases de consolidation du fichier de procéder facilement à la rectification des erreurs de transcription et même d'envisager à plus ou moins long terme le vote à l'aide de cette pièce qui pourrait dispenser de la révision par les commissions administratives.

Mais étant donné que la carte d'identité a une durée de validité de dix (10) ans, la question du vote sur présentation d'une carte d'identité dont la durée a expiré peut parfois se poser. À ce propos, l'ancien Conseil d'État sénégalais a eu à rendre un avis, selon lequel :

> *l'exercice du droit de vote – droit garanti par la Déclaration universelle des droits de l'homme du 18 décembre 1948 et par la Constitution de la République du Sénégal – ne saurait être compromis par une interprétation de l'ancien article L.36 du Code électoral qui voudrait que la carte d'identité ou le passeport soit en cours de validité alors que cette exigence ne figure pas dans la loi. Dès lors, a estimé le Conseil d'État, que l'électeur peut être identifié sans équivoque par une des pièces d'identification prévue à l'article L.36 même périmée, cette péremption ne pouvait lui être opposée pour lui refuser l'exercice de son droit de vote.*

Cette interprétation sera-t-elle toujours de rigueur concernant le vote avec la carte d'identité biométrique CEDEAO ? L'on serait tenté de répondre par l'affirmative, sauf revirement de jurisprudence opéré par la juridiction compétente, car la nouvelle carte d'identité, quand bien même revêt-elle un format différent, n'en demeure pas moins une pièce de même nature juridique délivrée pour une période de dix (10) ans et pouvant dès lors être en déphasage avec le document électoral. Mais une précision faite au nouveau code de 2017 semble aller à l'encontre d'une telle jurisprudence, car désormais, aux termes des dispositions de l'article L.53, alinéa 10 dudit Code, « la carte d'électeur qui expire après une révision des listes électorales et une élection peut être utilisée à titre exceptionnel ». Cette disposition légale restreint la portée de la jurisprudence relative à l'usage d'une carte d'identité périmée pour s'identifier à l'occasion du vote.

Avec l'adoption en 2016-2017 de la carte multifonction CEDEAO comportant au verso des données électorales et servant en même temps de carte d'électeur, cette problématique des deux cartes disparaît, mais laisse place à une autre, qui est celle de devoir, à chaque nouvelle inscription ou modification de la situation électorale, rééditer la carte d'identité pour y faire figurer les nouvelles données électorales.

Mais une telle difficulté sera toujours le lot de tout processus de numérisation incomplète des documents combinant des données virtuelles contenues dans la puce électronique avec des données physiques constituées par les inscriptions relatives à l'électeur et qui seront portées sur la carte CEDEAO tant que le vote ne sera pas électronique *(cf. infra n° 11–26)*.

b) La production éventuelle d'autres pièces (articles L.40, alinéa 3 et R.32)

Lorsque l'adresse domiciliaire figurant sur la carte multifonction ne se trouve pas dans la circonscription électorale où l'électeur entend exercer son droit de vote, ce dernier doit produire une pièce de nature à établir son rattachement à ladite circonscription, pièce qui sera un certificat de résidence ou à défaut, soit une facture d'eau, d'électricité ou de téléphone, soit un quitus fiscal établi au nom de l'électeur et, dans tous les cas, datant d'au moins six (6) mois, durée minimale de la résidence pour acquérir un droit électoral dans une commune donnée.

§ 2 - La tenue des documents administratifs d'inscription

***08 - 18.** La commission administrative doit retracer, sur un registre des opérations et sur les carnets spécifiques, le déroulé de l'exécution de ses tâches.*

a) La tenue d'un registre des opérations

Un registre coté et paraphé par l'autorité administrative compétente est mis à la disposition du président de la Commission et doit mentionner le déroulement des opérations. Ce registre est tenu à la disposition de la CENA, des électeurs et des partis ou coalitions de partis politiques (article L.40, alinéa 1er et article R.31 du Code électoral).

b) La tenue des carnets de la révision

Le registre des opérations est différent des carnets spécifiques à chaque catégorie d'opérations dont la tenue est prescrite à l'article R.32, en l'occurrence les carnets d'inscription, de modification d'inscription, de changement de statut et de radiation, tenus dans la période de la révision du 1er février au 10 juillet.

§ 3 - La décision de la commission

***08 - 19.** Au vu de la demande d'inscription, la commission administrative prend séance tenante, en la présence de l'intéressé, soit une décision d'inscription, soit une décision de rejet.*

a) En cas de décision d'inscription

Conformément à l'article R.33 du Code électoral, la commission ajoute à la liste électorale les personnes :

- qu'elle reconnaît avoir les qualités exigées par la loi pour être électrices dans la localité ;
- qui auront acquis les conditions d'âge et de résidence avant la clôture définitive de la liste électorale ;
- qu'elle reconnaît avoir été indûment omises (l'omission dont il s'agit dans ce dernier cas peut avoir été faite dans le cadre d'une précédente révision ou au cours de l'édition des listes servant de base à la révision en cours par les services du ministère chargé des élections ; la réintégration des personnes ainsi omises se justifie même sans aucune réclamation en vertu de la règle de la permanence des listes électorales).

La commission administrative délivre à l'électeur un récépissé portant le numéro d'inscription sur la liste électorale et sa date de délivrance et le visa du contrôleur de la CENA (article L.41 du Code électoral). Ce reçu doit être conservé par l'électeur pour justifier notamment un recours éventuel en cas de radiation d'office ou d'omission indue.

b) En cas de rejet de la demande

La commission doit préciser le motif du rejet de la demande et informer l'intéressé qu'en application des dispositions des articles L.43 et R.39, alinéa 2 du Code électoral, il a la possibilité de contester ladite décision, dans les cinq (5) jours de la notification qui est faite séance tenante en cas de demande d'inscription, devant le président du tribunal d'instance compétent.

B - LA RADIATION DES LISTES

08 - 20. *La commission administrative peut procéder à la radiation d'un électeur soit sur demande, soit d'office. La radiation qui peut aboutir à la privation d'un citoyen de son droit de vote ne peut intervenir que dans les formes et conditions prévues par la loi.*

La décision doit en principe être motivée et dûment notifiée à l'électeur (articles L.42, alinéa 1er et L.43, alinéa1er du Code électoral). Même dans les cas où la notification n'est pas prévue (radiation pour cause de décès ou d'inscriptions multiples), les radiations sont consignées dans une « liste des électeurs radiés » qui est conservée, en application de l'article R.39, alinéa 4 du Code électoral, à la préfecture ou à la sous-préfecture pour y être consultée par tout électeur intéressé.

1 - La radiation sur demande de l'électeur intéressé

08 - 21. *La radiation sur demande intervient à la requête de l'électeur intéressé (article L.42, alinéa 2 du Code électoral). La décision de la commission administrative prise à la demande de l'intéressé n'a pas à être* *notifiée et ne peut naturellement pas faire l'objet d'un recours en dépit de la généralité des termes de l'article L.45 habilitant tout électeur inscrit ou l'autorité administrative à exercer un recours contre les décisions d'omission d'un électeur inscrit. Cette radiation n'intéresse que l'électeur qui fait la démarche en vue d'exercer ses droits électoraux dans une autre circonscription ou pour une autre raison quelconque.*

2 - La radiation d'office

08 - 22. *Aux termes de l'article L.43, alinéa 1er du Code électoral, la radiation d'office intervient dans les cas prévus par décret, en l'occurrence l'article R.34 du Code électoral qui précise que « la commission retranche, de la liste électorale les électeurs décédés [ou] dont la radiation a été ordonnée par l'autorité compétente [ou] qui ont perdu les qualités requises par la loi [ou] qu'elle reconnaît avoir été indûment inscrits... ».*

§ 1 - La radiation pour cause de décès

La loi électorale n'a pas spécifié de formalités particulières à accomplir en cas de radiation d'office par la commission administrative pour cause de décès.

Mais comme tous les faits ou actes concernant l'état des personnes, le décès n'est établi et ne peut, aux termes des dispositions de l'article 29 de la loi n° 72-41 du 1er juin 1972 modifiée portant Code de la famille, être prouvé que par les actes de l'état civil. Aussi toute radiation pour cause de décès ne peut-elle être faite que sur présentation d'un acte de décès. La commune renommée ou les informations recueillies dans l'entourage de la personne décédée ne saurait suppléer à la production de l'acte régulièrement délivré par un officier de l'état civil.

§ 2 - La radiation ordonnée par l'autorité compétente ou suite à la perte de qualité

Les radiations classées dans cette catégorie peuvent résulter :

- *d'une condamnation privative du droit de vote ;*
- *de la faillite non suivie de réhabilitation ;*
- *de la mise sous tutelle pour incapacité ;*
- *de la décision de la CENA prise en vertu de son pouvoir de substitution et sous réserve d'une décision de justice non contraire.*

Il est procédé à ces radiations sur la base de la décision de justice applicable, la seule commune renommée ne pouvant suffire à faire échec à la règle de la permanence des listes.

§ 3 - La radiation d'office pour inscription irrégulière

En cas d'irrégularité affectant la validité de l'inscription, la commission administrative procède à la radiation bien que l'inscription n'ait pas été attaquée. Cette irrégularité peut notamment être retenue comme cause de radiation d'office s'il apparaît que l'électeur n'a pas l'âge requis ou avait caché son incapacité électorale au moment de l'inscription.

Dans le cas de radiation d'office pour inscription irrégulière ou pour perte de qualité, la commission doit, au plus tard le 10 juillet, délivrer un avis motivé de radiation destiné à l'électeur radié et transmis en tant que de besoin par l'autorité administrative compétente.

§ 4 - Les cas d'omission d'office pour demandes d'inscription multiples

Aux causes de radiation ci-dessus qui sont prévues au décret portant partie réglementaire du Code électoral, il faut ajouter une quatrième cause en cas de demande d'inscription multiple d'un même électeur sur les listes électorales prévue à l'article L.40, alinéa 8, qui dispose que « lorsqu'un électeur sollicite plus d'une inscription sur une ou plusieurs listes électorales, seule la première demande d'inscription est maintenue ».

Ce qui laisse supposer que cette omission est faite d'office par la commission administrative alors que dans la pratique les éventuelles inscriptions multiples pour avoir des chances d'aboutir à un résultat sont tentées dans des commissions différentes.

Ainsi il n'est procédé efficacement à cette radiation des inscriptions multiples que dans le cadre de la consolidation du fichier électoral (cf. infra n° 08-37).

À noter en outre que sous l'empire des anciennes dispositions du Code électoral issues de la loi n° 97-15 du 8 septembre 1997 instituant l'article L.41 – article abrogé et remplacé par un nouvel article 42 issu de la loi n° 2006-41 du 11 décembre 2006 et qui a été repris dans le code en vigueur –, il était prévu que :

> *« Lorsqu'un électeur est inscrit sur plusieurs listes électorales, [l'organisme de contrôle et de supervision] ou tout autre électeur porté sur l'une des listes électorales peut exiger, devant la commission administrative, huit jours au moins avant la clôture de la période de révision, que l'électeur inscrit plus d'une fois sur la même liste ou sur des listes différentes opte pour son maintien sur l'une seulement des listes ».*

Faute pour l'intéressé d'user de ce droit d'option qui lui était laissée, il devait être procédé conformément à l'article L.42 institué par la loi n° 98-07 du 12 février 1998 à « la radiation... d'office et la dernière inscription est maintenue sur l'une seulement de ces listes ».

Ce petit exercice d'exégèse vise d'une part, à relever le caractère ambigu de ce type de radiation, d'autre part, à poser la problématique de la pertinence du choix de maintien de la dernière inscription qui était retenu dans les dispositions anciennes ou celui de la première inscription, comme prescrit par les dispositions en vigueur. Et sur ce point, il peut être préférable de choisir le maintien de la dernière inscription, pour la raison suivante : soit les inscriptions multiples résultent d'aléas que l'électeur de bonne foi n'a pas pu maîtriser et dans ce cas, l'expression de sa volonté s'est traduite dans sa dernière inscription ; soit les inscriptions ultérieures à la première sont faites dans un dessein frauduleux et constituent dès lors une infraction pénale *(cf. infra n° 08-44)* *et l'on ne perçoit la justification du maintien sur les listes d'une inscription pouvant être considérée comme telle.*

Mais en tout état de cause, l'omission de demandes d'inscription surabondantes ne constitue en fait qu'une simple suppression et n'a pas le même statut juridique que les autres radiations, qui font l'objet d'une décision motivée pouvant donner lieu à un recours judiciaire.

Comme le décès dûment établi, l'omission pour cause de demandes d'inscription multiples ne donne aussi lieu à aucune formalité particulière dès lors qu'au regard des dispositions actuellement en vigueur, le droit d'option qui était antérieurement offert à l'électeur n'existe plus.

C - LA MODIFICATION DES LISTES

Deux causes de modifications sont spécifiées à l'article R.35 du Code électoral qui dispose que la commission apporte, à la liste, toutes les modifications nécessaires dues aux « changements de statut, de circonscription électorale, d'adresse du domicile de l'électeur ou à des erreurs constatées sur ses prénoms, nom, filiation, profession ou domicile » (articles L.39, alinéa 3, R.32 et R.35 du Code électoral).

1 - les modifications suite à des changements de statut

08 - 23. *Le changement de statut concerne l'électeur civil devenu militaire ou paramilitaire ou vice versa, comme indiqué à l'article R.32, alinéa 2. Une telle modification a pour effet de transférer l'électeur du fichier des électeurs établis sur le territoire national ou du fichier spécial des Sénégalais de l'Extérieur vers le fichier des militaires et paramilitaires ou inversement.*

2 - Les modifications par suite d'un changement de circonscription électorale

08 - 24. *Si le changement de circonscription électorale peut être considéré comme une modification au sein du fichier, il n'en est pas ainsi au niveau de la liste sur laquelle portent les travaux de la commission administrative. En fait, il s'agit d'une nouvelle inscription à la suite de laquelle la première inscription devra être supprimée. Mais, pour ce faire, l'électeur devra faire noter les références de sa première inscription, qui devra être supprimée afin de ne pas se voir appliquer les dispositions de l'article L.40, alinéa 8 qui dispose que « lorsqu'un électeur sollicite plus d'une inscription sur une ou plusieurs listes électorales, seule la première demande d'inscription est maintenue ». Ce qui rendrait vaine sa démarche pour une nouvelle inscription.*

3 - Les modifications par suite d'un changement d'adresse

08 - 25. *Les modifications concernent les électeurs qui, par suite d'un changement de domicile, ont leur nouveau domicile réel dans la commune et qui ont déclaré devant la commission administrative vouloir y exercer leurs droits électoraux. Il s'agit de modifications portant sur la seule adresse de l'électeur, qui demeure dans la même circonscription électorale, mais qui, en changeant d'adresse, pourra être redéployé sur la carte électorale dans un lieu de vote à proximité de son adresse. À noter in fine que l'expression « adresse du domicile » utilisée à l'article R.35 peut prêter à équivoque si l'on devait se référer au sens strict du domicile en droit électoral.*

4 - Les rectifications d'erreurs matérielles

08 - 26. *L'article R.35 ci-dessus énoncé a listé les erreurs matérielles susceptibles de faire l'objet de rectification avec le risque d'omission, notamment quant à la date de naissance de l'électeur, qui doit également faire l'objet de rectification s'il y a lieu, car l'on peut estimer que l'énumération qui n'était pas nécessaire n'est pas non plus exhaustive.*

D - LA CLÔTURE DES OPÉRATIONS DES COMMISSIONS

08 - 27. *À la fin de la période de révision des listes électorales, comme prescrit à l'article R.38 du Code électoral, le président de la Commission administrative remet, sous la supervision et le contrôle de la CENA, à l'autorité administrative :*

- les carnets entièrement ou partiellement remplis dans chaque catégorie d'opérations avec indication de leurs numéros ainsi que les numéros des premiers et derniers feuillets ;

- les carnets demeurés vierges pour chaque catégorie d'opérations avec indication de leurs numéros ainsi que des numéros des premiers et derniers feuillets ;

- le registre signé par tous les membres de la commission, comportant, le cas échéant, mention de toutes les observations des membres de la commission.

Les autorités administratives doivent à leur tour, conformément à l'article R.42 du Code électoral, transmettre sans délai – c'est-à-dire dès la clôture de la période de révision – les carnets d'inscription, de modification, de changement de statut et de radiation ou de modification au ministère chargé des élections.

En tout état de cause, l'arrivée du terme de la révision – c'est-à-dire le 31 juillet en cas de révision ordinaire à l'heure prévue ou le dernier jour prévu au décret décidant d'une révision exceptionnelle – dessaisit la Commission administrative, qui ne peut plus continuer à procéder à des opérations à quelque titre que ce soit en dépit de la formule ambiguë de l'article L.51 actuel qui dispose que « les rectifications aux listes électorales [...] sont effectuées [...] nonobstant la clôture de la période de révision par les commissions administratives compétentes... ».

Ces rectifications, postérieures au terme de la période de révision, sont opérées par le ministère chargé des élections comme l'indique clairement le contexte de ces dispositions comprises à la section 3 du Code, consacrée au « contrôle des inscriptions sur les listes électorales », qui est la phase consécutive à la période de révision par les commissions administratives (cf. infra n°s 08-34 à 08-42).

En tout état de cause, avec l'institution de la carte d'identité CEDEAO, carte multifonction comportant au verso des données électorales et servant également de carte d'électeur, le phénomène des inscriptions multiples, irrégulières ou des erreurs matérielles aura tendance à diminuer voire à disparaître.

Mais une contrainte nouvelle peut contribuer à une certaine complexification de la gestion du système de délivrance des cartes d'identité, avec la nécessité d'une nouvelle édition de ladite carte à l'occasion de la première inscription sur la liste électorale ou d'une quelconque modification d'une donnée électorale, notamment en cas de radiation d'électeurs de la liste électorale en raison d'une perte des qualités requises par la loi ou d'une inscription indue, de modification en raison d'un changement de statut ou par suite d'un changement de circonscription ou d'adresse (cf. supra n°s 08-23 et suivants). Ce sera le prix technique à payer pour le couplage – par ailleurs très avantageux – d'une carte au contenu parfois évolutif et de la carte d'identité au contenu fixe pour sa période de vie décennale.

SECTION IV

LE CONTENTIEUX DE LA RÉVISION PAR LES COMMISSIONS ADMINISTRATIVES

Le contentieux de la révision des listes électorales est double avec, d'une part, le contrôle juridictionnel des opérations des commissions, d'autre part, le contentieux de l'annulation desdites opérations.

I - LE CONTRÔLE JURIDICTIONNEL DES OPÉRATIONS

En plus du contrôle et de la supervision des opérations dévolus à la CENA, du contrôle et de la surveillance exercés par les partis politiques – contrôle au quotidien, sur le terrain –, la loi prévoit un contrôle a posteriori exercé par le juge saisi des réclamations dirigées à l'encontre d'actes ou de tout ou partie des opérations des commissions administratives.

Mais il faut distinguer, au cours de la révision des listes électorales, ce contentieux des opérations des commissions administratives du contentieux post-publication des listes provisoires dressées par les services du ministre chargé des élections par suite de l'intégration des données issues des travaux des commissions administratives dans le fichier des électeurs et qui sera exposé plus loin (cf. supra nos 08-39 à 08-42).

Le contentieux des opérations des commissions est régi par les dispositions des articles L.43, L.44, alinéa 2, L.45 et L.56 et des articles R.40 et R.41 du Code électoral. Dans le cadre de ce contentieux, la saisine du juge peut viser soit la réformation d'une ou de plusieurs décisions de la commission, soit l'annulation de l'ensemble des opérations de la Commission.

A - LE CONTENTIEUX DE LA RÉFORMATION DES DÉCISIONS DES COMMISSIONS

08 - 28. *Le contentieux de la réformation des décisions des commissions peut se situer dans la période de révision des listes électorales ou après la clôture des opérations de révision et le dépôt à la préfecture ou à la sous-préfecture et à la mairie, des listes qui sont communiquées et publiées dans les conditions fixées par décret.*

Les cas d'ouverture du recours sont spécifiés par la loi, qui a prévu une procédure simplifiée pour l'examen du litige.

1 - Les cas d'ouverture du recours

08 - 29. *Sont susceptibles de recours en vue de leur réformation les décisions rendues par suite de la « contestation » de l'inscription d'un électeur et celles de radiation d'office d'un électeur.*

§ 1 - une décision de radiation d'office

Aux termes de l'article L.43, alinéa 1er du Code électoral, dans les conditions fixées par décret, l'électeur qui a fait l'objet d'une radiation d'office pour d'autres causes que le décès, peut intenter un recours devant le président du Tribunal d'instance.
La radiation d'office par la Commission administrative intervient conformément aux dispositions de l'article L.42, alinéa 2 dans les conditions par le décret portant Code électoral (partie réglementaire), qui prévoit en son article R.39, alinéas 3 et 4 que :

> *« Lorsque la commission radie d'office un électeur pour d'autres causes que le décès, ou lorsqu'elle prend une décision à l'égard d'une inscription qui a été contestée devant elle, il est délivré, le 10 juillet au plus tard, un avis motivé de radiation d'office destiné à l'électeur radié.*
> *La liste des électeurs radiés d'office est conservée à la préfecture ou à la sous-préfecture. Elle peut être consultée par tout électeur de la commune ».*

En fait, la « radiation d'office » pour d'autres causes que le décès s'entend, au regard du contexte dans lequel l'expression est employée, de toute radiation qui n'aurait pas été décidée en la présence de l'électeur ou qui ne lui aurait pas été notifiée, même si elle a été décidée par suite d'une contestation.

§ 2 - Une décision de refus d'inscription

En principe, conformément à l'article R.39, alinéa 1er, les décisions de la Commission sont prises au moment de la demande d'inscription, en présence du demandeur qui en est informé et qui reçoit un avis de rejet motivé. L'intéressé est également informé qu'il dispose de la possibilité de contester ladite décision en application de l'article L.43 par requête adressée au président du Tribunal d'instance dans le délai de cinq (5) jours.

§ 3 - La réclamation de l'inscription d'un électeur omis ou la radiation d'un électeur inscrit

La contestation de l'inscription ou de l'omission peut être également faite par :

- *tout électeur inscrit sur la liste électorale excipant de ce qu'un autre électeur a été indûment inscrit ou omis (article L.45, alinéa 3) ;*
- *l'autorité administrative compétente (article L.44, alinéa 3) ;*
- *la CENA, en vertu des pouvoirs qui lui sont conférés pour la supervision et le contrôle de l'établissement et de la révision des listes électorales (article L.6 in fine).*

Dans tous les cas, la réclamation doit être portée devant la Commission administrative dans le délai de l'article R.32 soit du 1er février au 10 juillet pour permettre à la Commission de délivrer dans le délai fixé au plus tard au 10 juillet à l'article R.39, alinéa 3, un avis motivé de radiation à l'électeur radié.

2 - Procédure et compétence juridictionnelle

Les recours sont portés devant le président du Tribunal d'instance dans le ressort duquel se trouve la circonscription électorale dont la liste comprenait l'électeur radié ou sur laquelle figure l'inscription contestée ou de laquelle celle-ci a été enlevée. La décision de ce juge, qui est suivie de formalités particulières, peut faire l'objet d'un pourvoi en cassation.

§ 1 - L'instance devant le juge

08 - 30. *L'instance est introduite par une simple déclaration au greffe du Tribunal d'instance. Cette déclaration prévue à l'article L.43, alinéa 2 peut être formée par une requête écrite ou verbale, en l'absence de spécification légale. Mais dans la perspective d'un éventuel débat autour de la question de la recevabilité du recours, il s'avère nécessaire qu'un récépissé soit délivré au requérant.*

La déclaration de recours est faite dans un délai de cinq (5) jours après la notification de la décision de radiation ou de la décision de rejet de la contestation de l'inscription de l'électeur, et au plus tard le 27 juillet, date limite de l'examen des recours dans le cadre d'une révision ordinaire si l'on se réfère aux dispositions de l'article R.40 qui précise que « le président du Tribunal d'instance saisi en vertu des articles L.43 et L.44, notifie sa décision dans les deux (2) jours, ou au plus tard le 27 juillet à l'intéressé, aux préfets ou aux sous-préfets ».

Toutefois, en cas de carence de l'autorité administrative compétente à qui incombe l'accomplissement de la formalité de notification de radiation ou de rejet sus-indiquée, le recours est recevable dans le même délai de cinq (5) jours à partir du moment où l'intéressé a eu connaissance de la décision en application des règles générales de procédure et au plus tard vingt (20) jours après la publication des listes provisoires prévue à l'article L.45, alinéa 2.

Une fois saisi, le président du Tribunal d'instance dispose, conformément à l'article L.43, alinéa 2 et L.45, alinéa 4, d'un délai de dix (10) jours pour statuer sans frais, après simple avertissement délivré notamment par voie administrative, trois (3) jours avant la date à laquelle la décision sera rendue. Les délais prescrits au Code électoral étant francs (article R.26), le jour de la délivrance de l'avertissement à l'intéressé et le jour de l'audience sont exclus de la computation du délai imparti au juge pour statuer.

En tout état de cause, si la réclamation dont il est saisi implique la solution préjudicielle d'une question d'état – par exemple si la nationalité ou l'âge tel qu'il résulte des mentions de l'état civil de l'électeur fait l'objet de contestation de nature à faire douter de la sincérité desdites mentions – le président du Tribunal d'instance, avant de statuer sur le recours, renvoie conformément à l'article L.44, alinéa 1er, les parties à se pourvoir devant les juges compétents et fixe un délai de cinq (5) jours dans lequel la partie qui a soulevé la question préjudicielle devra justifier de ses diligences en produisant notamment l'acte de saisine desdits juges.

À ce propos, il faut faire la distinction entre les recours en matière d'état et les actions relatives à l'état des personnes qui seules justifient le renvoi à la juridiction compétente :

- les recours en matière d'état civil, comme les demandes d'autorisation d'inscription, de reconstitution ou de rectification des actes de l'état civil, sont de la compétence du Tribunal d'instance qui est le juge de droit commun en matière d'état civil (article 86 du Code de la famille) ;

- les actions d'état – telles que celles en réclamation d'état ou en contestation d'état dont dépend l'inscription d'un électeur – constituent par contre un motif de renvoi devant le Tribunal de grande instance compétent (article 95 du Code de la famille) avant l'examen du recours par le président du Tribunal d'instance.

§ 2 - Les actes subséquents à la décision judiciaire

08 - 31. *La décision du président du Tribunal d'instance est notifiée et transmise dans les formes et délais légaux.*

Les décisions judiciaires en matière de radiation d'office ou de contestation de l'inscription de l'électeur sont notifiées dans les deux (2) jours et au plus tard le 27 juillet en cas de révision ordinaire à l'intéressé, au préfet ou au sous-préfet (article R.40).

Ces décisions de justice doivent normalement être rendues et notifiées au plus tard le 27 juillet par le président du Tribunal d'instance aux personnes concernées et à l'autorité administrative. Cette dernière transmet alors sans délai les décisions judiciaires à la Commission administrative pour leur prise en compte dans les listes en cours d'élaboration, conformément aux dispositions de l'article R.41 qui prescrit à la Commission de procéder aux rectifications conformes aux décisions de justice sur les feuillets d'inscription, de modification, de changement de statut ou de radiation, et ce, entre le 28 et le 31 juillet.

§ 3 - Le recours en cassation de la décision du juge

08 - 32. *Aux termes de l'article L.46 du Code électoral, la décision du président du Tribunal d'instance, qui est rendue en dernier ressort, peut être déférée en cassation devant la Cour suprême conformément aux dispositions pertinentes de la loi organique n° 2017-09 du 17 janvier 2017 abrogeant et remplaçant la loi organique du 8 août 2008 portant création de la Cour suprême qui s'énonce ainsi qu'il suit :*

> *« Article 76. Dans les affaires relevant de la compétence du Tribunal d'instance et relatives au contentieux des inscriptions sur les listes électorales, le délai pour se pourvoir est, à peine d'irrecevabilité, de dix jours à compter de la notification de la décision attaquée.*
>
> *Article 76-1. Le pourvoi est formé par simple requête enregistrée au greffe du Tribunal d'instance, qui a rendu la décision attaquée. Il est notifié, dans les deux jours qui suivent, par le greffier à la partie adverse par lettre recommandée avec avis de réception.*
>
> *Le demandeur est dispensé du ministère d'avocat.*
>
> *Article 76-2. La partie adverse aura un délai de huit jours à compter de la notification pour produire sa défense au greffe du Tribunal d'instance.*
>
> *Passé ce délai, le greffier adresse sans frais la requête accompagnée de toutes les autres pièces fournies par les parties, au greffe de la Cour suprême qui le transcrit sur son registre.*
>
> *La Cour suprême porte aussitôt l'affaire à l'audience et statue sans frais après avoir entendu le commissaire du gouvernement ».*

À noter que le pourvoi en cassation, qui n'est pas en principe suspensif comme indiqué à l'article 37 de la loi organique sus-citée, ne l'est pas non plus de la décision du président du Tribunal d'instance qui est donc prise en compte aussitôt par la Commission administrative, ce qui peut dans la pratique poser quelques difficultés pratiques quand la Cour statue après l'élaboration des listes électorales par le ministre chargé des élections, qui sera alors contraint de procéder à l'édition de listes complémentaires et/ou rectificatives.

À propos, du moment à partir duquel le pourvoi peut être formé, le délai de dix (10) jours à partir de la notification de la décision du président du Tribunal d'instance prévu par les dispositions de la loi organique sus-énoncées est seul applicable, même si l'on a pu relever une interprétation différente.

En effet, la Cour suprême, saisie d'un recours contre la décision du président du Tribunal d'instance qui a ordonné l'inscription sur la liste électorale d'une personne à qui l'officier d'état civil compétent avait refusé de délivrer un certificat de résidence dans la commune que lui réclamait la Commission administrative pour l'inscription, a déclaré le recours irrecevable au motif discutable suivant :

« Selon les dispositions des articles 47 et 48 du Code électoral [correspondant aux articles 43 et 46 du Code actuel... le pourvoi] est prématuré pour avoir été introduit avant l'inscription effective [de l'électeur] sur les listes électorales par la Commission administrative » *(Cour suprême, Arrêt n° 9 du 27 février 2014, Administrative).*

Or, aux termes des dispositions pertinentes du Code électoral correspondant aux articles L.45, alinéa 4, R.40 et R.41, « le président du Tribunal d'instance, notifie sa décision dans les deux jours à l'intéressé, au préfet ou au sous-préfet [...] qui transmet [...] à la Commission administrative, qui modifie ou rédige en conséquence les feuillets d'inscription, de modification, de changement de statut ou de radiation ». Ainsi, la Commission administrative n'ayant d'autre choix que de se conformer à la décision du président du Tribunal d'instance, le recours formé dans les formes et délai légaux paraît bien recevable, car le pourvoi est formé contre la décision de la juridiction présidentielle et non contre la décision d'exécution de la prescription judiciaire par la structure administrative.

II - LE CONTENTIEUX DE L'ANNULATION DES OPÉRATIONS

08 - 33. *De l'ouverture de la période de révision à la fin de la période contentieuse de vingt (20) jours consécutive à la publication des listes électorales provisoires, la CENA, l'autorité administrative compétente ou tout électeur inscrit sur une liste peut invoquer la nullité des opérations de la commission administrative.*

Le silence de la loi, qui n'a pas déterminé les modalités d'exercice de l'action en annulation des opérations de la Commission administrative – la seule mention s'y rapportant étant faite d'ailleurs de façon incidente à l'article L.44, alinéa 2 qui dispose qu'« en cas d'annulation des opérations de la commission, les recours sont radiés d'office » – autorise le recours à la méthode analogique et l'application des règles de procédure prévues pour les recours contre les décisions des commissions, car, en dernière analyse, l'action en annulation des opérations de la Commission vise l'anéantissement des décisions de la Commission comprises dans une séquence déterminée dans la requête et constituant la mesure de l'étendue de l'annulation demandée. En fonction des irrégularités constatées, la nullité peut affecter tout ou partie seulement des opérations de la Commission.

L'annulation des opérations de la Commission peut être motivée par la violation des règles de fonctionnement, de nature à entamer la sincérité des opérations sans qu'il soit possible de sérier les décisions prises dans des conditions irrégulières dans l'ensemble des opérations comprises dans la séquence visée dans la requête.

La violation des règles de fonctionnement des opérations peut être identifiée dans les cas suivants :

- irrégularités de la procédure suivie devant la Commission tel que prévu au Code électoral, par exemple quand celle-ci procède à des inscriptions hors la présence physique de l'électeur en contravention à l'article R.39, alinéa 1er, quand elle n'exige pas la justification par l'électeur de son identité par la production de la carte nationale d'identité, comme prescrit à l'article L.40, alinéa 2, ou quand elle omet de faire figurer sur la liste électorale les renseignements indiqués à l'alinéa 1er du même article ;
- non-respect des horaires de travail de la Commission fixés à l'article R.30 de 8 heures à 18 heures sauf réaménagement pour adaptation aux circonstances ;
- irrégularité de la composition de la Commission en violation de l'arrêté de l'autorité administrative ;
- accomplissement d'opérations hors du siège de la Commission tel qu'il a été déterminé par l'autorité administrative, sauf si les circonstances l'exigeant, elle est transformée en commission itinérante par arrêté de l'autorité administrative compétente ;
- actes frauduleux accomplis par les membres de la Commission qui auront ainsi porté atteinte ou ont tenté de porter atteinte à la sincérité du scrutin. Au stade de l'élaboration des listes électorales, il ne peut être envisagé que la tentative de porter atteinte à la sincérité du scrutin.

La mesure de la violation d'une prescription ou de l'atteinte à l'intégrité des opérations laissée à l'appréciation du juge doit, comme il est de principe dans le contentieux électoral, être d'une ampleur telle qu'il se révèle impossible de procéder à des rectifications de nature à redresser les listes élaborées par la Commission et préserver l'intégrité de l'ensemble.

À noter que ces actes susceptibles de vicier les opérations électorales sont aussi pénalement sanctionnés à l'article L.110 du Code électoral. Mais l'action dirigée contre les décisions ou les opérations de la Commission étant une action dite populaire – appartenant, outre la CENA et les autorités administratives, aux électeurs et pouvant être exercée par un ou plusieurs d'entre eux en vue d'assurer la transparence du processus électoral – est différente de l'action civile ordinaire prévue à l'article 4 du Code de procédure pénale et qui, exercée séparément de l'action publique, entraîne par application du principe de droit processuel suivant lequel « le criminel tient le civil en l'état », le sursis au jugement de la juridiction civile saisie.

Aussi la saisine du juge pénal – comme d'ailleurs la sentence pénale – est-elle sans influence sur le recours porté devant le président du Tribunal d'instance. Ce qui se comprend quand on sait que la sanction pénale atteint un comportement malicieux qui suppose chez un sujet donné une intention délictueuse alors que la violation des règles instituées en vue d'assurer la transparence de l'élection est appréciée par le juge du contentieux électoral ou préélectoral exclusivement à l'aune de l'impact qu'une telle violation a pu avoir ou pourrait avoir sur l'élection.

Une fois l'annulation des opérations de la Commission prononcée, les recours spécifiques dirigés contre une ou plusieurs décisions de la Commission deviennent sans l'objet et sont donc radiés d'office du rôle du Tribunal d'instance par application de l'article L.44, alinéa 2 du Code électoral.

Il faut signaler enfin que la décision d'annulation d'opérations de la Commission administrative est susceptible de faire l'objet d'un pourvoi en cassation devant la Cour suprême dans les mêmes conditions que les ordonnances du président du Tribunal d'instance rendue à la suite de recours contre les décisions de la Commission.

En cas de cassation par la Cour suprême de la décision d'annulation des opérations de la Commission, la loi n'ayant pas prévu des modalités spécifiques de reprise des opérations, il faut recourir aux dispositions des articles L.49, alinéa 1er et L.51, alinéa 1er qui prévoient que :

> *« La CENA, les gouverneurs, les préfets, les sous-préfets font, par toute voie de droit, procéder aux rectifications nécessaires sur les listes électorales [qui] sont effectuées sans délai, nonobstant la clôture de la période de révision par les commissions administratives ».*

Ces rectifications supposent, en cas de décision définitive d'annulation, la notification de celle-ci aux électeurs intéressés pour leur permettre de s'inscrire régulièrement et, en cas de cassation de la décision d'annulation prise par le président du Tribunal d'instance, la réintégration des électeurs concernés dans la liste électorale.

CHAPITRE II
LA RÉVISION EFFECTUÉE PAR LE MINISTRE EN CHARGE DES ÉLECTIONS

À la clôture des opérations de révision par les commissions, l'autorité administrative procède à la collecte des documents de travail desdites commissions. Le président de Commission qui en a la garde doit ainsi lui remettre sous la supervision et le contrôle de la CENA, conformément à l'article R.38, les documents énumérés plus haut (cf. supra nº 08-31) qui sont transmis sans délai au ministre chargé des élections, comme prescrit à l'article R.42.

SECTION PREMIÈRE
LES OPÉRATIONS DU MINISTRE CHARGÉ DES ÉLECTIONS

08 - 34. *Au vu des carnets d'inscription, de radiation et de modification, le ministère chargé des élections procède, pour reprendre l'expression de* *l'article R.43, à « la mise à jour du fichier général des électeurs par les services centraux ».*

En fait, les opérations à accomplir par le ministre chargé des élections consistent en une réactualisation du fichier informatique des électeurs dit « fichier général des électeurs » comprenant deux fichiers spécifiques : le « fichier des électeurs établis sur le territoire national » et le « fichier spécial des Sénégalais résidant ou établis à l'Extérieur ».

Il s'agit à ce stade de procéder à l'intégration dans la liste électorale des données de la révision par les commissions administratives ainsi qu'à la prise en compte des décisions de justice, d'une part, et faire un contrôle technique qui permet d'effectuer toutes les rectifications nécessaires en procédant à la « consolidation du fichier électoral », d'autre part.

La CENA et les partis politiques légalement constitués qui ont, ainsi que précisé à l'article L.48, alinéa 2, « un droit de regard et de contrôle sur la tenue du fichier », peuvent procéder aux vérifications qu'ils estiment utiles. Dans la pratique, un système de « badging » efficient des mandataires des partis pour l'accès aux services centraux compétents du ministère en charge des élections et la disponibilité d'une salle de consultation munie de terminaux peut faciliter ce contrôle.

I - LA PRISE EN COMPTE DES DONNÉES ISSUES DES OPÉRATIONS DES COMMISSIONS

***08 - 35.** Il s'agit d'opérations purement matérielles exécutées par le Service informatique du ministère de l'Intérieur, dénommé Direction de l'automatisation des fichiers (DAF) qui, en liaison avec la Direction des opérations électorales de la Direction générale des élections, procède à la saisie des fiches d'inscription, de radiation et de modification et à leur intégration dans la liste électorale de base.*

Dans cette phase, les manquements dans la tenue des documents mis à la disposition des commissions administratives peuvent entraîner l'inexploitabilité des données qu'ils comportent. Ainsi est-il nécessaire d'assurer une formation adéquate des présidents des commissions administratives, qui doivent être choisis parmi les agents de l'administration dont l'expertise en la matière est avérée.

Dans tous les cas, l'inexploitabilité par le Service informatique du ministère chargé des élections des données recueillies par l'Administration est inopposable à l'électeur intéressé. Aussi, les mouvements inexploitables font-ils l'objet de rejets classés par motifs et transmis à l'autorité administrative compétente. Les intéressés par ces rejets pourront saisir le président du Tribunal d'instance dans le délai de recours de vingt (20) jours consécutif à la publication des listes provisoires, aux fins de faire procéder aux corrections et rectifications nécessaires.

II - LA PRISE EN COMPTE DES DÉCISIONS DE JUSTICE

08 - 36. *Les décisions de justice qui interviennent après la clôture des opérations des commissions administratives ou qui, rendues avant la clôture de ces opérations, n'ont néanmoins pas, pour une raison quelconque, été prises en compte, sont transmises sans délai par l'autorité administrative au ministère chargé des élections, qui modifie en conséquence la liste électorale, s'il y a lieu.*

Mais, outre les retards qui pourraient perturber le calendrier des opérations électorales, des décisions de justice peuvent être rendues après la clôture des opérations des commissions administratives sur le fondement de l'article L.49, alinéa 1er, qui prévoit que « la CENA, les gouverneurs, les préfets et les sous-préfets font, par voie de droit, procéder aux rectifications nécessaires sur les listes électorales » et ce, sans aucune restriction quant à la période, si l'on se réfère aux dispositions de l'article L.51 qui précise que ces rectifications sont faites « immédiatement, nonobstant la clôture de révision par les commissions administratives compétentes ».

III - LA « CONSOLIDATION DU FICHIER ÉLECTORAL »

08 – 37. *Ainsi dénommée dans le jargon usuel et désignée à l'article R.43, alinéa 1er par « la mise à jour du fichier général des électeurs par les services centraux », la consolidation du fichier électoral constitue une phase importante de la révision des listes électorales offrant l'opportunité, après un contrôle statistique de conformité, de procéder à l'apurement du fichier duquel doivent être expurgées les inscriptions dont l'irrégularité peut être révélée par l'exploitation des données informatiques disponibles.*

A - LE CONTRÔLE DE CONFORMITÉ

Après la saisie des carnets par les commissions administratives de révision, la Direction de l'automatisation des fichiers procède à deux types de vérification :

- *vérification de la saisie effective de l'ensemble des carnets parvenus à la Direction de l'automatisation des fichiers ;*
- *vérification de la saisie conforme des feuillets de chaque carnet (modifications, radiations, inscriptions).*

B - LE CONTRÔLE DE QUALITÉ

Le contrôle de qualité vise à éliminer, outre les électeurs décédés, les inscriptions multiples et les inscriptions de personnes frappées d'incapacité électorale.

1 - La détection et la suppression des inscriptions multiples

L'article L.50 prescrit à la CENA, aux gouverneurs, aux préfets et aux sous-préfets de signaler les inscriptions multiples de tout électeur sur une ou plusieurs listes au ministère chargé des élections, qui procède par voie de radiation d'office pour ne laisser subsister que la première en application de l'article L.40, dernier alinéa.

Ces radiations sont parfois désignées dans le jargon technique sous le vocable de « suppressions » pour les distinguer des autres radiations (cf. supra n°s 08-20 à 08-22).

Toutefois, avec la gestion informatique des fichiers et l'inscription sur les listes électorales à partir de la seule carte d'identité biométrique CEDEAO, l'occurrence en sera de plus en plus rare. Mais les motifs des suppressions qui auparavant étaient généralement retenus procédaient généralement :

- *soit de doubles parfaits en cas d'inscriptions dont tous les éléments sont identiques ;*
- *soit de « doubles apparents » en cas d'identité parfaite des éléments de deux inscriptions, sauf sur le jour et mois de naissance, sur le prénom du père ou de la mère, sur le prénom ou nom de l'électeur ou enfin en cas de numéros d'identification nationale identiques.*

En dépit de leur précision, ces paramètres d'exécution des opérations de suppression font seulement présumer que l'on se trouve en face d'inscriptions multiples et il peut ainsi arriver qu'une inscription régulière soit supprimée, surtout à cause des homonymies fréquentes décelables au sein des populations locales. Par exemple, dans l'annuaire des téléphones fixes de la Société nationale de télécommunications (SONATEL) de l'année 2000, figuraient 31 personnes dénommées Abdoulaye Fall, 47 dénommées Abdoulaye Diop et 50 dénommées Abdoulaye Ndiaye pour la seule région de Dakar.

Aussi, l'électeur dont l'inscription pourrait être supprimée peut se faire rétablir dans ses droits en portant sa réclamation, conformément aux dispositions combinées des articles L.48, alinéa 2 in fine et L.49 alinéa 1er, auprès de la CENA ou de l'autorité administrative compétente qui intervient auprès du ministère chargé des élections, qui procède aux rectifications nécessaires.

2 - La radiation des personnes frappées d'incapacité électorale

Les personnes ne remplissant pas la condition d'âge pour être inscrites sur les listes électorales ou qui ont été privées de leurs droits électoraux par suite de condamnations judiciaires ou de faillite non suivie de réhabilitation sont omises des listes électorales dans la phase de consolidation du fichier électoral.

Pour faciliter cette opération, les décisions judiciaires de condamnation doivent être régulièrement transmises au ministère chargé des élections. Ce qui n'est souvent pas le cas.

3 - La radiation des électeurs décédés

Doivent également être supprimés les électeurs dont le décès aura été signalé soit par la CENA, soit par les gouverneurs, les préfets ou les sous-préfets qui, en application de l'article L.49 font procéder, par toute voie de droit, aux rectifications nécessaires sur les listes électorales.

IV - LA PUBLICATION DES LISTES ÉLECTORALES PROVISOIRES

***08 – 38.** Une fois le traitement terminé, toutes les listes des mouvements accompagnées des listes de rejets ainsi que des motifs de rejet sont, comme indiqué à l'article R.43, alinéas 4 à 8 du Code, déposées dans les préfectures et les sous-préfectures dans les deux (2) mois qui suivent la clôture des opérations de la révision.*

Des exemplaires de ces listes sont transmis au secrétariat du conseil départemental et au secrétariat de la mairie concernée pour les villes et les communes.

L'affichage du procès-verbal de réception des listes des mouvements et des rejets accompagnés des motifs sur le panneau des annonces officielles des préfectures, des sous-préfectures, des hôtels de département et des mairies vaut publication de la liste électorale et constitue le point de départ de délai du contentieux « post-publication » de vingt (20) jours prévu par l'article L.44 alinéa 2, qui commence à courir à compter du lendemain du jour de l'affichage du procès-verbal de réception des listes électorales.

Les listes détenues par les autorités sont à la disposition des électeurs, qui peuvent les consulter après avoir pris l'engagement par écrit de ne pas en faire un usage commercial comme prescrit à l'article R.46.

V - LE CONTENTIEUX POST-PUBLICATION DES LISTES PROVISOIRES

Les contestations contre les décisions de la commission de révision des listes électorales sont soumises au président du tribunal d'instance.

A – LES CAS D'OUVERTURE DES RECOURS POST-PUBLICATION

Après la publication des listes provisoires, s'ouvre une période contentieuse de vingt (20) jours comme prévu à l'article L.45, alinéa 2, période pendant laquelle peuvent être portés devant le président du Tribunal d'instance :

- les recours contre les décisions de radiation prises par le ministère chargé des élections ;
- les recours en cas d'omission par suite d'une erreur purement matérielle ;
- les recours en réclamation de la radiation d'un électeur indûment inscrit.

1 - Le recours tendant à la radiation d'un électeur indûment inscrit

08 – 39. *L'inscription sur les listes électorales d'une personne ne remplissant pas toutes les conditions requises pour avoir la qualité d'électeur (cf. supra n°s 08-28 et 08-29) peut être critiquée par un recours porté devant le président du Tribunal d'instance dans le délai de vingt (20) jours consécutif à l'affichage valant publication des listes électorales provisoires.*

Ce recours peut être exercé par :
- tout électeur inscrit sur la même liste électorale ou l'autorité administrative compétente (article L.45, alinéa 3) ;
- la CENA, en vertu de son pouvoir de supervision et de contrôle de l'établissement et de la révision des listes électorales prévu à l'article L.11 du Code électoral.

2 - Le recours contre les décisions de radiation du ministre en charge des élections

08 – 40. *Chargé de la tenue du fichier général des électeurs, le ministère chargé des élections peut procéder – comme indiqué plus haut – à des radiations pour cause de multiples inscriptions ou pour cause d'incapacité électorale d'une personne figurant sur les listes électorales (cf. supra n° 08-37).*

Les décisions du ministre, qualifiées de « radiation d'office » à l'article L.50, ont lieu soit sur l'initiative de l'autorité administrative compétente, soit sur celle du service du fichier général des électeurs (Direction de l'automatisation des fichiers) quand l'une ou l'autre dispose d'éléments justifiant la radiation d'une inscription.

3 - Le recours en cas d'omission d'une inscription

08 – 41. *L'omission d'un électeur peut résulter soit d'une erreur purement matérielle soit d'une quelconque autre raison.*

§ 1 - En cas d'omission par suite d'une erreur purement matérielle

Aux termes de l'article L.45, alinéa 2, tout citoyen omis sur la liste électorale par suite d'une erreur purement matérielle et détenant son récépissé d'inscription peut exercer un recours devant le président du Tribunal d'instance dans les vingt (20) jours qui suivent la publication de la liste électorale provisoire.

À la différence de la radiation, qui procède d'une décision délibérée de la Commission administrative ou du ministre chargé des élections prise dans les conditions strictes prévues par la loi, l'omission par suite d'une erreur purement matérielle s'entend du simple constat de l'absence sur la liste électorale d'un électeur qui aurait dû y figurer eu égard à la règle de la permanence des listes électorales.

Il en sera ainsi notamment quand l'inscription décidée par la Commission administrative de révision n'est pas prise en compte par le Service informatique du ministère en charge des élections.

Pour justifier de son droit à figurer sur la liste électorale, l'électeur doit joindre à sa requête le récépissé d'inscription délivré par la Commission administrative.

Dans la pratique, il a été constaté que ces recours se révèlent souvent sans objet, car faisant suite à une consultation approximative de la liste électorale. Aussi, à défaut d'exiger un certificat de non-inscription délivrée par l'autorité administrative, le juge doit disposer des données facilement accessibles de la liste électorale.

§ 2 - Les autres cas d'omission

L'omission peut résulter également soit d'une radiation irrégulière, soit de la non-exploitabilité pour une raison de mauvaise tenue des fiches mises à la disposition des commissions administratives.

a) Les cas d'inexploitabilité

En cas de non-exploitabilité, il a été signalé plus haut *(cf. supra n° 08-35)* *qu'il appartient à l'autorité administrative qui reçoit en retour lesdites fiches de faire procéder à leur reconstitution en saisissant le juge même si l'électeur peut lui-même intenter un recours dans la période contentieuse consécutive à la publication des listes électorales. À noter à ce propos que le rejet pour cause de non-exploitabilité peut aussi résulter de la non-conformité du numéro d'identification nationale avec les données du fichier de l'identification nationale tenu à la Direction de l'automatisation des fichiers.*

b) Les cas de radiation irrégulière

La radiation sans accomplissement des formalités prévues par la loi (décision motivée, notification de la décision) peut être assimilée à une omission au sens de l'article L.45, alinéa 2 qui dispose que tout électeur inscrit sur la liste électorale peut réclamer l'inscription d'un électeur omis. Ce droit, qui appartient également à l'autorité administrative, peut aussi être exercé par la CENA en vertu de son pouvoir de supervision et de contrôle de l'établissement et de la révision des listes électorales.

B – L'OFFICE DU JUGE

08 – 42. *Le président du Tribunal d'instance saisi du recours, par simple déclaration au greffe, statue – comme dans le cadre du contentieux de la réformation des décisions de la Commission administrative dans le délai de dix (10) jours suivant ladite déclaration – sans frais ni forme particulière de procédure et sur simple avertissement donné trois (3) jours à l'avance à toutes les parties intéressées. Sa décision doit être notifiée dans les deux jours à l'intéressé et au préfet ou sous-préfet compétent comme prescrit aux articles L.45, alinéa 3 et L.43, alinéa 2 du Code. Elle peut faire l'objet d'un pourvoi en cassation dans les mêmes conditions que pour le contentieux des opérations des commissions administratives de révision* *(cf. supra nos 08-28 à 08-32)*.

CHAPITRE III
LES INFRACTIONS SUSCEPTIBLES D'ÊTRE COMMISES À L'OCCASION DES INSCRIPTIONS SUR LES LISTES ÉLECTORALES

08 – 43. *Certaines irrégularités commises à l'occasion de l'élaboration des listes électorales sont pénalement sanctionnées en raison de l'impact négatif qu'elles peuvent avoir sur la régularité des opérations électorales.*

Dans la tradition juridique d'inspiration française, les infractions en matière électorale sont assimilées à des infractions politiques et ne peuvent dès lors donner lieu à exécution par la contrainte par corps prévue aux articles 709 et suivants du Code de procédure pénale et autorisant l'enfermement carcéral comme moyen de contraindre la personne condamnée à payer les amendes prononcées ou les dommages et intérêts alloués à la partie civile.

Ces différentes infractions, dont la connaissance est en principe dévolue au Tribunal de grande instance, présentent une certaine spécificité quant aux règles de poursuite applicables.

SECTION PREMIÈRE
LES DIFFÉRENTES INFRACTIONS

Les irrégularités incriminées sont :

- les inscriptions frauduleuses (article L.88 du Code électoral) ;

- la délivrance ou la production de faux certificats (article L.89, alinéa 1er) ;
- l'entrave à l'inscription d'un électeur (article L.91, alinéa 2) ;
- l'acceptation indue d'une fonction dans le processus électoral (article L.93, alinéa 2).

La problématique de ces incriminations – qui ont été formulées à une période au cours de laquelle la carte d'électeur était dissociée de la carte d'identité – va revêtir des aspects nouveaux avec la carte d'identité multifonction qui contribue à favoriser une liaison plus fidèle du fichier de la carte d'identité nationale et du fichier électoral. Ce nouveau dispositif aura pour conséquence certaine la réduction de la survenance de telles infractions.

I - LES INSCRIPTIONS FRAUDULEUSES

***08 – 44.** Il s'agit d'inscriptions obtenues par l'usage d'un faux nom, d'une fausse qualité, par la dissimulation d'une incapacité ou d'inscriptions multiples frauduleuses.*

A - L'INSCRIPTION SOUS UN FAUX NOM OU UNE FAUSSE QUALITÉ

L'usage d'un faux nom consiste pour l'électeur à se présenter sous une identité qui n'est pas celle qui lui est officiellement reconnue parce que résultant de son état civil, étant entendu par ailleurs que le surnom ou le pseudonyme utilisé pour préciser l'identité d'une personne ne fait pas partie – comme indiqué à l'article 2 du Code de la famille – du nom de cette personne. Aussi, l'inscription sous un surnom ou un pseudonyme participe, si elle est faite sciemment, de l'usage d'un faux nom au sens des dispositions du Code électoral.

L'usage de la fausse qualité s'entend du fait, pour la personne incriminée, de s'attribuer un état qu'elle n'a pas comme la possession de la nationalité, d'un domicile ou d'une résidence dans une circonscription électorale donnée.

B - LA DISSIMULATION D'UNE INCAPACITÉ, OBSTACLE À L'INSCRIPTION

L'incapacité que la personne dissimule pour se faire inscrire sur les listes électorales est relative soit à la suspension ou à la perte définitive de son droit de vote, soit à sa minorité quand elle n'a pas encore atteint l'âge requis de dix-huit ans.

C – LA RÉCLAMATION ET L'OBTENTION D'UNE INSCRIPTION DOUBLE OU FRAUDULEUSE

Pour être punissable sous cette incrimination, la personne doit non seulement avoir réclamé deux ou plusieurs inscriptions devant la Commission administrative ou devant le juge compétent, mais avoir également obtenu de façon effective ces inscriptions.

Dans la pratique, les inscriptions multiples sont facilitées par les demandes présentées auprès de commissions administratives différentes officiant en des lieux différents, ou sont favorisées par des changements de résidence de l'électeur.

Dans ce dernier cas, l'électeur ne doit pas solliciter une nouvelle inscription, mais plutôt une modification d'inscription qui permet d'expurger des listes électorales les inscriptions antérieures. Mais le cas échéant, il appartiendra au ministère public de faire la preuve de l'existence de l'intention frauduleuse de l'électeur, car il peut arriver que l'électeur ne dispose pas des références de son ancienne inscription et se soit animé par aucune intention malicieuse.

II - LA DÉLIVRANCE OU LA PRODUCTION D'UN FAUX CERTIFICAT D'INSCRIPTION OU DE RADIATION

08 – 45. *Même si l'exigence d'un dol spécial n'est pas prévue aux dispositions incriminatrices dans l'article L.89, alinéa 1er qui s'applique ainsi à toute délivrance ou production d'un faux certificat d'inscription ou de radiation des listes électorales sans aucune considération pour le but visé par de tels actes, il n'en demeure pas moins que, dans la pratique, la délivrance par les membres des commissions administratives ou par les autorités administratives ou bien la production par l'électeur d'un faux certificat vise en général à justifier des prétentions articulées à l'occasion d'un recours porté devant le juge du contentieux de l'inscription, en l'occurrence le président du Tribunal d'instance.*

III - L'ACCEPTATION INDUE D'UNE FONCTION DANS LE PROCESSUS ÉLECTORAL

08 – 46. *En sanctionnant pénalement quiconque aura accepté de remplir une fonction dans le processus électoral, sachant qu'il est dans un état d'incapacité pour cause de violation de la loi électorale, l'article L.93, alinéa 2 du Code électoral a vocation à atteindre non pas la dissimulation d'une incapacité, qui suppose un acte positif servant de support à la manœuvre dissimulatrice, mais la simple acceptation d'une fonction.*

Aussi, pour écarter l'application de la sanction pénale, la personne désignée pour accomplir une fonction quelconque dans le processus électoral (membre d'une Commission administrative, d'un bureau de vote, etc.) doit demander d'en être déchargée eu égard à son état d'incapacité dès que la décision le désignant lui a été modifiée.

Une renonciation ultérieure est assimilée à un repentir qui ne fait pas disparaître l'infraction, sauf pour le juge à en apprécier autrement en fonction des circonstances de l'espèce.

IV - L'ATTEINTE OU LA TENTATIVE D'ATTEINTE À LA SINCÉRITÉ DU SCRUTIN

08 – 47. *L'article L.110 du Code électoral dispose :*

> *« [Est susceptible des sanctions pénales prévues celui qui], en dehors des cas spécialement prévus par les dispositions des lois et décrets en vigueur [...] soit dans une commission administrative soit dans un bureau de vote ou dans les bureaux des mairies, des préfectures ou sous-préfectures ou en dehors de ceux-ci, avant, pendant ou après un scrutin, a par inobservation volontaire de la loi ou des arrêtés, ou par tous actes frauduleux, violé ou tenté de violer le secret du vote, porté atteinte ou tenté de porter atteinte à sa sincérité [...] ».*

Par la généralité de ses termes, l'article L.110 a vocation à s'appliquer – à titre subsidiaire, par défaut d'une autre incrimination applicable – à tout acte frauduleux de nature à porter atteinte à la régularité de l'élection. Au stade de l'inscription sur les listes électorales, cette incrimination s'applique aux membres des commissions administratives chargées de l'élaboration des listes électorales ou de la distribution des cartes d'électeur et au personnel des mairies, des sous-préfectures et des préfectures qui auront procédé à une manipulation frauduleuse des listes électorales.

Quoique incrimination par défaut, l'atteinte ou la tentative de porter atteinte à la sincérité du vote prévue à l'article L.110 est punie de peines plus sévères que celles prévues pour les autres infractions en matière d'inscription sur les listes électorales. En effet, les peines prévues sont un emprisonnement d'un (1) mois à un (1) an, et une peine d'amende de 20 000 FCFA à 100 000 FCFA. Mais seul le minimum de peine d'amende est plus élevé et les incidences pratiques en raison de l'application des circonstances atténuantes sont presque nulles.

Il faut aussi noter que l'article L.110, alinéa 2 prévoit une circonstance aggravante et un doublement des peines si le coupable est fonctionnaire de l'ordre administratif ou judiciaire, agent ou préposé du gouvernement ou d'une administration publique.

Compte tenu de la peine d'amende plus forte – au moins en son minimum – et de la circonstance aggravante ci-dessus signalée, le concours idéal d'infractions qui pourrait souvent se réaliser peut constituer une source d'embarras pour le juge que les principes généraux de la procédure pénale inciteront à l'application de l'article L.110 dont le statut d'incrimination par défaut sera neutralisé par l'application de la règle de la poursuite des faits sous leur plus haute qualification.

SECTION II

LES PÉNALITÉS PRÉVUES

08 – 48. *Sous réserve des remarques formulées ci-dessus en ce qui concerne notamment les pénalités prévues pour l'infraction d'atteinte ou de tentative de porter atteinte à la sincérité du vote à l'article L.110, les peines diverses prévues pour ces infractions vont de l'emprisonnement de quinze (15) jours à deux (2) ans et d'une amende de cinq mille (5 000) francs à deux cent mille francs (200 000) francs.*

Ainsi, lorsque des circonstances atténuantes sont accordées au prévenu reconnu coupable, par application de l'article 433 du Code pénal, la juridiction pénale compétente est autorisée, même en cas de récidive, à réduire dans tous les cas l'emprisonnement au-dessous d'un mois et l'amende à un montant moindre. Cette juridiction peut aussi prononcer séparément l'une ou l'autre de ces peines et même substituer l'amende à l'emprisonnement.

SECTION III

COMPÉTENCE JURIDICTIONNELLE ET POURSUITE DE L'INFRACTION

08 – 49. *Aux termes de l'article L.113 du Code électoral, « l'action publique et l'action civile intentées en vertu des articles L.88, L.105 à L.107 et L.109 ou pour infraction à l'article L.77 seront prescrites après six (6) mois à partir du jour de la proclamation du résultat de l'élection ».*

Il faut dès l'abord relever, avec les mêmes réserves que ci-dessus que l'incrimination de l'article L.110 n'est pas comprise dans la série d'infractions auxquelles l'article L.113 renvoie explicitement, sans aucune justification d'une telle dérogation qui procède certainement d'une défaillance dans l'agencement formel de la loi.

À noter par ailleurs que la prescription abrégée des infractions sus-visées – par rapport à la prescription de droit commun – s'applique si l'action publique n'a pas été intentée dans le délai de six (6) mois à partir du jour de la proclamation des résultats de l'élection. Mais si des poursuites ont été engagées dans ce délai, la prescription va alors être soumise aux règles de droit commun définies au Code de procédure pénale.

Ainsi, ces différentes infractions ci-dessus énumérées étant punies de peines correctionnelles, si l'action publique a été intentée dans le délai de six mois, la prescription ne sera alors acquise qu'au bout de trois années révolues comme indiqué à l'article 8, alinéa 1er du Code de procédure pénale.

En outre, l'échelle des peines étant indicative de la nature de l'infraction dont dépend la compétence juridictionnelle, c'est le Tribunal de grande instance qui connaît du contentieux pénal de l'inscription sur les listes électorales, la loi n'ayant pas prévue d'en attribuer spécialement la connaissance au Tribunal d'instance.

L'action publique peut, dans le délai de prescription abrégée, être mise en mouvement soit par acte pertinent du ministère public soit par plainte avec constitution de partie civile ou citation directe de tout électeur habilité, en vertu de cette qualité, à poursuivre toute infraction commise dans sa circonscription électorale en matière d'inscriptions sur les listes électorales.

Toutefois, l'action civile portée devant le Tribunal de grande instance ne peut viser à rétablir l'électeur dans son droit électoral compromis par les agissements frauduleux du délinquant. Aussi, pour se faire inscrire en cas de radiation irrégulière ou entrave à l'inscription, l'électeur doit s'adresser au président du Tribunal d'instance compétent.

Une fois saisie, cette autorité judiciaire, en raison de la spécificité de l'action civile portée devant le juge civil de droit commun, n'est pas tenue de surseoir à statuer jusqu'à la décision à intervenir dans l'instance pénale pendante.

En effet, « l'action électorale » portée devant le président du Tribunal d'instance est une action spéciale visant à assurer la sincérité du vote et/ou des listes électorales alors que l'action portée devant le juge pénal – en l'occurrence le Tribunal de grande instance – est exercée dans un but personnel en ce qu'elle vise l'obtention de dommages et intérêts réparant un préjudice justifié ou revêt un aspect fortement vindicatif par l'application des peines physiques ou pécuniaires recherchée.

❖

SECTION 4
CARTES D'ÉLECTEUR

Article L.53.- La carte d'électeur est couplée à la carte d'identité biométrique CEDEAO. Celle-ci fait office de carte d'électeur.

Les données électorales sont mentionnées au verso. Elles comprennent le numéro d'électeur, la région, le département, l'arrondissement, la commune, le lieu de vote, le bureau de vote et le numéro d'identification nationale.

L'Administration est chargée de l'impression et de l'établissement des cartes d'électeur aux frais de l'État.

La carte d'électeur a une durée de validité de dix (10) ans.

En cas de demande de duplicata pour cause d'altération ou de perte de la carte d'identité biométrique CEDEAO faisant office de carte d'électeur, devant un centre d'instruction ou une commission administrative, celle-ci est rééditée à l'identique avec le même délai de validité et porte la mention « duplicata ».

Cependant, une demande de modification des données électorales ne peut se faire que devant une commission administrative et pendant la période de révision des listes électorales.

Si l'électeur fait la déclaration de perte de sa carte d'électeur auprès d'une commission administrative, celle-ci établit une attestation sur la base de laquelle il peut demander la délivrance d'un duplicata.

Le renouvellement de la carte d'électeur expirée est effectué l'année qui suit l'expiration, pendant la révision ordinaire.

En cas de révision exceptionnelle précédant une élection générale, le renouvellement est fait auprès des commissions administratives créées à cet effet.

Toutefois la carte d'électeur qui expire après une révision des listes électorales et une élection peut être utilisée à titre exceptionnel.

Lors du renouvellement, les données électorales peuvent faire l'objet de modifications.

Article L.54.- Il est créé dans chaque commune par arrêté du préfet ou du sous-préfet, des commissions chargées de la distribution des cartes d'électeur.

Ces commissions sont composées d'un président et d'un suppléant désignés par le Préfet ou le sous-préfet, du maire ou de son représentant et d'un représentant de chaque parti politique légalement constitué ou coalition de partis déclarée à cet effet auprès de l'autorité compétente.

L'autorité administrative ne peut nommer des citoyens qui depuis trois ans se sont rendus coupables de violations de la loi électorale alors qu'ils assumaient des fonctions de président de commission administrative.

L'autorité administrative fera recours à des agents publics à la retraite pour les commissions administratives chaque fois que de besoin.

Ces commissions sont instituées en nombre suffisant pour que la distribution des cartes puisse être effectuée normalement et complètement.

Elles peuvent être itinérantes : dans ce cas, l'Administration doit obligatoirement transporter leurs membres et assurer leur restauration.

Elles sont regroupées au niveau des sièges des communes (10) jours avant le scrutin et fonctionnent jusqu'à la veille du scrutin.

Après le scrutin, la distribution des cartes d'électeur non retirées est assurée par l'autorité administrative selon des modalités fixées par décret. Le comité électoral, visé à l'article L.65, veille au bon fonctionnement des opérations de distribution. La CENA en est tenue informée.

Article L.55.- Les commissions visées à l'article précédent procèdent à la remise individuelle des cartes à chaque électeur sur présentation de sa carte d'identité biométrique CEDEAO et du récépissé d'inscription.

En cas de perte de la carte d'identité biométrique CEDEAO, l'électeur doit présenter un certificat de perte.

S'il s'agit de la perte du récépissé, l'électeur fait la déclaration sur l'honneur auprès de la commission.

Cette déclaration doit comporter les mentions de la carte d'identité biométrique CEDEAO de l'intéressé.

Article L.56.- Les modalités de fonctionnement des commissions visées à l'article L.54, alinéa 1er sont fixées par décret.

❖

Article R.47.- Les données électorales sont mentionnées au verso de la carte d'identité biométrique CEDEAO de tout citoyen inscrit sur la liste électorale. Elles comprennent le numéro d'électeur, la région, le département, l'arrondissement, la commune, le lieu de vote, le bureau de vote et le numéro d'identification nationale.

La carte d'électeur est valable pour l'élection présidentielle, les élections législatives, départementales et municipales. Elle peut être utilisée pour l'élection des Hauts conseillers.

Le modèle et la nature des cartes d'électeur sont fixés par le décret n° 2016-1536 du 29 septembre 2016 portant application de la loi n° 2016-09 du 14 mars 2016 instituant une carte d'identité biométrique CEDEAO.

En cas de perte de la carte d'électeur, l'attestation qui est établie doit comporter les indications relatives à l'identité de l'électeur et celles du président de la commission et du contrôleur de la CENA ainsi que leurs signatures respectives.

Article R.48.- Les autorités administratives compétentes instituent, par arrêté, des commissions chargées de la distribution des cartes d'électeur en application de l'article L.54. Elles informent les partis ou coalitions de partis politiques des modalités de fonctionnement en vue de leur représentation.

Article R.49.- Les commissions de distribution des cartes d'électeur fonctionnent dans les conditions prévues à l'article R.30 du présent code.

Article R.50.- La distribution des cartes d'électeur est permanente.

Elle est assurée, pendant la période de révision des listes électorales, par les commissions prévues à l'article R.48, sous la supervision de la CENA.

Conformément à l'alinéa [7] de l'article L.54, les commissions procèdent à la distribution des cartes d'électeur jusqu'à la veille du scrutin.

Du lendemain du scrutin jusqu'à l'ouverture de la prochaine révision des listes électorales, tout comme pour la période qui sépare les deux (2) révisions, la distribution est assurée par l'autorité administrative. La CENA et le Comité électoral en sont tenus informés

Article R.51.- Sous la supervision et le contrôle de la CENA, le président de la commission de distribution des cartes d'électeurs assure la conservation et la garde desdites cartes pendant toute la période de distribution. À la fin de chaque semaine, il rend compte avec précision à la CENA et à l'autorité qui l'a nommé, du déroulement de la distribution. Il les informe sans délai de tout incident affectant la distribution.

Les cartes d'électeurs à retirer doivent se trouver dans des lieux sécurisés ; des malles munies de cadenas de sécurité doivent leur servir de réceptacle. Elles doivent y être classées et n'être ouvertes ou fermées qu'avec la présence obligatoire de la CENA. Les locaux dans lesquels ces cartes sont conservées doivent répondre à toutes les conditions de sécurité requises.

À la fin de chaque période de distribution, le Préfet, le Sous-préfet ou le président et les membres de chaque commission dressent un procès-verbal des opérations visé par la

CENA. La CENA, le Préfet, le Sous-préfet ainsi que chaque membre de la commission reçoivent copie du procès-verbal.

Ce procès-verbal, les cartes non distribuées, la liste d'émargements des électeurs ainsi que le registre des opérations dans lequel figurent les mentions de contestations éventuelles constituent le dossier de passation d'activités pour les besoins de la permanence de la distribution.

Article R.52.- L'État met à la disposition des commissions administratives de révision des listes électorales et de distribution des cartes d'électeur les moyens matériels nécessaires à leur bon fonctionnement.

❖

NOTE SUR LA CARTE D'ÉLECTEUR

L'adoption par le législateur sénégalais dans le Code électoral de la dénomination de « carte d'électeur » pour désigner le document remis à chaque électeur inscrit sur les listes électorales a entraîné un glissement sémantique ; l'expression « carte électorale » qui auparavant pouvait désigner le même document indiquant désormais exclusivement la configuration des bureaux de vote sur le territoire national et à l'étranger (cf. infra nos 11-01 à 11-04).

À ce propos il y a lieu de noter que l'expression « carte d'électeur », outre qu'elle apparaît plus précise, permet d'éviter des formules pléonastiques comme celle de « carte électorale d'électeur décédé » ou « carte électorale délivrée à l'électeur », etc.

La carte d'électeur, établie sur la base des inscriptions faites sur les listes électorales, a servi comme document spécifique attestant de la qualité d'électeur jusqu'à l'adoption en 2016-2017 d'une carte d'identité à puce « multifonction » comportant au verso les données électorales et servant également de pièce d'identification de l'électeur. Cette innovation majeure a rendu obsolètes les traditionnels mécanismes juridiques et techniques de gestion de ce document, qui a été souvent au centre de controverses diverses qui ont tant marqué l'histoire électorale du Sénégal, au point qu'il n'est pas inutile, pour mémoire, d'en restituer certains aspects.

SECTION PREMIÈRE

LE DISPOSITIF ANCIEN DU DOCUMENT SPÉCIFIQUE SERVANT DE CARTE D'ÉLECTEUR

09 – 01. *Maillon utile à certains égards dans la chaîne électorale, comme instrument de facilitation et de transparence du vote, la carte d'électeur n'en constitue pas moins un facteur de complexification dépréciatif du processus électoral, la possession par chaque électeur d'un tel document nécessitant l'établissement de celui-ci suivant des modalités spécifiques et une procédure spéciale de distribution qui ont été souvent à l'origine de moult suspicions et contestations des protagonistes du jeu électoral.*

I - L'ÉTABLISSEMENT DE LA CARTE D'ÉLECTEUR

À partir de la mise en place du fichier initial en 1977, sous l'empire de la loi n° 76-96 du 21 août 1976 portant Code électoral (modifiée par la loi n° 77-57 du 26 mai 1977), l'inscription sur les listes électorales et la délivrance consécutive de la carte d'électeur ont été effectuées sur la présentation de l'une des diverses pièces énumérées par la loi et plus généralement de « toutes autres pièces permettant d'établir l'identité de l'électeur » (cf. supra n° 08–06). *En outre, même la preuve testimoniale par attestation de deux témoins plus âgés que l'intéressé et figurant sur les listes électorales pouvait suffire pour l'inscription et la délivrance d'une carte d'électeur, conformément au décret n° 77.881 du 5 octobre 1977 portant partie réglementaire du Code électoral.*

La diversité de ces moyens d'identification et les vices susceptibles de corrompre la qualité des listes électorales alimentaient régulièrement le contentieux de la validité de la carte d'électeur notamment au moment du vote quand, par suite d'erreurs de transcription ou pour une autre raison quelconque, les mentions figurant sur la carte d'électeur ne correspondaient pas exactement avec les renseignements portés sur la pièce d'identification présentée par l'électeur ou sur la liste d'émargement.

En 1992, avec l'adoption de Code dit « consensuel », la liste des pièces a été réduite et la preuve testimoniale supprimée. Mais les controverses en rapport avec la carte d'électeur n'en ont pas moins continué de plus belle à l'occasion du vote, avec notamment les nombreux cas d'électeurs détenteurs d'une carte comportant de petites erreurs de transcription et qui étaient systématiquement refoulés et donc obligés, pour exercer leur droit de vote risquant d'être compromis par une intransigeance souvent excessive des membres du bureau de vote, de s'en référer au président du Tribunal d'instance compétent. Celui-ci, en dépit de la distance qui dissuade plusieurs électeurs de la saisine de cette autorité, était rapidement submergé par les flots de demandes et établissait à tour de bras des « certificats de conformité » aux électeurs en possession d'une carte d'électeur qui contiendrait des erreurs matérielles par rapport à l'une des pièces d'identification prévues au Code électoral ou aux mentions de la liste d'émargement du bureau de vote. De même, des personnes détentrices de la carte, mais omises de la liste d'émargement devaient se faire délivrer des « ordonnances » sans justifications suffisantes ou qui étaient simplement fausses parce que fabriquées dans des officines occultes.

Ce phénomène devait atteindre la cote d'alerte à l'occasion de l'élection présidentielle du 21 février 1993 et des élections législatives du 9 mai 1993 à l'issue desquelles la loi n° 94-74 du 22 août 1994 a abrogé les dispositions relatives aux « inscriptions en dehors des périodes de révision », objet des articles 23 à 28 de la loi n° 92-16 du 7 février 1992 portant Code électoral, supprimant ainsi du même coup tout ce qui avait trait aux certificats de conformité et ordonnances tenant lieu de document autorisant le vote sans la carte d'électeur ou avec la carte comportant des mentions non conformes à celles des listes d'émargement.

Mais ces réaménagements ont laissé entier le problème des omissions des listes électorales et des erreurs matérielles sur les listes électorales ou les cartes d'électeur. C'est ainsi que pour fiabiliser davantage le dispositif, à la suite de la loi n° 2005-28 du 6 septembre 2005 instituant la carte nationale d'identité sénégalaise numérisée et en application de la loi n° 2004-32 du 25 août 2004 portant annulation de toutes les listes électorales et de toutes les inscriptions figurant dans le fichier général des électeurs et prescrivant l'établissement de nouvelles listes électorales, une refonte du fichier électoral a offert l'opportunité d'une émission simultanée ou non de la carte d'identité numérisée et de la carte d'électeur avec le format d'une carte bancaire sur laquelle figurent les données électorales et la photo du titulaire. La conformité exacte de la carte d'identité numérisée et de la carte d'électeur grâce à la reproduction à l'identique par l'outil informatique des données a constitué un gage d'authenticité qui a eu pour effet de réduire fortement les problèmes liés à l'identification de l'électeur et à la validité de la carte d'électeur.

Toutefois, en raison d'éventuels renouvellements de la carte d'identité dont la durée de validité est de dix ans, alors que la durée de validité de la carte d'électeur n'est pas limitée, les deux documents pouvaient encore comporter des informations discordantes notamment avec les changements d'adresse, de profession, etc.

Enfin, la configuration de la carte d'électeur ne permettait plus l'estampillage par le cachet « A VOTÉ » comme les anciennes cartes. Or, cette mention s'avère nécessaire à l'occasion du vote manuel, surtout avec la controverse récurrente du caractère indélébile ou non de l'encre dans laquelle l'électeur doit tremper son doigt après avoir accompli son droit de vote pour éviter les votes multiples à l'aide de plusieurs documents électoraux.

Dans le cadre de ce système de carte d'électeur conçue comme document spécifiquement dédié au vote de l'électeur, après la phase des inscriptions s'ouvre celle de la distribution des cartes dans des modalités et avec des péripéties diverses qui contribuent encore plus à la complexification du processus électoral.

SECTION II
LE DISPOSITIF DE LA CARTE D'ÉLECTEUR INTÉGRÉ À LA CARTE D'IDENTITÉ BIOMÉTRIQUE

09 – 03. *Dans le cadre de la mise en œuvre de la recommandation de la Communauté Économique des États de l'Afrique de l'Ouest (CEDEAO) prescrivant, lors de la 46ème session de la Conférence des chefs d'État et de gouvernement tenue le 10 juillet 2014 à Accra, la création d'un fichier biométrique d'identification de ses ressortissants et l'émission d'une carte d'identité communautaire valable pour une période de dix (10) ans, la loi n° 2016-09 du 14 mars 2016 instituant une carte d'identité biométrique*

CEDEAO a abrogé notamment la loi n° 2005-28 du 6 septembre 2005 instituant la carte nationale d'identité sénégalaise numérisée.

La possession de cette carte CEDEAO est obligatoire pour tous les citoyens âgés d'au moins 15 ans et pourra ainsi être délivrée aux Sénégalais âgés d'au moins 5 ans, à partir du premier trimestre de l'année 2017.

Cette nouvelle carte, dont le spécimen a été déterminé par l'organisation communautaire, est dotée d'une puce « multiapplication » qui a la particularité de pouvoir incorporer notamment les données d'identification des électeurs en application de la loi portant refonte partielle des listes électorales adoptée le 11 août 2016. Ainsi, cette carte, qui doit comporter au verso des « données électorales » lisibles, fait office de document électoral et dispense ainsi de l'émission séparée d'une carte d'électeur.

Ce dispositif d'encartement électoral, qui permet l'enregistrement systématique des personnes ayant la qualité virtuelle d'électeur, est indéniablement un facteur de bonification du système électoral en contribuant à fiabiliser le fichier électoral et à assurer le respect de l'un des fondamentaux du droit électoral, en l'occurrence la règle de la permanence des listes électorales réaffirmée à l'article L.39 du Code électoral et qui voudrait que toute personne inscrite sur les listes électorales acquiert le droit d'y demeurer tant qu'elle n'a pas été radiée en raison soit de la perte de son droit électoral, soit par suite de décès (cf. supra n° 07-05). La tenue d'un tel fichier régulièrement mis à jour à l'occasion des révisions périodiques doit permettre d'éviter le recours à des refontes totales ou partielles justifiées par le souci de l'élimination d'un « stock mort » du fichier (cf. supra n°s 08-06, 08-07 et 08-09).

Pour la mise en œuvre de ce dispositif d'enrôlement, les citoyens qui demandent l'établissement d'une carte d'identité doivent se présenter devant les « centres d'instruction » installés dans les commissariats de police et brigades de gendarmerie munis de leur ancienne carte d'identité nationale numérisée et la photocopie de cette carte ou, s'ils ne sont pas encore enrôlés au fichier de la carte d'identité nationale, d'un extrait de naissance datant de moins d'un (1) an, d'un certificat de résidence et éventuellement d'un certificat de nationalité à la demande de la Commission.

Les citoyens jouissant de leur droit électoral qui souhaitent s'inscrire pour la première fois ou modifier leur circonscription électorale ou leur statut (civil ou militaire), doivent quant à eux se présenter directement auprès des commissions administratives siégeant au niveau des préfectures, des sous-préfectures ou des commissions mobiles, munis soit de leur carte nationale ou carte d'électeur, soit de la photocopie de l'une ou de l'autre.

En cas d'altération ou de perte, la carte multifonction doit être rééditée à l'identique avec le même délai de validité et la mention « duplicata », à la demande de l'intéressé devant un centre d'instruction ou devant une commission administrative. Cette reproduction à l'identique s'explique par le fait que les commissions administratives demeurent les seuls organes compétents pour apporter des modifications aux données électorales.

L'on peut escompter qu'avec la mise en œuvre du dispositif de la carte multifonction servant également de carte d'électeur, la problématique de l'identification de l'électeur qui était auparavant à l'origine de beaucoup de contestations relèvera désormais d'une page de l'histoire électorale sénégalaise.

II - LA DISTRIBUTION DES CARTES D'ÉLECTEUR

09 – 02. *Les cartes d'électeur sont distribuées soit par des commissions de distribution ordinaires pendant la période de révision, soit par des commissions de distribution regroupées au siège des communes dix (10) jours avant le scrutin conformément aux articles L.54 et R.48.*

Les modalités de fonctionnement des commissions ont eu à varier dans la récente histoire électorale au cours de laquelle plusieurs dispositifs ont été expérimentés en vue d'une distribution complète et efficace des cartes tout en évitant les encombrements préjudiciables aux opérations.

C'est ainsi que de 1998 à 2002, conformément à l'article R.38 institué par le décret n° 98-428 du 11 mai 1998, les commissions fonctionnaient à partir du 40ème jour avant l'ouverture de la campagne électorale jusqu'à l'avant-veille du scrutin (ou 48 heures avant) et pouvaient ainsi délivrer les cartes pendant quarante-trois (43) jours soit, si le scrutin a lieu un dimanche, jusqu'au dernier jeudi avant le jour du scrutin.

Le décret du 21 février 2002 devait par la suite, au constat des difficultés de fonctionnement des commissions regroupées, prévoir que les commissions de distribution ordinaires allaient fonctionner sans discontinuer jusqu'à la clôture du scrutin.

Ce dispositif, qui a été reconduit par le décret n° 2006-1401 du 28 décembre 2006, a été réaménagé dans les codes électoraux de 2014 et de 2017 qui ont restauré les commissions regroupées qui doivent être installées au siège des communes dix (10) jours avant le scrutin et qui fonctionnent jusqu'à la veille du scrutin (article L.54, alinéa 7).

Le nouveau Code électoral adopté en 2017 a également institué la règle de la permanence de la distribution des cartes d'électeur, qui est assurée en dehors des périodes de fonctionnement des commissions administratives par l'autorité administrative, la CENA et le comité électoral – instance nouvellement créée et chargée du suivi du processus électoral –, étant tenus informés du déroulement de ces opérations comme prévu aux articles L.65 et R.50, alinéa 4.

Les commissions sont composées d'un président et de son suppléant, choisis par l'autorité, du maire ou de son représentant, et d'un représentant de chaque parti politique légalement constitué ou coalition de partis politiques déclarée à cet effet auprès de l'autorité administrative compétente (article L.54).

La désignation parmi les membres de la Commission du maire ou de son représentant a, dans le passé, fait souvent l'objet de controverses, ces derniers étant suspectés de parti pris eu égard à leur appartenance politique réelle ou supposée. Or, la composition plurielle de la Commission peut parfaitement assurer la transparence des opérations, et la participation des dirigeants de collectivités locales choisies pour leur connaissance du terrain et des populations des localités ne peut qu'y contribuer. Aussi, rien ne peut justifier l'exclusion de ceux-ci, surtout quand on sait que sous d'autres cieux, les opérations préélectorales sont effectuées par les maires et leurs collaborateurs (exemple de la France).

Les commissions pouvant être itinérantes, l'administration, le cas échéant, doit obligatoirement assurer le transport et la restauration de ses membres, y compris les représentants des partis et coalitions de partis politiques. Ce qui peut nécessiter la mise en place d'un budget conséquent pour faire face à ces frais dont le coût peut se révéler prohibitif avec la multiplication des partis politiques légalement reconnus et dissuader les initiatives dans le sens de l'itinérance ou entraîner le non-respect de la loi faute de pouvoir défrayer les représentants des partis politiques pour raison d'insuffisance de crédits disponibles. Pour combiner la rareté des moyens financiers avec les exigences de la transparence grâce au contrôle des opérations par les partis politiques, il a pu être envisagé la suppression de l'obligation de désignation nominative de leurs représentants et l'institution d'un système de « badging » avec la dotation de chaque parti politique de badges anonymes pour leur permettre de se faire représenter, dans chaque localité concernée, par des résidents disponibles.

❖

CHAPITRE III
CONDITIONS D'ÉLIGIBILITÉ, D'INÉLIGIBILITÉ ET D'INCOMPATIBILITÉ

Article L.57.- Tout Sénégalais peut faire acte de candidature et être élu sous réserve des conditions d'âge et des cas d'incapacité ou d'inéligibilité prévus par la loi.

La candidature est portée soit par un parti politique légalement constitué, soit par une coalition de partis politiques légalement constitués, soit par une entité regroupant des personnes indépendantes.

Est candidat indépendant celui qui n'a jamais milité dans un parti politique ou qui a cessé toute activité militante depuis au moins un (1) an.

Article L.58.- Les membres des corps militaires, paramilitaires et autres fonctionnaires et agents de l'État régis par un statut particulier, ne sont pas éligibles lorsqu'ils sont en activité de service et durant les six (6) premiers mois qui suivent la cessation de leurs fonctions.

❖

NOTE SUR L'ÉLIGIBILITÉ, LES INÉLIGIBILITÉS ET LES INCOMPATIBILITÉS

La problématique des inéligibilités et des incompatibilités est, à certains égards, spécifique à chaque type d'élection et sera traitée plus amplement dans les développements qui leur sont consacrés et plus particulièrement dans ceux consacrés à l'élection présidentielle qui constituent le référentiel pour les autres élections. Quant à présent, seuls quelques considérations générales et le cas particulier de l'éligibilité en qualité d'indépendant font l'objet des observations qui suivent.

CHAPITRE PREMIER
DE QUELQUES CONSIDÉRATIONS GÉNÉRALES

09 – 01. *L'éligibilité s'entend de l'aptitude à postuler à certaines charges ou fonctions électives par un sujet n'étant dans aucun des cas d'incapacité ou d'inéligibilité prévus par la loi.*

Si le droit national organise les conditions d'éligibilité aux diverses élections, il n'en demeure pas moins que le citoyen qui bénéficie du droit de vote ne doit être privé totalement ou partiellement de son droit d'éligibilité de manière arbitraire. Ainsi, le Comité des droits de l'homme des Nations unies déclare en ces termes :

> *« L'application effective du droit et de la possibilité de se porter candidat à une charge élective garantit aux personnes ayant le droit de vote un libre choix de candidats. Toute restriction au droit de se porter candidat doit reposer sur des critères objectifs et raisonnables. Les personnes qui, à tous égards, seraient éligibles, ne devraient pas se voir privées de la possibilité d'être élues par des conditions déraisonnables ou discriminatoires. Nul ne devrait subir de discrimination ni être désavantagé en aucune façon pour s'être porté candidat » (« L'Observation générale 25 » du 27 août 1996, adoptée au titre du paragraphe 4 de l'article 40 du Pacte international relatif aux droits civils et politiques).*

À la différence des causes d'inéligibilité qui sont des obstacles à la présentation d'une candidature à une élection, les situations d'incompatibilité n'empêchent pas l'élection des personnes concernées, mais leur laissent un droit d'option entre la conservation du mandat acquis par l'élection et la continuation de l'exercice des fonctions.

Les incompatibilités sont prévues par :

- *la Constitution de la République concernant les incompatibilités avec la fonction présidentielle (cf. infra n° 13-02) ;*

- le Règlement intérieur de l'Assemblée nationale et les articles LO.159 à LO.168 du Code électoral concernant les incompatibilités avec le mandat de député (cf. infra nos 17-07 à 17-11) ;

- l'article LO.204 du Code électoral, qui prévoit les incompatibilités avec le mandat de Haut conseiller, la loi organique n° 2016-24 du 14 juillet 2016 relative à l'organisation et au fonctionnement du Haut Conseil des Collectivités territoriales (HCCT) étant muette sur la question ;

- le Code électoral, en ses articles L.233 et suivants et L.268 ainsi que le Code général des Collectivités locales pour les incompatibilités avec le mandat de conseiller départemental ou municipal.

Il faut relever qu'en même temps que le Code électoral, ces divers instruments cités – qui prévoient généralement les mêmes dispositions relatives aux incompatibilités – semblent en être les réceptacles les plus appropriés dès lors que les incompatibilités concernent l'exercice des fonctions et des mandats et non les élections. D'ailleurs, les dispositions du Code électoral portant sur les incompatibilités ne sont en principe que des reprises de ces textes.

L'incompatibilité étant ainsi sans incidence sur l'élection, sa prise en charge dans le droit électoral ne peut se justifier que par ses vertus pédagogiques. Mais l'énoncé des incompatibilités dans le titre du présent chapitre est superfétatoire, car les articles L.57 et L.58 ne concernent que l'éligibilité et les inéligibilités.

Il faut néanmoins rappeler qu'en ce qui concerne l'inéligibilité en raison d'une condamnation pénale, l'amnistie des faits à l'origine de la condamnation emportant inéligibilité fait disparaître celle-ci et que, même intervenue après l'élection, elle aura pour effet de valider rétroactivement celle-ci.

À noter enfin que les problématiques de l'éligibilité de la candidature ainsi que de l'incompatibilité seront en principe examinées sous les dispositions textuelles concernant chaque type d'élection en raison des spécificités qui s'y attachent dans chaque cas.

II - LE CAS PARTICULIER DE L'ÉLIGIBILITÉ DES INDÉPENDANTS

L'article 57, alinéa 3 du Code électoral caractérise le candidat indépendant éligible à ce titre aux différentes élections comme « celui qui n'a jamais milité dans un parti politique ou qui a cessé toute activité militante depuis au moins un an ».

Cette formule utilisée par le législateur semble a priori simple en ce qu'il définit le « candidat indépendant » par opposition à son antonyme « militant dans un parti politique ». Mais ce procédé n'est pas souvent suffisamment porteur de sens, car il impose de définir ce qui apparaissait d'abord comme la définition. Ainsi, en l'occurrence, c'est justement la définition du militant qui va poser des problèmes d'interprétation et qu'il convient de distinguer du « sympathisant », du « membre simple », du « membre fondateur » et de « l'adhérent » d'un parti politique :

- *la notion de « sympathisant » d'un parti dont il est fait parfois état dans la pratique peut être mise à part, car le sympathisant pouvant être défini comme toute personne « qui approuve les idées d'un parti ou d'une organisation, mais sans en être membre »* (définition du dictionnaire Larousse), *celui qui est considéré comme tel peut sans aucun doute revêtir l'habit de « candidat indépendant » ;*
- *le « membre » d'une association est le terme générique désignant, au sens des articles 812 et suivants du Code des Obligations civiles et commerciales, les fondateurs et adhérents des associations parmi lesquelles « les partis politiques qui sont constitués sous forme d'associations sénégalaises, selon les dispositions des articles 812 à 814 du Code des Obligations civiles et commerciales », comme précisé à l'article 1er de la loi no 81-17 du 6 mai 1981 (modifiée par la loi no 81-17 du 6 mai 1981) relative aux partis politiques. Le membre fondateur et l'adhérant d'un parti politique n'étant pas visés textuellement dans la loi, il n'en demeure pas moins nécessaire, tant au niveau de l'acception sémantique qu'à celui du concept opératoire du droit électoral, de faire la démarcation entre le membre et le militant d'un parti. En effet, le membre est une personne affiliée à un parti politique, l'affiliation étant matérialisée par le fait de figurer sur les documents nécessaires à la reconnaissance administrative ou l'acquisition de la carte du parti et éventuellement le paiement d'une cotisation généralement prévue par les statuts. Mais le membre ne devient militant que de par son « activité militante », qui se révèle par sa participation aux activités statutaires du parti, aux réunions des instances statutaires (bureau politique, comité central, comité exécutif, etc.), aux missions d'information et d'animation de la base, à la diffusion des positions du parti sur des sujets d'importance nationale ou locale ou aux activités de campagne électorale (réunions électorales, démarchage des électeurs, distribution des documents de propagande).*

Ainsi, si la période pendant laquelle le membre s'abstient de participer aux activités du parti s'étend sur douze mois, celui-ci, même encarté, paraît remplir la condition légale de cessation d'activité qui lui permet d'être candidat indépendant, et ce, même s'il n'a pas formellement démissionné du parti, une telle formalité n'étant pas légalement exigée.

❖

CHAPITRE IV
PROPAGANDE ÉLECTORALE

Article L.59.- Par dérogation aux dispositions des articles 10 à 16 de la loi n° 78-02 du 28 janvier 1978 relative aux réunions et aux articles 96 et 100 du Code pénal, les réunions électorales qui se font pendant la campagne officielle électorale se tiennent librement sur l'ensemble du territoire national.

Déclaration écrite en sera faite au moins vingt-quatre (24) heures à l'avance à l'autorité compétente qui en prend acte et informe le déclarant de toute autre déclaration antérieure.

Article L.60.- Dans chaque commune, le maire désigne, par arrêté, les lieux exclusivement destinés à recevoir les affiches des lois et autres actes de l'autorité publique et des emplacements spéciaux réservés aux professions de foi, circulaires et affiches électorales.

Dans chacun des emplacements, une surface égale est attribuée à chaque candidat ou chaque liste de candidats.
Tout affichage relatif à l'élection est interdit en dehors de ces emplacements.

Article L.61.- Durant les trente (30) jours précédant l'ouverture de la campagne officielle électorale, est interdite toute propagande déguisée ayant pour support les médias nationaux publics et privés.

Sont considérés au sens de la présente loi comme actes de propagande électorale déguisée, toute manifestation ou déclaration publique de soutien à un candidat ou à un parti politique ou coalition de partis politiques, faite directement ou indirectement par toute personne ou association ou groupement de personnes quelle qu'en soit la qualité, nature ou caractère. Sont assimilées à des propagandes ou campagnes déguisées, les visites et tournées à caractère économique, sociale ou autrement qualifiées, effectuées par toutes autorités de l'État sur le territoire national et qui donnent lieu à de telles manifestations ou déclarations.

L'organe chargé de la régulation des médias est chargée de veiller à l'application stricte de cette interdiction.

En cas de contravention à cette interdiction, l'organe chargé de la régulation des médias doit proposer des formes appropriées de réparations au bénéfice de tout candidat, de tout parti politique ou coalition de partis politiques lésés. Ces derniers peuvent saisir directement l'organe de régulation des médiats d'une plainte en cas de contravention à cette interdiction.

Pendant la campagne électorale, sont interdites :

1) l'utilisation à des fins de propagande électorale de tout procédé de publicité commerciale par la voie de la presse, de la radiodiffusion et de la télévision ;
2) l'utilisation des biens ou moyens publics aux fins de cette campagne sous peine de sanctions pénales prévues par le présent Code. En cas de rupture de l'égalité entre les candidats du fait de l'utilisation des moyens publics, la Cour d'appel est tenue de délibérer dans les quarante-huit (48) heures suivant la saisine.

Cette interdiction ne fait pas obstacle à l'exercice normal des fonctions administratives, gouvernementales et parlementaires.

Les médias publics ou privés de l'audiovisuel, de la presse écrite ou utilisant tout autre support qui traitent de la campagne sont tenus au respect rigoureux des règles d'équité et d'équilibre dans le traitement des activités des candidats ou listes de candidats pendant la campagne électorale.

Article L.62.- Il est interdit de distribuer ou de faire distribuer à des citoyens, le jour du scrutin, des bulletins de vote et autres documents de propagande électorale.

Toute infraction à la présente disposition sera punie des peines prévues aux articles L.92, alinéa 2 et L.106 du présent code.

❖

Article R.53.- Sont interdites les affiches ayant un but ou un caractère électoral et qui comprennent une combinaison des couleurs : vert, or et rouge.

La propagande électorale est interdite à l'intérieur et aux environs immédiats des casernes, des services et généralement dans tous les lieux de regroupement des membres des corps militaires et paramilitaires.

Il est également interdit aux membres de ces corps de participer d'une manière quelconque à toute forme de propagande électorale, sous peine de sanctions disciplinaires.

Article R.54.- Le nombre maximal des emplacements réservés à chaque candidat ou liste de candidats pour l'affichage électoral est fixé à :

1. **Cinq (05) dans les circonscriptions électorales comptant moins de deux mille cinq cents (2.500) électeurs inscrits ;**

2. Sept (07) dans les circonscriptions électorales comptant au moins deux mille cinq cents électeurs inscrits avec un emplacement supplémentaire par groupe de cinq mille (5.000) électeurs en sus.

Article R.55.- Les demandes d'emplacements sont adressées par les représentants des partis ou coalitions de partis politiques au préfet ou au sous-préfet selon le cas. Elles sont enregistrées et transmises au maire compétent. Les emplacements sont attribués dans l'ordre d'enregistrement des demandes au plus tard la veille de l'ouverture de la campagne électorale.

Article R.56.- Chaque candidat ou liste de candidats peut faire apposer durant la campagne électorale, sur les emplacements qui lui sont affectés :

1. deux affiches de format 56 x 90 cm destinés à faire connaître son programme ;
2. deux affiches de format 28 x 45 destinés à annoncer les réunions de propagande électorale.

Ces affiches ne sont pas soumises à la formalité du dépôt légal.

Article R.57.- Il est imprimé, pour chaque candidat à l'élection présidentielle, pour chaque tour de scrutin, un nombre de bulletins de vote au moins égal au nombre des électeurs inscrits majoré de vingt (20) pour cent.

Il est imprimé, pour chaque liste de candidats aux élections législatives, un nombre de bulletins de vote au moins égal au nombre des électeurs inscrits majorés de vingt (20) pour cent.

Il est imprimé, pour chaque liste de candidats à l'élection des Hauts conseillers, un nombre de bulletins de vote au moins égal au nombre des électeurs inscrits majorés de vingt (20) pour cent.

Il est imprimé, pour chaque liste de candidats aux élections départementales et municipales un nombre de bulletins de vote au moins égal au nombre des électeurs, majoré de vingt (20) pour cent des électeurs inscrits dans le département ou la commune, où la liste se présente.

Article R.58.- Les bulletins de vote doivent être imprimés dans la couleur déterminée conformément aux dispositions des articles LO.115, L.169, L.241, L.277 et R.87.

Les bulletins de vote ont les formats suivants :

1. pour l'élection présidentielle 90 mm x 110 mm ;
2. pour les élections législatives 210 mm x 297 mm ;
3. pour l'élection des Hauts conseillers 150 mm x 210 mm ;
4. pour les élections départementales 210 mm x 297 mm ;
5. pour les élections municipales 210 mm x 297 mm.

Ils ne doivent comporter que les indications suivantes :

1. pour l'élection présidentielle, la date et l'objet de l'élection, le nom du parti politique, de la coalition de partis politiques ou de l'entité regroupant des personnes indépendantes, les prénoms, nom et profession du candidat et éventuellement le symbole et le sigle choisis ;
2. pour les élections législatives, la date et l'objet de l'élection, le nom du parti politique, coalition de partis politiques ou de l'entité regroupant des personnes indépendantes, les prénoms, nom et profession de l'ensemble des candidats titulaires et suppléants se présentant dans les départements ou au plan national et, éventuellement, le sigle, le symbole et le titre choisis ;
3. pour l'élection des Hauts conseillers, la date et l'objet de l'élection, le nom du parti politique, de la coalition ou de l'entité regroupant des personnes indépendantes, les prénoms, nom et profession de l'ensemble des candidats se présentant dans le département et, éventuellement, le sigle, le symbole et le titre choisis ;
4. pour les élections départementales et municipales, la date et l'objet de l'élection, le nom du département ou de la commune, le nom du parti politique, de la coalition ou de l'entité regroupant des personnes indépendantes, les prénoms, nom et profession des candidats et éventuellement, le sigle, le symbole et le titre choisis ;

Toutefois pour les élections présidentielle et législatives, chaque bulletin de vote porte en plus, au recto, dans le format communément utilisé pour les cartes d'identité, l'effigie du candidat ou du candidat occupant le premier rang de sa liste. La photographie à utiliser est fournie dans le format ainsi précisé par les candidats en trois (03) exemplaires en même temps que la déclaration de la candidature.

Le bon à tirer, dûment établi et visé par le candidat ou le mandataire du candidat ou de la liste de candidats, est signé par le Ministre chargé des Élections, après vérification de sa conformité avec la liste des candidats déjà publiée.

Une copie de ce bon à tirer est transmise à la CENA La procédure décrivant l'organisation technique de l'impression des bulletins de vote sera déterminée par arrêté du Ministre chargé des Élections.

Le prix du bulletin et des documents électoraux est déterminé après consultation d'une commission composée des imprimeurs retenus, du représentant du Ministre des Finances et du représentant du Ministre chargé des Élections.

Article R.74.- Tout agent d'une collectivité publique qui se sera livré dans l'exercice de ses fonctions à des actes de propagande électorale sera puni d'une amende de 5 000 à 20 000 FCFA.

Article R.75.- L'imprimeur qui enfreindra les dispositions de l'article R.53 sera puni d'une amende de 5 000 FCFA par affiche imprimée.

❖

NOTE SUR
LA PROPAGANDE ÉLECTORALE

10 – 01. *Moment d'intenses échanges, la campagne se déroule suivant des modalités dont certaines sont communes à toutes les élections politiques alors que d'autres sont propres à chacune d'elles. Mais pour une meilleure lisibilité des notes relatives à la campagne, en dépit des règles communes à toutes les élections, objet des chapitres IV de la loi et du règlement ci-dessus énoncé, il sera procédé à un examen séparé et aussi complet que possible de la campagne se rapportant à chaque type d'élection sous les dispositions qui leur sont consacrées. Ceci avec le souci de concilier l'exhaustivité nécessaire à une compréhension globale des différents actes et séquences de la campagne électorale, avec l'impératif de concision grâce à des renvois à la note consacrée à l'élection présidentielle qui comporte des développements plus détaillés des thèmes récurrents, qui seront par contre traités de façon plus brève dans les notes consacrées aux élections législatives, aux élections départementales et municipales ainsi qu'au référendum, en raison de ce que diverses dispositions se rapportant à ces élections renvoient aux dispositions concernant l'élection présidentielle.*

❖

CHAPITRE V
LE VOTE

Article L.63.- Un décret fixe la date du scrutin général.

Le scrutin général ne dure qu'un seul jour et a lieu un dimanche.

❖

Article R.59.- Le scrutin est ouvert à huit (08) heures et est clos le même jour à dix-huit (18) heures.

Toutefois, pour faciliter aux électeurs l'exercice de leur droit de vote, le Gouverneur, le Préfet ou le Sous-préfet peut prendre un arrêté afin de retarder l'heure de clôture du scrutin dans l'ensemble ou une partie de la circonscription électorale.

Cet arrêté est affiché aussitôt à l'entrée des bureaux de vote concernés.

❖

Article L.64.- Sans préjudice des compétences dévolues à la Cour d'appel, le scrutin a lieu sous la supervision et le contrôle de la CENA. Par sa présence effective, la CENA veille à la régularité de la composition des bureaux de vote ainsi que celle des opérations de vote, de dépouillement des bulletins et de dénombrement des suffrages, et garantit aux électeurs ainsi qu'aux candidats et listes de candidats en présence, le libre exercice de leurs droits.

Article L.65.- Il est institué, au niveau de chaque circonscription administrative, un comité électoral chargé du suivi du processus électoral, notamment de l'élaboration de la carte électorale et de la distribution des cartes non retirées.

Le comité électoral, présidé par le préfet ou le sous-préfet, est composé des représentants des partis politiques, de la CENA, ainsi que des maires concernés. Il se réunit au moins une fois par semaine et chaque fois que de besoin sur convocation de son président.

Article L.66.- Dans chaque commune le nombre et la localisation des bureaux de vote sont proposés au Ministre chargé des Élections par les préfets et les sous-préfets, compte tenu des circonstances locales et du nombre des électeurs, et après avoir recueilli l'avis des représentants de partis politiques, de la CENA, ainsi que des maires concernés.

Les demandes de suppression, de modification et de création de lieux de vote doivent être dûment motivées et recevoir le visa obligatoire de la CENA.

Le comité électoral est tenu informé du sort réservé aux propositions de modifications de la carte électorale.

Il ne peut y avoir plus de 600 électeurs par bureau de vote dans les communes.

La liste des bureaux de vote sur l'ensemble du territoire national est définitivement arrêtée et publiée trente (30) jours avant le scrutin par le Ministre chargé des Élections sous la supervision et le contrôle de la CENA. Elle ne peut faire l'objet d'aucune modification.

Elle est transmise, par l'intermédiaire des autorités administratives, aux maires qui assurent la publication de la liste des bureaux de vote de leur ressort par voie d'affichage et leur notification aux candidats et listes de candidats.

Article L.67.- Chaque bureau de vote est composé :

- d'un président, d'un assesseur [et] d'un secrétaire désignés par le Préfet ou le Sous-préfet parmi les fonctionnaires de l'État de la hiérarchie A, B ou C ou assimilés, en activité ou admis à la retraite et résidant dans la région, ou parmi les agents des collectivités publiques, des établissements publics ou parapublics, résidant dans la région d'un rang équivalent à celui des fonctionnaires de l'État ci-dessus nommés ;
- et d'un représentant inscrit sur une liste électorale du département par liste de candidats ou par candidat, en qualité de membre.

Si les agents relevant des catégories énumérées au premier, alinéa ne sont pas en nombre suffisant pour permettre la constitution de tous les bureaux de vote d'une commune le préfet ou le sous-préfet peut réquisitionner des agents des entreprises privées ou des organisations non gouvernementales, en activité ou admis à la retraite, résidant dans la région et d'un rang équivalent à celui des fonctionnaires et agents de l'État ci-dessus nommés. À défaut, il complète les bureaux en désignant des citoyens inscrits sur une liste électorale de la région.

Ces citoyens doivent savoir lire et écrire dans la langue officielle.

Article L.68.- Le candidat ou la liste de candidats doit désigner un plénipotentiaire auprès de chaque autorité administrative compétente. Celui-ci a compétence dans tous les bureaux de vote de la circonscription concernée :

- pour l'élection présidentielle, la lettre de désignation est notifiée vingt-huit (28) jours avant le scrutin ;
- en ce qui concerne les élections législatives, départementales et municipales, elle est notifiée cinquante (50) jours avant le scrutin.
- pour l'élection des Hauts conseillers, celle-ci est notifiée dix-huit (18) jours avant le scrutin.

La correspondance par laquelle l'autorité administrative demande au plénipotentiaire la liste des représentants du candidat ou de la liste de candidats dans les bureaux de vote doit être envoyée :

- pour l'élection présidentielle, les élections législatives, départementales et municipales au moins vingt-cinq (25) jours avant le scrutin ;
- pour l'élection des Hauts conseillers, au moins quinze (15) jours avant le scrutin.

Les prénom, nom, profession, ainsi que les numéros d'inscription sur une liste électorale ou le numéro de récépissé d'inscription des représentants de candidats ou listes de candidats, dans les bureaux de vote, doivent être notifiés à la CENA et au chef de la circonscription administrative compétente :

- pour l'élection présidentielle, les élections législatives, départementales et municipales au moins vingt (20) jours avant le scrutin ;
- pour l'élection des Hauts conseillers, au plus tard dix (10) jours avant le scrutin.

Article L.69.- Les membres des bureaux de vote régulièrement inscrits sur une liste électorale seront autorisés à voter dans les bureaux où ils siègent sur présentation de leur carte d'électeur.

Les délégués de la Cour d'appel de Dakar sont autorisés à voter dans un seul des bureaux de vote qu'ils contrôlent dans les mêmes conditions que pour les superviseurs et les contrôleurs de la CENA et les membres des bureaux de vote.

Les journalistes en mission de reportage le jour du scrutin ainsi que les chauffeurs requis pour le transport du matériel électoral et des membres des bureaux de vote de même que les contrôleurs de la

CENA, régulièrement inscrits sur une liste électorale, votent également dans les mêmes conditions.

Pour les journalistes et les chauffeurs, un ordre de mission spécial délivré par le Ministère chargé des Élections, dûment visé par le responsable de l'organe de presse ou du chef de service ainsi que par l'autorité administrative et le démembrement de la CENA du lieu de destination, est annexé, après le vote, au procès-verbal des opérations électorales et mention en est faite. L'ordre de mission doit comporter les références de la carte d'électeur ou être accompagné d'une photocopie de celle-ci.

Les Gouverneurs, Préfets, Sous-préfets ainsi que leurs Adjoints qui étaient régulièrement inscrits sur une liste électorale hors de leur circonscription peuvent le jour du scrutin voter dans un des bureaux de vote de leur circonscription.

Les militaires et paramilitaires en opération sur le territoire national et ceux préposés à la sécurisation du scrutin régulièrement inscrits sur une liste électorale, peuvent voter dans les mêmes conditions et selon les mêmes modalités que les journalistes en mission de reportage. Ils votent en priorité s'ils sont en tenue.

Les prénom, nom, date et lieu de naissance des membres des bureaux de vote, des délégués de la Cour d'appel de Dakar, des superviseurs et des contrôleurs de la CENA, des Gouverneurs, Préfets, Sous-préfets ainsi que leurs Adjoints, des journalistes et des chauffeurs, des militaires et paramilitaires en opération sur le territoire national et de ceux préposés à la sécurisation du scrutin, ainsi que le numéro de leur carte d'électeur, l'indication du lieu et du bureau de vote où ils sont régulièrement inscrits doivent être mentionnés sur la liste d'émargement et sur le procès-verbal du bureau afin qu'ils soient retranchés de la liste électorale de leur circonscription pour le décompte des électeurs.

Pour les élections départementales, les membres des bureaux de vote, les délégués de la Cour d'appel, les superviseurs et contrôleurs de la CENA, les Gouverneurs, Préfets, Sous-préfets ainsi que leurs Adjoints, les journalistes et les chauffeurs, peuvent voter dans l'un des bureaux de vote du département s'ils sont inscrits sur la liste électorale de l'une des communes dudit département.

Pour les élections municipales, les électeurs cités à l'alinéa précédent ne peuvent voter que s'ils sont inscrits sur la liste électorale de la commune où ils officient.

❖

Article R.60.- Les membres des corps militaires et paramilitaires votent le même jour et dans les mêmes bureaux que les électeurs civils.

Le vote peut se faire en tenue civile ou en uniforme.

Les bulletins de vote non choisis doivent être mis dans la corbeille placée à l'intérieur de l'isoloir.

Les agents de sécurité préposés à la surveillance des lieux de vote et régulièrement inscrits sur les listes électorales sont autorisés à voter dans un des bureaux dont ils assurent la sécurité sur présentation des pièces d'identification prévues à l'article L.78 du code électoral ainsi qu'un ordre de mission spécial délivré par le Ministère chargé des Élections dûment visé par le Chef de service ainsi que par l'autorité administrative et le démembrement de la CENA du lieu de destination.

L'ordre de mission est annexé, après le vote, au procès-verbal des opérations électorales et mention en est faite. Il doit comporter les références de la carte d'électeur ou être accompagné d'une photocopie de celle-ci.

Leurs prénom, nom, date et lieu de naissance, ainsi que leur numéro sur les listes électorales, l'indication du lieu et du bureau de vote où ils sont régulièrement inscrits doivent être ajoutés sur les listes d'émargements et mentionnés au procès-verbal du bureau afin qu'ils soient retranchés de la liste de leur circonscription pour le décompte des électeurs.

❖

Article L.70.- Les autorités compétentes (Préfets et Sous-préfets) sont tenues de dresser la liste des membres des bureaux de vote ainsi que les représentants des candidats ou listes de candidats et leurs suppléants.

La liste doit être validée par la CENA avant d'être publiée et notifiée par leurs soins :

1) à la CENA pour contrôle ;

2) à tous les plénipotentiaires des listes de candidats ou candidats ;

3) aux détenteurs de la liste électorale où les membres du bureau de vote sont normalement inscrits pour que mention y soit portée. Le nombre des électeurs considérés comme étant inscrits sur cette liste est diminué d'autant pour le décompte des électeurs inscrits ;

4) aux détenteurs de la liste électorale de la circonscription électorale dont dépend le bureau de vote où les membres du bureau de vote siègent. Le nombre des électeurs considérés comme étant inscrits sur la liste est augmenté d'autant pour le décompte des inscrits.

La publication et la notification de l'arrêté doivent intervenir :

- quinze (15) jours au moins avant le jour du scrutin pour l'élection présidentielle, les élections législatives, départementales et municipales ;

- dix (10) jours au moins avant le jour du scrutin, pour l'élection des Hauts conseillers.

La liste des membres du bureau de vote doit être affichée devant le bureau de vote.

❖

Article R.61.- Les prénoms, nom, qualité des membres des bureaux de vote et de leurs suppléants sont notifiés aux personnes visées par l'article L.70 ainsi qu'aux maires, au plus tard quinze (15) jours avant la date du scrutin, par le Préfet ou le Sous-préfet.

Article R.73.- Des affiches contenant les textes des articles L.27 à L.38, L.40, L.74 à L.88 et L.102 du présent code sont placardées à l'entrée de chaque bureau de vote, le jour du scrutin.

❖

Article L.71.- Chaque liste de candidats ou chaque candidat a le droit de contrôler l'ensemble des opérations électorales depuis l'ouverture des bureaux de vote jusqu'à la proclamation et l'affichage des résultats dans ces bureaux.

Le contrôle s'exerce par le plénipotentiaire évoqué à l'article L.68 et par les mandataires désignés à cet effet par chaque candidat ou liste de candidats, à raison d'un mandataire par lieu de vote. Ils sont munis de cartes spéciales délivrées par l'Administration selon la mission dévolue à chacun d'eux.

Le plénipotentiaire peut entrer librement dans les bureaux de vote de la circonscription administrative dans laquelle il a compétence. Toutefois, il fait mentionner ses observations et contestations éventuelles au procès-verbal par le mandataire de son candidat ou de sa liste de candidats dans le lieu de vote ou par son représentant dans le bureau de vote.

Les mandataires peuvent entrer librement dans les bureaux de vote dans lesquels ils ont compétence et exiger l'inscription au procès-verbal de toutes les observations et contestations.

Les mandataires ont compétence dans tous les bureaux de vote du lieu de vote où ils sont désignés. Ils doivent être inscrits sur la liste électorale de la commune dans laquelle ils sont compétents.

Leurs prénom, nom, date et lieu de naissance, adresse et numéro d'inscription sur la liste électorale sont notifiés par le plénipotentiaire au moins dix (10) jours avant l'ouverture du scrutin. Cette notification est faite au Préfet ou au Sous-préfet, qui délivre récépissé de cette déclaration au moins huit (8) jours avant le scrutin. Le récépissé sert de titre et garantit les droits attachés à la qualité de mandataire.

Chaque candidat a libre accès à tous les bureaux de vote de la circonscription électorale dans laquelle il a fait acte de candidature. Il peut exiger l'inscription au procès-verbal de toutes ses observations et contestations.

❖

Article R.62.- Les superviseurs de la CENA prévus par l'article L.19 du titre premier du Code électoral, procèdent à tout contrôle et toute vérification utiles. Ils siègent dans le bureau de vote où ils sont désignés et peuvent exiger l'inscription de toutes observations sur les procès-verbaux avant leur transmission.

Les Présidents des bureaux de vote sont tenus de fournir aux superviseurs de la CENA tous les renseignements et de leur communiquer tous les documents nécessaires à l'exercice de cette mission.

Article R.63.- Le plénipotentiaire du candidat ou de la liste de candidats auprès des autorités administratives compétentes, prévu par l'article L.68, est habilité à exercer son contrôle dans l'ensemble des bureaux de vote de la circonscription administrative concernée, après présentation de sa carte de plénipotentiaire.

Le mandataire de chaque candidat ou liste de candidats prévu par l'article L.71 est habilité à exercer son contrôle dans plusieurs bureaux de vote, après présentation de sa carte de mandataire.

Les candidats à l'élection présidentielle et leurs mandataires ont accès à tous les bureaux de vote du territoire national.

Les candidats aux élections législatives et leurs suppléants ont accès à l'ensemble des bureaux de vote de la circonscription électorale dans laquelle ils se présentent.

Les candidats à l'élection des Hauts conseillers et leurs suppléants ont accès à tous les bureaux de vote de la circonscription électorale dans laquelle ils se présentent.

Les candidats aux élections départementales et leurs suppléants ont accès à tous les bureaux de vote du département dans lequel ils se présentent.

Les candidats aux élections municipales et leurs suppléants ont accès à tous les bureaux de vote de la commune dans laquelle ils se présentent.

❖

Article L.72.- Le président est responsable du bureau de vote notamment en ce qui concerne le stationnement dans la salle de vote. Il peut requérir les forces de l'ordre. Il ne peut procéder à des expulsions sauf en cas de troubles et perturbations dûment constatés par lui et les autres membres du bureau de vote et après avis de ces derniers dûment mentionné sur le procès-verbal du bureau de vote.

Si un représentant d'un candidat ou d'une liste de candidats membre du bureau de vote est expulsé, il est immédiatement remplacé par un membre suppléant représentant le même candidat ou la même liste.

Deux membres du bureau de vote désignés par l'autorité administrative doivent être présents pendant tout le cours des opérations électorales. En cas d'empêchement, le président est remplacé par l'assesseur.

❖

Article R.64.- Toutes discussions et toutes délibérations des électeurs sont interdites à l'intérieur du bureau de vote.

Article R.65.- Le président du bureau de vote a seul la police de l'assemblée des électeurs. Nulle force armée ne peut sans son autorisation être placée dans la salle de vote ni aux abords immédiats de celle-ci.

Les autorités civiles et militaires sont tenues de déférer à ses réquisitions.

Article R.66.- Une réquisition ordonnée par le président du bureau de vote ne peut avoir pour objet d'empêcher les candidats ou délégués d'exercer le contrôle des opérations électorales.

En cas de troubles ou perturbations justifiant l'expulsion du mandataire, un mandataire suppléant le remplace.

En aucun cas les opérations de vote ne seront, de ce fait, interrompues.

L'autorité civile ou militaire qui a procédé, sur réquisition du président du bureau de vote, à une expulsion, doit, dans les meilleurs délais et par toute voie appropriée, adresser au Procureur de la République, à la CENA, au Gouverneur, au Préfet ou au Sous-préfet, un procès-verbal rendant compte de sa mission.

❖

Article L.73.- Le bureau de vote ne peut s'occuper d'autres objets que l'élection qui lui est attribuée. Toute discussion, toute délibération en dehors de ce sujet lui sont interdites.

Le décret de convocation des électeurs précise l'heure d'ouverture et de fermeture du scrutin.

Le président doit constater, au commencement des opérations de vote, l'heure à laquelle le scrutin est ouvert. Il la porte au procès-verbal.

❖

Article R.59.- **Le scrutin est ouvert à huit (08) heures et est clos le même jour à dix-huit (18) heures.**

Toutefois, pour faciliter aux électeurs l'exercice de leur droit de vote, le Gouverneur, le Préfet ou le Sous-préfet peut prendre un arrêté afin de retarder l'heure de clôture du scrutin dans l'ensemble ou une partie de la circonscription électorale.

Cet arrêté est affiché aussitôt à l'entrée des bureaux de vote concernés.

Article R.64.- **Toutes discussions et toutes délibérations des électeurs sont interdites à l'intérieur du bureau de vote.**

❖

Article L.74.- Dans chaque bureau de vote, le président fait disposer des bulletins de vote de chaque candidat ou de chaque liste de candidats un nombre au moins égal à celui des électeurs inscrits dans ce bureau.

Article L.75.- Si lors d'une élection, une seule liste ou un seul candidat se présente aux suffrages des électeurs, il sera disposé des bulletins blancs dans chaque salle de vote en nombre au moins égal à celui des électeurs.

Article L.76.- Le scrutin est secret. Le vote a lieu sous enveloppe. Avant l'ouverture du scrutin, le bureau doit constater que le nombre des enveloppes correspond à celui des inscrits.

Si par suite d'un cas de force majeure, ces enveloppes réglementaires font défaut, le président du bureau de vote est tenu de les remplacer par d'autres, d'un type uniforme, frappé du timbre de la circonscription électorale. Mention est faite de ce remplacement au procès-verbal et deux enveloppes dont il a été fait usage y sont annexées.

Dans chaque bureau de vote, il sera installé un ou plusieurs isoloirs.

Les isoloirs doivent permettre d'assurer le secret du vote tout en permettant de ne pas dissimuler au public les opérations électorales.

Des flacons ou des vaporisateurs d'encre indélébile doivent être placés dans chaque bureau de vote ainsi que le timbre de la circonscription électorale du bureau.

Article L.77.- L'entrée dans le bureau de vote est interdite à toute personne porteuse d'une arme, sauf en cas de réquisition de la force publique par le président.

Article L.78.- À son entrée dans le bureau de vote, l'électeur doit présenter sa carte d'électeur.

Ces formalités ayant été satisfaites, l'électeur prend lui-même une enveloppe et l'ensemble des bulletins de vote mis à sa disposition.

Il passe obligatoirement à l'isoloir. Il introduit dans l'enveloppe le bulletin du candidat ou de la liste de candidats de son choix.

Il fait ensuite constater au président qu'il n'est porteur que d'une seule enveloppe. Le président le constate sans toucher à l'enveloppe que l'électeur introduit lui-même dans l'urne.

Avant qu'il n'introduise son enveloppe dans l'urne, un membre du bureau s'assure qu'il trempe l'un de ses doigts dans l'encre indélébile jusqu'à imbiber la totalité de la première phalange (au cas où ce n'est pas le vaporisateur qui est utilisé).

Il est rigoureusement interdit toute exhibition publique en dehors du bureau de vote, avant et pendant le jour du scrutin, d'enveloppes et de bulletins de vote réglementaires identiques aux modèles déposés en faveur de candidats. Cette interdiction ne concerne pas les documents électoraux servant à la formation qui doivent porter la mention « spécimen ». Les contrevenants sont passibles des peines prévues à l'article L.110.

❖

Article R.67.- **Aucun vote ne peut être reçu après la déclaration de clôture.**

Toutefois, un électeur ayant pénétré dans la salle de vote avant l'heure de clôture du scrutin peut voter.

Article R.68.- **Nul ne peut être admis à voter, s'il n'est pas inscrit sur une liste électorale.**

Article R.69.- **Avant d'être admis à voter l'électeur doit présenter au président du bureau de vote, en même temps que la carte d'électeur, sa carte nationale d'identité numérisée.**

Le président annonce à haute voix l'identité de l'électeur, il vérifie que celui-ci est bien le titulaire de la carte d'identité présentée et que les indications fournies correspondent également à celles figurant sur la carte d'électeur. Les autres membres du bureau de vote sont associés, sur leur demande, à cette vérification qui doit porter aussi sur la marque indélébile prouvant que l'électeur a déjà voté.

Article R.70.- **Le vote a lieu sous enveloppes réglementaires fournies par l'État. Ces enveloppes sont opaques et non gommées.**

Sous réserve des dispositions de l'article L.76, toutes les enveloppes utilisées au cours d'un même scrutin doivent être d'un type uniforme et porter les mentions suivantes :

1. République du Sénégal ;

2. et selon le cas : « Élection présidentielle », « Élections législatives », « Élection des Hauts conseillers », « Élections départementales » et « Élections municipales ».

Pour chaque élection, le Ministre chargé des Élections fixe le format et la couleur des enveloppes.

❖

Article L.79.- L'urne n'a qu'une seule ouverture destinée à laisser passer l'enveloppe contenant le bulletin de vote. Avant le commencement du scrutin, le président du bureau de vote constate devant les électeurs présents et les membres du bureau de vote qu'elle est vide. Cette constatation faite, l'urne doit être fermée par des bracelets de scellement.

Article L.80.- Tout électeur vivant avec un handicap définitif ou temporaire le mettant dans l'impossibilité d'introduire son bulletin dans l'enveloppe, ou de glisser celle-ci dans l'urne est, sur sa demande, autorisé à se faire assister par un électeur de son choix ou par un membre du bureau de vote.

Article L.81.- Le bureau de vote règle provisoirement les difficultés relatives aux opérations électorales. Ses décisions sont motivées.

Toutes les réclamations et décisions sont inscrites au procès-verbal. Les pièces et bulletins qui s'y rapportent y sont annexés après avoir été paraphés par le bureau.

Pendant toute la durée des opérations, une copie de la liste des électeurs reste déposée entre les mains du président du bureau de vote.

Le vote de l'électeur est constaté par sa signature ou, s'il ne sait pas signer, par l'apposition de l'empreinte digitale de l'un de ses doigts préalablement roulé sur un encreur à tampon, sur la liste électorale en marge de son nom.

La liste d'émargement détenue par le président du bureau de vote fait foi au même titre que celui détenu par le contrôleur de la CENA. Le vote de l'électeur est constaté par sa signature ou, s'il ne sait pas signer, par l'apposition de son doigt trempé dans l'encre indélébile, sur la liste électorale en marge de son nom.

❖

Article R.71.- Après le vote de tout électeur, la liste d'émargement est estampillée du cachet « A VOTÉ » et d'un timbre portant la date du scrutin.

❖

Article L.82.- Le président constate l'heure à laquelle il déclare le scrutin clos et la porte au procès-verbal. Après cette déclaration, aucun vote ne peut être reçu.

[LE DEPOUILLEMENT DES VOTES]

Article L.83.- Après la clôture du scrutin, il est procédé au dépouillement. L'urne est ouverte et le nombre des enveloppes est vérifié. Si ce nombre est supérieur au nombre de celui des émargements, il en est fait mention au procès-verbal. Le bureau désigne ensuite parmi les électeurs présents un groupe de quatre (04) scrutateurs au moins sachant lire et écrire dans la langue officielle.

Dans ce groupe, l'un des scrutateurs extrait le bulletin de chaque enveloppe et le passe à un autre scrutateur ; celui-ci le lit à haute voix ; les noms portés sur les bulletins sont relevés, par deux scrutateurs au moins, sur les feuilles préparées à cet effet.

Si une enveloppe contient plusieurs bulletins, le vote est nul quand les bulletins portent des listes et des noms différents. Les bulletins multiples ne comptent que pour un seul quand ils désignent la même liste ou le même candidat.

Article L.84.- Les bulletins blancs découlant de l'application du cas prévu à l'article L.75 sont décomptés séparément. Ils n'entrent pas en compte pour la détermination des suffrages exprimés. Toutefois, il en est fait mention sur le procès-verbal des opérations du bureau de vote et dans les résultats du scrutin.

N'entrent pas en compte dans les résultats des dépouillements et sont considérés comme nuls :

- les bulletins sur lesquels les votants se sont fait connaître ;
- les bulletins retrouvés dans l'urne sans enveloppe ou dans des enveloppes non réglementaires ;
- les bulletins ou enveloppes portant des signes intérieurs ou extérieurs de reconnaissance ;
- les bulletins non réglementaires.

Les bulletins ou enveloppes nuls sont annexés au procès-verbal et contresignés par les membres du bureau. Chacun doit porter la mention des causes de l'annexion.

Si l'annexion n'a pas été faite, cette circonstance n'entraîne l'annulation des opérations qu'autant qu'il est établi qu'elle a eu pour but et pour conséquence de porter atteinte à la sincérité du scrutin.

Article L.85.- Le président donne lecture à haute voix des résultats, qui sont aussitôt affichés. Mention de ces résultats est portée au procès-verbal qui est clos par la signature des membres du bureau.

Tous les membres du bureau de vote doivent obligatoirement signer le procès-verbal avec, le cas échéant, leurs observations, réclamations et contestations.

❖

Article R.72.- Immédiatement après la fin du dépouillement, le procès- verbal des opérations électorales est rédigé par le secrétaire, dans la salle de vote, en présence des membres du bureau de vote.

Sont mentionnées au procès-verbal, par le secrétaire du bureau de vote, toutes les observations et réclamations formulées par les membres du bureau de vote, les délégués de la Cour d'appel de Dakar, les superviseurs et contrôleurs de la CENA ou des mandataires des candidats, ainsi que les décisions motivées prises par le bureau sur les différents incidents qui ont pu se produire au cours des opérations.

Le procès-verbal est établi et signé de tous les membres du bureau. En cas de refus de signer d'un membre, la mention et, éventuellement, les raisons invoquées à l'appui de ce refus sont portées sur le procès-verbal. Il en est délivré une copie aux membres du bureau de vote et aux contrôleurs de la CENA.

Si le procès-verbal n'est pas signé d'un ou plusieurs membres du bureau, cette seule circonstance n'emporte pas en elle-même nullité dudit procès-verbal ; elle constitue simplement un des éléments dont l'organe compétent pour le recensement des votes doit tenir compte pour apprécier la sincérité des résultats figurant sur ledit procès-verbal.

En cas de destruction, de substitution, de perte, de vol ou de doute sur l'authenticité du procès-verbal, les exemplaires présentés par les deux tiers des représentants des candidats ou listes de candidats feront foi au même titre que celui des délégués de la CENA.

❖

Article L.86.- Chaque membre du bureau de vote doit recevoir un exemplaire du procès-verbal. L'original ainsi que les pièces annexées sont transmis au président de la commission départementale de recensement des votes prévue à l'article LO.138. Cette transmission est opérée sous pli scellé en présence des membres du bureau de vote. Un plan de ramassage des plis est établi par l'autorité administrative. Il est mis en œuvre, sous le contrôle des délégués de la Cour d'appel, par les personnes prévues par le plan de ramassage, choisies parmi les personnes assermentées, les présidents de bureaux de vote, les agents ou les officiers de la police ou de la gendarmerie ou les membres des forces armées. Une copie du procès-verbal est remise au préfet pour les archives du département.

Le plan de ramassage est porté à la connaissance des représentants des candidats ou liste de candidats. Les représentants de candidats ou listes de candidats exercent un suivi tout au long du processus. Dans l'accomplissement de leur mission, ils peuvent bénéficier du soutien de l'administration. Le plan de ramassage est transmis à la CENA, pour visa, au moins soixante-douze (72) heures avant le jour du scrutin. En cas de modification, la CENA est immédiatement saisie.

Les présidents de ces commissions font constater aux membres de celles-ci, les plis scellés contenant les procès-verbaux et les pièces annexées avant de les ouvrir. Si un pli n'est pas scellé, mention doit en être obligatoirement faite au procès-verbal de la commission départementale de recensement des votes.

Au vu des procès-verbaux des bureaux de vote du département, la commission départementale de recensement effectue au fur et à mesure le recensement des votes du département et en publie les résultats au plus tard à douze (12) heures le mardi qui suit le scrutin. Elle peut au besoin redresser et rectifier les erreurs de calcul.

Le président rédige immédiatement un procès-verbal signé par les membres de la commission qui y portent le cas échéant leurs observations. Si le procès-verbal n'a pu être rédigé dans les délais impartis, le président transmet les documents accompagnés d'un rapport au président de la commission nationale de recensement des votes.

L'original du procès-verbal de chaque commission départementale est transmis sous pli scellé au président de la commission nationale de recensement des votes prévu à l'article LO.138 par les délégués de la Cour d'appel. En outre, il est remis un exemplaire du procès-verbal à chaque membre de la commission départementale ainsi qu'au préfet pour les archives du département.

Dès réception des procès-verbaux, le président de la commission nationale de recensement des votes fait constater aux membres de la commission et aux représentants des candidats ou des partis les plis scellés contenant les procès-verbaux et les pièces annexes avant de les ouvrir. Si un pli n'est pas scellé, mention doit en être obligatoirement faite au procès-verbal de la commission nationale de recensement des votes. La commission nationale effectue le recensement général. Il en est dressé procès-verbal.

La proclamation provisoire des résultats intervient au plus tard à minuit le vendredi qui suit le scrutin. Le procès-verbal est transmis accompagné des pièces annexées au président du Conseil Constitutionnel. Une copie du procès-verbal est remise à chaque représentant des candidats. Si le délai expire sans que le procès-verbal ait pu être rédigé, les procès-verbaux des commissions départementales et les pièces annexées sont immédiatement transmis au Conseil Constitutionnel accompagnés d'un rapport du président de la commission nationale.

Pour le recensement des votes, les commissions départementales et nationales procèdent comme il est prévu à l'article LO.139.

Article L.87.- Les frais de fournitures des enveloppes, bulletins de vote, procès-verbaux et papeterie ainsi que ceux qu'entraîne l'installation des isoloirs et des bureaux de vote sont à la charge de l'État.

❖

NOTE SUR LE VOTE

À la date fixée par le décret de convocation des électeurs, le vote proprement dit – qui se traduit par l'expression d'un choix à l'aide de bulletins à introduire dans l'urne – est reçu par le bureau de vote dont l'office consiste, outre la réception, à décompter les suffrages émis par les électeurs.

C'est en fonction des suffrages émis que sont attribués, suivant des modalités spécifiques à chaque élection, les sièges ou mandats mis en compétition. Mais même si les résultats de l'élection obéissent à des règles différentes en fonction des modes de scrutin applicables, le déroulement du vote revêt généralement les mêmes aspects pour toutes les élections politiques et procédures référendaires.

Pour le déroulement de ce vote, doit être mis en place un dispositif comprenant, d'une part, la répartition des bureaux de vote dans les différentes circonscriptions électorales du territoire national, d'autre part, l'organisation interne de chaque bureau de vote, qui doit permettre la réception et le dépouillement des suffrages des électeurs ainsi que la proclamation des résultats du vote.

CHAPITRE PREMIER
L'ÉLABORATION DE LA « CARTE ÉLECTORALE »

Avant l'élection, la « carte électorale » doit être élaborée avec une répartition des bureaux de vote sur le territoire national divisé en diverses circonscriptions électorales.

11 – 01. *Il convient de rappeler que, suite à l'opportunité offerte par les rédacteurs du Code électoral de 1992, qui a consacré la dénomination de « carte d'électeur » substituée à celle de « carte électorale », la pratique administrative a opéré un glissement sémantique qui a consisté à conférer l'appellation de « carte électorale, » non plus au document remis à chaque électeur et attestant de sa qualité, mais à la configuration géographique des circonscriptions électorales, ainsi que des lieux et bureaux de vote.*

Ainsi, l'élaboration de la carte électorale consistera, dans la pratique, en la détermination du nombre et de la localisation des bureaux de vote dans les circonscriptions électorales de base que constituent les communes. Le nombre et la localisation des bureaux de vote sont fixés par le ministre chargé des élections sur propositions des préfets et sous-préfets.

Le nouveau Code électoral de 2017 a institué un « comité électoral » composé des autorités administratives et locales ainsi que des autres acteurs du jeu électoral et chargé du suivi du processus électoral, notamment de l'élaboration de la carte électorale et de la distribution des cartes non retirées.

Les bureaux de vote sont créés de manière à assurer un vote correct pendant la période normale d'ouverture du bureau de vote, étant entendu que dans tous les cas, l'ensemble des électeurs rattachés à un même bureau de vote ne peut dépasser 600 électeurs, comme indiqué à l'article L.66, alinéa 4 du Code électoral.

***11 – 02.** L'implantation des bureaux de vote doit obéir essentiellement aux critères que sont la population électorale et l'emprise géographique de la circonscription électorale considérée.*

En effet, la densité de la population électorale peut justifier l'érection d'un nombre relativement élevé de bureaux de vote, surtout que la loi a fixé, comme ci-dessus rappelé, le maximum d'électeurs pouvant être rattachés à un bureau de vote pour assurer un vote serein et complet dans la tranche horaire prévue.

De même, la vaste étendue géographique d'une circonscription électorale donnée appelle, dans le souci de favoriser l'accessibilité du bureau de vote, la multiplication ce ceux-ci, qui pourraient alors polariser un nombre d'électeurs relativement faible.

La carte électorale doit ainsi être élaborée à partir des paramètres techniques de facilitation du vote et d'accessibilité du bureau de vote à tous les électeurs afin que l'expression du vote traduise fidèlement la volonté du corps électoral, la plus forte participation et une égale représentation de l'ensemble des citoyens-électeurs.

Les propositions initiales ou des propositions de modification d'implantation des bureaux de vote sont faites par les autorités administratives après avis des représentants des partis politiques, de la CENA, ainsi que des maires de communes concernées.

La liste exhaustive des bureaux de vote est, conformément aux dispositions des articles L.66, alinéa 5 du Code électoral, arrêtée et publiée trente (30) jours avant le scrutin par le ministère chargé des élections sous la supervision et le contrôle de la CENA.

La liste des bureaux de vote établie est transmise, comme prévu à l'article L.66 du Code électoral, par l'intermédiaire des autorités administratives, aux maires qui en assurent la publication, par voie d'affichage (et la notification aux candidats et listes de candidats). Cette publication constitue un mode d'information de tous les acteurs du processus électoral et un moyen de contrôle du respect de la règle de l'intangibilité de la carte électorale qui, une fois élaborée et publiée, « ne peut faire l'objet d'aucune modification ».

Ainsi, les demandes de suppression, de modification ou de création de lieux de vote par les autorités administratives, prévues à l'article L.66, alinéa 2, ne concernent donc que la phase antérieure à la publication et consistent à des changements par rapport à la carte électorale qui a pu servir à l'occasion des précédents scrutins.

11 – 03. *Dans cette phase d'élaboration de la carte électorale, un écueil à éviter réside en une manipulation possible des paramètres de répartition des bureaux de vote en privilégiant telle zone géographique ou telle circonscription supposée favorable à tel candidat ou telle liste de candidats au détriment d'autres zones ou circonscriptions. D'ailleurs, avec l'irruption prochaine dans le paysage politico-médiatique des sondages d'opinion, qui vont contribuer à affiner la mesure des indices de popularité, des intentions de vote et les gains électoraux escomptés dans tel ou tel autre lieu, le risque de falsification de l'expression du suffrage par une manipulation de la carte électorale n'en devient que plus grand et invite à une plus grande vigilance dans cette phase.*

Cette vigilance s'impose d'autant plus que la jurisprudence sur ce point précis ne semble pas offrir un recours utile sur cette question. En effet, à l'occasion du contentieux des élections législatives de 2012, le Conseil constitutionnel, à propos de la répartition déséquilibrée des bureaux de vote qui était, entre autres griefs, évoquée, s'est fondé sur le motif usuel du juge électoral de l'absence de l'incidence déterminante des griefs invoqués sur les résultats de l'élection pour rejeter la requête en estimant que :

> *« d'une part, cette prétention manque de précision en ce que les localités concernées n'ont pas été identifiées par les requérants et que d'autre part, même à supposer la prétention établie pour les bureaux de vote expressément cités, cette situation telle que décrite n'est pas de nature à remettre en cause la validité du scrutin » (Conseil constitutionnel/Décision, Séance du jeudi 12 juillet 2012 /7).*

Enfin, il faut mentionner le problème du découpage administratif qui détermine l'emprise géographique des circonscriptions administratives et des collectivités locales dont la carte électorale épouse les contours.

Si ce découpage est sans influence sur les scrutins se déroulant sur le plan national, comme à l'occasion de l'élection présidentielle ou de l'élection des députés au scrutin proportionnel sur liste nationale, il peut faire l'objet de manipulations pour favoriser des candidats dans le cadre d'élections se déroulant dans des espaces plus réduits, notamment lors des élections locales. Ce qui a pu d'ailleurs être relevé – à la suite d'un nouveau découpage administratif territorial intervenu avant les élections locales de 2009 dans certaines parties du territoire – par la CENA qui, en dépit de l'association de sa représentation départementale et des autorités locales, a noté que :

> *« Le redéploiement des villages [dans les nouvelles régions de Kaffrine, Kédougou et Sédhiou] n'a pas toujours été effectué sur la base d'études sociologiques approfondies. La non-prise en compte de ce préalable,*

qui est une formalité substantielle, peut, dans l'application de la réorganisation, engendrer des frictions entre des populations qui ne sont pas unies par des liens de solidarité. Cela peut, par conséquent, gripper le bon fonctionnement des organes délibérants dans certaines collectivités locales.

Il faut également souligner, à ce stade, la nécessité d'éliminer le "gerymandering", ce système de découpage des circonscriptions électorales dont l'objectif est de donner l'avantage à un parti, à un candidat, ou à un groupe donné. Il donne lieu à la création de circonscriptions aux contours parfois étranges [...], le but visé étant de rassembler dans une même circonscription des zones dans lesquelles tel parti politique jouit d'un fort soutien en vue de lui assurer la victoire » *(Rapport général de la CENA sur ses activités en 2008 et sur les élections locales du 22 mars 2009, p. 15-16).*

Fort de ce constat, la CENA a retenu dans ses recommandations que pour se conformer au Protocole de la CEDEAO ratifié par le Sénégal depuis le 10 septembre 2004 et qui recommande ne pas procéder dans les six (6) mois précédant le scrutin à des changements substantiels dans le Code électoral sans un consensus au sein de la classe politique, de faire en sorte que « les réformes portant sur le découpage administratif n'interviennent pas moins d'un an avant les élections [...] afin de contribuer à assurer encore plus de fiabilité au processus électoral ».

Il faut noter à ce propos que le nouveau Code électoral adopté en 2017 a institué en son article L.65, au niveau des circonscriptions administratives, un « comité électoral chargé du suivi du processus électoral, notamment de l'élaboration de la carte électorale et de la distribution des cartes non retirées ». Mais ce comité, dont la composition plurielle (autorités administratives et locales ainsi que représentants des partis politiques et CENA) et la périodicité de ses réunions (au moins une fois par semaine) peuvent faire présumer de sa bonne contribution à l'élaboration de la carte électorale, n'en demeure pas moins qu'une instance consultative.

CHAPITRE II
LA COMPOSITION DU BUREAU DE VOTE

11 - 04. *Le bureau de vote est composé de :*

- *un président ;*
- *un assesseur ;*
- *un secrétaire ;*
- *un représentant de chaque candidat ou liste de candidats.*

À ces membres, s'adjoint un contrôleur de la CENA désigné dans chaque bureau de vote comme prévu à l'article 11, 13ème tiret du Code électoral.

Pour le choix du président, de l'assesseur et du secrétaire, l'autorité administrative doit faire prévaloir le critère de la neutralité et éviter de désigner des personnes dont l'appartenance politique connue peut faire douter de l'impartialité.

Les membres des bureaux de vote désignés conformément à l'article L.67 du Code électoral et qui sont régulièrement inscrits sur une liste électorale sont autorisés à voter dans les bureaux où ils siègent sur présentation de leur carte d'électeur.

Le cas échéant, conformément à l'article L.69 du Code électoral, sont mentionnés, sur la liste d'émargement et au procès-verbal du bureau, le numéro d'inscription sur la liste électorale et l'indication du lieu et du bureau de vote de rattachement des membres des bureaux de vote, ainsi que des autres personnes admises à voter dans les bureaux de vote de la circonscription dans laquelle elles exercent des fonctions dans le processus électoral (délégués de la Cour d'appel, superviseurs et contrôleurs de la CENA, autorités administratives, journalistes et chauffeurs munis d'un ordre de mission spécial).

Ces mentions permettent de retrancher le nombre des électeurs, ayant voté dans des bureaux de vote dont ils sont membres, de la liste électorale sur laquelle ils ont été régulièrement inscrits pour un décompte correct des électeurs inscrits. Ce retranchement est utile pour déterminer avec précision le nombre des électeurs inscrits par rapport au nombre des votants, notamment dans le cadre des élections où un pourcentage déterminé de suffrages est exigé pour remporter le mandat ou les sièges mis en jeu. Il en fut ainsi jusqu'à la suppression par la loi constitutionnelle n° 98-43 du 10 octobre 1998 du « quart bloquant » pour l'élection du président de la République au premier tour du scrutin pour lequel la majorité absolue des suffrages représentant au moins le quart des électeurs inscrits était nécessaire pour remporter l'élection. L'article 33, alinéa 2 de la Constitution actuelle n'exigeant que la majorité des suffrages exprimés, l'intérêt d'un tel retranchement n'est plus très évident et ce, d'autant plus qu'il faut bien convenir que dans la pratique, ce mécanisme ne peut être effectif que dans le contexte d'un système de vote entièrement automatisé permettant une exécution de l'opération de retranchement en temps réel par croisement des données de l'ensemble des opérations des bureaux de vote.

En outre, cette opportunité offerte à ces personnes exerçant une fonction dans le processus électoral et qui est applicable pour toutes les élections pose un certain nombre de problèmes.

Pour l'élection présidentielle, même s'il n'est pas toujours certain que le retranchement de la liste électorale soit systématiquement effectué, cela n'a pas d'effet significatif sur le résultat de l'élection sauf si le résultat du scrutin du premier tour se joue sur une marge très étriquée par rapport au quart bloquant.

Le législateur a tenté dans le nouveau Code de 2017 d'encadrer ce vote pour les élections départementales et municipales en n'autorisant le vote que des personnes exerçant une fonction dans le processus électoral inscrites dans une commune ou un département donné. Par contre, pour les élections législatives, il n'est toujours pas exigé l'inscription de ces personnes dans la circonscription concernée alors que la mixité du scrutin de l'élection des députés devrait entraîner, pour le scrutin majoritaire départemental, le décompte de leurs votes dans les seuls départements où ils sont régulièrement inscrits.

Après validation par la CENA, la publication et la notification de la liste des membres des bureaux doivent être faites au moins quinze (15) jours avant le scrutin, conformément à l'article L.70, alinéa 3 du Code électoral, sous peine de nullité des opérations électorales, conformément à la jurisprudence du Conseil constitutionnel :

> *« Saisi d'une requête, le Conseil a eu à prononcer l'annulation des résultats d'un bureau de vote par suite de la substitution, par simple surcharge de l'arrêté de nomination, d'un président de bureau qui aurait dû être remplacé par l'assesseur en cas d'empêchement comme indiqué à l'article [L.72, alinéa 3 du Code électoral] » (Conseil constitutionnel, Décision, Séance du 10 mars 2000).*

CHAPITRE III
L'AMÉNAGEMENT DU BUREAU DE VOTE

***11 – 05.** Les bureaux de vote sont créés sur proposition des autorités administratives par arrêté du ministère chargé des élections, qui précise les lieux devant les abriter (cf. supra n°s 11-01 à 11-03) et qui sont généralement des édifices publics, surtout des écoles.*

Les bureaux de vote sont aménagés de manière à favoriser la fluidité et le secret du vote.

Le matériel électoral qui doit les garnir comporte une table de vote, une table de décharge, une table de dépouillement, un isoloir au moins, un siège des mandataires des candidats ou des listes de candidats, divers documents électoraux et le « petit matériel » électoral.

SECTION PREMIÈRE

LA TABLE DE VOTE ET SES ACCESSOIRES

La table où siègent les membres du bureau de vote est disposée de manière à permettre au public de suivre les opérations et est garnie d'une urne et des documents électoraux.

I – L'URNE

11 – 06. *L'urne fournie par l'Administration est généralement en plastique transparent et permet de s'assurer au début des opérations de vote qu'elle est bien vide. Toutefois, aucun modèle précis n'est prescrit par la loi et le règlement et, si d'aventure, pour une raison quelconque, le modèle habituel n'est pas disponible, le bureau peut parfaitement utiliser un récipient de substitution présentant les caractéristiques ci-dessous décrites pour ne pas accuser du retard préjudiciable au déroulement du vote.*

Elle ne comporte qu'une seule ouverture sous forme de fente destinée à laisser passer l'enveloppe contenant le bulletin de vote de l'électeur, comme indiqué à l'article L.79 du Code électoral. Il est recommandé de disposer l'urne de telle façon que les électeurs étant obligés de présenter les enveloppes de profil, le président et les membres du bureau puissent ainsi s'assurer que chaque électeur n'introduit qu'une enveloppe (Manuel de formation des membres des bureaux de vote, Élection présidentielle 2000, p. 11).

L'urne ne doit pas être soustraite pendant le scrutin à la surveillance des membres du bureau de vote et n'est ouverte qu'à la fin du scrutin, donc à 18 heures, sous réserve de prorogation par l'autorité administrative compétente ou pour permettre l'expression de leur suffrage aux personnes qui se trouvent déjà dans la salle de vote ou dans la file d'attente qui pourrait éventuellement se former devant celle-ci.

Après le décompte des émargements des votants, il est procédé à cette ouverture et au dénombrement des enveloppes trouvées dans l'urne. Toutefois, l'ouverture de l'urne avant le décompte des émargements ne peut en soi vicier les opérations électorales dès lors qu'il n'est pas établi qu'elle a eu pour effet de favoriser des fraudes ou des erreurs de calcul des suffrages.

II – LES DOCUMENTS DE LA TABLE DE VOTE

11 – 07. *Sur la table de vote sont disposés une liste d'émargement et divers autres documents accessoires :*

A - LA LISTE D'ÉMARGEMENT

La liste électorale est sectionnée en autant de sous-listes qu'il y a de bureaux prévus dans la carte électorale et, pour chaque bureau, il est imprimé une liste comprenant les électeurs polarisés.

Selon le juge électoral :

> *« La liste d'émargement qui a une double utilité, permet [...] de faire le décompte des électeurs qui ont effectivement voté et dont le chiffrage ne doit pas dépasser celui des inscrits et équivaut à celui de bulletins qui seront trouvés dans l'urne. [Elle] est pour le juge de l'élection un instrument essentiel de contrôle » (Conseil constitutionnel, Décision n°s 6 à 12/E, Séance du 12 mai 2001).*

Mais la liste d'émargement des électeurs rattachés à un bureau de vote n'en demeure pas moins qu'un extrait du fichier électoral qui peut être publié, accessible sur Internet et mis à la disposition des mandataires des listes de candidats. C'est un simple outil d'information dont la mise à la disposition des protagonistes de l'élection est un gage de transparence, mais son acquisition résulte d'une démarche des intéressés et, dès lors, ne peut pas fonder une réclamation et constituer un motif de contestation le jour du scrutin.
Il doit néanmoins être obligatoirement mis à la disposition du représentant de la CENA pour un contrôle efficient du superviseur.

B - LES AUTRES DOCUMENTS ACCESSOIRES

Les autres documents accessoires disponibles dans le bureau de vote sont : la/les liste(s) des candidats, la liste des membres du bureau de vote, le Code électoral et le décret de convocation des électeurs.

Ces documents sont des accessoires usuels ou des outils de facilitation du travail du bureau mis habituellement à sa disposition par l'Administration, sans pour autant être une exigence légale.

SECTION II
LES ACCESSOIRES DE LA TABLE DE DÉCHARGE

La table de décharge est un élément du dispositif du bureau de vote sur lequel sont disposés les bulletins de vote et les enveloppes électorales.

I - LES BULLETINS DE VOTE

En l'état actuel de la législation, la confection de bulletins pour chaque candidat ou liste de candidats est de rigueur, même si l'option pour le

« bulletin unique » se pose comme l'alternative présentant des atouts non négligeables (cf. infra nos 11-10 et 11-11).

A – LES BULLETINS EXIGÉS PAR LA LOI ÉLECTORALE

11 – 08. *Les bulletins de vote de chaque candidat ou liste de candidats, confectionnés suivant les spécifications relatives à la couleur, au sigle ou symbole du candidat ou de la liste de candidats, conformément aux dispositions des articles LO.115, L.169, L.205, L.277 et R.87 et dans les formats spécifiés à l'article R.58 du Code électoral, doivent être en nombre suffisant pour assurer un vote complet dans l'hypothèse où tous les électeurs inscrits au bureau portent leurs suffrages sur un même candidat ou sur la même liste de candidats, comme prescrit à l'article L.74 du Code électoral.*

Aussi, en cas d'absence des bulletins d'un candidat ou d'une liste de candidats, le vote ne peut commencer. De même, en cas d'épuisement des bulletins d'un candidat ou d'une liste de candidats, le vote doit être suspendu jusqu'à la mise en place des bulletins manquants, car tout électeur est tenu, conformément à l'article L.78, alinéa 2, avant de passer dans l'isoloir, de prendre « une enveloppe et l'ensemble des bulletins de vote mis à sa disposition ».

Ainsi, les bulletins de tous les candidats doivent être constamment disponibles pour un vote valide. Le vote reçu sans que l'électeur prenne l'ensemble des bulletins, même avec son assentiment en cas de non-disponibilité de certains bulletins de candidats, doit être déclaré nul, une telle situation pouvant receler une violation du secret du vote dès lors que la tolérance de l'omission d'un bulletin de candidats ou listes de candidats, outre qu'elle constitue une rupture de l'égalité, peut également ouvrir la voie au choix par les votants d'un seul bulletin qui réduirait à néant le secret du vote.

Si lors d'une élection, une seule liste ou un seul candidat se présente au suffrage des électeurs, des bulletins blancs d'un nombre égal au nombre d'inscrits doivent être mis à la disposition des électeurs comme prescrit par l'article L.75 du Code électoral.

Le statut du bulletin blanc et du vote blanc pour lequel il est mis à la disposition de l'électeur paraît quelque peu anodin à certains égards. En effet, les bulletins blancs mis à la disposition de l'électeur en cas de candidat ou liste de candidats unique permettent à celui-ci d'émettre un vote blanc qui peut être considéré soit comme l'expression du rejet du candidat ou de la liste de candidats qui est le seul choix proposé à l'électeur, soit comme un désintérêt à l'égard de la politique. Mais s'il peut ainsi servir de baromètre de l'état de l'opinion, le vote blanc n'en demeure pas moins sans influence sur le scrutin dans le cadre du système électoral actuel quand bien même recueillerait-il la majorité des suffrages exprimés dans un scrutin donné, dès lors qu'il n'est pas fixé un seuil à partir duquel il détermine l'issue de l'élection.

Le vote blanc se distingue du vote nul, mais, comme celui-ci – quand le vote nul est affecté d'une irrégularité que l'électeur a sciemment commise –, il peut traduire une manifestation de défiance.

La CENA, en application de l'article L.11, 8ème tiret du Code électoral, supervise et contrôle la commande et l'impression des bulletins de vote faites par l'Administration, à ses propres frais.

Le bulletin de vote, édité séparément pour chaque candidat ou liste de candidats, qui a déjà connu une certaine évolution, pourrait revêtir le format du « bulletin unique » sur lequel figureront l'ensemble des candidats ou le logo de chaque liste de candidats.

B – L'ÉVOLUTION DU BULLETIN DE VOTE

11 – 09. *Le système des bulletins multiples est un legs de la tradition électorale française qui a inspiré le système électoral sénégalais dont l'évolution a engendré un changement de statut du bulletin de vote.*

En effet, dans le système électoral français, le bulletin n'est pas seulement un outil qui permet l'expression du vote de l'électeur dans l'isoloir comme au Sénégal, mais c'est aussi un document de propagande et, en tant que tel, il est imprimé et distribué aux électeurs avant le jour du scrutin par les candidats ou listes de candidats qui, par ailleurs, bénéficient pour les besoins de la campagne électorale, à côté d'un financement privé, d'un financement public par le remboursement d'une fraction déterminée des frais plafonnés de campagne. Le Code électoral sénégalais conserve d'ailleurs quelques traces rémanentes de cette conception du bulletin de vote. En effet, l'article L.62, en formulant l'interdiction de la distribution, le jour du scrutin, « des bulletins de vote et autres documents de propagande électorale », semble paradoxalement considérer encore le bulletin comme un document de propagande (seuls des spécimens de bulletins peuvent être utilisés à des fins de formation et éventuellement à la propagande).

Le système électoral sénégalais est, en tout cas, toujours fidèle aux bulletins individuels alors que l'ingénierie électorale africaine, dans la foulée des mouvements de démocratisation du 20ème siècle finissant, expérimentait le bulletin unique dans plusieurs pays du continent, à la satisfaction des acteurs et des observateurs en général.

C - L'ALTERNATIVE DU BULLETIN UNIQUE

D'un format différent, le bulletin unique présente d'indéniables avantages par rapport aux bulletins individuels.

1 – La configuration du bulletin unique

11 – 10. *Le bulletin unique idéal est la somme des bulletins individuels de tous les candidats ou listes de candidats en lice pour une élection donnée, mais en raison des contraintes qu'impose son emploi pour le vote, il doit être configuré de manière à pouvoir être manipulé et introduit aisément dans l'urne.*

Ses dimensions sont assujetties à un arbitrage à faire entre le nombre de candidats ou de listes de candidats qui doivent y figurér et les limites à ne pas dépasser pour éviter qu'il ne soit encombrant à l'usage.

Ce bulletin porte sur une seule et même page soit la photo des candidats ou des têtes de liste de candidats, soit le logo et/ou la couleur du groupement politique ayant présenté des candidats, soit tout autre signe distinctif choisi.

Il est souhaitable en tout cas que le format soit retenu par consensus des acteurs politiques. Ce qui peut préserver de cette querelle byzantine des couleurs et autres signes distinctifs à laquelle donne lieu l'élaboration des bulletins individuels (cf. infra n° 13-12).

Le positionnement des candidats sur le bulletin est généralement le résultat d'un tirage au sort, qui est préférable au critère de l'antériorité du dépôt de candidature, même si ce dernier critère pourrait inciter au dépôt plus précoce des dossiers de candidature pour permettre une gestion plus confortable de l'organisation de cette phase cruciale du processus électoral, en préservant de l'encombrement des lieux de réception des dossiers constaté habituellement dans les dernières heures de la date limite de dépôt des candidatures (cf. infra n° 25-04).

2 – Les avantages du bulletin unique

11 – 11. *Le bulletin unique est une option qui doit être explorée dans la perspective d'une amélioration du système électoral en raison des divers avantages qu'il comporte avec plus de transparence, plus d'équité et une réduction des coûts.*

§ 1 - Le bulletin unique, facteur de transparence

Le bulletin unique contribue à la préservation de l'intégrité du vote de l'électeur, qui reste le seul à connaître la nature de son choix. En effet, il ne peut sortir avec les bulletins non utilisés comme c'est le cas dans le système de bulletins multiples où le rebut de bulletins permet de vérifier a posteriori le sens du vote et peut être éventuellement monnayé suivant un modus operandi convenu avec des représentants de candidats qui les recupèrent contre rétribution. À ce propos, même si l'article R.60, alinéa 3 prescrit la mise des bulletins non choisis dans la corbeille placée à l'intérieur de l'isoloir, l'abri que constitue celui-ci permet leur dissimulation pour un éventuel usage illicite ultérieurement.

§ 2 - Le bulletin unique, facteur de plus d'équité

Certes, l'option du bulletin unique peut entraîner des distorsions du vote en faveur des candidats bénéficiant sur ledit bulletin d'un positionnement favorable susceptible de capter l'électorat indécis, mais cet inconvénient est contrebalancé par le traitement égalitaire qu'elle confère.

Les ruptures de bulletins qui doivent entraîner la suspension du vote et les récriminations contre la non-disponibilité des bulletins de certains candidats ne sont plus de mise avec le bulletin unique, avantage que ses partisans expriment par la formule : « S'il y en a un, il y en a pour tous ».

En outre, une campagne de vulgarisation et de sensibilisation par l'Administration électorale et la société civile notamment, doit accompagner cette option pour l'utilisation correcte du bulletin par des électeurs non alphabétisés qui pourraient être déroutés par une apparente complexité du bulletin unique. Une telle action contribuera d'ailleurs à assurer l'égalité des candidats, car ceux parmi eux qui sont les plus nantis auront toujours les moyens de sensibiliser leurs éventuels électeurs, s'agissant aussi bien des bulletins individuels que du bulletin unique.

§ 3 - Le bulletin unique, facteur de réduction des coûts

Avec l'augmentation des candidatures qui a été constatée ces dernières années et l'obligation pour l'Administration d'imprimer en nombre suffisant pour assurer un vote complet même dans l'hypothèse où tous les électeurs inscrits au bureau portent leurs suffrages sur un même candidat ou sur la même liste de candidats, le coût de l'élection s'en trouve démultiplié. Il est ainsi confectionné, pour chaque élection, au moins un nombre de bulletins égal au nombre d'électeurs multiplié par le nombre de candidats. Par exemple, les élections locales du 29 juin 2014 – à l'occasion desquelles 2 707 listes étaient en lice pour les élections des conseillers départementaux et municipaux – ont engendré un coût d'environ quatre milliards de francs CFA pour l'impression de plus de cent millions de bulletins.

L'adoption du bulletin unique est de nature à réduire les coûts de confection et de transport des bulletins dans les différents sites retenus comme lieux de vote.

Enfin, l'utilisation du bulletin unique dispense, au moment du vote, de l'emploi d'une enveloppe, car il suffit simplement de le plier pour préserver le secret du suffrage.

Mais qu'il s'agisse du bulletin multiple ou du bulletin unique, la tendance inflationniste des candidats ou des listes de candidats aux différentes élections est source de difficultés pour la maîtrise de la production (coûts élevés et difficultés de l'impression dans des délais relativement brefs, etc.) et l'utilisation du bulletin par l'électeur au moment du vote (nombre de bulletins multiples rendant difficile le choix de l'électeur, envergure encombrante du bulletin unique, etc.). Cette donnée devrait inciter l'administration électorale dans le cadre de l'actuel dispositif légal à prévoir systématiquement la multiplication des isoloirs pour la fluidité du vote.

II - LES ENVELOPPES ÉLECTORALES

11 – 12. *Destinées à recevoir le bulletin que l'électeur doit y introduire quand il s'est retiré dans l'isoloir, comme prescrit à l'article L.74, alinéa 1er, des enveloppes opaques et non gommées, dont le format et la couleur sont fixés par le ministère chargé des élections, sont fournies par cette administration pour chaque élection conformément à l'article R.71 du Code électoral.*

Il est fréquent dans la pratique d'entendre les membres des bureaux de vote avertir les électeurs de la nullité du vote qu'ils encourent en cas de collage de l'enveloppe. Mais outre qu'une telle nullité ne procède d'aucun texte et n'a aucun fondement jurisprudentiel connu, il est loisible à l'administration de commander et de mettre à la disposition des électeurs des enveloppes sans colle, si l'on estime que l'enveloppe non collée facilite le dépouillement, surtout que des enveloppes sans colle doivent normalement coûter moins cher.

D'ailleurs, au cas où les « enveloppes réglementaires » – désignant celles fournies par l'administration électorale – viendraient à manquer par suite de force majeure, le législateur prévoit à l'article L.76, alinéa 2 leur éventuel remplacement par d'autres enveloppes choisies sans autres préoccupations que le déroulement normal du vote.

SECTION III
LES AUTRES ÉLÉMENTS DU MATÉRIEL ÉLECTORAL

11 – 13. *Outre le matériel électoral ci-dessus décrit, sont disposés dans le bureau de vote :*

- *une table de dépouillement ;*
- *un ou plusieurs isoloirs ;*
- *un siège des mandataires ;*
- *le « petit matériel électoral ».*

I - UNE TABLE DE DÉPOUILLEMENT

Le dépouillement des votes devant commencer après le vote, la table de décharge peut servir de table de dépouillement et doit être disposée de manière à permettre aux électeurs présents de suivre les opérations.

II - L'ISOLOIR

L'isoloir dont est équipé le bureau de vote est un abri qui permet à l'électeur de se soustraire au regard du public et des membres du bureau de vote au moment où il introduit le bulletin de son choix dans l'enveloppe.

Il est installé dans chaque bureau de vote un ou plusieurs isoloirs comme prévu à l'article L.76, alinéa 3. Comme indiqué ci-dessus, la multiplication du nombre d'isoloirs peut permettre d'améliorer la gestion des flux importants d'électeurs.

Il est habituellement constitué d'un cadre rigide supportant une étoffe diaphane qui fait écran. Mais en cas de nécessité, notamment si les isoloirs fournis par l'administration électorale viendraient à manquer, le bureau de vote peut se doter d'isoloirs de fortune pourvu qu'ils soient de nature à préserver le secret du vote.

Le défaut d'isoloir est une cause radicale de nullité des opérations, car un tel manquement viole le secret du vote et expose notamment les électeurs à l'influence voire aux pressions éventuelles des personnes présentes dans le bureau de vote.

III - UN SIÈGE DES MANDATAIRES

Un siège comportant des places suffisantes pour accueillir les représentants des candidats ou listes de candidats, les plénipotentiaires et le représentant de la CENA doit garnir le bureau de vote.

IV - LE « PETIT MATÉRIEL ÉLECTORAL »

Le bureau est doté de ce que l'usage administratif désigne par l'expression de « petit matériel électoral ».

A - L'ENCRE INDÉLÉBILE

L'encre indélébile dans « des flacons ou des vaporisateurs » comme indiqué à l'article L.76, alinéa 5 du Code électoral est l'une des composantes du petit matériel qui peut poser problème.

Elle se présente soit sous forme de solution, soit sous forme de suspension et, dans ce dernier cas, elle doit être agitée avant usage pour en assurer l'efficacité, qui fait souvent l'objet de controverse avec des appréciations divergentes quant à son caractère indélébile ou non.

Mais à ce propos, il faut convenir que ce débat relatif à l'encre, dont l'utilisation n'est qu'une précaution supplémentaire et dont la nécessité n'est pas évidente dans le cadre d'un système électoral basé sur les listes électorales fiables, a parfois revêtu dans le passé des accents malicieux. En effet, outre le fait qu'aucune encre n'est absolument indélébile pour qui veut se donner les moyens détergents nécessaires pour s'en défaire, la manière défectueuse dont elle a pu être utilisée dans le bureau de vote peut en atténuer l'efficacité.

B - LES AUTRES COMPOSANTES

Ce sont :

- des affiches contenant les textes des articles L.27 à L.38, L.40, L.74 à L.85, L.102 et R.73 du Code électoral ;

- du matériel nécessaire au scellement des enveloppes contenant les procès-verbaux des opérations de vote, notamment de la cire à cacheter et un timbre sec ;

- un timbre dateur et un timbre incrusté de la mention « A VOTÉ » pour estampiller la liste d'émargement après le vote de l'électeur (à ce propos, il faut rappeler qu'avant l'institution de la carte d'électeur sur le même modèle de la carte d'identité numérisée conçue dans le format d'une carte bancaire, la carte d'électeur était constituée d'un petit feuillet avec des cages réservées à l'estampillage de la mention « A VOTÉ ») ;

- des tampons incrustés de la mention « copie », de la mention « original » et de la mention « commune de ... », pour indiquer de façon nettement lisible les références du procès-verbal des opérations ;

- un tampon encreur pour le relevé de l'empreinte de l'index des électeurs ne sachant pas signer et son apposition sur la liste d'émargement pour tenir lieu de signature, ainsi que prescrit à l'article L.81, alinéa 4 ;

- un moyen d'éclairage de secours pour le cas où le scrutin viendrait à se prolonger après la tombée de la nuit ;

- les imprimés de procès-verbaux des opérations électorales et les imprimés pour la proclamation des résultats du bureau ;

- des enveloppes de grand format pour la transmission sous pli des procès-verbaux dans les modalités prévues à l'article L.86, alinéas 1er à 3 du Code électoral.

CHAPITRE IV
LE FONCTIONNEMENT DU BUREAU DE VOTE

11 – 14. *L'organisation du vote, qui s'entend stricto sensu de l'expression du suffrage à l'aide de bulletins à introduire dans l'urne, constitue l'office du bureau de vote chargé, outre de la réception, du décompte des suffrages émis par les électeurs.*

Le vote a lieu le jour du scrutin dont la date est fixée par le décret de convocation des électeurs pour l'élection présidentielle (cf. infra nos 14-02 à 14-04), pour les élections législatives (cf. infra n° 29-02) ou pour les élections départementales et municipales (cf. infra n° 27-03) ou pour l'élection des Hauts conseillers (cf. infra n° 25-03). Il se déroule dans des espaces spécialement aménagés et fonctionnant suivant les règles prévues au Code électoral dont les dispositions pénales sanctionnent certains agissements susceptibles de perturber les opérations électorales ou d'en fausser les résultats (cf. infra nos 12-04 à 12-11).

Le vote émis dans le cadre d'un scrutin transparent constitue la mise en œuvre d'un droit fondamental solennellement proclamé par l'article 21 de la Déclaration universelle des droits de l'homme du 10 décembre 1948 en ces termes, qui en font le substrat de tout système démocratique :

> *« La volonté du peuple est le fondement de l'autorité des pouvoirs publics ; cette volonté doit s'exprimer par des élections honnêtes qui doivent avoir lieu périodiquement, au suffrage universel égal et au vote secret ou suivant une procédure équivalente assurant la liberté du vote ».*

La Constitution de la République dispose en article 3, alinéa 3 que « le scrutin [...] est toujours universel, égal et secret ». De cette formule classique transparaissent les caractéristiques essentielles du vote démocratique :

- *le secret du vote garantissant l'expression libre d'un choix citoyen qui doit être assuré par les modalités de l'organisation et du fonctionnement du bureau de vote, notamment par le passage obligatoire dans l'isoloir ;*
- *l'égalité du suffrage assurée par la soumission de tous les électeurs aux mêmes conditions d'accessibilité aux moyens d'expression du suffrage ;*
- *l'universalité du suffrage se rapportant à l'absence de tout facteur d'exclusion ou de discrimination des électeurs en raison de considérations liées à la naissance ou à la position sociale.*

SECTION PREMIÈRE

L'OUVERTURE ET LA FERMETURE DU BUREAU DE VOTE

11 – 15. *Il est procédé à l'ouverture et à la fermeture du bureau de vote dans les conditions prévues par le Code électoral, notamment aux articles L.63 et L.73, alinéa 2 qui disposent, d'une part, que le scrutin ne dure qu'un jour et a lieu le dimanche, d'autre part, que le décret de convocation des électeurs précise l'heure d'ouverture et de fermeture du scrutin.*

À noter à ce propos que l'article R.59, en précisant que le scrutin est ouvert à huit (8) heures et est clos le même jour à dix-huit (18) heures, semble en contradiction avec l'article L.72, alinéa 2 qui renvoie au décret de convocation des électeurs.

Mais en tout état de cause, l'autorité légale que confère le renvoi au décret de convocation et le caractère spécial de celui-ci en raison de son rapport à des élections déterminées feront prévaloir toutes dispositions de ce décret sur celles générales de l'article R.59.

I - L'OUVERTURE DE BUREAU

L'ouverture du bureau s'entend du moment à partir duquel les électeurs peuvent effectivement émettre leurs suffrages. L'article R.59 du Code électoral, sous réserve de l'observation faite ci-dessus, fixe à 8 heures ce moment. Pour se conformer à cette prescription, les membres du bureau doivent impérativement être présents avant le début du scrutin pour avoir le temps de vérifier la mise en place du matériel dans le bureau de vote ainsi que les documents électoraux nécessaires au bon déroulement du vote (Manuel de formation des membres des bureaux de vote sus-indiqué, p. 15).

Avant le début des opérations de vote, l'urne est ouverte afin que les membres du bureau et de la CENA ainsi que les mandataires ou représentants des candidats ou listes de candidats présents puissent vérifier qu'elle est bien vide. Cette exhibition faite, l'urne est fermée par des bracelets de scellement, comme indiqué à l'article L.79 du Code.

L'heure effective d'ouverture du bureau de vote est constatée par le président du bureau et doit être portée au procès-verbal des opérations.

II - LA CLÔTURE DU BUREAU

Le scrutin est clos le même jour à 18 heures. Toutefois, l'article R.59 du Code électoral prévoit que pour faciliter aux électeurs l'exercice de leur droit de vote, le gouverneur, le préfet ou le sous-préfet peut prendre un arrêté afin de retarder l'heure de clôture du scrutin dans l'ensemble ou une partie seulement de la circonscription électorale, par arrêté qui est aussitôt affiché à l'entrée des bureaux de vote concernés.

Cette mesure doit être exceptionnelle et être justifiée par la nécessité de compenser un retard important à l'ouverture du bureau de vote.

Mais, dans tous les cas, le vote des électeurs qui se trouvent dans la file d'attente du bureau doit être impérativement enregistré par le bureau. Aussi, le président du bureau de vote doit veiller, avec le concours du service d'ordre disponible, à ce que les électeurs qui n'étaient pas dans la file d'attente à l'heure de la clôture ne puissent pas s'y introduire. L'article R.67, alinéa 2 qui vise les électeurs « ayant pénétré dans la salle de vote avant l'heure de clôture » désigne en fait ces électeurs de la file d'attente qui peuvent être dans ou hors de la salle en fonction de la configuration des locaux abritant le bureau de vote.

À l'issue du scrutin, le président du bureau constate l'heure de la fin effective des opérations de vote qui doit être portée au procès-verbal.

SECTION II
LES OPÉRATIONS DU BUREAU PENDANT LE VOTE

Placé sous l'autorité du président, le bureau de vote reçoit les suffrages des électeurs, règle provisoirement les incidents et procède à la clôture du scrutin, au dépouillement du vote et à la proclamation des résultats.

I - LA POLICE DU BUREAU DE VOTE

11 – 16. *Le président est responsable de la police du bureau de vote et peut, en cas de besoin, requérir la force publique si les nécessités du maintien de l'ordre dans la salle de vote et ses abords immédiats l'exigent.*

Il peut procéder à des expulsions en cas de troubles et perturbations dûment constatés par lui et les autres membres du bureau.

Mais pour que cette prérogative ne soit utilisée qu'à mauvais escient, il est prévu, d'une part, qu'en cas d'expulsion d'un représentant d'un candidat ou d'une liste de candidats, ce dernier soit immédiatement remplacé par un membre suppléant représentant le même candidat ou liste de candidats, d'autre part, que deux membres du bureau de vote doivent être obligatoirement présents pendant tout le cours des opérations de vote.

Le président doit veiller à ce que le bureau ne s'occupe pas d'autre objet que de la réception des suffrages des électeurs sans se laisser distraire par des discussions ou délibérations sur d'autres sujets.

II – LA RÉCEPTION DES SUFFRAGES

11 – 17. *Les électeurs régulièrement inscrits sur la liste électorale du bureau de vote sont admis à y faire recevoir leurs suffrages, de même que les membres* *du bureau de vote et certaines personnes exerçant des fonctions dans le processus électoral après s'être fait identifier.*

A - L'IDENTIFICATION DE L'ÉLECTEUR

Traditionnellement, à son entrée dans le bureau de vote, l'électeur doit s'identifier par :

- la présentation de la carte d'électeur comportant les renseignements portés également sur la liste d'émargement mis à la disposition du bureau de vote, ce qui permet de vérifier que l'électeur est admis à voter dans le bureau ;

- la justification de son identité par la présentation de la carte d'identité nationale (cf. supra n° 08-17), étant entendu que cette formalité et la précédente seront désormais confondues avec l'adoption de la carte d'identité CEDEAO, carte multifonction comportant au verso des données électorales à partir de 2017.

B - LES OPÉRATIONS MATÉRIELLES DU VOTE

Après son identification par le bureau de vote, l'électeur accomplit les actes matériels suivants, qui réalisent son vote :

- prendre soi-même une enveloppe électorale et un bulletin de vote de tous les candidats ou de toutes les listes de candidats. À ce propos, est nul le vote de l'électeur qui, en violation du secret du vote, aura seulement pris un seul bulletin d'un candidat ;

- passer à l'isoloir et une fois à l'abri du regard des tiers, introduire le seul bulletin de son choix dans l'enveloppe, car si l'enveloppe contient deux bulletins différents, le vote est nul et les bulletins identiques trouvés dans la même enveloppe ne comptent que pour un seul ;

- se faire mettre, par l'un des membres du bureau, de l'encre indélébile à un doigt ;

- introduire l'enveloppe dans l'urne ;

- signer ou apposer son index préalablement roulé sur un tampon encreur sur la liste électorale en marge de son nom.

Pour l'accomplissement de ces formalités, l'électeur atteint d'une infirmité le mettant dans l'impossibilité d'y procéder est, sur sa demande, autorisé à se faire assister par un électeur de son choix ou par un membre du bureau de vote conformément à l'article L.80 du Code électoral.

L'omission de l'une de ces formalités doit faire l'objet d'une mention au procès-verbal auquel sont annexés l'enveloppe et le bulletin matérialisant le vote présumé irrégulier.

Après le vote, la case de la liste d'émargement correspondant à l'électeur est estampillée du cachet « A VOTÉ » et du timbre de la date du scrutin comme prescrit à l'article R.71 du Code électoral.

III - LE RÈGLEMENT DES INCIDENTS

11 – 18. *Aux termes des dispositions de l'article L.81 du Code électoral, le bureau de vote règle provisoirement les difficultés qui peuvent survenir au cours des opérations de vote.*

Dans le passé, les difficultés relatives à l'identification de l'électeur étaient récurrentes, mais vont devenir plus rares avec l'adoption de l'émission simultanée de la carte d'identité numérisée et de la carte d'électeur en 2004, suivie de l'adoption de la carte multifonction comportant au verso des données électorales en 2016.

Il faut néanmoins rappeler pour mémoire qu'avant ces réformes, quand, à l'occasion du vote, une différence entre certaines mentions de la carte d'électeur et de la pièce justifiant de l'identité de l'électeur était constatée, le président qui devait associer les autres membres du bureau à la vérification pouvait décider – s'il ne s'agit que d'erreurs de transcription – que cette différence ne faisait pas obstacle à la réception du vote, sinon l'intéressé n'était admis à voter que s'il était détenteur d'un certificat de conformité délivré par le président du Tribunal départemental compétent. Le problème de l'identification de l'électeur n'en constituait pas moins une cause de contestation voire parfois de perturbation du scrutin et ce, en dépit du fait que la décision d'admettre ou non un électeur relève de l'imperium du président du bureau en vertu de son pouvoir de police qui ne saurait se diluer dans une quelconque collégialité, les autres membres du bureau ne pouvant que porter les observations qu'ils estiment nécessaires au procès-verbal qui devrait comprendre un espace suffisant destiné à recevoir lesdites observations, observations qui pourraient être faites aussi sur des feuillets annexés au procès-verbal si cela s'avère nécessaire.

Le bureau règle également les incidents relatifs à la validité des bulletins trouvés dans les enveloppes et peut déclarer nuls les bulletins irréguliers.

SECTION III

LE DÉPOUILLEMENT DES VOTES

Le dépouillement consiste au décompte des suffrages exprimés et des voix obtenues par chaque candidat ou liste de candidats. Il doit commencer à partir de 18 heures, mais seulement à partir de cette heure, après la réception des votes des électeurs qui pourraient encore se trouver dans la salle de vote. Ainsi, même si à un moment donné, il n'y a plus d'électeurs présents, le dépouillement ne peut commencer avant l'heure légale de clôture du bureau de vote.

I - LES OPÉRATIONS PRÉPARATOIRES AU DÉPOUILLEMENT

11 – 19. *Avant le dépouillement des votes enregistrés dans le bureau de vote, des documents permettant un décompte des inscrits, des votants, des suffrages exprimés et des votes nuls sont mis à disposition après la vérification de l'urne et la désignation des scrutateurs.*

A - LA MISE À DISPOSITION DES DOCUMENTS POUR LE DÉPOUILLEMENT

Pour procéder au dépouillement, il est mis à la disposition des membres du bureau de vote et des scrutateurs, outre les listes d'émargements, des feuilles de pointage et des fiches de dépouillement.

Ces feuilles de pointage et fiches de dépouillement ne constituent toutefois que des instruments de facilitation des opérations de dépouillement, et leur absence accidentelle ne saurait entamer la régularité des opérations électorales. Dans ce sens, s'agissant des fiches récapitulatives qui sont documents similaires, le Conseil constitutionnel, statuant en matière électorale en vue de la proclamation définitive des résultats des élections législatives du 1er juillet 2012, sur le grief fondé sur l'allégation d'une discrimination de la part de la Commission nationale de recensement des votes pour n'avoir pas équitablement mis à la disposition des représentants des listes de candidats la totalité des fiches récapitulatives constituant selon les requérants une violation grave du principe de l'égalité des candidats devant la loi, a estimé de manière péremptoire que :

> *« les fiches récapitulatives évoquées ne sont pas des documents prévus par la réglementation électorale [et] leur non-distribution ne peut constituer une rupture d'égalité entre les candidats » (Conseil constitutionnel, Décision, Séance du jeudi 12 juillet 2012).*

Cette solution réaffirmée dans le cadre du contentieux des élections législatives est transposable dans le cadre du contentieux de l'élection présidentielle et des élections locales.

B - LA VÉRIFICATION DU CONTENU DE L'URNE

Avant le dépouillement, il est procédé à la vérification du contenu de l'urne et au décompte du nombre d'enveloppes, qui est confronté avec celui des émargements. Tout écart doit alors faire l'objet d'une mention au procès-verbal comme prescrit à l'article L.83 du Code électoral.

C - LA DÉSIGNATION DE SCRUTATEURS

Le bureau désigne, à la clôture du scrutin, parmi les électeurs présents au moins quatre scrutateurs sachant lire et écrire dans la langue officielle et qui assistent matériellement les membres du bureau de vote dans les opérations de dépouillement.

II - LES OPÉRATIONS DE DÉPOUILLEMENT PROPREMENT DITES

11 – 20. *Après la vérification individuelle des bulletins de vote, les suffrages sont dénombrés pour être portés sur le procès-verbal des opérations de vote.*

A - LA VÉRIFICATION DES BULLETINS

Chaque bulletin fait l'objet d'une vérification avec l'aide des scrutateurs désignés. C'est ainsi que l'un des scrutateurs extrait le bulletin de chaque enveloppe et le transmet à un deuxième scrutateur qui en donne lecture à haute voix pour permettre que les autres scrutateurs, qui sont au moins au nombre de deux, puissent relever sur les feuilles de pointage le nombre de suffrages valablement exprimés qui se sont portés sur chaque candidat ou liste de candidats ainsi que le nombre de bulletins nuls.

B - LE DÉNOMBREMENT DES SUFFRAGES VALABLEMENT EXPRIMÉS

Il est procédé au dénombrement des suffrages exprimés en retranchant, du nombre des bulletins trouvés dans l'urne, le nombre des bulletins nuls et, s'il y a lieu, des bulletins blancs ainsi que des bulletins trouvés dans l'urne sans enveloppe ou des enveloppes trouvées dans l'urne sans bulletin.

C - LE DÉNOMBREMENT DES BULLETINS NULS

Sont considérés comme bulletin nuls :

- *les bulletins sur lesquels les votants se sont fait connaître ;*
- *les bulletins trouvés dans l'urne sans enveloppe ou dans des enveloppes non réglementaires ;*
- *les bulletins ou enveloppes portant des signes extérieurs ou intérieurs de reconnaissance ;*
- *les bulletins non réglementaires qui sont souvent dans la pratique des spécimens de bulletin utilisés par des électeurs non avertis.*

Les signes d'identification ou de reconnaissance considérés comme cause de nullité doivent être assez explicites pour justifier une telle sanction. Aussi, un défaut, comme une petite déchirure ou une tache, pouvant être occasionné par une maladresse de manipulation, mais sans aucune signification apparente ne doit pas être une cause de nullité du suffrage exprimé par le bulletin qui en est affecté.

Dans la pratique, les bulletins irréguliers en raison de leur non-conformité avec les spécifications réglementaires résultent souvent de l'utilisation par l'électeur non averti des spécimens de bulletins servant à la propagande et distribués à cette fin pendant la campagne électorale par les candidats.

Les bulletins considérés comme nuls et les enveloppes non réglementaires sont annexés au procès-verbal pour en permettre l'examen éventuel dans les phases ultérieures du processus électoral.

D - LA DÉTERMINATION DES SUFFRAGES OBTENUS

Les suffrages obtenus par chaque candidat ou liste de candidats sont dénombrés en cumulant les résultats du pointage effectué par les scrutateurs au fur et à mesure de la vérification individuelle des bulletins.

SECTION IV
LA RÉDACTION DU PROCÈS-VERBAL DES OPÉRATIONS

11 – 21. *Après le dépouillement, le procès-verbal des opérations électorales est rédigé par le secrétaire du bureau, dans la salle de vote, en présence des membres du bureau et dans les conditions prévues à l'article R.72 du Code électoral.*

Le procès-verbal comporte les mentions suivantes :

- les observations ou réclamations formulées par les membres du bureau, les délégués de la Cour d'appel compétente, les superviseurs et éventuels contrôleurs de la CENA ainsi que les plénipotentiaires, les mandataires ou les représentants des candidats ou listes de candidats ;

- les décisions motivées prises par le bureau sur les différents incidents qui ont pu se produire au cours des opérations, décisions prises par consensus ou, à défaut, prises par le président et, dans ce cas, s'il y a lieu, accompagnées des observations dissidentes des membres du bureau ;

- le nombre d'inscrits, de votants, d'enveloppes trouvées dans l'urne, de bulletins blancs éventuellement, de bulletins nuls, de suffrages valablement exprimés, de suffrages obtenus par candidat ou liste de candidats ;

- la signature de tous les membres du bureau ou, en cas de refus de signer d'un membre, la mention de ce refus et éventuellement les raisons invoquées à l'appui de ce refus.

Si le procès-verbal n'est pas signé par un ou plusieurs membres du bureau, cette seule circonstance n'emporte pas en elle-même nullité du procès-verbal, mais constitue seulement un des éléments d'appréciation de la sincérité du scrutin. Il en est de même en cas de défaut d'annexion des enveloppes sans bulletin et des bulletins nuls sauf si de telles omissions ne traduisent des manœuvres frauduleuses susceptibles de vivier la sincérité du vote.
Un exemplaire du procès-verbal rédigé dans les conditions sus-décrites est remis à chaque membre du bureau de vote (article L.86, alinéa 1er). Aussi doit-il être rédigé en suffisamment d'exemplaires destinés à ces membres et au superviseur de la CENA et à tout délégué de la Cour d'appel à sa demande.

Dans la pratique, la rédaction du procès-verbal en autant d'exemplaires qu'il y a d'ayants droit peut être source de quelques difficultés en l'absence d'un outil de duplication adéquat. Les membres du bureau et les représentants des candidats ou listes de candidats peuvent alors être mis à contribution pour rédiger chacun un exemplaire. Dans ce cas, pour éviter toute transcription de données erronées, il est recommandé d'aviser les membres du bureau que les exemplaires une fois rédigés sont retirés aux différents transcripteurs pour être réattribués afin que chacun soit détenteur de l'exemplaire rédigé par un autre et puisse en être l'efficace vérificateur.

SECTION V

LA PROCLAMATION ET LA TRANSMISSION DES RÉSULTATS DU BUREAU

11 – 22. *Aussitôt le dépouillement des votes terminé et le procès-verbal rédigé, le président du bureau de vote procède à une lecture à haute voix des résultats, qui sont aussitôt affichés à l'entrée de la salle de vote. Cet affichage et l'annonce publique préalable constituent la proclamation des résultats.*

L'original du procès-verbal et les pièces annexées sont transmis au président de la Commission départementale de recensement des votes, sous pli scellé, en présence des membres du bureau de vote, suivant un plan de ramassage des plis établi par l'autorité administrative et mis en œuvre, sous le contrôle des délégués de la Cour d'appel, par les personnes choisies parmi les personnes assermentées, les présidents des bureaux de vote ou les membres des forces armées.

Ce plan de ramassage validé par la CENA qui en reçoit la notification trois jours avant le jour du scrutin est porté à la connaissance des candidats ou listes de candidats dont les représentants peuvent en suivre l'exécution avec le soutien de l'administration, soutien pouvant consister à assurer le transport à ces représentants.

En cas de destruction, de substitution, de perte ou de vol de l'original du procès-verbal, les exemplaires présentés par les deux tiers des représentants de candidats ou de listes de candidats font foi au même titre que celui de la CENA.

CHAPITRE V
LE CONTRÔLE DES OPÉRATIONS ÉLECTORALES

Les opérations de l'élection présidentielle, des élections législatives, ainsi que des élections départementales et municipales, sont soumises à un double contrôle en temps réel : un contrôle exercé par les protagonistes politiques et un contrôle administratif exercé parallèlement par les deux organes distincts que sont la CENA et la Cour d'appel.

SECTION PREMIÈRE
LE CONTRÔLE DES OPÉRATIONS ÉLECTORALES PAR LES PROTAGONISTES POLITIQUES

11 – 23. *Outre les représentants des candidats qui siègent comme membres du bureau de vote, les délégués de la Cour d'appel, les superviseurs et contrôleurs de la CENA, diverses personnes habilitées et munies de cartes spéciales délivrées par l'Administration peuvent contrôler, conformément aux dispositions des articles L.68 et L.71 du Code électoral, l'ensemble des opérations électorales depuis l'ouverture du bureau de vote jusqu'à la proclamation et l'affichage des résultats.*

Ce sont le plénipotentiaire et le mandataire de chaque candidat ou liste de candidats ainsi que les candidats eux-mêmes.

I - L'OFFICE DU PLÉNIPOTENTIAIRE

Le plénipotentiaire du candidat ou de la liste de candidats, désigné auprès des autorités administratives compétentes, habilité à exercer son contrôle dans l'ensemble des bureaux de vote de la circonscription administrative concernée. Il peut faire inscrire, par l'intermédiaire du mandataire de son candidat ou liste de candidats, conformément aux articles L.68, L.71 et R.64, alinéas 1er, ses contestations et observations sur le procès-verbal des bureaux de vote de son secteur de compétence.

Le secteur de compétence du plénipotentiaire comprend l'ensemble des bureaux de la circonscription électorale dans laquelle il a été désigné et qui correspond pour l'élection présidentielle et les élections législatives aux bureaux du département.

Pour les élections départementales, son secteur de compétence s'étend aux bureaux du département et pour les élections municipales aux bureaux de la commune, si la liste de candidats n'est présentée qu'à ces dernières élections.

II - L'OFFICE DU MANDATAIRE

Le mandataire de chaque candidat ou liste de candidats est habilité à exercer son contrôle dans plusieurs bureaux de vote d'un même lieu de vote. Il peut exiger l'inscription de ses contestations et observations sur le procès-verbal des bureaux du lieu de vote où il a été désigné, en application des articles L.71, alinéas 4 et 5 et R.64, alinéa 2 du Code électoral.

À noter que l'article R.64, alinéa 3 du Code, qui prévoit que « les candidats à l'élection présidentielle et leurs mandataires ont accès à tous les bureaux de vote du territoire national », semble en contradiction avec les dispositions de l'article L.71, alinéa 5. En fait, il faut distinguer le mandataire désigné par l'autorité administrative pour représenter les candidats ou listes de candidats dans un lieu de vote du mandataire officiant à l'occasion des autres phases du processus électoral et visé aux articles LO.118, LO.129, alinéa 2, LO.134, alinéas 1er et 2, L.171, L.173, L.175, LO.179, LO.180, LO.181, LO.192 et LO.197, qui concerne l'élection des Hauts conseillers dont l'énoncé suivant est suffisamment explicite quant à la dimension nationale de ce mandataire quand il précise qu'« un mandataire est désigné, au niveau national » à l'effet de représenter tout parti politique, toute coalition de partis politiques légalement constitués ou toutes entités regroupant des personnes indépendantes, ayant satisfait aux conditions exigées pour présenter une liste de candidats.

Les mandataires au lieu de vote doivent donc être distingués des mandataires des candidats ou listes de candidats au niveau national exerçant leurs fonctions dans les phases du processus électoral à partir du dépôt des candidatures.

I - L'OFFICE DU CANDIDAT

« Chaque candidat a libre accès à tous les bureaux de vote de la circonscription dans laquelle il a fait acte de candidature [et] peut exiger l'inscription au procès-verbal de toutes ses observations et contestations », comme énoncé à l'article L.71, alinéa 7 du Code électoral.

Les candidats exercent le contrôle sur les opérations de vote suivant des modalités spécifiques à chaque élection :

- *les candidats à l'élection présidentielle ont accès à tous les bureaux de vote du territoire national et peuvent y faire inscrire leurs observations et contestations sur le procès-verbal de tous les bureaux de vote, en application des articles L.71, alinéa 1er et R.64 alinéa 3 du Code électoral ;*

- les candidats ainsi que leurs suppléants aux élections législatives ont accès à l'ensemble « des bureaux de vote de la circonscription électorale dans laquelle ils se présentent », conformément aux articles LO.187, LO.134, alinéa 1er et R.64, alinéa 4 (au regard de cette formule et de celle de l'article L.71, alinéa 7 sus-énoncé, il est parfaitement concevable que les candidats au scrutin de liste nationale soient admis à exercer un contrôle dans l'ensemble des bureaux de vote du territoire national) ;

- les candidats et leurs suppléants aux élections départementales ont accès à tous les bureaux de vote du département dans lequel ils se présentent ;

- les candidats et leurs suppléants aux élections municipales ont accès à tous les bureaux de vote de la commune dans laquelle ils se présentent.

La loi n'a pas précisé le document dont seront porteurs les candidats et qui pourront attester de leur qualité, mais comme ils figurent sur les listes de candidats disponibles aux bureaux de vote, ils devront simplement donner la preuve de leur identité s'il y a lieu.

In fine, il faut relever les inconvénients que peut comporter la superposition des divers contrôles avec :

- le contrôle effectué par les acteurs institutionnels que sont les délégués de la Cour d'appel et les contrôleurs et superviseurs de la CENA ;

- le contrôle par les protagonistes politiques que sont les mandataires, les plénipotentiaires et les représentants de candidats siégeant comme membres du bureau ainsi que les candidats eux-mêmes.

Cette multiplicité de contrôleurs est certes un gage de transparence, mais peut aussi parfois être source d'un encombrement préjudiciable au bon déroulement des opérations électorales. Aussi, pour parer au cas échéant d'une escouade de contrôleurs malintentionnés pouvant converger vers un bureau pour troubler la sérénité du scrutin, le pouvoir de police du président du bureau de vote devrait l'autoriser à limiter les contrôleurs non institutionnels admis simultanément au bureau. Mais faute d'une consécration légale d'une telle prérogative, il doit rechercher un consensus au sein du bureau pour éviter l'encombrement.

SECTION II

LE CONTRÔLE DES OPÉRATIONS PAR LES INTERVENANTS INSTITUTIONNELS

En même temps que les représentants des candidats ou listes de candidats qui sont membres des bureaux de vote et des commissions départementales et nationale de recensement des votes, la CENA et la Cour d'appel veillent à la régularité des opérations électorales.

I - LE CONTRÔLE DE LA CENA

11 – 24. *Aux termes des dispositions de l'article L.11 du Code électoral, les attributions de la CENA consistent entre autres à :*

- superviser et contrôler, avec les partis politiques, la mise en place du matériel et des documents électoraux ;

- veiller à la régularité de la composition des bureaux de vote en validant la nomination des membres, ainsi que celle des opérations de vote, de dépouillement des bulletins de vote, de recensement des suffrages ;

- superviser le ramassage et la transmission des procès-verbaux des bureaux de vote aux lieux de centralisation et de recensement des résultats.

Pour accomplir ces tâches, la CENA s'adjoint, le jour du scrutin, des superviseurs qui procèdent à des contrôles, sur pièce et sur place, comme indiqué aux articles L.19 du Code électoral.

Dans l'exécution de sa mission, si la CENA constate des cas de contravention aux dispositions législatives et réglementaires régissant l'élection, imputables à une autorité administrative, elle invite celle-ci à prendre les mesures de correction appropriées et si cette invite s'avère vaine, elle propose au supérieur hiérarchique exerçant le pouvoir disciplinaire des sanctions contre le fonctionnaire ou agent public responsable.

La CENA peut également, s'il y a lieu, saisir les juridictions compétentes qui statuent sans délai et, en tout état de cause, avant la fin du scrutin comme prescrit à l'article L.13 du Code électoral. De même, les manquements commis par les partis politiques, les candidats et les électeurs peuvent être portés par la CENA devant les juridictions compétentes.

Ces dispositions du Code électoral dont la mise en application peut être le fondement de l'érection d'un référé électoral ne sont utilisées que de façon marginale. La CENA – qui a accès aux médias du service public (article L.18, alinéa 4) et dont les communiqués et déclarations sont relayés très efficacement par tous les médias – a dans le passé joué plutôt sur le registre de la dénonciation publique comme moyen de dissuasion et de pression.

Ainsi, la saisine des juges demeure exceptionnelle et se limitera presque toujours à la saisine du juge pénal par le biais d'une plainte adressée au procureur de la République ou par citation directe sur le fondement de l'article L.13, alinéas 5 à 7 du Code électoral, alors que le juge des référés juge de l'urgence – conformément aux dispositions des articles 205 et 207 du Code de procédure civile, si le cas requiert célérité, comme en matière d'opérations électorales –, peut statuer « soit à l'audience, soit en son hôtel, à heure indiquée, même les jours de fête [après] assignation donnée en vertu de l'ordonnance qui commet un huissier à cet effet ».

D'ailleurs, le législateur semble inciter à une telle démarche avec l'institution d'une ébauche de procédure de référé, notamment à l'article L.13, alinéa 4 du Code électoral qui dispose que « les manquements commis par les partis politiques, les candidats ou les électeurs, sont portés par la CENA devant les autorités judiciaires qui statuent dans les soixante-douze (72) heures à compter de la saisine ».

Pour l'efficacité de son contrôle, la CENA – qui n'est composée que de douze (12) membres dans sa portion centrale, de cinq (5) membres composant chacune des Commissions Électorales Départementales Autonomes (CEDA) ou Délégations Extérieures de la Commission Électorale Nationale Autonome (DECENA) – peut s'adjoindre, le jour du scrutin, de « superviseurs ».

Les gouverneurs, préfets et sous-préfets, les agents de l'administration territoriale, les maires, les présidents de conseil départemental, les chefs de village ainsi que les présidents de bureau de vote sont tenus de fournir aux membres de la CENA et de ses démembrements tous renseignements utiles et de leur communiquer, comme prescrit à l'article L.18, alinéas 4 et 5 du Code électoral, tous les documents dont ils peuvent avoir besoin dans l'exercice de leurs fonctions.

La CENA peut également, dans la supervision et le contrôle de l'élection, collaborer avec les observateurs internationaux invités par le gouvernement.

II - LE CONTRÔLE DE LA COUR D'APPEL

11 – 25. *La Cour d'appel – qui est appelée aussi à effectuer un contrôle juridictionnel limité à travers les attributions conférées à la Commission nationale de recensement des votes, qui est instituée à son niveau pour procéder au recensement général et à la proclamation des résultats provisoires des élections nationales (cf. infra n^{os}15-09 à 15-18 et n°s 20-03 à 20-12) et un contrôle a posteriori à travers le contentieux électoral des élections locales (cf. infra n°s 27-03 à 27-16) –, exerce un contrôle administratif sur les opérations électorales dans des modalités qui s'apparentent à celles caractérisant le contrôle de la CENA et qui sont précisées aux articles LO.133 et LO.134 du Code électoral.*

Ce contrôle est effectué par des délégués nommés par ordonnance du Premier président de la Cour d'appel et qui procèdent, le jour du scrutin, à des contrôles inopinés sur pièces et sur place, munis d'un ordre de mission. Ces délégués sont chargés de veiller à la régularité de la composition des bureaux de vote, des opérations de vote, du dépouillement des suffrages, des opérations de ramassage et de transmission des procès-verbaux et, de façon générale, au respect du libre exercice des droits des électeurs et des candidats.

Dans le cadre de leur mission, les délégués de la Cour d'appel ont accès à tout moment aux bureaux de vote et peuvent exiger l'inscription de toute observation sur les procès-verbaux des bureaux de vote avant leur transmission et la délivrance d'un exemplaire de ces procès-verbaux.

À l'issue du scrutin, le délégué de la Cour d'appel dresse un rapport sur les contrôles effectués, rapport qui est remis au Premier président de la Cour d'appel au plus tard dans les vingt-quatre (24) heures qui suivent la clôture du scrutin avec copie au président de la Commission départementale de recensement des votes.

CHAPITRE VI

QUELQUES CONSIDÉRATIONS SUR UNE POSSIBLE ÉVOLUTION VERS L'ADOPTION D'UN VOTE ÉLECTRONIQUE

11 – 26. *La revue des différentes phases du vote révèle une certaine modernisation et une plus grande fiabilité des procédés d'identification de l'électeur, qui a abouti à l'adoption, à partir de 2006, du procédé de l'émission simultanée de la carte d'identité nationale dite numérisée et d'une carte d'électeur, qui a constitué sans aucun doute une avancée importante pour la fiabilisation du fichier électoral, puis à l'adoption d'une carte d'identité munie d'une puce électronique servant également de carte d'électeur, option dont la mise en œuvre est consécutive à l'application d'une recommandation de la Communauté Économique des États de l'Afrique de l'Ouest (CEDEAO) adoptée lors de la 46ème session de la Conférence des chefs d'État et de gouvernement tenue le 10 juillet 2014 à Accra.*

Par contre, les opérations matérielles qui réalisent le vote proprement dit semblent figées dans une gestuelle surannée, ce qui incline à envisager l'option du vote électronique apparaissant a priori comme la panacée pour des élections transparentes et sereines, même si la mise en œuvre suscite quelques réserves.

En effet, le vote par l'ancienne carte d'identité numérisée ou l'actuelle carte CEDEAO à puce multifonction ne présente des avantages significatifs que si le vote est électronique.

Mais une telle option suppose, d'une part, l'équipement du bureau de vote d'un matériel électronique adapté et l'utilisation d'un logiciel de gestion des données (réception des votes), d'autre part, la garantie de l'intégrité des données collectées (résultats des votes) et la sécurisation de leur transmission vers un ou plusieurs serveurs (centralisation des résultats au niveau des commissions de dépouillement et disponibilité de ceux-ci au niveau des instances de gestion des contentieux éventuels).

Par ailleurs, ce vote électronique, en raison de la dématérialisation des opérations, ne présente pas les mêmes garanties de fiabilité aux yeux des protagonistes de l'élection en raison de l'apparente opacité du système de gestion des données informatiques. Il peut, en outre, être déprécié dans la pratique par des facteurs comme l'analphabétisme de certains électeurs ainsi que les éventuels piratages et bugs informatiques, toutes choses qui peuvent être à l'origine d'infinis soupçons et contestations, voire à de sérieuses perturbations du processus électoral.

Enfin, il faut bien admettre, au risque de paraître passéiste, que ce type de vote électronique pourrait faire regretter cette bonne vieille méthode du vote manuel et son rituel citoyen, avec le cérémonial parfois ponctué d'un geste un tantinet théâtral de l'introduction de l'enveloppe dans l'urne transparente et cadenassée, avec l'émargement et l'estampillage de la liste des électeurs, le marquage digital à l'encre indélébile, et enfin, avec la solennité du décompte des suffrages mené sous la vigilante attention des superviseurs institutionnels, des représentants des candidats, des scrutateurs et autres acteurs.

Mais en tout état de cause, le vote électronique s'impose comme la solution d'avenir dans la logique de l'évolution technologique, même si son adoption requiert quelques préalables.

❖

CHAPITRE VI
DISPOSITIONS PÉNALES

Article L.88.- Toute personne qui se fait inscrire sous un faux nom ou une fausse qualité ou qui, en se faisant inscrire a dissimulé une incapacité prévue par la loi, ou qui réclame et obtient une inscription sur deux ou plusieurs listes, sera punie d'un emprisonnement d'un mois à un an et d'une amende de 10 000 à 100 000 FCFA.

Article L.89.- Sera punie des peines prévues à l'article L.88 toute personne qui se fait délivrer ou produit un faux certificat d'inscription ou de radiation sur les listes électorales.
Celui qui, déchu du droit de voter, par suite d'une condamnation judiciaire, soit par suite d'une faillite non suivie de réhabilitation, a voté, soit en vertu d'une inscription sur les listes antérieures à sa déchéance, soit en vertu d'une inscription postérieure, mais opérée sans sa participation, sera puni d'un emprisonnement de quinze (15) à vingt (20) jours et d'une amende de 5 000 à 50 000 FCFA.

Article L.90.- Quiconque a voté dans une assemblée électorale, soit en vertu d'une inscription obtenue dans les deux premiers cas prévus par l'article L.88, soit inscrit en prenant faussement les noms et qualités d'un électeur inscrit, sera puni d'un emprisonnement de six (06) mois à deux (02) ans et d'une amende de 20 000 à 200 000 FCFA.

Article L.91.- Sera puni des peines prévues à l'article L.90 tout citoyen qui a profité d'une inscription multiple ou d'un tout autre procédé pour voter plus d'une fois.

La même peine est appliquée à quiconque a empêché, par inobservation volontaire de la loi, l'inscription sur une liste électorale d'un citoyen remplissant les conditions fixées par le présent Code.

Article L.92.- Quiconque étant chargé dans un scrutin de recevoir, compter ou dépouiller les bulletins contenant les suffrages des citoyens, a soustrait, ajouté ou altéré des bulletins ou a lu un nom autre que celui inscrit sera puni d'un emprisonnement de six (06) mois à deux (02) ans au plus.

Toutes autres personnes coupables des mêmes faits énoncés dans l'alinéa premier seront punies d'un emprisonnement de deux (02) à six (06) mois et de l'interdiction du droit de voter et d'être éligible pendant deux (02) ans au moins et cinq (05) ans au plus.

Article L.93.- Toute infraction aux dispositions de l'article L.62 sera punie des peines prévues à l'article L.88.

Quiconque, sachant qu'il est dans un état d'incapacité pour cause de violation de la loi électorale aura accepté de remplir une fonction dans le processus électoral sera puni des peines prévues à l'article L.88.

Article L.94.- Quiconque est rentré dans une assemblée électorale avec une arme apparente sera passible d'une amende de 100 000 à 1 000 000 de FCFA.

La peine sera d'un emprisonnement de trois (03) à six (06) mois et d'une amende de 100 000 à 1 000 000 de FCFA si l'arme est cachée.

Article L.95.- Quiconque, à l'aide de fausses nouvelles, bruits calomnieux ou autres manœuvres frauduleuses, a surpris ou détourné des suffrages ou déterminé un ou plusieurs électeurs à s'abstenir de voter, sera puni d'un emprisonnement d'un mois à un an et d'une amende de 30 000 à 300 000 FCFA.

Article L.96.- Quiconque, par attroupements, clameurs ou démonstrations menaçantes, aura troublé les opérations d'un corps ou collège électoral, porté atteinte à l'exercice du droit électoral ou à la liberté du vote, sera puni d'un emprisonnement de six (06) mois à deux (02) ans et de l'interdiction du droit de voter et d'être éligible pendant cinq (05) ans au moins et dix (10) ans au plus

Article L.97.- Toute irruption dans un bureau de vote, consommée ou tentée avec violence, en vue d'empêcher un choix, sera punie d'un emprisonnement d'un (01) à cinq (05) ans et d'une amende de 300 000 à 600 000 FCFA.

Article L.98.- Si les coupables sont porteurs d'armes, ou si le scrutin a été violé, la peine sera l'emprisonnement de cinq (05) à dix (10) ans.

Article L.99.- La peine sera l'emprisonnement de cinq (05) à dix (10) ans dans les cas où les infractions prévues aux articles L.96 et L.97 ont été commises par suite d'un plan concerté pour être exécuté dans une ou plusieurs circonscriptions électorales.

Article L.100.- Les membres d'un corps ou collège électoral qui, pendant une réunion de celui-ci, se seront rendus coupables d'outrage ou de violences, soit envers le bureau, soit envers un de ses membres ou qui, par voie de fait ou menaces, auront retardé ou empêché les opérations électorales, seront punis d'un emprisonnement d'un mois à un an et d'une amende de 30.000 à 600.000 FCFA.

Si le scrutin a été violé, l'emprisonnement sera d'un (01) an à cinq (05) ans et l'amende de 300 000 à 600 000 FCFA.

Article L.101.- L'enlèvement de l'urne contenant les suffrages émis et non encore dépouillés sera puni d'un emprisonnement de cinq (05) ans et d'une amende de 300 000 à 600 000 FCFA.

Si cet enlèvement a été effectué en réunion avec violence, la peine sera l'emprisonnement de cinq (05) à dix (10) ans.

Article L.102.- La violation du scrutin, soit par les membres du bureau soit par les agents de l'autorité préposés à la garde des bulletins non encore dépouillés sera punie de l'emprisonnement de cinq (05) à dix (10) ans.

Article L.103.- La condamnation, s'il en est prononcé, ne pourra en aucun cas, avoir pour effet d'annuler l'élection déclarée valide par les pouvoirs compétents ou devenue définitive par l'absence de toute protestation régulière formulée dans les délais prévus par les lois pénales.

Article L.104.- Sera passible d'une amende de 50 000 à 500 000 FCFA tout candidat :

- qui utilise ou permet d'utiliser son panneau d'affichage dans un but autre que la présentation et la défense de sa candidature et de son programme, ses remerciements ou son désistement ;
- qui cède à un tiers son emplacement d'affichage.

Article L.105.- L'amende prévue à l'article L.104 est également applicable à toute personne qui a contrevenu aux dispositions de l'alinéa 3 de l'article L.60 et à l'article L.61.

Article L.106.- Quiconque, par des dons ou libéralités en espèces ou en nature, par des promesses de libéralité, de faveurs, d'emplois publics ou privés ou d'autres avantages particuliers, faits en vue d'influencer le vote d'un ou de plusieurs électeurs, a obtenu ou tenté d'obtenir leurs suffrages, soit directement, soit par l'entremise d'un tiers, sera puni de trois mois à deux ans d'emprisonnement et d'une amende de 20 000 à 200 000 FCFA.

La même peine est applicable à quiconque a déterminé ou tenté de déterminer, par les mêmes moyens, un ou plusieurs d'entre eux à s'abstenir.

Seront punis des mêmes peines, ceux qui auront agréé ou sollicité les mêmes dons, libéralités ou promesses.

Article L.107.- Ceux qui, soit par voie de fait, violences ou menaces contre un électeur, soit en lui faisant craindre de perdre son emploi ou d'exposer à un dommage sa personne, sa famille ou sa fortune, l'ont déterminé ou ont tenté de la déterminer à s'abstenir de voter ou ont influencé son vote, seront punis d'un emprisonnement d'un (01) mois à deux (02) ans, et d'une amende de 10 000 à 100 000 FCFA.

Article L.108.- Quiconque, en vue d'influencer le vote d'un corps ou collège électoral ou d'une fraction de ce corps ou collège, a fait des dons ou des libéralités, des promesses de libéralité ou de faveurs administratives, soit à une commune, soit à une collectivité quelconque de citoyens sera puni d'un emprisonnement de trois (03) mois à deux (02) ans et d'une amende de 20 000 à 200 000 FCFA.

Article L.109.- Dans les cas prévus aux articles L.105 et L.107, si le coupable est fonctionnaire ou agent de l'État, la peine sera doublée.

Article L.110.- En dehors des cas spécialement prévus par les dispositions des lois et décrets en vigueur, quiconque, soit dans une commission administrative, soit dans un bureau de vote ou dans les bureaux des mairies, des préfectures ou sous-préfectures ou en dehors de ceux-ci, avant, pendant ou après un scrutin, a par inobservation volontaire de la loi ou des atteintes ou tenté de porter atteinte à sa sincérité, empêché ou tenté d'empêcher les opérations du scrutin ou qui a changé ou tenté de changer le résultat, sera puni d'une amende de 20 000 à 100 000 FCFA, et d'un emprisonnement d'un mois à un an.

Si le coupable est fonctionnaire de l'ordre administratif ou judiciaire, agent ou préposé du gouvernement ou d'une administration publique, la peine sera portée au double.

Article L.111.- De l'ouverture officielle de la campagne électorale jusqu'à la proclamation des résultats du scrutin, aucun candidat ne peut être poursuivi, recherché, arrêté, détenu ou jugé pour des propos tenus ou des actes commis durant cette période et qui se rattachent directement à la compétition.

Article L.112.- Sera puni d'une amende de 20 000 à 100 000 FCFA et d'un emprisonnement de quinze (15) jours à trois (03) mois, quiconque aura contrevenu aux dispositions des articles L.62, LO.124 et LO.182.

Article L.113.- L'action publique et l'action civile intentées en vertu des articles L.88 à L.102, L.105 à L.107, L.109 ou pour infraction à l'article L.77, si les armes étaient apparentes, seront prescrites après six (06) mois à partir du jour de la proclamation du résultat de l'élection.

Article L.114.- Les dispositions des articles 101 à 105 du Code Pénal sont applicables dans la mesure où elles ne sont pas contraires aux dispositions du présent chapitre.

Article R.74.- Tout agent d'une collectivité publique qui se sera livré dans l'exercice de ses fonctions à des actes de propagande électorale sera puni d'une amende de 5 000 à 20 000 FCFA.

Article R.75.- L'imprimeur qui enfreindra les dispositions de l'article R.53 sera puni d'une amende de 5 000 FCFA par affiche imprimée.

❖

NOTE SUR LES INFRACTIONS COMMISES À L'OCCASION DES OPÉRATIONS ÉLECTORALES

12 – 01. *Le Code électoral comporte des catégories d'infractions applicables à des niveaux différents du processus électoral et qui sont susceptibles d'être commises :*

- *à l'occasion de l'inscription sur les listes électorales examinées dans la « Note sur l'établissement et la révision des listes électorales », sous les sections 2 et 3 du chapitre II du titre premier comprenant les articles L.39 à L.52 (cf. infra nos 07-43 à 08-49) ;*
- *pendant la campagne électorale (cf. infra no 13-34) ;*
- *au cours des opérations électorales qui sont, en raison des graves conséquences qu'ils sont susceptibles d'avoir sur la régularité de l'élection, pénalement sanctionnés suivant des modalités spécifiques.*

Cette dernière catégorie d'infractions – objet de la présente note – est constituée par les actes de nature à fausser les résultats du scrutin, à perturber le déroulement du scrutin ou à faire obstacle à l'exercice du droit électoral, ainsi que par les atteintes au secret du vote ou à sa sincérité.

La condamnation, qui sanctionne la responsabilité personnelle des auteurs de ces infractions, ne pourra, en aucun cas, comme précisé à l'article 104 du Code électoral, avoir pour effet d'annuler l'élection déclarée valide par les juges électoraux, ceux-ci pouvant néanmoins, dans le cadre du contentieux dont ils sont saisis, fonder leurs appréciations sur l'ensemble des éléments dont ils peuvent disposer et éventuellement sur des fraudes électorales dont l'ampleur dûment constatée a pu avoir une influence déterminante sur les résultats.

CHAPITRE PREMIER
LES ACTES DE NATURE À FAUSSER LES RÉSULTATS DU SCRUTIN

Les actes de nature à fausser les résultats du scrutin consistent soit en un vote accompli en vertu d'une inscription irrégulière, soit en une manipulation frauduleuse des résultats du scrutin.

SECTION PREMIÈRE
LE VOTE EN VERTU D'UNE INSCRIPTION IRRÉGULIÈRE

12 – 02. *L'inscription irrégulière – grâce à laquelle est émis le vote incriminé – peut revêtir plusieurs formes et est notamment constituée par une inscription périmée, une inscription frauduleuse ou une inscription multiple.*

I - LE VOTE EN VERTU D'UNE INSCRIPTION PÉRIMÉE

Le vote en vertu d'une inscription périmée est le fait de celui qui, déchu du droit de vote soit par suite d'une condamnation judiciaire, soit par suite d'une faillite non suivie de réhabilitation, a voté en vertu d'une inscription antérieure à sa déchéance ou en vertu d'une inscription postérieure opérée sans sa participation.

Les peines encourues sont un emprisonnement de 15 jours à 20 jours et une amende de 10 000 à 100 000 FCFA par application de l'article L.89, alinéa 2 du Code électoral.

II - LE VOTE EN VERTU D'UNE INSCRIPTION FRAUDULEUSE OU USURPÉE

Commet cette infraction celui qui a voté dans une assemblée électorale soit en vertu d'une inscription frauduleuse (cf. supra n° 112 et 113), soit en s'attribuant faussement l'identité d'un électeur inscrit.

Les peines encourues sont un emprisonnement de six (6) mois à deux (2) ans et une amende de 20 000 à 200 000 FCFA comme prévu à l'article L.90 du Code électoral.

III - LE VOTE EN VERTU D'UNE INSCRIPTION MULTIPLE

Ce délit – prévu à l'article L.91, alinéa 1er – est le fait pour un citoyen de profiter d'une inscription multiple pour voter plus d'une fois (cf. supra n° 08-06).

SECTION II
LA MANIPULATION FRAUDULEUSE DES RÉSULTATS

12 – 03. *Une double incrimination de manipulation frauduleuse des résultats du scrutin s'applique alternativement aux membres des bureaux de vote ou des commissions de recensement des votes et aux autres personnes.*

I - LA MANIPULATION FRAUDULEUSE DES SUFFRAGES PAR LES MEMBRES DES BUREAUX ET DES COMMISSIONS DE RECENSEMENT

Les membres des bureaux de vote ou des commissions de recensement – chargés dans un scrutin de recevoir, compter ou dépouiller les bulletins contenant les suffrages des citoyens – qui ont soustrait, ajouté ou altéré les bulletins ou ont lu un nom autre que celui inscrit, encourent par application des dispositions de l'article L.92, alinéa 1er du Code électoral un emprisonnement de six (6) mois à dix (10) ans et l'interdiction du droit de vote pendant deux (2) ans au moins et cinq (5) ans au plus.

II - LA MANIPULATION FRAUDULEUSE DES RÉSULTATS PAR QUICONQUE

Toute personne autre que celles visées ci-dessus, qui a commis les mêmes faits, encourt une peine de deux (2) à six (6) mois et l'interdiction du droit de vote pendant deux (2) ans au moins et cinq (5) ans au plus par application des dispositions de l'article L.92, alinéa 2 du Code électoral.

CHAPITRE II
LES ACTES DE NATURE À PERTURBER LE DÉROULEMENT DU SCRUTIN

Ce sont :

- les outrages et violences envers le bureau de vote ;

- l'enlèvement d'urne ou la violation du scrutin par les membres du bureau de vote et leurs collaborateurs, notamment les scrutateurs.

SECTION PREMIÈRE
LES OUTRAGES ET VIOLENCES ENVERS LES MEMBRES DE BUREAU DE VOTE ET LES VOIES DE FAIT OU MENACES AYANT PERTURBÉ LE SCRUTIN

12 – 04. *Ces actes divers – identifiés comme des outrages, des violences, des voies de fait ou des menaces – peuvent être regroupés dans deux catégories juridiquement définies comme infractions de droit commun : les voies de fait et les outrages.*

Dans le contexte électoral :

- la notion de « voies de fait » est définie comme toute démonstration par le geste ou par le son émis par la voix comme le cri ou grâce au sifflet ou tout autre instrument sonore, et qui est de nature à troubler la tranquillité d'un sujet donné ;

- celle de « violences » visée à l'article L.100 s'entend des violences légères devant être distinguées des violences graves qui consomment l'infraction de coups et blessures volontaires punies aux articles 294 et suivants du Code pénal et qui, commises à l'occasion des opérations électorales sont poursuivies sur le fondement de l'article L.97 du Code électoral (cf. infra n° 12-08) ;

- celle d'outrage peut être définie comme toute expression de nature à diminuer le respect dû à une autorité ou à inculper son honneur ou sa délicatesse ;

- la menace est constituée de propos ou geste avec l'intention de faire forte impression sur la victime de l'infraction quand bien même ces

propos n'auront eu aucun effet, sinon ces agissements seront assimilés à une voie de fait.

Cette précision faite, l'on peut remarquer que l'outrage ou la voie de fait punissable de peines de l'article L.100, alinéa 1er du Code électoral – emprisonnement d'un (1) mois à un (1) an et amende de 30 000 à 600 000 FCFA – doit, soit être dirigé contre les membres du bureau de vote soit avoir pour conséquence de retarder ou empêcher le déroulement des opérations électorales quand ces agissements sont dirigés vers d'autres personnes que les membres du bureau de vote.

Enfin, si les actes s'analysant en un outrage ou en une violence ou une voie de fait ont entraîné la violation du scrutin, l'emprisonnement d'un (1) an est porté à cinq (5) ans et l'amende est de 300 000 à 600 000 FCFA conformément à l'article L.100, alinéa 2 du Code électoral.

SECTION II
L'ENLÈVEMENT D'URNE ET LA VIOLATION DU SCRUTIN

12 – 05. *L'enlèvement d'urne contenant les suffrages émis et non encore dépouillés commis par un individu isolé est puni des peines prévues à l'article L.101, alinéa 1er soit d'un emprisonnement d'un (1) an à cinq (5) ans et d'une amende de 300 000 à 600 000 FCFA.*

Si l'enlèvement d'urne a été effectué en réunion avec violence – qui peut consister en des violences légères ou voies de fait ou en des violences plus graves – comme indiqué ci-dessus, la peine d'emprisonnement est de cinq (5) à dix (10) ans.

La violation du scrutin – qui peut être une atteinte au secret ou à la sincérité du scrutin – est le fait des membres du bureau de vote ou des agents de l'autorité proposés à la garde des bulletins non encore dépouillés et qui encourent par application des dispositions de l'article L.102 une peine d'emprisonnement de cinq (5) à dix (10) ans.

CHAPITRE III
LES ACTES DE NATURE À PORTER ATTEINTE À L'EXERCICE DU DROIT ÉLECTORAL

Les actes susceptibles de porter atteinte à l'exercice du droit électoral peuvent s'analyser en des manœuvres ayant pour objet de détourner les suffrages des électeurs, des actes d'intimidation, des violences physiques ou morales ou des actes de corruption.

SECTION PREMIÈRE

LES MANŒUVRES DE NATURE À TRAVESTIR L'EXPRESSION DU SUFFRAGE

12 – 06. *L'article L.95 punit d'un emprisonnement d'un (1) mois à un (1) an et d'une amende de 30 000 à 300 000 FCFA celui qui, à l'aide de fausses nouvelles, « bruits » calomnieux ou autres manœuvres, a surpris ou détourné des suffrages ou déterminé un ou plusieurs électeurs à s'abstenir de voter.*

SECTION II

LES ACTES D'INTIMIDATION AYANT POUR EFFET DE PORTER ATTEINTE À L'EXERCICE DU DROIT ÉLECTORAL

12 – 07. *Celui qui, par attroupements, clameurs ou démonstrations menaçantes, a troublé les opérations d'un collège électoral, porté atteinte à l'exercice du droit électoral ou à la liberté du vote, encourt par application des dispositions de l'article L.96 du Code électoral une peine d'emprisonnement de six (6) mois à deux (2) ans et l'interdiction du droit de vote et d'être éligible pendant cinq (5) ans au moins et dix (10) ans au plus.*

Attroupements, clameurs et démonstrations menaçantes ont en commun d'être de nature à susciter une forte impression sur les personnes et à les dissuader d'accomplir leur devoir civique.

SECTION III

LES VIOLENCES PHYSIQUES ET MORALES À L'OCCASION DU SCRUTIN

12 – 08. *Il s'agit de l'irruption avec violence dans le bureau de vote, de l'entrée en arme dans le bureau ou de chantage électoral.*

I - L'IRRUPTION VIOLENTE DANS LE BUREAU DE VOTE

L'irruption dans un bureau de vote, consommée ou tentée avec violence, en vue d'empêcher le libre exercice du droit électoral est punie différemment selon qu'elle a été commise avec ou sans les circonstances aggravantes prévues par la loi.

C'est ainsi que :

- *l'irruption dans le bureau avec violence – sans autres circonstances aggravantes prévues – est punie comme indiqué à l'article L.97 d'une peine d'emprisonnement d'un (1) à cinq (5) ans et d'une amende de 300 000 à 600 000 FCFA ;*
- *l'irruption dans le bureau avec violence d'un individu porteur d'arme et qui a eu pour conséquence de violer le scrutin est punie,*

conformément à l'article L.98, d'une peine d'emprisonnement de cinq (5) à dix (10) ans ;

- l'irruption dans le bureau avec violence par un individu porteur d'arme et participant à l'exécution dans une ou plusieurs circonscriptions électorales d'un plan concerté est passible, par application de l'article L.99 du Code électoral, d'un emprisonnement de cinq (5) à dix (10) ans.

II - L'ENTRÉE DANS UNE ASSEMBLÉE ÉLECTORALE AVEC UNE ARME

Le seul port d'arme – qu'elle soit apparente ou cachée – dans une assemblée électorale, notamment dans un bureau de vote ou une commission de recensement des votes, est incriminé à l'article L.94, qui prévoit, quand l'arme est apparente, une peine d'amende de 8 000 à 20 000 FCFA, et quand l'arme est cachée, d'un emprisonnement de quinze (15) jours à trois (3) mois et d'une amende de 20 000 à 50 000 FCFA.

À propos de ces peines, il faut relever une certaine incohérence, car il est incompréhensible que le fait de cacher l'arme que l'on détient soit réprimé plus sévèrement que celui de parader avec son arme dans une assemblée électorale.

III - LE CHANTAGE ÉLECTORAL

Le chantage électoral est puni d'un emprisonnement d'un (1) mois à deux (2) ans et d'une amende de 10 000 à 100 000 FCFA. En application de l'article L.107 du Code électoral, il vise à amener l'électeur à s'abstenir de voter ou à influencer son vote par voie de fait, violences ou menaces ou en lui faisant craindre de perdre son emploi ou d'exposer sa personne, sa famille ou ses biens à des périls quelconques.

SECTION IV
LA CORRUPTION ÉLECTORALE

***12 – 09.** Sont incriminés en droit pénal électoral aussi bien les actes constitutifs de corruption active que ceux constitutifs de corruption passive, mais aussi ceux qui visent soit un ou plusieurs électeurs, soit une ou plusieurs collectivités.*

I - LA CORRUPTION VISANT DES ÉLECTEURS INDIVIDUALISÉS

L'article L.106 du Code électoral punit de la peine d'emprisonnement de trois (3) mois à deux (2) ans et d'une amende de 20 000 à 200 000 FCFA :

- quiconque, par des dons ou libéralités en espèces ou en nature, par des promesses de libéralités, de faveurs, d'emplois publics ou privés ou

d'autres types d'avantages, a obtenu ou tenté d'obtenir leur suffrage, soit directement, soit par l'entremise d'un tiers ;

- quiconque a déterminé ou tenté de déterminer par les mêmes moyens un ou plusieurs électeurs à s'abstenir.

La corruption active ainsi incriminée met le corrupteur – qui est souvent un candidat ou le partisan d'un candidat – face à un ou plusieurs électeurs individualisés qui sont punissables des peines de droit commun prévues au Code pénal lorsqu'ils ont agréé ou sollicité les mêmes dons, libéralités ou promesses, commettant ainsi le délit de corruption passive ainsi spécifiée quand elle est le fait du corrompu.

II - LA CORRUPTION ÉLECTORALE VISANT UNE COLLECTIVITÉ

L'article L.108 du Code électoral punit des mêmes peines que pour la corruption visant des électeurs individualisés, quiconque, en vue d'influencer le vote d'un collège électoral ou d'une fraction de ce collège, a fait des dons ou des libéralités, des promesses de libéralités ou des faveurs administratives, soit à une commune, soit à une collectivité quelconque.

La mise en œuvre de cette incrimination peut s'avérer délicate eu égard à la difficulté de tracer une ligne de démarcation nette entre les promesses électorales – qui, pour démagogiques qu'elles soient, n'en sont pas moins tolérées – et les actes de corruption visant indistinctement tout ou partie de la masse anonyme des électeurs d'une collectivité locale déterminée.

CHAPITRE IV

LES ATTEINTES AU SECRET DE VOTE, À SA SINCÉRITÉ ET AU DÉROULEMENT DU SCRUTIN

12 - 10. *L'article L.110 du Code électoral prévoit une peine d'emprisonnement d'un (1) mois à un (1) an et une amende de 20 000 à 100 000 FCFA pour toute violation ou tentative de violation du secret du vote, de sa sincérité et pour tout acte de nature à empêcher le déroulement du scrutin.*

Par la généralité de ses termes, l'article L.110 est ainsi susceptible de s'appliquer à tout acte frauduleux commis à l'occasion du scrutin et qui serait de nature à porter atteinte à la régularité de l'élection. Il s'agit dès lors d'une incrimination par défaut qui s'applique si l'acte perpétré n'est pas susceptible d'une autre qualification plus spécifique.

CHAPITRE V

COMPÉTENCE JURIDICTIONNELLE ET POURSUITE DE L'INFRACTION ÉLECTORALE

12 – 11. *L'échelle des peines étant indicative de la nature de l'infraction dont dépend la compétence juridictionnelle, c'est le Tribunal de grande instance qui connaît du contentieux pénal des opérations électorales dès lors qu'il s'agit de juger des délits dont la loi n'a pas attribué par une disposition expresse la compétence au Tribunal d'instance. Il convient toutefois de signaler le cas particulier de l'infraction d'entrer dans une assemblée électorale avec une arme apparente prévue à l'article L.94, alinéa 1er qui prévoit une peine d'amende de 8 000 à 20 000 FCFA, qui est une peine de police applicable conformément aux articles 1er et 3 du Code des contraventions, aux contraventions dont connaît le Tribunal de simple police.*

Mais peut-être ne s'agit-il là que d'une maladresse de rédaction du texte de loi, car, comme signalé plus haut, il n'est pas évident que le fait de parader avec son arme dans une assemblée électorale soit moins sévèrement puni que d'entrer au même endroit avec une arme cachée.

La poursuite des infractions électorales est soumise à la prescription abrégée de six (6) mois à partir du jour de la proclamation des résultats de l'élection (cf. supra n° 08-49 relativement au contentieux des opérations préélectorales).

En tout état de cause, la poursuite systématique des infractions électorales participe de l'effectivité du dispositif normatif de moralisation de l'élection en raison du fait que le juge électoral est peu enclin à sanctionner les comportements incriminés par une annulation faute de pouvoir établir l'influence qu'ils sont susceptibles d'exercer sur les résultats d'un scrutin donné.

Il s'y ajoute enfin que des griefs réciproques fondés sur des infractions électorales même établies peuvent être de nature à se neutraliser et les parties renvoyées dos à dos par le juge électoral pour une responsabilité partagée qui n'est pas de nature à entamer la sincérité de l'élection au profit d'un candidat ou d'une liste de candidats.

❖

TITRE II
DISPOSITIONS RELATIVES À L'ÉLECTION DU PRÉSIDENT DE LA RÉPUBLIQUE

CHAPITRE PREMIER

DÉPÔT DE CANDIDATURE

Article LO.115.- La candidature à la présidence de la République doit comporter :

1) les prénoms, nom, date, lieu de naissance et filiation du candidat ;
2) la mention que le candidat est de nationalité sénégalaise et qu'il jouit de ses droits civils et de ses droits politiques, conformément aux dispositions du titre premier du Code électoral ;
3) la mention que le candidat a reçu l'investiture d'un parti politique légalement constitué ou d'une coalition de partis politiques légalement constitués, ou se présente en candidat indépendant ;
4) la photo et la couleur choisie pour l'impression des bulletins de vote et éventuellement le symbole et le sigle qui doivent y figurer ;
5) la signature du candidat.

Article LO.116.- La déclaration de candidature doit être accompagnée des pièces suivantes :

- un certificat de nationalité ;
- un extrait d'acte de naissance datant de moins de six (06) mois ;
- un bulletin n° 3 du casier judiciaire datant de moins de trois (03) mois ;
- une attestation par laquelle un parti politique légalement constitué ou une coalition de partis politiques légalement constitués déclare que ledit parti ou ladite coalition a investi l'intéressé en qualité de candidat à l'élection présidentielle ou une liste d'électeurs appuyant la candidature et comportant les prénoms, nom, date et lieu de naissance, indication de la liste électorale d'inscription et signature des intéressés. Cette liste doit comprendre des électeurs représentant au moins dix mille (10.000) inscrits domiciliés dans six (6) régions à raison de cinq cents (500) au moins par région ;
- une déclaration sur l'honneur par laquelle le candidat atteste que sa candidature est conforme aux dispositions des articles 4 et 28 de la Constitution, qu'il a exclusivement la nationalité sénégalaise et qu'il sait écrire, lire et parler couramment la langue officielle ;

- une déclaration sur l'honneur par laquelle le candidat atteste être en règle avec la législation fiscale du Sénégal ;
- une quittance confirmée par une attestation signée par le Directeur général de la Caisse des Dépôts et Consignations (CDC) attestant du dépôt du cautionnement prévu à l'article LO.117 du présent Code.

En cas d'irrecevabilité d'une candidature, le cautionnement est remboursé quinze (15) jours après la publication définitive de la liste des candidats.

Article LO.117.- Les candidats sont astreints au dépôt d'un cautionnement, qui doit être versé à la Caisse des Dépôts et Consignations, et dont le montant est fixé par arrêté du Ministère chargé des élections après avis des partis légalement constitués, au plus tard cent quatre-vingts (180) jours avant celui du scrutin.

Il est délivré une quittance confirmée par une attestation signée par le Directeur général de la Caisse des Dépôts et Consignations.

Dans le cas où le candidat obtient au moins cinq pour cent (5 %) de suffrages exprimés, ce cautionnement lui est remboursé dans les quinze (15) jours qui suivent la proclamation définitive des résultats.

En cas d'élections anticipées, le montant de la dernière caution est maintenu.

❖

Article R.76.- Les déclarations de candidature prévues aux articles LO.115 et L.169 sont établies selon les modèles fixés par arrêté du Ministre chargé des Élections. Elles doivent être dactylographiées.

Article R.77.- La déclaration que les candidats doivent fournir aux termes de l'article L.170, est établie selon le modèle fixé par arrêté du Ministre chargé des Élections.

La déclaration doit être signée par les candidats.

Article R.78.- L'attestation que le candidat doit fournir aux termes des articles LO.116, et L.170, est établie selon les modèles fixés par arrêté du Ministre chargé des Élections.

Article R.79.- [Voir sous Chapitre II, articles LO.124 à LO.131, Campagne électorale]

Article R.80.- L'arrêté du Ministre chargé des Élections prévu aux articles LO.117 et L.171 est pris après avis d'une commission comprenant :

1. Le Ministre chargé des Élections ou son représentant, président ;
2. Le représentant du Ministre chargé des finances ;
3. Le représentant de chacun des partis politiques légalement constitués ;
4. Le représentant de chacun des candidats indépendants engagés dans la compétition électorale.

En même temps que le montant de cautionnement, cet arrêté fixe le nombre des documents de propagande pris en charge par l'État pour chaque candidat ou liste de candidats.

Article R.81.- [Voir sous Chapitre II, articles LO.124 à LO.131, Campagne électorale]]

Article R.82.- Le montant du cautionnement doit être versé par chèque de banque à la Caisse des Dépôts et Consignations antérieurement aux déclarations de candidature.

À la réception du chèque de banque, la Caisse des Dépôts et Consignations délivre une quittance au déposant. L'attestation n'est délivrée qu'après encaissement effectif du chèque par la caisse conformément aux dispositions de la réglementation bancaire en vigueur.

Lorsque le décès du candidat à la présidence de la République entraîne le dépôt de nouvelles candidatures, le cautionnement doit être aussi versé antérieurement à l'enregistrement des candidatures.

La caution est remboursée au candidat ayant obtenu au moins cinq pour cent (5 %) de suffrages exprimés, dans les quinze (15) jours qui suivent la proclamation définitive des résultats sur présentation de l'original de la quittance de dépôt et d'une attestation de main levée signée par le Ministre chargé des élections.

Il en est de même en cas d'irrecevabilité de la candidature.

❖

Article LO.118.- La déclaration de candidature est déposée au greffe du Conseil constitutionnel, dans les délais fixés par l'article 29 de la Constitution, par le mandataire du parti politique ou de la coalition, qui a donné son investiture, ou celui du candidat indépendant.

Les coalitions de partis politiques doivent choisir un titre différent de celui des partis politiques légalement constitués. Toutefois, une coalition peut prendre le titre d'un des partis qui la composent. Le nom et éventuellement le titre de la coalition ainsi que la liste des partis qui la composent doivent être notifiés au greffier en chef du Conseil constitutionnel par le mandataire au plus tard la veille du dépôt de la déclaration de candidature.

Article LO.119.- Un candidat ne peut utiliser une couleur, un sigle, ou un symbole déjà choisi par un autre candidat.

En cas de contestation, le Conseil constitutionnel attribue par priorité à chaque candidat, sa couleur, son sigle ou son symbole traditionnels par ordre d'ancienneté du parti qui l'a investi ; pour les coalitions de partis politiques légalement constitués et les candidats indépendants, suivant la date du dépôt.

Est interdit le choix d'emblèmes comportant une combinaison des trois couleurs : vert, or et rouge.

Article LO.120.- Pour s'assurer de la validité des candidatures déposées et du consentement des candidats, le Conseil constitutionnel fait procéder à toute vérification qu'il juge utile.

Article LO.121.- Conformément à l'article 30 de la Constitution, le Conseil constitutionnel arrête et publie la liste des candidats vingt-neuf (29) jours avant le premier tour de scrutin. Cette publication est assurée par l'affichage au Greffe du Conseil constitutionnel.

Le Conseil constitutionnel fait procéder en outre à toute autre publication qu'il estime opportune.

Article LO.122.- Le droit de réclamation contre la liste des candidats est ouvert à tout candidat.

Les réclamations doivent parvenir au Conseil constitutionnel avant l'expiration du jour suivant celui de l'affichage de la liste des candidats au Greffe. Le Conseil constitutionnel statue sans délai.

Article LO.123.- Lorsqu'il est nécessaire de procéder à un deuxième tour de scrutin, les retraits éventuels de candidature sont portés à la connaissance du Conseil constitutionnel par les candidats vingt-quatre (24) heures au plus tard après la proclamation définitive des résultats du scrutin.

Le Conseil constitutionnel arrête et publie, dans les conditions prévues à l'article LO.121 la liste des deux candidats admis à se présenter au second tour.

❖

NOTE SUR L'ÉLIGIBILITÉ ET LA CANDIDATURE À LA PRÉSIDENTIELLE

13 – 01. *L'élection présidentielle est soumise à une double série de conditions d'éligibilité : d'une part, celles qui sont communes à toutes les élections politiques et qui sont prévues aux articles L.57 et L.58 du Code électoral, d'autre part, celles qui sont spécifiques à l'élection présidentielle et qui sont précisées dans la Constitution de la République.*

L'admission de la candidature à cette compétition électorale suppose non seulement que les intéressés remplissent ces conditions, mais également qu'ils ne soient affectés d'aucune cause d'inéligibilité et que les conditions de fond et de forme prévues par la loi soient remplies.

CHAPITRE PREMIER
LES CONDITIONS D'ÉLIGIBILITÉ ET LES INÉLIGIBILITÉS RELATIVES À L'ÉLECTION PRÉSIDENTIELLE

L'éligibilité – qui doit être distinguée de la notion voisine d'incompatibilité –- suppose, d'une part, que le candidat ne soit atteint d'aucune cause d'inéligibilité, d'autre part, qu'il remplisse certaines conditions.

SECTION PREMIÈRE
REMARQUES PRÉLIMINAIRES

13 – 02. *L'inéligibilité se caractérise par ses effets radicaux dès lors qu'elle empêche tout aussi bien l'acte de candidature que l'exercice du mandat conféré par l'élection si la cause d'inéligibilité se révèle après celle-ci.*

À la différence de l'inéligibilité, l'incompatibilité n'est pas un obstacle à la candidature, mais contraint seulement le candidat, une fois élu, à opter pour le mandat conféré par la dernière élection ou pour les mandats ou fonctions exercés jusqu'au moment de la proclamation des résultats de l'élection.

Les incompatibilités avec la charge de président de la République sont précisées à l'article 38 de la Constitution qui dispose :

> *« La charge de président de la République est incompatible avec l'appartenance à toutes assemblées électives, Assemblée nationale ou assemblées locales et avec l'exercice de toute autre fonction, publique ou privée, rémunérée.*
> *Toutefois, il a la faculté d'exercer des fonctions dans un parti politique ou d'être membre d'académies dans un des domaines du savoir ».*

Au regard de cette énumération particulièrement touffue, l'on peut retenir tout simplement que la charge de président de la République est incompatible avec toute autre fonction publique et privée, sauf les fonctions au sein d'un parti politique. Cette exception à la règle de l'incompatibilité qu'un ancien président de la République a tenté de justifier en faisant appel à l'adage suivant lequel « on ne scie pas la branche sur laquelle on est assis » et que le professeur Ismaïla Madior Fall considère comme le greffon d'un organe parlementariste sur un corps présidentialiste, se justifie si l'on convient avec ce dernier que :

> *« avec un système présidentialiste caractérisé par la figure du président de la République, meneur du jeu institutionnel et défenseur de son bilan, devant promouvoir des partisans et combattre des adversaires, il serait illusoire de vouloir lui interdire d'être le chef de l'appareil qui lui permet d'assouvir ses ambitions [ou] d'être vraiment neutre par rapport aux parties, [...] même si son statut de symbole de l'unité nationale implique des obligations statutaires qui sont censées le hisser au-dessus des contingences et coteries partisanes »* (Évolution constitutionnelle du Sénégal/De la veille de l'Indépendance aux élections de 2007, *Credila-Kartala-Crepos, 2009, p. 39)* ; *(cf. infra nos 19-15 à 19-18 pour plus de développements sur la problématique de l'implication du président de la République dans d'autres élections que la sienne.)*

Les conditions d'éligibilité à l'élection présidentielle proprement dites se rapportent à la nationalité, à la jouissance des droits civils et politiques ainsi qu'aux incapacités relatives à l'âge et à la maîtrise de la langue officielle.

L'inéligibilité prévue à l'article L.58 du Code électoral en raison de l'appartenance à certains corps ou à l'exercice de certaines fonctions est également applicable à l'élection présidentielle.

SECTION II

LA CONDITION DE LA NATIONALITÉ

13 – 03. *L'article 28 de la Constitution prévoit notamment que « tout candidat à la présidence de la République doit être exclusivement de nationalité sénégalaise ».*

La condition de la nationalité exclusive exigée s'entend ainsi pour tout candidat d'être revêtu de la qualité de national, mais seulement de celle-ci.

I – LA POSSESSION DE LA NATIONALITÉ SÉNÉGALAISE

La nationalité peut être acquise par la filiation, par le mariage, par décision de l'autorité ou conférée par la naissance ou la possession d'état (cf. supra n°s 06-02 à 06-04).

Toutefois, en cas d'acquisition de la nationalité sénégalaise par un individu originellement apatride ou ayant eu une autre nationalité, l'article 16 de la loi n° 61-10 du 7 mars 1961 modifiée déterminant la nationalité, communément dénommée Code de la nationalité, précise que celui-ci jouit à la date de cette acquisition de tous les droits attachés à la nationalité sous réserve de certaines incapacités.

Ainsi, l'individu ne peut notamment, pendant un délai de dix (10) ans à partir du décret de naturalisation, être investi de fonctions ou de mandats électifs pour l'exercice desquels la qualité de Sénégalais est nécessaire.

Le même texte de loi prévoit qu'« un décret pris sur l'avis du ministère intéressé pourra relever des incapacités [prévues], le naturalisé qui a rendu ou est susceptible de rendre au Sénégal des services importants ou dont la naturalisation présente, pour le Sénégal, un intérêt exceptionnel [...] par l'apport de talents artistiques, scientifiques, littéraires ou sportifs distingués, l'introduction d'industries ou d'inventions utiles, la création d'établissements industriels, commerciaux ou d'exploitations agricoles et de manière générale par l'organisation de toute activité de nature à contribuer au développement économique et social du pays et à générer des emplois ».

Mais, en dépit des termes généraux de ces dispositions légales, il est difficilement acceptable que cette dérogation qui vise à faire bénéficier la nation d'avantages essentiellement matériels puisse s'appliquer pour l'élection « de la clé de voûte des institutions de la République ». En outre, il est difficilement concevable qu'un ministre puisse être juge de l'opportunité d'initier la procédure devant conférer la qualité de présidentiable.

Pour la preuve de la nationalité sénégalaise, les usages administratifs exigent le dépôt d'un certificat de nationalité sénégalaise délivré par le tribunal d'instance à toute personne justifiant de cette nationalité. Ledit certificat indique, comme prévu à l'article 22 du Code de la nationalité, « en vertu de quelles dispositions de la loi l'intéressé a la nationalité sénégalaise et quels documents ont permis de l'établir, [et] fait foi jusqu'à preuve du contraire ».

Ce document ne valant ainsi que jusqu'à preuve du contraire, la question de sa validité peut être discutée devant le juge de l'élection compétent, en l'occurrence s'agissant de la présidentielle, devant le Conseil constitutionnel.

Toutefois, en principe, la question de la nationalité elle-même ne peut être définitivement tranchée que suivant les dispositions pertinentes du Code de la nationalité (cf. supra n° 06-02).

II – L'EXIGENCE DE LA NATIONALITÉ SÉNÉGALAISE EXCLUSIVE

Sous réserve de la déchéance automatique que semble instituer l'alinéa 1er de l'article 18 du Code de la nationalité, qui dispose que celui qui acquiert une nationalité étrangère perd sa nationalité sénégalaise – disposition pour le moins problématique (cf. supra nº 06-04) –, la nationalité sénégalaise exclusive est exigée du candidat à l'élection présidentielle par la loi fondamentale qui exclut ainsi de la compétition électorale toute personne se trouvant dans une situation de plurinationalité (ou multinationalité, c'est selon), peu importe que celle-ci soit qualifiée de « binationalité », de « double nationalité » ou autre.

L'article 28 de la Constitution sus-énoncé, en exigeant pour tout candidat à l'élection présidentielle la nationalité sénégalaise exclusive, pose les termes d'un débat relatif à la plurinationalité et sur la perte ou la renonciation à la nationalité étrangère dans un tel cas.

A – SENS ET PORTÉE DE L'EXIGENCE DE LA NATIONALITÉ SÉNÉGALAISE EXCLUSIVE ET DES CAS DE MULTINATIONALITÉ

La nationalité exclusive s'oppose à la plurinationalité, qui peut se révéler sous divers aspects en fonction du nombre d'allégeances nationales auxquelles peut être soumise une personne donnée. Ainsi, par exemple, la possession de deux nationalités correspond à un état de « binationalité » ou de « double nationalité », expressions indissociables d'un point de vue sémantique tant dans le sens commun que dans leur acception juridique. C'est ainsi que ni le Lexique des termes juridiques *(Dalloz) ni le* Vocabulaire juridique *(Gérard Cornu), qui font autorité en leur matière, n'ont estimé devoir définir la binationalité dont le sens ne comporte aucune spécificité juridique.*

Le Dictionnaire Larousse *définit par contre le préfixe « bi » qui, procédant du latin « bis », indique « le redoublement, la répétition, la réciprocité ».*
Par ailleurs, il définit le « binational » ainsi : « (nom et adjectif) Se dit de quelqu'un qui a la double nationalité » ; « (adjectif) Se dit d'un aéroport dont l'administration relève de deux pays ».

La double nationalité est ainsi un cas de multinationalité limité à deux nationalités, comme le binational est un national qui bénéficie d'une double nationalité. Aussi pourrait-on appeler « trinational » celui qui a trois nationalités et ainsi de suite pour les autres préfixes numériques associés à la notion de nationalité.

Aussi, la question relève moins d'un débat sémantique que des implications qui peuvent découler de la multinationalité au regard de l'accession à des charges inséparables de l'exercice de la souveraineté nationale et dont la plus éminente dans le système politique actuel est la fonction présidentielle, dont les postulants doivent être libres de toute autre allégeance.

B – RAPPEL HISTORIQUE RELATIVEMENT À L'EXIGENCE DE LA NATIONALITÉ

L'exigence de la nationalité sénégalaise exclusive est l'aboutissement d'une certaine évolution au gré des changements constitutionnels.

1 - La nationalité dans la loi n° 59-003 du 24 janvier 1959 portant Constitution révisée par la loi n° 60-045 du 26 août 1960

La loi constitutionnelle de 1959 est muette sur la question de la nationalité qui pourrait être exigée des candidats aux fonctions suprêmes notamment du président du Conseil, chef de l'État, non élu au suffrage universel direct, mais par l'Assemblée législative.

Le contexte particulier des indépendances nationales fraîchement acquises – contexte caractérisé par l'expression d'ambitions panafricanistes ou fédéralistes qui se traduiront notamment par l'instauration de la Fédération du Mali – n'est certainement pas étranger à cette apparente incongruité, sans négliger l'influence éventuelle de certains tenants du nouveau pouvoir qui entendaient conserver la nationalité de l'ancienne puissance coloniale.

2 - La nationalité dans la loi n° 63-22 du 7 mars 1963 portant révision de la Constitution

En 1963, la Constitution en son article 23 a exigé du candidat la possession de la nationalité sénégalaise qui pouvait ne pas être exclusive en disposant que :

> *« Tout candidat à la présidence de la République doit être de nationalité sénégalaise, jouir de ses droits civils et politiques et être âgé de 35 ans au moins ».*

3 - La nationalité dans la loi n° 92-14 du 15 janvier 1992 portant révision de la Constitution

La loi fondamentale en son article premier exigera du candidat, à partir de 1992, la possession de la nationalité sénégalaise exclusive en disposant :

> *« L'article 23 de la Constitution est abrogé et remplacé par les dispositions suivantes :*

Article 23.- Tout candidat à la présidence de la République doit être exclusivement de nationalité sénégalaise... ».

4 - La nationalité dans la Constitution en vigueur depuis 2001

La Constitution de 2001, en son article 28 toujours en vigueur, prévoit notamment que :

« Tout candidat à la présidence de la République doit être exclusivement de nationalité sénégalaise... ».

C – LA PERTE DE LA NATIONALITÉ ÉTRANGÈRE COMME CONDITION DE RECEVABILITÉ DE LA CANDIDATURE

Le candidat à l'élection présidentielle qui possède une ou plusieurs nationalités étrangères doit, sous peine de voir sa candidature déclarée irrecevable, renoncer à celles-ci.

À ce propos, si la perte de la nationalité sénégalaise est régie par le droit national, le droit électoral ne s'intéresse qu'à la perte de la nationalité étrangère qui est, quant à elle, régie par la loi du pays dont le candidat virtuel porte la nationalité, en plus de la nationalité sénégalaise. Ainsi, la question de la renonciation va être illustrée par l'exemple de la renonciation à la nationalité française, qui doit être effective au moment du dépôt des candidatures.

L'acquisition volontaire d'une nationalité étrangère n'entraîne pas la perte de la nationalité française sous réserve des stipulations de la Convention de Strasbourg du 6 mai 1963 sur la réduction des cas de pluralité de nationalités et sur les obligations militaires en cas de pluralité de nationalités, dont La France a d'ailleurs dénoncé le chapitre I par acte prenant effet le 5 mars 2009, Convention qui prévoit la perte de la nationalité en cas d'acquisition d'une autre nationalité d'un autre État membre dudit Conseil et qui ne concerne donc pas l'acquisition d'une autre nationalité d'un État non membre.

Sous réserve des pertes de nationalité survenues avant cette dénonciation et qui peuvent d'ailleurs donner lieu à des demandes de réintégration dans la nationalité, la loi française en la matière prévoit que la perte de la nationalité française survient par la renonciation expresse ou par le retrait d'office.

1 - La perte de la nationalité par renonciation expresse

Aux termes des dispositions de l'article 23 et suivants du Code civil français, le citoyen français majeur résidant habituellement à l'étranger, qui acquiert volontairement une nationalité étrangère, a la possibilité de souscrire une déclaration de perte de la nationalité française au plus tard dans le délai d'un (1) an à compter de la date de cette acquisition.

L'autorisation de perte de la nationalité française est accordée par décret de l'autorité publique en application de l'article 23-4 du Code civil français si l'intéressé apporte la preuve préalable de sa nationalité étrangère, l'absence d'attaches familiales et professionnelles en France et une volonté évidente d'expatriation.

2 - La perte d'office de la nationalité

La perte d'office de la nationalité peut advenir en cas d'exercice actif d'une nationalité étrangère ou en cas d'emploi dans un service public non français.

a) En cas d'exercice actif d'une nationalité étrangère

L'article 23-7 du Code civil prévoit la perte d'office de la nationalité française, par décret en Conseil d'État du Gouvernement français, du « Français qui se comporte en fait comme le national d'un pays étranger s'il a la nationalité de ce pays » dans les conditions suivantes :

- *le comportement de la personne titulaire d'une double nationalité apparaît comme une manifestation d'un défaut de loyalisme à l'égard de la France selon l'interprétation du Conseil d'État ;*
- *la pratique effective de la nationalité étrangère de la personne titulaire d'une double nationalité.*

b) En cas d'emploi dans un service public non français

L'article 23-8 du Code civil prévoit la perte de la nationalité du Français « occupant un emploi dans une armée ou un service public étranger ou dans une organisation internationale dont la France ne fait pas partie ou plus généralement leur apportant son concours ».

Toutefois, l'emploi dans un service public étranger n'entraîne la perte de la nationalité française que si le gouvernement français a fait injonction sans suite à l'intéressé de se démettre. L'injonction fait courir le délai de renonciation à l'emploi ou de cessation du concours qui ne peut être inférieur à quinze (15) jours ni supérieur à deux (2) mois.

D - LA FORMALITÉ LÉGALE DE L'ATTESTATION SUR L'HONNEUR DE LA POSSESSION DE LA NATIONALITÉ SÉNÉGALAISE EXCLUSIVE DU CANDIDAT

L'article LO.116, alinéa 1er, 5e tiret du Code électoral, en exigeant que le dossier de candidature comporte « une déclaration sur l'honneur par laquelle le candidat atteste qu'il a exclusivement la nationalité sénégalaise », semble se satisfaire de cette seule formalité. Or, cette attestation sur l'honneur, *établie en sa propre faveur, n'est pas considérée par la jurisprudence comme un faux pénalement sanctionné, puisque seule la déclaration mensongère établie en faveur d'un tiers bénéficiaire constitue une attestation ou un certificat au sens l'article 138 du Code pénal qui dispose :*

> *« Quiconque se sera fait délivrer indûment ou aura tenté de se faire délivrer indûment un des documents prévus en l'article précédent, soit en faisant de fausses déclarations, soit en prenant un faux nom ou une fausse qualité, soit en fournissant de faux renseignements, certificats ou attestations, sera puni d'un emprisonnement de trois mois à deux ans et d'une amende de 20 000 à 50 000 francs.*
> *Les mêmes peines seront appliquées à celui qui aura fait usage d'un tel document, soit obtenu dans les conditions sus-dites, soit établi sous un autre nom que le sien ».*

L'infraction de faux suppose en effet un acte accompli sur un support matériel particulier et doté d'une certaine force probatoire alors que la déclaration sur l'honneur rédigée en sa propre faveur n'a qu'une valeur purement informative pour le juge à qui il revient d'en apprécier la portée (Cour de cassation française, Civ. 1re, 22 mars 2005, n° 02-13.214, D. 2005. IR 1050). Donc, il ne s'agit que d'un mensonge qui n'est pas pénalement sanctionné, mais n'en demeure pas moins grave surtout de la part d'une personne qui prétend à un destin national de la plus haute importance.

En outre, le caractère exclusif de la nationalité n'écarte pas la personne bénéficiant d'une autre nationalité prouvée de la compétition électorale, mais, pour être recevable, sa candidature doit être précédée d'une renonciation expresse à la nationalité étrangère, à moins que l'intéressé en ait été déchu.

Le moment de la renonciation doit se situer au stade de la candidature en non-avant la prise de fonction si le candidat est éventuellement élu président de la République comme certains peuvent le penser pour diverses raisons :

- *aucune disposition de la loi ne reporte le moment de la renonciation après l'élection et avant la prise de fonction. En effet, l'article 34 du Code électoral, qui est une sorte de disposition d'application de l'article 28 de la Constitution, concerne expressément la candidature et serait superfétatoire si l'on admet que la renonciation peut se situer après l'élection et occulter ainsi le mensonge servi dans la déclaration de candidature ;*
- *la renonciation à la nationalité qui est régie par la loi étrangère suppose parfois une procédure relativement longue et lourde comme le montre l'exemple ci-dessus ;*
- *enfin, même si l'éventualité peut paraître une hypothèse d'école, le refus de la personne élue de renoncer à la nationalité étrangère constitue un aléa insupportable au moment de l'installation à la plus haute charge de l'État.*

Ainsi, qu'elle soit d'origine ou qu'elle ait été acquise (cf. supra nos 06-03 et 06-04), la renonciation à la nationalité étrangère s'impose au stade de la candidature.

SECTION III

LA JOUISSANCE DES DROITS CIVILS ET POLITIQUES

13 – 04. *Aux termes de l'article 28 de la Constitution, le candidat à l'élection présidentielle doit jouir de ses droits civils et politiques.*
Il faut à cet égard faire la distinction entre la jouissance des droits et l'exercice des droits que confère l'inscription sur les listes électorales.
Ainsi, pour l'élection présidentielle, la condition d'inscription sur les listes électorales n'est pas exigée des candidats.

Toutefois, la jouissance des droits civils et politiques doit être actuelle en ce sens que le candidat ne doit être frappé d'aucune incapacité emportant perte et suspension de droit électoral (cf. supra nos 07-19 à 07-24).

Il y a lieu à ce propos de noter ce qui paraît être une omission involontaire. En effet, contrairement aux dispositions applicables pour les législatives (article LO.156, alinéa 2), il n'existe pas de dispositions prévoyant le doublement de la période de suspension du droit électoral pour la détermination de la période d'inéligibilité des personnes ayant fait l'objet d'une condamnation qui emporte suspension temporaire du droit de vote. Ainsi l'on pourra se retrouver devant le cas improbable où une personne sera considérée comme éligible pour la Présidentielle et inéligible pour les législatives. Par exemple, une personne dont le droit de vote est suspendu pour cinq ans sera inéligible comme député pendant dix ans et seulement pendant cinq ans pour l'élection présidentielle.

SECTION IV

LES AUTRES CONDITIONS

13 – 05. *Les autres conditions en sus de celles ci-dessus examinées sont relatives à l'âge et à la maîtrise de la langue officielle.*

I - L'ÂGE

L'article 28 de la Constitution exige, pour être candidat à l'élection présidentielle, un âge minimum de 35 ans et un âge maximum de 75 ans au jour du scrutin.

II - LA CONDITION D'ÊTRE ALPHABÉTISÉ

Le candidat à l'élection présidentielle doit savoir parler, lire et écrire couramment dans la langue officielle, en l'occurrence le français, que la Constitution du 7 janvier 2001, en son article premier a érigé en langue officielle de la République du Sénégal à côté des langues nationales que sont le diola, le malinké, le pulaar, le sérère, le soninké, le wolof et toutes autres langues qui pourraient être codifiées à l'avenir.

Mais ni la Constitution ni aucune autre norme ne définissent le degré de maîtrise de la langue officielle qui équivaut à la capacité de la « lire et écrire couramment ». De même, en ce qui concerne la preuve de l'aptitude à lire et écrire couramment, devra-t-on se suffire de la commune renommée ou faudra-t-il soumettre le candidat soupçonné d'illettrisme à une dictée ?

CHAPITRE II

LA CANDIDATURE À L'ÉLECTION PRÉSIDENTIELLE

13 – 06. *La candidature à l'élection présidentielle exige de la personne éligible l'accomplissement de formalités différentes selon qu'il s'agit du premier tour ou du second tour, car, d'une part, le dossier de la candidature déposé à l'occasion du premier tour est reconduit pour le second tour, d'autre part, les deux candidats arrivés en tête au premier tour sont automatiquement admis à se présenter au second tour conformément à l'article 33, alinéa 3 de la Constitution sous réserve des cas de décès, d'empêchement définitif ou de retrait d'un de ces candidats entre le scrutin du premier tour et la proclamation des résultats provisoires ou entre cette proclamation et la proclamation des résultats définitifs du premier tour par le Conseil constitutionnel.*

Parmi ces trois cas pouvant influer sur les candidatures du second tour, les deux premiers relatifs au décès et à l'empêchement définitif sont des faits juridiques indépendants de la volonté des intéressés.

Seul le troisième cas relatif au retrait constitue un acte exigeant du candidat intéressé une manifestation expresse de sa volonté de se retirer alors que le maintien de la candidature ne nécessite l'accomplissement d'aucune formalité particulière. Le retrait, une fois constaté par la juridiction compétente, en l'occurrence le Conseil constitutionnel, le candidat suivant dans l'ordre des suffrages du premier tour est admis au second tour comme prévu à l'article 34, alinéas 2 et 3 de la Constitution.

Cette précision faite, les développements qui vont suivre sont axés sur la candidature initiale avec les questions relatives à la présentation de la candidature, à l'acte de candidature et au contentieux de la candidature.

SECTION PREMIÈRE
LA PRÉSENTATION DE LA CANDIDATURE

La présentation de la candidature doit revêtir soit la forme d'une investiture par un parti politique ou une coalition de partis politiques, soit la forme d'un parrainage par un certain nombre d'électeurs.

I - L'INVESTITURE PAR LES PARTIS POLITIQUES

13 – 07. *La présentation de la candidature par un parti politique ou de coalition de partis politiques légalement constitués est prévue à l'article 29, alinéa 3 de la Constitution.*

L'alinéa 4 du même article précise que chaque parti politique ou coalition de partis politiques ne peut présenter qu'une seule et même candidature et que ces groupements politiques « sont tenus de se conformer à l'article 4 de la Constitution », relatif notamment au respect des principes de la souveraineté nationale et de la démocratie ainsi qu'à l'interdiction de s'identifier à une race, à une ethnie, à un sexe, à une religion, à une secte, à une langue ou à une région.

II - LE PARRAINAGE PAR DES ÉLECTEURS

13 – 08. *Le système des parrainages par des électeurs est admis par l'article 29, alinéa 3 de la Constitution et l'article LO.116 du Code électoral qui prévoient que la candidature doit être accompagnée, à défaut d'être présentée par un parti politique ou une coalition de partis politiques, de la signature d'électeurs représentant au moins 10 000 inscrits « domiciliés » dans 6 régions à raison de 500 au moins par région.*

L'existence de ces formalités de présentation de la candidature vise à écarter les candidatures fantaisistes et à limiter le nombre de candidats à un niveau compatible avec les nécessités d'une bonne gestion du débat politique et programmatique et notamment pour qu'au cours de la campagne électorale, les médias servant de support à la propagande ne soient pas encombrés par des candidats dont les prestations peuvent être de nature à nuire à la crédibilité d'une consultation aussi sérieuse.

Mais à l'épreuve des faits, force est de constater que ce dispositif normatif a donné des résultats mitigés car, avec les mécanismes très simples de création des partis politiques, n'importe quel groupe de personnes peut créer un parti politique dont elles demeureront les seuls membres.

Par ailleurs, les difficultés de vérification de l'authenticité de la signature des parrains des candidats indépendants rendent très aléatoire ce mode de parrainage.

Le Conseil constitutionnel, néanmoins, dans le cadre des vérifications préalables à la publication des listes des candidats à l'élection présidentielle en application de l'article 30 de la Constitution, a pu, pour déclarer une candidature irrecevable, relever que pour certains candidats ayant produit une liste d'électeurs appuyant leur candidature, seul un certain nombre de ces électeurs « ont pu être identifiés et leurs signatures validées » (Conseil constitutionnel, Séance du 27 janvier 2012/Affaire n° E/2012, Publication de la liste des candidats à l'élection du président de la République du 26 février 2012).

Ces vérifications peuvent certes être effectuées à partir de la base de données « du fichier général des électeurs » et le croisement avec les données figurant sur la liste des « électeurs-parrains », mais, en revanche, la « validation » des signatures invoquée par le Conseil constitutionnel peut se révéler beaucoup moins aisée eu égard notamment à l'analphabétisme de certains électeurs.

Il s'y ajoute que la signature appuyant une candidature n'engage en rien les électeurs qui peuvent accorder leur parrainage à tour de bras.

Aussi paraît-il préférable, avec l'approfondissement de la démocratie qui favorise une diversification des composantes de la représentation nationale et locale, l'adoption, à terme, d'un système unique de présentation de la candidature par un certain nombre d'élus, suivant des modalités de nature à en fiabiliser la procédure.

En tout état de cause, la décision du Conseil rejetant une candidature n'est susceptible d'aucun recours comme cette haute juridiction a eu à le rappeler après avoir arrêté et publié la liste des candidats à l'élection présidentielle du 25 février 2007.

Le Conseil a été saisi à cette occasion par un requérant, dont la candidature avait été rejetée au motif que la liste des signatures de 10 000 électeurs devant accompagner son dossier était incomplète. Le requérant contestait le bien-fondé de la décision et exigeait un décompte contradictoire. Statuant sur ledit recours, le Conseil constitutionnel a estimé que le recours était irrecevable du fait que ses décisions n'étaient susceptibles d'aucune voie de recours et que les débats n'y étaient pas contradictoires (Conseil constitutionnel, Décision sus-référencée).

SECTION II
L'ÉLABORATION DE LA DÉCLARATION DE CANDIDATURE

Le citoyen éligible et régulièrement présenté n'est encore qu'un candidat virtuel qui ne deviendra effectivement candidat qu'après avoir manifesté sa volonté d'être candidat et en procédant au dépôt de sa candidature dont la recevabilité sera examinée par le Conseil constitutionnel.

I - LA MANIFESTATION DE VOLONTÉ DU CANDIDAT

13 – 09. *Le consentement des personnes présentées dans les conditions ci-dessus rappelées est nécessaire. Ainsi, outre l'accomplissement de certaines formalités comme les déclarations sur l'honneur relatives à la nationalité exclusive et sur la situation fiscale exigées à l'article 116 du Code électoral et qui équivalent à une manifestation de la volonté du candidat de participer à la compétition électorale, l'article R.76 prévoit une déclaration de candidature établie selon un modèle fixé par arrêté du ministère chargé des élections.*

II - LE DÉPÔT DE LA CANDIDATURE

13 – 10. *Le dépôt de la candidature doit se faire dans un délai déterminé et le dossier de candidature doit comporter un certain nombre de pièces.*

A - LE MOMENT DU DÉPÔT

Aux termes de l'article 29 de la Constitution auquel renvoie l'article LO.118 du Code électoral, les candidatures sont déposées au greffe du Conseil constitutionnel trente (30) jours francs au moins et soixante (60) jours francs au plus avant le jour du scrutin du premier tour.

B - LES PIÈCES DU DOSSIER

Les articles LO.115 et LO.116 du Code électoral énumèrent les mentions et pièces que le dossier de candidature doit comporter.

Parmi ces pièces à signaler, l'attestation du directeur général de la Caisse des Dépôts et consignations certifiant, comme prévu à l'article LO.116, alinéa 1er, 7ème tiret du Code électoral, du dépôt du cautionnement (terme auquel est parfois substitué sans raison apparente le terme de « caution » dans le Code électoral, notamment aux articles L.117 alinéa 3, L.169 alinéas 2 et 5), L.170 alinéas 2-3), L.171, L.174, L.242 alinéa 2, L.243 et L.279) alors que même si les deux termes sont synonymes, l'exigence d'une harmonisation lexicale devrait incliner à une option en faveur de l'un ou de l'autre terme).

Le montant de ce cautionnement est fixé par arrêté du ministère de l'Intérieur après avis des partis politiques légalement constitués, au plus tard 180 jours avant celui du scrutin.

Lorsque le décès d'un candidat à la présidence de la République entraîne le dépôt de nouvelles candidatures, l'article R.81, alinéa 3 dispose que « le cautionnement doit être versé antérieurement à l'enregistrement des candidatures ». Ce cautionnement ne peut concerner que les nouvelles candidatures, les autres candidats conservant le bénéfice de leur cautionnement déjà versé.

Même si la loi électorale ne prévoit pas expressément la restitution du cautionnement si le candidat se retire après la délivrance du récépissé, il ne serait pas absurde de penser qu'elle doit rester acquise à l'État, ne serait-ce que pour sanctionner certains entrepreneurs politiques qui, parfois, après moult tapages dans des médias complaisants, ont l'outrecuidance de signer des contributions dans la presse avec le titre pour le moins loufoque d'« ancien candidat déclaré à la présidence de la République ».

On pouvait aussi légitimement penser que le même sort devrait également être réservé au faux candidat qui aura délibérément déposé un dossier de candidature incomplet et dont l'irrecevabilité est manifeste, mais aux termes de l'article R.81, alinéa 5, la caution est remboursée « en cas d'irrecevabilité de la candidature ».

Quid maintenant du cautionnement du candidat décédé, notamment quand le décès survient à un stade avancé des opérations électorales ?
Dans ce cas comme dans le cas de retrait, le Code électoral ivoirien comporte une intéressante disposition qui peut être source d'inspiration et qui s'énonce ainsi :

> *« [...] Le cautionnement est restitué à tout candidat ou liste de candidats ayant obtenu 10 % au moins des suffrages exprimés. Dans le cas contraire, il reste acquis à l'État.*
> *Le cautionnement reste également acquis à l'État si le candidat se retire après la délivrance du récépissé définitif ou la publication de la liste. Tout cautionnement non réclamé après un délai de douze mois à compter de la date de versement reste acquis à l'État. En cas de décès d'un candidat, le cautionnement est restitué à ses ayants droit ».*

Le cautionnement est en principe exigé pour une élection déterminée, mais qu'en est-il quand celle-ci est organisée à la suite de l'annulation de précédentes opérations électorales ? À ce propos, même si la loi électorale est muette, comme il s'agit de la reprise des mêmes opérations électorales, aucun nouveau versement ne doit être exigé des candidats.

Moyen d'écarter des candidatures fantaisistes ou, dans une certaine mesure, contrepartie légitime des frais engagés par la puissance publique pour la prise en charge des affiches, circulaires, bulletins de vote et de la couverture médiatique, le cautionnement ne doit pas, en tout état de cause, apparaître comme un moyen de discrimination par la fortune, surtout que celle-ci peut bien être la compagne du fantasque.

Aussi, le montant doit-il être arbitré avec intelligence pour être suffisamment dissuasif sans être prohibitif.

En tout cas, dans la pratique, ce montant dont la détermination semble relever de la « cuisine électorale » de la majorité politique au pouvoir a connu une forte hausse à l'occasion des dernières élections présidentielles : de six (6) millions en 2000, il est passé à vingt-cinq (25) millions en 2007 pour atteindre soixante-cinq (65) millions en 2012.

III - LE CONTRÔLE ET LA VALIDATION DE LA CANDIDATURE

13 – 11. *Pour être validée, la candidature fait l'objet d'une vérification effectuée d'office par le Conseil constitutionnel, qui peut également être saisi des réclamations des candidats.*

A - LA VÉRIFICATION D'OFFICE

Pour s'assurer de la validité des candidatures déposées, le Conseil constitutionnel, conformément à l'article LO.120 du Code, fait procéder à toute vérification qu'il juge utile. Outre le consentement du candidat, le juge électoral exceptionnellement impliqué dans la phase préélectorale en raison de la solennité de l'acte de candidature de l'élection présidentielle procède à la vérification des signatures des électeurs-parrains des candidats indépendants, des pouvoirs des personnes habilitées à représenter les partis politiques ou coalition de partis politiques ayant investi des candidats, de la réalité du versement du cautionnement, éventuellement de l'éligibilité des candidats, etc.

B - LA VÉRIFICATION CONTENTIEUSE

Les réclamations portées devant le Conseil constitutionnel sont le plus souvent relatives à l'utilisation des couleurs, sigles ou symboles des candidats. Celles qui sont parfois dirigées contre la liste arrêtée par le Conseil constitutionnel peuvent se heurter à l'écueil de la recevabilité.

1 - Le contentieux des signes distinctifs des candidats

13 – 12. *Outre l'interdiction pour tout candidat du choix d'« emblèmes » comportant la combinaison des trois couleurs nationales (vert, or et rouge),* *l'usage de signes distinctifs déterminés peut être interdit à un candidat par le juge électoral en raison du risque de confusion entre les bulletins des candidats que cela peut entraîner dans l'esprit des électeurs, du fait de leur ressemblance.*

Le contentieux des signes distinctifs des candidats qui peut en naître relève du Conseil constitutionnel et a pu donner lieu à quelques controverses.

§ 1- Le moment de la saisine

En ce qui concerne le moment de la saisine du Conseil constitutionnel d'une réclamation relative aux signes distinctifs utilisés par les candidats, cette juridiction estime que le délai expire le jour suivant celui de l'affichage de la liste des candidats au greffe.

Saisi d'une requête, le Conseil a précisé que, concernant le délai de recours, les dispositions de l'ancien article LO.116 correspondant à l'article LO.122 du Code actuellement en vigueur « s'appliquent aux contestations relatives au choix des couleurs, dans la mesure où la liste des candidats arrêtée et publiée par le Conseil constitutionnel mentionne la couleur choisie par chaque candidat et par conséquent toute contestation relative à ce choix est nécessairement une réclamation contre ladite liste » (Conseil constitutionnel, Décision n° 3/93 du 29 janvier 1993).

Ce délai est, dans tous les cas, impératif comme a eu à le réaffirmer le Conseil constitutionnel.

Saisi par un candidat pour interdire à un autre candidat à l'élection présidentielle l'utilisation des couleurs et du symbole choisis pour l'impression de ses bulletins de vote au motif qu'il a eu à les utiliser lors d'élections précédentes, le Conseil constitutionnel a rappelé qu'il est certes compétent pour connaître d'une telle contestation, mais qu'en fait, pour n'avoir pas respecté les prescriptions de l'article LO.118 du Code électoral à l'époque en vigueur (correspondant à l'article LO.122 actuel fixant le délai de « réclamation contre la liste des candidats »), le recours doit être déclarée irrecevable pour forclusion (Conseil constitutionnel/Séance du 8 février 2007/E).

§ 2- La décision du Conseil constitutionnel

En cas de contestation sur l'utilisation d'une couleur, d'un sigle ou d'un symbole par un candidat qui estime que le choix, par un autre candidat, de l'un de ces signes distinctifs, le Conseil constitutionnel attribue par priorité à chaque candidat sa couleur, son sigle ou son symbole traditionnel par d'ordre d'ancienneté du parti qui l'a investi et suivant la date de dépôt de leur candidature pour les coalitions et les candidats indépendants.

C'est ainsi que le Conseil saisi d'une telle contestation a consacré le critère de l'antériorité du dépôt des statuts du parti ou de la candidature et a offert l'opportunité aux candidats évincés de choisir d'autres signes distinctifs, en ces termes :

> *« Considérant qu'il résulte des pièces produites et jointes au dossier et des vérifications auxquelles il a été procédé que la couleur or et le symbole de l'aigle choisi par le candidat Madior Diouf sont ceux du parti qui l'a investi, le Rassemblement national démocratique (RND) dont les statuts ont été déposés au ministère de l'Intérieur contre le récépissé n° 3766 en date du 18 juin 1981 ; que d'une part, ce parti est plus ancien que le parti And Jëf/Parti Africain pour la Démocratie et le Socialisme (AND-JËF/PADS) qui a investi le candidat Landing Savané et dont les statuts n'ont été déposés au ministère de l'Intérieur contre le récépissé n° 6547 qu'à la date du 16 avril 1992 ; et que, d'autre part, l'adoption de l'aigle comme symbole par le Rassemblement national démocratique (RND) est bien antérieure au dépôt au greffe du Conseil Constitutionnel, le 15 janvier 1993, de la déclaration de candidature de Mamadou Lô, par laquelle ce candidat indique qu'il choisit "éventuellement" l'aigle comme symbole ;*
>
> *[qu'en conséquence], la couleur or et le symbole de l'aigle sont attribués par priorité au candidat Madior Diouf pour l'impression de ses bulletins de vote ; cette attribution interdisant aux candidats Landing Savané et Mamadou Lô d'utiliser la même couleur ou le même symbole, les deux candidats ont choisi, à l'invitation du Conseil constitutionnel, le premier la couleur bleu ciel et le second le symbole de "la jarre percée sur fond de carte Sénégal-Afrique", à l'exclusion de l'aigle pour l'impression de leurs bulletins de vote » (Conseil constitutionnel, Décision n° 2/93 du 23 janvier 1993).*

§ 3- Le caractère non contradictoire de la procédure

Le caractère contradictoire ou non de la procédure contentieuse relative aux signes distinctifs des listes de candidats a pu donner lieu, à l'occasion des élections législatives de 2001, à une controverse qui s'est traduite par un échange épistolaire entre le président de la République Abdoulaye Wade et le Conseil constitutionnel, échange dont la presse s'est fait l'écho (journal Le Soleil *du mardi 10 avril 2001, p. 5) :*

> *Se référant à l'article 9 in fine de la Constitution de la République qui dispose que « la défense est un droit absolu dans tous les États et à tous les degrés de la procédure », le Président Abdoulaye Wade a estimé que le respect du principe du contradictoire doit être de rigueur en matière électorale et qu'en tout état de cause, le Règlement intérieur du Conseil constitutionnel invoqué pour justifier l'exclusion d'un débat contradictoire ne saurait dérogé au principe de la contradiction que le*

Conseil lui-même décrit comme « une sorte de droit naturel de la procédure » (Lettre n° 333 du 28 mars 2001 adressée au président du Conseil). Le Conseil constitutionnel, quant à lui – se référant à la loi organique n° 92-93 du 30 mai 1992 relative au Conseil constitutionnel notamment en son article 12 [correspondant à l'article 14 de la loi organique n° 2016-23 du 14 juillet 2016 actuellement en vigueur] qui dispose que « la procédure devant le Conseil constitutionnel n'est pas contradictoire... et que tout document produit après le dépôt de la requête n'a pas pour le Conseil constitutionnel qu'une valeur de simple renseignement » – estime que lorsque survient une contestation d'un acte du ministère de l'Intérieur, la saisine du Conseil constitutionnel est un contentieux objectif réglé sans possibilité de contradiction (Note délibérée et adoptée par le Conseil constitutionnel en sa séance du 30 mars 2001).

Le Président Abdoulaye Wade a semblé peu convaincu par l'argumentaire du Conseil constitutionnel qui, selon lui, ne saurait avoir un pouvoir de « créer un droit d'exception à un principe absolu de droit inscrit dans la Constitution », même si l'on peut admettre que « la compétence générale du Conseil constitutionnel est d'être le juge de la constitutionnalité des lois, [et que,] en cette matière, la procédure n'est pas contradictoire ». Aussi avait-il donné l'impression de vouloir en appeler à l'arbitrage ultérieur du législateur en vue d'un « élargissement de l'espace des droits et libertés de façon libérale », pour reprendre ses termes. Mais, faute d'une telle suite donnée par l'ancien président de la République pendant ses deux mandats pour clore ainsi ce débat, la position du Conseil constitutionnel demeure la seule admise.

§ 4 - Le cas particulier de la confusion de signes distinctifs imputable à l'Administration

Le contentieux des signes distinctifs ne naît pas toujours de réclamations relatives aux signes distinctifs sur lesquels des candidats ou listes de candidats prétendent avoir un droit exclusif que confère l'antériorité de l'usage ou du dépôt auprès de l'administration compétente. Dans certains cas, l'administration électorale chargée de confectionner les documents électoraux peut être à l'origine de la situation pouvant être source de confusion de signes distinctifs, notamment au moment de la confection des bulletins de vote.

Cette situation est parfois vainement invoquée dans le cadre du contentieux électoral post-scrutin comme une irrégularité ayant eu pour effet d'entacher la sincérité du scrutin, en raison de la difficulté d'apprécier de l'influence que l'irrégularité a pu avoir sur les résultats (cf. infra n° 25-06 à titre indicatif : Cour suprême, Arrêt n° 09 du 23 janvier 2015 relativement aux élections locales).

Aussi appartient-il aux candidats et à leurs mandataires d'être vigilants dans la phase de confection des bulletins de vote en étant notamment assidus aux réunions préparatoires organisées par l'administration électorale.

2 - Le contentieux de la candidature proprement dit

13 – 13. *Après avoir effectué les vérifications d'office ou par suite de réclamations, le Conseil constitutionnel doit, vingt-neuf (29) jours francs avant le premier tour du scrutin, arrêter et publier la liste des candidats. Cette publication assurée par affichage au greffe du Conseil constitutionnel fait courir le délai prévu à l'article LO.122 du Code électoral qui dispose que les réclamations contre la liste des candidats doivent parvenir au Conseil constitutionnel « avant l'expiration du jour suivant celui de l'affichage au greffe ».*

À propos des réclamations contre la liste des candidats, le Conseil constitutionnel qui a arrêté et publié la liste des candidats à l'élection présidentielle du 25 février 2007 a été saisi du recours d'un candidat indépendant dont la candidature avait été rejetée au motif que la liste des signatures de 10 000 électeurs devant accompagner son dossier était incomplète. Ledit candidat qui a introduit un recours devant la haute juridiction pour contester le bien-fondé de la décision exigeait notamment un décompte contradictoire.

Statuant sur cette requête, le Conseil constitutionnel a considéré que le recours était irrecevable du fait que ses décisions n'étaient susceptibles d'aucune voie de recours et que les débats n'y étaient pas contradictoires (Conseil constitutionnel/27 janvier 2007/E).

L'on peut, au regard de cette décision, s'interroger relativement à l'objet des réclamations prévues à l'article LO.122 en dehors des réclamations relatives à la couleur, au sigle ou symbole des candidats visées à l'article LO.119 du Code électoral. À ce propos, l'on peut relever que, pour déterminer le délai de recours dans le cadre du contentieux des signes distinctifs, le Conseil constitutionnel a fait référence au délai fixé à l'article 116 ancien – correspondant à l'article LO.122 du Code électoral en vigueur – tout en précisant que « toute contestation relative à ce choix [de couleur] est nécessairement une réclamation contre ladite liste » (cf. supra n° 13-12).

L'autorité de la chose jugée – que l'article 92 de la Constitution reconnaît aux « décisions » du Conseil – devrait-elle être applicable à un « arrêt » de publication de liste de candidats pour l'empêcher de procéder aux réajustements justifiés quand bien même l'arrêt serait précédé de vérifications ? L'on peut être tenté de penser le contraire surtout que la contestation pouvant être motivée par l'inéligibilité d'un candidat doit nécessairement être tranchée dès lors que celle-ci est une cause d'invalidation même si elle est révélée après l'élection.

Mais en tout état de cause, cette voie de recours prévue à l'article LO.122 du Code électoral doit être exceptionnelle dans la mesure où le Conseil constitutionnel serait amené à statuer en appréciant la régularité de ses propres décisions dès lors que la liste des candidats n'est arrêtée qu'après toutes les vérifications nécessaires effectuées par le Conseil constitutionnel. Elle n'est ouverte qu'aux candidats ou plus exactement aux personnes investies par un parti politique ou une coalition de partis politiques ou qui bénéficient des parrainages requis et qui ne seront candidats effectifs qu'à partir du moment où la liste des candidats est définitivement arrêtée par la décision du Conseil constitutionnel qui doit, une fois saisi, statuer sans délai comme prescrit à l'article LO.122, alinéa 2 in fine du Code électoral.

À noter enfin que la CENA, en vertu des dispositions de l'article L.13 du Code électoral, qui l'habilitent à déférer devant les organes judiciaires compétents tout manquement à la loi électorale de la part des partis politiques, des candidats ou des électeurs, peut également saisir le Conseil constitutionnel, si elle constate soit une situation de confusion possible en raison d'emblèmes, de couleurs ou de sigles qui ne seraient pas suffisamment distinctifs des candidatures enregistrées, soit une cause d'irrecevabilité d'une candidature.

❖

CHAPITRE II
CAMPAGNE ÉLECTORALE

Article LO.124.- La campagne en vue de l'élection du président de la République est ouverte vingt et un (21) jours avant le premier tour de scrutin.

S'il y a lieu de procéder à un deuxième tour de scrutin, la campagne s'ouvre à compter du jour de l'affichage de la liste des candidats au Greffe du Conseil constitutionnel. Elle prend fin la veille des élections à zéro heure.

Article LO.125.- La Cour d'appel de Dakar veille à l'égalité entre les candidats. Saisie par la CENA ou par un candidat, elle intervient, le cas échéant, auprès des autorités compétentes pour que soient prises toutes les mesures susceptibles d'assurer sans délai cette égalité.

L'organe en charge de la régulation des médias assure l'égalité entre les candidats dans l'utilisation du temps d'antenne ; il intervient, le cas échéant, auprès des autorités compétentes pour que soient prises toutes mesures susceptibles d'assurer cette égalité nonobstant les sanctions prévues par les textes régissant l'organe de régulation.

Tout organe, toute entreprise privée de la presse écrite, audiovisuelle ou utilisant tout autre support, qui traite de la campagne est tenu de veiller au respect des règles d'équité et d'équilibre entre les candidats dans le traitement des activités de campagne électorale.

Est interdite toute activité assimilable à une campagne électorale dans les conditions définies par l'article L.61.

Est également interdite, toute propagande électorale le jour du scrutin.

Saisie d'une réclamation, la Cour d'appel peut en cas de besoin, adresser des injonctions aux autorités concernées ou au candidat dont l'attitude est incriminée.

La Cour d'appel veille à la régularité de la campagne électorale. Ses arrêts en la matière ne peuvent faire l'objet d'aucun recours.

Article LO.126.- La campagne par voie d'affichage est régie par les dispositions des articles L.60 et L.62 ainsi que par les dispositions réglementaires du Code électoral.

Les panneaux d'affichage sont attribués dans l'ordre de la liste des candidats arrêtée par le Conseil Constitutionnel.

Article LO.127.- La tenue des réunions électorales est régie par les dispositions de l'article L.59 du présent Code.

Le service public de la radiodiffusion – télévision annonce les réunions électorales auxquelles participent les candidats.

Article LO.128.- Chaque candidat peut faire imprimer et adresser aux électeurs, avant chaque tour de scrutin, une circulaire de propagande comprenant une page en recto et verso de format de 21 x 27 cm.

Cette circulaire est soumise à la formalité du dépôt légal.

Article LO.129.- Pendant la durée de la campagne électorale pour le premier tour comme, le cas échéant, pour le second tour du scrutin, les candidats en lice à la Présidence de la République figurant sur la liste arrêtée et publiée par le Conseil constitutionnel reçoivent un traitement égal dans l'utilisation des moyens de propagande de la tranche horaire quotidienne du service public de l'audiovisuel réservée aux candidats.

Le nombre, la durée et les horaires des émissions, ainsi que les modalités de leurs réalisations sont fixés par l'organe chargé de la régulation des médias après avis de la CENA, des organes de la presse, de l'audiovisuel public et des candidats ou de leur mandataire.

L'organe de régulation des médias peut s'opposer à la diffusion d'une émission de la campagne électorale en cas de contravention aux règles posées par la Constitution.

Sa décision doit être motivée et notifiée, immédiatement, au candidat concerné. Cette décision peut faire l'objet d'un recours pour excès de pouvoir devant la Cour suprême qui se prononce en procédure d'urgence avant la fin de la campagne.

L'organe de régulation des médias peut saisir la Cour d'appel préalablement à la diffusion d'une émission de la campagne officielle, dans les vingt-quatre (24) heures à compter de la réalisation de cette émission, si les propos tenus par les candidats ou les partis politiques révèlent un manquement grave aux obligations qui résultent de la Constitution, notamment en ce qui concerne le respect :

- des caractères de l'État républicain, laïc et démocratique ;

- des institutions de la République : de leur statut, de leurs compétences ;
- de l'indépendance nationale, de l'intégrité du territoire et de l'unité nationale ;
- et des libertés publiques.

La saisine de la Cour d'appel est suspensive de la diffusion de l'émission.

La Cour d'appel statue dans un délai de quarante-huit (48) heures à compter de sa saisine. Elle peut ordonner la non-diffusion de tout ou partie seulement de l'émission.

Le candidat dont les propos sont incriminés est invité à présenter sa défense.

Si l'organe de régulation des médias ne saisit pas la Cour d'appel dans les vingt-quatre (24) heures ou si la Cour d'appel ne statue pas dans le délai ci-dessus prévu, l'émission doit être diffusée immédiatement.

Article LO.130.- L'organe de régulation des médias peut, en sus du temps d'émission dont dispose chaque candidat, organiser des débats radiodiffusés ou télévisés contradictoires à la condition que de telles émissions permettent à chacun des candidats d'intervenir.

Article LO.131.- L'organe de régulation des médias veille à ce que le principe d'égalité entre les candidats soit respecté dans les programmes d'information du service public de radiodiffusion-télévision en ce qui concerne la reproduction et les commentaires des déclarations, écrits, activités des candidats et la présentation de leur personne.

Article R.80.- Aux lieux habituels d'affichage officiel et notamment à l'entrée des gouvernances, des préfectures, des sous-préfectures, des hôtels de département, des mairies et des locaux dans lesquels siègent des commissions de distribution des cartes d'électeur, l'autorité administrative compétente doit faire placarder, durant la période électorale, des affiches suivantes :

1. texte du décret convoquant les électeurs ;
2. arrêté fixant la liste des commissions de distribution des cartes d'électeur ;
3. extrait de l'arrêté du Ministre chargé des Élections prévu par l'article L.66 fixant la liste des bureaux de vote situés dans la circonscription.

Article R.83.- L'État prend à sa charge l'impression des affiches et circulaires de propagande des candidats ou listes de candidats dans les conditions fixées aux articles LO.126, LO.179, R.54, R.56 et R.81.

❖

NOTE SUR LA CAMPAGNE POUR L'ÉLECTION PRÉSIDENTIELLE

Précédée d'une précampagne, la campagne pour l'élection présidentielle est réglementée dans le détail par le législateur aux dispositions des articles L.59 à L.62 du Code électoral communes à toutes les élections et aux articles LO.124 à LO.131 pour celles relatives à l'élection présidentielle et qui sont également applicables sous divers aspects aux autres types d'élections.

CHAPITRE PREMIER

CONSIDÉRATIONS GENERALES

14 – 01. *L'acte de voter, dont la finalité est le choix des représentants des citoyens au sein des instances dirigeantes de la République, constitue l'aboutissement du processus relationnels entre candidats – porteurs de projets politiques et cultivant un certain profil et des postures pour la meilleure présentation de leur personne ainsi que de leur programme par l'écrit, l'image ou le discours – et électeurs dont l'adhésion est recherchée, surtout dans la proche période précédant le scrutin, qui verra se forger définitivement des convictions qui se traduiront le moment venu en suffrages déterminants pour l'issue de la compétition électorale.*

D'où l'importance de cette période au cours de laquelle est institué un système de communication organisé – qui comporte une approche physique ou campagne de proximité faisant prévaloir la recherche du contact fusionnel dans les rassemblements divers (réunions, marches, etc.) –, mais qui, de nos jours, avec le développement des moyens de communication, a pour support primordial les médias de masse dotés d'une puissance de pénétration d'un large public et, en conséquence plus, à même d'influer sur les opinions des électeurs.

Les règles régissant ce système de communication organisée ou de campagne électorale visent à atténuer les déséquilibres qui procèdent des privilèges conférés par la fortune ou des positions de pouvoir à certains candidats, en favorisant notamment un accès équitable aux médias.

Les exigences de l'égalité des candidats sollicitant les suffrages des électeurs qui est l'âme de la compétition démocratique sont à l'origine des incidents de la campagne électorale dont la solution appelle l'intervention de l'organe de régulation des médias et de la Cour d'appel, le premier « assurant » l'égalité et la seconde « veillant » à celle-ci.

Toutefois, la déterritorialisation des sites de production et d'émission des médias classiques, l'essor des outils numériques de diffusion de l'image et du son, le développement des services nouveaux interactifs dans les réseaux sociaux ainsi que l'expansion fulgurante des nouveaux médias sur les plateformes du web favorisée par une connectivité de plus en plus partagée au sein des populations, risquent de confronter les tentatives d'organisation de la diffusion réglementée de l'information et de la communication politique à des nouveaux défis.

La campagne électorale officielle se caractérise par sa durée et les différentes formes de propagande institutionnalisée que sont les réunions électorales, la propagande dans les médias et la propagande par voie d'affiches et de circulaires.
Dans les faits, elle est précédée d'une plus ou moins longue période de précampagne diffuse au cours de laquelle les protagonistes politiques se reprochent mutuellement de mener une « campagne prématurée » ou une « campagne déguisée ».

CHAPITRE II
LA PRÉCAMPAGNE

Appréhendée dans une approche lexicale comme l'étape qui précède la campagne électorale, la précampagne apparaît dans les faits comme la juxtaposition de deux séquences temporelles :

- *une première période floue, aux contours imprécis quant à sa durée et aux modes d'expression de la propagande qui s'y déploient en rapport avec l'élection à venir, période qu'on pourrait qualifier de « précampagne informelle » ;*
- *une seconde période s'étendant sur le mois qui précède la campagne électorale, que l'on peut désigner comme la « précampagne officielle » caractérisée par la prohibition de toute forme de campagne déguisée.*

Si le droit électoral ne s'intéresse qu'à cette période de précampagne réglementée et à la période de campagne officielle, qui sont régies par des dispositions légales, la « précampagne informelle » n'en revêt pas moins d'intéressants aspects qui méritent d'être relevés.

SECTION PREMIÈRE
LA « PRÉCAMPAGNE INFORMELLE »

14 – 02. *Pour officieuse et informelle qu'elle soit, cette période de précampagne électorale n'en mobilise pas moins les énergies et constitue un facteur de déperdition du rendement de l'action administrative et des activités socio-économiques eu égard à l'implication de vastes secteurs de la population active dans le domaine politique.*

Dans un contexte préélectoral où se déploie une forte agitation politique qui trouve un terreau fertile dans la floraison de titres de journaux, de stations de radiodiffusion et de télévision aux desks politiques hypertrophiés caractérisant le paysage médiatique sénégalais, la précampagne informelle apparaît comme une sorte de zone grise correspondant à la dernière séquence temporelle précédant la précampagne électorale réglementée.

Au cours de cette précampagne informelle, faute d'une quelconque réglementation de l'accès aux médias publics comme dans la campagne officielle, le ou les parti(s) au pouvoir ou leur(s) candidat(s) sont enclins à se consacrer à diverses opérations de séduction et de captation de l'électorat par le biais d'inaugurations d'infrastructures ou de visites de chantiers.

Pour rappel, les deux premiers présidents de la République, Léopold S. Senghor et Abdou Diouf, organisaient systématiquement des « tournées économiques » à l'approche des élections. Leurs successeurs, même s'ils n'utilisent pas le concept de « tournées économiques », n'en multiplient pas moins des visites dans les différentes localités sous divers prétextes.

Mais à cette campagne officieuse des « officiels », les oppositions de bonne guerre ripostent généralement par la technique du harcèlement du pouvoir, comme le relevait le professeur Babacar Kanté (« Les élections présidentielles et législatives du 28 février 1988 », « Annales africaines », 1989-1990-1991, p. 163). Ainsi, pendant la campagne de la présidentielle de l'année 2000, ce harcèlement a revêtu comme de coutume les aspects d'une contestation de la régularité du processus électoral notamment avec la controverse sur la fiabilité des cartes d'électeur confectionnées en Israël, les allégations relatives à l'existence d'un double fichier électoral avec des données tronquées, les vérifications tatillonnes dudit fichier à l'affût de la moindre double inscription brandie comme trophée dans la guerre contre la fraude électorale, les recours juridictionnels, les marches autorisées ou non, bref, une offensive tous azimuts qui, en polarisant le débat avec un retentissement médiatique garanti, a le mérite de faire partager l'initiative politique et « d'empêcher le parti au pouvoir de développer une stratégie politique cohérente et efficace ».

Le même scénario s'est répété à l'occasion de l'élection présidentielle du 25 février 2007 et, dans la foulée, a entraîné un boycott pour le moins improductif par l'opposition dite « significative » des élections législatives du 22 mars de la même année, élections à l'issue desquelles va être installée pour une législature une assemblée nationale quasi monocolore.

Ce phénomène aurait probablement revêtu les mêmes contours s'il n'avait été occulté à l'occasion de la présidentielle de 2012 par la contestation de la candidature du président de la République en exercice, Abdoulaye Wade, avec les manifestations à partir notamment du monument de l'Obélisque sous la houlette de certains leaders de l'opposition qui, pendant ce temps, se privaient ainsi d'une campagne efficace au contact des électeurs.

Dans cette action du pouvoir et la réaction des oppositions s'illustre un paradoxe d'un système politique à la recherche des repères éthiques partagés seuls à même d'instaurer définitivement une démocratie sereine dont les règles du jeu sont respectées par les acteurs.

En effet, dans la confrontation des stratégies de la triche et de la feinte, de l'abus de pouvoir politique dominant et de la surenchère politicienne, il y a brouillage des valeurs fondatrices d'une compétition politique saine qui appelle à la moralisation de l'espace public et des postures politiques pour l'instauration d'un véritable débat démocratique privilégiant la confrontation des programmes et l'intelligence partagée des enjeux des scrutins électoraux.

En tout état de cause, il ne peut être envisagé une réglementation totalement égalitariste de cette période de précampagne, une telle réglementation étant incompatible avec, d'une part, les nécessités du fonctionnement des services publics et des institutions de la République, d'autre part, les exigences d'un libre traitement professionnel de l'information suivant les règles de la déontologie du journaliste et l'équilibre attendu des médias, qu'ils soient publics ou privés.

Pour préserver une certaine égalité entre les candidats, les rédacteurs du « Code consensuel » de 1992 ont proposé au législateur la prohibition de toute propagande déguisée pendant au moins la période de précampagne réglementée.

SECTION II
LA PRÉCAMPAGNE REGLEMENTÉE

La précampagne réglementée couvre la période d'un mois qui précède la campagne électorale. Elle se caractérise par l'interdiction de la « propagande déguisée » dans un contexte assez particulier.

I - CONTEXTE ET JUSTIFICATION

Les forces politiques engagées dans la compétition électorale - surtout les tenants du pouvoir d'État – s'adonnent souvent à l'approche des élections – à des démarches pernicieuses de captation de l'électorat, au risque parfois de tomber dans le piège de la caricature.

Pour illustrer ce propos, il faut se remémorer cet atterrissage à vue hasardeux, le 23 février 2012, avant-veille de l'élection présidentielle du 25 février 2012, de l'avion présidentiel transportant le président de la République Abdoulaye Wade, candidat à sa propre succession, sur la piste cahoteuse du chantier de l'aéroport Blaise Diagne, dont la première pierre a été opportunément posée en avril 2007 à l'approche des élections législatives du 3 juin 2007, ainsi que l'annonce faite à cette occasion de la réception en fin 2012 de l'ouvrage dont les travaux devaient pourtant se poursuivre plus de cinq ans après.

De façon générale, des visites de travail ou des tournées économiques judicieusement programmées permettent souvent au candidat à la recherche du renouvellement de son mandat de se rappeler au bon souvenir des « grands électeurs » que sont les notabilités politiques, religieuses et coutumières identifiées à tort ou raison comme des « porteurs de voix ».

I – LE PRINCIPE DE LA PROHIBITION DE LA PROPAGANDE DÉGUISÉE

14 – 03. *Pour assurer l'égalité des candidats au cours de la précampagne qui, au fur et à mesure qu'approche le scrutin, se caractérise par diverses tentations de nature à rompre l'équilibre de traitement, le Code électoral, en son article L.61, interdit durant les trente (30) jours précédant la campagne électorale officielle « toute propagande déguisée ayant pour support les médias nationaux publics et privés ».*

La même disposition définit les actes de propagande déguisée et assigne à l'organe chargé de la régulation des médias, la mission de « veiller à l'application stricte de cette interdiction ». Cet organe, en l'occurrence le Conseil National de Régulation de l'Audiovisuel, peut en cas de transgression appliquer des sanctions dont l'efficacité est aléatoire eu égard à la fugacité de l'information et à la difficulté de la mesure de son impact ainsi qu'à la non-réversibilité automatique de ses effets sur l'opinion. Il peut également dans certaines circonstances saisir la Cour d'appel.

II - LES ACTES DE PROPAGANDE DÉGUISÉE

La propagande déguisée peut s'exprimer par des « actes de propagande déguisée » proprement dits et par des « activités assimilables à une campagne électorale déguisée ».

A - LES « ACTES DE PROPAGANDE DÉGUISÉE » PROPREMENT DITS

14 – 04. *Sont considérées, aux termes de l'article L.61, alinéa 2 du Code électoral, comme actes de propagande électorale déguisée « toute manifestation ou déclaration publique de soutien à un candidat ou à un parti politique ou coalition de partis politiques, faite directement ou indirectement par toute personne, association ou groupement de personnes [quel] qu'en soit la qualité, nature ou caractère ».*

Par cette formule fort complexe, le législateur a entendu interdire tout soutien à un candidat relayé à travers « les médias nationaux publics ou privés ».

Un tel soutien peut consister en des déclarations ou des écrits, mais peut également revêtir une forme plus pernicieuse lorsqu'il se dilue dans la chanson ou l'image (Rapport 1996 de l'ancien organe de régulation de l'audiovisuel : le Haut Conseil de l'Audiovisuel (HCA)).

La manifestation du soutien peut être faite indifféremment au profit de n'importe quel candidat. De même, la déclaration de défiance vis-à-vis d'un candidat peut s'analyser en soutien à son/ses challenger(s).

Les actes de propagande déguisée peuvent être accomplis par des personnes physiques ou morales agissant en dehors des partis politiques (Rapport du Haut Conseil de l'Audiovisuel, 1996).

B - LES « ACTIVITÉS ASSIMILÉES À DES PROPAGANDES OU CAMPAGNES DÉGUISÉES »

14– 05. *L'égalité des chances des candidats qui doit être la règle de la compétition électorale suppose une attitude de neutralité des autorités publiques vis-à-vis des candidats. C'est dans cet esprit que la loi prohibe certaines activités qui peuvent être assimilées à la propagande déguisée au profit généralement des candidats qui exercent le pouvoir d'État.*

Ces activités assimilables à des « des propagandes ou campagnes déguisées » sont « les visites et tournées à caractère économique, social ou autrement qualifiées, effectuées par toute autorité de l'État sur le territoire national et qui donnent lieu à des manifestations ou déclarations » de même nature que celles caractérisant les actes de propagande proprement dits.

Toutefois, même si ces activités sont prévues dans le même alinéa 2 de l'article L.61 du Code électoral à la suite des « actes de propagande électorale déguisée » auxquels elles sont formellement rattachées sur le plan sémantique par l'assimilation de celles-là à ceux-ci, il faut relever que ces visites, tournées et manifestations ne relèvent de la propagande que si elles sont relayées par les médias, car la campagne électorale ne peut justifier un black-out sur les activités étatiques.

Néanmoins, si ces activités ne sont pas relayées par les médias, elles peuvent être considérées comme des faits d'utilisation des moyens de l'État et comme tels, interdits en application de l'article L.61, alinéa 5-2) (cf. infra n° 14-16).

III - LES SUPPORTS DES ACTES DE PROPAGANDE DÉGUISÉE

14 – 06. *Les supports potentiels de la propagande déguisée prohibée sont formellement identifiés en droit à l'article L.61, alinéa 1er du Code électoral qui interdit la propagande déguisée ayant « pour support les médias nationaux publics ou privés ».*

L'article 43, alinéa 2 du cahier des charges applicable au titulaire d'une autorisation de diffusion de programmes de télévision privée de droit sénégalais dispose en outre que :

> *« En période de précampagne et de campagne électorales, toutes les dispositions du Code électoral en matière de couverture médiatique et de propagande de toutes sortes s'appliquent aux télévisions privées qui choisissent de traiter de ladite campagne.*
> *Il est notamment interdit toute propagande déguisée ayant pour support les médias nationaux, publics et privés, durant les trente jours précédant l'ouverture officielle de la campagne électorale [...] ».*

De même, le cahier des charges qui est applicable aux radios privées commerciales prévoit en son article 26 que :

> *« Tout programme diffusé doit obligatoirement respecter le caractère pluraliste de l'expression des courants de pensée et d'opinion. En période de campagne électorale, toutes les dispositions du Code électoral en matière de couverture médiatique et de propagande de toutes sortes s'appliquent aux radios privées qui choisissent de traiter de ladite campagne ».*

En dépit de la lettre sans équivoque de la loi électorale et des stipulations des cahiers des charges applicables qui visent tous les médias nationaux publics ou privés, le respect de l'interdiction de tous les actes de propagande déguisée n'est pour autant pas aisée à assurer comme l'a fait remarquer l'ancien organe de régulation de l'audiovisuel qui, face à la rébellion ouverte des médias privés rétifs à tout dirigisme, même conjoncturel, de guerre lasse, en était réduit, « inspiré par l'esprit de tolérance et de sagesse [à déplorer], les dérives au niveau des médias indépendants [non] encore conscients de l'élargissement des prérogatives du Haut Conseil de l'Audiovisuel et de l'affirmation de son pouvoir de police » (Rapport annuel du HCA, 1998 p. 28).

Par ailleurs, même si cet ancien organe de régulation de l'audiovisuel a pu estimer que les médias pouvant être le support d'une propagande déguisée sont, non seulement, les moyens d'information publics (la Radiodiffusion Télévision Sénégalaise, le journal Le Soleil, *l'Agence de Presse Sénégalaise), mais également les médias privés de droit sénégalais ou non installés au Sénégal (Rapport du Haut Conseil de l'Audiovisuel, 1996), l'expression de la loi « médias nationaux » peut s'avérer pour le moins ardue à circonscrire surtout si l'on prend en considération les stations de radios diffusant sur la bande FM des programmes élaborés à l'étranger et retransmis simultanément en ondes courtes si ce n'est en numérique. Il en est de même des télévisions notamment avec la télévision numérique terrestre. En effet, avec le développement de ces divers modes de diffusion et l'intensification de la communication transnationale qu'il implique ainsi que l'essor de la presse en ligne et la prolifération des sites web, toute réglementation tatillonne de l'information semble participer d'un combat d'arrière-garde surtout quand les sanctions encourues paraissent peu dissuasives et l'organe de régulation de l'audiovisuel peu outillé pour s'imposer efficacement.*

À noter in fine qu'en ce qui concerne les médias communautaires, le cahier des charges applicable aux radios communautaires qui définit la radio communautaire comme celle « à but non lucratif et œuvrant dans le développement à la base (économique, social, culturel, etc.) », précise en son article 18 que « la radio communautaire ne peut diffuser des informations, messages ou débats à caractère politique ».

Aussi, ces radios ne peuvent-elles en aucune façon ni participer au traitement de la campagne, ni, a fortiori, s'immiscer dans des activités qui pourraient être interprétées comme de la propagande déguisée, avec toutefois la difficulté de caractériser celle-ci en raison de la frontière ténue qui sépare le traitement neutre d'une activité économique et sociale et la propagande déguisée qui pourrait l'accompagner.

IV - L'APPLICATION DE LA PROHIBITION DE LA PROPAGANDE DÉGUISÉE

Le Conseil National de Régulation de l'Audiovisuel (CNRA), organe de régulation des médias, est chargé, comme indiqué à l'article L.61, alinéa 3 du Code électoral, de veiller à l'application stricte de l'interdiction de toute propagande déguisée avec les difficultés qui ont été incidemment relevées ci-dessus.

En cas de contravention à l'interdiction, divers types de mesure peuvent être envisagés, notamment la réparation du préjudice ou l'application d'une sanction administrative ou pénale.

A - LA RÉPARATION DU PRÉJUDICE EN CAS DE CONTRAVENTION

***14 – 07.** En cas de contravention à l'interdiction, l'organe de régulation des médias doit proposer des « formes appropriées de réparation au bénéfice de tout candidat, de tout parti politique ou coalition de partis politiques lésé » (article L.61, alinéa 4 du Code électoral).*

Pour ce faire, l'organe de régulation peut être saisi directement d'une plainte comme il peut se saisir d'office.

Mais dans la pratique, il est difficile d'imaginer une forme véritablement appropriée de la réparation en cas d'actes de propagande déguisée consistant en un soutien apporté à un candidat et qui concrètement ne peut être contrebalancé par aucune mise au point ni par un quelconque droit de réponse, surtout quand l'expression du soutien ne comporte ni caractérisation négative d'une autre candidature ni imputation diffamatoire à l'égard d'un autre candidat. Cette observation vaut encore plus s'agissant des actes assimilés à des actes de propagande déguisée qui peuvent consister en des opinions émises par des personnes ou organismes quelconques à l'occasion des activités des autorités publiques.

B - LES SANCTIONS EN CAS DE CONTRAVENTION À L'INTERDICTION

14 – 08. *L'article L.105 du Code électoral prévoit à l'encontre de toute personne ayant contrevenu à l'interdiction de toute propagande déguisée l'application de la peine d'amende de 50 000 à 500 000 FCFA prévue à l'article L.104 du même Code.*

À côté de cette sanction pénale, la loi a prévu une panoplie de sanctions de nature administrative pour assurer que les médias se conforment aux prescriptions légales, notamment à la règle de la prohibition de la propagande déguisée dans la période de précampagne ou dans celle de la campagne (cf. infra n° 14-26).

Au terme de cette revue des aspects de l'interdiction légale de la propagande déguisée, force est de constater que la vanité de l'ambition d'appréhender une gamme infinie de situations et de comportements se mesure dans la pratique à la petitesse des résultats, en dépit de volontarisme de l'organe de régulation des médias.

Aussi, la systématisation de la méthode pédagogique dont on décèle quelques manifestations dans la démarche adoptée par le CNRA, méthode basée sur la sensibilisation et la formation des journalistes pour la couverture des élections, semble plus appropriée. Dans cette approche, les professionnels de l'information étant alors renvoyés aux exigences de leur déontologie, l'on évitera la dilution de l'autorité de la loi dans le foisonnement des évanescentes virtualités d'un champ d'application particulièrement labile rendant vaine toute mise en œuvre efficiente de la règle édictée.

V - LE PROBLÈME DE LA PROPAGANDE DÉGUISÉE DEVANT LE JUGE

14 – 09. *Le Conseil constitutionnel, juge de l'élection, ne retient l'irrégularité commise par l'accomplissement d'actes de propagande déguisée en faveur d'un candidat qu'autant que celle-ci « a eu pour effet d'altérer la sincérité de l'élection ».*

C'est ainsi que saisi à l'occasion de l'élection présidentielle du 21 février 1993 d'un recours fondé notamment sur le moyen tiré des irrégularités commises pendant la précampagne électorale, et consistant en une propagande déguisée à la radiodiffusion et à la télévision, le Conseil constitutionnel a estimé ce litige définitivement tranché dans un avis par l'organe de régulation de l'audiovisuel, à l'époque le Haut Conseil de l'Audiovisuel qui, aux termes de la loi électorale, est chargé de veiller à l'application stricte de l'interdiction de la propagande déguisée et de proposer les formes appropriées de réparation en tant que de besoin (Décision n° 6/93, séance du 13 mars 1993).

Cette réticence à sanctionner la propagande déguisée est une illustration de l'ambiguïté du rôle du juge électoral, qui peut constater une irrégularité sans en tirer une conséquence juridique (cf. infra n° 14-34). Mais cette posture se justifie d'autant qu'en l'espèce, il aurait été très hasardeux de s'engager dans une tentative d'évaluation de l'impact qu'une campagne déguisée a pu avoir sur les résultats de l'élection.

CHAPITRE III
LA CAMPAGNE ÉLECTORALE OFFICIELLE

14 – 10. *Outre l'interdiction prévue aux articles LO.125, alinéa 4 et L.61 de toute propagande électorale déguisée pendant celle-ci (cf. supra n°s 14-03 à 14-09), la période de la campagne électorale officielle – dont la durée est déterminée par la loi – se caractérise par les formes de propagande réglementée qui y ont cours. Il s'agit des réunions électorales, de la propagande dans les médias, ainsi que de la propagande par affiches et circulaires, qui sont soumises à des règles spéciales.*

SECTION PREMIÈRE
LE CADRAGE TEMPOREL DE LA CAMPAGNE OFFICIELLE

14 – 11. *Aux termes des dispositions de l'article LO.124, alinéa 1er du Code électoral, la campagne en vue de l'élection du président de la République est ouverte vingt-et-un (21) jours avant le premier tour de scrutin et prend fin la veille des élections à minuit.*

La mise en œuvre de ces dispositions donne une durée de campagne de vingt (20) jours, comme cela a été le cas à l'occasion des élections présidentielles depuis 1983. Ainsi, l'élection devant se tenir un dimanche conformément à l'article L.63, la campagne sera ouverte le troisième dimanche précédant à minuit (ou le quatrième samedi précédant à 24 heures ou minuit) pour prendre fin le dernier samedi à minuit (ou le dernier vendredi à 24 heures ou minuit).

S'il y a lieu de procéder à un second tour de scrutin, la campagne s'ouvre à compter du jour de l'affichage de la liste des candidats au greffe du Conseil constitutionnel comme indiqué à l'alinéa 2 de l'article LO.124. Le scrutin du second tour devant être organisé conformément à l'article 33, alinéa 2 de la Constitution, le deuxième dimanche suivant la décision du Conseil constitutionnel, la durée de la campagne électorale au second tour sera tributaire de la date de la décision du Conseil constitutionnel qui doit, en l'absence de contestation, statuer immédiatement et, en cas de contestation, dans les cinq (5) jours du dépôt de la réclamation devant intervenir dans les 72 heures qui suivent la proclamation des résultats provisoires, conformément à l'article 35 de la Constitution.

Nul ne peut anticiper sur l'ouverture de la campagne ou la prolonger au-delà de sa clôture.

Ainsi, toute propagande est interdite en dehors de la période de la campagne et il est spécialement « interdit de distribuer ou de faire distribuer à des citoyens, le jour du scrutin, des bulletins de vote et autres documents de propagande électorale » comme prévu à l'article L.62.

À noter toutefois que cette disposition du Code électoral mentionne surabondamment le bulletin de vote qui, en droit électoral sénégalais, n'est plus un document de propagande électorale, depuis que le décret n° 63-578 du 26 août 1963 relatif à l'élection du président de la République a prévu en son article 4, alinéa 3 – dont les dispositions constamment reconduites dans la loi électorale correspondent à l'article L.72 – que les bulletins de vote sont mis à la disposition des électeurs par l'Administration dans le bureau de vote.

Dans la période antérieure à l'entrée en vigueur des dispositions du décret sus-visé – comme aujourd'hui encore dans le système électoral français –, les bulletins, comme les circulaires devaient être adressés avant le scrutin à tous les électeurs de la circonscription et sont donc considérés comme documents de propagande.

Par contre, dans le système électoral sénégalais, aux termes de l'article 76, alinéa 8, il est rigoureusement interdit – sous peine d'une amende d'un montant de 20 000 à 100 000 FCFA et d'un emprisonnement d'un (1) mois à un (1) an – toute exhibition publique en dehors du bureau de vote, avant et pendant le jour du scrutin, d'enveloppes et de bulletins de vote réglementaires identiques aux modèles déposés en faveur de candidats. Néanmoins, cette interdiction ne concerne pas les documents électoraux servant à la formation des électeurs et qui doivent être estampillés de la mention « spécimen ».

SECTION II

LA PROBLÉMATIQUE DE LA PARTICIPATION DES DIVERS GROUPEMENTS À LA CAMPAGNE OFFICIELLE

14 – 12. *L'article 7 de la loi n° 2006-04 du 4 janvier 2006, portant création du Conseil National de Régulation de l'Audiovisuel lui a conféré, entre autres attributions, celle de veiller « au respect de l'accès équitable des partis politiques, des syndicats et des organisations reconnues de la société civile aux médias audiovisuels dans les conditions fixées par les lois et règlements en vigueur ». Mais la participation des groupements de personnes au débat électoral réglementé revêt des aspects particuliers et se présente différemment selon qu'il s'agit des partis politiques ou d'autres associations.*

I - LA PARTICIPATION DES PARTIS POLITIQUES AU DÉBAT ÉLECTORAL RÉGLEMENTÉ

14 – 13. *La participation des partis politiques à la campagne électorale officielle peut paraître problématique, eu égard à un certain flou dans la législation qui nourrit l'équivoque.*

En effet, la loi n° 92-57 du 3 septembre 1992, qui organise l'accès des partis politiques au service public de la radiodiffusion-télévision prévoit, dans le but d'assurer le pluralisme de l'information, la participation des partis politiques par le biais de :

- une émission programmée toutes les deux semaines séparément à la radio et à la télévision publiques et réservée aux partis politiques légalement constitués pour leur permettre d'évoquer les questions d'actualité nationale et internationale sous forme de débats contradictoires. Cette émission, qui était à ses débuts communément appelée « Tribune des partis politiques » et qui apparaissait comme un insipide monologue de tribuns partisans plus ou inspirés, est devenue, avec la multiplication des médias, moins visible dans le foisonnement d'émissions de même nature dans les médias publics et surtout privés ;

- la couverture des manifestations publiques et statutaires, ainsi que la diffusion des communiqués y relatifs ;

- la retransmission des débats parlementaires ;

- la participation à une émission de débat mensuel (dont la périodicité n'a pas toujours été respectée dans la pratique).

L'article 16 de la loi portant création du CNRA reprend en substance les mêmes dispositions tout en précisant que :

« [le CNRA] veille au respect des dispositions de la loi n° 92-57 du 3 septembre 1992 relative au pluralisme à la Radio-Télévision, notamment des articles 14 à 18 sur la propagande des partis politiques,

la retransmission des débats parlementaires et le pluralisme de l'information ».

Pendant la période de la campagne électorale de l'élection présidentielle, seuls les candidats sont en principe visés dans la détermination des modalités de l'accès organisé aux médias. Il s'y ajoute que même l'émission périodique animée par les partis politiques n'est pas considérée comme une émission de campagne et doit donc être suspendue pendant la période de la campagne conformément à l'article 19 de la loi n° 92-57 du 3 septembre 1992 (Rapport annuel de l'ancien Haut Conseil de l'Audiovisuel, 1993, p.27).

Toutefois, si la lettre de la loi peut faire penser à l'exclusion de la participation des partis politiques à l'animation du temps d'antenne des candidats, une interprétation plus ouverte et plus adéquate des dispositions de la loi électorale, parce que prenant en compte le contexte normatif global, incline à admettre la participation des partis politiques à l'animation des tranches horaires de propagande électorale dans les médias attribués à chaque candidat pour les raisons suivantes :

- le législateur, en faisant état à l'article LO.129, alinéa 5 du Code électoral de « propos tenus par les candidats ou les partis politiques » dans le cadre des émissions de la campagne électorale réglementée, admet implicitement l'implication de ceux-ci dans la propagande réglementée dans les médias ;

- les candidats à l'élection présidentielle qui sont généralement investis conformément à l'article LO.115-3) du Code électoral par les partis politiques participent à la compétition électorale sous leurs bannières et en se référant à leurs programme et doctrine ;

- la Constitution de la République, en son article 4, dispose que les partis politiques concourent à l'expression du suffrage et le meilleur moyen pour ce faire est de s'impliquer activement dans la campagne électorale.

Si, pour toutes ces raisons, la participation des partis politiques est admise, le candidat qui le souhaite doit, par un acte exprès, habiliter un ou des membres du parti politique ou de la coalition de partis politiques qui l'a investi pour animer tout ou partie de son temps d'antenne.

II - L'EXCLUSION DE CERTAINS GROUPEMENTS AU DÉBAT ÉLECTORAL RÉGLEMENTÉ

14 – 14. *Les organismes socioprofessionnels, comme les syndicats ou les associations, créés en vue de la réalisation d'un objet social, culturel, religieux ou scientifique, poursuivent la défense et/ou la promotion d'intérêts exclusifs, propres à une partie plus ou moins importante des citoyens et n'ont dès lors pas vocation à concourir officiellement à l'expression du suffrage* *dans les élections politiques. Le plus souvent même, ce sont leurs propres statuts qui les excluent des considérations politiques, même s'ils peuvent, de fait, constituer d'importants pôles d'influence opérant de manière diffuse dans la période de campagne.*

D'ailleurs, au Sénégal, l'histoire des organisations syndicales donne des illustrations d'une liaison parfois étroite entre organisations syndicales et partis politiques, théorisée sous le concept de « participation responsable » et impliquant notamment la Confédération nationale des Travailleurs du Sénégal et l'Union progressiste sénégalaise-Parti socialiste, parti au pouvoir, jusqu'à l'alternance de 2000. De même, des cadres de partis politiques dits « de gauche » étaient souvent à la manœuvre au sein de certains syndicats.

SECTION III

LES IRRÉGULARITÉS SUSCEPTIBLES D'ENTACHER LA CAMPAGNE

Ces irrégularités consistent en des actes de transgression de normes interdisant certaines pratiques spécifiées au Code électoral ou qui sont susceptibles de constituer des violations de la règle de l'égalité entre les candidats.

I - LES ACTIVITÉS ASSIMILABLES À LA PROPAGANDE DÉGUISÉE

14 – 15. *L'article 123, alinéa 4 dispose :*

> *« Est [...] interdite toute activité assimilable à une campagne électorale dans les conditions définies par l'article L.61 ».*

L'interdiction des activités assimilées à une campagne électorale déguisée dont les grandes lignes ont été exposées plus haut (cf. supra nos 14-03 à 14-09) vise à assurer l'égalité des candidats en empêchant qu'un candidat puisse bénéficier d'avantages illicites au détriment des autres candidats, par des manifestations de soutien faites « directement ou indirectement par toute personne, association ou groupement de personnes quel qu'en soit la qualité, nature ou caractère », à l'occasion des activités des autorités publiques.

Mais en dépit du caractère formel de l'interdiction de cette forme de propagande déguisée, constituée par des manifestations ou déclarations de soutien, l'application n'en paraît pas moins problématique dans la période de campagne électorale plus encore que dans la période de précampagne. En effet, l'on ne voit pas au nom de quelle logique il serait interdit aux médias de relayer les prises de position des citoyens, associations ou autres groupements sur des questions d'intérêt national. Aussi, la pratique fait peu de cas de cette interdiction, surtout que le juge électoral est également enclin à considérer de telles prises de position diffusées dans les médias comme seulement regrettables, sans toutefois en tirer des conséquences au motif qu'il n'est pas démontré que cette prise de position a pu altérer la sincérité du scrutin.

En outre, avec la précision faite à l'article L.61, alinéa 6 du Code électoral disposant que « cette interdiction ne fait pas obstacle à l'exercice normal des fonctions administratives, gouvernementales et parlementaires », la difficulté de différencier les activités qui participent de la conduite normale des activités de l'État des activités politiques voire politiciennes n'en est que plus accentuée. S'agissant notamment des « activités parlementaires », il est plus que probable que les activités d'un député dans sa circonscription, dans la précampagne ou pendant la campagne, ne soient pratiquement jamais politiquement neutres ni dénuées de considérations politiciennes.

Aussi, cette interdiction doit être reprécisée pour ne s'appliquer qu'aux seuls cas de pression morale exercée sur les électeurs, comme il en est quand une personne revêtue d'une qualité officielle ou auréolée d'une autorité religieuse ou coutumière s'en prévaut et use de promesses ou de menaces quelconques en vue d'influencer le vote des électeurs.

Dans ce sens, les « promesses » devront être nettement distinguées des projets et programmes socio-économiques dont pourrait être bénéficiaire tout ou partie des membres d'une couche sociale ou des populations d'une localité déterminée. Elles doivent également être distinguées de celles qui consomment l'infraction de corruption électorale punie à l'article L.106 du Code électoral en ce qu'elles ne s'adresseraient pas à un ou plusieurs électeurs identifiables, mais à tout ou partie de l'électorat entendu comme une masse anonyme d'électeurs.

Par contre, elles peuvent coïncider presque parfaitement avec la corruption électorale visant une collectivité locale visée à l'article 108 du Code électoral et soulèvent les mêmes difficultés d'application (cf. supra n° 12-09).

La pression morale prohibée pourra également être constituée au cours de la campagne électorale ou à la clôture de celle-ci, par la diffusion d'imputations des faits inexactes et/ou diffamatoires ou d'autres éléments de polémique électorale faite de façon si tardive que les adversaires n'auront pas eu le temps d'apporter les réponses appropriées.

II - L'UTILISATION ILLICITE DES BIENS ET MOYENS PUBLICS

***14 – 16.** Ce fait, pénalement sanctionné par l'application d'une amende apparemment peu dissuasive de 1 000 à 10 000 FCFA, consiste en l'usage à des fins de propagande des moyens financiers ou matériels mis à la disposition des agents et mandataires publics (véhicules de fonctions, carburant, matériels et fournitures de bureaux, fonds politiques, etc.) ou les infrastructures appartenant à l'État ou à une personne publique (stades,* *autres locaux, etc.) ou plus spécialement les moyens de diffusion publique comme les organes publics de radiodiffusion-télévision.*

Cette interdiction ne doit pas, comme précisé à l'article L.61, alinéa 6, faire obstacle à « l'exercice normal des fonctions administratives, gouvernementales et parlementaires ». Mais, cette atténuation, parfaitement compréhensible dans la mesure où la campagne électorale ne doit pas constituer une parenthèse dans le fonctionnement des institutions, ne fait que corser davantage la difficulté de contrôler les dérives dans l'usage des moyens publics comme cela a été relevé ci-dessus s'agissant de la propagande déguisée.

III - LA PUBLICITÉ COMMERCIALE PAR LA VOIE DE LA PRESSE

***14 – 17.** Les procédés de publicité commerciale par la voie de la presse à des fins de propagande électorale sont prohibés aux termes des dispositions de l'article L.61, alinéa 5, 1) du Code électoral.*

Cette interdiction est également stipulée à l'article 43, alinéa 3 du « cahier de charges, applicable au titulaire d'une autorisation de diffusion de programmes de télévision privée de droit sénégalais » qui prévoit qu'« en période électorale, la publicité politique est interdite ».

L'interdiction de l'utilisation à des fins de propagande électorale de tout procédé de publicité commerciale par la voie de la presse, de la radiodiffusion et de la télévision, vise à préserver l'élection des effets réducteurs du marketing qui, appliqué à la compétition électorale, ravalerait le programme politique au rang du message publicitaire et le candidat à un personnage préfabriqué dans les studios et autres officines de la communication. En outre, si elle devait être admise, la publicité commerciale aurait contribué à une inégalité fondée sur la fortune en faveur des candidats susceptibles de mobiliser plus de moyens financiers pour « vendre leur image ».

Dans la pratique, l'application de cette interdiction peut se heurter à quelques difficultés, notamment en ce qui concerne l'affichage. En effet, étant donné que l'interdiction est limitée à la période de campagne (ou de précampagne), le sort des affiches publicitaires apposées avant la campagne peut être source de controverse, mais, en dépit du silence de la loi, de telles affiches ne peuvent demeurer pendant la campagne et doivent être enlevées même si, dans la pratique, il n'en a pas toujours été ainsi.

Par ailleurs, le développement des réseaux sociaux et de la presse en ligne a élargi le champ de la problématique de l'interdiction.

Ainsi, même si l'on peut convenir que la publicité dans la presse en ligne est interdite, la création et l'animation de sites Internet ou de blogs, en raison de leur caractère permanent et personnel, ne peuvent pas être considérées comme des procédés interdits de publicité commerciale.

Quid des autres formes de publicité sur Internet qui, textuellement, ne semblent pas entrer dans l'énumération de l'article L.61, alinéa 5,1) qui vise les procédés « de publicité commerciale par la voie de la presse, de la radiodiffusion et de la télévision » ?

En droit comparé, il peut être noté à ce propos qu'en France, le législateur, pour prendre en compte les formes de publicité sur Internet, a précisé à l'article L.48-1 du Code électoral français que :

> *« Les interdictions et restrictions prévues par le Code en matière de propagande électorale sont applicables à tout message ayant le caractère de propagande électorale diffusé par tout moyen de communication au public par voie électronique ».*

Au regard de ces dispositions, la jurisprudence estime que cette interdiction vise tous les procédés de publicité sur Internet comme les acquisitions de liens sponsorisés ou de mots-clefs, ou le référencement payant dans un moteur de recherche pour plus de visibilité sur les pages de résultats des recherches.

Le législateur français a prévu, dans la loi n° 2004-575 du 21 juin 2004 pour la confiance dans l'économie numérique, en matière de publicité par voie électronique, l'obligation d'identification, de transparence et de loyauté, et a réglementé la prospection directe ou pratique du « spam » consistant en l'envoi en masse de messages non sollicités par les destinataires et dont l'objet souvent commercial peut être également politique. L'interdiction de la publicité par la voie de presse devrait être étendue à ce mode de publicité en ligne au cours de la période préélectorale réglementée.

Le démarchage par messages téléphoniques adressés au public par les candidats est une variante de publicité commerciale soumise au même régime.

Quel que soit le moyen utilisé pour atteindre le public, la publicité commerciale, payante ou gratuite, est prohibée. D'ailleurs, la gratuité pourrait être considérée comme un financement déguisé dans le cadre d'un contexte de financement public de la vie politique envisagé dans la révision de la Constitution adoptée par le référendum du 26 mars 2016.

Enfin, grâce à l'opérationnalisation de logiciels et d'algorithmes spéciaux conjuguée à une modélisation de plus en plus fine des statistiques relatives aux données personnelles des internautes, les réseaux sociaux vont constituer avec certitude, dans un proche avenir, des vecteurs efficaces de la propagande. Ceci nécessitera un nouveau cadre normatif des campagnes et, au-delà, celui de l'ensemble des opérations électorales avec notamment le vote électronique et la dématérialisation totale des procédures d'inscription et de gestion du fichier électoral.

VI - LA PROPAGANDE LE JOUR DU SCRUTIN

14 – 18. *En interdisant « toute propagande le jour du scrutin », l'article LO.125, alinéa 5 fixe une date butoir à la campagne électorale.*

Cette interdiction englobe celle faite par ailleurs « de distribuer ou de faire distribuer sous peine de confiscation, le jour du scrutin, des bulletins de vote et autres documents de propagande électorale » (article L.62).

Elle est justifiée par les exigences de la sécurité publique en raison de ce que, d'une part, les forces de l'ordre sont prioritairement employées à des activités de sécurisation du scrutin dans les différents lieux de vote de l'ensemble du territoire national, et d'autre part, les électeurs qui sont la cible de la propagande doivent, le jour du scrutin, se consacrer à l'accomplissement de leur devoir civique qui ne saurait souffrir des interférences parasites d'une propagande pouvant alors revêtir les formes d'une pression morale voire physique.

SECTION V

LA CAMPAGNE OFFICIELLE DANS LES MÉDIAS

La prééminence de la propagande par le biais des médias a toujours suscité un intérêt débordant des protagonistes du jeu électoral, qui a rendu nécessaire une réglementation minutieuse permettant l'expression pluraliste des courants de pensée et d'opinions dans les médias, même si elle est souvent considérée comme un corset par les professionnels de l'information et de la communication.

I - LA PRÉPONDÉRANCE DE LA PROPAGANDE MÉDIATIQUE

14 – 19. *Des élections peuvent être considérées comme libres et transparentes quand elles sont organisées matériellement dans des conditions correctes pour l'exercice du droit de vote, mais elles ne sont équitables que si les candidats sont placés dans une situation d'égalité, notamment quand l'accès aux médias et la circulation d'une information équilibrée sur la personne et le programme des candidats permettent un choix éclairé des électeurs. Aussi, la propagande par les médias est-elle devenue de plus en plus prépondérante dans la campagne électorale.*

De par son impact potentiel sur les résultats du scrutin de l'élection qui se déroule dans des circonscriptions relativement étendues, la propagande par les moyens de diffusion publique s'impose désormais comme le mode privilégié de communication entre candidats et électeurs.

En effet, en dépit de la segmentation des listes électorales par bureaux de vote, communes et départements pour des raisons de commodité dans l'organisation et le recensement des votes, l'élection se déroule souvent dans des espaces géographiques qui peuvent difficilement être couverts efficacement par les autres modes de propagande.

À l'occasion notamment de l'élection présidentielle qui se déroule à l'échelle nationale, la campagne de proximité, reposant sur le contact personnel et les réseaux de relations locales, s'avère de plus en plus aléatoire quant aux résultats escomptés. En effet, les réunions, meetings et porte-à-porte, même s'ils peuvent constituer des moments forts de communion du candidat et des électeurs, n'impliquent qu'un nombre restreint de ces derniers, qui n'ont pas besoin d'être convaincus dès lors que leur seule présence fait présumer qu'ils sont déjà acquis à la cause des organisateurs à moins qu'ils ne soient de simples badauds attirés par le tintamarre. Ces modes de propagande n'ont une portée significative que si l'événement est relayé comme propagande électorale dans les médias.

II – LES SUPPORTS DE LA CAMPAGNE OFFICIELLE PAR LES MÉDIAS

14 – 20. *Placée sous la supervision du CNRA, la campagne électorale réglementée est organisée matériellement par les services de l'audiovisuel public, les autres médias étant tenus, sous le contrôle du même organisme, d'observer l'équilibre dans le traitement de l'information conformément à l'article L.61, dernier alinéa et, plus spécifiquement, concernant l'élection présidentielle, à l'article L.125, alinéa 3 qui dispose :*

> *« Tout organe, toute entreprise privée de la presse écrite, audiovisuelle ou utilisant tout autre support, qui traite de la campagne est tenue de veiller au respect des règles d'équité et d'équilibre entre les candidats dans le traitement des activités de campagne électorale ».*

L'article 26 de la loi n° 2006-04 du 4 janvier 2006 portant création du CNRA, quand bien même serait-il de portée générale, est applicable à la matière électorale :

> *« Le Conseil National de Régulation de l'Audiovisuel peut être saisi de toute violation des dispositions législatives et réglementaires réagissant les médias audiovisuels ainsi que l'accès équitable des partis politiques, des syndicats et des organisations reconnues de la société civile aux médias d'État ».*

L'article 17 de la même loi précise que des sanctions sont applicables « en cas de manquement aux obligations prévues » (cf. infra n° 14-25).

De même, le cahier de charges applicable au titulaire d'une autorisation de diffusion de programmes de télévision privée stipule en son article 43 que :

> *« En période de précampagne et de campagne électorales, toutes les dispositions du Code électoral en matière de couverture médiatique et de propagande de toutes sortes s'appliquent aux télévisions privées qui choisissent de traiter de ladite campagne ».*

Les modalités de l'option pour les médias privés de traiter de la campagne pour une application de toutes les dispositions du Code électoral ne sont pas précisées, mais l'on peut difficilement imaginer qu'il s'agisse pour ces médias de choisir de se mettre ou de ne pas se mettre sous le carcan de la propagande électorale réglementée et organisée sous l'égide du CNRA. En effet, l'on peut gager qu'aucun média n'irait de son propre gré se soumettre à des contraintes pour le traitement de la campagne. De même, l'on ne peut pas imaginer qu'un média puisse choisir de se mettre en marge d'un événement aussi important qu'une campagne électorale en gardant le mutisme sur toutes les péripéties qui en émaillent le cours.

L'exégèse des dispositions du Code électoral, de la loi portant création du CNRA et des cahiers des charges applicables aux médias privés, permet d'expliquer le caractère équivoque de cette formule. En effet, le législateur a d'abord entendu mettre tous les médias sous la supervision et le contrôle de l'organe de régulation des médias pour la couverture de la campagne électorale avant d'opérer un revirement avec l'insertion, par la loi n° 2006-41 du 11 décembre 2006, d'un alinéa 3 à l'ancien article LO.121 du Code électoral, d'une disposition qui restitue aux médias privés la liberté de traitement de l'information, en précisant qu'« en ce qui concerne les médias privés, ils veillent à l'équité et à l'équilibre dans le traitement des informations sur les activités des candidats », formule reprise à l'article LO.125, alinéa 3 actuel en ces termes :

> *« Tout organe, toute entreprise privée de la presse écrite, audiovisuelle ou utilisant tout autre support, qui traite de la campagne est tenu de veiller au respect des règles d'équité et d'équilibre entre les candidats dans le traitement des activités de campagne électorale ».*

Ainsi, les médias privés traitent librement de la campagne électorale avec pour seuls repères leurs règles déontologiques et notamment l'exigence d'équilibre de l'information dont il faut au passage relever qu'elle ne saurait être assimilée à une posture d'impartialité absolue de la ligne éditoriale des médias. En effet, si l'équilibre dans les temps de parole des candidats doit toujours être recherché, l'on ne peut perdre de vue que chaque média est libre de ses choix philosophiques, idéologiques ou politiques qui, dans le respect de la « sacralité des faits », influent nécessairement sur le commentaire qui est libre, comme l'exprime la célèbre maxime de Beaumarchais.

Dans tous les cas, l'équilibre de l'information suppose d'assumer les convictions chevillées dans l'objectivité, qui permet d'éviter le piège de la propagande. Dans la pratique, ce qu'il faut toutefois déplorer, c'est cette propension des médias sénégalais à privilégier l'événementiel et le sensationnel au détriment du débat programmatique avec, à longueur de colonnes et de reportages divers, une délectation dans les invectives des protagonistes politiques, la théâtralisation des échauffourées narrées dans le style romanesque, si ce n'est avec des annonces prémonitoires d'une catastrophe attendue dans telle contrée avec le déplacement prochain de tel candidat dans le fief de tel autre.

II - LA SUPERVISION ET LE CONTRÔLE DE LA RÉGULARITÉ DE LA CAMPAGNE DANS LES MÉDIAS PAR LE CNRA

14 – 21. *À côté du contrôle de terrain exercé par les partis politiques, coalitions de partis politiques ou groupes de personnes indépendantes ayant présenté des candidats, la Cour d'appel saisie par la « Commission électorale nationale autonome » (CENA) ou un candidat et le « Conseil National de Régulation de l'Audiovisuel » (CNRA) sont chargés d'assurer la régularité de la campagne électorale.*

Le CNRA a été institué par la loi n° 2006-04 du 4 janvier 2006 sur les cendres du Haut Conseil de l'Audiovisuel qui avait été créé par la loi 98-09 du 11 février 1998 en lieu et place du Haut Conseil de la Radio-Télévision mis en place en 1991.

Partant de l'idée que le candidat installé aux affaires et ayant la maîtrise des services publics d'information peut être enclin à s'attribuer des temps d'antenne – avantageusement aménagés du point de vue de la durée et de la programmation horaire – au détriment de ses adversaires, le législateur a chargé cet organisme de régulation d'assurer l'égalité des candidats et, en même temps, d'impulser et de maintenir les débats souvent passionnés de la campagne dans les limites compatibles avec la loi fondamentale de la République.

Le CNRA intervient également de manière spécifique dans la sphère médiatique, conformément à l'article LO.125, alinéa 2 du Code électoral, pour, au cours de la campagne électorale, « assurer l'égalité » des candidats dans l'utilisation du temps d'antenne réservé à chaque candidat dont il supervise la diffusion des émissions de propagande *(cf. infra n° 14-23).*

Il a également pour mission de veiller à l'application stricte de l'interdiction de la propagande déguisée *(cf. infra n° 14-22).*

A - L'INTERVENTION EN VUE D'ASSURER LE RESPECT DE L'INTERDICTION DE LA PROPAGANDE DÉGUISÉE

14 – 22. *Le CNRA peut, dans la période de la campagne, prendre des mesures de réparation de nature à rétablir l'égalité des candidats, une sanction administrative, ou saisir la juridiction compétente, en l'occurrence le Tribunal de grande instance, pour l'application de la sanction pénale prévue aux articles 105 et 104 du Code électoral en cas de contravention à l'interdiction de la propagande déguisée* *(cf. supra n°s 14-07 à 14-09).*

La propagande électorale réglementée s'exprime dans le temps d'antenne réservé aux candidats et à l'occasion de débats organisés.

1 - La gestion du temps d'antenne

14 – 23. *Le CNRA assure, conformément à l'article LO.125, alinéa 2, l'égalité des candidats à l'élection présidentielle figurant sur la liste arrêtée et publiée par le Conseil constitutionnel, dans l'utilisation du temps d'antenne consacré aux émissions de propagande des candidats dans les stations de radiodiffusion et de télévision publiques pendant la campagne électorale pour le premier tour comme, le cas échéant, pour le second tour de scrutin.*

L'article 8 de ladite loi sus-visée portant création du CNRA dispose à ce propos que :

> *« Le Conseil National de Régulation de l'Audiovisuel fixe les règles concernant les conditions de production, de programmation et de diffusion des émissions réglementées des médias audiovisuels pendant les campagnes électorales ».*

Le nombre, la durée, les horaires de diffusion ainsi que les modalités de réalisation des émissions de propagande sont fixés par décret après avis du CNRA conformément à l'article LO.129, alinéas 1er et 2 du Code électoral.

L'analyse des modalités retenues à l'occasion des élections passées notamment en 1993, en 2000, en 2001, en 2007 et en 2012, permet de retenir certaines constantes :

a) les émissions sont diffusées sur l'ensemble du réseau synchronisé de la Radiodiffusion Télévision Sénégalaise (RTS, organe public).

À propos des médias privés, il faut rappeler que les dispositions de l'ancien Code électoral institué en 1992 semblaient les inclure dans le traitement réglementé de la campagne électorale, l'article LO.123 alors applicable faisant référence aux « stations de radiodiffusion et de télévision » sans aucune restriction. C'est ainsi que, se fondant sur une lecture stricte de ces dispositions, l'organe de régulation de l'audiovisuel d'alors avait proposé une « synchronisation générale des médias pour la diffusion du journal de campagne [en justifiant a posteriori n'avoir] aucune motivation dirigiste [mais être mû] seulement d'un souci de voir tous les Sénégalais [...] faire de cet instant un moment de communion [...] et de méditation autour des grands problèmes [de l'heure] ». L'organe de régulation s'en sortait par cette pirouette oratoire après que sa proposition ait été vivement rejetée par les médias privés à l'occasion des élections de 1998 et ce, d'autant plus que le décret 98-376 du 27 avril 1998 alors applicable ne prévoyait pas la synchronisation projetée (Rapport annuel du Haut Conseil de l'Audiovisuel de 1998, p. 29).

L'article LO.129, alinéa 1er du Code actuel précise que « les candidats [...] reçoivent un traitement égal dans l'utilisation des moyens de propagande de la tranche quotidienne du service public de l'audiovisuel », optant ainsi pour un champ d'application qui exclut les médias privés du débat électoral réglementé ;

b) l'ordre de diffusion des émissions du jour de l'ouverture de la campagne est arrêté par le CNRA après tirage au sort effectué en présence d'un mandataire par candidat ; pour les jours suivants, l'émission du candidat diffusée la veille en premier lieu passe en dernier ; celle du candidat qui est diffusée en deuxième position passe en premier et ainsi de suite ;

c) lors de l'enregistrement d'une déclaration devant passer pendant le temps d'antenne du candidat, celui-ci, s'il le souhaite, peut faire apparaître – outre les couleurs de son parti qui, en aucun cas, ne peuvent être une reproduction, à l'identique ou en composé, des couleurs nationales – son propre logo ou celui de son parti et tout autre signe ou symbole exprimé par l'image ou le son ;

d) le calendrier des meetings et manifestations, devant être couverts par la Radiodiffusion Télévision Sénégalaise, est communiqué au ministre chargé de la Communication ainsi qu'au président de l'organe de régulation de l'audiovisuel au plus tard le jour de l'affichage de la liste des candidats au Conseil constitutionnel ;

e) les déclarations des candidats, en dehors du jour d'ouverture de la campagne, sont faites au plus tard la veille du jour de leur diffusion et passées en différé après le contrôle de l'organe de régulation de l'audiovisuel ;

f) l'enregistrement des déclarations ainsi que le montage des éléments à diffuser se font en présence du représentant du candidat et du délégué de l'organe de régulation de l'audiovisuel.

2 - L'organisation des débats électoraux

La politique, surtout dans un espace qui se veut démocratique, est consubstantielle à la communication entendue non seulement comme vecteur de la médiatisation de messages qui l'apparente au marketing politique, mais également comme un lieu de confrontations discursives qui permet d'éclairer le choix des électeurs. C'est ainsi qu'à l'occasion de la campagne électorale, l'organisation de débats entre les protagonistes de l'élection ou leurs soutiens peut en constituer les temps forts.

L'organe de régulation des médias peut donc, conformément à l'article LO.130 du Code électoral, organiser, en sus du temps d'antenne dont dispose chaque candidat, des débats radiodiffusés et télévisés contradictoires à la condition que de telles émissions permettent à chaque candidat d'intervenir.

B - L'INTERVENTION DU CNRA « EN CAS DE CONTRAVENTION AUX RÈGLES CONSTITUTIONNELLES » OU DE « MANQUEMENT GRAVE AUX OBLIGATIONS » QUI EN RÉSULTENT

14 – 24. *« En cas de contravention aux règles constitutionnelles » ou de « manquement grave aux obligations » qui en résultent, le CNRA peut soit s'opposer à la diffusion de l'émission, soit saisir la Cour d'appel.*

1 - L'opposition à la diffusion d'une émission

Par décision motivée et notifiée au candidat concerné, l'organe de régulation des médias peut s'opposer à la diffusion d'une émission de la campagne électorale « en cas de contravention aux règles posées par la Constitution » pour reprendre les termes de l'article LO.129, alinéa 3 du Code électoral.

La décision du CNRA peut faire l'objet d'un recours pour excès de pouvoir devant la Cour suprême, qui statue en procédure d'urgence avant la fin de la campagne, une telle procédure paraissant nécessaire pour assurer l'effectivité de la décision éventuelle d'annulation de l'opposition à la diffusion en permettant de faire passer l'élément dans la campagne ou une réparation adéquate.

Le motif de la décision d'opposition du CNRA fondé sur l'existence d'une « contravention aux règles posées par la Constitution » semble en soi clairement défini. Toutefois, rapprochées du motif visé à l'alinéa 5 de l'article LO.129, à savoir le « manquement grave aux obligations qui résultent de la Constitution », notamment en certains de ses aspects ci-dessous récapitulés, des interrogations peuvent naître quant à la compréhension qu'il faut avoir de l'expression « contravention aux règles posées par la Constitution ».

Mais en tout état de cause, en dépit des termes apparemment similaires, une distinction entre les deux formules est nécessaire surtout que, pour la sanction des manquements graves aux obligations qui résultent de la Constitution, une autre procédure est prévue comme ci-dessous rappelé.

2 - La saisine de la Cour d'appel par le CNRA

L'article LO.129, alinéa 5 du Code électoral dispose :

> *« L'organe de régulation des médias peut saisir la Cour d'appel préalablement à la diffusion d'une émission de la campagne officielle, dans les vingt-quatre heures à compter de la réalisation de cette*

émission, si les propos tenus par les candidats ou les partis révèlent un manquement grave aux obligations qui résultent de la Constitution notamment en ce qui concerne le respect :
- des caractères de l'État républicain, laïc et démocratique ;
- des institutions de la République, de leur statut, de leurs compétences ;
- de l'indépendance nationale, de l'intégrité du territoire et de l'unité nationale et des libertés publiques ».

Ces normes constitutionnelles dont le respect est requis des protagonistes électoraux ne se distinguent pas nettement de la catégorie des « règles posées par la Constitution » qui ont été rappelées ci-dessus et dont la violation est sanctionnée par l'opposition à diffusion du CNRA.

Aussi, c'est vainement que l'on cherchera le fondement logique d'une telle répartition de compétences et la raison pour laquelle le CNRA compétent pour s'opposer à la diffusion d'une émission pour n'importe quelle contravention à une règle constitutionnelle devrait saisir une juridiction pour éventuellement se substituer à lui afin de prendre la décision de non-diffusion.

En tout état de cause, en cas de saisine de la Cour d'appel au plus tard dans les vingt-quatre heures par le CNRA, la diffusion de l'émission est suspendue et ladite Cour statue dans un délai de quarante-huit heures à compter de sa saisine et peut ordonner la non-diffusion de tout ou partie de l'émission après avoir invité les candidats dont les propos sont incriminés à présenter leur défense comme prévu à l'article LO.129, alinéas 6 et 7. Faute pour la Cour de statuer dans ce délai, l'émission dont la diffusion était suspendue doit être immédiatement diffusée conformément à l'article LO.129, alinéa 8.

C - L'APPLICATION DE SANCTIONS ADMINISTRATIVES PAR LE CNRA

14 – 25. *Qu'il s'agisse de l'application de l'interdiction de la propagande déguisée ou de toutes autres circonstances à l'occasion de laquelle l'égalité des candidats est rompue, l'organe de régulation de l'audiovisuel intervient, conformément aux dispositions de l'article LO.125, auprès des autorités compétentes pour que soient prises toutes les mesures susceptibles d'assurer sans délai cette égalité.*

Mais à ce propos, il faut noter que cette intervention dont l'efficacité dépend presque exclusivement de la seule autorité morale de l'organe de régulation de l'audiovisuel paraît nettement insuffisante pour imposer une conduite respectueuse de la norme légale. En effet, même si l'article LO.125, alinéa 2 précise que cette intervention auprès des autorités compétentes est faite « nonobstant les sanctions prévues par les textes régissant l'organe de régulation », il faut relever que la nature des sanctions prévues à l'article 26 de la loi n° 2006-04 du 4 janvier 2006 portant création du CNRA paraît peu compatible avec le principe de continuité du service public de la radiodiffusion-télévision qui constitue l'organe opérationnel central de la campagne électorale officielle.

Ces sanctions, qui peuvent être prises après une vaine mise en demeure publique adressée aux contrevenants, consistent en :

- *une suspension totale ou partielle d'un programme ;*
- *une suspension d'un à trois mois de tout ou partie des émissions ;*
- *une sanction pécuniaire de deux à dix millions de francs ;*
- *une pénalité quotidienne de retard de cent mille francs à cinq cent mille francs CFA en cas d'inexécution d'une décision du CNRA ;*
- *une proposition à l'autorité ayant délivré l'autorisation d'une réduction de six mois à un an de sa durée ou un retrait définitif de l'autorisation d'exploitation du service de communication audiovisuelle ;*
- *une réduction de six mois à un an de sa durée ou un retrait définitif de ladite autorisation.*

De telles sanctions paraissent plus appropriées pour sanctionner les manquements des médias privés soit en cas de propagande électorale déguisée, soit en application de l'article LO.125, alinéa 3 du Code électoral qui dispose que « tout organe, toute entreprise privée de la presse écrite, audiovisuelle ou utilisant tout autre support, qui traite de la campagne est tenue de veiller au respect des règles d'équité et d'équilibre entre les candidats dans le traitement des activités de campagne électorale ». Ces médias privés, même s'ils sont concessionnaires d'un service public, n'en sont pas moins des entrepreneurs du commerce dont les activités peuvent, pour des raisons graves, faire l'objet de mesures de suspension ou de retrait. Ce qui ne peut se concevoir pour les organes publics de l'audiovisuel.

L'observation de la pratique révèle toutefois qu'en ce qui concerne la couverture médiatique du processus électoral par les médias, l'organe de régulation – qui procède à un monitoring des médias consistant à observer et à analyser les activités des médias de l'audiovisuel et de la presse écrite – met surtout l'accent « sur la sensibilisation et sur la mise en place d'un dispositif de veille », en procédant par voie de communiqués, d'émission de circulaires portant sur la couverture médiatique de la précampagne et de la campagne ou en initiant des rencontres sectorielles avec les principaux acteurs des médias impliqués dans le processus électoral (cf. Rapport du CNRA de 2012, p. 21).

SECTION V
LA PROPAGANDE PAR AFFICHES ET CIRCULAIRES

14 – 26. *À côté de la propagande relayée par les médias et de la propagande à l'occasion des attroupements comme les réunions et les meetings, la propagande par voie d'affichage et de circulaires offre l'opportunité aux* *candidats à l'élection présidentielle de diffuser leurs sigle, logo, slogans, messages et programme, qui peuvent être formulés et portés à la connaissance des électeurs par l'image ou l'écrit. À cet effet, des emplacements déterminés suivant les modalités prévues par la loi sont attribués aux candidats qui peuvent y apposer les documents de propagande électorale dont l'État participe à la confection.*

Mais en marge de cette propagande institutionnalisée, fleurit souvent cette autre informelle qu'est l'affichage sauvage qui côtoie des actes de malveillance comme la dégradation d'affiches ou l'usurpation d'emplacements, toutes choses susceptibles de donner lieu à des incidents en matière de propagande.

I - LA DÉTERMINATION ET L'ATTRIBUTION DES EMPLACEMENTS

Le choix des lieux et l'attribution des emplacements destinés à l'affichage sont effectués par l'autorité locale compétente.

A - LA DÉTERMINATION DES EMPLACEMENTS

Aux termes des dispositions de l'article L.60 du Code électoral, dans chaque commune, le maire désigne, par arrêté, des emplacements spéciaux réservés aux « professions de foi, circulaires et affiches électorales » et attribués aux candidats. Et tout affichage relatif à l'élection est interdit en dehors de ces emplacements.

À noter qu'à côté de ces emplacements destinés à l'affichage des documents de propagande électorale des candidats, il y a des emplacements destinés à l'affichage officiel. L'autorité administrative compétente doit en effet faire placarder, durant la période électorale aux lieux habituels d'affichage officiel et notamment à l'entrée des gouvernances, des préfectures, des sous-préfectures, des hôtels de département, des mairies et dans les locaux où siègent les commissions de distribution des cartes d'électeur, les documents d'informations relatives à la date de l'élection, la liste des commissions de distribution des cartes d'électeur et celle des bureaux de vote de la circonscription, conformément à l'article R.79 du Code électoral.

B - L'ATTRIBUTION DES PANNEAUX

***14 – 27.** Dans chaque emplacement déterminé dans les conditions ci-dessus indiquées, une surface égale ou panneau est attribué aux candidats, conformément à l'article L.60, alinéa 2 du Code électoral, dans l'ordre de la liste des candidats arrêtée par le Conseil constitutionnel comme prévu à l'article LO.126, alinéa 2.*

À noter à ce propos que l'article R.55 du chapitre III du titre 1er de la partie réglementaire du Code électoral, relatif aux dispositions communes à l'élection du président de la République, des députés, des conseillers départementaux et municipaux, ne saurait être, en dépit de la présentation formelle pouvant le faire croire, applicable à l'élection présidentielle à l'occasion de laquelle des demandes emportant attribution des panneaux dans l'ordre d'enregistrement par l'autorité administrative ne sont pas exigées, car, aux termes de l'article LO.126, alinéa 2 du Code électoral, « les panneaux d'affichage sont attribués dans l'ordre de la liste arrêtée par le Conseil constitutionnel ».

Toutefois, aussi bien pour l'élection présidentielle que pour les autres élections politiques, le délai fixé par cet article doit être de rigueur et les emplacements devront être attribués au plus tard la veille de l'ouverture de la campagne électorale.

Le nombre maximal des emplacements réservés à chaque candidat pour l'affichage électoral est fixé, comme prévu à l'article R.54, en fonction du nombre d'électeurs inscrits dans chaque circonscription électorale.

L'attribution des emplacements est, dans la pratique, matérialisée par la délimitation de panneaux affectés nominativement à chaque candidat sur les espaces verticaux et les murs d'enceinte des bâtiments publics ou des immeubles privés jouxtant la voie publique avec l'accord des propriétaires. Sans que cela soit formellement interdit, il est néanmoins recommandé d'éviter de créer des emplacements destinés à l'affichage dans les lieux de culte, les établissements scolaires, les espaces et monuments artistiques et/ou historiques, les immeubles classés, etc. pour préserver l'intégrité ainsi que la neutralité et la sacralité de ces patrimoines communs.

II – LES DOCUMENTS DE PROPAGANDE ÉLECTORALE

14 – 28. *Les documents de propagande électorale sont les affiches proprement dites et les circulaires auxquelles la loi adjoint les bulletins de vote alors que ceux-ci ont acquis un statut spécial en droit électoral sénégalais.*

L'État prend en charge, outre les bulletins de vote des candidats, l'impression des affiches et circulaires de propagande dont le nombre pour chaque candidat ainsi que le prix unitaire retenu après une procédure d'appel d'offres sont fixés par arrêté du ministère chargé des élections en même temps que le montant du cautionnement exigé de chaque candidat conformément aux dispositions combinées des articles LO.128, R.80, alinéa 2 et R.83 du Code électoral.

A – LE CAS DES BULLETINS DE VOTE

Les bulletins de vote que le droit électoral classique comprend dans la catégorie des documents de propagande électorale n'appartiennent plus à celle-ci dans le contexte actuel, dès lors que, partie intégrante du matériel électoral destiné exclusivement au vote, ils sont comme tel placés le jour du scrutin dans le bureau de vote. Aussi, la mention des bulletins de vote parmi d'autres documents de propagande électorale à l'article L.62 qui en interdit la distribution le jour du scrutin n'est-elle qu'une simple rémanence de dispositions anciennes devenues inadaptées au contexte normatif actuel. En effet, les bulletins de vote ne sont considérés comme documents de propagande que dans l'hypothèse où ils font l'objet, par les soins des candidats, d'envoi aux électeurs avant le jour du scrutin pour leur permettre de les utiliser dans le bureau de vote ou éventuellement pour un vote par correspondance qui n'est d'ailleurs pas prévu dans le système électoral sénégalais (cf. supra n°s 11-08 à 11-12 pour plus de développement sur le bulletin de vote). D'ailleurs, l'article 78, alinéa 6 proscrit tout usage de bulletin identique aux bulletins réglementaires sauf pour les besoins de la « formation » des électeurs avec des bulletins estampillés de la mention « spécimen ». Cette interdiction se justifie par le souci d'éviter que des enveloppes munies de bulletins de candidats puissent être mises à la disposition d'électeurs avant leur accès au bureau de vote pour un « vote sur commande ».

B - LES CIRCULAIRES DE PROPAGANDE

14 – 29. *En dépit de la formule de l'article L.60 du Code électoral relative aux emplacements réservés à l'affichage des « professions de foi, circulaires et affiches électorales », les professions de foi ont dans la pratique pour support des circulaires, car la « profession de foi » qui, à l'origine, se rapporte à une déclaration publique de convictions religieuses désigne par extension une déclaration articulant des opinions et des idées dans le champ socio-économique et politique ; elle s'apparente dès lors au programme du candidat duquel elle ne se distingue que parce qu'elle peut apparaître plus philosophique et plus abstraite en ce qu'elle ne restitue pas le détail des actions et projets phares du candidat. La frontière tenue entre ces deux notions autorise une assimilation sous l'appellation de « circulaire de propagande ». D'ailleurs, l'article R.83 du Code électoral semble aller dans ce sens en ne prévoyant la prise en charge par l'État que de « l'impression des affiches et circulaires de propagande des candidats ou listes de candidats ».*

La circulaire de propagande s'entend généralement du message écrit envoyé aux électeurs par le candidat. L'article LO.126 du Code électoral, se conformant implicitement à cette acception, prévoit l'application du dispositif classique applicable aux circulaires en précisant que « chaque candidat peut faire imprimer et adresser aux électeurs, avant chaque tour de scrutin, une circulaire de propagande... ».

Toutefois, aucune prise en charge de l'envoi des circulaires par l'État ou ses démembrements (par exemple par l'exonération des frais d'envoi par les messageries postales) n'étant prévue, cette disposition va, dans la pratique, se révéler lettre morte pour deux raisons : d'une part, il est difficilement envisageable que le candidat ordinaire puisse, en sus du montant du cautionnement exigé, faire face aux frais d'envoi d'un courrier aussi important, d'autre part, le résultat d'une telle démarche serait aléatoire, en raison de l'adressage particulièrement imprécis dans les agglomérations.

Par ailleurs, d'autres dispositions de la loi – comme l'article L.60 du Code électoral – en prescrivant la désignation par le maire de la commune « des emplacements spéciaux réservés aux professions de foi, aux circulaires et affiches électorales », paraissent proposer la substitution de fait de l'affichage à l'envoi des circulaires.

Ainsi dans la pratique, l'affichage des circulaires a tendance à s'imposer comme le mode le plus accessible de diffusion à côté de la distribution informelle au choix et à la charge du candidat. Cependant, avec le développement des procédés de communication électronique notamment par le courrier électronique, les circulaires peuvent retrouver un nouvel essor dans leur vocation première de messages écrits adressés aux électeurs.

B - LES AFFICHES ÉLECTORALES PROPREMENT DITES

La force d'impact de la propagande par l'image peut être considérée à certains égards comme proportionnelle au taux d'analphabétisme dans une société donnée même s'il ne faut pas négliger l'influence subliminale que peut avoir sur tout choix électoral le matraquage par la présence omniprésente des affiches dans l'environnement. Cette importance de la propagande par affichage, qui utilise les techniques publicitaires de suggestion, a rendu nécessaire une réglementation dont l'application peut donner lieu à divers incidents.

1 – Les affiches réglementées

***14 – 30.** Les affiches électorales – présentant certaines caractéristiques quant à leurs nombre, format, couleur et contenu comme prévu à l'article R.56 du Code électoral – sont apposées sur les emplacements qui sont affectés à chaque candidat et sont destinées à faire connaître son programme et à annoncer la tenue des réunions de propagande électorale.*

Ces affiches, comme précisé au même article in fine, ne sont pas soumises à la formalité du dépôt légal. Toutefois, étant donné qu'elles sont prises en charge par l'administration, il y a une sorte de dépôt légal implicite ou en tout cas un contrôle administratif de fait préalable à l'impression et à la diffusion.

Les affiches de propagande électorale doivent avoir un but et un objet strictement électoraux et sont donc consacrées à la défense et à l'illustration de la candidature, à la présentation par le texte et/ou l'image de la personne du candidat, de son programme, de son sigle, de son logo, de ses slogans, de ses remerciements ou de son désistement.

Le choix des couleurs est libre et ne correspond pas forcément aux couleurs du parti ou de la coalition de partis qui a pu investir le candidat. Mais les articles LO.119, alinéa 3 et R.53, alinéa 1er du Code électoral interdisent, sous peine d'une amende de 5000 FCFA prévue à l'article R.75 pour chaque affiche imprimée encourue par l'imprimeur, les affiches ayant un but électoral qui comprennent une combinaison de couleurs nationales : vert, or et rouge.

2 – Les incidents de la propagande par l'affichage

14 – 31. *Affichage sauvage et dégradation d'affiches à côté de la propagande par tracts et graffitis constituent les travers et dérives de la propagande par affiches.*

§ 1- L'affichage sauvage

L'affichage sauvage qui est interdit pose problème à cause, d'une part, de la dualité des affiches autorisées et celles interdites qui peuvent coexister pendant la campagne électorale, d'autre part, en raison de la nature des sanctions applicables.

- L'interdiction de l'affichage sauvage

L'article L.60, alinéa 3 du Code électoral interdit formellement tout affichage en dehors des emplacements prévus à cet effet. Mais l'affichage illicite s'entend également de celui fait par et pour un candidat sur le panneau affecté à un autre candidat.

Toutefois, dans la pratique, cette interdiction de l'affichage sauvage est souvent contournée et ce, d'autant plus facilement qu'elle n'est applicable que pendant la campagne électorale.

En effet, le dispositif légal en matière de publicité – tel qu'il résulte de la loi n° 83-20 28 janvier 1983 relative à la publicité, de la loi n° 2006-04 du 4 janvier 2006 portant création du CNRA notamment en ses articles 12, 13 et 14 et du cahier des charges applicable aux télévisions et radios en ses articles 18, 19, 20, et 22 – est pour le moins laconique. Ces dispositions, qui ne se préoccupent essentiellement que des relations des professionnels de la publicité et de la protection des consommateurs contre les dérives de la publicité, peuvent laisser libre cours à des interférences illicites de celle-ci dans l'espace politique en général et particulièrement dans le champ de la propagande électorale.

Ainsi, avant l'ouverture de la campagne, l'affichage sur les panneaux publicitaires à caractère commercial est de fait libre et tout candidat peut, sous réserve de se conformer aux dispositions de la loi n° 64-750 du 10 juillet 1964 et du décret n° 64-750 du 5 novembre 1964 relatif à l'apposition d'affiches et à la publicité, apposer autant d'affiches qui pourront subsister pendant la période de la campagne électorale, la seule restriction étant que les affiches déjà apposées sur ces panneaux ne pourront plus au cours de la campagne être modifiées ou renouvelées.

L'existence d'affiches apposées antérieurement à la campagne constitue un facteur de désordre en ce qu'elle rend difficile un contrôle de l'affichage fait au cours de la période de la campagne pendant laquelle l'on peut remarquer une prolifération des affiches illicites favorisée par la complaisance parfois intéressée des acteurs politiques et le laxisme d'une répression frileuse dans un contexte assez spécial où l'inconvenance sanctionnée est trop facilement parée des habits de la dignité offensée par une intervention policière ou judiciaire présentée malicieusement comme un un parti pris politique et un harcèlement d'adversaires.

Cet état de fait conjugué avec la réticence du juge de l'élection, en l'occurrence le Conseil constitutionnel, de fonder l'annulation de l'élection sur le seul motif du constat d'abus en matière d'affichage encouragent des comportements très permissifs (cf. infra n° 14-33).

Pour lutter contre l'affichage sauvage qui a tendance parfois à agresser gravement le mobilier urbain, le Code électoral, en ses articles L.60, alinéa 3, L.105 et 104 combinés, punit d'une amende de 50 000 à 500 000 FCFA l'affichage en dehors des emplacements prévus à cet effet pendant la campagne.

En outre, les dispositions de l'article L.104 du Code électoral prévoient une amende de 50 000 à 500 000 FCFA à l'encontre de tout candidat qui, soit utilise ou permet d'utiliser son panneau d'affichage dans un but autre que la présentation et la défense de sa candidature et de son programme, ses remerciements ou son désistement, soit cède à un tiers son emplacement d'affichage.

Toutefois, l'identification de la personne responsable du fait illicite pose problème. En effet, sauf les cas de cession d'emplacement ou d'utilisation anormale de l'emplacement réservé par le candidat attributaire lui-même – cas prévus par les dispositions des articles suscités – la peine prévue n'est pas applicable au bénéficiaire de l'affichage, mais uniquement à l'auteur de l'apposition des affiches. Or, comme celui-ci agissant souvent dans la plus totale clandestinité par un acte furtif, l'impunité est dans la plupart des cas assurée.

§ 2 - La dégradation d'affiches

L'enlèvement, la lacération et tout autre procédé aboutissant à l'altération des affiches d'un candidat constituent des violations des règles de loyauté de la compétition électorale et tombent sous le coup de l'article 17 de la loi du 29 juillet 1881 qui prévoit :

> *« [une amende de 300 à 900 francs applicable à] ceux qui auront enlevé, déchiré, recouvert ou altéré, par un procédé quelconque, de manière à les travestir ou à les rendre illisibles, des affiches électorales émanant de simples particuliers, apposées ailleurs que sur des propriétés de ceux qui auront commis cette lacération ou altération ; la peine sera d'une amende de 1 000 francs à 6 000 francs et d'un emprisonnement de six jours à un mois ou de l'une de ces peines seulement si le fait a été commis par un fonctionnaire ou un agent de l'autorité publique ».*
>
> *(N.B. : La loi du 29 juillet 1881 demeure toujours en vigueur dans ses dispositions non encore abrogées en vertu des dispositions transitoires de l'article 435, alinéa 2 de la loi n° 65-60 du 21 juillet 1965 portant Code pénal aux termes desquelles, « continueront d'être appliquées par les Cours et Tribunaux les dispositions pénales particulières non incorporées dans ce Code ». Or, l'article 434 du Code pénal ne prévoit parmi les dispositions abrogées que les articles 23 à 26, 29 à 46 du chapitre IV de la loi du 29 juillet 1881 intitulé « Des crimes et délits commis par tout moyen de publication »).*

Ce texte – dont la réactualisation s'impose notamment quant au quantum des peines qui paraissent peu dissuasives de nos jours – n'est par ailleurs pas applicable au propriétaire, à l'usufruitier ou au locataire du lieu où l'affiche a été apposée.

À noter enfin qu'une plainte préalable du candidat victime de l'altération n'est pas nécessaire à la poursuite.

§ 3 - La propagande par tracts et graffitis

Les dessins et inscriptions – véhiculant des messages, slogans ou quolibets – tracés souvent nuitamment sur les murs se présentent comme des succédanés de la propagande par voie d'affiches surtout avec l'usage des bombes aérosol qui peuvent également faciliter l'altération des affiches des adversaires politiques.

Ces dérives préjudiciables au mobilier urbain ne sont pas spécifiquement rattachées au processus électoral et sont réprimées par des dispositions pénales de droit commun, notamment aux articles 13-8), 2 et 3 du Code des contraventions, qui prévoient et punissent d'une peine d'emprisonnement d'un mois et d'une amende de 200 à 20 000 FCFA ceux qui, sans être propriétaires, usufruitiers ou locataires d'un immeuble ou sans y être autorisés par une de ces personnes, y auront, par quelque procédé que ce soit effectué des inscriptions, tracé des signes ou des dessins.

La même peine est prévue à l'article 8-17 du Code des contraventions quand les graffitis sont effectués sur le bien meuble ou immeuble du domaine de l'État, des collectivités territoriales ou sur un bien se trouvant sur ce domaine, soit en vue de permettre l'exécution d'un service public, soit parce qu'il est mis à la disposition du public.

La propagande par le moyen de lettres d'information ou de tracts qui correspondent à des circulaires distribuées de façon informelle est en soi un procédé licite sauf le jour du scrutin tant que le contenu ne comporte pas d'imputations diffamatoires ou attentatoires à l'ordre public ou aux bonnes mœurs. Il n'en sera autrement que si les lettres ou tracts sont distribués le jour du scrutin ou constituent des manœuvres visant notamment à discréditer des candidats adverses sans que ceux-ci aient l'opportunité d'apporter la réplique ou à porter atteinte à la sincérité du vote.

SECTION VI

LES RÉUNIONS ÉLECTORALES

14 – 32. *Les réunions publiques sont interdites sauf déclaration préalable faite trois jours au moins et quinze jours au plus avant la date retenue à l'autorité administrative, comme prévu à l'article 96 du Code pénal.*

Par contre, les réunions électorales – qui se font pendant la campagne – se tiennent librement sur l'ensemble du territoire national. Sont considérées comme telles, aux termes de l'article 6 de la loi n° 78-02 du 28 janvier 1978 relative aux réunions, celles qui, tenues dans un lieu public ou privé, ont pour objet l'audition des candidats à des fonctions électives et dont l'accès est ouvert à tous les électeurs de la circonscription électorale.

Déclaration de la tenue des réunions électorales en est seulement faite au moins vingt-quatre heures à l'avance à l'autorité administrative compétente, qui en prend acte et informe le déclarant de toute déclaration antérieure, comme indiqué à l'article L.59 du Code électoral.

Toutefois, par application des dispositions des articles 16 et 14 de la loi relative aux réunions – y compris les réunions électorales – s'il existe une menace réelle de troubles à l'ordre public, telle que la surexcitation des esprits à la suite d'événements politiques et sociaux récents, la prévision de manifestations simultanées organisées par des groupements opposés et si elle ne dispose pas de forces de sécurité nécessaires, l'autorité administrative peut s'y opposer.

L'arrêté de l'autorité administrative doit alors être motivé notamment par la caractérisation des circonstances justifiant l'interdiction et peut faire l'objet d'un recours pour excès de pouvoir devant la Cour suprême. Toutefois, comme cela a pu être constaté par le passé, cette juridiction pouvant dans certains cas, rendre sa décision après le scrutin, l'intérêt pratique qui s'y attache est presque nul. Il en est également de même si cette décision rendue pendant la campagne est prise après la date prévue pour la tenue de la réunion. Mais avec l'institution du référé administratif prévue aux articles 83 à 90 de la nouvelle loi organique sur la Cour suprême (loi organique n° 2017-10 du 17 janvier 2017), le traitement de tel recours peut connaître une amélioration.

La réunion électorale doit, conformément aux articles 16, 12 et 13 de la loi relative aux réunions, avoir un bureau composé au moins de trois personnes élues par l'assemblée, bureau chargé de maintenir l'ordre, de lever la séance et qui est responsable de toute infraction aux lois et règlements qui pourrait être commise au cours de la réunion notamment en cas de discours contenant provocation à un acte qualifié crime ou délit ou en cas de dérives violentes.

Lorsqu'elle se tient en plein air, la réunion électorale ne peut être sonorisée sans une autorisation spéciale délivrée par l'autorité administrative et, au-delà de 23 heures, cette autorisation ne peut être donnée, comme indiqué à l'article 15 de la loi relative aux réunions, que de façon très exceptionnelle. Mais dans la pratique, une certaine tolérance – que justifie le contexte électoral – fait que ces dispositions restrictives, notamment celles relatives à la sonorisation, restent apparemment lettres mortes.

Pour favoriser la participation populaire aux réunions de tous les candidats, le service public de la radiodiffusion-télévision annonce les réunions électorales auxquelles participent les candidats conformément à l'article LO.127, alinéa 2 du Code électoral.

SECTION VII
LE CONTRÔLE JURIDICTIONNEL DE LA CAMPAGNE

14 – 33. *Alors que le Conseil constitutionnel peut sanctionner a posteriori les irrégularités commises pendant la campagne électorale au cas où elles seraient de nature à influer de manière décisive sur l'élection, notamment au point d'en inverser les résultats, la Cour d'appel est chargée de veiller en temps réel à la régularité de la campagne électorale et de faire respecter l'égalité des candidats à l'élection présidentielle.*

I - LE CONTRÔLE DE LA COUR D'APPEL

Saisie par la CENA ou par un candidat, la Cour d'appel peut adresser des injonctions aux autorités administratives compétentes ou aux candidats dont les actes sont contestés pour que soient prises toutes les mesures susceptibles d'assurer sans délai cette égalité.

Dans l'exercice de sa mission, la Cour d'appel procède par voie d'intervention ou par voie de délibération.

Si, en raison de la nature du litige, une intervention – sous une forme quelconque, mais qui, eu égard aux traditions administratives, aura pour support un écrit – auprès des autorités compétentes suffit pour que soient prises toutes les mesures susceptibles d'assurer cette égalité, la Cour d'appel peut s'en tenir à la formule de l'interpellation.

Par contre, si cela s'avère nécessaire, la Cour d'appel délibère sur le recours et peut rendre un arrêt comportant injonction à l'adresse des autorités concernées ou du candidat dont l'attitude est en porte à faux avec les normes régissant la campagne électorale.

L'arrêt de la Cour d'appel ainsi rendu n'est susceptible d'aucun recours et doit être notifié sans délai et exécuté immédiatement pour un prompt rétablissement de l'égalité entre les candidats, comme indiqué à l'article LO.125 du Code électoral.

Enfin, il faut rappeler que la Cour d'appel a une compétence initiale concurrente à celle du Conseil National de Régulation de l'Audiovisuel, en matière de régulation des médias pendant la campagne électorale. En effet, aux termes de l'article LO.125 du Code électoral, la Cour d'appel « veille à l'égalité entre les candidats », aux côtés de l'organe de régulation des médias qui « assure » ladite égalité dans l'utilisation du temps d'antenne (cf. supra n° 14-23). Ainsi, la compétence de la Cour d'appel englobe celle du CNRA, car sa mission de veiller à l'égalité des candidats peut porter sur tous les aspects de la campagne tandis que celle du CNRA se rapporte à la propagande dans les médias.

II - LE CONTRÔLE A POSTERIORI DU CONSEIL CONSTITUTIONNEL

Le juge de l'élection présidentielle, en l'occurrence le Conseil constitutionnel, ne peut, à la différence de la Cour d'appel, être saisi des irrégularités commises au cours de la campagne électorale que dans le cadre du contentieux postélectoral et les moyens qui en sont tirés n'ont que peu de chances de prospérer eu égard à la disproportion entre les graves répercussions d'une annulation et des fautes pouvant paraître à certains égards vénielles et dont l'évaluation de l'impact sur les résultats de l'élection relève d'une appréciation subjective qui relativise la sûreté du jugement devant intervenir après l'élection. Aussi, les irrégularités susceptibles d'émailler la campagne électorale, pour regrettables qu'elles soient, n'entraînent généralement l'annulation et la reprise de l'élection que dans des cas extrêmes, quand notamment l'écart des suffrages obtenus par les candidats est si faible que l'impact des irrégularités avérées a pu inverser les résultats de l'élection.

L'importance de la propagande dans les médias et le caractère exceptionnel de la sanction des irrégularités par le juge de l'élection, doivent alors inciter les candidats à porter leurs réclamations au cours de la campagne électorale soit devant l'organe de régulation des médias, soit devant la Cour d'appel quand bien même les sanctions et mesures de réparation applicables paraissent peu dissuasives en l'état actuel du droit positif.

SECTION VIII
L'ENCADREMENT PÉNAL DE LA CAMPAGNE

14 – 34. *Pendant la campagne électorale, sont incriminés divers faits susceptibles de porter atteinte au déroulement normal du processus électoral, sans pour autant être nécessairement liés à la campagne elle-même. Parmi ceux-ci, l'on peut citer les actes de nature à porter atteinte à l'exercice du droit électoral comme des actes d'intimidation, le chantage ou la corruption électorale et plus généralement, comme prévu à l'article L.110, le fait d'avoir, « avant, pendant ou après un scrutin [...] par inobservation volontaire de la loi et des règlements, porté atteinte ou tenté de porter atteinte à sa sincérité, empêché ou tenté d'empêcher les opérations du scrutin ou qui a changé ou tenté de changer le résultat » (cf. supra nos 12-06 à 12-10).*

Mais des incidents spécifiques à la campagne – constituant des actes pénalement sanctionnés parmi lesquels certains ont déjà été évoqués dans les développements ci-dessus – peuvent aussi en émailler le cours.

Il s'agit de :

- *la contravention à l'interdiction de la propagande déguisée prévue aux articles L.60, alinéa 3 et L.61 incriminée et punie à l'article L.105 ;*
- *la contravention aux dispositions de l'article LO.124 fixant la durée de la campagne électorale par l'anticipation ou à la prolongation indue de la période de la campagne électorale, incriminée et punie à l'article L.112 ;*
- *la contravention aux dispositions de l'article 62 interdisant la distribution de documents de propagande le jour du scrutin, punie des peines prévues à l'article 92, alinéa 2 ;*
- *l'utilisation illicite des biens et moyens publics visée à l'article L.61, alinéa 5, 2), fait incriminé à l'article L.105 qui renvoie pour la sanction à l'article L.112 ;*

- l'ingérence de tout agent d'une collectivité publique qui se sera livré dans l'exercice de ses fonctions à des actes de propagande, fait sanctionné en application de l'article R.74 ;
- l'affichage en dehors des emplacements prévus à cet effet par arrêté du maire, passible de la sanction prévue aux articles L.60, alinéa 3 et L.105 et applicable à toute personne qui y aura procédé ;
- l'utilisation illicite ou la cession à un tiers par un candidat de son emplacement d'affichage, faits prévus et punis à l'article L.104 ;
- l'impression d'affiches de propagande comprenant une combinaison des couleurs nationales interdite à l'article L.119 et punie par l'article R. 76 d'une amende de 5 000 FCFA par affiche imprimée à la charge de l'imprimeur ;
- la corruption électorale, active ou passive prévue et punie à l'article L.106.

❖

CHAPITRE III
OPÉRATIONS ÉLECTORALES

Article LO.132.- Les électeurs sont convoqués par décret publié au Journal Officiel au moins soixante-dix (70) jours avant la date du scrutin.

En cas de deuxième tour, ou de nouveau tour de scrutin après l'annulation des élections, la publication du décret de convocation a lieu au plus tard huit (8) jours avant la date du scrutin.

Article LO.133.- Pour veiller à la régularité des opérations électorales, la Cour d'appel de Dakar désigne des délégués.

Ces délégués, nommés par ordonnance du Premier président de la Cour d'appel de Dakar, sont choisis parmi les membres des Cours d'appel et des Tribunaux.

Ils procèdent, le jour du scrutin, à des contrôles inopinés sur pièces et sur place.

Ils sont munis, à cet effet, d'un ordre de mission qui leur est délivré par le Premier président de la Cour d'appel de Dakar.

Article LO.134.- Les délégués mentionnés à l'article LO.133, et les mandataires mentionnés à l'article L.71, sont chargés de veiller à la régularité de la composition des bureaux de vote, des opérations de vote, du dépouillement des suffrages et au respect du libre exercice des droits des électeurs et des candidats.

Ils procèdent à tous contrôles et vérifications utiles. Ils ont accès, à tout moment, aux bureaux de vote et peuvent exiger l'inscription de toutes observations sur les procès-verbaux avant leur transmission.

Les autorités administratives et les présidents de bureau de vote sont tenus de fournir tous les renseignements et de communiquer tous les documents nécessaires à l'exercice de cette mission, ainsi qu'un exemplaire du procès-verbal des opérations électorales, lorsque le délégué leur en fait la demande.

Les autorités administratives sont tenues de fournir tous les moyens et la protection nécessaires à la bonne exécution de la mission des délégués.

En cas de constatation d'irrégularités, la CENA enjoint l'autorité administrative de prendre les mesures de correction appropriées. Si elle ne s'exécute pas, la CENA dispose du pouvoir de dessaisissement et de substitution d'action dans le cadre des opérations électorales à l'égard de l'agent responsable, nonobstant son pouvoir de saisine des juridictions compétentes.

À l'issue du scrutin, le délégué de la Cour d'appel dresse un rapport sur tous les contrôles effectués y compris les opérations de ramassage et d'acheminement des procès-verbaux des bureaux de vote. Ce rapport est remis au Premier Président de la Cour d'appel de Dakar au plus tard dans les vingt-quatre (24) heures qui suivent la clôture du scrutin avec copie au Président de la Commission Départementale de Recensement des Votes.

À l'issue du scrutin, chaque délégué de la Cour d'appel dresse un rapport qu'il remet au Président de la CENA au plus tard dans les vingt-quatre (24) heures qui suivent la clôture du scrutin.

Article LO.135.- Le dépouillement a lieu immédiatement après la clôture du scrutin. N'entrent pas en compte les bulletins dont l'article L.84 du code électoral dispose qu'ils sont nuls.

Les opérations se déroulent conformément aux dispositions des articles L.83 et L.84 du code électoral.

Article LO.136.- Le résultat du scrutin est proclamé et affiché dans la salle de vote. Le procès-verbal des opérations est établi dans les conditions fixées par l'article L.85 et par les dispositions réglementaires du Code électoral. Les représentants des candidats membres du bureau de vote sont tenus de signer le procès-verbal. L'absence de signature doit être motivée.

Une copie du procès-verbal est obligatoirement remise au représentant de la CENA et au représentant de chaque candidat.

Article LO.137.- Les procès-verbaux et l'ensemble des pièces relatives aux opérations électorales sont transmis au Conseil Constitutionnel conformément à l'article L.86 du présent code.

❖

NOTE SUR LES OPÉRATIONS ÉLECTORALES DE LA PRÉSIDENTIELLE

Les opérations électorales proprement dites sont précédées notamment de l'acte préparatoire du scrutin que constitue la convocation des électeurs.

CHAPITRE PREMIER ***LA CONVOCATION DES ÉLECTEURS***

Les électeurs sont convoqués au scrutin par décret du président de la République comme précisé aux dispositions pertinentes de la Constitution et du Code électoral.

En fixant la date du scrutin, le décret de convocation des électeurs permet de déterminer par ricochet, les périodes de la dernière séquence de distribution des cartes d'électeur et de la campagne électorale par un compte à rebours du nombre de jours des délais fixés par la Constitution et le Code électoral.

SECTION PREMIÈRE ***LES MODALITÉS DE LA CONVOCATION DES ÉLECTEURS***

14 – 35. *Les électeurs sont convoqués pour le premier tour de scrutin et éventuellement pour un second tour quand nul candidat n'a obtenu la majorité requise pour être élu au premier tour ou pour un nouveau tour, dans le strict respect du calendrier électoral.*

I - L'EXIGENCE DU RESPECT DU CALENDRIER ÉLECTORAL

La date retenue par le décret de convocation des électeurs doit être déterminée en prenant en compte les prescriptions de l'article 2 du Protocole A/SP1/12/01 sur la démocratie et la bonne gouvernance additionnel au Protocole relatif au mécanisme de prévention, de gestion, de règlement des conflits, de maintien de la paix et de la sécurité de la Communauté Économique des États de l'Afrique de l'Ouest (CEDEAO) aux termes desquelles :

> *« 1. Aucune réforme substantielle de la loi électorale ne doit intervenir dans les six (6) mois précédant les élections, sans le consentement d'une large majorité des acteurs politiques.*
>
> *2. Les élections à tous les niveaux doivent avoir lieu aux dates ou périodes fixées par la Constitution ou les lois électorales ».*

Ce rappel par le législateur communautaire du nécessaire respect de l'agenda électoral – tel qu'il résulte des dispositions constitutionnelles et législatives relatives aux élections – vise à éviter que la fixation des dates de l'élection ne soit inspirée par des manœuvres de nature à favoriser des candidats.

Il traduit également, d'une part, l'adage selon lequel « on ne change pas les règles du jeu pendant la partie », d'autre part, le souci d'empêcher, dans les cas extrêmes, des prolongations illicites de mandat sous des prétextes divers.

II - LA CONVOCATION AU SCRUTIN DU PREMIER TOUR

Le décret convoquant les électeurs est publié au Journal officiel de la République au moins soixante-dix jours avant la date prévue pour l'élection, conformément à l'article LO.132, alinéa 1er du Code électoral.

Cette date, qui correspond à un dimanche, se situe, comme indiqué à l'article 31, alinéa 1er de la Constitution, dans la période allant de quarante-cinq jours au plus, à trente jours au moins, avant la date d'expiration du mandat du président de la République (pour rappel, avant l'adoption du nouveau code électoral en 2017, le vote des membres des corps militaires et paramilitaires pouvait se dérouler, avant la tenue du scrutin général, sur un ou plusieurs jours fixés par décret).

En cas de vacance pour cause de démission, empêchement définitif ou décès du président de la République, le scrutin a lieu dans le laps de temps se situant entre le soixantième jour au moins et le quatre-vingt-dixième jour au plus, après la constatation de la vacance par le Conseil constitutionnel comme prévu à l'article 31, alinéa 2 de la Constitution.

La date initiale de convocation des électeurs au premier tour de scrutin est maintenue en cas d'empêchement définitif ou de retrait d'un des candidats entre la date de l'arrêt de publication de la liste des candidats et celle du premier tour. Dans un tel cas, l'élection est poursuivie avec les autres candidats en lice et le Conseil constitutionnel modifie en conséquence la liste des candidats, conformément à l'article 34, alinéa 1er de la Constitution.

III - LA CONVOCATION AU SCRUTIN DU SECOND TOUR

En cas de deuxième tour, quand nul n'a été élu au premier tour, faute pour un candidat d'avoir obtenu la majorité absolue des suffrages exprimés représentant au moins le quart des électeurs inscrits, l'élection a lieu le troisième dimanche suivant la décision de proclamation des résultats du premier tour par le Conseil constitutionnel.

Cette décision du Conseil constitutionnel doit, conformément à l'article 33, alinéa 3 de la Constitution, intervenir immédiatement si aucune contestation n'a été déposée dans le délai de recours de soixante-douze heures qui suivent la proclamation des résultats provisoires par la Commission nationale de recensement des votes.

En cas de contestation des résultats du premier tour dans le délai ci-dessus, les électeurs sont convoqués également le troisième dimanche qui suit la décision du Conseil constitutionnel qui doit intervenir dans les cinq jours de sa saisine et qui emporte proclamation des résultats définitifs, sous réserve du cas éventuel d'annulation de l'élection comme indiqué à l'article 33, alinéa 4 de la Constitution.

Ainsi si, pour le second tour de scrutin, la date dépend de la décision de proclamation des résultats du premier tour par le Conseil constitutionnel, la fixation de cette date doit néanmoins être formalisée par un décret de convocation des électeurs qui doit être publié au plus tard huit jours avant la date du scrutin, comme indiqué à l'article LO.132, alinéa 2 du Code électoral.

III - LA CONVOCATION AU SCRUTIN D'UN NOUVEAU TOUR

Le nouveau tour de scrutin, prévu à l'article 35, alinéa 5 de la Constitution et auquel il est procédé dans les vingt-et-un jours qui suivent une décision d'annulation de l'élection, s'entend soit d'un nouveau premier tour qui peut éventuellement être suivi d'un second tour, soit d'un nouveau second tour. Il est organisé dans le délai de vingt-et-un jours à partir de la décision du Conseil constitutionnel en cas d'annulation de l'élection.

IV - LA FIXATION EXCEPTIONNELLE DE LA DATE DE L'ÉLECTION PAR LE CONSEIL CONSTITUTIONNEL

14 – 36. *Le Conseil constitutionnel fixe, comme prévu à l'article 34, alinéas 2 et 3 de la Constitution, une nouvelle date du scrutin dans les cas suivants :*

- *en cas de décès, d'empêchement définitif ou de retrait d'un des deux candidats ayant obtenu le plus grand nombre de suffrages, entre le scrutin du premier tour et la proclamation des résultats provisoires du premier tour ou entre cette proclamation des résultats provisoires et la proclamation des résultats définitifs, le candidat suivant dans l'ordre des suffrages est admis au deuxième tour de l'élection dont la nouvelle date est fixée par le Conseil constitutionnel ;*
- *en cas de décès, d'empêchement définitif ou de retrait d'un des deux candidats arrivés en tête entre la proclamation des résultats du premier tour par le Conseil constitutionnel et le scrutin du deuxième tour, le candidat suivant dans l'ordre des suffrages est admis au deuxième tour de l'élection dont la nouvelle date est fixée par le Conseil constitutionnel.*

À ce propos, il faut relever que même si c'est le candidat arrivé en première ou deuxième position qui décède ou est empêché définitivement, la sensibilité politique qu'il représentait aurait pu remporter le second tour en bénéficiant d'un report de voix favorable au scrutin du second tour.

D'ailleurs, l'histoire récente du Sénégal en fournit une parfaite illustration avec les alternances survenues en 2000 et en 2012 à l'occasion d'élections à l'issue desquelles le candidat, arrivé en deuxième position au premier tour avec un handicap important en termes de suffrages, a finalement remporté largement l'élection au second tour après avoir comblé le très grand écart le séparant au premier comme rappelé ci-dessous :

Illustration par les élections présidentielles des années 2000 et 2012

Résultats de l'élection de 2000 :

- Premier tour du 27 février

Inscrits : 2 725 987 / Votants : 1 696 384, soit 62, 23 % des inscrits/nuls : 23 400 / Exprimés : 1 672 984 / Majorité absolue exigée : 836 493

Les deux candidats arrivés en tête ont obtenu :

Abdoulaye WADE : 518 740, soit 31,01 % - Abdou DIOUF : 690 917, soit 41, 30 % ;

- Second tour du 25 mars :

Inscrits : 2 745 239 / Votants : 1 667 775 / Nuls : 10 474 / Exprimés : 1 657 301

Les deux candidats qualifiés au second tour ont obtenu :

Abdoulaye WADE : 969 332, soit 58, 40 % - Abdou DIOUF : 687 969, soit 41, 51 % ;

Résultats de l'élection de l'année 2012 :

Premier tour du 26 février :

Inscrits : 5 302 349 / Votants : 2 735 136 soit 51,58 % / Suffrages exprimés : 2 706 789 soit 98,96 % / Bulletins blancs ou nuls : 28 346 soit 1,04 % / Abstentions : 2 568 149 soit 48,42 %

Les candidats arrivés en tête et qualifiés au second tour ont obtenu :

Abdoulaye WADE : 942 327 soit 34,81 - Macky SALL : 719 367 soit 26,58 % ;

Second tour du 25 mars :

Inscrits : 5 307 962 / Nombre de votants : 2 915 893 / Bulletins nuls : 14 093 / Suffrages valablement exprimés : 2 901 800

Les candidats arrivés en tête et qualifiés au second tour ont obtenu :

Abdoulaye WADE : 992 556 soit 34,20 % - Macky SALL : 1 909 244 soit 65,80 %.

Inversement, l'autre candidat restant, qui peut être celui arrivé en deuxième position, pourrait être élu par défaut, avec un nombre de suffrages insignifiant, en proportion inverse des suffrages de son challenger arrivé en première position selon les résultats provisoires, mais qui est décédé ou s'est trouvé empêché avant la proclamation des résultats définitifs.

Au regard de ces cas de figure, l'on peut en conclure que, si le retrait de l'un des deux candidats arrivés en tête du scrutin du premier tour ne doit pas empêcher la poursuite du processus électoral – un tel retrait pouvant être le résultat du jeu des combinaisons et stratégies politiques se traduisant par des alliances électorales les plus opportunes en vue du second tour – le décès ou l'empêchement de l'un d'eux devrait en toute logique entraîner la reprise de l'ensemble des opérations électorales avec notamment le dépôt de nouvelles candidatures pour ne pas priver des sensibilités politiques du bénéfice de leur potentiel électoral.

En tout état de cause, dans les deux cas prévus à l'article 34, alinéas 2 et 3 de la Constitution, le report de l'élection se justifie par les besoins d'une campagne électorale équitable impliquant les deux candidats restants qui ont recueilli le plus grand nombre de suffrages et qui seront en lice au deuxième tour.

V – LE CAS PARTICULIER DU « CANDIDAT RESTANT » PROCLAMÉ ÉLU

Aux termes des dispositions de l'article 34, alinéa 5 de la Constitution, « en cas de décès, d'empêchement définitif ou de retrait d'un des deux candidats arrivés en tête selon les résultats provisoires du deuxième tour et avant la proclamation des résultats définitifs du deuxième tour par le Conseil constitutionnel, le seul candidat restant est déclaré élu ».

Ce cas de l'élection du candidat restant par suite du décès de son challenger au second tour, paraît réellement problématique à certains égards.

En effet, si l'éventualité de l'élection par défaut du candidat arrivé en tête selon les résultats provisoires résulte d'un décès ou d'un empêchement indépendant de sa volonté, l'élection devrait logiquement être reprise dès lors que le candidat restant totalise moins de suffrages que le candidat défunt ou empêché qui représente une sensibilité politique qui se retrouve perdante avec éventuellement une majorité virtuelle écrasante.

Aussi bien pour le premier que pour le second tour, le décès ou l'empêchement définitif doit logiquement entraîner la reprise de l'élection. D'ailleurs, sans verser dans un alarmisme excessif, l'on peut craindre que la règle de l'élection par défaut du « candidat restant » puisse susciter quelque vocation homicide dont la victime toute désignée serait le candidat arrivé en tête selon les résultats provisoires du second tour.

SECTION II

LA PROBLÉMATIQUE DE LA RÉGULARITÉ DE L'ACTE DE CONVOCATION DES ÉLECTEURS

14 – 37. *Le débat sur le caractère, détachable ou non détachable de l'élection, de cet acte préparatoire que constitue la convocation des électeurs a agité la doctrine en France et nourri une certaine instabilité jurisprudentielle dont les conséquences se font toujours sentir sur la cohérence du système de répartition des compétences juridictionnelles.*

Le Conseil constitutionnel français a initialement retenu sa compétence, dans un contexte où le Conseil d'État ne s'était pas encore approprié ce contentieux, pour combler un vide. La position du Conseil d'État dans le sens d'un rapatriement de ce contentieux dans son domaine de compétence traditionnelle d'appréciation de la régularité des actes administratifs dans le cadre du recours pour excès de pouvoir, a impliqué le repli du Conseil constitutionnel dans son propre domaine de compétence limité par sa propre interprétation stricte de ses compétences d'attribution avant une nouvelle incursion qui semble l'installer durablement dans le contrôle de la légalité des actes administratifs par l'examen de la légalité du décret de convocation des électeurs (cf. Jacques Arrighi de Casanova, « Le juge des actes préparatoires à l'élection » in Les nouveaux cahiers du Conseil constitutionnel, *Dossier « Le Conseil constitutionnel, juge électoral », octobre 2013).*

Le Conseil constitutionnel sénégalais, au cas où il viendrait à être saisi d'un tel contentieux, optera sans doute pour une répartition de compétences qui prête à moins d'incertitude et qui préservera le domaine traditionnel de compétence de la juridiction ayant compétence de principe en matière administrative, en l'occurrence la Cour suprême.

Une telle solution paraît d'autant plus souhaitable que pour les élections locales qui sont également précédées d'un décret de convocation des électeurs, la compétence de la Cour suprême statuant en matière administrative paraît aller de soi dès lors qu'elle est juge de cassation du contentieux préélectoral en même temps que juge d'appel du contentieux des opérations électorales porté en première instance devant la Cour d'appel et dont l'examen peut l'amener à apprécier par voie d'exception de la légalité du décret de convocation des électeurs.

D'ailleurs, l'ancien Conseil d'État dont les attributions ont été dévolues à la chambre administrative de la Cour suprême a déjà eu à connaître du contentieux des actes préparatoires de l'élection en appréciant de la légalité du décret de répartition des sièges à pourvoir à l'occasion des élections législatives (cf. infra n° 18-06). Et sans doute que cette jurisprudence peut être étendue aux actes préparatoires de l'ensemble des élections dans le sens d'une dévolution de compétence à la Cour suprême, héritière des compétences du Conseil d'État dans la nouvelle organisation judiciaire.

Le Conseil constitutionnel, comme juge de l'élection, pourra néanmoins en connaître par voie d'exception, dans le cadre de sa mission d'assurer la régularité de l'élection conformément à l'article 2 de la loi organique n° 2016-23 du 14 juillet 2016 relative au Conseil constitutionnel qui prévoit, entre autres attributions, celle de « statuer sur les contestations relatives aux élections du président de la République et des députés à l'Assemblée nationale et des Hauts conseillers... ».

Le contentieux de l'appréciation de la régularité du décret de convocation des électeurs pour la Présidentielle peut ainsi changer de nature en fonction du moment de la saisine de la juridiction compétente :

- si c'est la Cour suprême qui est saisie, avant l'élection, à titre principal, d'un recours pour excès de pouvoir, l'irrégularité constatée est susceptible d'emporter annulation du décret de convocation et par suite report de l'élection notamment en cas de non-respect du délai de convocation des électeurs ;
- par contre, si l'irrégularité est invoquée postérieurement à l'élection, dans le cadre du contentieux des opérations électorales, le Conseil constitutionnel peut en connaître par voie d'exception dès lors que cette irrégularité est présentée comme un grief de nature à compromettre la sincérité du scrutin. Toutefois, l'irrégularité de l'acte préparatoire, même avérée, ne peut à elle seule être cause d'annulation ; seuls les effets de cette irrégularité sont appréciés en fonction des circonstances de chaque espèce pour notamment déterminer s'ils ont pu avoir ou non une influence déterminante sur l'issue de l'élection.

À noter que, après le scrutin, toute requête visant exclusivement l'annulation du décret de convocation des électeurs, même portée devant la Cour suprême, ne peut qu'être rejetée parce que sans objet dès lors que l'acte attaqué a épuisé ses effets avec l'organisation de l'élection.

À noter enfin que le Conseil constitutionnel étant habilité exceptionnellement à fixer lui-même la date de convocation des électeurs (cf. supra n° 14-03), le cas échéant, la compétence d'une autre juridiction pour connaître de ce contentieux ne peut être envisagée, l'article 92, alinéa 2 de la Constitution posant le principe suivant lequel « les décisions du Conseil constitutionnel ne sont susceptibles d'aucune voie de recours [et] s'imposent aux pouvoirs publics et à toutes les autorités administratives et juridictionnelles ».

CHAPITRE II

LES OPÉRATIONS ÉLECTORALES PROPREMENT DITES

14 – 38. *Les opérations électorales proprement dites – objet des articles LO.133 à LO.137 du Code électoral qui reprennent ou renvoient aux dispositions communes aux élections, objet du titre premier – font l'objet de développements dans la « note relative au vote » (cf. supra nos 11-01 à 11-25).*

❖

CHAPITRE IV
RECENSEMENT DES VOTES ET PROCLAMATION DES RÉSULTATS

Article LO.138.- Au niveau de chaque département est créée une commission départementale de recensement des votes. Cette commission est composée :

- de trois magistrats dont l'un assure la présidence, tous désignés par le Premier président de la Cour d'appel de Dakar parmi les magistrats des Cours et Tribunaux ;
- d'un représentant de la CENA ;
- d'un représentant de chaque candidat ou liste de candidats et son suppléant. Leurs prénoms, nom, profession date et lieu de naissance doivent être notifiés par chaque candidat à l'élection présidentielle au Ministre chargé des Élections, au Président de la Commission Nationale de Recensement des Votes et au Président du Conseil Constitutionnel quinze (15) jours avant le début du scrutin. Au vu de l'ensemble des procès-verbaux des bureaux de vote du département et des pièces qui leur sont annexées, la commission effectue le recensement des votes. Seuls les magistrats ont voix délibérative.

Au niveau national est créée une Commission nationale de Recensement des Votes. Cette commission est présidée par le Premier président de la Cour d'appel de Dakar et en cas d'empêchement par un magistrat qu'il désigne. Elle comprend, en outre, d'une part, deux magistrats du siège désignés par lui et, d'autre part, un représentant de la CENA ainsi qu'un représentant de chaque candidat ou liste de candidats et son suppléant. Les prénom, nom, profession, date et lieu de naissance du représentant ou de son suppléant sont notifiés au Ministre chargé des Élections, au Président de la Commission Nationale de Recensement des Votes et au Président du Conseil constitutionnel quinze (15) jours avant le début du scrutin. Elle adopte les décisions à la majorité des votes des magistrats qui disposent seuls d'une voix délibérative, le président prenant part au vote. Les autres membres assistent à toutes les réunions de la Commission nationale à l'exception de la délibération finale, ont accès à tous les documents et ont la faculté de porter leurs observations au procès-verbal. La proclamation provisoire des résultats est effectuée par le Président de la Commission sous la seule responsabilité des magistrats.

Article LO.139.- Les commissions départementales procèdent au recensement des votes à partir des procès-verbaux de chacun des bureaux de vote. Elles n'ont pas le pouvoir de les annuler. Toutefois, en cas d'erreur de calcul ou de relevé de données chiffrées erronées, elles peuvent redresser et rectifier les procès-verbaux. Elles sont tenues dans ce cas de motiver leur décision et d'en faire la remarque au procès-verbal qui, en plus, doit aussi faire état des cas d'incohérence ou de doute sur la sincérité de certaines opérations relevées par la commission départementale. Si la commission ne parvient pas à formuler ses remarques, par consensus, chaque membre peut préciser son point de vue au procès-verbal.

La commission nationale procède au recensement des votes à partir des procès-verbaux des commissions départementales de recensement des votes. Elle peut les rectifier. Pour cela, elle procède, le cas échéant, à l'annulation ou au redressement des procès-verbaux des bureaux de vote. La commission nationale procède à la proclamation provisoire des résultats, dans les conditions prévues à l'article L86. Il revient au Conseil constitutionnel d'effectuer la proclamation définitive des résultats conformément aux dispositions de l'article 35 de la Constitution.

En cas de destruction, de substitution, de perte ou de vol des originaux des procès-verbaux, les exemplaires détenus par les deux tiers (2/3) des représentants de candidats ou de listes de candidats feront foi au même titre que celui du représentant de la CENA

Les résultats définitifs de l'élection présidentielle font l'objet d'une publication dans le Journal Officiel, bureau de vote par bureau de vote par les soins du Président du Conseil constitutionnel.

Cette publication est faite également sur internet ou par tout autre moyen de communication.

❖

NOTE SUR LE RECENSEMENT DES VOTES ET LA PROCLAMATION DES RÉSULTATS DE LA PRÉSIDENTIELLE

Le recensement des suffrages et la répartition du ou des mandats mis en compétition obéissent à des règles spécifiques à chaque type d'élection : élection présidentielle, élections législatives, élections départementales et municipales ou élection des Hauts conseillers. Mais dans le souci d'alléger le corpus normatif électoral et d'éviter les répétitions, le législateur a choisi d'utiliser systématiquement la technique législative de la référence interne avec des renvois aux dispositions consacrées à l'élection présidentielle pour les autres élections. Il s'y ajoute que le Code électoral comporte un titre premier consacré aux « Dispositions communes à l'élection du président de la République, et aux élections des députés, des conseillers départementaux et municipaux », qui constitue le premier niveau de référence. Mais l'usage récurrent des renvois systématiques qui en résulte se fait au prix d'un risque d'intelligibilité des textes et d'une consultation laborieuse du Code électoral, surtout pour les utilisateurs qui ne sont pas habitués aux textes juridiques. Aussi dans la présente note, même s'il est traité dans le détail des questions relatives aux résultats des scrutins dans la partie consacrée ci-dessous à l'élection présidentielle, les renvois qui y seront faits à l'occasion de la revue des autres élections seront réduits au strict minimum pour rendre la lecture plus fluide.

À l'issue du scrutin de l'élection présidentielle, les résultats du vote – recueillis dans les conditions précisées aux articles L.63 à L.87 du Code électoral (cf. supra nos 11-04 à 11-25, « note sur le vote ») – sont regroupés au niveau des commissions départementales qui procèdent au recensement et à la proclamation des résultats provisoires globaux de chaque département.

Les résultats de l'ensemble des commissions départementales sont ensuite transmis à une commission nationale qui procède à son tour au recensement général et à la proclamation des résultats provisoires de l'élection qui peuvent donner lieu à un contentieux soumis au juge de l'élection, le Conseil constitutionnel.

Le Conseil constitutionnel, après avoir tranché les éventuels litiges, proclame les résultats définitifs et le candidat élu président de la République.

CHAPITRE PREMIER
LE RECENSEMENT ET LA PROCLAMATION DES RÉSULTATS PROVISOIRES DU DÉPARTEMENT

15 – 01. *Au niveau de chaque département est créée une commission départementale de recensement des votes, composée conformément à l'article LO.138, alinéa 1er du Code électoral et fonctionnant suivant les modalités définies à l'article LO.139, alinéa 1er dudit code.*

SECTION PREMIÈRE
LA CRÉATION ET LA COMPOSITION DE LA COMMISSION DÉPARTEMENTALE DE RECENSEMENT DES VOTES

15 – 02. *Appendice judiciaire créé dans un délai qui lui permet d'être opérationnelle le jour même du scrutin, la Commission départementale de recensement des votes est composée de trois magistrats dont l'un assure la présidence, d'un représentant de la CENA et d'un représentant de chaque candidat.*

SECTION II
LE FONCTIONNEMENT DE LA COMMISSION DÉPARTEMENTALE

15 – 03. *Installée habituellement dans les locaux abritant le siège des tribunaux, la Commission départementale de recensement des votes doit être à pied d'œuvre dès la clôture du scrutin pour recevoir et exploiter les procès-verbaux qui lui sont transmis dans les formes et délais légaux.*

I - LE PROCESSUS DÉCISIONNEL AU SEIN DE LA COMMISSION DÉPARTEMENTALE

15 – 04. *À la suite de l'élection présidentielle du 21 février 1993, le blocage des travaux de la Commission nationale de recensement – obligée après moult péripéties de transmettre les documents électoraux sans proclamer les résultats provisoires – a entraîné un réaménagement des modalités de fonctionnement des commissions.*

Ce réaménagement a consisté non seulement en une diminution des attributions de la Commission départementale, mais également, a offert l'opportunité d'une clarification des mécanismes de prise de décision au sein de celle-ci.

Ainsi, dorénavant, qu'il s'agisse de redresser ou de rectifier un procès-verbal par suite d'erreurs de calcul, seuls les magistrats membres de la

Commission départementale – qui, aux termes de l'article LO.138, alinéa 1er in fine du Code électoral, ont voix délibérative – en décident, les autres membres étant habilités à faire des observations par écrit, observations qui seront jointes au procès-verbal de ladite commission (*cf. infra n° 15-04*).

II - LES OPÉRATIONS DE LA COMMISSION DÉPARTEMENTALE

Au fur et à mesure de la transmission des procès-verbaux des bureaux de vote par les soins des personnes habilitées, la Commission départementale effectue les opérations de recensement dont les résultats sont consignés dans un procès-verbal et procède à la proclamation des résultats.

A - LA RÉCEPTION ET L'OUVERTURE DES PLIS

***15 – 05.** Avant d'ouvrir les plis scellés contenant les procès-verbaux des bureaux de vote et les pièces jointes, le président de la Commission départementale fait constater le scellement aux autres membres.*

Toutefois, cette formalité prévue à l'article L.86, alinéa 7 du Code électoral ne doit pas être le prétexte à des réclamations de nature à retarder le déroulement des opérations, car ces plis sont habituellement scellés à la cire, qu'une manipulation maladroite peut faire céder. Aussi, le descellement du pli ne constitue un motif sérieux de réclamation que si le procès-verbal présente des différences avec les copies détenues par la CENA ou les représentants des candidats ou si d'autres circonstances peuvent faire douter de la sincérité de son contenu.

B - LE RECENSEMENT DES RÉSULTATS DES BUREAUX DE VOTE

***15 – 06.** Au vu des procès-verbaux des bureaux de vote du département et des pièces qui y sont jointes, la Commission procède au décompte de leurs différentes rubriques.*

À noter qu'à ce stade, il n'est pas nécessaire de recevoir l'ensemble des résultats d'un lieu de vote ou d'une localité pour commencer le recensement dès que l'on peut utiliser alternativement des fiches de récapitulation de lieux ou de localités différentes en fonction de la disponibilité des procès-verbaux parvenus au siège de la Commission départementale.

Pour la compilation des résultats, la Commission départementale relève sur des fiches récapitulatives :

- *les références de chaque lieu de vote et bureau de vote (par leur numéro et éventuellement leur dénomination) ;*
- *le nombre de votants ;*
- *le nombre d'enveloppes trouvées dans l'urne ;*
- *le nombre de bulletins nuls ;*

- le nombre de suffrages valablement exprimés ;
- et le nombre de suffrages obtenus par chaque candidat.

En tenant compte des redressements opérés dans les conditions ci-dessous décrites, la Commission départementale procède à la totalisation des données de ces différentes rubriques et dresse le procès-verbal de la Commission qui doit être publié à douze heures le mardi qui suit le scrutin du dimanche, conformément à l'article L.86, alinéa 8 du Code électoral.

Tout procès-verbal de bureau de vote parvenu après ladite publication est joint au procès-verbal de la Commission départementale avec les mentions appropriées.

C - LES REDRESSEMENTS DES PROCÈS-VERBAUX DES BUREAUX DE VOTE

15 – 07. *Les attributions de la Commission départementale de recensement des votes pour apprécier de la validité du contenu des procès-verbaux des bureaux de vote ont connu une certaine évolution.*

En effet, aux termes des dispositions initiales du « Code consensuel », objet de la loi n° 92-16 du 7 février 1992, « si au cours du recensement des votes, il apparaît aux commissions départementale et nationale des votes que l'incohérence des résultats figurant dans les procès-verbaux rend ceux-ci inexploitables ou si des procès-verbaux sont entachés d'un vice substantiel affectant la sincérité de leur rédaction, lesdites commissions les annulent par une décision motivée » (article LO.112, alinéa 2 ancien).

Mais, dans le sillage tumultueux de l'élection présidentielle du 21 février 1993, avec notamment le « blocage » des travaux de la Commission nationale de recensement des votes dont les mécanismes de prise de décision n'étaient pas expressément déterminés par le législateur, la reformulation des modalités de fonctionnement des commissions de recensement qui s'en est suivie a été l'occasion d'une réduction des pouvoirs quasi juridictionnels qui étaient conférés à la Commission départementale.

C'est ainsi que depuis la loi organique n° 93-09 du 23 avril 1993 modifiée par la loi organique n° 98-13 du 5 mars 1998, la Commission départementale n'a plus le pouvoir d'annuler des procès-verbaux des bureaux de vote.

L'article L.86, alinéa 4 compris dans les dispositions communes à toutes les élections prévoit désormais que :

> *« La commission départementale [...] peut au besoin redresser et rectifier les erreurs de calcul ».*

Les dispositions actuelles de l'article LO.139 précisent que :

> *« Les commissions départementales n'ont pas le pouvoir d'annuler [les procès-verbaux des bureaux de vote, mais que néanmoins], en cas*

d'erreur de calcul ou de relevé de données chiffrées erronées, elles peuvent redresser les procès-verbaux. Elles sont tenues dans ce cas de motiver leur décision et d'en faire la remarque au procès-verbal. Si la Commission ne parvient pas à formuler ses remarques, par consensus, chaque membre peut préciser son point de vue au procès-verbal ».

Ainsi, la Commission départementale peut procéder au redressement du procès-verbal en ayant recours à la liste d'émargement, aux feuilles de pointage ou éventuellement aux copies du procès-verbal détenues par la CENA ou par les représentants des candidats à la Commission départementale, la confrontation avec ces documents permettant dans la plupart des cas de déceler et de rectifier les données inexactes du procès-verbal.

D - LA MENTION DES CAS D'INCOHÉRENCE ET DE DOUTE SUR LA SINCÉRITÉ DE CERTAINES OPÉRATIONS

15 – 08. *Si le recours aux documents du bureau de vote et aux copies ne permet pas de déceler l'origine de l'erreur et de procéder à la rectification, la Commission départementale en fait mention au procès-verbal.*

De même, s'il y a un doute sur la sincérité du procès-verbal du bureau de vote, elle doit en faire la remarque dans son propre procès-verbal dans une formulation dégagée de manière consensuelle, faute de quoi, chaque membre peut séparément préciser son point de vue au procès-verbal.

Mais, étant donné que les formulaires du procès-verbal de la Commission ne sont habituellement pas conçus pour recevoir beaucoup de mentions, les remarques de membres de la Commission pourront être alors consignées dans des feuillets qui seront le cas échéant joints au procès-verbal.

E – L'ÉTABLISSEMENT DU PROCÈS-VERBAL ET LA PUBLICATION DES RÉSULTATS

15 – 09. *Après recensement des votes du département par la Commission, le président de celle-ci rédige immédiatement, comme prescrit à l'article L.86, alinéas 5 du Code électoral, le procès-verbal signé par les membres de la Commission qui y portent, s'il y a lieu, leurs observations. Sans désemparer, il publie les résultats, et ce, au plus tard à minuit le mardi qui suit le scrutin qui a lieu le dimanche conformément à l'alinéa 4 du même article. La publication est faite par affichage au(x) lieu(x) habituel(s) de l'affichage officiel et en cas de besoin par la lecture publique, laquelle lecture est d'ailleurs recommandée en cas de présence sur les lieux d'un public dans l'attente des résultats.*

Si le procès-verbal ne peut être rédigé dans les délais, le président de la Commission transmet les documents accompagnés d'un rapport au président de la Commission nationale de recensement des votes. Cette alternative à l'établissement du procès-verbal de la Commission départementale prévue à l'article L.86, alinéa 5 du Code électoral ne peut être mise en œuvre pour la seule raison que tous les procès-verbaux des bureaux de vote ne sont pas parvenus à la Commission départementale, car, le cas échéant, celle-ci doit tout juste en faire la mention à son procès-verbal après avoir procédé au recensement des procès-verbaux des bureaux qui sont effectivement parvenus.

De même, les procès-verbaux des bureaux de vote qui parviendraient après la publication des résultats doivent être joints au procès-verbal de la Commission départementale dont l'original est transmis sous pli scellé au président de la Commission nationale de recensement des votes par les délégués de la Cour d'appel, comme précisé à l'article L.86, alinéa 6 du Code électoral, qui ajoute qu'il est en outre remis un exemplaire du procès-verbal à chaque membre de la Commission départementale ainsi qu'au préfet pour les archives du département.

CHAPITRE II
LE RECENSEMENT GÉNÉRAL ET LA PROCLAMATION DES RÉSULTATS PROVISOIRES AU NIVEAU NATIONAL

L'original du procès-verbal de chaque commission départementale est transmis, comme prévu à l'article L.84, alinéa 7 du Code électoral, à la Commission nationale de recensement des votes dont la mise en place, la composition, les attributions et les modalités de fonctionnement sont précisées aux articles L.86, alinéas 7 à 9, LO.138 et LO.139, alinéas 2 et 3 du Code électoral.

SECTION PREMIÈRE
LA CRÉATION ET LA COMPOSITION DE LA COMMISSION NATIONALE DE RECENSEMENT

15 – 10. *L'article LO.138, alinéa 2 du Code électoral dispose qu'au niveau national est créée une Commission nationale de recensement des votes, présidée par le Premier président de la Cour d'appel.*

SECTION II
LE FONCTIONNEMENT DE LA COMMISSION NATIONALE

Installée habituellement dans les locaux abritant le siège de la Cour d'appel de Dakar, la Commission nationale de recensement des votes doit être à pied d'œuvre, au plus tard le vendredi qui suit l'élection à minuit, pour recevoir les procès-verbaux des Commissions départementales et en commencer l'exploitation dans les formes et délais légaux.

I - LE PROCESSUS DÉCISIONNEL AU SEIN DE LA COMMISSION NATIONALE

15 – 11. *Au sein de la Commission nationale de recensement des votes, depuis la loi organique n° 93-09 du 23 avril 1993 qui a reformulé les mécanismes de prise de décision, seuls les magistrats membres de la Commission ont voix délibérative. Ainsi, comme indiqué à l'article LO.138, alinéa 2 in fine du Code électoral, la Commission « adopte les décisions à la majorité des votes des magistrats. Les autres membres assistent à toutes les réunions de la Commission nationale à l'exception de la délibération finale, ont accès à tous les documents et ont la faculté de porter leurs observations au procès-verbal. La proclamation provisoire des résultats est effectuée par le président de la Commission sous la seule responsabilité des magistrats ».*

II - LES OPÉRATIONS DE LA COMMISSION NATIONALE

Les travaux de la Commission nationale de recensement des votes comportent quatre séries d'opérations : la réception et l'ouverture des plis, le décompte des suffrages à partir des procès-verbaux des commissions départementales, les redressements éventuels des procès-verbaux et la proclamation des résultats provisoires de l'élection.

A - LA RÉCEPTION ET L'OUVERTURE DES PLIS

15 – 12. *Dès réception des procès-verbaux sous des plis scellés transmis par les délégués de la Cour d'appel ou des « personnes assermentées sous la responsabilité du Premier président de la Cour d'appel » – personnes qui, dans la pratique, sont des magistrats membres de commissions départementales de recensement des votes – le président de la Commission nationale de recensement des votes fait constater aux membres de la Commission les plis scellés contenant les procès-verbaux et les pièces annexés avant de les ouvrir.*

Cette formalité prévue à l'article L.86, alinéa 4 du Code électoral est une mesure de précaution visant à éviter les substitutions ou les modifications des procès-verbaux. Elle ne saurait toutefois être le prétexte à des réclamations de nature à retarder les opérations de la Commission nationale dès lors que le représentant de la CENA et les représentants de candidats sont également détenteurs d'une copie desdits procès-verbaux. Et outre, une manipulation maladroite peut toujours être la cause d'un descellement involontaire. Aussi, le descellement du pli scellé ne prête à conséquence qu'en cas de non-

conformité avec les copies détenues par les représentants des candidats ou le représentant de la CENA.

Il faut relever par ailleurs que les « pièces annexées » comprenant tous les documents électoraux et les cas de bulletins litigieux, en raison de leur volume, ne sont pas, dans la pratique, mis dans le pli scellé, mais dans un carton séparé. Cette pratique qui, par le passé, n'a pas suscité de réclamations, semble devoir s'imposer contre la lettre de la loi.

Dans cette phase, le législateur a prévu à l'article L.139, alinéa 3 du Code électoral, qu'en cas de destruction, de substitution, de perte ou de vol des originaux des procès-verbaux, les exemplaires détenus par les deux tiers des représentants de candidats font foi au même titre que celui du représentant de la CENA.

B - LA DÉTERMINATION DES AGRÉGATS ÉLECTORAUX ET LA RECTIFICATION DES ERREURS ÉVENTUELLES DES PROCÈS-VERBAUX DES COMMISSIONS DÉPARTEMENTALES

***15 – 13.** Sous réserve des contestations pouvant déboucher sur des rectifications des procès-verbaux des commissions départementales de recensement, la première phase d'exploitation des procès-verbaux, après l'ouverture des scellés, consiste à faire l'inventaire des données cumulées de ces procès-verbaux. Dans cette phase, dont le déroulement linéaire par la simple compilation – qui ne peut être qu'une hypothèse d'école – pourrait dispenser de la phase suivante relative à l'examen du contenu des procès-verbaux des Commissions départementales et des bureaux de vote (cf. infra n^{os}15-14), les seules rectifications qui peuvent être apportées aux procès-verbaux des commissions départementales de recensement doivent résulter d'erreurs matérielles ou d'erreurs de calcul manifestes inhérentes auxdits procès-verbaux.*

Il s'agit, à ce niveau, de déterminer d'abord les agrégats électoraux constitués de la masse des inscrits, des votants, des bulletins nuls, des suffrages valablement exprimés et des voix obtenues par chaque candidat et ensuite d'assurer autant que possible la cohérence globale de ces résultats.

Mais s'il y a des réclamations formulées par des membres de la Commission nationale, celles-ci sont instruites et font l'objet de décisions rendues dans les conditions ci-dessous avant la phase de détermination des agrégats électoraux.

C - LE REDRESSEMENT DES PROCÈS-VERBAUX DES COMMISSIONS DÉPARTEMENTALES SUITE À L'ANNULATION ET AU REDRESSEMENT DES PROCÈS-VERBAUX DES BUREAUX DE VOTE

***15 – 14.** La réforme des procédures de recensement et de proclamation des résultats provisoires par la loi n° 93-09 du 23 avril 1993, à la suite d'un* *blocage des travaux de la Commission nationale de recensement, a redéfini les mécanismes de fonctionnement des commissions de recensement en conférant notamment à la Commission nationale un pouvoir d'annulation ou de redressement des procès-verbaux des bureaux de vote et de modification corrélative des procès-verbaux des commissions départementales de recensement des votes.*

Les dispositions de cette loi ont pris le contre-pied de la jurisprudence dégagée, sous l'empire de l'ancienne législation muette sur la question, par le Conseil constitutionnel qui avait estimé que :

> *« s'agissant des fonctions de la Commission nationale de recensement des votes, la loi lui [a] donné un pouvoir d'annulation relativement aux procès-verbaux qui lui sont transmis par les commissions départementales de recensement des votes. Ce pouvoir exceptionnel doit être exercé dans le cadre strict du texte qui le prévoit ».*

Le Conseil constitutionnel devait ajouter que la Commission nationale n'avait pas le pouvoir d'annulation des procès-verbaux des bureaux de vote dès lors que :

> *« depuis les bureaux de vote jusqu'à la Commission nationale de recensement des votes, les contrôles se succèdent, mais ne se cumulent pas [et] ainsi la Commission départementale contrôle les procès-verbaux des bureaux de vote et la commission nationale contrôle les procès-verbaux des commissions [...] ».*

Cette construction prétorienne, pour séduisante qu'elle soit sur le plan formel, aurait pu être convaincante quant au fond, si elle n'avait pas perdu de vue qu'en dernière analyse, ce ne sont pas les procès-verbaux en tant que tels qui sont soumis à un contrôle de régularité pouvant aboutir à une annulation, mais plutôt les opérations électorales telles qu'elles se sont déroulées notamment dans le bureau de vote et dont les procès-verbaux ne constituent que les comptes rendus plus ou moins fidèles.

Cette digression paraissait nécessaire pour camper la portée des prérogatives conférées par la loi à la Commission nationale de recensement des votes qui, aux termes de l'article 139, alinéa 2 du Code électoral, « procède au recensement des votes à partir des procès-verbaux des commissions départementales de recensement des votes. Elle peut les rectifier. Pour cela, elle procède, le cas échéant, à l'annulation ou au redressement des procès-verbaux de vote... ».

Cette compétence confère à la Commission nationale de recensement des votes une fonction juridictionnelle qu'elle partage à un niveau hiérarchiquement inférieur avec le Conseil constitutionnel, juge de l'élection appelé à statuer définitivement sur toutes les contestations.

Cette fonction juridictionnelle n'a pas toujours été mise en œuvre à l'occasion des élections passées, les protagonistes de l'élection et la

Commission nationale faisant prévaloir la fonction comptable de celle-ci, pour se décharger sur le Conseil constitutionnel en ce qui concerne la validité des procès-verbaux. Aussi, devant l'inexistence d'une jurisprudence connue de la Commission nationale, il ne sera fait à ce propos qu'un rappel des règles générales permettant de juger la validité des procès-verbaux et de la technique de redressement de ceux-ci.

D - LE CONTRÔLE DE RÉGULARITÉ DES PROCÈS-VERBAUX

15 – 15. *La règle de base de l'examen de la validité d'un procès-verbal des opérations électorales est que la sincérité des résultats et la moralité des opérations électorales sont appréciées en tenant compte des prescriptions légales et réglementaires, mais que la violation de celles-ci n'est sanctionnée par l'annulation du procès-verbal des opérations électorales qu'en raison du caractère substantiel des règles compromises par les agissements incriminés et des conséquences irréversibles que ceux-ci ont pu avoir sur les résultats du scrutin.*

Mais en dépit de la violation de ces prescriptions, la demande d'invalidation d'une élection ou de certaines opérations électorales est parfois rejetée, motif pris de ce que « les faits allégués ne sont pas de nature à modifier de manière significative les résultats du scrutin dans le bureau de vote ». Or, cette solution est critiquable même si elle a pu être retenue par le Conseil constitutionnel (Conseil constitutionnel, Décision, Séance du 10 mars 2000, contentieux de la Présidentielle).

En effet, si toute irrégularité constitutive de manœuvre de nature à altérer le scrutin n'entraîne l'invalidation de l'ensemble des opérations électorales que si elle a pu avoir une influence décisive sur l'issue de l'élection, il n'en est pas de même en ce qui concerne les opérations électorales d'un bureau de vote déterminé où l'irrégularité a été commise.

Aussi, la Commission nationale – comme le Conseil constitutionnel –, saisie d'une réclamation fondée sur un grief prouvé et affectant la sincérité des opérations électorales d'un bureau de vote, devrait-elle annuler les opérations concernées. Il ne peut en être autrement que si les effets de l'irrégularité peuvent être résorbés par le redressement des résultats du procès-verbal des opérations grâce au recours aux pièces annexées ou grâce à l'application d'un procédé aléatoire de redressement des résultats (cf. infra n° 15-16 et 15-17).

Sous réserve d'un éventuel redressement, sont des causes de nullité du procès-verbal des opérations du bureau de vote :

- *l'absence d'urne ou l'enlèvement de l'urne avant l'heure de clôture du scrutin ;*
- *le défaut d'isoloir ou le vote sans passage par l'isoloir ;*

- le défaut de dépôt de bulletins de vote ou de disponibilité de bulletins de vote d'un ou de plusieurs candidats pendant la durée du scrutin sauf suspension du vote jusqu'à la régularisation de la situation ;
- l'absence de liste d'émargement permettant de contrôler l'admissibilité au vote des électeurs ;
- le dépouillement des résultats hors de la salle de vote et du contrôle de public, si ces agissements s'analysent en des manœuvres de nature à altérer la sincérité du scrutin ;
- la destruction de bulletins de vote dont la validité est contestée rendant toute vérification ultérieure impossible quand cette destruction procède d'une manœuvre ;
- l'incohérence des résultats que ni le recours aux pièces jointes ni l'application de la technique d'ajout ou de retranchement hypothétique ne permettent de corriger.

In fine, il faut relever que si ces irrégularités ayant entraîné l'annulation d'un certain nombre de bureaux ont eu un impact sur les résultats globaux de telle sorte que l'issue du scrutin puisse en être inversée en raison d'un écart très faible entre le nombre de voix obtenues par des candidats ou listes de candidats, l'ensemble des opérations électorales s'en trouverait affecté et l'élection devrait dès lors être reprise après le prononcé de l'annulation de celle-ci. Mais il n'appartient pas à la Commission nationale de prononcer une annulation de l'ensemble des opérations électorales au niveau d'une circonscription ou au niveau national, une telle prérogative demeurant l'apanage du Conseil constitutionnel, juge de l'élection présidentielle.

E - LE REDRESSEMENT DES PROCÈS-VERBAUX DES BUREAUX DE VOTE

Le redressement – comme annoncé plus haut – peut être effectué par le recours aux pièces annexées aux procès-verbaux des opérations de vote. Mais l'on peut envisager éventuellement le redressement des résultats par l'application du procédé du retranchement ou de l'ajout hypothétique.

1 - Le redressement par le recours aux pièces annexées

***15 – 16.** Comme la Commission départementale de recensement des votes, la Commission nationale, en ayant recours à la liste d'émargement, aux feuilles de pointage, aux bulletins nuls et éventuellement aux copies du procès-verbal détenues par la CENA et les représentants des candidats, peut déceler la cause des erreurs et rectifier les données inexactes.*

De même, cette méthode peut permettre à la Commission nationale de redresser les incohérences évidentes et celles qui ont été signalées par la Commission départementale.

2 - Le redressement des procès-verbaux des bureaux de vote par le procédé des rectifications hypothétiques

15 – 17. *Lorsque le recours aux documents du bureau de vote ne permet pas de redresser les données du procès-verbal comportant des erreurs ou des incohérences vénielles dont l'ampleur n'est pas de nature à mettre en doute la sincérité des opérations de vote, la Commission nationale peut procéder à un redressement par l'application des procédés dits de « retranchement hypothétique » ou d'« ajout hypothétique », procédés ainsi caractérisés parce que basés sur un mécanisme aléatoire de rééquilibrage des résultats.*

Cette méthode dont les mécanismes ont été élaborés par la jurisprudence du Conseil d'État français peut être adaptée au contexte sénégalais.

Il s'agira, à partir du constat d'une irrégularité affectant un nombre déterminé de suffrages, de procéder en fonction des circonstances de l'espèce aux opérations de retranchement ou d'ajout hypothétique de suffrages à des candidats sans toutefois qu'une telle opération soit de nature à modifier le classement des candidats au vu des résultats proclamés au bureau de vote. Dans cette dernière hypothèse, qui peut survenir en raison notamment du faible écart des suffrages obtenus par les candidats, l'annulation des résultats s'impose.

a) Le procédé du retranchement hypothétique

Le procédé du retranchement hypothétique consiste en la déduction des suffrages douteux, irréguliers ou qui sont, pour une raison inexpliquée, en trop par rapport au total des suffrages obtenus par l'ensemble des candidats du nombre des suffrages obtenus par les candidats les mieux placés. Ainsi ce procédé – qui met les candidats les mieux placés dans la situation la plus défavorable pour eux – permet néanmoins de préserver le résultat et d'éviter une annulation du procès-verbal qui les aurait encore plus lésés.

Ce procédé peut être appliqué dans les cas suivants :

- *les bulletins dont la validité est contestée n'ont pas été joints, comme prévu par la loi, au procès-verbal ;*
- *l'émission dans les conditions irrégulières d'un nombre déterminé de suffrages comme par exemple le défaut de passage dans l'isoloir de quelques électeurs ;*
- *le nombre des suffrages obtenus par l'ensemble des candidats est supérieur au nombre des votants.*

Exemple de déduction hypothétique :

Dans un bureau de vote donné, le nombre de suffrages obtenus par cinq candidats en lice est supérieur au nombre de votants :

Nombre de votants	*300*
Nombre de suffrages nuls	*00*
Suffrages obtenus	*- candidat A ------------------100* *- candidat B ------------------120* *- candidat C --------------------50* *- candidat D --------------------30* *- candidat E ------------------- 4*
Total des suffrages obtenus	*304*
Différence	*4*

Le retranchement hypothétique entraîne la déduction d'une voix à chacun des quatre candidats arrivés en tête et le résultat après redressement donne :

Nombre de votants	*300*
Nombre de suffrages nuls	*00*
Suffrages obtenus	*- candidat A ------------------100* *- candidat B ------------------120* *- candidat C --------------------50* *- candidat D --------------------30* *- candidat E ------------------- 4*
Total des suffrages obtenus	*304*
Différence	*4*

La déduction hypothétique de suffrages au détriment de candidats les mieux placés, mais qui leur permet de conserver un résultat final qui les avantage, n'en demeure pas moins aléatoire, car l'irrégularité peut avoir bénéficié à n'importe quel candidat. Elle permet néanmoins, d'une part, de conserver des résultats qui, globalement, se rapprochent de la réalité des votes, et d'autre part, d'éviter les annulations partielles de votes qui, quand elles ont pour effet d'inverser les résultats d'une élection, constituent un motif d'annulation de ladite élection et de sa reprise intégrale.

Ce procédé a le mérite ainsi de restituer une cohérence aux résultats et il peut affecter de manière égalitaire les résultats de tous les candidats quand le nombre de suffrages à retrancher est égal au nombre de candidats. Dans l'exemple ci-dessus, si la différence de suffrages était de 5 au lieu de 4, chacun des cinq candidats se serait vu retrancher 1 suffrage.

Dans le cas inverse où le nombre de suffrages valablement exprimés est inférieur au nombre de suffrages obtenus par l'ensemble des candidats et que le recours aux pièces annexées ne permet pas de rectifier cette incohérence, il n'y aura pas lieu à retranchement, car le nombre de suffrages valablement exprimés peut alors être aligné sur celui des suffrages obtenus pour avoir des résultats cohérents.

b) Le procédé de l'ajout hypothétique

L'ajout hypothétique permet suivant le même mécanisme inversé de conserver les résultats consignés dans un procès-verbal dans la situation dans laquelle le nombre de suffrages obtenus par les candidats en lice est inférieur au nombre de votants ou de suffrages obtenus par l'ensemble des candidats. Dans un tel cas, le rééquilibrage consistera à ajouter des voix aux candidats les moins bien placés.

F - L'ÉTABLISSEMENT DU PROCÈS-VERBAL DE LA COMMISSION NATIONALE ET LA PROCLAMATION DES RÉSULTATS PROVISOIRES

15 – 18. *Aux termes des dispositions de l'article L.86, alinéa 7 in fine du Code électoral, il est dressé procès-verbal des opérations de recensement général à la fin des travaux de la Commission nationale.*

Par analogie avec les exigences légales relatives au procès-verbal de la Commission départementale, celui de la Commission nationale doit normalement être signé par les membres de la Commission nationale qui peuvent y annexer leurs observations même si la loi ne le précise pas.

La lecture publique et l'affichage du procès-verbal valent proclamation des résultats provisoires par la Commission nationale. Le procès-verbal portant proclamation signé par les membres de la Commission nationale est impérativement dressé à la fin des travaux et au plus tard le vendredi qui suit le scrutin, à minuit.

Mais même si, au vu des résultats, un candidat paraît remplir les deux conditions cumulatives pour être élu au premier tour de l'élection présidentielle, parce qu'ayant obtenu la majorité absolue des suffrages exprimés représentant au moins le quart des électeurs inscrits, il n'appartient pas à la Commission de le déclarer élu, car la prérogative de la proclamation revient au juge de l'élection, en l'occurrence le Conseil constitutionnel, qu'il y ait ou non contestation des résultats provisoires, conformément à l'article 35, alinéas 2 à 4 de la Constitution qui dispose :

> *« La régularité des opérations électorales peut être contestée par l'un des candidats devant le Conseil constitutionnel dans les soixante-douze heures qui suivent la proclamation provisoire des résultats par une commission nationale de recensement des votes instituée par une loi organique.*

Si aucune contestation n'a été déposée dans les délais au greffe du Conseil constitutionnel, le Conseil proclame immédiatement les résultats définitifs du scrutin.
En cas de contestation, le Conseil statue sur la réclamation dans les cinq jours francs du dépôt de celle-ci. Sa décision emporte proclamation définitive du scrutin ou annulation de l'élection ».

La Commission nationale se limite à proclamer les résultats en publiant le nombre de suffrages obtenus dans l'ordre par tous les candidats.

Un exemplaire du procès-verbal est remis à chaque représentant de candidat et l'original accompagné des pièces annexées transmis au président du Conseil constitutionnel. Si le délai ci-dessus indiqué expire sans que le procès-verbal ait pu être établi, le président de la Commission nationale transmet, comme indiqué à l'article L.84, alinéa 9 du Code électoral, les procès-verbaux des commissions départementales accompagnés d'un rapport indiquant les raisons du défaut d'établissement de son procès-verbal.

❖

CHAPITRE V
CONTENTIEUX

Article LO.140.- Dans les conditions de délai fixées par l'article 35 de la Constitution, tout candidat ou liste de candidats au scrutin peut contester la régularité des opérations électorales sous la forme d'une requête adressée au président du Conseil Constitutionnel.

Article LO.141.- La requête est déposée au greffe du Conseil constitutionnel. Il en est donné acte par le Greffier en chef.

À peine d'irrecevabilité, la requête doit préciser les faits et moyens allégués.

Article LO.142.- La requête est communiquée par le Greffier en chef du Conseil constitutionnel aux autres candidats intéressés qui disposent d'un délai maximum de quarante-huit (48) heures pour déposer un mémoire en réponse. Il est donné récépissé du dépôt du mémoire par le Greffier en chef.

Article LO.143.- Le Conseil constitutionnel statue sur la requête dans les délais prévus par l'article 35 de la Constitution.

❖

NOTE SUR
LE CONTENTIEUX ET LA PROCLAMATION DES RÉSULTATS DÉFINITIFS DE LA PRÉSIDENTIELLE

Après la proclamation des résultats provisoires par la Commission nationale de recensement des votes, les documents électoraux sont transmis au Conseil constitutionnel qui proclame les résultats définitifs après avoir vidé, s'il y a lieu, le contentieux dont il peut être saisi.

CHAPITRE PREMIER
ASPECTS GÉNÉRAUX DU CONTENTIEUX ET DE LA PROCLAMATION DES RÉSULTATS DÉFINITIFS

16 – 01. *Outre les interventions ponctuelles des juridictions compétentes en vertu des dispositions particulières du Code électoral chargé de sanctionner, par l'application de peines corporelles ou pécuniaires ou d'ordonner les redressements nécessaires en cas d'irrégularités constatées dans les phases du déroulement des opérations préalables au scrutin (élaboration des listes électorales, mise en place de la carte électorale, campagne électorale, opérations de vote), le législateur a institué a posteriori un contrôle par le juge électoral de la validité desdites opérations dont les irrégularités qui ont pu en émailler le cours peuvent, en raison de leur impact sur les résultats du scrutin, en entamer la sincérité. Par exemple, une manipulation des listes électorales qui relève du contentieux préélectoral* *(cf. supra nos 08-28 à 08-33 et 08-33 à 08-42)* *peut être à l'origine de la privation du droit de vote d'un nombre important d'électeurs et s'analyserait dès lors en motif d'annulation susceptible de fonder la décision du juge de l'élection.*

Ce contrôle incident des opérations préélectorales n'en demeure pas moins très marginal dans le cadre du contentieux électoral dont la vocation est d'assurer la régularité du scrutin qui doit traduire fidèlement la volonté populaire telle qu'exprimée librement par le suffrage égal des membres du corps électoral.

Par ailleurs, ce type de contentieux est également spécifique par rapport aux contentieux traditionnels que sont le contentieux de l'annulation des actes administratifs et le contentieux de pleine juridiction ou plein contentieux même s'il emprunte certains caractères à l'un ou l'autre de ceux-ci.

En effet, si le juge électoral comme le juge de l'excès de pouvoir peut annuler certaines opérations électorales ou l'ensemble des opérations électorales qui seront alors reprises, il peut aussi, comme le juge de plein contentieux, dans le cadre du contrôle de la sincérité des résultats, en redresser les irrégularités et les incohérences. Mieux, il peut, en redressant les irrégularités, en arriver à une inversion des résultats et proclamer élu un candidat différent de celui qui a été désigné dans la proclamation des résultats provisoires.

L'importance des prérogatives du juge électoral justifie la dévolution de ce contentieux à des organes se situant à des niveaux élevés de l'ordre juridictionnel. Ainsi, pour les élections nationales, c'est le Conseil constitutionnel qui est compétent alors que pour les élections locales, la Cour d'appel connaît en premier ressort du contentieux qui peut être élevé devant la Cour suprême en cas d'appel.

L'article 35, alinéa 2 de la Constitution, dispose à ce propos, qu'à l'occasion de l'élection présidentielle :

> *« La régularité des opérations électorales peut être contestée par l'un des candidats devant le Conseil constitutionnel dans les soixante-douze heures qui suivent la proclamation provisoire des résultats par une Commission nationale de recensement des votes instituée par une loi organique ».*

Le Conseil constitutionnel – qui jouit d'une plénitude de compétence pour trancher toute contestation relative à la régularité des opérations électorales – peut annuler ou réformer les opérations se rapportant au vote, au dépouillement des votes, à l'établissement des procès-verbaux des bureaux de vote ou au recensement par les commissions départementales et nationales des résultats de l'élection présidentielle (ou des élections législatives).

Saisi de réclamations dans les formes et délais légaux, le Conseil constitutionnel peut procéder à l'instruction de la requête avant de rendre sa décision emportant proclamation des résultats définitifs de l'élection.

CHAPITRE II
LA SAISINE DU CONSEIL CONSTITUTIONNEL

16 – 02. *Déposée dans le délai légal par des personnes dûment habilitées, la requête aux fins de saisine du Conseil constitutionnel – dont l'objet peut être soit la réformation ou l'annulation d'opérations électorales déterminées, soit l'annulation totale des opérations électorales – doit énoncer les faits et les moyens allégués.*

SECTION PREMIÈRE
LE DÉLAI DE RECOURS

16 – 03. *La régularité des opérations peut être contestée, aux termes de l'article 35, alinéa 2 de la Constitution, par l'un des candidats devant le Conseil constitutionnel dans les soixante-douze (72) heures qui suivent la* *proclamation des résultats provisoires par la Commission nationale de recensement des votes fonctionnant suivants les modalités prévues aux dispositions des articles L.86, LO.138, alinéa 2 et LO.139, alinéas 3 et 4 du Code électoral (cf. supra n^os^15-10 à 15-18).*

La Commission nationale devant proclamer les résultats provisoires « au plus tard à minuit le vendredi qui suit le scrutin », le délai imparti à tout intéressé habilité pour saisir le Conseil Constitutionnel commence à courir le jour qui suit la proclamation des résultats provisoires et expire trois jours plus tard à minuit. Si ce troisième jour est un jour férié ou un samedi, le délai est prorogé jusqu'au prochain jour ouvrable à minuit.

Toute réclamation formée par anticipation ou tardivement par rapport au délai légal est irrecevable.

Si pour une raison quelconque, le délai de proclamation des résultats provisoires expire sans que la Commission nationale ait rédigé le procès-verbal des opérations de recensement général, les procès-verbaux des Commissions départementales et les pièces annexées sont immédiatement transmis au Conseil constitutionnel, accompagnés d'un rapport du président de la Commission nationale comme indiqué à l'article L.86, alinéa 8 in fine du Code électoral, qui constitue la transposition par la loi n° 93-08 du 21 avril 1993 d'une jurisprudence dégagée par le Conseil constitutionnel qui avait suppléé un vide juridique constaté à la suite d'un blocage des travaux de la Commission nationale, en estimant que :

> *« en cas de carence de la Commission nationale de recensement des votes, soit qu'elle n'a pas procédé au recensement, soit qu'elle n'a pas procédé à la proclamation des résultats y afférents, le Conseil est en droit de se substituer à elle » (Conseil constitutionnel, Décision n° 6/93, séance du 19 mars 1993).*

SECTION II

L'AUTEUR DU RECOURS

16 – 04. *En spécifiant que la régularité des opérations électorales peut être contestée par l'un des candidats, l'article 35 de la Constitution – dont les termes sont repris à l'article LO.140 du Code électoral qui vise également les listes de candidats s'agissant des élections législatives – disqualifie implicitement les électeurs et l'Administration pour introduire des recours devant le Conseil constitutionnel.*

Il en est de même également de tous les autres groupements politiques. Cette solution retenue par le Conseil constitutionnel statuant en matière électorale en vue de la proclamation définitive des résultats des élections législatives du

1er juillet 2012 peut également être transposée dans le cadre de l'élection présidentielle. Saisie en l'occurrence par la coalition Benno Bokk Yakaar, la haute juridiction a estimé que :

> *« une coalition de partis politiques et de mouvements de soutien n'a pas qualité au regard des dispositions [...] du Code électoral qui ne confèrent le droit de recours qu'aux seuls candidats pour saisir le Conseil constitutionnel ; qu'il s'en suit que les requêtes doivent être déclarées irrecevables » (Conseil constitutionnel, Décision en sa séance du jeudi 12 juillet 2012).*

Le mandataire du candidat à l'élection présidentielle qui peut porter ses observations sur les procès-verbaux des bureaux de vote ou sur ceux des commissions de recensement ne peut toutefois pas saisir directement le Conseil constitutionnel. Cette saisine est un droit personnel des candidats qui ne saurait être délégué.

SECTION III

L'OBJET DU RECOURS

***16 – 05.** L'objet du recours se rapporte aux opérations électorales et aux résultats du scrutin et exclut en principe du champ du contrôle juridictionnel du Conseil constitutionnel les opérations préélectorales notamment en cas d'irrégularités commises lors de l'établissement et de la révision des listes électorales.*

La haute juridiction saisie a rappelé, en ces termes, les limites de son champ de compétence en excluant en principe les réclamations portant sur la liste électorale et en précisant que toute irrégularité n'est cause d'annulation qu'en raison de son influence décisive sur l'issue du scrutin :

> *« les recours formés contre la liste électorale, soit en contestation, soit en réclamation constituent un droit individuel que seul l'électeur peut exercer ; [qu'il n'en est autrement que] si les irrégularités commises lors de l'établissement des listes électorales constituaient des manœuvres susceptibles de porter atteinte par leur nature et leur gravité à la sincérité des opérations électorales » (Conseil constitutionnel, Décision n° 6/93, séance du 13 mars 1993).*

Le Conseil a réitéré le principe de l'influence décisive comme cause d'annulation concernant d'éventuelles infractions en précisant par ailleurs que :

> *« [le recours a pour objet l'annulation de tout ou partie des opérations électorales en cas d'allégation de délits électoraux] qui ont exercé une influence déterminante sur les électeurs pour modifier le résultat du scrutin [ou en cas d'irrégularités] de nature à modifier de manière*

significative les résultats du scrutin » (Conseil constitutionnel, Décision n°s 4-11, séance du 10 mars 2000).

Le redressement des résultats peut résulter de rectifications d'erreurs de calcul des résultats de bureaux de vote que la commission départementale de recensement a omis de rectifier ou de rectifications des chiffres des commissions départementales ou de la Commission nationale de recensement des votes. Dans l'accomplissement de sa mission, le Conseil constitutionnel peut s'en référer aux documents électoraux, notamment aux listes d'émargement, aux fiches de dépouillement, aux feuilles de pointage des bureaux de vote, aux fiches récapitulatives des commissions de recensement, etc.

Il y a lieu de rappeler qu'une simple demande de redressement ne peut être portée à titre principal devant le Conseil constitutionnel. Le redressement doit nécessairement être un grief articulé au soutien d'une réclamation tendant à l'annulation ou exceptionnellement à la réformation de l'élection (cf. infra n°s 16-10 et 16-11).

Le Conseil constitutionnel se présente ainsi comme une juridiction de fond plus soucieux de l'influence du fait dès lors que la violation d'une règle quelconque n'est sanctionnée qu'en raison de l'impact qu'elle a pu avoir sur le scrutin.

La formule selon laquelle « la théorie de l'influence déterminante est au contentieux électoral ce que celle des formalités substantielles est au contentieux de la légalité » traduit exactement la particularité de l'approche décisionnelle du juge électoral (cf. Richard Ghevontian, Cahiers du Conseil constitutionnel [français] n° 13 - Dossier : « La sincérité du scrutin », janvier 2003).

Dans la pratique, la décision du juge électoral s'appuie sur certains paramètres se rapportant au critère de l'influence déterminante, notamment :

- l'importance et le nombre des irrégularités constatées au cours des opérations électorales qui peuvent être émaillées de défaillances dans l'organisation matérielle du scrutin, de manquements dans l'expression du suffrage avec notamment des votes multiples, travestis ou affectés d'une fraude quelconque ou viciés par le non-respect du secret du vote, etc. ;

- la gravité de ces irrégularités en fonction de leur impact prévisible sur le résultat du scrutin, le juge électoral statuant en considération de l'indicateur de l'influence déterminante que les irrégularités ont pu avoir sur le résultat de l'élection et qui s'apprécie par la prise en compte des trois paramètres secondaires suivants :

- l'ampleur de l'écart entre les résultats respectifs des candidats, paramètre au regard duquel plus l'écart des suffrages obtenus par les listes est faible, plus les irrégularités constatées seront susceptibles

d'altérer la sincérité du scrutin et d'entraîner l'annulation de l'élection, sous réserve de l'hypothèse d'un redressement des résultats qui pourrait leur conférer un état le plus conforme à la réalité des votes toutes les fois qu'il est possible de circonscrire avec précision l'impact des irrégularités ;

- la règle de la proportionnalité des irrégularités respectives des candidats, qui permettra également d'apprécier le caractère déterminant de l'influence dès lors que si les irrégularités diverses constatées sont imputables ou ont profité aux candidats concurrents, ces derniers peuvent alors être renvoyés dos à dos, car dans cette hypothèse, les effets des irrégularités sont susceptibles de se contrebalancer ;

- les circonstances dans lesquelles les irrégularités ont été commises, qui peuvent permettre d'établir que les transgressions des normes procèdent de manœuvres délibérées en vue de travestir les résultats du scrutin ; en particulier, il en sera ainsi à propos du moment des irrégularités, moment qui peut être un élément d'appréciation décisif, par exemple en cas d'irrégularités commises à l'occasion de la campagne électorale par la diffusion d'imputations mensongères de nature à nuire à des candidats, le juge en apprécie l'impact au regard des opportunités dont ces derniers ont pu bénéficier pour porter une réplique conséquente.

SECTION IV

LA FORME ET LES ÉNONCIATIONS DU RECOURS

16 – 06. *Le Conseil constitutionnel est saisi par une requête présentée sous forme écrite énonçant les faits ainsi que les moyens allégués à peine d'irrecevabilité et déposée au greffe du Conseil constitutionnel contre récépissé délivré par le greffier en chef.*

I - L'EXIGENCE D'UN ÉCRIT

L'exigence d'un écrit n'est pas expressément prévue par la loi, mais s'induit des usages administratifs et de la nécessité pour le requérant de décliner les mentions qui permettent son identification (nom, prénom(s), adresse, signature) et de développer avec précision les faits et moyens allégués à l'appui de ses prétentions.

II - L'ÉNONCIATION DES FAITS ET DES MOYENS

Les faits et les moyens délimitent de façon irrévocable le champ des débats et la portée virtuelle de la décision juridictionnelle qui sanctionne la procédure.

En dépit de leur proximité conceptuelle, le fait se distingue du moyen. En effet, par rapport au fait – acte matériel brut – les moyens qui s'y rapportent sont le résultat d'un raisonnement juridique consistant à dégager de l'analyse des règles juridiques applicables à une matière donnée des arguments de droit qui peuvent faire admettre la réclamation.

Ainsi le fait d'invoquer des irrégularités circonstanciées constitue une énonciation des faits au sens de l'article LO.141, alinéa 2. Par contre, demander en évoquant ces faits l'annulation de l'élection pour cause de violation de dispositions légales ou réglementaires précises, constitue un moyen.

Cette obligation d'énoncer les faits et moyens dans la requête – sous peine d'irrecevabilité de la requête ou de tout autre argument de droit qui pourrait être développé ultérieurement – expose le requérant à un dilemme : soit il formule sa requête dans des termes très généraux, voire évasifs, qui lui font encourir le reproche de manquer de rigueur voire tout simplement d'être sans objet ; soit de viser des moyens précis au risque d'en omettre certains qui auraient pu se révéler décisifs.

Mais, en tout état de cause, les moyens exposés dans la requête peuvent faire l'objet de développements au cours de l'instruction.

CHAPITRE III

L'INSTRUCTION DE LA CAUSE

16 – 07. *Aux termes des dispositions de l'article 14, alinéas 1er et 3 de la loi organique n° 2016- 23 du 14 juillet 2016 relative au Conseil constitutionnel, la procédure devant cette instance juridictionnelle n'est pas contradictoire et tout document produit après le dépôt de la requête n'a qu'une valeur de simple renseignement pour cette juridiction.*

Mais le Conseil peut prescrire toutes mesures d'instruction qui lui paraissent utiles et fixe le cas échéant les délais dans lesquels elles doivent être exécutées.

Pour l'élection présidentielle, le délai d'exécution des mesures d'instruction doit être fixé pour permettre au Conseil de statuer dans le délai de cinq jours francs à partir du dépôt de la contestation au greffe du Conseil comme prescrit à l'article 35, alinéa 4 de la Constitution.

La mesure d'instruction peut consister en un examen des pièces produites par le requérant et de celles qui ont été jointes au procès-verbal de la Commission nationale de recensement des votes.

Le Conseil a aussi le pouvoir – même si sa jurisprudence n'offre pas d'illustration notable de la mise en œuvre de cette prérogative – d'ordonner une enquête d'office ou à la demande d'un requérant, quand la gravité des faits dénoncés et leur impact potentiel sur le résultat du scrutin sont de nature à justifier une annulation de l'élection s'ils s'avéraient exacts, ou quand l'existence d'un commencement de preuve rend a priori vraisemblables les motifs allégués. Aussi, en raison du délai strict imparti pour statuer qui ne se prête pas à des enquêtes poussées, les candidats ou leurs représentants ont-ils tout intérêt à faire procéder à des constatations des irrégularités et à porter toutes observations nécessaires aux procès-verbaux des bureaux de vote et des commissions de recensement.

Dans le cadre de l'instruction de la requête, les constatations effectuées par la CENA et les délégués de la Cour d'appel peuvent être complétées si cela est nécessaire par l'audition de toute personne susceptible d'apporter des éléments d'appréciation.

En tout état de cause, la requête déposée au greffe du Conseil constitutionnel est, conformément aux articles LO.141 et LO.142, communiquée par le greffier en chef aux candidats intéressés qui disposent d'un délai maximum de quarante-huit heures pour produire un mémoire en réponse contre récépissé.

Ainsi, le caractère non contradictoire de la procédure devant le Conseil constitutionnel est atténué « en matière électorale » – au sens de l'article 8 du Règlement intérieur du Conseil constitutionnel qui renvoie aux dispositions correspondant à l'article LO.142 relatif au contentieux de la régularité des opérations électorales de la Présidentielle – par la formalité de la communication de la requête et de la production d'un mémoire en réponse. Pour rappel, le caractère contradictoire ou non de la procédure devant le Conseil constitutionnel a fait l'objet d'un débat public entre cette juridiction et le président de la République Abdoulaye Wade à l'occasion des élections législatives du 27 avril 2001 *(cf. supra n° 13-12)*.

CHAPITRE IV
LA DÉCISION DU CONSEIL CONSTITUTIONNEL

Le Conseil constitutionnel, après avoir statué sur les éventuelles réclamations, procède à la proclamation des résultats si aucun grief de nature à entraîner l'annulation n'a été retenu.

SECTION PREMIÈRE
L'EXAMEN DES RÉCLAMATIONS

16 – 08. *Qu'il y ait ou non réclamation portée devant le Conseil constitutionnel, cet organe doit procéder à la proclamation des résultats définitifs. Mais l'article 35, alinéa 3 de la Constitution exclut implicitement toute vérification qui ne serait pas rendue nécessaire par l'instruction d'une réclamation faite dans les normes légales, en précisant que si aucune contestation n'a été déposée dans le délai au greffe du Conseil constitutionnel, le Conseil proclame « immédiatement » les résultats définitifs de l'élection. Ce qui se justifie d'autant plus que les rectifications et les redressements de certaines erreurs ou irrégularités sont dévolus à ces instances quasi juridictionnelles que sont les commissions de recensement des votes – surtout la Commission nationale de recensement des votes –, qui ont ainsi eu l'opportunité de déblayer le terrain.*

Comme indiqué à l'article 2, alinéa 1er de la loi organique n° 2016- 23 du 14 juillet 2016 relative au Conseil constitutionnel, le Conseil statue moins sur la validité intrinsèque de l'élection que sur les « contestations » qui y sont relatives.

En outre, pour être recevable, la requête qui saisit le Conseil de réclamations doit tendre à l'annulation de l'élection ou a la réformation des résultats. Aussi, n'est pas recevable une requête ayant pour seul objet une rectification des résultats qui n'aurait aucune incidence sur l'issue de l'élection.

D'ailleurs le Conseil constitutionnel n'est pas tenu de statuer, par un examen séparé, sur toutes les réclamations qui lui sont soumises si, au regard de l'écart important des voix des candidats, même si les griefs articulés étaient avérés, le résultat de l'élection n'en serait pas pour autant inversé sauf si l'annulation encourue est prononcée à des fins pédagogiques pour dissuader pour l'avenir le recours à des pratiques prohibées.

En cas de contestation, l'article 35, alinéa 4 de la Constitution dispose que la décision du Conseil emporte proclamation des résultats définitifs du scrutin ou annulation ou une éventuelle réformation des résultats provisoires de l'élection si les conditions sont remplies *(cf. infra n° 16-11)*.

SECTION II
LA PROCLAMATION DES RÉSULTATS DÉFINITIFS

16 – 09. *La décision du Conseil sur les résultats définitifs emporte soit la proclamation du candidat élu au premier tour soit la désignation de deux candidats admis à se présenter au deuxième tour.*

I - LA PROCLAMATION D'UN CANDIDAT ÉLU AU PREMIER TOUR

La décision rendue à l'occasion du premier tour de scrutin peut emporter proclamation d'un candidat élu parce qu'ayant obtenu la majorité absolue des suffrages exprimés représentant au moins le quart des électeurs inscrits conformément à l'article 33, alinéa 1er de la Constitution.

II - LA DÉSIGNATION DES CANDIDATS ADMIS AU SECOND TOUR

Les deux candidats arrivés en tête au vu des résultats du premier tour sont en lice au second tour, sous réserve des incidents qui peuvent donner lieu à des configurations différentes.

A– LA DÉSIGNATION ORDINAIRE DES CANDIDATS EN LICE AU SECOND TOUR

Si aucun candidat n'a obtenu la majorité requise ou n'a pu passer l'écueil du « quart bloquant » au premier tour, le Conseil désigne les deux candidats qui, arrivés en tête, sont admis à se présenter au second tour de scrutin qui doit avoir lieu, conformément à l'article 35, alinéa 3 de la Constitution, le troisième dimanche suivant la décision de proclamation des résultats du premier tour par le Conseil constitutionnel, décision qui doit intervenir « immédiatement », si aucune contestation n'a été déposée dans le délai de recours de soixante-douze heures qui suivent la proclamation des résultats provisoires par la Commission nationale de recensement des votes.

En cas de contestation des résultats du premier tour dans le délai ci-dessus, les électeurs sont convoqués également le troisième dimanche qui suit la décision du Conseil constitutionnel qui doit intervenir, en application de l'article 35, alinéa 4 de la Constitution, dans les cinq jours de sa saisine et qui emporte proclamation des résultats définitifs du premier tour, sous réserve du cas éventuel d'annulation de l'élection.

B – LA DÉSIGNATION DES CANDIDATS EN LICE AU SECOND TOUR EN CAS D'INCIDENT

En application de l'article 34, alinéas 3 et 4 de la Constitution, il est procédé à la désignation des candidats en lice au second tour en cas d'incident dans les modalités suivantes :

- *en cas de décès, d'empêchement définitif ou de retrait d'un des candidats ayant obtenu le plus grand nombre de suffrages, entre le scrutin du premier tour et la proclamation des résultats provisoires du premier tour ou entre cette proclamation des résultats provisoires et la proclamation des résultats définitifs, le candidat suivant dans l'ordre des suffrages est admis au deuxième tour de l'élection dont la nouvelle*

date est fixée par le Conseil constitutionnel, après constatation du retrait, de l'empêchement définitif ou du décès (alinéas 2 et 4) ;
- en cas de décès, d'empêchement définitif ou de retrait d'un des deux candidats arrivés en tête entre la proclamation des résultats définitifs du premier tour par le Conseil constitutionnel et le scrutin du deuxième tour, le candidat suivant dans l'ordre des suffrages est admis au deuxième tour de l'élection dont la nouvelle date est fixée par le Conseil constitutionnel, après constatation du retrait, de l'empêchement définitif ou du décès (alinéas 3 et 4).

III - LA PROCLAMATION DU CANDIDAT ÉLU AU DEUXIÈME TOUR

Est déclaré élu au second tour le candidat arrivé en tête au vu des résultats du scrutin ou le candidat « restant ».

A - L'ÉLECTION DU CANDIDAT EN TÊTE AU DEUXIÈME TOUR

La Constitution prévoit en son article 33, alinéa 2 et alinéa dernier, d'une part, que « nul n'est élu au premier tour s'il n'a obtenu la majorité absolue des suffrages exprimés », et d'autre part, qu'« au second tour, la majorité relative suffit pour être élu ».

Au second tour de scrutin, est donc proclamé élu l'un des deux candidats admis à se présenter après les éventuels retraits – qui aura obtenu le plus grand nombre de suffrages comme indiqué à l'article 33, alinéa 5 de la Constitution. Cet article dispose – en reprenant une formule qui, pour traditionnelle qu'elle soit, n'en recèle pas moins un paradoxe évident qui apparaît plus nettement dans l'ancienne Constitution modifiée en son article 28 par la loi constitutionnelle n° 98-43 du 10 octobre 1998 ayant supprimé le « quart bloquant » qui a été restauré dans la nouvelle Constitution du 7 janvier 2001 – qu'au second tour, la majorité « relative » suffit pour être élu alors que dans cette élection où seuls deux candidats sont en lice, celui qui arrive en tête a forcément une majorité absolue des suffrages valablement exprimés.

Ce paradoxe dans l'œuvre du constituant se révèle d'ailleurs plus apparent au regard des dispositions législatives insérées dans le Code électoral aux articles L.75 et L.84.

En effet, l'article L.75 prévoit que :

« si lors d'une élection, une seule liste ou un seul candidat se présente aux suffrages des électeurs, il sera disposé des bulletins blancs dans chaque salle de vote en nombre au moins égal à celui des électeurs ».

L'article L.84 précise que :

« Les bulletins blancs découlant de l'application du cas prévu à l'article L.75 sont décomptés séparément. Ils n'entrent pas en compte pour la détermination des suffrages exprimés. Toutefois, il en est fait mention sur le procès-verbal des opérations du bureau de vote et dans les résultats du scrutin ».

L'hypothèse dans laquelle des bulletins blancs sont mis à la disposition des électeurs est donc celle de l'unicité d'une candidature ou d'une liste de candidatures, hypothèse qui peut certes se produire dans le cadre d'une élection présidentielle, même une telle occurrence sera très exceptionnelle, voire improbable.

Mais dès lors que les bulletins blancs ne sont pas pris en compte pour la détermination des suffrages exprimés, le candidat qui arrive en tête au second tour aura automatiquement la majorité absolue des suffrages exprimés, soit plus de la moitié des suffrages exprimés.

Ainsi, quand bien même le dernier alinéa de cet article n'a pas exigé expressément la majorité relative qui suffit pour être élu, le contexte qui place cette disposition à la suite du premier alinéa plus explicite incline à en faire une lecture par référence et retenir que le constituant a malencontreusement exigé une majorité relative des suffrages exprimés pour être élu au second tour. Or une telle disposition n'a de sens que dans un système de vote dans lequel le vote blanc est pris en compte dans le résultat du dépouillement comme suffrage exprimé ; ce qui n'est pas le cas dans le système électoral sénégalais.

B - L'ÉLECTION DU CANDIDAT « RESTANT » AU DEUXIÈME TOUR

L'article 34, alinéa 5 de la Constitution prévoit qu'en cas de décès, d'empêchement définitif ou de retrait d'un des deux candidats arrivés en tête selon les résultats provisoires du deuxième tour et avant la proclamation des résultats définitifs du scrutin du deuxième tour, « le candidat restant est déclaré élu » (cf. supra nos 14-36 sur la problématique d'un tel dispositif).

II - LA REMISE EN CAUSE DES RÉSULTATS DE L'ÉLECTION

Les résultats provisoires de l'élection – tels qu'ils résultent de la proclamation des résultats par la Commission nationale de recensement des votes – peuvent, en cas de réclamation, être remis en cause par la décision du Conseil constitutionnel, emportant annulation ou réformation des résultats de l'élection.

L'annulation peut affecter tout ou partie des opérations électorales.

1 - l'annulation de l'ensemble des opérations électorales

16 – 10. *Si le Conseil constitutionnel estime que les irrégularités relevées au cours des opérations électorales ont pu avoir un effet décisif sur les résultats de l'élection, il prononce l'annulation de l'élection qui doit être reprise.*

L'influence déterminante des irrégularités relevées sur les résultats de l'élection est le critère qui guide le juge électoral. Il faut que les irrégularités soient de nature à impacter significativement ces résultats. C'est ainsi que, saisi pour divers griefs articulés sur des faits détaillés dans leurs requêtes par des candidats malheureux, le Conseil a pu – en illustration de ce critère – considérer que :

> *« bien que regrettables certains incidents n'ont pu altérer les résultats du vote, le président et les représentants des candidats n'ayant inscrit aucune réclamation sur le procès-verbal » (Décision du Conseil constitutionnel, séance du 10 mars 2007/e).*

L'annulation de l'élection, dans tous les cas, sera fondée sur les motifs procédant de la combinaison de trois règles :

- *les irrégularités relevées sont – par leur nombre et leur gravité – de nature à modifier l'issue de l'élection ;*
- *les circonstances du déroulement des opérations électorales ont pour effet d'empêcher l'exercice de tout contrôle de la sincérité des résultats ;*
- *l'écart des voix entre les candidats est si faible que l'impact des irrégularités relevées a pu inverser les résultats.*

En cas d'annulation de l'élection – qui peut être reprise soit pour un premier tour, soit pour un second tour – un « nouveau tour de scrutin » est organisé, comme prévu à l'article 35, alinéa 5 de la Constitution, dans le délai de vingt-et-un jours de la décision du Conseil constitutionnel ; ce nouveau tour s'entend d'un nouveau premier tour qui peut éventuellement être suivi d'un second tour quand c'est le premier tour qui est annulé ; il s'entend d'un nouveau second tour quand l'annulation concerne un second tour.

2 - L'annulation partielle des opérations électorales

L'annulation partielle des résultats qui peut concerner plusieurs bureaux de vote ou l'ensemble des opérations dans une ou plusieurs circonscriptions électorales est sans effet sur l'issue de l'élection dans les cas suivants :

- *en cas d'annulation partielle d'opérations électorales du premier tour, le Conseil peut déclarer élu un candidat arrivé en tête avec un important écart de suffrages par rapport au candidat arrivé en deuxième position en recourant au procédé du retranchement hypothétique : ainsi, par exemple, si en dépit de la déduction de l'ensemble des suffrages annulés ou qui lui ont été attribués à tort et leur ajout aux suffrages obtenus par le candidat arrivé en deuxième position, le candidat arrivé en tête remplit toujours les conditions posées à l'article 33, alinéa 1er de la Constitution, c'est-à-dire la majorité absolue des suffrages représentant le quart des électeurs inscrits pour être élu au premier tour ;*
- *en cas d'annulation partielle d'opérations du second tour, le Conseil peut déclarer élu le candidat arrivé en tête s'il conserve toujours une majorité de suffrages même dans l'hypothèse où tous les suffrages affectés par l'annulation étaient comptabilisés pour le compte du second candidat admis au second tour en même temps qu'ils sont déduits du nombre de ses suffrages.*

Par contre, si l'annulation partielle d'opérations électorales doit avoir pour effet de déclarer élu le candidat arrivé en deuxième position au regard des résultats provisoires du second tour, l'élection est annulée.

B - LA RÉFORMATION DE L'ÉLECTION

***16 – 11.** Par suite de redressement d'irrégularités dont l'impact peut être déterminé avec précision ou par suite de rectifications d'incohérences procédant souvent d'erreurs de calcul, les résultats de l'élection peuvent s'en trouver inversés. Dans un tel cas, le Conseil peut alors déclarer élu un candidat différent de celui qui a été déclaré élu lors de la proclamation des résultats provisoires par la Commission nationale de recensement des votes, car les rectifications d'erreurs ne font que restituer à l'élection sa sincérité, qui risquait d'être compromise par ces irrégularités et incohérences.*
Enfin, en cas d'incohérences de chiffres ou d'irrégularités dont les effets peuvent être circonscrits avec précision, mais que les recours aux documents électoraux ne permettent de redresser, il peut être encore procédé à des rectifications hypothétiques qui ne peuvent toutefois pas avoir pour effet d'inverser le résultat de l'élection (cf. supra n° 15-17).

❖

TITRE III
DISPOSITIONS RELATIVES AUX ÉLECTIONS DES DÉPUTÉS À L'ASSEMBLÉE NATIONALE

CHAPITRE PREMIER
COMPOSITION, MODE D'ÉLECTION ET DURÉE DU MANDAT DES DÉPUTÉS

Article LO.144.- Le nombre de députés à l'Assemblée nationale est fixé à cent soixante-cinq (165).

Article L.145.- Tout parti politique légalement constitué, toute coalition de partis politiques légalement constitués, peut présenter des listes de candidats.

Toutes entités regroupant des personnes indépendantes peuvent présenter des listes de candidats au plan national, sous réserve de se conformer à l'article 4 de la Constitution. Toutefois, pour pouvoir valablement présenter une liste de candidats, les personnes indépendantes concernées doivent recueillir la signature de 0,5 % des électeurs inscrits domiciliés dans la moitié au moins des régions du pays, à raison de 1000 signatures au moins par région.

En tout état de cause, la parité homme-femme s'applique à toutes les listes. Les listes de candidatures, titulaires comme suppléants, doivent être alternativement composées de personnes des deux sexes. Lorsque le nombre de membres est impair, la parité s'applique au nombre pair immédiatement inférieur.

Dans le cas où un seul député est à élire dans ce département, le titulaire et le suppléant doivent être de sexe différent.

La coalition de partis politiques et les entités regroupant des personnes indépendantes doivent choisir un titre différent de celui des partis politiques légalement constitués. Toutefois, une coalition peut prendre le titre d'un des partis qui la composent. Le nom ou éventuellement le titre de la coalition ou de l'entité regroupant des personnes indépendantes doit être notifié au Ministre chargé des Élections au plus tard la veille du dépôt des déclarations de candidature et figurer en tête de la liste de candidats présentée aux élections.

Article L.146.- Les députés à l'Assemblée Nationale sont élus à raison de cent cinq (105) députés dont quatre-vingt-dix (90) pour l'intérieur du pays et quinze pour l'extérieur, au scrutin majoritaire à un tour dans le ressort du département et de soixante (60) députés au scrutin proportionnel sur une liste nationale.

Pour les besoins du scrutin majoritaire, l'extérieur du pays est subdivisé en des entités dénommées « départements ».

Les départements de l'extérieur du pays sont les suivants :

- le département Afrique du Nord ;
- le département Afrique de l'Ouest ;
- le département Afrique du Centre ;
- le département Afrique australe ;
- le département Europe de l'Ouest, du Centre et du Nord ;
- le département Europe du Sud ;
- le département Amérique-Océanie ;
- le département Asie-Moyen-Orient.

La liste des pays qui composent ces départements est fixée par décret.

Il n'est utilisé qu'un seul bulletin de vote pour les deux modes de scrutin.

Article L.147.- Dans chaque département, sont élus sept (07) députés au plus et un (01) député au moins. Le nombre de députés à élire dans chaque département est déterminé par décret en tenant compte de l'importance démographique respective de chaque département.

Toutefois, le maximum ne peut être atteint que lorsque le quotient national le permet. Les départements dont la population est égale ou supérieure à cent cinquante mille (170 000) habitants obtiennent au minimum deux (02) sièges.

Le nombre de députés à élire dans chaque département de l'extérieur est déterminé par décret en tenant compte de l'importance de l'électorat de chaque département.

Dans chacun des départements de l'extérieur sont élus trois (03) députés au plus et un (01) député au moins. Toutefois, dans un même département, les pays dont l'électorat est égal ou supérieur à 40 000 électeurs obtiennent au minimum deux (02) sièges.

Sont élus les candidats de la liste qui a obtenu le plus grand nombre de suffrages valablement exprimés. Si le département ne comporte qu'un siège à pourvoir, le candidat ayant obtenu le plus grand nombre de suffrages valablement exprimés est élu.

En cas d'égalité de suffrages dans le département, la liste de candidats dont la moyenne d'âge est la plus élevée (titulaires et suppléants pris ensemble) remporte les sièges.

Article L.148.- Le bulletin de chaque électeur est tout d'abord pris en compte pour établir le résultat du scrutin départemental. Il est ensuite pris en compte le cas échéant, pour l'établissement du résultat du scrutin national.

Article L.149.- Pour le scrutin de liste nationale, il est appliqué le système du quotient national. Pour déterminer ce quotient, on divise le nombre total des suffrages valablement exprimés par le nombre des députés à élire. Autant de fois ce quotient est contenu dans le nombre des suffrages obtenus par chaque liste, autant celle-ci obtient de candidats élus. La répartition des restes se fait selon le système du plus fort reste.

Article L.150.- En vue de pourvoir aux vacances qui pourraient se produire :

- chaque liste de candidats au scrutin majoritaire dans le ressort du département comprend un certain nombre de suppléants égal au nombre des sièges à pourvoir ; en cas de vacance, il est fait appel au candidat du même sexe non élu placé en tête de la liste dans laquelle s'est produite la vacance ;
- chaque liste de candidats au scrutin de représentation proportionnelle avec liste nationale comprend cinquante (50) candidats suppléants ; en cas de vacance d'un siège de député, il est fait appel en priorité au candidat du même sexe non élu placé en tête sur la liste dans laquelle s'est produite la vacance.

Il sera fait appel ensuite aux candidats suppléants après épuisement de la liste des candidats non élus en tenant compte du sexe.

Lorsqu'une liste est ainsi épuisée, il est procédé à une élection partielle dans les trois (03) mois de la vacance qui l'a rendue nécessaire. Il n'est toutefois pas procédé à des élections partielles dans les douze (12) derniers mois de la législature.

Article L.151.- Le mandat de députés de l'Assemblée nationale est de cinq (5) ans.

Les pouvoirs de l'Assemblée nationale expirent le jour de l'installation de l'Assemblée nationale nouvellement élue.

Article LO.152.- Sauf cas de dissolution, les élections générales ont lieu entre les soixante (60) jours et les vingt (20) jours qui précèdent la fin du mandat.

❖

NOTE SUR
LA COMPOSITION, LE MODE D'ÉLECTION ET LA DURÉE DU MANDAT DES DÉPUTÉS

17 – 00. *Aux termes des dispositions de l'article 59 de la Constitution, « l'assemblée représentative de la République du Sénégal porte le nom d'Assemblée nationale [et] ses membres portent le titre de député à l'Assemblée nationale ».*

L'article LO.144 du Code électoral prévoit que l'Assemblée nationale est composée de cent soixante-cinq (165) députés élus à raison de cent cinq (105) députés au scrutin majoritaire à un tour dans le ressort du département (de l'intérieur du pays ou de l'extérieur) et de soixante (60) députés au scrutin proportionnel sur une liste nationale comme précisé à L.144 dudit Code.

Ils sont, conformément à l'article 59, alinéa 3 de la Constitution, élus au suffrage universel direct, pour un « mandat de cinq ans [qui] ne peut être abrégé que par dissolution de l'Assemblée nationale » sous réserve des cas de déchéance automatique suivants :

- *la déchéance du mandat du député démissionnaire de son parti en cours de législature (article 60 de la Constitution) ;*
- *la déchéance du député dont l'inéligibilité s'est révélée après la proclamation des résultats et l'expiration du délai de recours, déchéance devant être constatée par le Conseil constitutionnel à la requête du bureau de l'Assemblée nationale, d'un groupe de députés conformément au règlement intérieur de l'Assemblée ou du président de la République (articles LO.194, alinéa 1er et LO.158 combinés) ;*
- *la déchéance, en cas de condamnation définitive postérieure à l'élection et emportant inéligibilité (cf. supra n° 07-09 et infra n° 17-05), déchéance devant être constatée par le Conseil constitutionnel à la requête du ministère public (articles LO.194, alinéa 2 et LO.158 combinés).*

Pour mémoire, à propos de la durée du mandat, l'on peut noter le cas de prorogation du mandat de cinq ans par le vote d'une loi par l'Assemblée nationale. Il s'agit du mandat des députés élus à l'Assemblée nationale à l'issue du scrutin du 29 avril 2001 pour cinq (5) ans, mandat qui devait expirer le 30 juin 2006 et que la loi constitutionnelle n° 29/2005, votée par les trois cinquièmes (3/5) des députés, le 16 décembre 2005, a prorogé pour une année.

Par la suite, saisi par un groupe de députés de l'opposition qui contestaient cette loi au motif qu'elle est une fausse loi constitutionnelle parce qu'intervenant dans une matière législative régie par l'article 147 du Code électoral (équivalent de l'article LO.151 du code actuel), le Conseil s'est déclaré incompétent au regard de sa compétence d'attribution qui ne lui permet pas de connaître de cas autres que ceux limitativement énumérés par la Constitution et la loi organique sur le Conseil, en raison du principe de la souveraineté du pouvoir constituant et de ce que la durée du mandat des députés est fixée par l'article 60 alinéa 1er de la Constitution, alors que l'article 147 du Code électoral n'en précise que la date d'expiration (Conseil constitutionnel/3/C/2005/Séance du 18 janvier 2006).

Comme cela a pu être relevé dans les mémoires déposés à l'occasion, la décision de prorogation était intervenue pour régler ainsi « une question ponctuelle née d'une situation exceptionnelle ».

Or, une autre situation exceptionnelle adviendra plus tard dans le même cycle électoral, à l'occasion des élections prévues le 27 février 2007 pour le renouvellement des mandats prorogés quand l'ancien Conseil d'État saisi d'un recours a annulé le décret de répartition des sièges à pourvoir au scrutin majoritaire départemental (Conseil d'État, Décision n° 4/07 du 12 janvier 2007). La solution retenue a été une autre révision constitutionnelle afin de « découpler » l'élection présidentielle des élections législatives qui devaient se tenir le même jour conformément à une précédente révision constitutionnelle qui avait été récemment adoptée par la loi constitutionnelle n° 2006-11 du 20 janvier 2006 prorogeant le mandat des députés élus à l'issue des élections du 29 avril 2001 afin de coupler l'élection présidentielle et les élections législatives en 2007.

Ces cas d'espèce posent avec acuité la nécessité d'un élargissement de la compétence du Conseil constitutionnel qui ne se limiterait plus à s'en rapporter au Constituant, en l'occurrence l'Assemblée nationale, organe politique pour donner des réponses politiques voire politiciennes à des questions essentielles pour la préservation de l'État de droit et plus particulièrement à la stabilité des institutions républicaines.

❖

[N.B. : En raison de leur imbrication, les questions que le mode d'élection des députés peut soulever sont traitées dans les notes relatives aux candidatures et aux résultats des élections législatives]

❖

CHAPITRE II
CONDITIONS D'ÉLIGIBILITÉ ET D'INÉLIGIBILITÉ

Article LO.153.- Tout électeur inscrit peut être élu à l'Assemblée nationale dans les conditions et sous les seules réserves énoncées aux articles suivants.

Article LO.154.- Nul ne peut être élu à l'Assemblée nationale s'il n'est pas âgé de vingt-cinq (25) ans révolus à la date des élections.

Article LO.155.- Les étrangers naturalisés ne sont éligibles qu'à l'expiration d'un délai de dix ans (10) à compter de la date du décret de naturalisation et sous réserve qu'ils ne conservent pas une autre nationalité.

L'un des conjoints qui a acquis la nationalité sénégalaise par mariage n'est éligible qu'à l'expiration d'un délai de dix ans (10) à compter de la date à laquelle cette acquisition ne peut plus faire l'objet d'opposition.

La loi fixe les cas dans lesquels cette incapacité peut être réduite en fonction des titres et circonstances dont les personnes visées aux deux alinéas précédents pourraient se prévaloir.

Article LO.156.- Sont inéligibles les individus condamnés, lorsque leur condamnation empêche d'une manière définitive leur inscription sur une liste électorale.

Les individus dont la condamnation empêche temporairement l'inscription sur une liste électorale sont inéligibles pendant une période double de celle durant laquelle ils ne peuvent être inscrits sur la liste électorale.

Sont, en outre, inéligibles :

1) les individus privés par décision judiciaire de leur droit d'éligibilité en application des lois qui autorisent cette privation ;

2) les personnes placées sous protection de justice ou pourvues d'un tuteur ou d'un curateur.

Article LO.157.- Les inspecteurs généraux d'État nommés dans le corps et les agents de l'État délégués dans les fonctions d'inspecteur général d'État sont inéligibles. Toutefois cette inéligibilité cesse en cas de sortie définitive du corps.

Sont également inéligibles pendant la durée de leur fonction et durant les six (06) premiers mois qui suivent la cessation de celle-ci :

1) les gouverneurs de région et leurs adjoints, les préfets et leurs adjoints, les sous-préfets et leurs adjoints ;
2) les magistrats des Cours et Tribunaux ;
3) le Trésorier général.

Article LO.158.- Sera déchu de plein droit de son mandat de député celui dont l'inéligibilité se révélera après la proclamation des résultats et l'expiration du délai de recours, ou qui, pendant son mandat, se trouvera dans un cas d'inéligibilité prévu par le présent Code.

❖

NOTE SUR L'ÉLIGIBILITÉ ET LES INÉLIGIBILITÉS DES DÉPUTÉS

Pour être député, il faut remplir les conditions d'éligibilité applicables à toutes les élections prévues aux articles L.57 et L.56 du Code électoral et les conditions plus spécifiques énoncées aux articles LO.153 à LO.158 du même Code.

17 – 01. *L'éligibilité d'un candidat s'analysant, en dernière analyse, comme l'absence d'une cause d'inéligibilité, la définition de cette dernière notion permet de circonscrire, avec plus de précision, celle d'éligibilité ainsi que celle voisine d'incompatibilité.*

L'inéligibilité se caractérise par ses effets radicaux, car elle empêche tout aussi bien l'admission de la candidature que l'exercice du mandat conféré par l'élection si la cause d'inéligibilité se révèle après celle-ci (article LO.158 du Code électoral).

À la différence de l'inéligibilité, l'incompatibilité, qui n'est pas un obstacle à la candidature, contraint seulement le candidat une fois élu à opter pour le mandat conféré par l'élection en renonçant aux mandats conférés ou fonctions exercées antérieurement et qui sont incompatibles avec le nouveau mandat.

Les fonctions ou mandats incompatibles avec le mandat de député sont énumérés aux articles LO.159 à LO.168 du Code électoral auxquels l'on pourra utilement se reporter pour plus amples informations. Mais même si l'incompatibilité ne concerne pas directement l'élection, objet de la présente étude, il y sera fait quelques développements dans la note faite sous le chapitre III du titre III du Code électoral comprenant les articles sus-indiqués (cf. infra nos 17-07 à 17-11).

Les conditions d'éligibilité des députés se rapportent à l'électorat, à l'âge, à la nationalité, à la jouissance des droits civils et politiques ainsi qu'à l'exercice de certaines fonctions publiques.

CHAPITRE PREMIER
LA CONDITION RELATIVE À L'ÉLECTORAT

17 – 02. *L'article LO.153 du Code électoral dispose que « tout électeur inscrit peut être élu à l'Assemblée nationale » dans des conditions déterminées et sous certaines réserves.*

Il convient de rappeler à ce propos que l'ancien code tel qu'il résulte de la loi organique n° 90-15 du 7 février 1992 avait utilisé en son article LO.148 une formule légèrement différente en énonçant que « tout citoyen qui a la qualité d'électeur peut être élu à l'Assemblée nationale... ».

Ce qui, de prime abord, peut apparaître entre ces deux formules comme une simple différence dans la tournure de phrase, comporte en fait des conséquences non négligeables sur la question de l'éligibilité.

En effet, sous l'empire des anciennes dispositions, il suffisait d'avoir la qualité d'électeur pour être éligible. Or, les conditions générales – dont la réalisation confère la qualité d'électeur – s'apprécient au regard des dispositions des articles L.21 et L.22 anciens du Code électoral – correspondant aux articles L.27 et L.28 actuels – aux termes desquelles, « sont électeurs les Sénégalais des deux sexes, âgés de dix-huit ans accomplis, jouissant de leurs droits civils et politiques et n'étant dans aucun cas d'incapacité prévu par la loi » ainsi que les étrangers naturalisés dans certaines conditions. La personne, qui remplit ces conditions, a la qualité d'électeur, mais cette qualité s'entend seulement d'un état virtuel qui doit être distingué de l'état effectif d'électeur que seule confère l'inscription sur les listes électorales (cf. supra nos 06-01 à 06-05 et 08-13 à 08-19). Aussi comme il en est toujours pour l'élection présidentielle, la loi n'exigeait pas du candidat à la députation l'inscription sur une liste électorale ainsi que prévu pour les élections locales (cf. infra n° 24-02). En prenant cette option, le législateur faisait prévaloir la seule appartenance nationale du candidat sur l'ancrage local dont atteste l'inscription sur la liste électorale d'une circonscription déterminée.

Une telle option peut encourir le reproche, d'une part, de fermer les yeux sur une certaine « paresse civique » du candidat qui ne pourra pas voter pour lui-même parce que n'étant pas électeur effectif, d'autre part, de s'affranchir de toute attache locale alors que l'élection des députés se déroulant suivant un mode de scrutin mixte combinant le scrutin proportionnel et le scrutin majoritaire au niveau départemental (cf. infra nos 18-04 à 18-06), les députés candidats sur la liste du scrutin départemental devraient logiquement y être rattachés, car le contraire laisse la porte ouverte au phénomène du parachutage de candidat dans n'importe quelle contrée.

Le Code électoral de 2014 – suivi en cela par le Code actuel –, en prenant l'option d'une inscription sur les listes électorales au lieu de celle relative à la qualité d'électeur, présente donc plus de cohérence.

CHAPITRE II

LES CONDITIONS RELATIVES À L'ÂGE ET À LA NATIONALITÉ

17 – 03. *Comme précisé à l'article LO.154 du Code électoral, « nul ne peut être élu à l'Assemblée nationale s'il n'est âgé de vingt-cinq ans révolus à la date des élections ».*

L'on peut remarquer l'absence d'âge limite pour postuler à la charge de député contrairement à la candidature à l'élection présidentielle depuis la révision constitutionnelle adoptée par le référendum du 20 mars 2016.

17 – 04. *La condition de la nationalité est inhérente à celle relative à l'électorat (cf. supra n°s 06-02 à 06-04), mais est caractérisée en ce qui concerne l'élection des députés à l'Assemblée nationale par l'application de dispositions spécifiques aux étrangers naturalisés et aux conjoints ayant acquis la nationalité par le mariage.*

Ainsi, les étrangers naturalisés ne sont éligibles qu'à l'expiration d'un délai de dix ans à compter de la date du décret de naturalisation et sous réserve qu'ils ne conservent pas une autre nationalité comme prévu à l'article LO.153, alinéa 1er du Code électoral reprenant les dispositions de la loi n° 61-10 du 7 mars 1961 (modifiée) portant Code de la nationalité.

De même, les conjoints qui ont acquis la nationalité sénégalaise par le mariage ne sont éligibles qu'à l'expiration d'un délai de dix ans à compter de la date à laquelle cette acquisition ne peut plus faire l'objet d'opposition.

Ce sort particulier relatif à la suspension de l'éligibilité pendant le délai d'opposition était sous l'empire des anciennes dispositions du Code réservé à la femme à l'alinéa 2 de l'article LO.151 du Code électoral et aux articles 7 et 7 bis du Code de la nationalité, alors qu'il n'en était pas de même pour l'homme étranger qui épouse une Sénégalaise.

Le Code électoral depuis 2014 s'est conformé ainsi à la loi n° 2013-05 du 8 juillet 2013 portant modification de la loi n° 61-10 du 7 mars 1961 déterminant la nationalité sénégalaise, qui a procédé à l'uniformisation en vue d'assurer l'égalité de genre.

Seulement, cette égalité s'est réalisée au rabais par l'alignement des hommes sur la situation antérieure, moins avantageuse, des femmes.

Il faut aussi rappeler à ce propos que le Code de la nationalité, qui prévoit en son article 16-2 (article non modifié à l'occasion de la réforme de 2013), des cas où le naturalisé, en raison des services importants rendus ou susceptibles d'être rendus au Sénégal ou de l'intérêt exceptionnel attendu de ses talents ou de ses activités, est relevé de cette incapacité temporaire, n'est pas applicable sur ce point au regard des dispositions de l'article LO.155, alinéa 3 du Code électoral – ainsi libellées : « la loi fixe les cas dans lesquels cette incapacité peut être réduite en fonction des titres et circonstances dont les personnes [naturalisées ou ayant acquis la nationalité par le mariage] pourraient se prévaloir » – et ce, pour les raisons suivantes :

- *la loi électorale, loi spéciale dérogeant à la loi générale portant le Code de la nationalité, a seule vocation à s'appliquer, surtout qu'en l'espèce étant une loi organique elle est supérieure à la seconde qui est une loi ordinaire ;*
- *la loi électorale n'envisage que le cas de la réduction du délai d'inéligibilité alors que le Code de la nationalité vise les cas où « un décret pris sur l'avis du ministère intéressé pourra relever des incapacités [prévues] le naturalisé » ;*
- *enfin, plus décisivement, comme relevé à propos de l'élection présidentielle, les considérations parfois mercantiles qui peuvent justifier cette faveur interdisent leur transposition dans le domaine aussi imminent que les élections politiques nationales.*

CHAPITRE III

LA CONDITION DE JOUISSANCE DES DROITS CIVILS ET POLITIQUES

17 – 05. *Pour avoir la jouissance de ses droits civils et politiques, le citoyen ne doit être dans aucun des cas d'incapacités prévus par la loi et dont les causes sont soit générales soit spécifiques à une élection donnée.*

Ainsi, aux causes générales de perte ou de suspension du droit électoral emportant inéligibilité de l'intéressé (cf. infra n°s 07-20 à 07-23), l'article LO.156 du Code électoral ajoute des causes particulières qui se confondent pour la plupart avec les causes générales, en précisant que sont inéligibles à l'Assemblée nationale :

- *les individus condamnés lorsque leur condamnation empêche, d'une manière définitive, leur inscription sur la liste électorale : cette cause de privation correspond à celle prévue à l'article L.31 du Code électoral (cf. supra n° 07-20) ;*
- *les individus dont la condamnation empêche temporairement l'inscription sur une liste électorale et qui sont inéligibles pendant une période double de celle durant laquelle ils ne peuvent être inscrits sur la liste électorale : cette cause de suspension correspond à la cause prévue à l'article L.32 du Code électoral (cf. supra n° 07-21), avec cette différence que la cause d'inéligibilité est le double de la suspension du droit électoral ;*
- *les individus privés par décision judiciaire de leur droit d'éligibilité en application des lois qui autorisent cette privation : cette cause*

d'inéligibilité se rapporte aux cas où l'inéligibilité est prononcée comme peine complémentaire en application notamment de l'article 34-2 du Code pénal ;

- les personnes placées sous protection de justice ou pourvues d'un tuteur ou d'un curateur : cette cause correspondant à celle prévue comme cause de privation du droit électoral à L.31-7 du Code électoral (cf. supra n° 07-22).

CHAPITRE VI

L'OBSTACLE DE L'EXERCICE DE CERTAINES FONCTIONS PUBLIQUES

17 – 06. *L'exercice de certaines professions ou fonctions emporte inéligibilité.*

Ainsi les militaires des forces armées et les membres des forces de police et les membres des autres corps paramilitaires sont frappés d'inéligibilité.

Toutefois, si la cessation de fonction est effective au jour du scrutin, l'intéressé peut être candidat à l'élection.

Par contre, la loi électorale notamment l'article LO.157 a spécifié certaines fonctions emportant inéligibilité des personnes qui les exercent, non seulement pendant la durée d'exercice de ces fonctions, mais également durant les six premiers mois qui suivent la cessation d'activités. Ce sont les fonctions de gouverneur, préfet et sous-préfet, les magistrats des cours et tribunaux ainsi que le Trésorier général ; les inspecteurs généraux d'État qui sont inéligibles recouvrent leur droit d'éligibilité dès leur sortie définitive du corps.

L'on peut constater qu'en ce qui concerne l'élection présidentielle, il n'est pas prévu d'inéligibilité frappant certains fonctionnaires et agents publics relativement aux autres élections. La raison en est que l'inéligibilité – qui se rapproche de l'incompatibilité par sa justification en s'en distinguant par ses effets et sa mise en œuvre (cf. supra nos 09-01 et 13-02) – vise à empêcher que l'exercice de certaines fonctions à la veille de l'élection permette aux titulaires, de par leur position dans les structures administratives ou économiques, d'exercer une influence sur les électeurs. Or, les électeurs d'une circonscription étant d'autant plus sensibles à une telle influence que la circonscription est petite, la dimension de la circonscription nationale unique, dans laquelle se déroule l'élection présidentielle réduit la prégnance de cette influence et justifie que cette inéligibilité ne soit pas applicable qu'à un nombre restreint de fonctions.

❖

CHAPITRE III
INCOMPATIBILITÉS

Article LO.159.- Le mandat de député est incompatible avec la qualité de membre du Gouvernement, de membre du Haut Conseil des Collectivités territoriales ou de membre du Conseil chargé des Affaires Économiques, Sociales et Environnementales.

Article LO.160.- L'exercice de toute fonction publique non élective est incompatible avec le mandat de député.

En conséquence, toute personne visée à l'alinéa précédent élue à l'Assemblée nationale est remplacée dans ses fonctions et placée dans la position prévue à cet effet par le statut le régissant dans les huit (08) jours qui suivent son entrée en fonction, ou en cas de contestation de l'élection, dans les huit (08) jours suivant la décision de validation.

L'exercice de fonctions confiées par un État étranger ou une organisation internationale et rémunérées sur leurs fonds est également incompatible avec le mandat de député.

Toutefois, les membres du personnel enseignant de l'enseignement supérieur sont exceptés des dispositions des deux (02) premiers, alinéas du présent article.

Article LO.161.- Les députés peuvent être chargés par le pouvoir exécutif d'une mission publique au cours de leur mandat. L'exercice de cette mission publique est compatible avec le mandat de parlementaire.

Article LO.162.- Sont incompatibles avec le mandat parlementaire, les fonctions de président et de membre du conseil d'administration, ainsi que l'exercice de toute profession salariée dans les entreprises du secteur parapublic. Il en est de même également de toutes fonctions exercées de façon permanente en qualité de conseil auprès de ces mêmes établissements ou entreprises. Il en est de même de la situation d'actionnaire majoritaire dans les entreprises sous le contrôle de l'État.

L'incompatibilité édictée au présent article ne s'applique pas aux députés désignés à cette qualité comme membre du conseil d'administration, d'établissements publics ou d'entreprises placés sous le contrôle de l'État, en vertu des textes organisant ces entreprises ou établissements.

Article LO.163.- Sont incompatibles avec le mandat de député les fonctions de chef d'entreprise, de président de conseil d'administration, d'administrateur délégué, de directeur général, de directeur adjoint ou de gérant, exercées dans :

1) les sociétés, entreprises ou établissements, jouissant sous forme de garantie d'intérêt, de subventions, ou sous une forme équivalente, davantage assurés par l'État ou par une collectivité publique, sauf dans le cas où ces avantages découlent de l'application automatique d'une législation générale ou d'une réglementation générale ;

2) les sociétés ayant exclusivement un objet financier et faisant publiquement appel à l'épargne et au crédit ;

3) les sociétés et entreprises dont l'activité consiste principalement dans l'exécution de travaux, la prestation de fournitures ou de services pour le compte ou sous le contrôle de l'État, d'une collectivité ou d'un établissement dont plus de la moitié du capital social est constituée de participations de sociétés ou d'entreprises ayant ces mêmes activités.

Article LO.164.- Il est interdit à tout parlementaire d'exercer en cours de mandat une fonction de membre du conseil d'administration ou de surveillance ou toutes fonctions exercées de façon permanente en qualité de conseil dans les sociétés, établissements ou entreprises visés à l'article précédent. Il est de même interdit à tout parlementaire d'être en cours de mandat actionnaire majoritaire d'une telle société, établissement ou entreprise.

Il est interdit en outre à tout autre parlementaire d'exercer en cours de mandat une fonction de chef d'entreprise, de président du conseil d'administration, d'administrateur délégué, de directeur général, de directeur adjoint ou de gérant, de membre du Conseil d'administration ou de surveillance ou toutes fonctions exercées de façon permanente en qualité de conseil dans une société, établissement ou entreprise quelconque. Il est de même interdit à tout parlementaire d'être en cours de mandat, actionnaire majoritaire d'une telle société, établissement ou entreprise.

Toutefois, les interdictions mentionnées aux deux (02), alinéas ci-dessus ne s'appliquent pas lorsque les fonctions concernées étaient exercées au moment de la première élection de l'intéressé en tant que député, ou lorsque la situation d'actionnaire majoritaire existait lors de cette première élection. Dans ce cas, l'exercice en cours de mandat de toute fonction nouvelle mentionnée aux deux (02), alinéas précédents est subordonné à l'autorisation préalable du bureau de l'Assemblée nationale.

Article LO.165.- Nonobstant les dispositions des articles précédents, les parlementaires membres d'un conseil départemental ou municipal peuvent être désignés par ces assemblées ou conseils pour les représenter dans les organismes d'intérêt régional ou local à condition que ces organismes n'aient pas pour objet de faire ou de distribuer des bénéfices et que les intéressés n'y occupent pas de fonctions rémunérées. En outre, les députés, même non membres d'une assemblée ou d'un conseil désignés ci-dessus, peuvent exercer des fonctions de :

- président de Conseil d'administration ;
- administrateur délégué ou membre du conseil d'administration des sociétés d'économie mixte, d'équipement régional local ou des sociétés ayant un objet exclusivement local lorsque ces fonctions ne sont pas rémunérées.

Article LO.166.- Il est interdit à tout avocat inscrit au barreau lorsqu'il est investi d'un mandat de député, d'accomplir directement ou indirectement par l'intermédiaire d'une association, d'un collaborateur ou d'un secrétaire, sauf devant la Haute Cour de justice, un acte de profession dans les affaires à l'occasion desquelles des poursuites pénales sont engagées devant les juridictions répressives pour crimes ou délits contre la chose publique, en matière de presse ou d'atteinte au crédit et à l'épargne ; il lui est interdit dans les mêmes conditions de plaider ou de consulter contre l'État, les collectivités ou établissements publics et les sociétés placées sous le contrôle de l'État.

Article LO.167.- Il est interdit à tout député de faire ou de laisser figurer son nom suivi de l'indication de sa qualité dans toute publicité relative à une entreprise financière, industrielle ou commerciale.

Seront punis d'un emprisonnement d'un à six (06) mois et d'une amende de 100 000 à 500 000 FCFA les fondateurs, directeurs ou gérants de sociétés ou d'établissements à objet commercial, industriel ou financier qui auront fait figurer le nom d'un député avec mention de sa qualité dans toute publicité faite dans l'intérêt de l'entreprise qu'ils dirigent ou qu'ils se proposent de fonder. En cas de récidive, les peines ci-dessus prévues pourront être doublées.

Article LO.168.- Le député qui, lors de son élection, se trouve dans l'un des cas d'incompatibilité visés au présent chapitre, est tenu d'établir dans les huit (08) jours qui suivent son entrée en fonction qu'il s'est démis de ces fonctions incompatibles avec son mandat, ou qu'il ne se trouve plus dans la situation d'actionnaire majoritaire déclarée incompatible en vertu des articles LO.162 et LO.164 ou, s'il est titulaire d'un emploi public, qu'il a demandé à être placé dans la position spéciale prévue par son statut.

À défaut, il est déclaré démissionnaire d'office, à moins qu'il ne se démette de son mandat.

La démission d'office est constatée dans tous les cas par l'Assemblée nationale à la demande du Président de la République ou du bureau. Elle n'entraîne pas l'inéligibilité.

❖

NOTE SUR LES INCOMPATIBILITÉS AVEC LE MANDAT DE DÉPUTÉ

Le régime des incompatibilités est prévu dans les instruments normatifs divers que sont la Constitution, le Règlement intérieur de l'Assemblée nationale et le Code électoral.

CHAPITRE PREMIER

DÉFINITION ET JUSTIFICATIONS DES INCOMPATIBILITÉS

17 – 07. *La règle d'incompatibilité est la consécration légale de l'interdiction du cumul du mandat parlementaire avec un autre mandat ou une autre fonction.*

Les incompatibilités se rapprochent de certaines causes d'inéligibilité au regard du but commun de préserver le titulaire d'un mandat électif de certaines influences (cf. supra nos 17-01 à 17-06). Mais à la différence de celles-ci, les incompatibilités ne sont pas des obstacles à la candidature à une élection donnée, mais imposent a posteriori à l'élu de renoncer aux fonctions antérieures qui le placent dans une situation d'incompatibilité, sous peine de déchéance du mandat dont il a été investi.

Représentant du peuple dont il a vocation à exprimer la volonté au sein de l'instance parlementaire chargée de voter les lois et de contrôler l'action de l'exécutif, le député ne peut raisonnablement exercer des fonctions ou des activités professionnelles ou ponctuelles susceptibles de le mettre en situation de conflit d'intérêts par rapport à ses missions.

En outre, le député bénéficie d'un régime de protection assuré par l'immunité parlementaire régie par les articles 61 de la Constitution de la République et 51 de la loi organique portant Règlement intérieur de l'Assemblée nationale et comprenant deux volets :

- *l'irresponsabilité, consacrée aux alinéas premiers desdits articles, qui s'oppose à ce que le député puisse être poursuivi, recherché, arrêté, détenu ou jugé à l'occasion des opinions ou du vote émis par lui dans l'exercice de ses fonctions ;*
- *l'inviolabilité, objet des alinéas 2 et suivants des mêmes textes, qui, sauf cas de flagrant délit, met le député à l'abri de toute poursuite ou arrestation sans l'autorisation donnée par l'Assemblée pendant la durée des sessions ou par le bureau de l'Assemblée hors session.*

Cette protection du député – vue notamment sous l'angle du second volet – a pour contrepartie une restriction de la liberté d'entreprendre, notamment de s'adonner à certaines activités qui non seulement pourraient interférer avec ses activités parlementaires et compromettre l'éthique devant guider son action, mais qui pourraient aussi l'impliquer dans des contentieux à caractère pénal. Ces protections, qui ont pour effet de conférer à ceux qui en bénéficient des garanties supérieures à celles de droit commun et qui mettent le député à l'abri de poursuites intempestives ou fantaisistes, ont comme contrepartie diverses incompatibilités et interdictions, afin de prévenir tout risque de conflit d'intérêts ou de collusion avec d'autres entités politiques ou économiques pouvant se trouver en situation d'interactions réciproques avec les politiques publiques dont la formulation ou le contrôle incombe à l'institution parlementaire.

CHAPITRE II

LE DISPOSITIF NORMATIF D'ENCADREMENT DES INCOMPATIBILITÉS

17 – 08. *Les incompatibilités justifiées par le principe de la séparation des pouvoirs sont prévues par la loi fondamentale qui renvoie au domaine législatif pour les autres.*

La première incompatibilité qui procède de l'évidence au regard de la logique du système politique sénégalais est énoncée a contrario à l'article 38 de la Constitution de la République qui prévoit en son alinéa 1er que :

> *« La charge de président de la République est incompatible avec l'appartenance à toute assemblée élective, Assemblée nationale ou assemblées locales [...] ».*

La règle de l'incompatibilité du mandat de député avec la fonction ministérielle est consacrée à l'article 54 de la Constitution qui dispose que :

> *« La qualité de membre du Gouvernement est incompatible avec un mandat parlementaire et toute activité professionnelle publique ou privée rémunérée.*
> *Les modalités d'application du présent article sont fixées par une loi organique ».*

Pour la détermination des autres normes applicables en la matière, l'article 59, alinéa 5 de la Constitution – reproduit à l'article 101 du Règlement intérieur de l'Assemblée nationale – renvoie à la loi organique pour fixer les conditions d'éligibilité, le régime des inéligibilités et des incompatibilités.

En ses articles LO.159 à LO.168, le Code électoral, conformément aux dispositions de la Constitution sus-énoncées, organise le régime des incompatibilités qui comportent une série d'incompatibilités qui peuvent s'analyser en interdictions de principe, quelques atténuations aux interdictions de principe et une série d'interdictions ponctuelles.
L'énumération exhaustive dans le Code électoral des fonctions publiques ou privées rémunérées incompatibles avec le mandat parlementaire est suffisamment explicite pour nécessiter des développements systématiques.

Mais il faut préciser que parmi ces dispositions, il faut distinguer celles qui sont relatives aux incompatibilités proprement dites et qui visent à éviter le cumul de fonctions exercées à titre professionnel de celles se rapportant à certains actes interdits, qui peuvent être accomplis de manière ponctuelle dans le cadre d'une activité exercée à titre professionnel ou non.

CHAPITRE III
LES RÉGIMES PARTICULIERS D'EXERCICE DE CERTAINES FONCTIONS

Les enseignants du supérieur et les avocats ainsi que les députés chargés d'une mission confiée par l'Exécutif sont soumis à un régime particulier relativement aux incompatibilités et interdictions.

SECTION PREMIÈRE
LE CAS DES ENSEIGNANTS DU SUPÉRIEUR

Les membres du personnel enseignant de l'enseignement supérieur sont autorisés, en vertu de l'exception posée à l'article LO.160, alinéa 4, à cumuler leurs activités d'enseignement avec le mandat parlementaire par dérogation au régime applicable au fonctionnaire en activité qui ne peut exercer un mandat parlementaire que s'il est mis en détachement pendant la durée de celui-ci (un tel détachement étant considéré comme un « congé politique » qui lui permet de conserver, conformément à l'article 62 de la loi n° 61-33 du 15 juin 1961 relative au statut général des fonctionnaires, ses droits à l'avancement et à une pension de retraite dans son corps d'origine qu'il pourra réintégrer à l'issue du mandat, sans pouvoir prétendre occuper son ancien emploi).

SECTION II

LE CAS DES AVOCATS

Aux termes des dispositions de l'article 166 du Code électoral, il est fait défense à l'avocat parlementaire – qui peut exercer simultanément un mandat de député – d'occuper ou de consulter directement ou indirectement contre les collectivités publiques et les sociétés placées sous le contrôle de l'État, ainsi que dans les affaires à l'occasion desquelles des poursuites pénales sont engagées devant les juridictions répressives (sauf devant la Haute cour de Justice) pour crimes ou délits contre la chose publique, en matière de presse ou d'atteinte au crédit et à l'épargne.

SECTION III

LE CAS DES DÉPUTÉS CHARGÉS D'UNE MISSION CONFIÉE PAR L'EXÉCUTIF

L'article LO.161 du Code électoral dispose que :

> *« Les députés peuvent être chargés par le pouvoir exécutif d'une mission publique au cours de leur mandat. L'exercice de cette mission publique est compatible avec le mandat de parlementaire ».*

Cette disposition paraît pour le moins sommaire s'agissant d'une dérogation au principe de l'incompatibilité du mandat parlementaire avec « l'exercice de toute fonction publique non élective », principe consacré à l'article LO.160, alinéa 1er du Code électoral dans le but de moralisation de la vie politique par la réduction voire la suppression des potentielles sources de conflits d'intérêts, mais également pour la préservation l'indépendance du pouvoir législatif par la mise en place de règles à même de soustraire ses membres de l'influence de toute autre autorité, plus particulièrement, du pouvoir exécutif.

Une telle dérogation aurait certainement nécessité un encadrement dans le Règlement intérieur de l'Assemblée nationale, mais en son chapitre XXVII relatif aux incompatibilités, ledit Règlement n'y est fait référence qu'à propos du régime indemnitaire applicable aux députés en son article 111.

Au regard de ces dispositions, l'on peut noter que le caractère temporaire de la mission demeure assez vague, faute de limitation précise de la durée des fonctions ponctuelles confiées par l'Exécutif. Aussi, il peut paraître nécessaire de procéder à un réaménagement pour conformer cette dérogation au principe qui, dans un tel environnement normatif, pourrait être vidé de toute sa substance, voire dévoyé.

CHAPITRE IV
DÉCLARATION DE CANDIDATURE

Article L.169.- Tout parti politique légalement constitué, ou toute coalition de partis politiques légalement constitués ou toute entité regroupant des personnes indépendantes ayant satisfait aux conditions exigées à l'article L.145 désireux de participer aux élections législatives doit faire une déclaration de candidature éventuellement une double déclaration de candidature dont la première concerne les candidatures au scrutin départemental et la seconde concerne les candidatures au scrutin national.

Ces déclarations doivent comporter :

1) le nom et éventuellement le titre du parti politique, de la coalition de partis politiques ou de l'entité regroupant des personnes indépendantes ;

2) la photo du candidat occupant le premier rang sur la liste nationale, la couleur, le symbole et éventuellement le sigle pour l'impression des bulletins de vote, accompagnés de la maquette du bulletin sur support papier et électronique pour renseigner sur la nuance des couleurs et leur disposition sur ledit bulletin ;

3) les prénom, nom, date et lieu de naissance, sexe de chacun des candidats, leur profession et domicile, avec la précision de leur service, emploi et lieu d'affectation, s'ils sont agents de l'État ;

4) l'indication du département dans lequel ils se présentent ;

5) une quittance confirmée par une attestation signée par le Directeur général de la Caisse des Dépôts et Consignations pour attester du dépôt de la caution.

Pour le scrutin majoritaire, les partis et les coalitions de partis ainsi que les entités regroupant des personnes indépendantes ne sont pas tenus de présenter des listes de candidats dans tous les départements. Toutefois, la liste présentée dans un département doit être complète.

Pour le scrutin proportionnel, les listes présentées doivent être complètes.

Une même personne ne peut être candidate à la fois au scrutin majoritaire et au scrutin proportionnel ni se présenter dans plusieurs départements.

Article L.170.- Les modèles de déclaration de candidatures sont fixés par arrêté du Ministre chargé des Élections.

Le dossier de candidature comprend :

1) un bordereau de dépôt ;

2) une quittance confirmée par une attestation signée par le Directeur général de la Caisse des Dépôts et Consignations pour attester du dépôt du cautionnement ;

3) une déclaration d'investiture par laquelle le parti, la coalition ou l'entité présente ses candidats ;

4) une déclaration de candidature par laquelle le parti, la coalition ou l'entité précise les départements où il se présente et le mode de scrutin choisi ;

5) une déclaration individuelle de candidature par laquelle le candidat certifie qu'il pose sa candidature, qu'il n'est candidat que sur cette liste et qu'il ne se trouve dans aucun des cas d'inéligibilité prévus par le présent Code ;

La déclaration individuelle de candidature est accompagnée des pièces suivantes :

1) un extrait d'acte de naissance datant de moins de six (06) mois ou la photocopie légalisée de la carte d'identité biométrique CEDEAO ;

2) un bulletin n° 3 du casier judiciaire datant de moins de trois (03) mois ;

Les candidatures indépendantes comprennent en plus :

1) une liste d'électeurs appuyant les candidatures, établie conformément aux dispositions de l'article L.145 ;

2) une déclaration sur l'honneur par laquelle le candidat indépendant atteste qu'il ne milite dans aucun parti politique ou qu'il a cessé toute activité militante depuis au moins douze (12) mois.

En cas de contestation du statut d'indépendant, le Conseil constitutionnel est saisi. La partie qui a soulevé la question devra justifier ses diligences.

Article L.171.- Au plus tard cent cinquante (150) jours avant celui du scrutin, un arrêté du Ministre chargé des Élections fixe le montant de la caution qui doit être versée à la Caisse des Dépôts et Consignations par le mandataire d'un parti politique, d'une coalition de partis politiques ou d'une entité regroupant des personnes indépendantes ayant présenté une déclaration de candidature. Cette caution est remboursée dans les quinze jours (15) suivant la proclamation définitive des résultats à la liste de candidats ayant obtenu au moins un (1) élu à l'Assemblée nationale.

En cas d'élections anticipées, le montant de la dernière caution est maintenu.

Article L.172.- Les dossiers de candidatures sont déposés avec bordereau de dépôt, au Ministère chargé des Élections auprès d'une commission instituée par arrêté, soixante-dix (70) jours au moins et soixante-quinze (75) au plus avant la date du scrutin, par le mandataire soit du parti politique légalement constitué, soit de la coalition de partis politiques légalement constitués, soit de l'entité regroupant des personnes indépendantes qui ont soutenu les candidats.

Article L.173.- La liste des candidats qui accompagne les dossiers de candidatures est établie en double exemplaire dont l'un est destiné à la CENA.

Mention est faite de l'heure exacte du dépôt. Ni substitution ni retrait de candidature n'est admis.

La commission de réception, au vu du bordereau et après un contrôle sommaire et contradictoire avec le mandataire sur les pièces du dossier de déclaration de candidature, lui délivre immédiatement un récépissé pour attester du dépôt matériel.

Ce récépissé est dûment visé par le superviseur de la CENA pour authentifier le contrôle du dépôt dans les formes et les délais légaux. Il ne préjuge pas de la recevabilité des candidatures présentées.

Les déclarations reçues au Ministère chargé des Élections et les pièces qui les accompagnent sont tenues à la disposition de chaque liste de candidats qui peut en vérifier le contenu par un mandataire.

Article L.174.- N'est pas recevable la liste qui :

1) est incomplète ;
2) ne comporte pas les indications obligatoires prévues aux articles L.145 et L.169 ;
3) n'est pas accompagnée des pièces prévues à l'article L.170 ;
4) ne comporte pas la quittance confirmée par une attestation signée par le Directeur général de la Caisse des Dépôts et Consignations attestant du dépôt de la caution prévue par l'article L.171 ;
5) est déposée au-delà du délai légal.

Article 175.- Pour les besoins de la recevabilité juridique, la commission procède à l'analyse des dossiers dans les quarante-huit (48) heures qui suivent la date limite du dépôt matériel.

Le remplacement des candidats inéligibles, sans préjudice de l'ordre d'investiture, et la substitution de pièces périmées ou comportant des erreurs matérielles sont, le cas échéant, immédiatement notifiés au mandataire de la liste concernée. Celui-ci dispose de trois (3) jours à compter de la notification pour y remédier sous peine de rejet de la candidature concernée.

Dans le cas où pour l'un des motifs énumérés à l'article 174 le Ministre chargé des élections estime qu'une liste n'est pas recevable, il notifie par écrit les motifs de sa décision au mandataire de ladite liste dans les deux (2) jours suivant la date limite du dépôt matériel des dossiers de candidature.

Article L.176.- Un parti politique, une coalition de partis politiques ou une entité regroupant des personnes indépendantes ne peut utiliser une couleur, un sigle, un symbole déjà choisis par un autre parti, une coalition de partis politiques ou une entité indépendante.

En cas de contestation, le Ministre chargé des Élections attribue par priorité, à chaque parti politique sa couleur statutaire, son sigle et son symbole traditionnels par ordre d'ancienneté. Pour les coalitions de partis politiques et les entités regroupant des personnes indépendantes, l'attribution se fait selon la date de notification du nom choisi.

Le Ministre chargé des Élections en informe aussitôt les parties intéressées.

Est interdit le choix d'emblèmes comportant une combinaison des trois couleurs du drapeau de la République : vert, or et rouge.

Article L.177.- Tout candidat qui, de mauvaise foi, aura souscrit une déclaration inexacte sur son éligibilité ou sur sa présence sur une liste, sera puni d'un emprisonnement d'un mois à un an et d'une amende de 18 000 à 360 000 FCFA.

Article LO.178.- Après le délai de quarante-huit (48) heures prévu à l'alinéa premier de l'article L.175 et ce, jusqu'à la date de prise de l'arrêté publiant les déclarations reçues, s'il apparaît qu'une déclaration de candidature a été déposée en faveur d'une personne inéligible, le Ministre chargé des Élections doit saisir le Conseil Constitutionnel qui statue dans les trois (03) jours de la saisine sur la recevabilité de ladite candidature.

Si les délais mentionnés à l'alinéa premier ne sont pas respectés, la candidature doit être reçue.

Article LO.179.- Au plus tard soixante (60) jours avant le scrutin, le Ministre chargé des Élections arrête et publie les déclarations reçues, modifiées éventuellement, compte tenu des dispositions de l'article L.175, alinéa 2 et L.178.

Une copie de l'arrêté doit être délivrée à chaque mandataire de liste de candidats.

Article LO.180.- En cas de contestation d'un acte du Ministre chargé des Élections pris en application des articles L.175 L.176, L.173 et L.O.179, les mandataires des listes de candidats peuvent, dans les vingt-quatre (24) heures suivant la notification de la décision ou sa publication, se pourvoir devant le Conseil constitutionnel qui statue dans les trois (03) jours qui suivent celui de l'enregistrement de la requête.

Article LO.181.- Entre la date de signature de l'arrêté du Ministre chargé des Élections publiant les déclarations reçues et la veille du scrutin à zéro heure, en cas de décès ou d'inéligibilité de candidats, le mandataire de la liste fait, sans délai, déclaration complémentaire de candidature au Ministre chargé des Élections qui la reçoit, s'il y a lieu, la diffuse par voie radiophonique et en assure la publication par affichage à tous les bureaux de vote concernés.

Cette déclaration complémentaire ne peut concerner qu'un candidat du même sexe et doit être accompagnée des pièces prévues à l'article L.170.

[VOIR SOUS ARTICLE LO.117 : TITRE II DE LA PARTIE RÉGLEMENTAIRE/LES DISPOSITIONS SPÉCIALES RELATIVES À L'ÉLECTION DU PRÉSIDENT DE LA RÉPUBLIQUE ET AUX ÉLECTIONS DES DÉPUTÉS/CHAPITRE PREMIER/DÉCLARATION DE CANDIDATURE]

NOTE SUR LES CANDIDATURES AUX ÉLECTIONS DES DÉPUTÉS

Présentées suivant les modalités déterminées dans des listes, les candidatures aux élections législatives doivent être élaborées conformément aux conditions légales et peuvent donner lieu à un contentieux.

CHAPITRE PREMIER
LA PRÉSENTATION DES CANDIDATURES

18 – 01. *Investis par les partis politiques ou les coalitions de partis politiques ou parrainés par les électeurs, les candidats sont insérés dans des listes suivant un mode de répartition et de classement déterminé.*

SECTION PREMIÈRE
L'INVESTITURE PAR LES GROUPEMENTS POLITIQUES

18 – 02. *Aux termes de l'article L.145, alinéa 1er du Code électoral, tout parti politique légalement constitué ou toute coalition de partis politiques légalement constitués peut présenter des candidats aux élections des députés.*

La coalition de partis politiques présentant des candidats doit choisir un titre différent de celui des autres partis politiques légalement constitués non membres de la coalition, mais qui peut être identique à celui de l'un des partis qui la composent. Ce titre doit être notifié au ministère chargé des élections au plus tard la veille de la clôture du dépôt des déclarations de candidature et figurer en tête de la liste des candidats présentée aux élections.

L'investiture par les partis politiques est le mode le plus courant de présentation des listes de candidature en dépit des inconvénients qu'elle comporte.

En effet, les partis politiques sénégalais qui ont commencé à proliférer à partir de 1981 avec l'instauration du multipartisme intégral, ne se distinguent pas par un clivage idéologique ou des projets alternatifs structurés, mais semblent reposer sur des réseaux clientélistes formés autour d'une ou de quelques personnes. L'appartenance partisane superficielle qui en résulte donne ainsi naissance à un paysage politique soumis à des mouvements de désintégration et de recomposition dans une logique de positionnement personnel des nombreux « entrepreneurs politiques » avec un pôle d'attraction fort autour du pouvoir installé.

Dans un tel contexte, l'investiture par les partis politiques se traduit souvent par une centralisation du choix des candidats au niveau de l'appareil central, si ce n'est au niveau du chef du parti que l'opinion a tendance à identifier à celui-ci. Le « parachutage » de candidats ne répondant pas toujours au choix de la base des membres du parti, des électeurs ou plus généralement des populations, constitue alors un élément dépréciatif d'un système électoral qui se veut démocratique.

Le choix des candidats des coalitions de partis politiques amplifie ce phénomène, avec des négociations et combinaisons menées par les « cadres » des appareils politico-administratifs dont la légitimité et la représentativité ne sont pas toujours démontrées par une adhésion populaire ou une audience électorale certaine.

L'organisation de véritables élections primaires – organisées à la base avec la participation des militants et sympathisants – pour le choix des candidats apparaît comme la mesure nécessaire de légitimation des investitures par les partis politiques.

SECTION II

LE PARRAINAGE PAR LES ÉLECTEURS

18 – 03. *Toute entité regroupant des personnes indépendantes – au sens de l'article L.57, alinéa 3 du Code électoral, c'est-à-dire ne se référant à aucune affiliation à un parti politique – peut aussi présenter des listes des candidats au plan national, sous réserve de se conformer à l'article 4, alinéas 2 et 3 de la Constitution qui dispose que :*

> *« La Constitution garantit aux candidats indépendants la participation à tous les types d'élections dans les conditions définies par la loi.*
>
> *Les partis politiques, de même que les candidats indépendants, sont tenus de respecter la Constitution ainsi que les principes de la souveraineté nationale et de la démocratie. Il leur est interdit de s'identifier à une race, à une ethnie, à un sexe, à une religion, à une secte, à une langue ou à une partie du territoire. Ils sont également tenus de respecter strictement les règles de bonne gouvernance associative sous peine de sanctions susceptibles de conduire à la suspension et à la dissolution ».*

Pour être recevable, l'entité doit choisir un titre différent de celui des partis politiques légalement constitués, titre qui doit être notifié au ministère chargé des élections au plus tard la veille de la clôture du dépôt des candidatures et figurer en tête de liste des candidats présentée aux élections.

La liste de candidats présentée doit en outre recueillir la signature de 0,5 % des électeurs inscrits domiciliés au moins dans la moitié des régions, à raison de 1 000 signatures au moins par région, comme prescrit à l'article 145, alinéa 2 in fine dans sa nouvelle formulation issue du Code électoral de 2017, alors que les anciens codes prévoyaient, depuis celui de 1992, la signature de

10 000 électeurs domiciliés dans six régions, à raison de 500 au moins par région. Cette évolution s'expliquerait par le fait que depuis 1992, le nombre de régions et la population du pays ont augmenté.

Mais en limitant le parrainage citoyen aux régions – devenues de simples subdivisions administratives depuis « l'Acte III de la décentralisation » porté par la loi n° 2013-10 du 28 décembre 2013, qui a entrepris une réforme de l'organisation de l'administration locale et institué un nouveau Code général des collectivités locales –, le législateur semble exclure les électeurs figurant sur le fichier des Sénégalais de l'extérieur qui sont regroupés dans des « départements de l'extérieur » de ce mode d'investiture.

En outre, la loi n'exigeant pas l'unicité du parrainage, le même électeur peut accorder son parrainage à plusieurs listes de candidats indépendants pour la même élection, ce qui en réduit la portée symbolique.

Les exigences se rapportant aux signatures nécessaires au parrainage des listes de candidats indépendants s'expliquent plus particulièrement par le souci d'exclure, pour des raisons de préservation de la cohésion nationale, des candidatures s'identifiant à une localité ou à une région en dépit du caractère national des élections législatives, car, malgré la dualité des scrutins se déroulant pour partie dans la circonscription départementale, les élections législatives n'en demeurent pas moins éminemment nationales ; en effet, même élu dans une circonscription départementale, le député exerce un mandat national conformément à l'article 59 de la Constitution qui dispose que :

> *« L'Assemblée nationale représentative de la République du Sénégal porte le nom d'Assemblée nationale.*
> *Ses membres portent le titre de députés à l'Assemblée nationale ».*

Le principe proclamé à l'article 64, alinéa 1er in fine de la loi fondamentale – selon lequel « tout mandat impératif est nul » – va également dans le sens de l'affirmation du caractère déconnecté de toute affiliation partisane, de toute obédience idéologique ou de toute attache locale du mandat parlementaire.

Mais le souci d'éviter des candidatures de nature à mettre en péril la cohésion nationale – qui s'ajoute à la nécessité d'écarter les candidatures fantaisistes qui pourraient encombrer et polluer l'espace médiatique dévolu à la propagande officielle – est loin d'être atteint eu égard au dispositif normatif global qui fait coexister une dualité de modes de présentation dont le premier – c'est-à-dire l'investiture par les partis politiques – semble être dans la pratique la voie de prédilection choisie pour présenter les candidatures avec notamment les mécanismes très simples de création des partis politiques, qui la mettent à la portée de n'importe quel groupe, si peu représentatif soit-il.

À propos des électeurs dont la signature doit être recueillie pour la recevabilité de la liste de candidats de « l'entité regroupant des personnes indépendantes », il faut souligner que la loi électorale n'exige pas d'eux une non-affiliation à un parti politique, cette exigence ne concernant que les candidats, même si les expressions « entité regroupant des personnes indépendantes » ou « toutes personnes indépendantes [pouvant] présenter des listes de candidats » paraissent assez équivoques quand il reste entendu par ailleurs que ce sont les électeurs qui parrainent des listes de candidats indépendants.
Concernant les signatures elles-mêmes, des difficultés d'authentification ont pu être signalées dans le passé. Celles-ci seront notablement amoindries avec des vérifications rendues plus aisées dans le nouveau fichier biométrique sans pour autant disparaître en raison de l'analphabétisme d'électeurs ne sachant pas signer.

Mais en tout état de cause, avec l'approfondissement de la démocratie et la diversification consécutive des composantes de la représentation nationale et locale des populations, l'adoption à terme d'un système unique de présentation de la candidature par un certain nombre d'élus, suivant des modalités de nature à en fiabiliser la procédure, est souhaitable. Bien organisé, ce système pourra également contribuer à freiner la tendance inflationniste des candidatures.

CHAPITRE II
LA FORMATION DES LISTES DE CANDIDATS

18 – 04. *Les partis, coalitions de partis politiques ou les entités regroupant des personnes indépendantes doivent, s'ils désirent participer aux élections législatives, présenter une liste de candidats au scrutin proportionnel national et, éventuellement, une liste de candidats ou un candidat et son suppléant dans le cas où un seul député est à élire dans un département au scrutin majoritaire départemental.*

SECTION PREMIÈRE
LA LISTE POUR LE SCRUTIN PROPORTIONNEL NATIONAL

18 – 05. *Pour le scrutin proportionnel à l'occasion de laquelle soixante (60) députés sont élus dans le cadre de la circonscription nationale, les partis, coalitions de partis politiques ou les personnes indépendantes remplissant les conditions requises doivent présenter des listes complètes, c'est-à-dire comprenant chacune soixante candidats (article L.146, alinéa 1er du Code électoral).*

En outre, pour pourvoir aux vacances qui pourraient se produire, chaque liste de candidats au scrutin proportionnel national comprend cinquante candidats suppléants auxquels il pourrait être fait appel après épuisement de la liste des candidats titulaires (article L.150 du Code électoral).

SECTION II

LA LISTE POUR LE SCRUTIN MAJORITAIRE DÉPARTEMENTAL

18 – 06. *Dans chaque département de l'intérieur du pays, sont élus sept (7) députés au plus et un (1) député au moins et dans chaque « département » de l'extérieur du pays, trois (3) députés au plus et un (1) député au moins. Le nombre de députés est déterminé avant chaque élection par décret tenant compte de l'importance démographique de chaque département dans les conditions prévues à l'article L.147 du Code électoral.*

Toutefois, des disparités apparaîtront toujours en dépit du critère de répartition par le ratio – nombre de députés/nombre d'habitants – retenu par le législateur en raison de l'exigence d'une nécessaire représentation de tous les départements même avec une population très faible.

Mais dans tous les cas, le critère d'attribution de sièges en fonction de la population du département doit être respecté par le décret de répartition sous peine d'annulation pour excès de pouvoir.

Il en a d'ailleurs été ainsi à l'occasion des élections législatives avec la saisine du Conseil d'État (avant la réforme judiciaire intégrant cette juridiction dans l'actuelle Cour suprême).

Cette haute juridiction, dans le cas d'espèce dont elle a été saisie, au visa du « document officiel portant estimation de la population du Sénégal de 2005 à 2015, établi par la Direction de la Prévision et de la Statistique du ministère de l'Économie et des Finances, en janvier 2006 », a prononcé l'annulation du décret de répartition des sièges au motif principal suivant :

> *« Le décret n° 2006-1350 du 8 décembre 2006 portant répartition des sièges de députés à élire au scrutin majoritaire départemental [...] pour les élections législatives du 25 février 2007, en affectant à certains départements plus de sièges qu'à d'autres dont le poids démographique est plus important, a violé les dispositions de l'article L.143 [correspondant à l'actuel article L.147] du Code électoral et encourt ainsi l'annulation » (Conseil d'État, 2ème Section, Décision n° 4/07 du 12 janvier 2007).*

Ainsi donc, chaque liste de candidats doit comprendre un nombre de candidats conforme au décret de répartition des sièges au scrutin majoritaire départemental et un nombre identique de suppléants auxquels il sera fait appel en cas de vacance sur la liste des candidats titulaires élus.

Mais pour le scrutin majoritaire, si la liste présentée dans un département doit être complète, les groupements remplissant les conditions requises ne sont pas tenus de présenter des listes de candidats dans tous les départements comme prévu à l'article L.169, alinéa 3 du Code électoral. Cette dispense légale, qui permet l'implication des petits partis politiques dans la compétition électorale, peut aussi apparaître à certains égards comme la porte ouverte à des candidatures fractionnelles qui remettent en cause le caractère national des élections législatives et peuvent constituer une menace à l'unité nationale. Étant donné qu'aucune exigence n'est requise par ailleurs pour la composition de la liste proportionnelle nationale, celle-ci pourrait n'être que la couverture d'un parti à ancrage exclusivement local, voire ethnique. Ce dispositif permet aussi des comportements opportunistes d'entrepreneurs politiques, qui mettent quelques notables sur les listes de quelques départements en prenant soin de se réfugier en bonne position voire en tête de liste de la proportionnelle pour espérer glaner un siège au plus fort reste.

CHAPITRE III
L'ÉLABORATION DES DÉCLARATIONS DE CANDIDATURE

18 – 07. *Outre les indications nécessaires à l'identification précise des candidats, les déclarations de candidatures constituent une manifestation de la volonté des intéressés à participer à la compétition électorale.*

Compte tenu des procédés spéciaux de désignation des candidats, les déclarations de candidatures sont faites, d'une part, par les partis, coalitions de partis politiques ou les groupes de personnes indépendantes – ce sont les investitures par les groupements politiques –, d'autre part, par chaque candidat – ce sont les déclarations individuelles.

SECTION PREMIÈRE
LES DÉCLARATIONS DE CANDIDATURES PAR LES GROUPEMENTS POLITIQUES

18 – 08. *Les partis, coalitions de partis politiques et entités indépendantes, habilités à présenter des candidats, font une déclaration de candidature et éventuellement une double déclaration de candidature ; la première qui est obligatoire est relative au scrutin national ; la seconde – qui est facultative – concerne le scrutin départemental.*

Ces déclarations constituent en fait des déclarations d'investiture matérialisées par le dépôt des listes de candidats accompagnées des pièces visées aux articles L.169 à L.173, entre le soixante-dixième (70ème) jour et le soixante-quinzième (75ème) jour avant le scrutin, contre récépissé ne préjugeant pas de la recevabilité des candidatures déposées.

SECTION II

LES DÉCLARATIONS INDIVIDUELLES DE CANDIDATURE

***18 – 09.** Établie dans les formes spécifiées aux articles R.76 à R.78 du Code électoral et L.116 et L.170, alinéa 2 du Code électoral, la déclaration de candidature proprement dite est l'engagement par lequel l'intéressé certifie qu'il pose sa candidature, qu'il n'est candidat que sur une liste donnée (cf. infra n° 14-18) et qu'il ne se trouve dans aucun des cas d'inéligibilité prévus à l'article L.170, alinéas 2-5) et 3 du Code électoral.*

En ce qui concerne particulièrement les candidatures indépendantes, il faut non seulement que l'entité qui présente des candidatures ne soit pas un parti politique ou une structure d'un parti politique, mais les candidats eux-mêmes ne doivent être affiliés à aucun parti politique, cette non-affiliation politique s'appréciant par l'absence de « toute activité militante depuis au moins douze (12) mois » dont le candidat indépendant doit attester par une déclaration sur l'honneur à verser au dossier de candidature individuelle.

La qualité d'indépendant peut être contestée par le ministre chargé des élections, ainsi que par d'autres candidats, car même si la loi ne prévoit pas expressément la contestation de la qualité d'indépendant par les candidats, la généralité des termes de l'article L.170, alinéa dernier incline à le penser, notamment quand il est précisé que « la partie qui a soulevé la question devra justifier ses diligences » sans aucune caractérisation particulière de cette « partie ».

En l'absence de la détermination de la date de référence à partir de laquelle le délai de douze mois d'inactivité militante est décompté, celle du jour de clôture des dépôts de candidature peut être retenue (cf. supra n° 09-01 - II relativement à l'activité militante).

CHAPITRE IV

LE DÉPÔT DES DOSSIERS DE CANDIDATURE

***18 – 10**. Les déclarations de candidature doivent comporter les pièces exigées à l'article L.167, alinéa 2 du Code électoral, pièces parmi lesquelles une « quittance confirmée par une attestation signée par le directeur de la Caisse des Dépôts et Consignations pour attester du dépôt de la caution » (cf. supra n° 13-10).*

Aux termes des dispositions de l'article L.172 du Code électoral, les déclarations de candidatures sont déposées au ministère de l'Intérieur, soixante-dix (70) au moins et soixante-quinze (75) jours au plus avant la date du scrutin par le mandataire soit du parti politique, de la coalition de partis politiques ou de l'entité regroupant des personnes indépendantes ayant présenté des listes de candidats.

Une commission de réception installée au sein du ministère chargé des élections délivre un récépissé de ces dépôts qui ne préjuge pas de la recevabilité des candidatures, après un « contrôle sommaire » qui sera suivi d'une analyse plus poussée dans les quarante-huit (48) heures qui suivent la date limite de dépôt, soit à partir du soixante-dixième (70ème) jour avant le scrutin, comme prévu aux articles L.173 et L.175 du Code.

CHAPITRE V
LE CONTRÔLE DE LA RÉGULARITÉ DES CANDIDATURES

Outre les sanctions pénales en application de l'article L.177 du Code électoral visant tout candidat qui, de mauvaise foi, aura souscrit une déclaration inexacte sur son éligibilité ou sur sa présence sur une liste, il est prévu un contrôle administratif et juridictionnel combiné avec la régularité des candidatures notamment en cas de vice de forme d'une liste de candidatures ou en cas de contestation de l'éligibilité du/des candidat(s).

SECTION PREMIÈRE
LE CONTRÔLE DE LA RÉGULARITÉ FORMELLE DES CANDIDATURES

Les listes des candidatures considérées comme irrecevables par le ministre en charge des élections font l'objet de décisions de rejet susceptibles de recours devant le Conseil constitutionnel.

I - LES CAS D'IRRECEVABILITÉ

18 – 11. *Les cas d'irrecevabilité pour vice de forme sont énumérés à l'article L.174 du Code électoral.*

Ce sont :

- *le cas de liste incomplète : la liste incomplète peut être la liste nationale pour le scrutin proportionnel qui comporterait moins de 60 candidats titulaires et 50 candidats suppléants ; il peut également s'agir d'une liste départementale pour le scrutin majoritaire qui ne comporterait pas autant de candidats titulaires et suppléants qu'il y a de sièges à pourvoir conformément au décret de répartition des sièges ;*

- le cas de liste ne s'étant pas conformée aux prescriptions de l'article L.145 comme le respect de la règle de la parité homme-femme, le nombre de signatures exigé pour le parrainage de la liste de candidats indépendants ou un nom et éventuellement un titre déjà choisi par un autre groupement ;
- le cas de liste ne comportant pas les pièces prévues à l'article L.169 du Code électoral ou la quittance attestant du dépôt du cautionnement comme indiqué à l'article L.171.

II – LA DÉCISION DU MINISTRE EN CHARGE DES ÉLECTIONS

En cas de rejet de la liste de candidatures pour l'une des causes d'irrecevabilité sur le fondement de l'article L.174 du Code électoral, l'article L.175, alinéa 3 prévoit la notification de la décision motivée du ministre qui suppose en principe un écrit sur lequel sont articulés les motifs du refus.

Mais qu'en sera-t-il en l'absence de notification écrite ? Au regard de la jurisprudence du Conseil constitutionnel, l'on peut estimer que le délai de recours est suspendu jusqu'à ce que des circonstances particulières puissent révéler la connaissance par le candidat intéressé du rejet, si l'on se fie à la règle dégagée à l'occasion de l'examen du cas d'espèce suivant :

> *Un requérant, mandataire d'un parti politique s'est présenté le 30 mars et le 2 avril 2007 pour le dépôt d'une liste de candidatures aux élections législatives devant se tenir le 3 juin 2007. Devant le refus de recevoir sa liste de candidatures, refus n'ayant pas fait l'objet d'une notification conformément à l'article LO.174 (correspondant à l'article LO.175, alinéa 3 actuel), le mandataire a estimé que le délai n'avait pas commencé à courir et a saisi le Conseil. Statuant sur cette requête, le Conseil a considéré qu'en produisant un constat du refus établi le 30 mars 2007 par un huissier de justice, le mandataire a acquis connaissance de la notification du refus du ministre chargé des élections et que la date du constat d'huissier équivalant au point de départ du délai, le recours du mandataire doit être déclaré irrecevable pour forclusion (Conseil constitutionnel/Décision 16 avril 2007/e).*

III – LE RECOURS CONTRE LA DÉCISION DU MINISTRE

Outre la possibilité de porter leurs réclamations devant la CENA, les groupements ayant présenté des listes de candidatures peuvent saisir le ministre chargé des élections de cas d'irrecevabilité de candidature sinon il serait incompréhensible que l'article 173, alinéa 4 ait prévu que « les déclarations reçues au ministère chargé des élections et les pièces qui les accompagnent sont tenues à la disposition de chaque liste de candidats qui peut en vérifier le contenu par un mandataire ».

Ce mandataire de liste peut, dans les vingt-quatre heures suivant la notification de la décision, se pourvoir devant le Conseil constitutionnel, qui doit statuer dans les trois jours qui suivent celui de l'enregistrement de la requête au greffe de cette juridiction.

La décision de rejet de la contestation de la régularité formelle d'une liste de candidatures du ministre, à la suite d'une éventuelle saisine par le mandataire d'un groupement ayant présenté une liste de candidats, est également susceptible de recours en application des dispositions combinées des articles LO.180 et L.170 du Code électoral.

SECTION II

LA CONTESTATION DE L'ÉLIGIBILITÉ D'UN CANDIDAT DEVANT LE CONSEIL CONSTITUTIONNEL

18 – 12. *L'éligibilité d'une personne figurant sur une liste de candidats peut être contestée devant le Conseil constitutionnel directement par le ministre chargé des élections en application de LO.178 du Code électoral ou par la CENA en vertu des dispositions de l'article L.13 ou indirectement par les groupements ayant investi des candidats en vertu des dispositions combinées des articles LO.179 et LO.180 par le biais de la contestation de la liste arrêtée et publiée des déclarations reçues et modifiées éventuellement.*

18 – 13. *Comme rappelé par ailleurs, le Conseil constitutionnel – saisi par un mandataire d'un groupement ayant présenté des candidats dans les vingt-quatre heures de la notification de la décision du ministère chargé des élections tranchant un incident relatif aux signes distinctifs desdits groupements (cf. infra n° 18-15) ou rejetant pour vice de forme (cf. supra n° 18-11) une liste de candidats – doit, dans un délai de trois jours, rendre sa décision.*

Paradoxalement, s'agissant en particulier du contentieux de l'éligibilité, l'article LO.178 impartit un délai de trois jours au ministère chargé des élections pour saisir le Conseil constitutionnel, qui doit également rendre sa décision dans les trois jours de sa saisine et précise que si ces délais ne sont pas respectés, la candidature doit être reçue. Une telle prescription légale peut soulever des interrogations au regard des effets de l'inéligibilité considérée comme une cause absolue d'irrecevabilité d'une candidature et qui, même relevée après la proclamation des résultats de l'élection, entraîne, comme indiqué à l'article LO.158 du Code électoral, pour le député concerné, déchéance de plein droit de son mandat.

Dans tous les cas, si le ministère chargé des élections doit, à l'issue du délai imparti au Conseil constitutionnel, recevoir la candidature contestée, il doit en cas de décision ultérieure constatant l'inéligibilité, recevoir toute déclaration complémentaire et au besoin procédé comme en cas de décès d'un candidat (cf. infra n° 18-16).

SECTION III

LE CAS ÉVENTUEL DE DOUBLE INVESTITURE

18 – 14. *L'article L.170, alinéa 2–3) pose indirectement le principe de l'impossibilité pour une même personne de compétir sur plusieurs listes de candidats en exigeant, parmi les pièces qui accompagnent les déclarations de candidatures, « une déclaration par laquelle l'intéressé certifie qu'il pose sa candidature, qu'il n'est candidat que sur cette liste... ».*

Mais des cas de double investiture sont parfois relevés. Ainsi, à l'occasion des élections législatives de 2001, le phénomène des retournements des affiliations partisanes – que la presse a affublé de l'expression succulente de « transhumance politique » – s'est illustré dans un cas typique :

> *Par lettre en date du 20 mars 2001, le mandataire du Parti socialiste – qui avait déposé sa liste le 15 mars 2001 au ministère de l'Intérieur – a reçu une notification écrite de l'irrecevabilité de sa liste dans la circonscription électorale de Tivaouane en raison de ce que la Coalition Wad – qui deviendra la Coalition Sopi – avait déposé, avant le Parti socialiste, une liste de candidats comportant investiture d'une même personne, en l'occurrence le nommé A. LO.*
>
> *Suite à la requête du Parti socialiste, le Conseil constitutionnel a déclaré mal fondée la décision déclarant irrecevable sa liste et, par la même occasion, a précisé que le mandataire de la liste du Parti socialiste était autorisé à faire une déclaration complémentaire de candidature dans le département concerné. En outre, la liste nationale de la Coalition Sopi sur laquelle figurait la même personne et qui bénéficiait de l'antériorité de dépôt, a par ailleurs été validée par le Conseil (Conseil constitutionnel, Décision, Séance du 23 mars 2001).*

L'intérêt de cette décision du Conseil réside surtout en ce qu'elle a ouvert la possibilité de procéder à une déclaration complémentaire de candidature en cas de double investiture d'une personne qui n'emporte pas irrecevabilité de liste, laquelle s'apprécie au moment du dépôt. Par contre, le critère de l'antériorité du dépôt de la liste peut poser problème quand la personne bénéficiaire d'une double investiture manifeste sa volonté d'être maintenue sur la liste déposée postérieurement.

SECTION IV

LES INCIDENTS RELATIFS AUX SIGNES DISTINCTIFS DES LISTES DE CANDIDATS

18 – 15. *Ces incidents peuvent être consécutifs à la décision du ministre chargé des élections rejetant une liste par suite d'une transgression de la* *prohibition légale relative au choix d'emblème comportant une combinaison des trois couleurs du drapeau de la République ou à l'usurpation par un acte délibéré ou un concours de circonstances fortuites, de la couleur, du signe ou du symbole d'un autre parti, coalition de partis politiques ou entité regroupant des personnes indépendantes. Dans un tel cas, le mandataire de la liste de candidats intéressée peut, dans les vingt-quatre heures suivant la notification de la décision du ministre chargé des élections, se pourvoir devant le Conseil constitutionnel qui doit statuer dans les trois jours qui suivent celui de l'enregistrement de la requête au greffe de cette juridiction conformément à l'article LO.176 du Code électoral* *(sur le contentieux relatif aux signes distinctifs, cf. également nos 13-12 et 25-09).*

SECTION V
L'ARRÊTÉ ET LA PUBLICATION DES CANDIDATURES

18 – 16. *Au plus tard soixante (60) jours avant le scrutin, le ministère chargé des élections arrête et publie les déclarations reçues qui doivent demeurer intangibles sous réserve des modifications éventuelles pour tenir compte des décisions du Conseil constitutionnel en cas de réclamations dans les conditions de l'article LO.180 du Code.*

Toutefois, ainsi que prévu à l'article LO.181 du Code électoral, entre cette date et la veille du scrutin à minuit, en cas de décès, d'inéligibilité de candidat, le mandataire de la liste fait sans délai, déclaration complémentaire de candidature au ministère de l'Intérieur qui la reçoit, s'il y a lieu, la publie par voie radiophonique et assure la diffusion par affichage à tous les bureaux de vote concernés.

❖

CHAPITRE V
CAMPAGNE ÉLECTORALE

Article LO.182.- La campagne en vue des élections des députés à l'Assemblée nationale est ouverte vingt-et-un (21) jours avant la date du scrutin.

Elle prend fin la veille du scrutin à zéro heure.

Article LO.183.- Les dispositions des articles LO.125 à LO.128 sont applicables aux élections législatives.

Article LO.184.- Le temps d'antenne mis à la disposition des candidats et diffusé par le service public audiovisuel est divisé en deux (02) fractions dont la quotité est déterminée par l'organe en charge de la régulation des médiats :

- une fraction de temps répartie également entre tous les partis politiques, coalitions de partis politiques ou entités regroupant des personnes indépendantes représentant les listes des candidats ;
- une fraction de temps répartie proportionnellement en tenant compte de la représentation parlementaire des partis politiques ayant présenté des listes de candidats.

Le temps et les horaires des émissions ainsi que les modalités de leur réalisation sont fixés par décret après avis de l'organe en charge de la régulation des médias.

Article LO.185.- L'organe de régulation des médias veille à ce que le principe d'égalité entre les représentants des listes soit respecté dans les programmes d'information du service public de la Radio-Télévision, en ce qui concerne la reproduction et les commentaires de déclarations, écrits, activités des candidats et la représentation de leur personne.

❖

[VOIR SOUS ARTICLE LO.131 PARTIE RÉGLEMENTAIRE : TITRE III/DISPOSITIONS SPÉCIALES RELATIVES À L'ÉLECTION DU PRÉSIDENT DE LA RÉPUBLIQUE ET AUX ÉLECTIONS DES DÉPUTÉS/CHAPITRE II/CAMPAGNE ÉLECTORALE/ARTICLES R.80 À R.83]

❖

NOTE SUR LA CAMPAGNE ÉLECTORALE POUR LES LÉGISLATIVES

La campagne pour les élections législatives est pour l'essentiel régie par des règles identiques à celles applicables à la campagne pour l'élection présidentielle. Aussi, pour des analyses plus approfondies, faudra-t-il se reporter à celles faites dans la note consacrée à la campagne pour l'élection présidentielle, sous réserve d'un certain particularisme de la campagne électorale par les médias, qui requiert des développements spécifiques dans la présente.

CHAPITRE PREMIER

LES ASPECTS GÉNÉRAUX DE LA CAMPAGNE ÉLECTORALE

19 – 01. *La campagne pour les élections législatives est réglementée aux articles LO.182 à LO.185 du Code électoral.*

En outre, « les dispositions des articles LO.125 à LO.128 [relatives à l'élection présidentielle] sont applicables aux élections législatives » comme précisé à l'article LO.183. Les dispositions communes à toutes les élections prévues aux articles 59 à 62 dudit Code complètent le dispositif normatif régissant la campagne pour les législatives.

SECTION PREMIÈRE

LE CALENDRIER DE LA CAMPAGNE ÉLECTORALE

La campagne électorale pour les législatives est ouverte vingt-et-un jours avant la date du scrutin et prend fin la veille des élections à minuit.

Elle dure ainsi vingt jours, conformément à l'interprétation consacrée des dispositions de l'article LO. 182 du Code électoral.

Il est formellement interdit d'anticiper sur la période légale de la campagne ou de la prolonger au-delà de son terme (cf. supra n° 14-11).

Précédée d'une précampagne informelle (cf. supra n° 14-02) suivie de la précampagne réglementée correspondant à la période de trente jours avant l'ouverture de la campagne officielle, au cours de laquelle est interdit tout acte de propagande déguisée (cf. supra n°s 14-03 à 14-09), elle est caractérisée par des modes de propagande institutionnalisés que sont la propagande dans les médias, la propagande par affiches (et circulaires) ainsi que les réunions électorales (cf. supra n°s 14-18 à 14-39).

SECTION II

L'ENCADREMENT NORMATIF DE LA CAMPAGNE ÉLECTORALE

Dans la période de la précampagne réglementée et de la campagne électorale proprement dite, le législateur a mis en place une certaine réglementation qui en structure le cours et qui spécifie notamment les moyens de propagande interdits ainsi que ceux qui sont autorisés.

I – LES MOYENS DE PROPAGANDE PROHIBÉS

La loi a déterminé une série de prohibitions dans le but de la moralisation de la campagne et la préservation du principe de l'égalité des candidats.
Ces prohibitions sont relatives à :

- *la propagande électorale déguisée interdite pendant la période de la précampagne réglementée, en application des articles L.61, alinéas 1er à 4 et LO.125, alinéa 4 auquel renvoie l'article LO.183 (cf. supra nos 14-03 à 14-09 et no 14-15) ;*
- *l'utilisation à des fins de propagande électorale de tout procédé de publicité commerciale par voie de presse audiovisuelle ou écrite, en application de l'article L.61, alinéa 5-1) (cf. supra no 14-17) ;*
- *l'utilisation de biens ou de moyens publics aux fins de campagne électorale, en application de l'article L.61, alinéa 5-2), (cf. supra no 14-16) ;*
- *la propagande faite en violation du dispositif de répartition des temps d'antenne élaboré conformément aux articles LO.184 et LO.129 auquel renvoie l'article LO.183 (cf. supra no 14-23 et infra no 19-03) et la propagande le jour du scrutin, en application de l'article L.62, alinéa 1er (cf. supra no 14-18).*

Rares sont les campagnes électorales exemptes d'irrégularités en raison notamment des subterfuges divers dont peuvent user les protagonistes de la compétition électorale, lesquels sont favorisés par la diversité des supports médiatiques et des techniques de communication.

Dans la pratique, il peut être noté que la mise en œuvre de l'action publique pour la répression des infractions pénales est assez exceptionnelle en raison très certainement des soupçons de partialité qui ne manquent pas de naître à propos des procédures susceptibles d'être engagées.

Quant au juge électoral, qui peut être saisi à l'occasion du contentieux post-scrutin, la jurisprudence du Conseil constitutionnel sénégalais comme celle de ses homologues n'offre pas des exemples fréquents d'annulation pour des irrégularités commises à l'occasion de la campagne électorale (cf. supra no 16-01 et suivants).

Par contre, la saisine au cours de la campagne de la Cour d'appel qui intervient également peut avoir plus d'effet pour le respect des normes édictées pour l'équité de la compétition électorale (cf. supra n° 14-33 et infra n° 19-10). En outre, les autorités de contrôle et de régulation chargées du contrôle en temps réel, le CNRA et la CENA en l'occurrence, doivent aussi être suffisamment outillées pour exercer un contrôle efficace en application des dispositions pertinentes de la loi électorale (cf. supra nos 14-21 à 14-25 et infra n° 19-04).

II – LES MOYENS DE PROPAGANDE LICITES

La panoplie des moyens de propagande électorale officielle est constituée d'un triptyque comportant la diffusion d'affiches et de circulaires, les réunions publiques ainsi que la propagande dans les médias.

La propagande par affiches et circulaires et les réunions électorales régies pas les dispositions de l'article LO.183 qui renvoie aux articles LO.125 à LO.128 relatifs à l'élection présidentielle se déroulent dans les mêmes conditions (cf. supra nos 14-26 à 14-31 et n° 14-32).

La propagande par les médias à l'occasion des élections législatives soulève, par rapport notamment à l'élection présidentielle, des questions particulières qui sont traitées ci-dessous (cf. infra n° 19-02).

CHAPITRE II

L'ORGANISATION DE LA CAMPAGNE DANS LES MÉDIAS

La prépondérance de la campagne par les médias (cf. supra nos 14-19 à 14-25) sur les autres modes de propagande qui y ont cours a nécessité la mise en place d'un encadrement normatif particulier concernant les élections législatives.

SECTION PREMIÈRE

DE QUELQUES CONSIDÉRATIONS GÉNÉRALES

19 – 02. *Les élections législatives se déroulant simultanément dans le cadre de la circonscription départementale pour le scrutin majoritaire et dans celui de la circonscription nationale pour le scrutin proportionnel, la propagande électorale, pour être véritablement efficace dans ces espaces assez étendus, a besoin de supports médiatiques dotés d'un potentiel d'influence conséquent sur la formation des opinions, même s'il ne faut pas négliger, les autres modes de propagande comme les campagnes de proximité reposant sur le contact personnel et les réseaux de relations favorisés par les traditions locales et le voisinage géographique propices à l'éclosion de centres d'intérêts économiques, culturels et sociaux partagés susceptibles de se traduire en gains électoraux.*

Mais la maîtrise de l'appareil d'État confère des privilèges dont la jouissance pendant la campagne électorale est de nature à rompre l'égalité entre les candidats soit pour l'accès au service public de l'audiovisuel, soit dans le registre de la propagande déguisée.

Aussi le législateur a-t-il institué un organisme indépendant chargé d'arbitrer l'accès aux médias du service public, d'assurer l'égalité entre les candidats et également de maintenir le débat politique et la polémique électorale dans les médias dans des normes compatibles avec la Constitution de la République.

Cet organisme – le Conseil National de Régulation de l'Audiovisuel (CNRA) – est chargé ainsi, d'une part, de veiller à l'application stricte de l'interdiction de la propagande déguisée (cf. supra nos 14-03 à 14-25), et d'autre part, de superviser la diffusion des émissions devant passer pendant le temps d'antenne réservé à chaque liste de candidats dans les médias du service public (cf. infra n° 19-03).

Par ailleurs, un contrôle juridictionnel est assuré par la Cour d'appel chargée de « veiller à l'égalité des candidats » et qui a ainsi une compétence initiale concurrente à celle du CNRA. Elle peut ainsi être saisie par cet organe de régulation des médias ou par la CENA ou par les mandataires de liste et procède alors par voie d'intervention auprès des autorités administratives compétentes ou par voie de délibération conformément à l'article LO.125 auquel renvoie l'article LO.183 (cf. supra n° 14-33 et infra n° 19-04).

SECTION II

LA GESTION DU TEMPS D'ANTENNE

19 – 03. *À la différence de l'élection présidentielle au cours de laquelle la règle de l'égalité est de rigueur dans la répartition du temps d'antenne (cf. supra n° 14-23), la loi électorale a institué une clé de répartition partiellement inégalitaire, du point de vue formel du moins, pour les élections législatives, l'article LO.184 du Code électoral prévoyant que le temps d'antenne mis à la disposition des candidats est divisé en deux fractions suivantes dont la quotité est déterminée par l'organe de régulation des médias :*

- une première fraction de temps répartie de façon égale entre tous les partis politiques, coalitions de partis politiques ou entités regroupant des personnes indépendantes ayant présenté des listes de candidats ;

- une seconde fraction de temps répartie proportionnellement en tenant compte de la représentation parlementaire des « partis politiques ayant présenté des listes de candidats ».

À l'analyse, le critère de la « représentation parlementaire des partis politiques » qui prévaut pour la seconde fraction du temps d'antenne peut parfois prêter à équivoque et poser des problèmes d'applicabilité.

Ainsi, en cas de coalition de partis politiques ayant présenté des candidats, l'on peut se poser la question de savoir si le niveau de la représentation parlementaire sera alors déterminé en additionnant le nombre de députés des partis politiques composant la coalition.

En outre, les personnes indépendantes ayant présenté une liste de candidats ne devraient-elles pas bénéficier de cette fraction de temps d'antenne si un certain nombre de députés non inscrits leur est « affilié » ou s'est rallié à leur groupement ?

Par ailleurs, quand on sait qu'à l'approche des élections, surtout à l'occasion des investitures des candidats, des remous politiques sont parfois susceptibles de se traduire en des défections ou des scissions dans les partis, voire en une certaine recomposition du paysage politique pouvant impacter la représentation parlementaire, la mise en œuvre de la clé de répartition de la deuxième fraction du temps d'antenne peut s'avérer ardue en l'occurrence.

Toujours est-il qu'en laissant au CNRA le soin de déterminer la proportion des deux fractions dans la répartition du temps d'antenne, le législateur a opportunément offert une marge de pondération qui permet de moduler plus équitablement la quotité des deux fractions, en fonction du nombre de listes en lice et de la configuration politique ponctuelle de l'instance parlementaire. Ainsi pour assurer plus d'équité, plus les listes de candidats sont nombreuses ou plus la configuration parlementaire paraît moins plurielle, plus devra être importante la fraction répartie de façon égalitaire.

En tout état de cause, un décret pris après avis du CNRA fixe, en tenant compte de cette clé de répartition, le temps, les horaires et les modalités de la réalisation des émissions de propagande.

Le CNRA, une fois fixé le temps d'antenne consacré aux émissions de propagande des listes de candidats, en supervise la gestion et fait procéder au redressement des irrégularités durant la campagne.

Il peut aussi organiser des débats entre les représentants des listes de candidats à condition que de telles émissions offrent l'opportunité à toutes les listes de candidats de participer.

SECTION III
L'INTERVENTION DU CNRA EN CAS D'IRRÉGULARITÉ

19 – 04. *L'organe de régulation des médias intervient en cas d'irrégularité, peuvent résulter de tout fait de nature à rompre l'égalité entre les candidats ou de « contravention aux règles constitutionnelles » ou de « manquement aux obligations ayant pour fondement la Constitution ».*

I - EN CAS DE RUPTURE DE L'ÉGALITÉ ENTRE LES CANDIDATS

L'organe de régulation des médias veille au respect du principe de l'égalité entre les listes de candidats dans les programmes d'information du service public de la radiodiffusion-télévision, notamment pour tout ce qui concerne la reproduction et les commentaires des déclarations, écrits, activités des candidats, ainsi que la présentation de leur personne ou programme. Pour ce faire, le CNRA, conformément aux dispositions des articles LO.125 et LO.183, intervient, s'il y a lieu, auprès des autorités compétentes pour que soient prises toutes mesures susceptibles d'assurer cette égalité.

II - EN CAS DE « CONTRAVENTION AUX RÈGLES CONSTITUTIONNELLES » OU DE « MANQUEMENT AUX OBLIGATIONS RÉSULTANT DE LA CONSTITUTION »

Par analogie aux dispositions de l'article LO.129 applicables à l'élection présidentielle – et auxquelles ne renvoient pas les dispositions relatives aux élections législatives, puisque l'article LO.183 ne prévoit l'application aux élections législatives que des articles LO.125 à LO.128 relatifs à l'élection présidentielle, cela probablement par suite d'une omission purement involontaire – l'organe de régulation des médias peut en cas d'atteinte aux valeurs constitutionnelles s'opposer à la diffusion d'une émission de propagande par décision motivée et, au besoin, saisir la Cour d'appel dans les conditions exposées plus haut ou éventuellement appliquer des sanctions administratives (cf. supra n°s 14-24 et 14-25).

CHAPITRE III
LA PROBLÉMATIQUE DE LA PARTICIPATION DES ENTITÉS NON CANDIDATES À LA PROPAGANDE RÉGLEMENTÉE

L'engagement des groupements sociaux divers ou d'une institution comme le président de la République dans les activités de propagande électorale peut être diversement apprécié.

SECTION PREMIÈRE
LA QUESTION DE LA PARTICIPATION DES GROUPEMENTS

Il faut distinguer, dans l'énoncé de cette problématique, selon qu'il s'agit de partis politiques ou d'autres groupements ou institutions.

I – L'ADMISSION DE PRINCIPE DE LA PARTICIPATION DES PARTIS POLITIQUES

19 – 05. *La loi électorale ne prévoit pas formellement la participation des partis politiques – même ceux ayant présenté des listes de candidats – au débat électoral réglementé, notamment aux émissions de propagande pendant les temps d'antenne attribués.*

Ce qui ne veut pas dire que les militants et sympathisants d'un parti politique ou d'une coalition de partis politiques qui ne sont pas candidats ne peuvent pas contribuer à l'animation du temps d'antenne attribué aux différentes listes de candidats, car, outre la mission expresse assignée à ces organismes, l'admission de la participation des partis politiques à l'animation de la campagne paraît procéder d'une exigence de logique et de cohérence du système électoral.

En effet, à la différence du président de la République, que son statut constitutionnel écarte comme candidat de la compétition électorale pour le choix des députés et comme acteur dans le débat électoral institutionnalisé, quoiqu'il soit intéressé au premier chef à ce que son bord politique ait une confortable majorité parlementaire, il peut paraître aberrant d'exclure les partis politiques et leurs militants, même non candidats du débat électoral, de la campagne officielle. En effet, l'admission de la participation de tout membre d'un parti politique – même non candidat – à l'animation des émissions de propagande apparaît comme une donnée intangible dans le cadre des élections législatives. Il ne peut en être autrement d'ailleurs au regard des dispositions de l'article 4 de la Constitution qui confèrent aux partis politiques la mission de concourir notamment « à l'expression du suffrage [...] et à la promotion de la participation des citoyens à la vie nationale et à la gestion des affaires publiques ».

II - LE PROBLÈME DE LA PARTICIPATION DES AUTRES GROUPEMENTS

19 – 06. *Les autres groupements comme les organismes socioprofessionnels, les associations diverses, même s'ils ne sont pas parties prenantes au débat électoral réglementé, ne sont néanmoins pas astreints à une attitude de neutralité stricte dans le jeu politique. En effet, il est loisible à tout groupement organisé de prendre position et d'exprimer son soutien à des candidatures (cf. supra n° 14-14).*

SECTION II

LA QUESTION DE L'IMPLICATION DU PRÉSIDENT DE LA RÉPUBLIQUE DANS LA CAMPAGNE

La question de l'implication du président de la République dans une élection où il recherche une « majorité de gouvernement » sans être lui-même candidat peut paraître problématique.

I – POSITION DU PROBLÈME

19 – 07. *La position du problème de l'implication directe ou indirecte du président de la République dans la campagne pour les législatives nécessite l'ouverture d'une parenthèse pour un petit survol du système politique sénégalais :*

> *Après l'éclatement de la Fédération du Mali regroupant les anciennes colonies françaises du Sénégal et du Soudan et l'adoption de la Constitution du 26 août 1960, le Sénégal a pris l'option d'un régime parlementaire qui restera en vigueur jusqu'après la crise de décembre 1962 entre le président de la République, Léopold S. Senghor, et le président du Conseil, Mamadou Dia.*
>
> *Par la suite, la Constitution du 7 mars 1963 a institué un régime dit « présidentiel », mais qui sera classé par les constitutionnalistes, en raison de certaines spécificités, dans la catégorie des régimes « présidentialistes ».*
>
> *Ni les révisions successives intervenues les 20 juin 1967, 26 février 1970, 19 mars 1976, 6 avril 1976, 28 décembre 1978 et 24 avril 1981, ni même la nouvelle Constitution de 2001 adoptée par référendum du 7 janvier 2001 à la suite de la première alternance politique ou la révision constitutionnelle adoptée par le référendum du 20 mars 2016, n'en ont changé fondamentalement la nature.*

Le régime politique sénégalais actuel mêlant des aspects du régime présidentiel et du régime parlementaire tels qu'ils se présentent dans la typologie classique est un patchwork institutionnel dont il y a lieu de rappeler quelques facettes :

> *Le président de la République, chef de l'Exécutif, qui définit la politique de la nation et préside le Conseil des ministres, n'est pas responsable devant la représentation nationale, mais a néanmoins un pouvoir de dissolution de l'Assemblée nationale conformément à l'article 87, alinéas 1er et 2 de la Constitution de la République qui prévoit que le président de la République peut, après avoir recueilli l'avis du Premier ministre et celui du président de l'Assemblée nationale, prononcer, par*

décret, la dissolution de l'Assemblée nationale, durant les trois dernières années de législature.

Par ailleurs, conformément à l'article 53 de la Loi fondamentale, c'est le gouvernement qui conduit et coordonne la politique de la nation sous la direction du Premier ministre et qui, en dépit d'une « constitutionnalisation » par l'article 56, qui le définit comme « une institution collégiale et solidaire », n'en demeure pas moins un aréopage subalterne au sein de l'Exécutif, sous la coupe du président de la République. En effet, celui-ci, conformément à l'article 49, nomme et met fin aux fonctions du Premier ministre profilé comme le « primus inter pares » au sein du gouvernement et dont la démission ou la cessation des fonctions entraîne la démission de l'ensemble des ministres.

Mais paradoxalement, le Premier ministre est seul responsable devant l'Assemblée nationale (et devant le président de la République) et peut, en application de l'article 86, alinéa 1er de la Constitution, après délibération du Conseil des ministres, décider de poser la question de confiance sur un programme ou une déclaration de politique générale. Inversement, comme prévu à l'article 86, alinéas 3 et 5 in fine de la Constitution, l'Assemblée nationale peut provoquer la démission du gouvernement par le vote d'une motion de censure qui, si elle est adoptée, contraint le Premier ministre à remettre immédiatement la démission du gouvernement au président de la République, étant entendu toutefois qu'aucune nouvelle motion de censure ne peut plus être déposée au cours de la même session.

Le régime politique ainsi décrit se caractérise par une absence de mécanisme de résolution d'une potentielle crise institutionnelle en cas en changement de majorité parlementaire.

En effet, une éventuelle cohabitation peut se traduire par une situation de neutralisation réciproque de l'exécutif et de la majorité parlementaire dans les circonstances suivantes :

- pendant les deux premières années de la législature au cours desquelles le président de la République ne peut exercer son pouvoir de dissolution

- pendant une session à l'occasion de laquelle une motion de censure a déjà été déposée et votée contre le Gouvernement, une nouvelle motion ne pouvant être déposée à l'occasion de la même session.

Ces germes conflictuels – que recèle un éventuel changement de majorité parlementaire – ont d'ailleurs retenu l'attention des rédacteurs de l'avant-projet de Constitution élaboré en décembre 2013 par la Commission nationale de réforme des institutions qui, en son article 75, prévoit, dans une telle situation, un basculement vers le régime parlementaire classique en disposant que :

> *« En cas de non-concordance entre les majorités présidentielle et parlementaire, le Premier ministre est nommé par le président de la République sur une liste de trois (3) personnalités, proposée par la majorité parlementaire.*
>
> *Dans ce cas, le Premier ministre détermine la politique de la nation. Il a, avec les députés, l'initiative des lois. Le président de la République garde toutes ses autres prérogatives. Il assure par son arbitrage le fonctionnement régulier des institutions. Il exerce les pouvoirs prévus aux articles 69 et 70 alinéa 1er sur proposition du Premier ministre.*
>
> *Le président de la République met fin aux fonctions du Premier ministre sur présentation par ce dernier de la démission du Gouvernement ».*

Mais cette proposition pleine de bon sens n'ayant pas été retenue dans le projet de révision de la Constitution adopté par le référendum du 20 mars 2016, les mécanismes constitutionnels actuels sont susceptibles de faire osciller un tel régime politique hétéroclite entre deux pôles :

- *celui d'un présidentialisme « césarien », en cas de coïncidence de l'appartenance politique du président de la République et de celle de la majorité parlementaire, situation que la pratique traduit par la sorte d'oxymore de « majorité présidentielle » ;*
- *celui d'un parlementarisme assez particulier par rapport au modèle de régime parlementaire tel que défini dans la typologie classique, en cas d'un éventuel changement de majorité parlementaire au profit d'une tendance politique opposée à celle du président de la République ; une telle occurrence inédite peut alors donner lieu à une cohabitation d'un président de la République – loin de l'image de cette autorité morale se contentant d'inaugurer les chrysanthèmes dans le régime parlementaire – avec une opposition majoritaire à l'Assemblée nationale.*

Pour rappel, avec l'alternance intervenue en 2000, le nouveau président de la République, Abdoulaye Wade, nouvellement élu, s'est retrouvé face à l'ancienne majorité parlementaire qui s'était constituée autour de son challenger et Président sortant. L'adoption d'une nouvelle Constitution dans l'urgence par le référendum du 7 mars 2001 était objectivement pour l'essentiel motivée par le souci de tourner la page de cette cohabitation qui devait se traduire dans les dispositions de l'article 105 des dispositions transitoires qui prévoient que :

> *« En vue de la mise en application rapide de toutes les dispositions de la présente Constitution, le président de la République est autorisé à regrouper le maximum d'élections dans le temps.*
>
> *À cet effet, il peut prononcer la dissolution de tous les conseils des collectivités locales. Il peut également, soit prononcer la dissolution*

de l'Assemblée nationale, soit organiser simplement des élections anticipées sans dissolution.

Dans ce dernier cas, l'actuelle Assemblée nationale continue d'exercer ses fonctions jusqu'à la mise en place de la nouvelle Assemblée nationale.

La nouvelle Assemblée nationale est convoquée par décret ».

Ainsi, la recherche d'une nouvelle majorité parlementaire conforme à la sensibilité politique du chef de l'Exécutif, à la suite notamment de la dissolution de l'Assemblée nationale, était une nécessité pour le rééquilibrage institutionnel d'un régime politique qu'on peut en effet qualifier de « paradoxal ».

Dans un tel schéma institutionnel prévalant, la question de l'implication du président de la République dans la campagne pour les élections des députés revêt un intérêt certain, sous réserve de l'option d'un « couplage » de l'élection du président de la République et des élections législatives, qui ont pu être simultanément organisées jusqu'aux élections présidentielle et législatives de 1988, dès lors que, dans ce dernier cas, cette campagne est commune aux deux élections.

En cas de dissociation et d'organisation séparée des deux élections, l'implication du président de la République dans la campagne électorale pour les législatives – tant par son action personnelle que par l'utilisation de l'image, du nom ou des « attributs constitutionnels » de celui-ci – peut être diversement appréciée ainsi qu'il a été donné de le constater notamment à l'occasion d'élections législatives passées (cf. infra n°s 19-08 à 19-10).

En l'occurrence, cette implication dans la campagne pour les élections des députés a pu susciter une vive controverse qui s'est développée sur un fond d'ambiguïté nourrie de la confusion souvent faite entre la campagne électorale lato sensu et la campagne électorale stricto sensu ou débat électoral réglementé, notions dont il y a lieu de rappeler les contours ainsi qu'il suit :

- *la campagne électorale, au sens large du terme, comprend toutes les activités de propagande pendant la durée de la campagne électorale, notamment les réunions, la propagande par affiches et circulaires à l'initiative et aux frais des intéressés, l'accès aux médias publics ou privés hors du temps d'antenne réglementé et que ceux-ci traitent librement tout en étant tenus « au respect des règles d'équité et d'équilibre entre les candidats » comme prescrit à l'article LO.123, alinéa 4 du Code électoral (cf. infra n° 19-08) ;*
- *au sens strict du terme, la campagne électorale s'entend de la campagne officielle qui se traduit par l'accès réglementé aux médias du service public de la radiodiffusion-télévision et par la propagande par les affiches et circulaires prises en charge par l'administration, en*

d'autres termes, par la participation au débat électoral réglementé (cf. infra n° 19-09).

La participation du président de la République à la campagne est, en principe, exclue en ce qui concerne le débat électoral réglementé, mais est sujette à une certaine controverse en ce qui concerne la campagne lato sensu.

II – LA THÈSE DE L'ADMISSION DE LA PARTICIPATION DU PRÉSIDENT DE LA RÉPUBLIQUE À LA CAMPAGNE ÉLECTORALE LATO SENSU

19 – 08. *En l'absence de dispositions légales ou constitutionnelles interdisant formellement au président de la République de participer à l'animation de la campagne électorale pour les législatives, son implication semble même procéder d'une certaine nécessité surtout après l'adoption de la Constitution du 7 janvier 2001 qui déroge désormais de façon expresse à la règle de l'incompatibilité de la charge du président de la République avec tout mandat à une assemblée élective ou avec « toute autre fonction publique ou privée, rémunérée », en précisant, en son article 38, alinéa 3, que celui-ci a toutefois « la faculté d'exercer des fonctions dans un parti politique... »*

Aussi serait-on tenté de partager l'argumentaire justificatif de la participation du président de la République comme énoncé par le professeur Serigne Diop, qui estime que :

> *« Ce serait pure hypocrisie que de penser que le [président de la République] peut cesser d'être chef de parti [dans un contexte politique où prédominent] les rapports interpersonnels [alors qu'il] détermine la politique de la nation et [...] a besoin d'une majorité parlementaire pour la mise en œuvre du programme du gouvernement [...] élaboré sous son autorité [...] sans être soumis aux aléas des combinaisons politiques pour ne pas dire politiciennes » (Pr Serigne Diop, « le Président de la République et la campagne électorale », Contribution publiée au journal* Le Soleil, *n° 2404 du 11 avril 2001, p. 8).*

En effet, un Président, chef de parti, peut-il rester neutre dans une compétition électorale cruciale pour son parti politique ou pour la coalition de partis politiques qui le soutient, dans le cadre d'un régime politique hybride qu'un revers électoral aux législatives peut avoir pour effet de faire basculer dans un système quasi parlementaire de cohabitation forcée ou de contraindre le chef de l'Exécutif à négocier une majorité parlementaire bricolée de bric et de broc ? (cf. supra n° 19-07)

III – LA THÈSE DE L'EXCLUSION DE LA PARTICIPATION DU PRÉSIDENT DE LA RÉPUBLIQUE À LA CAMPAGNE RÉGLEMENTÉE

19 –09. *Le président de la République ne peut s'impliquer ou être impliqué dans les activités de la propagande officielle ou, en d'autres termes, dans le débat électoral réglementé.*

C'est ainsi qu'à l'occasion des élections législatives de 2001, saisi d'une série de requêtes se référant au préambule de la Constitution et à certaines dispositions du Code électoral, le Conseil constitutionnel a estimé que « le principe d'égalité entre les partis ou les coalitions de partis commande qu'ils connaissent le même traitement [et] qu'ainsi, aucun d'eux ne peut, au cours d'une compétition électorale à laquelle le président de la République n'est pas candidat, utiliser l'image et les attributs constitutionnels de celui-ci. [Ce que conforte d'ailleurs] l'article R.48 [correspondant à l'article R.58 actuel] du Code électoral qui dispose que pour les élections législatives, chaque bulletin de vote porte l'effigie du candidat occupant le premier rang de sa liste » (Conseil Constitutionnel, Affaire n° 2-3-4/E, séance du 26 mars 2001).

Une telle interdiction, qui a été formulée exclusivement en ce qui concerne la configuration des bulletins votes comportant l'usage de l'image du président de la République, peut être étendue à tous les modes d'expression de la campagne électorale réglementée.

Mais, intervenue dans un contexte électoral propice à toutes sortes de tiraillements et de débats polémiques, cette position du Conseil Constitutionnel, qui avait limité l'exclusion à la sphère de la campagne réglementée, a pu faire l'objet d'interprétations approximatives et susciter des réactions diverses.

Du côté des partis de « l'opposition au président de la République » – l'Assemblée nationale ayant été dissoute à l'époque, il n'y avait plus d'opposition parlementaire –, l'on a pu relever deux positions à travers les arguments développés à l'appui des requêtes déposées :

- d'une part, la dénonciation du fait que « durant la campagne électorale et jusqu'au jour du scrutin, des panneaux étaient installés dans toutes les villes du Sénégal, reproduisant exactement le bulletin de vote de la Coalition Sopi avec les noms des candidats, la photographie de sa tête de liste et au centre l'image du président de la République » ;

- d'autre part, le constat de l'irrégularité consistant en ce que « la liste de la Coalition Sopi a fait battre campagne autour du président de la République alors que ce dernier n'était pas candidat » (Requêtes de l'UPR et du RES des 7 et 8 mai 2001 reçues au greffe du Conseil constitutionnel).

Ces remontrances ne semblaient toutefois pas tenir compte du fait que la Coalition Sopi était à la recherche d'une « majorité parlementaire de gouvernement » autour du président de la République, chef de l'Exécutif.

Dans le camp du président de la République en exercice dont la liste de candidats voulait prendre la dénomination de « Coalition Wad » et faire figurer l'acronyme et l'effigie du Président Abdoulaye Wade sur ses bulletins de vote, la parade trouvée à la suite de la décision du Conseil constitutionnel, était aussi captieuse qu'inutile. En effet, la coalition rebaptisée tout simplement « Coalition Sopi » – après avoir choisi un bulletin de vote ne comportant ni l'acronyme WAD ni la photographie du président de la République – faisait figurer sur tous ses documents de propagande non officiels une silhouette qui ne laissait l'ombre d'aucun doute sur l'identité du personnage, en l'occurrence le Président Abdoulaye Wade désigné tantôt sous le sobriquet de « Gorgui » (« le vieux ») tantôt sous celui de « Moom » (« Lui »), et considéré comme élément rassembleur et signe de ralliement de son bord politique.

En dépit de ces prises de position contradictoires, ce que l'on retenir, c'est que si la règle de l'interdiction de l'utilisation de l'image du président de la République sur les bulletins de vote, consacrée par le Conseil constitutionnel peut logiquement être étendue aux documents de propagande officiels, comme les circulaires et affiches (cf. infra n° 19-10 et supra n°s 14-26 à 14-30), il n'en demeure pas moins, comme l'a précisé le Conseil constitutionnel, que sa « décision concerne exclusivement les bulletins de vote mis à la disposition des électeurs le jour du scrutin » (décision sus-référencée). Il ne pouvait en en être autrement d'ailleurs, car le contentieux relatif aux incidents de la campagne électorale est dévolu à la Cour d'appel et non au Conseil constitutionnel (cf. infra n° 19-10).

L'implication du président de la République dans la campagne électorale peut aussi se heurter à la réglementation de l'accès des listes de candidats aux médias du service public.

En effet, les exigences du respect de l'égalité entre les listes de candidats justifiant que le nom et l'effigie du président de la République ne puissent pas figurer sur les bulletins de vote d'une liste de candidats ou sur les circulaires et affiches officielles, légitiment la posture de la non-implication du président de la République dans l'animation du temps d'antenne réservé (cf. supra n° 19-08). Mais même s'il n'est pas partie prenante du débat électoral institutionnalisé par la possibilité de développer de thèmes de propagande pendant le temps d'antenne, sa présence au cours des émissions radio-télévisés – quelque attractive qu'elle soit pour la galvanisation de la ferveur militante et quel que soit son effet dans la sensibilisation de l'électorat – ne peut justifier une opposition à diffusion. D'ailleurs, aucune saisine de l'organe de régulation de l'Audiovisuel ou de la Cour d'appel n'a été notée par exemple à l'occasion de la campagne électorale pour les élections législatives de 2001 au cours de laquelle l'on a pu remarquer la présence ostensible du Président Abdoulaye Wade aux meetings de la Coalition Sopi, dont les images étaient passées dans le temps d'antenne de son bord politique.

De ces développements, il semble se dégager une ligne de partage plus ou moins nette entre l'exclusion et l'admission de la participation du président de la République à la campagne électorale, mais une certaine évolution devait par la suite être notée avec la consécration de la thèse de l'exclusion totale par la Cour d'appel.

IV - L'INTERDICTION DE L'UTILISATION DE L'IMAGE DU PRÉSIDENT AU-DELÀ DU CHAMP DE LA PROPAGANDE RÉGLEMENTÉE

19 – 10. *Dans la séquence temporelle au cours de laquelle s'est posé initialement le débat, à partir notamment de l'utilisation par une liste de candidats de l'image du président de la République sur le bulletin de vote, qui n'est pas formellement un document officiel de propagande dans le système électoral sénégalais (cf. supra nos 10-88 à 11-12), la Cour d'appel n'avait pas encore eu l'opportunité de se prononcer sur cette question de l'affichage comme elle le fera plus tard à l'occasion des élections législatives de 2012.*

Or, cette juridiction, qui a pour mission de veiller à l'égalité des candidats pendant la durée de celle-ci conformément aux dispositions de l'article LO.123 (correspondant à l'article 125 actuel) du Code électoral, est seule compétente pour trancher ce contentieux de la campagne électorale.

C'est ainsi qu'en se prononçant sur la question, la Cour d'appel est allée au-delà des limites que le Conseil constitutionnel avait assignées à l'utilisation de l'image du président de la République par l'interdiction de principe de cette utilisation sur les bulletins de vote, en raison de la rupture de l'égalité des candidats qu'elle impliquerait.

En effet, la Cour d'appel de Dakar saisie à l'occasion des élections législatives du 1er juillet 2012 a estimé :

> *« qu'aux termes de l'article LO.123 du Code électoral, la Cour veille à l'égalité entre les candidats [qui] est rompue toutes les fois qu'un candidat utilise les moyens de l'État à des fins personnelles ou partisanes ou lorsqu'il bénéficie de la part des autorités officielles, censées être neutres et impartiales, d'un soutien de nature à influer sur le choix des électeurs [...] ;*
>
> *[que le fait que] la coalition Benno Bokk Yakaar a implanté sur l'ensemble du pays des affiches sur lesquelles on voit apparaître, entre autres images, celle du président de la République [...] le moment choisi pour implanter ces affiches, à savoir la période électorale, ainsi que le slogan "pour une majorité présidentielle" inscrit sur lesdites affiches, sont révélateurs du lien évident qui existe entre ces affiches et les élections du 1er juillet 2012 ;*

que même si aux termes de l'article 38 in fine de la Constitution, il peut être chef de parti, le chef de l'État demeure avant tout la clé de voûte des institutions et le symbole de la nation ; qu'à ce titre, sa participation, même passive, à des élections auxquelles il ne peut être candidat, fausse les règles du jeu électoral en conférant un avantage indu au candidat qui en bénéficie ;
qu'en utilisant l'image du président de la République à l'occasion de sa campagne électorale pour les élections législatives, la coalition Benno Bokk Yakaar a bénéficié indirectement du soutien de cette autorité ;
[...] que dans le cadre d'une période de campagne électorale, ces agissements sont constitutifs d'une rupture du principe d'égalité entre les candidats... ;
[...] en conséquence, faisant droit à la requête de Benno Bokk Gis Gis, la diffusion de l'image du président de la République participant à la campagne électorale [est interdite] et [...] la suppression des affiches comportant son image [ordonnée] » (Cour d'appel de Dakar/Assemblée générale/Chambre du Conseil/22 juin 2012).

La portée de la décision de la Cour d'appel est appréciable au regard de sa compétence exclusive dévolue par l'article LO.123, alinéa 5 (correspondant à l'article 125, alinéa 5 actuel) du Code électoral qui dispose que :

« Saisie d'une réclamation, la Cour d'appel peut, en cas de besoin, adresser des injonctions aux autorités concernées ou au candidat dont l'attitude est incriminée. La Cour d'appel veille à la régularité de la campagne électorale. Ses arrêts en la matière ne peuvent faire l'objet d'aucun recours ».

La solution jurisprudentielle de la prohibition de l'utilisation de l'image du président de la République dans la campagne pour une élection dans laquelle il n'est pas candidat doit valoir également en ce qui concerne tant pour la propagande dans les médias que pour la propagande par affiches et circulaires.

Enfin, l'on peut relever que pour caractériser l'irrégularité de l'apposition des affiches, la Cour d'appel a retenu, entre autres circonstances, « le moment choisi pour implanter ces affiches, à savoir la période électorale ». Mais en dépit de l'absence d'une réglementation en la matière, l'apposition d'affiches sur les panneaux publicitaires avant la campagne électorale – qui participe du phénomène de l'affichage sauvage et contribue ainsi à corser le contrôle de la propagande par voie d'affiches (cf. supra, n° 14-31 et suivants) – doit être néanmoins être soumise au même régime de prohibition.

❖

CHAPITRE VI
OPÉRATIONS ÉLECTORALES, RECENSEMENT DES VOTES ET PROCLAMATION DES RÉSULTATS

Article LO.186.- Les électeurs sont convoqués par décret publié au moins quatre-vingt-dix (90) jours avant la date du scrutin.

Toutefois, en cas d'élection présidentielle organisée en application de l'article 31, alinéa 2 de la Constitution, le décret est pris au plus tard dans les soixante (60) jours avant le scrutin.

Article LO.187.- Les dispositions des articles LO.134 à LO.137 sont applicables aux élections des députés à l'Assemblée nationale.

Article LO.188.- Les dispositions des articles LO.138, et LO.139 sont applicables aux élections des députés à l'Assemblée nationale.

Article LO.189.- La Commission Nationale de Recensement des Votes proclame les résultats et déclare les candidats provisoirement élus.

Article LO.190.- Si aucune contestation relative à la régularité des opérations électorales n'a été déposée au Greffe du Conseil Constitutionnel par l'un des candidats dans les cinq (05) jours suivant la proclamation provisoire, le Conseil constitutionnel déclare les députés définitivement élus.

Les résultats définitifs des élections législatives font l'objet d'une publication dans le Journal Officiel bureau de vote par bureau de vote.

Cette publication est faite également sur internet ou par tout autre moyen de communication.

❖

NOTE SUR LES OPÉRATIONS ÉLECTORALES, LE RECENSEMENT ET LA PROCLAMATION DES RÉSULTATS DES LÉGISLATIVES

20 – 01. *Les opérations électorales, le recensement et la proclamation des résultats des élections législatives, font l'objet des articles LO.182 à LO.186 du Code électoral qui renvoient pour l'essentiel aux articles LO.132 à LO.137 relatifs à l'élection présidentielle, lesdits articles renvoyant eux-mêmes aux dispositions communes qui ont déjà fait l'objet de développements dans la note consacrée au vote (cf. infra nos 15-01 à 15-18 et nos 11-01 à 11-25).*

Aussi la présente note se limitera-t-elle à relever les spécificités des opérations électorales, du recensement et de la proclamation des résultats des élections législatives.

CHAPITRE PREMIER

LA CONVOCATION DES ÉLECTEURS POUR LES LÉGISLATIVES

20 – 02. *L'élection des députés se caractérise par l'unicité du mode de convocation des électeurs découlant de la place très marginale que tient dans le système électoral sénégalais la tenue d'élections partielles qui pourraient avoir pour objet de pourvoir un ou plusieurs sièges vacants de l'Assemblée nationale.*

D'ailleurs, le binôme classique – élection générale et élection partielle – revêt un aspect résiduel dans le système électoral sénégalais du fait du remplacement automatique des députés décédés, définitivement empêchés ou démissionnaires par les candidats titulaires non élus ou par les candidats suppléants en tête de liste dans laquelle s'est produite la vacance et qui a été présentée par un parti politique, une coalition de partis politiques ou des personnes indépendantes.

Ce n'est que lorsqu'une liste est épuisée – ce qui ne risque de se produire que de façon très exceptionnelle – qu'il est procédé à une élection partielle dans les trois mois de la vacance, étant entendu qu'il n'est, en aucun cas, procédé à des élections partielles dans les douze derniers mois de la législature (article L.150, alinéa 3 du Code électoral).

Aux termes des dispositions des articles L.151 et 152 du Code, dans les cas où les mandats sont renouvelés à l'échéance normale – donc sauf cas de dissolution – l'expiration des pouvoirs de l'Assemblée intervient le jour de l'installation de l'Assemblée nationale nouvellement élue et les élections ont lieu entre les soixante (60) jours et les vingt jours qui précèdent l'expiration des mandats.

À noter que cet agencement issu de la réforme de 2017 et de l'institution du nouveau code électoral semble moins précis que les anciennes dispositions qui avaient retenu le dispositif suivant :

- les pouvoirs de l'Assemblée nationale devaient expirer « au plus tard le 30 juin de la cinquième année qui suit son élection, à la date d'ouverture de la première session de l'Assemblée nouvellement élue » (article L.149 de l'ancien Code électoral) ;

- le scrutin pour les élections générales devait se tenir entre le soixantième jour et le vingtième jour qui précèdent la date de l'expiration des mandats des députés (L.150 du Code électoral ancien). Ainsi, au regard des anciens articles L.149 et L.150 combinés du Code électoral, les élections devaient être organisées entre le 30 avril et le 10 mai de la cinquième année de législature.

La nouvelle rédaction semble répondre aux circonstances liées aux aléas en rapport avec les délais d'exécution de la refonte du fichier électoral en cours, qui ne permettaient l'organisation des élections dans ce laps dès lors que la période des inscriptions ne devait être clôturée que le 23 avril 2017.

La publication du décret de convocation des électeurs est faite au moins quatre-vingt-dix jours avant la date du scrutin (LO.186, alinéa 1er du Code électoral).

En cas de dissolution de l'Assemblée nationale et l'organisation consécutive d'élections anticipées, le décret de dissolution pris par le président de la République fixe la date du scrutin pour les élections des députés qui a lieu au moins soixante au moins et quatre-vingt-dix jours au plus après la date de publication du décret conformément à l'article 87 de la Constitution. De même, en cas de vacance de la Présidence, le scrutin a lieu dans les soixante jours au moins et quatre-vingt-dix jours au plus, après la constatation de la vacance par le Conseil constitutionnel comme prévu à l'article 31, alinéa 2 de la Constitution.

Dans tous les cas, l'acte de convocation de l'élection peut donner lieu à un contentieux devant être réglé suivant les mêmes modalités que pour l'élection présidentielle (cf. n° supra n° 14-37).

CHAPITRE II
LES RÉSULTATS PROVISOIRES DES LÉGISLATIVES

Si pour les élections législatives, les règles et techniques de recensement des votes sont identiques à celles qui sont applicables à l'élection présidentielle, la phase de la détermination et de la proclamation des résultats – aussi bien provisoires que définitifs – se déroule suivant des modalités spécifiques.

SECTION PREMIÈRE
LE RECENSEMENT ET LA PROCLAMATION DES RÉSULTATS PROVISOIRES AU NIVEAU DÉPARTEMENTAL

20 – 03. *Conformément à l'article LO.188 du Code électoral, en ce qui concerne le recensement des votes « les dispositions des articles LO.138 et LO.139 sont applicables aux élections des députés de l'Assemblée nationale ». Ainsi les résultats des opérations électorales consignés dans les procès-verbaux des bureaux de vote sont centralisés au niveau des commissions départementales de recensement des votes puis au niveau de la Commission nationale de recensement des votes, commissions qui fonctionnent dans les conditions, objet des développements consacrés aux résultats provisoires de l'élection présidentielle.*

Aussi, sous réserve des spécificités ci-dessous précisées, les observations faites dans la note relative aux résultats provisoires de l'élection présidentielle sont valables, mutatis mutandis, pour les élections législatives (cf. supra n°s 15-01 à 15-18 et remplacer dans le texte « candidat(s) [à l'élection présidentielle] » par « liste(s) de candidats [aux élections législatives] ».

SECTION II
LE RECENSEMENT ET LA PROCLAMATION DES RÉSULTATS PROVISOIRES AU NIVEAU NATIONAL

Après le recensement général des résultats provisoires effectués dans les mêmes conditions que pour l'élection présidentielle, la Commission nationale procède à l'attribution des sièges aux listes de candidats en lice et proclame les résultats provisoires des élections.

I - LE RECENSEMENT GÉNÉRAL DES RÉSULTATS

20 – 04. *La Commission nationale de recensement des votes – dont les modalités de création, la composition, les attributions et les règles et techniques de fonctionnement font l'objet de développements par ailleurs – procède au recensement général des résultats des élections législatives à* *partir des procès-verbaux des commissions départementales et des pièces annexées.*

Elle peut rectifier ou redresser les procès-verbaux de ces dernières commissions soit en cas d'erreur manifeste constatée sur lesdits documents », soit corrélativement au redressement ou à l'annulation des procès-verbaux des bureaux de vote *(cf. supra nos 15-13 à 15-17).*

II - LA RÉPARTITION DES SIÈGES DE DÉPUTÉS

La répartition des sièges de députés est fonction du mode de scrutin et du nombre de suffrages obtenus par les listes de candidats.

A – LA RÉPARTITION EN FONCTION DU MODE DE SCRUTIN

20 – 05. *Aux termes des dispositions des articles LO.144 et L.146 du Code électoral, les cent soixante-cinq (165) députés à l'Assemblée nationale sont élus à raison de cent cinq (105) députés au scrutin majoritaire à un tour sur une liste départementale et de soixante (60) députés au scrutin proportionnel sur une liste nationale ».*

Ainsi, les élections des députés sont faites suivant un scrutin mixte combinant le scrutin majoritaire à la représentation proportionnelle suivant un dosage qui est loin d'être stable si l'on se réfère aux fréquents changements en la matière qu'il convient de rappeler brièvement :

- *la loi n° 76-96 du 21 août 1976 portant Code électoral abrogeant et remplaçant l'ordonnance n° 63-03 du 5 juin 1963 relative à l'élection des députés à l'Assemblée nationale – elle-même modifiée par la loi n° 77-57 du 26 mai 1977 – fixe le nombre de députés à 100 et précise qu'ils sont élus « au scrutin de liste proportionnelle à un tour sur une liste nationale » déposée par les partis politiques légalement constitués (articles LO.87 et L.88) ;*
- *la loi n° 82-10 du 30 juin 1982 portant Code électoral fixe le nombre de députés à 120 et prévoit qu'ils sont élus, pour moitié au scrutin majoritaire à un tour dans le ressort du département et pour moitié au scrutin proportionnel sur une liste nationale (article L.119) ;*
- *la loi n° 89-33 du 12 octobre 1989 – modifiant les articles LO.118 et L.119 du Code électoral – a décidé que les 120 députés à l'Assemblée nationale sont élus à la représentation proportionnelle sur des listes départementales ;*
- *le Code électoral – objet de la loi n° 92.15 du 7 février 1992 – prévoit en ses articles LO.139 et L.141 que les 120 députés de l'Assemblée nationale sont élus en raison de 50 députés au scrutin majoritaire à un tour dans le ressort du département, et de 70 députés au scrutin proportionnel sur une liste nationale ;*

- *la loi n° 98-16 du 12 mars 1998 modifiant les articles LO.139 et L.141 du Code électoral a retenu que les députés au nombre de 140 sont élus en raison de 70 députés au scrutin majoritaire à un tour dans le ressort du département et de 70 députés au scrutin proportionnel sur une liste nationale ;*
- *l'ordonnance présidentielle n° 2001-05 du 15 février 2001 qui a modifié les articles LO.139 et L.141 du Code électoral en vigueur, a fixé à 120 le nombre de députés qui sont élus pour 65 députés au scrutin majoritaire à un tour dans le ressort du département, et pour 55 députés au scrutin proportionnel sur une liste nationale ;*
- *la loi organique n° 2006-38 du 21 novembre 2006 modifiant les articles LO.139 et L.142 du Code électoral a fixé le nombre de députés à l'Assemblée nationale à 150 élus, à raison de 90 députés au scrutin majoritaire à un tour dans le ressort du département, et de 60 députés au scrutin proportionnel sur une liste nationale ;*
- *la loi n° 2014-18 du 15 avril 2014 portant Code électoral a conservé le même nombre de députés retenu dans cette dernière loi et la même distribution entre les deux scrutins ;*
- *la loi n° 2017 du 18 avril 2017 portant Code électoral actuellement en vigueur a prévu une Assemblée nationale composée de 165 députés, dont 105 sont élus au scrutin majoritaire à un tour dans le ressort du département, et de 60 députés au scrutin proportionnel sur une liste nationale.*

*Cette évolution dont les justifications ne sont que rarement énoncées de manière explicite participe de la « cuisine électorale « et illustre le propos de Jean-Marie Cotteret et Claude Émeri, faisant remarquer de manière imagée qu'« entre le scrutin majoritaire et la présentation proportionnelle, le législateur procède comme [...] pour un cocktail : un doigt de représentation proportionnelle et deux doigts de scrutin majoritaire, ou vice versa. Dans tous les cas, l'inventeur est souvent plus satisfait de son mélange que le consommateur – électeur [même si] les résultats ne vont pas toujours dans le sens des intentions » (*Les systèmes électoraux, *PUF, coll. « Que sais-je ? », 1994).*

En effet, le choix des modes de scrutin obéit en réalité souvent à des stratégies politiques opportunistes dont les effets recherchés ne sont pas toujours au rendez-vous en raison notamment de la volatilité des opinions qui rend aléatoire l'interprétation des données statistiques relatives aux élections passées et les anticipations prédictives des occurrences ultérieures.

Le déroulement du scrutin électoral mixte en vigueur – dont les différentes phases sont régies par les règles et techniques, objet des développements faits ci-dessus – donne lieu, par un seul vote de l'électeur, à l'émission d'un double suffrage et à un décompte séparé des résultats de vote, en application de l'article L.146, alinéa 4 du Code électoral qui dispose qu'il n'est utilisé qu'un seul bulletin de vote pour les deux modes de scrutin.

Ainsi, par le double suffrage émis, l'électeur exprime, d'une part, son choix en faveur d'un candidat ou de la liste de candidats présentée au scrutin majoritaire dans le ressort du département, d'autre part, son choix en faveur de la liste de candidats présentée au scrutin de la liste nationale à la représentation proportionnelle.

Au vu des procès-verbaux des commissions départementales de recensement et des pièces annexées et après avoir procédé aux annulations et aux redressements nécessaires (cf. supra nos 15-03 à 15-17), la Commission nationale effectue un décompte séparé des résultats du vote avec d'une part les résultats de chaque département, d'autre part les résultats globaux des votes dont dépend respectivement l'attribution des sièges aux deux scrutins.

B - L'ATTRIBUTION DES SIÈGES AU SCRUTIN MAJORITAIRE

20 – 06. *L'article L.147 alinéa 1er du Code électoral dispose que dans chaque département, seront élus, dans la fourchette d'un député au moins et sept députés au plus, des députés dont le nombre est déterminé par décret en tenant compte de l'importance démographique et chaque département, étant entendu que le département peut correspondre à la collectivité territoriale de l'intérieur ou à l'un des « départements de l'extérieur du pays », spécifié à l'article 146, alinéa 3 du Code.*

Sont proclamés élus dans chaque département, les candidats de la liste qui a obtenu le plus grand nombre de suffrages valablement exprimés ou, s'il n'y a qu'un seul siège à pouvoir dans le département, le candidat ayant obtenu le plus grand nombre de suffrages.

Ainsi, si l'on se rapporte en la matière à la typologie classique, le législateur a institué un scrutin majoritaire à un tour qui peut être uninominal ou plurinominal.

Le scrutin est uninominal dans le département où il n'y a qu'un seul siège à pourvoir et dans lequel l'électeur choisit un candidat bien individualisé.

Il est plurinominal lorsque l'électeur doit désigner deux ou plusieurs électeurs en même temps sur une liste dite bloquée dès lors qu'il ne lui est pas possible d'en modifier la composition.

Ce mode de scrutin présente l'avantage d'être simple pour l'électeur tant du point de vue de la technique du vote que de la faculté à mieux identifier les candidats pour un choix plus éclairé et une meilleure lisibilité des enjeux électoraux, surtout dans les circonscriptions où ils sont peu nombreux ; il lui est également souvent conféré des vertus stabilisatrices de la majorité politique issue de l'élection.

Par contre, surtout quand il est à un tour, ce mode de scrutin peut contribuer à biaiser la représentation parlementaire en favorisant les grands partis qui peuvent avec une très faible majorité relative remporter un nombre disproportionné de sièges.

Exemples :

- à l'occasion des élections législatives du 24 mai 1998, le Parti socialiste alors au pouvoir, en obtenant 616 847 suffrages sur un nombre de 1 229 123 suffrages exprimés, soit 50,18 %, a remporté 58 des 70 sièges mis en compétition au scrutin majoritaire au niveau des départements. Par contre, avec 60 760 suffrages obtenus, soit 4,9 %, correspondant à un gain de 4 sièges au scrutin proportionnel qui serait organisé dans les mêmes conditions, And-Jëf/Parti Africain pour la Démocratie n'a obtenu aucun siège au scrutin majoritaire ;

- à l'occasion de celles de 1er juillet 2012, la coalition Benno Bokk Yakaar, à la quête de la « majorité présidentielle » avec 1 040 899 suffrages obtenus sur un nombre de suffrages valablement exprimés de 1 961 776, soit 53 %, a obtenu 87 des 90 sièges mis en compétition au scrutin majoritaire de liste départementale et 32 des 60 sièges du scrutin proportionnel de liste nationale, alors qu'avec 298 846 suffrages obtenus, soit 15 % des suffrages valablement exprimés, le Parti démocratique sénégalais n'obtenait que 3 sièges au scrutin majoritaire de liste départementale et 9 sièges au scrutin proportionnel de liste nationale.

C - L'ATTRIBUTION DES SIÈGES AU SCRUTIN DE LISTE NATIONAL À LA REPRÉSENTATION PROPORTIONNELLE

20 – 07. *La prise en compte de tous les votes des électeurs de l'ensemble des circonscriptions électorales pour le scrutin de liste nationale à la représentation proportionnelle donne lieu à ce niveau à une dissociation du processus électoral en deux branches ; l'élection à ce type de scrutin se déroule dès lors dans des conditions spécifiques par rapport au scrutin majoritaire.*

1 – Les caractères généraux du scrutin de liste à la représentation proportionnelle

20 – 08. *Dans le cadre de ce scrutin qui suppose la présentation d'une liste de 60 candidats au niveau de ce qu'on peut considérer comme une circonscription électorale nationale dans les conditions prévues par la loi, l'électeur, pour émettre son vote, n'a pas la possibilité de modifier la* *composition ou l'ordre de présentation de la liste proposée dite pour cette raison « liste bloquée ».*

Pour déterminer les résultats du scrutin à la représentation proportionnelle, il est appliqué, comme prescrit à l'article L.149 du Code électoral, le système du quotient national qui est déterminé en divisant le nombre total de suffrages valablement exprimés par le nombre de députés à élire. Et, autant de fois ce quotient est contenu dans le nombre des suffrages obtenus par chaque liste, autant celle-ci obtient de candidats élus. La répartition des sièges non attribués au quotient se fait selon le système du plus fort reste.

Plusieurs phases peuvent être ainsi distinguées dans la procédure de détermination des candidats élus.

2 – Les mécanismes de la mise en œuvre du scrutin de liste à la représentation proportionnelle

Les sièges en compétition sont attribués au quotient – quotient préalablement déterminé – puis au plus fort reste.

§ 1 - Le calcul du quotient électoral

20 – 09. *Le nombre de suffrages valablement exprimés (SVE) dans l'ensemble des circonscriptions départementales, dont les résultats sont centralisés au niveau de la Commission nationale étant égal par exemple à 5 000 000, pour obtenir le quotient national (QE), ce nombre est divisé par 60, représentant le nombre de sièges à pouvoir (SP) soit :*

QE = SVE /SP = 5 000 000/60 = 83 333,33

Le quotient électoral devant être arrondi à l'entier inférieur dès lors que le suffrage ne peut se diviser sera ainsi, dans le cas d'espèce, égal à 83 333 et il faudra autant de fois ce nombre de suffrages valablement exprimés pour obtenir un ou plusieurs élus parmi les 60 sièges de députés à pourvoir par le biais du scrutin proportionnel.

§ 2 - L'attribution des sièges au quotient

20 – 10. *Dans l'hypothèse de la présentation de dix listes de candidats au scrutin national à la représentation proportionnelle, elles obtiennent respectivement le nombre de suffrages suivants :*

A : 2 150 000 / B : 600 000 / C : 550 000 / D : 400 000 / E : 350 000 / F : 300 000 / G : 250 000 / H : 200 000 / I : 150 000 / J : 50 000.

En divisant le nombre de suffrages obtenus pour chaque liste de candidats par le quotient électoral et attribuant à chacune autant de sièges qu'il a obtenu de fois le quotient, elles obtiennent :

Liste A	*2 150 000 /83 333*	*25 sièges*	*Reste de : (2 150 000 -2 083 325)= 66 675 suffrages*
Liste B	*600 000 /83 333*	*7 sièges*	*Reste de : (600 000 - 583 331) = 16 669 suffrages*
Liste C	*550 000 /83 333*	*6 7sièges*	*Reste de : (550 000 - 499 998) = 50 002 suffrages*
Liste D	*400 000 /83 333*	*4 sièges*	*Reste de : (400 000 - 33 332) = 66 668 suffrages*
Liste E	*350 000 /83 333*	*4 sièges*	*Reste de : (350 000 - 33 332) = 16 668 suffrages*
Liste F	*300 000 /83 333*	*3 sièges*	*Reste de : (300 000 - 249 999) = 50 001 suffrages*
Liste G	*250 000 /83 333*	*3 sièges*	*Reste de : (250 000 - 249 999) = 1 suffrage*
Liste H	*200 000 /83 333*	*2 sièges*	*Reste de : (200 000 - 166 666) = 33 334 suffrages*
Liste I	*150 000 /83 333*	*1 siège*	*Reste de : (150 000 - 83 333) = 66 667 suffrages*
Liste j	*50 000 /83 333*	*0 siège*	*50 000 suffrages obtenus (inférieurs au quotient)*

Cinquante-quatre (54) sièges sont ainsi attribués au quotient.

§ 3 - L'attribution des sièges non pourvus au plus fort reste

***20 – 11.** Les sièges non pourvus au quotient qui sont au nombre de six sont attribués – suivant le système du plus fort reste – aux listes qui ont le plus grand de suffrages n'ayant pas servi dans la phase précédente de l'attribution des sièges au quotient.*

Ainsi même les listes n'ayant pas obtenu un nombre de suffrages égal ou supérieur au quotient national et qui ainsi n'ont encore obtenu aucun siège à la suite de la répartition au quotient ne peuvent être exclues de la répartition des sièges au plus forte reste.

Et dans l'hypothèse présentée ci-dessus, l'attribution au plus fort reste est effectuée ainsi :

Liste A	*Nombre de suffrages non utilisés de 66 675*	*1 siège*
Liste D	*Nombre de suffrages non utilisés de 66 668*	*1 siège*
Liste I	*nombre de suffrages non utilisés de 66 667*	*1 siège*
Liste C	*nombre de suffrages non utilisés de 50 002*	*1 siège*
Liste F	*nombre de suffrages non utilisés de 50 001*	*1 siège*

Le nombre de sièges attribué au quotient (55) et celui attribué au plus fort reste (5), soit 60 sièges, constituent le nombre total de députés élus au scrutin de liste nationale à la représentation proportionnelle.

L'on remarquera que même si la représentation proportionnelle restitue, plus fidèlement dans les résultats obtenus, la physionomie de l'électorat comparée au scrutin de liste majoritaire qui amplifie exagérément le score des groupements les plus importants et qui comporte également quelques inconvénients.

Dans l'exemple ci-dessus, une distorsion peut néanmoins être relevée si l'on considère le résultat de la liste J, *qui n'obtient aucun siège avec un reste de 50 000, alors que la liste* F *obtenait un quatrième siège avec un reste de 50 001.*

La représentation proportionnelle favorise également l'émiettement des courants politiques qui se traduit en une diversité de listes de candidats que ne sauraient justifier des spécificités idéologiques ou programmatiques significatives.

Pour atténuer cet inconvénient, il peut être fixé par le législateur un seuil d'admission des listes de candidats à la répartition au plus fort reste. Ainsi ne pourraient participer à cette répartition que les listes de candidats qui auront obtenu un pourcentage déterminé des suffrages exprimés, comme par exemple celles qui auront dépassé le seuil de 5 % ou un seuil moindre.

Il faut néanmoins relever in fine que la mixité du mode électif des députés adoptée par le législateur sénégalais qui combine le scrutin de liste nationale proportionnel et le scrutin départemental majoritaire constitue une tentative de correction des inconvénients des deux modes de scrutin. Ce que conforte d'ailleurs l'exposé des motifs de la loi n° 92-16 du 7 février 1992 portant ancien Code électoral ainsi qu'a eu à le rappeler opportunément par le Conseil constitutionnel en ces termes :

> *« ce mode de scrutin allie la nécessité d'une majorité stable et la prise en compte des différentes forces politiques du pays » (Conseil constitutionnel, Décision, Séance du 12 mai 2001).*

III - LA PROCLAMATION DES RÉSULTATS PROVISOIRES DES ÉLECTIONS LÉGISLATIVES

20 – 12. *La Commission nationale de recensement des votes établit les procès-verbaux des travaux et proclame les résultats provisoires dans les mêmes conditions que pour l'élection présidentielle (cf. supra n° 15-18).*

❖

CHAPITRE VII
CONTENTIEUX

Article L.191.- Tout candidat au scrutin dispose d'un délai de cinq (05) jours à compter de la proclamation provisoire des résultats par la Commission Nationale de Recensement des Votes pour contester la régularité des opérations électorales.

Il est fait application de l'article LO.141.

Article LO.192.- La requête est communiquée par le Greffier en chef du Conseil constitutionnel aux mandataires des différentes listes en présence qui disposent d'un délai maximum de trois (03) jours francs pour déposer leur mémoire en réponse. Il est donné récépissé du mémoire par le Greffier en chef.

Toutefois les requêtes irrecevables ou ne contenant que les griefs qui, manifestement, ne peuvent avoir aucune influence définitive ou annulation de l'élection sont rejetées, par décision motivée, sans instruction contradictoire préalable.

Article LO.193.- Le Conseil Constitutionnel statue sur la requête dans les cinq (05) jours qui suivent son dépôt. Son arrêt emporte proclamation définitive ou annulation de l'élection.

En cas d'annulation, il est procédé à un nouveau scrutin dans les vingt-et un (21) jours qui suivent.

Article LO.194.- La déchéance prévue par l'article LO.158 du présent Code est constatée par le Conseil constitutionnel à la requête du bureau de l'Assemblée nationale, d'un groupe de députés, conformément au règlement intérieur de l'Assemblée nationale ou du Président de la République.

En outre, en cas de condamnation définitive postérieure à l'élection, la déchéance est constatée, dans les mêmes formes, à la requête du Ministère public.

❖

NOTE SUR LE CONTENTIEUX ET LA PROCLAMATION DES RÉSULTATS DÉFINITIFS DES ÉLECTIONS LÉGISLATIVES

Saisi par requête de réclamations, le Conseil constitutionnel peut procéder à l'instruction de la cause avant de rendre sa décision emportant proclamation des résultats définitifs des élections des députés ou annulation totale ou partielle des opérations électorales.

CHAPITRE PREMIER
LA SAISINE DU CONSEIL CONSTITUTIONNEL

Déposée dans les formes et délais légaux, la requête comportant contestation de la régularité des opérations électorales doit avoir un objet déterminé pour être examinée au fond par le Conseil constitutionnel.

SECTION PREMIÈRE
LE DÉLAI ET L'OBJET DU RECOURS

***21 – 01.** Aux termes de l'article L.191 du Code électoral, tout candidat au scrutin dispose d'un délai de cinq jours à compter de la proclamation des résultats provisoires par la Commission nationale de recensement des votes pour contester la régularité des opérations électorales.*

L'article L.86, alinéa 8 auquel renvoie l'article LO.139, alinéa 2 applicable en vertu de l'article L.188 à l'élection des députés à l'Assemblée nationale, prescrivant la proclamation des résultats provisoires par la Commission nationale de recensement des votes au plus tard à minuit, le vendredi qui suit le scrutin, le délai imparti pour saisir le Conseil constitutionnel expire dans les cinq jours suivant cette proclamation.

Et même si, pour une raison quelconque, la Commission nationale ne parvient pas à procéder à cette proclamation, le délai de recours commencera toujours à courir à partir du vendredi suivant le scrutin, à minuit. Dans un tel cas, les procès-verbaux des commissions départementales accompagnés des pièces annexes sont, comme indiqué à l'article L.86, alinéa 9, transmis avec un rapport du président de la Commission nationale au Conseil constitutionnel qui examine les réclamations avant de proclamer les résultats définitifs.

Ce dispositif légal se justifie par le fait que ce ne sont pas les résultats provisoires tels qu'ils résultent des travaux de la Commission nationale qui sont attaqués par les éventuels recours portés devant le Conseil constitutionnel, mais il s'agit plutôt de contestations de la régularité des opérations électorales elles-mêmes, comme indiqué à l'article L.191.

Le recours porté devant le Conseil constitutionnel ayant pour objet de contester la régularité des opérations électorales vise soit l'annulation de tout ou partie de celles-ci soit le redressement des résultats provisoires tels qu'ils ont été proclamés soit par les bureaux de vote, soit par les commissions de recensement (cf. supra nos 15-13 à 15-18).

SECTION II

L'AUTEUR DU RECOURS

21 – 02. *L'article LO.191 du Code électoral habilite « tout candidat au scrutin » à contester la régularité des opérations électorales devant le Conseil constitutionnel.*

Mais quid alors des mandataires des listes et des avocats-conseils ?

Si l'article sus-cité ne vise expressément que les candidats au scrutin, il faut néanmoins admettre que les mandataires des listes de candidats sont admis pour les élections législatives – contrairement à l'élection présidentielle (cf. supra n° 16-04) – à introduire des requêtes, mais les avocats-conseils ne peuvent en faire de même.

Cette solution a d'ailleurs été consacrée par le Conseil constitutionnel (Décision, séance du 12 mai 2001, affaires n° 56 à 12/E/2001).

Le Conseil a en outre précisé que :

« la requête présentée dans le délai de la loi par le mandataire désigné d'une liste de candidats, habilité expressément par les articles L.145 [correspondant à l'article L.172 actuel] et l'article LO.164 [correspondant à l'article LO.190 actuel] du Code électoral à déposer des déclarations de candidatures, à recevoir communication de toute requête présentée au Conseil constitutionnel et à présenter, le cas échéant, un mémoire en réponse, est également recevable en la forme [car], affirmer le contraire serait réduire à néant tout un ensemble de dispositions de Code électoral » (Décision n° 10/93, séance du 24 mai 1993).

Le Conseil a ajouté également qu'il est de jurisprudence constante que :

« la requête aux fins de contestation d'une élection n'est pas recevable lorsque le requérant prétend agir en qualité de mandataire, mais ne présente pas de mandat justifiant de sa qualité [...] » (même décision que ci-dessus).

Par contre, la haute juridiction considère que :

« [la] requête présentée et signée par le seul conseil d'un candidat qui figure sur [une] liste [...] n'est pas conforme aux prescriptions légales [et que] la représentation du requérant par une tierce personne n'est admise que pour les actes de procédure autres que la requête » (*même décision que ci-dessus*).

Il faut enfin noter que le simple électeur ou l'Administration n'est pas admis à contester la régularité des opérations électorales.

Il en est de même également de tous autres groupements politiques. En effet, statuant en matière électorale, en vue de la proclamation définitive des résultats des élections législatives du 1er juillet 2012, à la requête de la coalition Benno Bokk Yakaar, le Conseil constitutionnel a déclaré irrecevables les requêtes déposées par un un groupement politique au motif suivant :

« Benno Bokk Yakaar [étant] une coalition de partis politiques et de mouvements de soutien n'a pas qualité au regard des dispositions de l'article L 185 [correspondant à l'article L.191 actuel] du Code électoral qui ne confèrent le droit de recours qu'aux seuls candidats pour saisir le Conseil constitutionnel ».

SECTION III
LA FORME ET LES ÉNONCIATIONS DU RECOURS

21 –03. *Déposée en la forme écrite au greffe du Conseil constitutionnel, la requête doit, à peine d'irrecevabilité, préciser les faits et les moyens allégués comme prescrit à l'article LO.141 auquel renvoie l'article L.191, alinéa 2 du Code électoral relatif à l'élection des députés à l'Assemblée nationale (cf. supra nº 16-06).*

Les faits allégués dans la requête s'entendent de la matérialité des irrégularités qui ont pu émailler le déroulement des opérations électorales.

Les moyens qui relèvent de la catégorie des moyens de fait ou de celle des moyens de droit sont des arguments qui fondent les prétentions tendant soit à l'annulation de tout ou partie des opérations électorales, soit au redressement des résultats, qui serait susceptible de changer l'issue des élections.

Ainsi, doit être déclarée irrecevable toute requête qui, même fondée sur des faits avérés et des moyens apparemment pertinents, n'est pas de nature à changer de manière significative la configuration de l'élection.

Ce changement intervient soit par l'annulation totale ou partielle des opérations électorales, soit exceptionnellement par la réformation par suite de redressement des résultats de nature à entraîner l'élection d'un ou des candidats qui ne l'étaient pas au vu des résultats provisoires.

CHAPITRE II

L'INSTRUCTION DE LA CAUSE

21 – 04. *Sous réserve des dispositions de l'article LO.191, alinéa 2 du Code électoral qui prévoit que les requêtes irrecevables ou ne contenant que les griefs qui, manifestement, ne peuvent avoir aucune influence sur le résultat des élections, sont rejetées par décision motivée sans instruction contradictoire préalable, la requête déposée au greffe du Conseil est communiquée par le greffier en chef aux mandataires des différentes listes en présence, qui disposent d'un délai maximum de trois jours francs pour déposer leur mémoire en réponse contre récépissé du greffier en chef, conformément à l'alinéa 1er du même article* *(cf. supra n° 16-07).*

CHAPITRE III

LA DÉCISION DU CONSEIL

21 – 05. *Aux termes des dispositions de l'article LO.193 du Code électoral, le Conseil constitutionnel statue sur les requêtes dont il saisit dans les cinq jours qui suivent leur dépôt par arrêt comportant proclamation définitive des résultats ou annulation de tout ou partie de l'élection.*

Un tel délai peut paraître court dans l'hypothèse où la Commission nationale n'a pu rédiger le procès-verbal de ses travaux et qu'il revient au Conseil constitutionnel, sans le déblayage en amont par la Commission nationale des résultats, d'exploiter les procès-verbaux des bureaux de vote avant la proclamation des résultats définitifs.

SECTION PREMIÈRE

LA PROCLAMATION DES RÉSULTATS DÉFINITIFS

21 – 06. *Si aucune contestation de la régularité des opérations électorales n'a été déposée dans les formes et délais légaux ou en cas de rejet des requêtes dont il a été saisi, le Conseil constitutionnel déclare les députés définitivement élus après avoir procédé aux redressements nécessaires.*

C'est ainsi que le Conseil a eu à proclamer les résultats définitifs du scrutin pour les élections législatives du 3 juin 2007 des députés à l'Assemblée nationale, en précisant qu'au vu du rapport en date du 7 juin 2007 du président de la Commission nationale de recensement des votes et du procès-verbal de proclamation provisoire des résultats du scrutin accompagné des documents électoraux, aucun candidat n'ayant, à compter de la proclamation des résultats provisoires, contesté la régularité des opérations électorales dans les délais prescrits, après les corrections nécessaires et en prenant en compte les procès-verbaux de recensement des votes non parvenus à la Commission nationale lors de ses délibérations, il y'a lieu de proclamer les résultats définitifs (Conseil constitutionnel, Décision, séance du 14 juin 2007).

Le Conseil peut ainsi redresser les résultats par suite de réclamations dont il est saisi comme il peut y procéder d'office et proclamer des résultats définitifs différents des résultats provisoires (cf. supra n° 16-11). À ce propos, l'on notera que même si le redressement est exceptionnel dans le droit électoral classique, dans le contexte national actuel caractérisé par une imbrication des scrutins majoritaires départementaux et du scrutin proportionnel national en raison de l'unicité du vote, le juge électoral doit, sans tomber dans la complaisance, être plus ouvert à cette solution afin d'éviter autant que possible les conséquences onéreuses en termes d'investissement humain et matériel d'une annulation-reprise des élections.

SECTION II
L'ANNULATION DES OPÉRATIONS ÉLECTORALES

21 – 07. *L'annulation peut affecter tout ou partie seulement des opérations électorales.*

I - L'ANNULATION PARTIELLE DES OPÉRATIONS ÉLECTORALES

Le Conseil peut annuler les opérations électorales d'un nombre déterminé de bureaux de vote ou les opérations de tel ou tel autre département.

Si l'annulation des opérations électorales de certains bureaux de vote peut ne pas être de nature à influer décisivement sur le résultat du scrutin, il en est autrement quand les opérations électorales sont annulées à l'échelle d'un département.

En effet, dans ce dernier cas, outre le fait que le ou les siège(s) de députés à élire dans le département concerné rend(ent) nécessaire la reprise des élections dans ce département, les résultats du scrutin de liste nationale à la représentation proportionnelle ne peuvent faire l'objet d'une proclamation définitive en raison de l'imbrication des mécanismes de recensement des résultats de deux scrutins pour lesquels il n'est utilisé qu'un seul bulletin de vote à l'occasion des mêmes opérations électorales.

Ainsi, l'avantage d'un seul et même bulletin pour des élections distinctes, dont les opérations sont ainsi simplifiées, a comme pendant négatif le fait que toute annulation nécessitant la reprise de l'élection au niveau d'une circonscription électorale donnée fait peser une lourde hypothèque sur le scrutin de liste nationale. Les résultats de ce scrutin ne pourront être déterminés avec certitude qu'au vu des résultats de l'ensemble des circonscriptions départementales.

Toutefois, en raison de l'imbrication du scrutin proportionnel national et du scrutin majoritaire départemental, dont les résultats sont comptabilisés à partir des mêmes résultats consignés dans les procès-verbaux des bureaux de vote, les techniques de retranchement hypothétique ou de rajout hypothétique peuvent être un moyen de sauvegarde des résultats de l'élection sans abuser de l'esquive commode du juge électoral consistant à se retrancher derrière le motif facile de l'absence d'une démonstration de l'influence déterminante des irrégularités sur l'issue du scrutin pour préserver les résultats *(cf. supra n° 15-17).*

II - L'ANNULATION DE L'ENSEMBLE DES OPÉRATIONS ÉLECTORALES

Si le Conseil constitutionnel estime que les irrégularités ayant émaillé les élections ont pu avoir un effet décisif sur les résultats qui, ainsi, ne présente aucune garantie de sincérité, l'annulation des élections est prononcée et il est alors procédé, comme indiqué à l'article LO.193, alinéa 2 du Code électoral, à un nouveau scrutin dans les vingt-et-un jours qui suivent *(cf. supra n° 16-10).*

❖

TITRE IV

DE L'ÉLECTION DES HAUTS CONSEILLERS

CHAPITRE PREMIER
COMPOSITION, MODE D'ÉLECTION ET DURÉE DU MANDAT DES HAUTS CONSEILLERS

Article LO.195.- Le nombre de Hauts conseillers est fixé à cent cinquante (150) ainsi répartis :

- Quatre-vingts (80) Hauts conseillers élus dans les départements ;
- Soixante-dix (70) Hauts conseillers nommés par le Président de la République.

Article LO.196.- Dans chaque département, sont élus trois (3) Hauts conseillers au plus et un (1) conseiller au moins.

Le nombre de Hauts conseillers à élire dans chaque département est déterminé par décret en tenant compte de l'importance démographique respective de chaque département.

Article LO.197.- Tout parti politique, toute coalition de partis politiques légalement constitués ou toutes entités regroupant des personnes indépendantes, ayant satisfait aux conditions exigées à l'alinéa 3 du présent article, peuvent présenter une liste de candidats. Un mandataire est désigné au niveau national, à cet effet.

La parité homme-femme s'applique à toutes les listes à chaque fois qu'il y a plus d'un siège à pourvoir.

S'agissant de la participation des coalitions de partis politiques et des personnes indépendantes, le nom de la coalition ou celui de l'entité regroupant les personnes indépendantes doit être notifié au Ministre chargé des élections au plus tard la veille du dépôt des déclarations de candidature.

Toutefois, pour pouvoir présenter valablement une liste de candidats, les personnes indépendantes concernées doivent recueillir la signature de 5 % des conseillers du département. Les signatures sont déposées au moment de la notification du nom de l'entité.

En tout état de cause, le parti politique, la coalition de partis politiques ou l'entité regroupant les personnes indépendantes, peut choisir un titre pour sa liste.

❖

Article R.83.- **Les 5 % des conseillers du département dont la signature doit être recueillie par les entités regroupant des personnes indépendantes, pour pouvoir valablement présenter une liste de candidats, conformément à l'articleLO.197, alinéa 4, sont fixés par arrêté du Ministre chargé des élections.**

❖

Article LO.198.- Les Hauts conseillers à élire dans le département sont élus au scrutin majoritaire à un tour sur une liste départementale.

Les sièges sont attribués conformément aux dispositions des alinéas 3 et 4 de l'article L.147 du Code électoral.

Article LO.199.- Les Hauts conseillers sont élus dans chaque département par un collège électoral composé de :

1) des conseillers départementaux ;
2) des conseillers municipaux.

En relation avec les Préfets et les Sous-préfets, les services compétents du Ministère chargé des élections dressent, après recensement exhaustif, la liste électorale du département.

La liste doit obligatoirement comporter l'ensemble des membres du collège électoral du département.

Aucun électeur ne peut se prévaloir de plusieurs mandats électifs pour voter plus d'une fois dans le même scrutin.

Il est fait usage de la carte d'identité biométrique CEDEAO lors du vote.

Les modalités de l'établissement des listes électorales des départements sont déterminées par arrêté du Ministre en charge des élections.

Article LO.200.- Le membre du collège électoral dont l'élection est contestée prend part au vote.

Article LO.201.- Chaque liste de candidats, dans le ressort du département, comprend autant de candidats suppléants que de sièges à pourvoir.

En cas de vacance, il est fait appel au candidat suppléant du même sexe si le département compte plus d'un siège. Lorsqu'une liste est ainsi épuisée, il est procédé à une élection partielle dans les trois

(3) mois de la vacance qui l'a rendue nécessaire. Il n'est toutefois pas procédé à des élections partielles dans les douze (12) derniers mois du mandat du Haut Conseil des Collectivités territoriales.

Article LO.202.- La durée du mandat des Hauts conseillers est de cinq (5) ans. Il expire le 30 du mois de son installation lors de la cinquième année. Sauf cas de dissolution, les élections ont lieu entre les soixante (60) jours et les vingt (20) jours qui précèdent l'expiration du mandat.

Les Hauts conseillers des collectivités territoriales restent en fonction jusqu'à l'installation de la nouvelle assemblée.

❖

CHAPITRE II
CONDITIONS D'ÉLIGIBILITÉ ET INÉLIGIBILITÉS

Article LO.203.- Pour être élu au Haut Conseil des Collectivités territoriales, le conseiller doit être âgé de vingt-cinq (25) ans au mois au jour du scrutin.

Tout candidat au Haut Conseil des Collectivités territoriales doit être inscrit sur la liste électorale d'une commune du département où il se présente.

Les autres conditions d'éligibilité et les inéligibilités sont les mêmes que celles prévues aux articles LO.155 à LO.158 du Code électoral.

❖

CHAPITRE III
INCOMPATIBILITÉS

Article LO.204.- Le mandat de Haut conseiller est incompatible avec la qualité de député, celle de membre du Gouvernement et celle de membre du Conseil économique, social et environnemental.

❖

CHAPITRE IV
DÉCLARATION DE CANDIDATURE

Article LO.205.- Tout parti politique, toute coalition de partis politiques légalement constitués ou toutes entités regroupant des personnes indépendantes, désireux de participer à l'élection des Hauts conseillers, doivent faire une déclaration de candidature.

Ces déclarations doivent comporter :

1) le nom du parti politique, de la coalition de partis politiques ou de l'entité des personnes indépendantes et éventuellement le titre de la liste ;

2) la couleur, le symbole et éventuellement le sigle choisis pour l'impression des bulletins de vote (accompagnée de la maquette sur support papier ou électronique pour renseigner sur la nuance des couleurs et leur disposition sur ledit bulletin) ;

3) la liste, en doubles exemplaires, portant pour chaque candidat titulaire et suppléant : les prénom, nom, date et lieu de naissance, numéro d'inscription sur les listes électorales d'une commune, adresse, profession avec la précision du service et du lieu d'affectation s'il est agent de l'État ;

4) l'indication du département où la liste se présente.

Les listes présentées doivent être complètes et indiquer l'ordre de présentation des candidats titulaires et suppléants.

Un même candidat ne peut se présenter dans plus d'un département ni sur plus d'une liste. Il ne peut être à la fois candidat et suppléant d'un autre candidat.

Article LO.206.- Les déclarations de candidatures doivent être accompagnées, pour chaque candidat (titulaire et suppléant), des pièces suivantes :

- un extrait d'acte de naissance datant de moins de six (06) mois ou la photocopie légalisée de la carte nationale d'identité ;
- un bulletin n° 3 du casier judiciaire datant de moins de trois (03) mois ;
- une déclaration sur l'honneur par laquelle le candidat certifie qu'il pose sa candidature, qu'il n'est candidat que sur cette liste et qu'il ne se trouve dans aucun des cas d'inéligibilité prévus par le Code électoral ;
- une attestation par laquelle le parti politique ou la coalition de partis politiques ou l'entité regroupant les personnes indépendantes investit l'intéressé en qualité de candidat.

Dans tous les cas, les modèles de déclaration de candidature sont fixés par arrêté du Ministre chargé des élections.

❖

Article R.84.- **Les déclarations de candidature prévues à l'article LO.206 sont établies selon les modèles fixés par arrêté du Ministre chargé des Élections. Ces modèles comprennent :**

- **le bordereau de dépôt ;**
- **la déclaration d'investiture des candidats :**
- **la déclaration de candidature ;**
- **la déclaration individuelle de candidature ;**
- **le formulaire de présentation des listes de candidats ;**
- **le formulaire de recueil des signatures exigées des entités de personnes indépendantes.**

Article R.85.- La déclaration individuelle de candidature doit être signée par le candidat.

❖

Article LO.207.- Les dossiers de candidatures sont déposés, avec bordereau d'envoi, au Ministère chargé des élections auprès d'une commission instituée par arrêté, vingt (20) jours au moins et trente-cinq (35) au plus avant la date du scrutin, par le mandataire choisi à cet effet. Le double de la liste déposé est destiné à la CENA

Mention est faite de l'heure exacte du dépôt. Aucune substitution ni aucun retrait de candidature ne sont admis.

La commission de réception, au vu du bordereau et après un contrôle sommaire et contradictoire avec le mandataire sur les pièces du dossier de déclaration de candidature, lui délivre immédiatement un récépissé pour attester du dépôt matériel. Ce récépissé est dûment visé par le superviseur de la CENA pour authentifier le contrôle du dépôt dans les formes et les délais légaux. Il ne préjuge pas de la recevabilité des candidatures présentées.

La commission procède à l'analyse des dossiers dans les quarante-huit (48) heures qui suivent le dépôt matériel. Les remplacements des candidats inéligibles sans préjudice de l'ordre d'investiture et la substitution de pièces périmées ou comportant des erreurs matérielles sont, le cas échéant, immédiatement notifiés au mandataire de la liste concernée. Celui-ci dispose de trois (03) jours pour y remédier sous peine de rejet de la candidature concernée.

Article LO.208,- Dans le cadre de l'analyse des dossiers de candidature, les articles L.176 et L.177 du Code électoral sont applicables.

Article LO.209.- N'est pas recevable la liste qui :

1) est incomplète ;
2) n'est pas conforme aux dispositions de l'article LO.197 ;
3) ne comporte pas les indications obligatoires prévues aux articles L.205 ;
4) n'est pas accompagnée des pièces prévues à l'article L.206 ;
5) est déposé au-delà du délai légal.

Dans le cas où pour l'un des motifs énumérés ci-dessus, le Ministre chargé des élections estime qu'une liste n'est pas recevable, il notifie sa décision motivée au mandataire de ladite liste dans les trois jours suivant l'enregistrement du dépôt matériel des dossiers de candidature.

Article LO.210.- Au plus tard quinze (15) jours avant le scrutin, le Ministre chargé des élections arrête et publie les déclarations de candidature jugées recevables, modifiées éventuellement, compte tenu des dispositions de l'article L.207.

Une copie de l'arrêté de publication doit être délivrée à chaque mandataire de liste de candidats.

Article LO.211.- En cas de contestation d'un acte du Ministre chargé des élections, pris en application des articles L.208, L.209 et L.210, les mandataires des listes de candidats peuvent, dans les vingt-quatre (24) heures suivant la notification de la décision ou sa publication, se pourvoir devant le Conseil constitutionnel qui statue dans les (03) trois jours qui suivent celui de l'enregistrement de la requête.

Article LO.212.- En cas de décès ou d'inéligibilité de candidat constaté entre la date de publication de l'arrêté fixant les déclarations de candidature recevables et la veille du scrutin à minuit, le mandataire de la liste fait, sans délai, déclaration complémentaire de candidature au Ministre chargé des élections qui la reçoit, s'il y a lieu la diffuse par voie radiophonique et en assure la publication par affichage à tous les bureaux de vote concernés. Cette déclaration complémentaire ne peut concerner qu'un candidat du même sexe et doit être accompagnée des pièces prévues à l'article L.206.

❖

CHAPITRE V
CAMPAGNE ÉLECTORALE

Article LO.213.- La campagne en vue de l'élection des Hauts conseillers est ouverte sept (07) jours avant la date du scrutin. Elle prend fin l'avant-veille du scrutin à minuit.

Article LO.214.- Il n'y a pas de temps d'antenne dans les médias d'État.

Des réunions électorales peuvent être tenues pendant la durée de la campagne conformément aux dispositions de l'article 6 de la loi n° 78-02 du 28 janvier 1978 relative aux réunions.

Article LO.215.- L'article L.60 du Code électoral est applicable à l'élection des Hauts conseillers.

En ce qui concerne la couverture médiatique de la campagne électorale, l'article LO.131 du Code électoral est applicable.

❖

CHAPITRE VI
OPÉRATIONS ÉLECTORALES, RECENSEMENT DES VOTES ET LA PROCLAMATION DES RÉSULTATS

Article LO.216.- Les électeurs sont convoqués par décret publié au moins quarante (40) jours avant la date du scrutin.

Article LO.217.- Le scrutin ne dure qu'un seul jour. Il a lieu un dimanche.

Le décret de convocation du collège électoral précise l'heure d'ouverture et de fermeture du scrutin.

Article LO.218.- Il est institué un ou plusieurs bureaux de vote par département à la commune du chef-lieu de département, sauf cas particulier à régler par décret.

La liste des candidats doit désigner un plénipotentiaire auprès du Préfet du département dix (10) jours avant le scrutin. Les compétences du plénipotentiaire sont celles décrites à l'article L.68 du Code électoral.

Les prénom, nom, profession et numéro d'inscription sur une liste électorale du département, des représentants des listes de candidats sont notifiés au Préfet et à la CENA au plus tard huit (08) jours avant la date du scrutin.

Chaque bureau de vote est composé :

- d'un président, d'un assesseur, d'un secrétaire, désignés par le Préfet parmi les fonctionnaires de la hiérarchie A ou assimilés, en activité ou admis à la retraite et résidant dans le département, ou parmi les agents des collectivités publiques, des établissements publics ou parapublics, résidant dans le département, d'un rang équivalent à celui des fonctionnaires de l'État ci-dessus nommés ;
- et d'un représentant inscrit sur une liste électorale du département par liste de candidats ou par candidat, en qualité de membre.

Le Préfet est tenu de dresser la liste des membres des bureaux de vote ainsi que les représentants des candidats ou listes de candidats et leurs suppléants.

La liste des bureaux des membres du bureau de vote doit être validée par la CENA et publiée au plus tard sept (07) jours avant le scrutin. Elle et notifiée aux intéressés ainsi qu'aux plénipotentiaires des listes de candidats et affichée devant chaque bureau de vote.

Le scrutin est supervisé par la CENA. Elle garantit aux électeurs ainsi qu'aux listes de candidats en lice le libre exercice de leurs droits.

Article LO.219.- En ce qui concerne le fonctionnement du bureau de vote et le déroulement du scrutin, les articles L.72 à L.85 du Code électoral sont applicables.

Article LO.220.- Chaque membre du bureau de vote est destinataire du procès-verbal des opérations électorales. Une copie est obligatoirement remise au représentant de la CENA ainsi qu'au Préfet pour les archives du département.

Article LO.221.- L'original du procès-verbal ainsi que les pièces annexées sont transmis sous pli scellé par des agents assermentés désignés par le Préfet au Président du tribunal d'instance ou son remplaçant. Celui-ci ou son remplaçant, le cas échéant, est seul habilité à proclamer les résultats provisoires, en tenant compte de l'ensemble des suffrages du lieu de vote.

Après la proclamation des résultats provisoires, le procès-verbal de chaque bureau de vote, les pièces annexées ainsi que la fiche de proclamation des résultats provisoires du département, sont transmis sous pli scellé au Président de la Commission nationale de Recensement des Votes par le biais de délégués de la Cour d'appel ou par des agents assermentés sous la responsabilité du Premier Président de la Cour d'appel de Dakar.

Article LO.222.- La Commission nationale de Recensement des Votes est mise en place et organisée conformément aux dispositions de l'article LO.138 du Code électoral.

La Commission procède au recensement, à l'analyse des votes et à la proclamation des résultats provisoires au plus tard le mercredi qui suit la date du scrutin à minuit.

Article LO.223.- Dès la proclamation provisoire des résultats, les procès-verbaux et l'ensemble des pièces sont transmis au Conseil constitutionnel.

Si aucune contestation relative à la régularité des opérations électorales n'a été déposée au greffe du Conseil constitutionnel par le mandataire d'une liste de candidats ou l'un des candidats dans les cinq (5) jours suivant la proclamation provisoire, le Conseil déclare les Hauts conseillers définitivement élus.

Les résultats définitifs de l'élection des Hauts conseillers font l'objet d'une publication dans le Journal officiel, bureau de vote par bureau de vote, par le soin du Président du Conseil constitutionnel.

❖

CHAPITRE VII
CONTENTIEUX

Article LO.224.- Les dispositions des articles L.191 à LO.194 du Code électoral sont applicables.

La requête mentionnée au deuxième alinéa de l'article LO.194 est présentée par le bureau du Haut Conseil des Collectivités locales ou par le Président de la République.

CHAPITRE VIII
DISPOSITIONS PÉNALES

Article LO.225.- Les dispositions des articles L.88 à L.114 sont applicables.

❖

NOTE SUR L'ÉLECTION DES HAUTS CONSEILLERS

I - CRÉATION, COMPOSITION, ORGANISATION ET FONCTIONNEMENT DU HAUT CONSEIL DES COLLECTIVITÉS TERRITORIALES

La loi constitutionnelle n° 2016-10 portant révision de la Constitution a ajouté aux institutions de la République le Haut Conseil des Collectivités territoriales (HCCT) et en dresse le profil suivant à l'article 66-1 du titre VI bis nouveau :

> *« Le Haut Conseil des collectivités territoriales est une Assemblée consultative. Il donne un avis motivé sur les politiques de décentralisation et d'aménagement du territoire. Une loi organique détermine le mode de désignation des conseillers territoriaux ainsi que les conditions d'organisation et de fonctionnement de l'institution ».*

La loi organique n° 2016-24 du 14 juillet 2016 relative à l'organisation et au fonctionnement du Haut Conseil des Collectivités territoriales (incorporée au Code électoral sous le titre IV) a, comme prescrit par la loi fondamentale, précisé les missions et attributions, la composition, l'organisation et le fonctionnement de la nouvelle institution.

Ainsi, le Haut Conseil des Collectivités territoriales comprend ainsi cent-cinquante (150) membres qui portent le titre de Haut conseiller. Soixante-dix (70) d'entre eux sont nommés par le président de la République alors que les quatre-vingts (80) autres sont élus au suffrage indirect par un collège composé des conseillers départementaux et municipaux.

Les hauts conseillers sont élus dans chaque département pour un mandat de cinq (5) ans, à raison de trois (3) Hauts conseillers au plus et un (1) Haut conseiller au moins, par les conseillers départementaux et municipaux. À ce propos, même si le Haut Conseil est défini comme une instance consultative, sa mission consistant notamment à d'étudier et à donner « un avis motivé sur les politiques de décentralisation, d'aménagement et de développement du territoire », le projette au cœur de la définition et du suivi des politiques publiques mises en œuvre au niveau des collectivités territoriales. Aussi, un appariage des élections des membres des assemblées des collectivités territoriales avec celles des Hauts conseillers est nécessaire, car dès lors que les premiers sont les électeurs des seconds, il n'est pas souhaitable qu'il existe un décalage important entre les mandats des uns et des autres, pour une plus grande cohérence entre la conception et la mise en œuvre des politiques publiques territorialisées.

II - L'ÉLECTION PROPREMENT DITE DES HAUTS CONSEILLERS

À la suite des instruments juridiques fondateurs sus référencés, le Code électoral a été modifié par la loi organique n° 2016-25 du 14 juillet 2016 avec l'insertion d'un titre III-bis devenu le titre IV du Code électoral actuel intitulé « Dispositions relatives à la désignation des Hauts conseillers », qui précise les modalités de leur élection ainsi que les conditions d'éligibilité, les inéligibilités et les incompatibilités avec le mandat.

En application desdites dispositions, les premières élections des Hauts conseillers des collectivités territoriales se sont tenues le dimanche 4 septembre 2016.

Le scrutin a été précédé d'une campagne électorale de cinq (5) jours, qui a été ouverte sept (7) jours avant la date du scrutin, soit le 28 août 2016 à minuit, pour prendre fin l'avant-veille du scrutin, soit le vendredi 2 septembre 2016 à minuit (communiqué du CNRA publié vendredi 12 août 2016).

Au cours de cette campagne, ainsi qu'il est de règle, il n'est pas prévu d'aménagement de temps d'antenne réservé aux listes de candidats dans le service public de radiotélévision, mais les médias publics ou privés de l'audiovisuel, de la presse écrite ou utilisant tout autre support, qui traitent de la campagne, sont tenus au respect rigoureux des règles d'équité et d'équilibre dans le traitement des activités des candidats ou listes de candidats.

L'utilisation, à des fins de propagande électorale, de tout procédé de publicité commerciale par voie de presse, de la radiodiffusion et de la télévision, est prohibée.

Sont également prohibés, pendant la période précédant l'ouverture officielle de la campagne électorale, les actes de propagande électorale déguisée qui s'entend de toute manifestation ou déclaration publique de soutien à un candidat, à un parti politique ou coalition de partis politiques faite directement ou indirectement par toute personne, association ou groupement de personnes, quelle qu'en soit la qualité, la nature ou caractère. Sous réserve de la spécificité du collège électoral restreint comprenant exclusivement des élus locaux dont la liste est dressée avant l'élection par arrêté du ministre pour l'organisation du scrutin, le titre III du Code électoral renvoie à d'autres dispositions du même Code, notamment celles relatives aux dispositions communes ou aux élections législatives. Il en est de même en ce qui concerne les mécanismes de règlement des incidents susceptibles de survenir au cours du processus électoral (contentieux de la phase des candidatures, celui de la campagne électorale sous réserve de l'absence des temps d'antenne attribués dans les médias du service public et le contentieux relatif aux résultats).

❖

TITRE V

DISPOSITIONS RELATIVES AUX ÉLECTIONS DES CONSEILLERS DÉPARTEMENTAUX

❖

[POUR ÉVITER LES REDONDANCES QU'AURAIT IMPLIQUÉES UN EXAMEN SÉPARÉ, LES DÉVELOPPEMENTS CONSACRÉS AUX ÉLECTIONS DÉPARTEMENTALES ET AUX ÉLECTIONS MUNICIPALES QUI PRÉSENTENT DES SEGMENTS QUASI IDENTIQUES SERONT EXPOSÉS DANS LA MÊME NOTE CONSACRÉE AUX ÉLECTIONS LOCALES ET INSÉRÉE SOUS LES DISPOSITIONS RELATIVES AUX ÉLECTIONS MUNICIPALES]

❖

CHAPITRE PREMIER
COMPOSITION,
MODE DE DÉSIGNATION ET MANDAT
DES CONSEILLERS DÉPARTEMENTAUX

Article L.226.- Les conseillers départementaux sont élus pour cinq (05) ans au suffrage universel direct.

Le nombre des conseillers départementaux est fixé comme suit :

- 40 membres dans les départements de moins de 200 000 habitants ;
- 60 membres dans les départements de 200 000 à 400 000 habitants ;
- 80 membres dans les départements de 400 001 à 600.000 habitants ;
- 100 membres dans les départements de plus de 600 000 habitants.

Le nombre de conseillers départementaux à élire dans chaque département est fixé par décret en tenant compte de l'importance démographique de chaque département.

Article L.227.- Les conseillers départementaux sont élus pour 45 % au scrutin de liste majoritaire à un tour et pour 55 % au scrutin proportionnel départemental sur des listes complètes, sans panachage ni vote préférentiel.

La liste majoritaire départementale doit obligatoirement comporter pour chacune des communes au minimum un (01) candidat titulaire et un candidat suppléant, inscrits sur la liste électorale de ladite commune.

En cas d'égalité de suffrages, les listes de candidats concernés seront départagées par la moyenne d'âge la plus élevée (titulaires et suppléants).

Article L.228.- Tout parti politique légalement constitué, toute coalition de partis politiques légalement constitués ou toute entité regroupant des personnes indépendantes peut présenter des listes de candidats.

La parité homme-femme s'applique à toutes les listes.

Les listes de candidatures, titulaires comme suppléants, doivent être alternativement composées de personnes des deux sexes.

Lorsque le nombre de membres est impair, la parité s'applique au nombre pair immédiatement inférieur.

Les coalitions de partis politiques et les entités regroupant des personnes indépendantes doivent choisir un nom et éventuellement un titre, une couleur et un symbole différents de ceux des partis politiques légalement constitués. Toutefois, une coalition de partis peut prendre le titre, la couleur ou le symbole d'un des partis qui la composent. Le nom et éventuellement le titre de la coalition ou de l'entité doivent être notifiés au préfet au plus tard la veille du dépôt des déclarations de candidature et figurer en tête de la liste des candidats présentée aux élections.

Article L.229.- Pour le scrutin proportionnel, il est appliqué le système du quotient départemental. Pour déterminer ce quotient, on divise le nombre total des suffrages valablement exprimés par le nombre de conseillers départementaux à élire pour ce scrutin. Autant de fois ce quotient est contenu dans le nombre des suffrages obtenus pour chaque liste, autant celle-ci obtient de candidats élus. La répartition des restes se fait selon le système du plus fort reste. En cas d'égalité, le siège est attribué au plus âgé des candidats susceptibles d'être élus.

Article L.230.- Lorsque les conseillers départementaux sont élus au scrutin de liste majoritaire, chaque liste comprend un nombre de suppléants égal au nombre des sièges à pourvoir. En cas de vacance, il est fait appel au suppléant du même sexe placé en tête de la liste dans laquelle la vacance s'est produite.

Lorsque les conseillers départementaux sont élus au scrutin proportionnel, chaque liste comprend un nombre de suppléants égal à la moitié de sièges à pourvoir. Toutefois, au cas où le nombre de conseillers à élire est impair, il est alors augmenté d'une unité pour déterminer avec exactitude la liste des suppléants. En cas de vacance, il est fait appel en priorité au candidat du même sexe non élu placé en tête de la liste dans laquelle la vacance s'est produite. Il sera fait appel ensuite aux candidats suppléants après épuisement de la liste des candidats non élus.

Article L.231.- En cas d'annulation globale des opérations électorales ou si le conseil départemental a perdu par l'effet de l'épuisement des listes, le tiers de ses membres, il est procédé dans le premier cas à de nouvelles élections et dans le deuxième cas à des élections complémentaires dans le délai de six (06) mois à dater de l'annulation ou de la dernière vacance.

Dans les mêmes délais, des élections ont lieu en cas de dissolution de conseil départemental ou de démission de l'ensemble de ses membres en exercice.

Toutefois, dans l'année qui précède le renouvellement intégral, les élections complémentaires ne sont organisées que si le conseil départemental a perdu la moitié de ses membres.

Article L.232.- Les conseillers départementaux sont élus pour cinq (05) ans. Sauf cas de dissolution, les élections départementales ont lieu dans les trente (30) jours qui précèdent l'expiration de la cinquième année après la date du dernier scrutin de renouvellement général des conseillers départementaux.

Toutefois, un décret peut abréger ou proroger le mandat d'un conseil départemental afin de faire coïncider son renouvellement avec la date du renouvellement général des conseillers départementaux.

❖

CHAPITRE II
CONDITIONS D'ÉLIGIBILITÉ, D'INÉLIGIBILITÉ ET D'INCOMPATIBILITÉ

Article L.233.- Est éligible au conseil départemental, tout électeur du département présenté par un parti politique légalement constitué, par une coalition de partis politiques légalement constitués [ou par une entité regroupant des personnes indépendantes], sous réserve des articles L.234 à L.237 du présent Code électoral.

Article L.234.- Ne peuvent être conseillers départementaux :

1) les personnes visées à l'article L.58 ;

2) ceux qui sont placés sous la protection de la justice ;

3) ceux qui sont secourus par les budgets communaux, départementaux ou de l'État ou par des bureaux de bienfaisance ;

4) ceux qui ont fait l'objet d'une condamnation en application de l'article 61 du Code général des collectivités locales ;

5) les individus condamnés en application des articles 101, 102, 103, 104, 105 du Code pénal ;

6) ceux qui se trouvent dans un cas d'inéligibilité ou d'incompatibilité prévu par le Code électoral ;

7) sauf dispositions contraires prévues par les conventions internationales, les étrangers naturalisés pendant un délai de dix (10) ans à compter de la date du décret de naturalisation, à moins que le naturalisé ait été relevé de cette incapacité pour services exceptionnels rendus au Sénégal au sens de l'article 12 de la loi n° 61-10 du 7 mars 1961 déterminant la nationalité sénégalaise, modifiée par la loi n° 2013- 05 du 8 juillet 2013 ;

8) les conseillers déclarés démissionnaires en application des articles 66 et 67 du Code général des Collectivités locales, à l'occasion des élections départementales suivant la date de leur démission.

Article L.235.- Les inspecteurs généraux d'État nommés dans le corps et les agents de l'État délégués dans les fonctions d'inspecteur général d'État sont inéligibles. Toutefois cette inéligibilité cesse en cas de sortie définitive du corps.

Sont également inéligibles pendant l'exercice de leurs fonctions et pendant une durée de six (06) mois après l'expiration de celles-ci :

1) les membres du Conseil constitutionnel, les magistrats de la Cour suprême, de la Cour des comptes et des Cours et Tribunaux, sauf exceptions prévues par la loi ;

2) les gouverneurs, les préfets et les sous-préfets ainsi que leurs adjoints ;

3) le Trésorier général, le Receveur général, le Payeur, les trésoriers-payeurs régionaux, les percepteurs et receveurs des départements et les receveurs municipaux ;

4) les secrétaires généraux de département.

L'inéligibilité des personnes titulaires des fonctions définies à l'alinéa précédent s'étend, dans les mêmes conditions, aux personnes qui exercent ou ont exercé, pendant une durée d'au moins six (06) mois, ces mêmes fonctions sans être ou avoir été titulaires.

Article L.236.- Ne sont pas éligibles dans le département où ils exercent leurs fonctions :

1) les comptables des deniers départementaux ainsi que les chefs des services de l'assiette et du recouvrement ;

2) les chefs des services régionaux et départementaux de l'État ainsi que les représentants régionaux et départementaux des établissements publics ;

3) les agents de tous ordres employés à la recette départementale ;

4) les agents salariés de la collectivité départementale, parmi lesquels ne sont pas compris ceux qui, étant agents de l'État ou

exerçant une profession indépendante, ne reçoivent une indemnité du département qu'à raison des services qu'ils lui rendent dans l'exercice de cette profession.

Il en est de même, dans le ressort où ils exercent leurs activités, des entrepreneurs ou concessionnaires départementaux lorsqu'ils sont liés par une convention les plaçant de façon permanente dans un lien de dépendance ou d'intérêt vis-à-vis du département.

Article L.237.- Le mandat de conseiller départemental est incompatible avec les fonctions énumérées aux articles L.235 et L.236 du présent code.

Les conseillers départementaux nommés postérieurement à leur élection aux fonctions visées au premier alinéa du présent article auront, à partir de la date de nomination, un délai de trente (30) jours pour opter entre l'acceptation de l'emploi et la conservation du mandat. À défaut de déclaration adressée dans ce délai à leur supérieur hiérarchique et au préfet, ils seront réputés avoir opté pour la conservation dudit emploi.

Article L.238.- Tout conseiller du département qui, pour une cause quelconque, se trouve dans un des cas d'inéligibilité prévus par la loi, peut être, à toute époque, déclaré démissionnaire par le représentant de l'État, sauf recours devant la Cour d'appel, conformément à la procédure prévue en la matière.

Tout électeur du département peut saisir le représentant de l'État ou la Cour d'appel lorsqu'il constate un cas d'inéligibilité ou d'incompatibilité.

❖

CHAPITRE III
DÉCLARATION DE CANDIDATURE

Article L.239.- Tout parti politique légalement constitué ou toute coalition de partis politiques légalement constitués ou toute entité regroupant des personnes indépendantes désireux de participer aux élections départementales doit faire une déclaration de candidature.

Toutefois pour pouvoir valablement présenter une liste de candidats, les entités indépendantes doivent recueillir la signature de 2 % des électeurs inscrits dans le département. Ces signatures doivent être réparties dans la moitié au moins des communes constitutives du département, à raison de 5 % au moins dans chacune de ces communes. Si le nombre de communes constitutives du département est impair, il est augmenté d'une unité pour en déterminer avec exactitude la moitié.

Les signatures sont déposées au moment de la notification du nom de l'entité.

Le nombre de signatures exigées dans chaque département, la moitié des communes constitutives de chaque département ainsi que le nombre de signatures requises dans chacune de ces communes sont fixés par arrêté du Ministre chargé des Élections.

Article 240.- Les listes des candidats peuvent être présentées soit pour le scrutin proportionnel, soit pour le scrutin majoritaire, soit pour les deux (2) scrutins.

Les listes de candidats présentées doivent être complètes et établies conformément aux dispositions des, alinéas 2 et 3 de l'article L.228.

Une personne ne peut être candidate à la fois au scrutin majoritaire et au scrutin proportionnel ni se présenter dans plusieurs départements.

Article 241.- Les déclarations doivent comporter :

1) le nom du parti politique ou de la coalition de partis politiques ou de l'entité regroupant des personnes indépendantes et éventuellement le titre ;

2) la couleur, le symbole et éventuellement le sigle choisis pour l'impression des bulletins de vote accompagnés de la maquette du

bulletin sur support papier et électronique pour renseigner sur la nuance des couleurs et leur disposition sur ledit bulletin ;

3) les prénom, nom, date et lieu de naissance de chacun des candidats, leur profession et domicile, avec la précision de leur service, emploi et lieu d'affectation, s'ils sont agents de l'État ;

4) pour chaque candidat le numéro d'inscription sur une liste électorale du département ;

5) l'indication du département dans lequel ils se présentent.

Article L.242.- Les modèles de déclaration de candidatures sont fixés par arrêté du Ministre chargé des Élections.

Le dossier de déclaration de candidature comprend :

1) un bordereau de dépôt ;

2) une quittance confirmée par une attestation signée par le Directeur général de la Caisse des Dépôts et Consignations pour attester du dépôt de la caution ;

3) une déclaration d'investiture par laquelle le parti, la coalition ou l'entité présente ses candidats ;

4) une déclaration de candidature par laquelle le parti, la coalition ou l'entité précise le département où il se présente et le mode de scrutin choisi ;

5) une déclaration individuelle de candidature par laquelle le candidat certifie qu'il pose sa candidature, qu'il n'est candidat que sur cette liste et qu'il ne se trouve dans aucun des cas d'inéligibilité prévus par le présent Code ;

6) la déclaration individuelle est accompagnée d'un extrait de naissance datant de moins de six (6) mois et d'une photocopie de la carte d'identité biométrique CEDEAO.

Les candidatures indépendantes comprennent en plus :

1) une liste d'électeurs appuyant les candidatures, établie conformément aux dispositions de l'article L.239 ;

2) une déclaration sur l'honneur par laquelle le candidat indépendant atteste qu'il ne milite dans aucun parti politique ou qu'il a cessé toute activité militante depuis au moins douze (12) mois.

En cas de contestation du statut d'indépendant d'un candidat, le Conseil constitutionnel est saisi. La partie qui a soulevé la question devra justifier ses diligences.

Les candidats déclarés élus sont tenus de produire dans les quinze jours suivant leur élection, sous peine de déchéance de leur mandat, un bulletin nº 3 du casier judiciaire datant de moins de trois (03) mois.

Article L.243.- Les listes de candidats sont astreintes au dépôt d'une caution qui doit être versée à la Caisse de Dépôts et Consignations par le mandataire du parti politique, de la coalition de partis politiques ou de l'entité regroupant des personnes indépendantes.

Le montant de la caution est fixé par arrêté du Ministre chargé des Élections, au plus tard cent cinquante (150) jours avant celui du scrutin.

Il est délivré une quittance confirmée par une attestation signée par le Directeur général de la Caisse de Dépôts et Consignations.

Cette caution est remboursée dans les quinze (15) jours suivant la proclamation des résultats à la liste des candidats ayant obtenu au moins un (01) conseiller départemental élu dans chaque département où la liste se sera présentée.

Si la liste ne se présente que dans un seul département, le remboursement de la caution n'est effectué que si elle obtient au moins trois (03) conseillers départementaux élus.

En cas d'élections anticipées, le montant de la dernière caution est maintenu.

Article L.244.- Les dossiers de candidatures sont déposés avec bordereau de dépôt, à la Préfecture auprès d'une commission instituée par arrêté, quatre-vingts jours (80) jours au moins et quatre-vingt-cinq (85) jours au plus avant la date du scrutin, par le mandataire soit du parti politique légalement constitué, soit de la coalition de partis politiques légalement constitués, soit de l'entité regroupant des personnes indépendantes qui ont soutenu les candidats.

Article L.245.- La liste des candidats qui les accompagne les dossiers de candidatures est établie en double exemplaire dont l'un est destiné à la CENA.

Mention est faite de l'heure exacte du dépôt. Ni substitution ni retrait de candidature ne sont admis.

La commission de réception, au vu du bordereau et après un contrôle sommaire et contradictoire avec le mandataire sur les pièces du dossier de déclaration de candidature, lui délivre immédiatement un récépissé pour attester du dépôt matériel.

Ce récépissé est dûment visé par le superviseur de la CENA pour authentifier le contrôle du dépôt dans les formes et les délais légaux. Il ne préjuge pas de la recevabilité des candidatures présentées.

Les déclarations reçues à la Préfecture et les pièces qui les accompagnent sont tenues à la disposition de chaque liste de candidats qui peut en vérifier le contenu par un mandataire.

Article L.246.- N'est pas recevable la liste qui :

1) est incomplète ;
2) ne comporte pas les indications obligatoires prévues aux articles L.228 et L.239 ;
3) n'est pas accompagnée des pièces prévues à l'article L.242 ;
4) ne comporte pas la quittance confirmée par une attestation signée par le Directeur général de la Caisse de Dépôts et Consignations attestant du dépôt du cautionnement prévu par l'article 242 ;
5) est déposé au-delà du délai légal.

Article L.247.- Pour les besoins de la recevabilité juridique, la commission procède à l'analyse des dossiers dans les quarante-huit (48) heures qui suivent la date limite du dépôt matériel.

Le remplacement des candidats inéligibles, sans préjudice de l'ordre d'investiture, et la substitution de pièces périmées ou comportant des erreurs matérielles sont, le cas échéant, immédiatement notifiés au mandataire de la liste concernée. Celui-ci dispose de trois (3) jours, à compter de la notification, pour y remédier, sous peine de rejet de la candidature concernée.

Dans le cas où pour l'un des motifs énumérés à l'article L.246, le Préfet estime qu'une liste n'est pas recevable, il notifie par écrit les motifs de sa décision au mandataire de ladite liste dans les deux (2) jours suivant la date limite du dépôt matériel des dossiers de candidature.

Article L.248.- Un parti politique, une coalition de partis politiques ou une entité regroupant des personnes indépendantes ne peut utiliser une couleur, un sigle, un symbole déjà choisis par un autre parti, une autre coalition de partis politiques ou une autre entité indépendante.

En cas de contestations, le Préfet saisit le Ministre chargé des Élections qui attribue par priorité, à chaque parti politique sa couleur statutaire, son sigle et son symbole traditionnels par ordre d'ancienneté. Pour les coalitions de partis politiques et les entités regroupant des personnes indépendantes, l'attribution se fait selon la date de notification du nom choisi.

Le Ministre chargé des Élections en informe aussitôt les parties intéressées.

Est interdit le choix d'emblèmes comportant une combinaison des trois couleurs du drapeau de la République : vert, or et rouge.

Article L.249.- Tout candidat qui, de mauvaise foi, aura souscrit une déclaration inexacte sur son éligibilité ou sur sa présence sur une liste sera puni d'un emprisonnement d'un mois à un an et d'une amende de 18 000 à 360 000 FCFA.

Article L.250.- Après le délai de quarante-huit (48) heures prévu à l'alinéa premier de l'article 247 et ce, jusqu'à la date de prise de l'arrêté publiant les déclarations reçues, s'il apparaît qu'une déclaration de candidature a été déposée en faveur d'une personne inéligible, le Préfet doit dans les trois (03) jours suivant le dépôt de candidature, saisir la Cour d'appel du ressort qui statue dans les trois (03) jours de sa saisine sur la recevabilité de ladite candidature.

Si les délais mentionnés à l'alinéa premier ne sont pas respectés, la candidature doit être reçue.

Article L.251.- Au plus tard soixante-dix (70) jours avant le scrutin, le préfet arrête et publie les déclarations de candidature reçues, modifiées, éventuellement, compte tenu des dispositions des articles L.247 alinéa 2 et L.250.

Copie de l'arrêté de publication doit être délivrée à chaque mandataire de liste de candidats.

Article L.252.- En cas de contestation d'un acte du préfet pris en application des articles L.246, L.247, L. 248 et L.251, les mandataires des listes de candidats peuvent? dans les trois (03) jours suivant la notification de la décision ou sa publication, se pourvoir devant la Cour d'appel qui statue dans les trois (03) jours qui suivent celui de l'enregistrement de la requête.

Article L.253.- Entre la date de signature de l'arrêté du Préfet publiant les déclarations reçues et la veille du scrutin à zéro heure, en cas de décès ou d'inéligibilité d'un candidat, le mandataire de la liste fait sans délai, déclaration complémentaire de candidature au Préfet qui la reçoit s'il y a lieu, la publie par voie d'affichage et en assure la diffusion dans tous les bureaux de vote.

Cette déclaration complémentaire ne peut concerner qu'un candidat du même sexe et doit être accompagnée des pièces prévues à l'article L.242.

❖

[VOIR SOUS ARTICLE L.275 : TITRE IV DE LA PARTIE RÉGLEMENTAIRE/LES DISPOSITIONS SPÉCIALES CONCERNANT LES ÉLECTIONS DES CONSEILLERS DÉPARTEMENTAUX ET MUNICIPAUX/ARTICLE R.86/ DÉCLARATION DE CANDIDATURE]

❖

CHAPITRE IV
CAMPAGNE ÉLECTORALE

Article L.254.- La campagne en vue des élections des conseillers départementaux est ouverte quinze (15) jours avant la date du scrutin.

Elle dure quatorze (14) jours et prend fin la veille du scrutin à zéro heure.

Article R.87.- La campagne électorale est ouverte à partir du quinzième jour précédant la date du scrutin.

Elle est close la veille des élections à zéro heure.

Article L.255.- La Cour d'appel compétente veille à l'égalité entre les candidats. Saisie par la CENA ou par un candidat, elle intervient, le cas échéant, auprès des autorités compétentes pour que soient prises toutes les mesures susceptibles d'assurer sans délai cette égalité.

Est interdite toute activité assimilable à une campagne électorale dans les conditions définies par l'article L.61.

Est également interdite toute propagande électorale le jour du scrutin.

Saisie d'une réclamation, la Cour d'appel compétente peut, en cas de besoin, adresser des injonctions aux autorités concernées ou au candidat dont l'attitude est incriminée. Elle veille à la régularité de la campagne électorale. Ses arrêts en la matière ne peuvent faire l'objet d'aucun recours.

La campagne par voie d'affichage est régie par les dispositions des articles L.60 et L.62 ainsi que par les dispositions réglementaires du Code électoral.

La tenue des réunions électorales est régie par les dispositions de l'article L.59 du présent Code.

Chaque liste de candidats peut faire imprimer et adresser aux électeurs, avant le scrutin, une circulaire de propagande comprenant une page en recto et verso de format de 21 x 27 cm. Cette circulaire est soumise à la formalité du dépôt légal.

❖

Article R.92.- L'impression des bulletins de vote et des documents de propagande est à la charge de l'État.

L'acheminement et la mise en place des bulletins de vote sont également à la charge de l'État.

❖

CHAPITRE V
OPÉRATIONS ÉLECTORALES, RECENSEMENT ET PROCLAMATION DES RÉSULTATS

Article L.256.- Les électeurs sont convoqués par décret publié au Journal Officiel au moins quatre-vingt-dix (90) jours avant la date du scrutin.

Article L.257.- Il est institué une Commission départementale de Recensement des Votes. Cette Commission est présidée par un magistrat désigné par le Premier Président de la Cour d'appel compétente. Elle comprend en outre, d'une part, deux magistrats désignés par la même autorité judiciaire et d'autre part, un représentant de la CENA et un représentant de chaque liste de candidats. Les représentants des listes de candidats ainsi que celui de la CENA assistent à toutes réunions de la Commission départementale à l'exception de la délibération finale. Ils ont accès à tous les documents et ont le droit de porter leurs observations au procès-verbal.

Dès réception des enveloppes et avant de les ouvrir, le président de la commission départementale de recensement des votes fait constater aux membres de la commission que les plis contenant les procès-verbaux des bureaux de vote et les pièces annexées sont scellés.

La commission départementale procède au recensement des votes à partir des procès-verbaux des bureaux de vote. Par dérogation à l'article L.86, elle procède, le cas échéant, à la rectification, à l'annulation ou aux redressements desdits procès-verbaux. L'opération du recensement général des votes est constatée par un procès-verbal.

Le recensement des votes est effectué au Tribunal d'instance par la Commission Départementale de Recensement des votes. Les opérations de recensement sont constatées par procès-verbal. La commission départementale adopte ses décisions après délibération des magistrats qui seuls ont voix délibérative. Le résultat est proclamé par le Président de la Commission, qui adresse immédiatement tous les procès-verbaux et les pièces qui doivent y être jointes au Greffier en chef du Tribunal d'instance, qui assure leur conservation. Les listes d'émargements sont tenues à la disposition de tout électeur qui en fera la demande dans un délai de huit (08) jours.

La proclamation des résultats par la commission départementale de recensement intervient au plus tard à minuit le vendredi qui suit le scrutin.

Le procès-verbal et les pièces qui doivent être jointes, sont remis directement au greffier en chef du Tribunal d'instance qui en assure la conservation.

Chaque membre de la commission départementale reçoit un exemplaire du procès-verbal. Un exemplaire est adressé au préfet et au représentant de la CENA dans le département.

En cas de destruction, de substitution, de perte ou de vol des originaux des procès-verbaux, les exemplaires présentés par les deux tiers (2/3) des représentants de candidats ou des listes de candidats feront foi au même titre que celui du délégué de la CENA.

Les résultats définitifs des élections départementales font l'objet d'une publication dans le Journal officiel, bureau de vote par bureau de vote par les soins du Premier Président de la Cour d'appel.

Cette publication est faite également sur internet et par tout autre moyen de communication.

❖

CHAPITRE VI
LE CONTENTIEUX DES ÉLECTIONS DÉPARTEMENTALES

Article L.258.- Tout électeur ou tout candidat à une élection départementale peut demander l'annulation des opérations électorales. La Cour d'appel de ressort est compétente.

Les requêtes doivent être déposées, en deux exemplaires, dans les huit (08) jours qui suivent la proclamation des résultats, à la préfecture ou au greffe de la Cour d'appel.

Il en est donné acte par le Préfet ou le Greffier en chef. Lorsque la requête est déposée à la préfecture, le Préfet la transmet immédiatement au Greffier en chef de la Cour d'appel.

À peine d'irrecevabilité, la requête doit préciser les faits et les moyens allégués.

S'il estime que les formes et les conditions légalement prescrites n'ont pas été remplies, le Préfet peut également demander l'annulation des opérations. À cet effet, il adresse une requête, en deux (02) exemplaires au Ministre chargé des Élections dans les huit (08) jours suivant la proclamation des résultats. Le Ministre chargé des Élections transmet la requête au Greffier en chef de la Cour d'appel qui lui en donne acte.

Article L.259.- Le Greffier en chef communique un exemplaire de la requête au Ministre chargé des Élections ainsi qu'aux conseillers dont l'élection est contestée. Ceux-ci disposent d'un délai de huit (08) jours à compter de la date de réception de la requête, pour déposer un mémoire en réponse. Il est donné acte de ce dépôt par le Greffier en chef.

Article L.260.- La Cour d'appel statue en premier ressort dans le délai d'un (1) mois à compter de l'enregistrement de la requête en annulation des opérations électorales au Greffe de la Cour d'appel. En cas de renouvellement général des conseillers départementaux, ce délai est porté à trois (03) mois.

S'il intervient une décision ordonnant une preuve, la Cour d'appel doit statuer définitivement dans le mois à partir de cette décision.

Les délais fixés au premier, alinéa du présent article ne commencent à courir, dans le cas prévu à l'article L.261 que du jour où le jugement sur la question préjudicielle est devenu définitif.

Faute, par la Cour d'appel, d'avoir statué dans les délais ci-dessus fixés, la réclamation est considérée comme rejetée. La Cour d'appel est dessaisie et la partie intéressée peut porter sa réclamation devant la Cour Suprême dans un délai d'un mois à compter de la date d'expiration desdits délais. De même, en cas de rejet, la partie intéressée peut interjeter appel devant la Cour Suprême dans le même délai à compter du jour de la notification de la décision.

Article L.261.- Dans le cas où une réclamation formulée en vertu du présent Code implique la solution préjudicielle d'état, la Cour d'appel renvoie les parties à se pourvoir devant les juges compétents, et la partie doit justifier de ses diligences dans le délai de quinze (15) jours. À défaut de cette justification, il sera passé outre, et la décision de la Cour d'appel devra intervenir dans le mois à partir de l'expiration du délai de quinzaine.

❖

TITRE VI

DISPOSITIONS RELATIVES AUX ÉLECTIONS DES CONSEILLERS MUNICIPAUX

CHAPITRE PREMIER
COMPOSITION DES CONSEILS MUNICIPAUX, MODE DE SCRUTIN ET MANDAT DES CONSEILLERS

Article L.262.- Les conseillers municipaux sont élus pour cinq (05) ans au suffrage universel direct.

Le nombre de conseillers municipaux est fixé comme suit :
- 36 membres dans les communes de moins de 3.500 habitants ;
- 40 membres dans les communes de 3.501 à 10.000 habitants ;
- 46 membres dans les communes de 10.001 à 30.000 habitants ;
- 56 membres dans les communes de 30.001 à 50.000 habitants ;
- 60 membres dans les communes de 50.001 à 60.000 habitants ;
- 66 membres dans les communes de 60.001 à 70.000 habitants ;
- 70 membres dans les communes de 70.001 à 100.000 habitants ;
- 76 membres dans les communes de 100.001 à 250.000 habitants ;
- 80 membres dans les communes de 250.001 à 350.000 habitants ;
- 86 membres dans les communes de 350.001 à 500.000 habitants ;
- 96 membres dans les communes de 500.001 à 600.000 habitants ;
- 100 membres dans les communes de plus de 600.000 habitants.

Le nombre de conseillers municipaux à élire dans chaque commune est fixé par décret en tenant compte de l'importance démographique de chaque commune.

Article L.263.- Toutes les listes présentées doivent respecter la parité homme- femme. Les listes de candidatures, titulaires comme suppléants, doivent être alternativement composées de personnes des deux sexes. Lorsque le nombre de membres est impair, la parité s'applique au nombre pair immédiatement inférieur.

Les conseillers municipaux sont élus pour moitié au scrutin de liste majoritaire à un tour, sur liste complète, sans panachage ni vote préférentiel et pour l'autre moitié, au scrutin proportionnel avec application du quotient municipal.

Pour déterminer le quotient, on divise le nombre total des suffrages valablement exprimés par le nombre de conseillers municipaux à élire. Autant de fois ce quotient est contenu dans le nombre des suffrages obtenus par chaque liste, autant celle-ci obtient de candidats élus. La répartition des restes se fait selon le système du plus fort reste. En cas d'égalité, le siège est attribué au plus âgé des candidats susceptibles d'être élus.

Lorsque les conseillers municipaux sont élus au scrutin majoritaire, en cas d'égalité des suffrages, les listes de candidats concernés seront départagées par la moyenne d'âge la plus élevée (titulaires et suppléants).

Article L.264.- Lorsque les conseillers municipaux sont élus au scrutin de liste majoritaire, chaque liste comprend un nombre de suppléants égal au nombre des sièges à pourvoir. En cas de vacance sur la liste des candidats au scrutin majoritaire, il est fait appel au suppléant du même sexe placé en tête de la liste dans laquelle la vacance s'est produite.

Lorsque les conseillers municipaux sont élus au scrutin proportionnel, chaque liste comprend un nombre de suppléants égal à la moitié de sièges à pourvoir. Toutefois, au cas où le nombre de conseillers à élire est impair, il est alors augmenté d'une unité pour déterminer avec exactitude la liste des suppléants. En cas de vacance, il est fait appel en priorité au candidat du même sexe non élu placé en tête de la liste dans laquelle la vacance s'est produite.

Article L.265.- Si le conseil municipal a perdu par l'effet de vacances survenues, le tiers de ses membres, il est procédé à des élections complémentaires dans le délai de six (06) mois à dater de la dernière vacance.

Dans le même délai, des élections ont également lieu en cas de dissolution de conseil municipal ou de démission de tous ses membres en exercice.

Dans l'année qui précède, le renouvellement général des conseils municipaux, les élections complémentaires ne sont obligatoires qu'au cas où le conseil municipal a perdu la moitié de ses membres.

Article L.266.- Les conseillers municipaux sont élus pour cinq (05) ans. Sauf cas de dissolution, les élections municipales ont lieu dans les trente (30) jours qui précèdent l'expiration de la cinquième année après la date du dernier scrutin de renouvellement général des conseillers municipaux.

Toutefois, un décret peut abréger ou proroger le mandat d'un conseil municipal afin de faire coïncider son renouvellement avec la date du renouvellement général des conseillers municipaux.

Article L.267.- Sont électeurs, les Sénégalais âgés de dix-huit (18) ans accomplis, régulièrement inscrits sur la liste électorale de la commune et n'étant dans aucun des cas d'incapacité prévus par le présent code.

❖

NOTE SUR LA COMPOSITION, LE MODE DE DÉSIGNATION ET LA DURÉE DU MANDAT DES CONSEILLERS DÉPARTEMENTAUX ET MUNICIPAUX

22 – 01. *La Constitution de la République dispose en son article 102 que: « Les collectivités territoriales constituent le cadre institutionnel de la participation des citoyens à la gestion des affaires publiques. Elles s'administrent librement par des assemblées élues au suffrage universel direct [...] ».*

Personnes morales de droit public jouissant d'une autonomie juridique et dotées d'un patrimoine propre, les collectivités territoriales ou « collectivités locales » (qui était l'appellation usuelle jusqu'à la révision constitutionnelle du 5 avril 2016) sont créées par la loi.

C'est ainsi que depuis la réforme de l'administration locale de 1972 avec l'érection des « communautés rurales » et des « régions » à côté des « communes », les élections locales avaient pour objectif la désignation des organes délibérants de ces collectivités, à savoir les conseils ruraux, régionaux et municipaux.

Avec la réforme de l'Acte III de la décentralisation intervenue en 2014 et qui a procédé à la communalisation universelle et à la départementalisation, la « commune » devenait la collectivité locale de base tandis que le « département » qui, auparavant, était seulement une circonscription administrative, dont il conserve d'ailleurs le statut, se substitue à la « région », qui demeure une circonscription administrative en perdant la qualité de collectivité territoriale.

Les conseillers départementaux et municipaux siégeant au sein des assemblées dirigeantes des communes et des départements sont désignés à l'occasion d'élections générales qui ont lieu, sauf annulation des opérations électorales, dissolution de conseil ou démission collective des conseillers, dans les trente jours qui précèdent l'expiration de la cinquième année après la date du dernier scrutin des élections.

Pendant les quatre premières années qui suivent les élections générales, des élections complémentaires peuvent avoir lieu dans les six mois de la dernière vacance si le conseil départemental ou municipal a perdu, par l'effet des vacances survenues, le tiers de ses membres. Mais dans l'année qui précède le renouvellement général des conseils locaux, des élections complémentaires ne sont organisées que si par suite des vacances le Conseil a perdu la moitié de ses membres.

Mais, l'exigence – formulée aux articles L.230 et L.364 – de la présentation, en même temps qu'une liste de titulaires, d'une liste de suppléants dont le nombre sera égal au nombre de sièges à pourvoir au scrutin majoritaire et à la moitié des sièges à pourvoir au scrutin proportionnel, permet d'éviter l'organisation d'élections partielles en raison des vacances survenues.

La nécessité d'élections partielles se présentera d'autant plus rarement qu'au regard des dispositions des articles L.231, alinéas 1er et 3 et L.226, alinéas 1er et 3, dans l'année qui précède le renouvellement intégral des conseils, des élections complémentaires ne sont organisées que si lesdits conseils ont perdu le tiers de leurs membres ou la moitié de ceux-ci.

Ainsi, même si le principe du renouvellement partiel des conseils dans un délai de six (6) mois est prévu dans certaines circonstances, dans la pratique, ce système a l'avantage de stabiliser l'agenda électoral avec le renouvellement général des conseillers au terme de l'échéance quinquennale de leurs mandats.

***22 – 02.** Les conseillers départementaux sont élus pour 45 % au scrutin de liste majoritaire à un tour, et pour 55 % au scrutin proportionnel, comme indiqué à l'article L.227, alinéa 1er du Code électoral, tandis que les conseillers municipaux sont élus pour moitié au scrutin majoritaire et pour moitié au scrutin proportionnel, conformément à l'article L.263, alinéa 2 du Code électoral. Ils sont élus pour cinq ans au suffrage universel direct, sur des listes respectant la parité homme-femme et qui doivent être complètes, sans panachage ni vote préférentiel, caractéristiques qui peuvent être définies ainsi qu'il suit :*

- Les listes sont considérées complètes quand elles comportent autant de candidats titulaires et suppléants qu'il y a de sièges à pourvoir.

- Le panachage dont l'éventualité est exclue aurait permis à l'électeur de voter en faveur de candidats de listes différentes, voire parfois en faveur de non-candidats ou de biffer des noms d'une liste pour leur substituer d'autres et le cas échéant, il aurait été procédé au décompte des suffrages par candidat et non par liste. Les conseillers départementaux et municipaux sont ainsi élus au scrutin sur listes bloquées dont l'électeur ne peut modifier ni le classement ni la composition.

- Le vote préférentiel, appelé aussi vote alternatif, qui est également exclu, permet à l'électeur de désigner les candidats dans le classement de son choix, exprimant ainsi sa préférence suivant un ordre décroissant au lieu de se limiter uniquement à indiquer un premier choix.

Il faut noter que cette interdiction du panachage et du vote préférentiel n'a, en réalité, un intérêt que sur un plan purement comparatif dès lors que le système électoral sénégalais ne permet pas matériellement ces modes de vote parce que, d'une part, les bulletins de vote sont imprimés par l'Administration et mis à la disposition de l'électeur dans le bureau de vote, d'autre part, tout bulletin de vote qui comporte des inscriptions encourt l'annulation.

Le Code électoral a prévu les spécificités relatives aux différentes phases du processus électoral pour la désignation des membres des conseils départementaux et municipaux dans les dispositions des titres IV et V ci-dessous, dispositions pratiquement identiques qui renvoient sous divers aspects aux dispositions relatives aux élections nationales.

❖

CHAPITRE II
CONDITIONS D'ÉLIGIBILITÉ, D'INÉLIGIBILITÉ ET D'INCOMPATIBILITÉ

Article L.268.- Sont éligibles au conseil municipal, tous les électeurs de la commune, sous réserve des dispositions des articles L.269 à L.272.

Toutefois, le nombre de conseillers qui ne résident pas dans la commune au moment de l'élection ne peut excéder le quart des membres du conseil.

S'il dépasse cette proportion, il est fait application de l'article L.273 du présent Code, en observation de l'ordre fixé par l'article 92 du Code général des Collectivités locales.

Le conseil municipal peut désigner un maximum de trois (03) conseillers associés parmi les citoyens sénégalais ressortissants de la commune et inscrits sur le fichier électoral.

Ils peuvent à ce titre, siéger au conseil municipal avec voix consultative.

Article L.269.- Ne peuvent être conseillers municipaux :

1) les individus privés d'un droit électoral ;
2) ceux qui sont secourus par les budgets communaux ;
3) ceux qui ont fait l'objet d'une condamnation en application de l'article 88 du Code général des Collectivités locales ;
4) les conseillers déclarés démissionnaires en application des articles 157 et 159 du Code général des Collectivités locales à l'occasion des élections municipales suivant la date de leur démission.

Article L.270.- Les inspecteurs généraux d'État nommés dans le corps et les agents de l'État délégués dans les fonctions d'inspecteur général d'État sont inéligibles. Toutefois cette inéligibilité cesse en cas de sortie définitive du corps.

Sont également inéligibles pendant l'exercice de leurs fonctions et pendant la durée de trois (03) mois après l'expiration de celles-ci :

1) les magistrats du Conseil constitutionnel, de la Cour suprême, des Cours d'appel et des Tribunaux ainsi que les Présidents des Tribunaux d'instance ;
2) les Gouverneurs, Préfets, Sous-préfets ;

3) le Trésorier général, les payeurs, percepteurs et receveurs municipaux.

L'inéligibilité des personnes titulaires des fonctions définies à l'alinéa précédent s'étend, dans les mêmes conditions, aux personnes qui exercent ou ont exercé, pendant une durée d'au moins six (06) mois, ces mêmes fonctions sans être ou avoir été titulaires.

Article L.271.- Ne sont pas éligibles dans les communes où ils exercent leurs fonctions :

1) les ingénieurs et conducteurs chargés d'un service municipal ainsi que les agents voyers ;

2) les comptables des deniers communaux ainsi que les chefs de services de l'assiette et du recouvrement ;

3) les chefs des services régionaux et départementaux des établissements publics ;

4) les agents salariés de la commune, parmi lesquels ne sont pas compris ceux qui, étant fonctionnaires publics ou exerçant une profession indépendante, ne reçoivent une indemnité de la commune qu'à raison des services qu'ils lui rendent dans l'exercice de cette profession.

Article L.272.- Le mandat de conseiller municipal est incompatible avec les fonctions énumérées aux articles L.270 et L.271.

Les conseillers municipaux nommés postérieurement à leur élection aux fonctions visées au premier, alinéa du présent article auront, à partir de la date de nomination, un délai de trente (30) jours pour opter entre l'acceptation de l'emploi et la conservation du mandat. À défaut de déclaration adressée dans ce délai à leurs supérieurs hiérarchiques et à l'autorité de tutelle, ils seront réputés avoir opté pour l'acceptation dudit emploi.

Article L.273.- Nul ne peut être membre de plusieurs conseils municipaux.

Un délai de dix (10) jours à partir de la proclamation du résultat du scrutin est accordé au conseiller municipal élu dans plusieurs communes pour faire sa déclaration d'option. Cette déclaration est adressée au Ministère chargé des Élections.

Si dans ce délai le conseiller élu n'a pas fait son option, il fait partie de droit du conseil de la commune où le nombre des électeurs est le moins élevé.

Les ascendants et les descendants, les frères et sœurs peuvent être membres d'un même conseil municipal s'ils sont présentés par des listes différentes. Leur nombre est limité à deux (02) au sein du même conseil municipal.

Les conjoints et les alliés au même degré ne peuvent être simultanément membres d'un même conseil municipal.

Toutefois, en ce qui concerne les alliés l'affinité cesse lorsque la personne qui la produisait et les enfants issus de son union avec l'autre époux sont décédés ; et dans le cas de divorce, lorsqu'il n'existe plus d'enfants vivants issus du mariage.

Seront considérés comme élus, les deux premiers dans l'ordre du tableau tel qu'il est déterminé par l'article 92 du Code général des collectivités locales.

Article L.274.- Tout conseiller municipal qui pour une cause quelconque se trouve dans l'un des cas d'inéligibilité ou d'incompatibilité prévus par la loi, peut être à toute époque, déclaré démissionnaire par le représentant de l'État sauf recours devant la Cour d'appel dans les dix (10) jours de la notification.

Tout électeur municipal peut saisir le représentant de l'État ou la Cour d'appel lorsqu'il constate un cas d'inéligibilité ou d'incompatibilité.

❖

NOTE SUR
LES CONDITIONS D'ÉLIGIBILITÉ, D'INÉLIGIBILITÉ ET D'INCOMPATIBILITÉ RELATIVES AUX CONSEILS DÉPARTEMENTAL ET MUNICIPAL

23 – 01. *L'inéligibilité qui concerne particulièrement l'élection doit être distinguée de l'incompatibilité qui astreint tout élu au conseil départemental ou municipal à opter entre la conservation de son mandat et tous autres mandats ou fonctions le mettant en situation d'incompatibilité (cf. supra n° 17-01).*

Aux termes des dispositions de l'article L.237, les fonctions incompatibles avec le mandat de conseiller départemental sont énumérées aux articles L.235 et L.236 du Code électoral. De même, l'article L.233, alinéa 1er dispose que le mandat de conseiller municipal est incompatible avec les fonctions énumérées aux articles L.272 et L.271 dudit Code.

À l'examen, il apparaît que ces fonctions auxquelles renvoient ces dispositions visant les incompatibilités sont également des causes d'inéligibilité. Mais malgré cette coïncidence ponctuelle des situations d'inéligibilité et d'incompatibilité, une distinction nette de ces deux catégories doit être de rigueur en droit, en dépit du libellé équivoque de l'article L.234-6) du Code électoral consistant à insérer dans l'énumération des causes d'inéligibilité l'énoncé suivant lequel : « Ne peuvent être conseillers départementaux [...] ceux qui se trouvent dans un cas d'inéligibilité ou d'incompatibilité prévu par le Code électoral ». Ce, alors même que ceux qui sont dans une situation d'incompatibilité peuvent bien être élus même s'ils ne peuvent exercer le mandat acquis, sauf à renoncer aux fonctions qui les mettent dans un tel état.

En tout état de cause, les conditions d'éligibilité et les inéligibilités qui englobent des cas d'incompatibilité spécifiques aux élections des conseils locaux sont relatives à l'électorat, à des incapacités ou à l'exercice de certaines fonctions.

CHAPITRE PREMIER
LES CONDITIONS D'ÉLIGIBILITÉ RELATIVES À L'ÉLECTORAT

23 – 02. *Contrairement à l'élection présidentielle et aux élections législatives, la loi exige du candidat au conseil départemental ou au conseil municipal l'inscription sur une liste électorale du département ou de la commune.*

Une telle exigence, formulée aux articles L.233 et L.268, alinéa 1er du Code électoral, se justifie par le souci d'établir un lien entre le candidat et la circonscription électorale où il doit avoir un domicile réel (cf. supra nos 07-08 à 07-

14) ou sa résidence depuis au moins six mois (cf. supra nos 07-15 à 07-17) ou une attache fiscale (cf. supra nos 07-18 à 07-20). Elle peut aussi avoir l'avantage d'empêcher le phénomène peu démocratique dit de « parachutage » de candidats dans des localités qui leur sont presque étrangères et où ils ne sont en tout cas pas rattachés par des liens matériels ou affectifs significatifs, mais qui peuvent y bénéficier d'une rente de situation que leur confère une position privilégiée dans les appareils politico-administratifs ou, plus généralement, d'une réputation acquise à d'autres niveaux de la société globale.

En exigeant l'ancrage local des candidats, la loi électorale exclut la candidature des électeurs inscrits sur les listes électorales du fichier des Sénégalais de l'Extérieur, ces derniers ne pouvant d'ailleurs participer à l'élection que s'ils sont, sur leur demande expresse, inscrits sur la liste électorale de l'une des communes d'un département de l'intérieur (cf. supra n° 07-21), surtout avec l'inexistence du mode de vote par procuration, suspecté de constituer un moyen de fraude électorale. Toutefois, s'ils sont inscrits sur la liste électorale de l'une des communes d'un département, leur candidature peut être reçue.

En ce qui concerne spécifiquement les élections au conseil municipal, le souci d'un ancrage local est plus fortement affirmé à l'article L.269, alinéa 2 qui prévoit que « le nombre de conseillers qui ne résident pas dans la commune au moment de l'élection ne peut excéder le quart des membres du Conseil ».

Relativement à l'obligation de résidence des trois quarts des conseillers municipaux, il faut relever que l'alinéa 3 du même article – en ajoutant que si le nombre de conseillers qui ne résident pas dans la commune « dépasse cette proportion, il est fait application de l'article L.273 du présent Code, en observation de l'ordre fixé par l'article 92 du Code général des collectivités locales » – introduit l'équivoque et semble faire du défaut de résidence de plus d'un quart des membres du conseil municipal une situation d'incompatibilité même si l'alinéa 2 sus-énoncé vise les conseillers qui ne résident pas dans la commune « au moment de l'élection ».

Cette équivoque s'accentue avec les renvois à l'article L.273 du Code électoral se rapportant aux incompatibilités en raison de l'élection d'une même personne dans plus d'une commune ou de liens de parenté de plusieurs conseillers au sein d'un même conseil. En outre, le dernier alinéa de l'article L.273, comme l'article L.92 du Code des collectivités locales auquel il renvoie, concerne l'élection du bureau du Conseil.

Pour une meilleure lisibilité de ces dispositions, il est peut-être souhaitable de renvoyer au Code des collectivités locales toutes les questions relatives aux incompatibilités et qui sont étrangères aux élections locales, pour ne conserver que celles qui se rapportent strictement à celles-ci.

Enfin, sur la question de l'ancrage local et l'exigence d'être inscrit sur la liste électorale de la commune, le législateur a apporté une certaine atténuation en ce qui concerne les personnes ayant des liens avec la commune, mais qui, pour des raisons diverses, n'y sont pas inscrites, en offrant la possibilité, en application de l'article L.268, alinéas 4 et 5, d'une désignation par le conseil municipal des ressortissants même non inscrits sur la liste électorale de la commune qui pourront siéger au sein de l'instance délibérante comme « conseillers associés » avec voix consultative. Un tel dispositif permet aux ressortissants non résidents d'être impliqués dans la gestion des affaires d'une cité ou d'un terroir donné.

CHAPITRE II
L'INÉLIGIBILITÉ POUR CAUSE D'INCAPACITÉS TEMPORAIRES OU DÉFINITIVES

Les cas d'inéligibilité pour cause d'incapacités temporaires ou définitives concernent les individus privés du droit électoral ou qui, par suite de certaines condamnations, ne sont plus éligibles au conseil départemental, les indigents secourus et les conseillers révoqués ou démissionnaires.

SECTION PREMIÈRE
L'INÉLIGIBILITÉ EN RAISON DE LA PRIVATION DU DROIT ÉLECTORALE

23 – 03. *Les individus privés du droit électoral sont ceux qui ne peuvent jouir de leur droit de vote par suite de certaines incapacités définitives ou temporaires (cf. supra nos 07-19 à 07-24). Cette privation du droit de vote emporte également privation du droit d'être éligible au conseil départemental ou au conseil municipal. Ce qui va de soi si l'on considère que ces personnes, n'étant pas normalement inscrites sur la liste du département ou de la commune, ne peuvent par conséquent y être éligibles.*

Sur un plan formel, il faut relever les différences de présentation des personnes qui « ne peuvent être conseillers départementaux ou municipaux » en application respectivement des articles L.234 et L.269 du Code. En effet, le premier article cite huit catégories de personnes inéligibles en raison d'incapacités particulières alors que le second article cible quatre catégories de personnes. Mais à l'examen, les deux listes concordent et auraient pu être libellées de la même manière notamment pour les raisons suivantes :

- *l'omission, à l'article 269 relatif aux élections des conseillers départementaux, du placement sous la protection de la justice prévu à l'article L.234-2), concerne des majeurs incapables au sens de l'article 342 du Code de la famille (cf. infra no 24-05). Or, ces derniers, aux termes de l'article L.31-7), ne peuvent être inscrits sur les listes électorales et n'étant pas ainsi électeurs, et ne sont pas éligibles au conseil municipal en application de l'article L.268, alinéa 1er du Code électoral ;*

- l'omission, à l'article L.269, des « individus condamnés en application des articles 101, 102, 103, 104 et 105 du Code pénal » et qui sont visés à L.234-5) se justifie par le fait que les personnes condamnées en application des ces dispositions sont automatiquement frappées d'inéligibilité *(cf. infra n° 23-08)* *;*

- l'omission concernant les conseillers municipaux de l'inéligibilité des étrangers naturalisés visés à l'article L.234-7) se comprend moins, l'incapacité décennale des étrangers naturalisés ayant vocation à s'appliquer à toutes les élections *(cf. infra n° 24-12)**.*

SECTION II

L'INÉLIGIBILITÉ EN RAISON D'INCAPACITÉS SPÉCIFIQUES

À la privation du droit électoral qui emporte inéligibilité, le législateur a ajouté des incapacités spécifiques qui font obstacle à l'éligibilité au conseil départemental ou municipal.

I - L'APPARTENANCE À UN CORPS MILITAIRE OU PARAMILITAIRE

23 – 04. *L'article L.58 – auquel renvoie l'article L.234-1) du Code électoral relatif aux élections des conseillers départementaux – vise les membres des corps militaires et paramilitaires qui ne sont pas éligibles.*

Mais l'article L.269-1) relatif aux élections des conseillers municipaux en visant « les individus privés du droit électoral » reproduit une ancienne rédaction issue de la loi n° 2000-11 du 8 mars 2000 modifiant le Code électoral dans un contexte qui a évolué avec le droit électoral désormais reconnu aux corps militaires et paramilitaires depuis la loi n° 2006-20 du 30 juin 2006 modifiant le Code électoral. Ainsi, la privation du droit électoral ne concernant plus les corps militaires et paramilitaires, les membres de ces corps qui demeurent toujours non éligibles devraient être expressément cités parmi ceux dont l'inéligibilité est spécifiée à l'article L.269 du Code électoral. Mais il est vrai que ceux-ci, en application de l'article L.58 compris dans les dispositions communes à toutes les élections, sont déclarés inéligibles. Mais une harmonisation de la distribution des textes relatifs aux différentes élections ne peut que contribuer à en favoriser la limpidité.

II - LE PLACEMENT SOUS LA PROTECTION DE LA JUSTICE

23 – 05. *Le placement sous la protection de la justice prévu à l'article L.234-2) du Code électoral relatif aux élections au conseil départemental concerne* *des majeurs incapables au sens de l'article 342 du Code de la famille, c'est-à-dire ceux dont les facultés mentales sont durablement altérées par une maladie, une infirmité ou un affaiblissement dû à l'âge et qui, après expertise médicale, sont placés par décision de justice sous la protection du procureur de la République et du juge des tutelles.*

À ce propos, même si l'article L.269 relatif aux élections au conseil municipal ne vise pas expressément ces personnes, l'expression « individus privés de leur droit électoral », qui est utilisée, revêt en l'occurrence toute son utilité en prenant en compte ces catégories de personnes placées sous la protection de la justice.

III - LE BÉNÉFICE DE SECOURS DE CERTAINS ORGANISMES

23 – 06. *Les individus indigents qui sont secourus par l'allocation de ressources allouées par le budget de certains organismes ne sont en principe pas éligibles.*

Cette prescription légale permet d'écarter de l'élection ceux qui sont dans la dépendance matérielle vis-à-vis de l'institution locale et qui pourraient être élus sur des listes dans lesquelles ils ne serviront que de faire-valoir à des candidats influents qui auront éventuellement à la diriger et dont ils demeureront, une fois élus, les obligés en raison des subsides dont ils bénéficient.

Ainsi, ne sont pas éligibles au conseil départemental, comme indiqué à l'article 234-3) du Code électoral, les individus bénéficiant de secours tirés du budget d'un département, d'une commune ou de l'État ou d'un organisme de bienfaisance.

Pour les élections au conseil municipal, l'article L.269 du Code ne vise, au titre de ce type d'inéligibilité, que les personnes secourues par les budgets municipaux. Ce qui laisse penser que les individus secourus par d'autres organismes ou budgets n'en sont pas moins éligibles. Doit-on en déduire qu'à l'échelle de la dignité sociale faisant présumer de l'indépendance d'esprit que procure un minimum d'autonomie matérielle requise pour être éligible, le conseiller municipal se situe à un niveau inférieur par rapport au conseiller départemental ? Cette spécificité résulte d'une disposition de la loi n° 2000-11 du 8 mars 2000 insérée à l'article 230 du Code électoral, alors qu'auparavant, la cause d'inéligibilité en raison de secours prodigués aux indigents était formulée exactement dans les mêmes termes pour toutes les élections aux conseils locaux.

Dans tous les cas, en dépit de la formulation du texte qui n'a pas déterminé la période dans laquelle les secours sont octroyés pour emporter inéligibilité, il faut se référer à l'esprit de la loi, qui n'entend écarter de la compétition électorale que ceux qui bénéficient des subsides dans un temps voisin des élections, temps qui peut raisonnablement se limiter au dernier exercice budgétaire. Ainsi, l'individu antérieurement secouru et qui aura connu meilleure fortune ou qui, simplement, a bien pu se passer de secours, pourra recouvrer la plénitude de ses droits qui ne doivent pas être compromis pour une durée indéterminée par une gêne peut-être seulement passagère.

IV - LES CONDAMNATIONS POUR CERTAINS FAITS ENUMÉRÉS AU CODE DES COLLECTIVITÉS LOCALES

23 – 07. *Ces faits visés à l'article 234-4) du Code électoral et spécifiés à l'article 61 du Code général des Collectivités locales sont :*

- *les faits prévus et punis par la loi instituant la Cour des comptes : ces faits – prévus et punis aux articles 57 à 61 de la loi loi organique n° 2012-23 du 27 décembre 2012 abrogeant et remplaçant la loi organique n° 99-70 du 17 février 1999 sur la Cour des comptes – consistent en la méconnaissance des règles régissant l'exécution des dépenses ou les passations des marchés administratifs, l'exaction ou le recouvrement des recettes des collectivités publiques, l'octroi d'avantages indus à soi-même ou à autrui au préjudice desdites collectivités, ou tout comportement fautif ayant entraîné une condamnation de celles-ci ;*
- *l'utilisation des deniers publics du département à des fins personnelles ou privées ;*
- *les prêts d'argent effectués sur les recettes du département ;*
- *les faux en écriture publique authentique ;*
- *les faux commis dans certains documents administratifs, dans les feuilles de route et dans les certificats ;*
- *la concussion ou la corruption ;*
- *la spéculation sur l'affectation ou l'usage des terrains publics et autres biens meubles et immeubles ;*
- *le refus de signer et de transmettre au représentant de l'État une délibération du conseil départemental.*

En application des dispositions de l'article sus-visé du Code électoral, les faits ci-dessus énumérés, dont certains s'analysent en infractions pénales, emportent automatiquement l'inéligibilité de leurs auteurs quand bien même la juridiction pénale devant laquelle ils auront comparu n'aurait pas prononcé cette inéligibilité comme peine complémentaire.

V - LES CONDAMNATIONS POUR CERTAINES INFRACTIONS PÉNALES

23 – 08. *Les condamnations pour les infractions visées à l'article 234-5) du Code électoral relatif aux élections des conseillers départementaux emportant automatiquement l'inéligibilité au conseil départemental sont :*

- les attroupements, voies de fait ou menaces ayant empêché un ou plusieurs citoyens d'exercer leurs droits civiques (article 101 du Code pénal) ;
- l'infraction précédente commise par suite d'un plan concerté pour être exécuté soit sur toute l'étendue du territoire de la République, soit dans une ou plusieurs circonscriptions administratives (article 102 du Code pénal) ;
- la falsification ou la manipulation des suffrages et bulletins de vote par tout citoyen chargé du dépouillement des votes (article 103 du Code pénal) ;
- l'infraction précédente commise par quiconque (article 104 du Code pénal) ;
- l'atteinte ou la tentative d'atteinte à la sincérité du scrutin, au secret du vote, au déroulement normal des opérations ou la manipulation des résultats d'un scrutin (article 105 du Code pénal).

Les dispositions du Code électoral relatives aux élections des conseillers municipaux – notamment l'article L.201 – n'érigent pas de façon expresse ces faits en des causes d'inéligibilité. Mais l'on pourra toujours se référer aux dispositions d'incrimination du Code pénal qui comportent, comme peine complémentaire, l'interdiction du droit de voter et d'être éligible pendant un temps déterminé allant soit de cinq ans au moins et dix ans au plus, soit de deux ans au moins et cinq ans au plus.

En outre, l'article L.269-3) exclut de la compétition pour les sièges de conseillers municipaux « ceux qui ont fait l'objet d'une condamnation en application de l'article 88 du Code général des Collectivités locales » visant certains actes imputables à des conseillers municipaux qui auront outrepassé leurs prérogatives légales, article ainsi libellé :

« Lorsque le conseil municipal délibère en dehors de ses réunions légales, le représentant de l'État prend toutes les mesures nécessaires pour que l'assemblée se sépare immédiatement.
Dans le cas où le conseil municipal délibère sur un objet étranger à ses compétences, publie des proclamations et adresses, émet des vœux politiques menaçant l'intégrité territoriale et l'unité nationale ou se met en communication avec un ou plusieurs conseils municipaux hors des cas prévus par la loi, les actes pris sont considérés comme inexistants.
Dans les cas prévus à l'alinéa 2 ci-dessus, le représentant de l'État prend un arrêté motivé qu'il transmet au procureur de la République du ressort pour l'application de la loi pénale.
En cas de condamnation, les membres de la réunion sont déclarés, par la décision, exclus du conseil municipal et inéligibles pendant les trois années suivant le prononcé ».

VI - LES INÉLIGIBILITÉS ET INCOMPATIBILITÉS POUR CAUSE D'EXERCICE DE CERTAINES FONCTIONS

Comme relevé ci-dessus, l'article L.234-6), dans une formule pour le moins lapidaire, comprend parmi les personnes qui ne peuvent être conseillers départementaux « ceux qui se trouvent dans un cas d'inéligibilité ou d'incapacité prévu par le Code électoral ».

Outre les militaires et les paramilitaires, le Code électoral a spécifié par ailleurs deux séries de fonctions qui sont cause d'inéligibilité pendant leur exercice et pendant une durée de six mois après la cessation d'activités ou qui sont seulement cause d'inéligibilité dans la localité où s'exercent les fonctions : les premières sont de portée absolue, les secondes de portée relative.

A - LES INÉLIGIBILITÉS DE PORTÉE ABSOLUE POUR CAUSE D'EXERCICE DE CERTAINES FONCTIONS

La liste des fonctions emportant inéligibilité au conseil municipal est légèrement différente par rapport aux fonctions énumérées à l'article L.235 applicable au conseil départemental, l'article L.270 applicable au conseil municipal excluant, sans justification évidente, les magistrats de la Cour des comptes, le receveur général et les secrétaires généraux des institutions locales qui sont visés.

En outre, concernant les autres magistrats visés au 1) de l'alinéa 2, l'expression « les magistrats [...] des cours d'appel et des tribunaux ainsi que les présidents des tribunaux départementaux » utilisée n'est pas conforme à l'appellation adéquate qui s'énonce « magistrats des cours et tribunaux ».

Les effets de l'inéligibilité, en raison de l'exercice de certaines fonctions exercées, en tant que titulaire ou non, persistent pendant une période de six mois en ce qui concerne le conseil départemental et trois mois en ce qui concerne le conseil municipal, après la cessation d'activités sauf en ce qui concerne les inspecteurs généraux d'État nommés dans le corps et les agents de l'État délégués dans les fonctions d'inspecteur général d'État, qui recouvrent leur éligibilité dès leur sortie définitive du corps, comme précisé à l'article L.235, alinéa 1er et L.270, alinéa 1er du Code électoral.

La justification de cette catégorie d'inéligibilités est d'empêcher que des agents publics – exerçant des fonctions qui peuvent leur conférer une influence directe par l'autorité déléguée de la puissance publique dont ils sont revêtus ou une influence indirecte par l'octroi par leurs administrations de certains avantages à des localités déterminées dans le but d'en recueillir ultérieurement un gain politique – puissent, en se portant candidats, utiliser ou bénéficier de leur position dans les appareils administratif et économique. Ces inéligibilités permettent aussi d'éloigner des considérations politiques voire politiciennes les agents chargés de certaines fonctions dont l'exercice requiert une stricte neutralité.

Sur un plan purement formel, l'on peut remarquer que l'article L.235 sus-visé comprend, dans l'énumération, des fonctions exercées ponctuellement par suite de nomination et des fonctions exercées comme une profession telles que les fonctions juridictionnelles ou celles d'inspecteur général d'État nommés dans le corps. Et à ce propos, l'on peut s'interroger sur la justification de l'exception dont bénéficient les inspecteurs généraux d'État, aussi bien ceux nommés dans le corps que les inspecteurs généraux d'État délégués, contrairement à l'ancienne législation applicable dans laquelle les fonctions énumérées étaient soumises au même régime.

B - LES INÉLIGIBILITÉS DE PORTÉE RELATIVE POUR CAUSE D'EXERCICE DE CERTAINES FONCTIONS

24 - 10. *Il s'agit d'une catégorie d'inéligibilités dont la portée est limitée au seul département ou à la seule commune où s'exercent les fonctions dont sont revêtues les personnes concernées et pendant seulement la durée d'exercice de ces fonctions.*

Les articles L.236 et L.271 du Code électoral comportent une énumération de fonctions dont l'exercice entraîne l'inéligibilité au conseil départemental ou au conseil municipal. Ce sont les fonctions de comptable de deniers, des régies financières départementales ou de travailleur salarié, soit des activités d'entrepreneur ou de concessionnaire départemental lorsque l'intéressé est lié par une convention le plaçant de façon permanente dans un lien de dépendance ou d'intérêt vis-à-vis de la localité.

Ce type d'inéligibilité se justifie par le souci de garantir l'indépendance des élus par rapport à l'exécutif local ou d'éviter un conflit d'intérêts, et cesse de produire ses effets dès la cessation de fonction des personnes concernées, soit parce qu'elles en auront été définitivement déchargées, soit parce qu'elles auront obtenu une mise en disponibilité.

C - LES INCOMPATIBILITÉS POST-ÉLECTORALES

23 – 11. *L'incompatibilité, à la différence de l'inéligibilité, ne concerne pas l'élection, mais se rapporte à l'après-élection et dans le cas d'une nomination, à une fonction postérieurement à l'élection, ce qui, avant l'élection, était considéré comme une cause d'inéligibilité, devient un cas d'incompatibilité.*

Ainsi, les conseillers départementaux ou municipaux qui, après l'élection, auront été nommés aux fonctions spécifiées ci-dessus aux articles L.235 et L.236 ou L.270 et L.271, sont tenus, dans un délai de trente jours à partir de la date de la nomination, d'opter entre l'acceptation de l'emploi et la conversation de leur mandat. Faute d'options dans ce délai, ils sont réputés avoir renoncé à leur mandat comme indiqué aux articles L.237, alinéa 2 et L.272, alinéa 2 du Code électoral.

En tout état de cause, en cas de nomination postérieure à l'élection à une fonction incompatible avec le mandat de conseiller, comme dans le cas où l'inéligibilité a été découverte après l'élection, le conseiller concerné peut être, à toute époque, déclaré d'office démissionnaire par le représentant de l'État sous réserve d'un recours porté devant la Cour d'appel. De même, tout électeur peut saisir le représentant de l'État ou la Cour d'appel lorsqu'il constate un cas d'inéligibilité ou d'incompatibilité.

Enfin, parmi les cas d'incompatibilité, celui relatif à la pluralité de mandats, soit à des conseils départementaux différents, soit à des conseils municipaux différents, mérite quelques observations. En effet, l'exigence de l'unicité de la candidature est affirmée et réitérée aux articles L.240, alinéa 3, L.242-5 ou L.273, alinéa 1er et L.276, alinéa 3 du Code électoral, avec notamment la formalité de la « déclaration par laquelle l'intéressé certifie qu'il pose sa candidature [et] qu'il n'est candidat que sur cette liste ».

Mais paradoxalement, le non-respect de cet engagement solennel ne semble pas porter à conséquence sur la validité de l'élection, l'article L.273, alinéas 2 et 3 accordant au conseiller municipal élu dans plusieurs communes un délai de dix jours à partir de la proclamation des résultats pour faire sa déclaration d'option, faute de quoi il fait partie de droit au conseil de la commune où le nombre des électeurs est le moins élevé.

Par ailleurs, la survenance d'une double candidature dans des communes différentes ne peut, en raison de l'exigence de l'inscription sur la liste électorale de la commune, s'expliquer que par l'existence d'inscriptions multiples sur les listes électorales, ce qui dénote une défaillance soit dans la tenue du fichier électoral avec la présence de doublons, soit dans le cadre de la vérification des candidatures. À noter que le Code est muet quant à l'appartenance de la même personne à plusieurs conseils départementaux et par voie de conséquence, au droit d'option. Mais le même dispositif doit être de rigueur pour remettre les choses à l'endroit, car de la même façon que pour la commune, il ne peut être envisagé qu'une seule inscription valable et une seule candidature valable dans les départements.

En tout état de cause, s'il est avéré qu'une même personne est candidate sur deux ou plusieurs listes en dépit de la déclaration par laquelle elle certifie qu'elle n'est candidate que sur une liste, l'autorité administrative compétente doit raisonnablement, en dépit du silence de la loi, exiger une modification des listes pour ne conserver qu'une seule inscription ou refuser de recevoir la liste en application des dispositions des articles L.247, alinéas 2 et 3 ou L.283, alinéas 2 et 3 du Code électoral, la déclaration certifiant de l'unicité de candidature étant anéantie par le fait établi de l'existence de plusieurs candidatures de la même personne. Une telle démarche serait d'autant plus fondée qu'aux termes des dispositions des articles L.249 et L.285, est considéré comme coupable d'une infraction pénale « tout candidat qui, de mauvaise foi, aura souscrit une déclaration inexacte sur son éligibilité ou sa présence sur une liste ».

Enfin, une pluralité de mandats correspondant nécessairement à une pluralité d'inscriptions sur les listes électorales en raison de l'exigence de la qualité d'électeur du département ou de la commune pour l'éligibilité posée aux articles L.233 et L.268, alinéa 1er, nécessairement, l'une seule des inscriptions devrait être valable pour conférer l'éligibilité et les mandats obtenus par suite d'autres inscriptions irrégulières voire frauduleuses sont viciés. Aussi, ces mandats doivent-ils être retirés en application des articles L.238 ou L.274 qui disposent que tout conseiller départemental ou municipal qui, pour une cause quelconque, se trouve dans l'un des cas d'inéligibilité ou d'incompatibilité prévus par la loi, peut être à toute époque déclaré démissionnaire par le représentant de l'État sauf recours devant la Cour d'appel dans les dix jours de la notification.

VII - L'INCAPACITÉ TEMPORAIRE DES ÉTRANGERS NATURALISÉS

23 – 12. *L'article L.234-7) du Code électoral prévoit que, sauf dispositions contraires prévues par les conventions internationales, les étrangers naturalisés ne peuvent être élus au conseil départemental pendant une période de dix ans à compter de la date du décret de naturalisation, à moins d'être relevés de cette incapacité pour service exceptionnel rendu au Sénégal (cf. supra n° 06-04).*

Par contre, le Code est muet concernant l'incapacité temporaire des étrangers naturalisés dans les dispositions relatives aux conditions d'inéligibilité des conseillers municipaux sans qu'une telle omission soit la traduction d'une option différente par rapport aux conditions d'éligibilité desdits conseillers. En effet, le régime de l'inéligibilité des conseillers est identique si l'on se réfère au Code de la nationalité qui dispose en son article 16 que :

> *« L'individu qui a acquis la nationalité sénégalaise jouit, à la date de cette acquisition, de tous les droits attachés à la nationalité sénégalaise, sous réserve des incapacités suivantes :*
> *1°) Pendant un délai de dix ans à partir du décret de naturalisation, il ne peut être investi de fonctions ou de mandats électifs pour l'exercice desquels la qualité de Sénégalais est nécessaire [...].*
> *2°) Néanmoins, un décret pris sur l'avis du ministre intéressé pourra relever des incapacités ci-dessus le naturalisé qui a rendu ou est susceptible de rendre au Sénégal des services importants ou dont la naturalisation présente, pour le Sénégal, un intérêt exceptionnel au sens de l'article 12, alinéa 5 ».*

Il faut relever toutefois que cette disparité dans la rédaction nuit à la qualité formelle du texte de loi. Par ailleurs, il faut préciser qu'en ce qui concerne les étrangers naturalisés, l'article L.28 du Code électoral prévoit que ceux-ci ne sont électeurs que s'ils n'ont conservé aucune autre nationalité en application de l'article 16 bis du Code de la Nationalité sénégalaise. Aussi ne seront-ils également pas éligibles aux élections locales que s'ils ont exclusivement la nationalité sénégalaise.

VIII - LA DÉMISSION D'OFFICE DU MANDAT DE CONSEILLER DÉPARTEMENTAL OU MUNICIPAL

23 – 13. *La démission d'office dans les conditions des articles 66 et 67 ou des articles 157 et 159 du Code général des collectivités locales peut être un obstacle à l'éligibilité au conseil départemental ou au conseil municipal.*

L'article 66 du Code général des collectivités locales, auquel renvoie l'article L.234-8) du Code électoral relatif aux élections des conseillers départementaux, dispose :

> *« Tout membre du conseil départemental dûment convoqué qui, sans motifs légitimes, a manqué à trois sessions successives, peut être, après avoir été invité à fournir ses explications, déclaré démissionnaire par le président, après avis du conseil départemental. La décision, dont copie doit être envoyée à l'intéressé et au représentant de l'État, est susceptible de recours dans les deux mois de la notification devant la juridiction compétente.*
>
> *Le conseiller, déclaré démissionnaire dans ces conditions, ne peut à nouveau poser sa candidature à l'élection départementale partielle ou générale qui suit la date de sa démission d'office ».*

L'article 67 du même Code, qui précise les conditions de la démission d'office, prévoit que :

> *« Tout membre du conseil départemental qui, sans excuse valable, a refusé de remplir une des fonctions qui lui sont dévolues par les lois et règlements peut être déclaré démissionnaire par le ministre chargé des Collectivités locales après avis du conseil départemental. Le refus résulte soit d'une déclaration écrite adressée à qui de droit ou rendue publique par son auteur, soit de l'abstention persistante après mise en demeure du ministre chargé des Collectivités locales ».*

Dans le premier cas de démission pour motif d'absentéisme comme dans le second justifié par le défaut de remplir son office, le conseiller déclaré démissionnaire ne peut poser sa candidature à l'élection départementale qui suit la date de sa démission d'office.

Les mêmes dispositions sont applicables en cas de démission d'office du conseil municipal en vertu des articles 157 et 159 du Code général des Collectivités locales auxquels renvoie l'article L.269-4) du Code électoral relatif au conseil municipal et qui sont libellés dans les mêmes termes que les articles 67 et 69 sus-énoncés.

CHAPITRE III
DÉCLARATION DE CANDIDATURE

Article L.275.- Tout parti politique légalement constitué ou toute coalition de partis politiques légalement constitués ou toute entité regroupant des personnes indépendantes désireux de participer aux élections municipales doit faire une déclaration de candidature.

Toutefois pour pouvoir valablement présenter une liste de candidats, les entités indépendantes doivent recueillir la signature de 3 % des électeurs inscrits dans la liste électorale de la commune.

Les signatures sont déposées au moment de la notification du nom de l'entité.

Un arrêté du Ministre chargé des Élections fixe le nombre de signatures exigées dans chaque commune.

❖

Article R.86.- Tout parti politique légalement constitué, toute coalition de partis légalement constituée désireux de participer aux élections départementales ou municipales doit déposer la liste de ses candidats quatre-vingts (80) jours au moins et quatre-vingt-cinq (85) jours au plus avant celui du scrutin.

Chaque parti politique ou coalition ne peut présenter qu'une seule liste de candidats.

Ce dépôt a lieu :

1. pour les élections départementales à la Préfecture ;
2. pour les élections municipales :
   - à la Préfecture pour les Communes qui sont de la compétence du Préfet ;
   - à la Sous-préfecture pour les Communes qui sont de la compétence du Sous-préfet.

La liste de candidature doit comporter un nombre égal d'hommes et de femmes. Elle doit également être composée de manière alternative. Lorsque le nombre de candidats sur la liste est impair, la parité s'applique sur le nombre immédiatement inférieur. Ces dispositions sont prescrites à peine d'irrecevabilité des listes.

Le Préfet ou le Sous-préfet donne récépissé de ce dépôt dûment visé par le superviseur ou le contrôleur de la CENA pour attester du dépôt dans les formes et délais légaux. Ce récépissé ne préjuge pas de la recevabilité des candidatures.

Les déclarations reçues à la Préfecture ou à la Sous-préfecture ainsi que les pièces qui les accompagnent sont tenues à la disposition de chaque liste de candidats qui peut en vérifier le contenu par un mandataire.

Les modèles de déclaration de candidature cités aux articles L.242 et L.278 sont établis par arrêté du Ministre chargé des Élections et remis aux mandataires.

❖

Article 276.- Les listes des candidats sont présentées et pour le scrutin majoritaire, et pour le scrutin proportionnel.

Les listes de candidats présentées doivent être complètes et établies conformément aux dispositions de l'article L.263.

Une personne ne peut être candidate à la fois au scrutin majoritaire et au scrutin proportionnel ni se présenter dans plusieurs communes.

Article 277.- Les déclarations doivent comporter :

1) le nom du parti politique ou de la coalition de partis politiques ou de l'entité regroupant des personnes indépendantes et éventuellement le titre ;

2) la couleur, le symbole et éventuellement le sigle choisis pour l'impression des bulletins de vote accompagnés de la maquette du bulletin sur support papier et électronique pour renseigner sur la nuance des couleurs et leur disposition sur ledit bulletin ;

3) les prénom, nom, date et lieu de naissance de chacun des candidats, leur profession et domicile, avec la précision de leur service, emploi et lieu d'affectation, s'ils sont agents de l'État ;

4) pour chaque candidat, le numéro d'inscription sur une liste électorale de la commune ;

5) l'indication de la commune dans laquelle ils se présentent.

❖

Article R.87.- Les déclarations de candidature doivent comporter :

1. le nom du parti politique, de la coalition ou de l'entité regroupant des personnes indépendantes ayant donné son investiture à la liste et éventuellement le titre ;
2. la couleur, le symbole et éventuellement le sigle choisis pour l'impression des bulletins de vote accompagnés de la maquette du bulletin sur support papier et électronique pour renseigner sur la nuance des couleurs et leur disposition sur ledit bulletin ;
3. l'indication du département et de la commune dans le ou laquelle ils se présentent.
4. les prénom, nom, profession, adresse, date et lieu de naissance, le sexe des candidats ainsi que l'identité du mandataire de la liste ;
5. pour chaque candidat aux élections départementales le numéro d'inscription sur une liste électorale du département ;
6. pour chaque candidat aux élections municipales le numéro d'inscription sur une liste électorale de la commune.

❖

Article L.278.- Les modèles de déclaration de candidatures sont fixés par arrêté du Ministre chargé des Élections.

Le dossier de déclaration de candidature comprend :

1) un bordereau de dépôt ;

2) une quittance confirmée par une attestation signée par le Directeur général de la Caisse des Dépôts et Consignations pour attester du dépôt de la caution ;

3) une déclaration d'investiture par laquelle le parti, la coalition ou l'entité présente ses candidats ;

4) une déclaration de candidature par laquelle le parti, la coalition ou l'entité précise la commune où il se présente et le mode de scrutin choisi ;

5) une déclaration individuelle de candidature par laquelle le candidat certifie qu'il pose sa candidature, qu'il n'est candidat que sur cette liste et qu'il ne se trouve dans aucun des cas d'inéligibilité prévus par le présent code ;

La déclaration individuelle de candidature est accompagnée d'un extrait d'acte de naissance datant de moins de six (6) mois ou d'une photocopie légalisée de la carte d'identité biométrique CEDEAO.

Les candidatures indépendantes comprennent en plus :

1) une liste d'électeurs appuyant les candidatures, établie conformément aux dispositions de l'article L.275 ;

2) une déclaration sur l'honneur par laquelle le candidat indépendant atteste qu'il ne milite dans aucun parti politique ou qu'il a cessé toute activité militante depuis au moins douze (12) mois.

En cas de contestation du statut d'indépendant d'un candidat, le Conseil constitutionnel est saisi. La partie qui a soulevé la question devra justifier ses diligences.

Les candidats déclarés élus sont tenus de produire dans les quinze (15) jours suivant leur élection, sous peine de déchéance de leur mandat, un bulletin n° 3 du casier judiciaire datant de moins de trois (3) mois.

Article L.279.- Les listes de candidats sont astreintes au dépôt d'une caution qui doit être versée à la Caisse de Dépôts et Consignations par le mandataire du parti politique, de la coalition de partis politiques ou de l'entité regroupant des personnes indépendantes.

Le montant de la caution est fixé par arrêté du Ministre chargé des Élections, au plus tard cent cinquante (150) jours avant celui du scrutin.

Il est délivré une quittance confirmée par une attestation signée par le Directeur général de la Caisse de Dépôts et Consignations.

Cette caution est remboursée dans les quinze (15) jours suivant la proclamation des résultats à la liste des candidats ayant obtenu au moins un (01) conseiller municipal élu dans chaque commune où la liste se sera présentée.

Si la liste ne se présente que dans une seule commune, le remboursement de la caution n'est effectué que si elle obtient au moins cinq (05) conseillers départementaux élus.

En cas d'élections anticipées, le montant de la dernière caution est maintenu.

Article L.280.- Les dossiers de candidatures sont déposés avec bordereau de dépôt, à la Préfecture ou à la Sous-Préfecture, auprès d'une commission instituée par arrêté, quatre-vingts jours (80) jours au moins et quatre-vingt-cinq (85) jours au plus avant la date du scrutin, par le mandataire soit du parti politique légalement constitué, soit de la coalition de partis politiques légalement constitués, soit de l'entité regroupant des personnes indépendantes qui ont soutenu les candidats.

❖

Article R.88.- Le dossier de déclaration de candidature comprend :

1. un bordereau de dépôt ;
2. une quittance confirmée par une attestation signée par le Directeur général de la Caisse des Dépôts et Consignations (CDC) attestant du dépôt de la caution ;
3. une déclaration d'investiture par laquelle le parti, la coalition ou l'entité présente ses candidats ;
4. une déclaration de candidature par laquelle le parti, la coalition ou l'entité précise le département où il se présente et le mode de scrutin choisi ;
5. une déclaration individuelle de candidature par laquelle le candidat certifie qu'il pose sa candidature, qu'il n'est candidat que sur cette liste et qu'il ne se trouve dans aucun des cas d'inéligibilité prévus par le présent Code.

La déclaration individuelle de candidature est accompagnée d'un extrait d'acte de naissance datant de moins de six (06) mois ou la photocopie légalisée de la carte d'identité biométrique CEDEAO ;

Les candidatures indépendantes comprennent en plus :

1. une liste d'électeurs appuyant les candidatures, établie conformément aux articles L.239 et L.275 ;
2. une déclaration sur l'honneur par laquelle l'intéressé atteste qu'il ne milite dans aucun parti politique ou qu'il a cessé toute activité militante depuis au moins douze (12) mois.

En cas de contestation du statut d'indépendant d'un candidat, le Conseil constitutionnel est saisi. La partie qui a soulevé la question devra justifier de ses diligences.

Les candidats déclarés élus sont tenus de produire dans les quinze jours, sous peine de déchéance de leur mandat, un bulletin n° 3 du casier judiciaire datant de moins de trois (03) mois.

Au cas où plusieurs partis, plusieurs coalitions de partis ou plusieurs entités regroupant des personnes indépendantes adopteraient le même titre, la même couleur ou le même symbole, les dispositions des articles L.248 et L.284 sont applicables.

❖

Article L.281.- La liste des candidats qui les accompagne les dossiers de candidatures est établie en double exemplaire dont l'un est destiné à la CENA.

Mention est faite de l'heure exacte du dépôt. Ni substitution ni retrait de candidature ne sont admis.

La commission de réception, au vu du bordereau et après un contrôle sommaire et contradictoire avec le mandataire sur les pièces du dossier de déclaration de candidature, lui délivre immédiatement un récépissé pour attester du dépôt matériel.

Ce récépissé est dûment visé par le superviseur de la CENA pour authentifier le contrôle du dépôt dans les formes et les délais légaux. Il ne préjuge pas de la recevabilité des candidatures présentées.

Les déclarations reçues à la Préfecture ou à la Sous-Préfecture et les pièces qui les accompagnent sont tenues à la disposition de chaque liste de candidats qui peut en vérifier le contenu par un mandataire.

Article L.282.- N'est pas recevable la liste qui :

1) est incomplète ;

2) ne comporte pas les indications obligatoires prévues aux articles L.263 et L.275 ;

3) n'est pas accompagnée des pièces prévues à l'article L.278 ;

4) ne comporte pas la quittance confirmée par une attestation signée par le Directeur général de la Caisse de Dépôts et Consignations attestant du dépôt du cautionnement prévu par l'article 278 ;

5) est déposé au-delà du délai légal.

Article L.283.- Pour les besoins de la recevabilité juridique, la commission procède à l'analyse des dossiers dans les quarante-huit (48) heures qui suivent la date limite du dépôt matériel.

Le remplacement des candidats inéligibles, sans préjudice de l'ordre d'investiture, et la substitution de pièces périmées ou comportant des erreurs matérielles sont, le cas échéant, immédiatement notifiés au mandataire de la liste concernée. Celui-ci dispose de trois (3) jours à compter de la notification pour y remédier sous peine de rejet de la candidature concernée.

Dans le cas où pour l'un des motifs énumérés à l'article L.282, le Préfet ou le Sous-préfet estime qu'une liste n'est pas recevable, il notifie par écrit les motifs de sa décision au mandataire de ladite liste dans les deux (2) jours suivant la date limite du dépôt matériel des dossiers de candidatures.

Article L.284.- Un parti politique, une coalition de partis politiques ou une entité regroupant des personnes indépendantes ne peut utiliser une couleur, un sigle, un symbole déjà choisis par un autre parti, une autre coalition de partis politiques ou une autre entité indépendante.

En cas de contestations, le Préfet ou le Sous-Préfet saisit le Ministre chargé des Élections qui attribue par priorité, à chaque parti politique sa couleur statutaire, son sigle et son symbole traditionnels par ordre d'ancienneté. Pour les coalitions de partis politiques et les entités regroupant des personnes indépendantes, l'attribution se fait selon la date de notification du nom choisi.

Le Ministre chargé des Élections en informe aussitôt le Préfet ou le Sous-Préfet qui, à son tour, en informe les parties intéressées.

Est interdit le choix d'emblèmes comportant une combinaison des trois couleurs du drapeau de la République : vert, or et rouge.

Article L.285.- Tout candidat qui, de mauvaise foi, souscrit une déclaration inexacte sur son éligibilité ou sur sa présence sur une liste sera puni d'un emprisonnement d'un mois à un an et d'une amende de 18 000 à 360 000 FCFA.

Article L.286.- Après le délai de quarante-huit (48) heures prévu à l'alinéa premier de l'article 283 et ce, jusqu'à la date de prise de l'arrêté publiant les déclarations reçues, s'il apparaît qu'une déclaration de candidature a été déposée en faveur d'une personne inéligible, le Préfet ou le Sous-Préfet doit dans les trois (03) jours suivant le dépôt de candidature, saisir la Cour d'appel du ressort qui statue dans les trois (03) jours de sa saisine sur la recevabilité de ladite candidature.

Si les délais mentionnés à l'alinéa premier ne sont pas respectés, la candidature doit être reçue.

Article L.287.- Au plus tard soixante-dix (70) jours avant le scrutin, le Préfet ou le Sous-Préfet arrête et publie les déclarations de candidature reçues, modifiées, éventuellement, compte tenu des dispositions des articles L.283 alinéa 2 et L.286.

Copie de l'arrêté de publication doit être délivrée à chaque mandataire de liste de candidats.

❖

Article R.89.- Dans les quarante-huit (48) heures qui suivent la date limite de dépôt, s'il apparaît qu'une candidature est déposé en faveur d'une personne inéligible ou dont les pièces comportent des erreurs matérielles ou sont périmées, le Préfet ou le Sous-préfet le notifie par écrit dans les trois (03) jours au mandataire qu'il dispose d'un délai de trois (03) jours pour apporter les corrections nécessaires.

Dans les mêmes délais de quarante-huit (48) heures, si une liste est déclarée recevable, pour l'un des motifs évoqués aux articles L.246 et L.282, le Préfet ou le Sous-préfet notifie, par écrit, les motifs de sa décision au mandataire de ladite liste. A compter de la date de notification, le mandataire dispose de trois (03) jours pour se pourvoir devant la Cour d'appel du ressort qui statue dans les trois jours de sa saisine.

Les dispositions des articles L.177, L.253 et L.289 sont applicables aux élections départementales et municipales.

Article R.90.- Au plus tard soixante-dix (70) jours avant le scrutin, le préfet ou le sous-préfet publient par arrêté les listes de candidats admis à participer aux élections départementales et municipales.

Les déclarations complémentaires sont faites au Préfet et au Sous-préfet conformément aux dispositions des articles L.242 et L.278.

Article L.288.- En cas de contestation d'un acte du Préfet ou du Sous-Préfet pris en application des articles L.282, L.283, L.284 et L.287, les mandataires des listes de candidats, peuvent dans les trois (03) jours suivant la notification de la décision ou sa publication, se pourvoir devant la Cour d'appel qui statue dans les trois (03) jours qui suivent celui de l'enregistrement de la requête.

Article L.289.- Entre la date de signature de l'arrêté du Préfet ou du Sous-Préfet publiant les déclarations reçues et la veille du scrutin à zéro heure, en cas de décès ou d'inéligibilité d'un candidat, le mandataire de la liste fait sans délai, déclaration complémentaire de candidature au Préfet ou ou au Sous-Préfet qui la reçoit s'il y a lieu, la publie par voie d'affichage et en assure la diffusion dans tous les bureaux de vote.

Cette déclaration complémentaire ne peut concerner qu'un candidat du même sexe et doit être accompagnée des pièces prévues à l'article L.278.

❖

NOTE SUR LA CANDIDATURE AUX CONSEILS DÉPARTEMENTAL ET MUNICIPAL

24 – 01. *Le conseil départemental et le conseil municipal sont composés, de membres élus dans les conditions fixées aux articles L.226 et L.262 ou L.263, alinéa 3 et L.264, alinéa 2 du Code électoral ci-dessus-énoncés.*

CHAPITRE PREMIER
LES CONDITIONS DE VALIDITÉ DES CANDIDATURES

24 – 02. *Pour participer aux élections locales, les candidats doivent être présentés par des groupements politiques ou bénéficier d'un parrainage citoyen et figurer sur une liste élaborée et déposée dans les formes et délais légaux, après versement d'un cautionnement.*

SECTION PREMIÈRE
L'INVESTITURE POLITIQUE OU LE PARRAINAGE CITOYEN

À la différence de l'élection présidentielle et des élections législatives, les candidatures indépendantes n'ont pas pendant longtemps été admises aux élections locales même si une telle exclusion ne semblait pas procéder de justifications clairement articulées dont on peut tenter rappeler les plus récurrentes :

- La procédure de reconnaissance des partis politiques garantit dans une certaine mesure leur aptitude à participer sainement au jeu politique dès lors que les formalités administratives permettent, outre l'identification d'un certain nombre de membres qui pourraient être tenus pour responsables de dérives éventuels constatées en leur sein, de déceler des orientations de nature à remettre en cause l'unité nationale ou l'intégrité du territoire. Et le cas échéant, la dissolution du parti concerné par décision du ministère de l'Intérieur pour des motifs précis a plus de chance de ne pas être interprétée comme une mesure politicienne comme le serait l'irrecevabilité d'une liste de candidatures d'un groupement de personnes dites indépendantes dans un contexte préélectoral souvent caractérisé par de vives passions ;

- Le rôle permanent d'éducation et d'information des citoyens dévolu aux partis politiques, même s'il n'est pas toujours pleinement assumé, leur confère le privilège de la présentation des candidatures face à des groupes de personnes dites indépendantes qui peuvent paraître comme

de véritables générations spontanées apparaissant à la veille des élections ;

- La crainte d'un accaparement par des féodalités coutumières et religieuses des entités locales au détriment d'une assumation par les populations de leur citoyenneté active dans le fonctionnement des institutions des institutions d'une République qui se veut démocratique et laïque.

Certes, ces justifications ne paraissent pas à elles seules légitimer l'exclusion de la présentation des candidatures indépendantes aux élections locales en raison de ce que, d'une part, les formalités de création d'un parti politique sont à la portée de n'importe quel groupe d'individus, d'autre part, que la participation active de personnalités locales jouissant d'une considération particulière au sein des populations ne peut que constituer un plus pour les localités concernées, dont l'Administration ne doit pas nécessairement être laissée aux seules mains des politiques et des politiciens. Mais l'investiture par les partis politiques légalement constitués ou par des coalitions de partis politiques a été, jusqu'en 2016, l'unique mode de présentation des candidatures.

Ce n'est qu'en 2016 que la loi constitutionnelle n° 2016-10 du 5 avril portant révision de la Constitution adoptée par le référendum du 20 mars a institué un nouvel article 4 dont l'alinéa 2 est ainsi énoncé :

> *« La Constitution garantit aux candidats indépendants la participation à tous les types d'élections dans les conditions définies par la loi ».*

Cette consécration dans la loi fondamentale de la participation des candidats indépendants aux élections départementales et municipales devait être suivie d'une modification du Code électoral qui prévoit les modalités de la présentation desdits candidats.

Ainsi, désormais, conformément aux dispositions de l'article L.239 et L.275 du Code électoral, les entités regroupant des personnes indépendantes qui désirent présenter une liste de candidats aux élections départementales ou municipales sont astreintes à la collecte d'un certain nombre de signatures d'électeurs inscrits sur la liste électorale du département ou de la commune.

Ces contraintes liées à la collecte des signatures d'un grand nombre d'électeurs paraissent traduire une survivance de l'ostracisme à l'égard des candidatures indépendantes, qui ne peut que favoriser l'investiture par les partis politiques qui devrait demeurer la voie royale pour la présentation des candidatures en raison notamment des modalités très simples de création d'un parti politique.

SECTION II

LE PAIEMENT PRÉALABLE DU CAUTIONNEMENT

24 – 03. *Jusqu'à l'adoption en 2017 d'un nouveau Code électoral, le versement d'un cautionnement n'était pas prévu pour les élections locales. Mais il faut bien admettre que face à la tendance inflationniste des candidatures qui alourdit exagérément le budget des élections, l'exigence du versement d'un cautionnement est apparue nécessaire en ce qu'elle constitue un moyen de dissuader les candidatures fantaisistes et représente la contrepartie légitime des frais supportés par le Trésor public qui prend en charge des bulletins de vote des listes de candidats, la confection des affiches, circulaires et autres frais exposés pour la mise en place de toute la logistique déployée par l'administration électorale.*

Pour rappel, les élections des conseillers municipaux et départementaux, les listes de candidats en lice sous diverses bannières ont tendance à augmenter de façon impressionnante, passant de 1 600 listes aux élections régionales, municipales et rurales de 2009, à 2 700 listes de candidats pour les élections des conseillers municipaux, départementaux du 29 juin 2014. Et la communalisation universelle intervenue entretemps, avec l'Acte III de la décentralisation n'explique pas seule cette augmentation au regard de l'évolution du nombre de collectivités locales passé de 528 collectivités locales, composées de 370 communautés rurales et de 158 communes lors des élections du 22 mars 2009, à 602 collectivités locales composées de 45 départements et 557 communes en 2014, à moins qu'un certain apparat plus perceptible dans le sens commun de la fonction de « maire » de commune par rapport à celle de « président de communauté rurale » n'ait prévalu dans l'engagement des candidats dans la cause des collectivités locales.

La pléthore de listes qui a pu être constatée lors de ces élections se traduit naturellement au moment du vote par les nombreux bulletins de vote qui garnissent la table de décharge du bureau à l'origine de risques de confusion de listes, notamment pour les électeurs qui peuvent aussi avoir des difficultés dans le maniement des bulletins, souvent en raison de l'âge avancé de certains ou de l'analphabétisme d'autres, surtout en l'absence de photo sur des bulletins ne comportant que des transcriptions, des logos et des couleurs qui ne sont pas souvent assez distinctifs des listes de candidats.

Désormais, dans le nouveau Code électoral, les groupements de personnes indépendantes qui désirent présenter des listes de candidats doivent, avant le dépôt des candidatures, procéder au versement d'un cautionnement dont le montant est arbitré par le ministre en charge des élections, comme prévu aux articles L.243 et L.279 du Code électoral. Toutefois, ce cautionnement devant être dissuasif sans être un obstacle à la participation de larges couches de citoyens aux joutes électorales, son montant doit en être déterminé suivant des paramètres objectifs notamment en fonction de la population du département ou de la commune concernée.

SECTION III

L'ÉLABORATION DES LISTES DE CANDIDATS

24 – 04. *Les partis politiques, coalitions de partis politiques légalement constitués et les personnes indépendantes désireuses de participer aux élections départementales doivent déposer, conformément à l'article L.240 du Code électoral, une liste de candidats soit pour le scrutin proportionnel départemental, soit pour le scrutin majoritaire départemental, soit pour les deux scrutins.*

Par contre, comme prévu à l'article 276 du Code, pour les élections municipales, les listes de candidats doivent être présentées tant pour le scrutin majoritaire que pour le scrutin proportionnel.

Pour les élections départementales comme pour les élections municipales, toute liste présentée doit être complète, respecter la parité homme-femme dans les modalités prévues aux articles L.223, alinéa 2, L.263, alinéa 1er et R.86, alinéa 4 du Code électoral. En outre, la liste majoritaire départementale doit obligatoirement comporter pour chacune des communes au minimum un (1) candidat titulaire et un (1) candidat suppléant conformément à l'article L.227, alinéa 2 dudit Code.

Par ailleurs, une même personne ne peut être en même temps candidate sur les listes majoritaire et proportionnelle d'un même département ou d'une même commune, ni sur des listes de départements ou de communes différentes.

SECTION IV

LE DÉPÔT DES CANDIDATURES

Dans une phase initiale de dépôt des candidatures suivie d'une période pendant laquelle des réaménagements aux dossiers de candidature peuvent être acceptés, l'autorité administrative compétente peut prendre des décisions susceptibles de recours.

I - LE DÉPÔT INITIAL DES CANDIDATURES

24 – 05. *Le dépôt des dossiers de candidature élaborés conformément aux articles L.240 à L.243 relatifs aux élections départementales et aux articles L.276 et L.279 relatifs aux élections des conseillers municipaux, doit être fait à la préfecture auprès d'une commission de réception, contre* *récépissé visé par le représentant de la CENA et délivré au mandataire-déposant comme indiqué aux articles L.243 et L.281, dans l'intervalle de temps entre le quatre-vingt-cinquième (85ème) jour et le quatre-vingtième (80ème) jour avant le scrutin.*

Mais la pratique révèle à ce propos un comportement cocasse des acteurs politiques dont les mandataires, au risque d'être forclos, attendent systématiquement les dernières heures du terme du délai de dépôt pour se bousculer dans les sièges des commissions de réception des listes de candidatures où ils s'agitent frénétiquement jusqu'au lendemain pour mettre la dernière main ou confectionner sur place des listes dont la publication est souvent accueillie, dès le lendemain, de récriminations en raison de la position de certains sur les listes ou de la non-investiture d'autres.

Dans tous les cas, par dérogation à la règle suivant laquelle les délais prescrits au Code électoral sont des délais francs, l'article R.26 du Code électoral a excepté le cas du dépôt des candidatures aux élections de liste. Aussi, les jours non ouvrables sont compris dans la computation des délais de dépôt.

Le préfet ou le sous-préfet qui, au vu des dossiers de candidature, aura constaté un motif d'irrecevabilité en raison de l'absence d'une indication obligatoire ou d'une pièce exigée peut, en application de l'article L.246 relatif aux élections départementales ou de l'article L.282 relatif aux élections municipales, prendre une décision motivée de rejet, notifiée dans les trois (3) jours au mandataire concerné.

Si cette autorité administrative constate l'inéligibilité d'un candidat déclaré, il doit conformément à l'article L.247 relatif aux élections départementales ou L.283 relatif aux élections municipales, dans un délai de deux (2) jours suivant la date limite de dépôt, en faire la notification au mandataire, qui dispose d'un délai de trois (3) jours pour procéder au remplacement nécessaire, faute de quoi cette autorité doit saisir, en application de l'article L.250, alinéa 1er relatif aux élections départementales ou de l'article L.286 relatif aux élections municipales, la Cour d'appel, qui a aussi un délai de trois (3) jours pour statuer. En cas de non-respect de ces délais impératifs, les mêmes dispositions prescrivent l'admission de la candidature.

Le mandataire de liste peut également saisir la Cour d'appel en cas de contestation d'un acte de l'autorité administrative relatif à :

- *un rejet d'une liste pour cause d'irrecevabilité en application soit des articles L.246 et L.251 relatifs aux élections départementales, soit des articles L.282 et L.288 relatifs aux élections municipales ;*
- *une attribution de signes distinctifs (couleur, sigle, symbole) par le ministre en charge des élections à la suite de la saisine par le préfet, en application soit des articles 248 et 252 relatifs aux élections*

départementales, soit des articles 84 et 288 relatifs aux élections municipales (cf. infra nº 24-09) *;*
- l'arrêté des déclarations de candidatures, en application des articles L.251 et L.252 relatifs aux élections départementales ou des articles L.287 et L.288 relatifs aux élections municipales.

La décision de la Cour d'appel rendue, suite à la saisine de l'autorité administrative, est susceptible de recours porté devant la Cour suprême, recours formé dans les conditions prévues à l'article 77-1 de la loi organique sur ladite Cour ainsi que celle-ci a eu à le préciser dans les circonstances suivantes :

Saisie d'un pourvoi, la Cour suprême – pour rejeter l'exception d'irrecevabilité de la requête formée contre la décision de la Cour d'appel, exception soulevée par le ministre de l'Intérieur et fondée sur la « violation des articles 35 et 35-1 de la loi organique sur la Cour suprême qui prescrivent que la requête doit, à peine d'irrecevabilité, contenir un exposé sommaire des faits et moyens, un moyen de cassation ou un élément de moyen de cassation ne devant mettre en œuvre qu'un seul cas d'ouverture » – a estimé que « ce sont les dispositions spéciales relatives au recours en matière administrative qui régissent le contentieux des élections départementales et municipales, notamment celles prévues à l'article 76-1 (correspondant à l'article 77-1 actuel) de la loi organique, au sens desquelles le pourvoi est formé par une simple requête exempte de tout formalisme particulier » (Cour suprême, Arrêt nº 35 du 24 juin 2014, Administrative, UDS-R /M. de l'Intérieur et A.J.E.).

III - LES RÉAMÉNAGEMENTS ÉVENTUELS AUX LISTES DE CANDIDATS

24 – 06. *Par dérogation à la règle de l'intangibilité des listes – déposées avec bordereau récapitulatif des pièces des dossiers de candidatures – règle posée aux articles L.245, alinéa 2 et L.281, alinéa 2 du Code, certains réaménagements peuvent être apportés auxdites listes dans le délai de trois jours à partir de la date limite du dépôt des listes de candidature. Ainsi donc, entre le quatre-vingtième (80ème) jour et le soixante-dix-septième (77ème) jour avant le scrutin, le mandataire peut remplacer des candidats inéligibles ou des pièces de dossier périmées ou comportant des erreurs matérielles, comme prévu aux articles L.247, alinéa 2 et L.283, alinéa 2 du Code.*

Ce mandataire peut également procéder à une déclaration complémentaire de candidats pour remplacer des candidats décédés ou inéligibles par d'autres candidats du même sexe entre le soixante-dix-septième (77ème) jour avant le scrutin – correspondant à la date de l'arrêté de publication de la liste des candidatures par l'autorité administrative – et la veille de ce scrutin, comme indiqué aux articles L.253 et L.289 du Code.

L'on peut remarquer par contre que l'inéligibilité soulevée par le préfet ou le sous-préfet astreint ce dernier à la saisine de la Cour d'appel dans les conditions prévues aux articles L.250 et L.286, alors que l'inéligibilité constatée par le mandataire l'autorise à remplacer le candidat qui en est effectivement affecté (*cf. infra* n° 25-08). *À ce propos, il semble qu'il aurait été plus adéquat d'habiliter l'autorité administrative à prendre une décision de rejet en cas d'inéligibilité constatée après le dépôt des listes, décision qui serait susceptible d'un éventuel recours juridictionnel.*

CHAPITRE II

LE CONTRÔLE DE LA RÉGULARITÉ DES CANDIDATURES

Pour assurer la régularité des candidatures, le Code électoral a incriminé, en ses articles L.249 et L.285, la déclaration inexacte faite de mauvaise foi par un candidat et a institué des mécanismes de résolution des incidents relatifs, soit à la régularité formelle des candidatures, soit aux signes distinctifs des listes de candidats, soit à l'éligibilité de candidat.

SECTION PREMIÈRE

LE CONTRÔLE DE LA RÉGULARITÉ FORMELLE

24 – 07. *Les cas de vice de forme sanctionnés par l'irrecevabilité de la candidature sont énumérés à l'article L.246 relatif aux élections départementales et à l'article L.282 relatif aux élections municipales du Code électoral.*

I - LES CAS DE LISTE INCOMPLÈTE

Est considérée comme incomplète toute liste n'ayant pas satisfait aux exigences suivantes :

- la présentation aux élections municipales d'une seule liste de candidats au scrutin majoritaire ou au scrutin proportionnel, alors que conformément à l'article L.276, alinéa 1er du Code électoral, « les listes de candidats sont présentées et pour le scrutin majoritaire, et pour le scrutin proportionnel » pour lesdites élections (à la différence des élections départementales à l'occasion desquelles les listes peuvent être présentées « soit pour le scrutin majoritaire, soit pour le scrutin proportionnel, soit pour les deux scrutins », comme prévu à l'article 240, alinéa 1er du Code) ;

- la liste de candidats au scrutin majoritaire ne comportant pas un nombre de candidats titulaires ou un nombre de candidats suppléants égal à celui des conseillers départementaux et municipaux à élire comme indiqué aux articles L.230, alinéa 1er et L.264, alinéa 1er du Code.

- la présentation aux élections départementales d'une liste de candidats au scrutin majoritaire départemental ne comportant pas au minimum un candidat titulaire et un candidat suppléant inscrits sur la liste électorale de chacune des communes du département, comme précisé à l'article L.227, alinéa 2 du Code.

- la présentation au scrutin proportionnel des élections départementales ou municipales d'un nombre de candidats suppléants inférieur à la moitié des sièges à pourvoir dont l'éventuel nombre sera augmenté d'une unité pour le calcul de cette moitié, comme prévu aux article et L.264, alinéa 2 du Code.

II - LES AUTRES CAS D'IRRECEVABILITÉ

Les « indications obligatoires » ou de pièces exigées visées aux articles L.246-2) et 3) et L.282-2) et 3) du Code électoral, qui renvoient à d'autres dispositions, sont relatives :

- au respect de la règle de la parité homme-femme prescrit aux articles L.228 et L.263 du Code ;

- à la collecte des signatures d'électeurs requises pour le parrainage des listes de candidats indépendants exigée aux articles L.239 et L.275 du Code ;

- aux pièces diverses spécifiées aux articles L.242 et L.278 du Code.

Le préfet qui aura constaté un des cas d'irrecevabilité sus-énumérés rejette la liste de candidatures concernée par décision motivée notifiée au mandataire de la liste concernée dans les trois jours du dépôt des candidatures.

Le mandataire de ladite liste peut, dans un délai de trois jours à partir de la notification de la décision, se pourvoir devant la Cour d'appel qui statue, comme indiqué aux articles L.252 et L.288 du Code électoral, dans les trois jours qui suivent l'enregistrement de la requête au greffe de cette juridiction, sous réserve des remarques faites ci-dessous relativement aux réclamations portant sur les signes distinctifs (cf. infra n° 24-09).

SECTION II
LA CONTESTATION DE L'ÉLIGIBILITÉ D'UN CANDIDAT

24 – 08. *Aux termes des dispositions de l'article L.250 relatif aux élections départementales et de l'article L.286 relatif aux élections municipales, s'il apparaît qu'une déclaration de candidature a été déposée en faveur d'une personne inéligible, le préfet ou le sous-préfet doit après, les deux jours suivants le dépôt de candidature, si le mandataire qui en a reçu notification n'a pas procédé à la substitution, saisir la Cour d'appel qui statue dans les trois jours de la saisine sur la recevabilité de ladite candidature.*

En ajoutant à l'alinéa 2 des articles sus-cités que si le délai de recours imparti au préfet ou si le délai imparti à la Cour d'appel n'est pas respecté, la candidature doit être reçue, le législateur, dans son souci d'amener les acteurs à plus de diligence dans l'accomplissement des formalités de dépôt des candidatures, paraît avoir fait peu de cas de la portée absolue de l'inéligibilité qui constitue en effet un obstacle aussi bien à l'acte de candidature qu'à l'exercice du mandat si elle se révèle postérieurement à l'élection.

Aussi, une telle disposition semble en porte à faux avec celles des articles L.253 et L.289 qui prévoient la possibilité, en cas d'inéligibilité d'un candidat, de procéder à une déclaration complémentaire concernant un candidat du même sexe, et ce, jusqu'à la veille du scrutin à minuit. Seule cette dernière disposition paraît pertinente, car il serait inadmissible de présenter au choix des électeurs des candidatures pouvant influer sur les résultats de l'élection alors qu'en raison d'une cause d'inéligibilité, les intéressés ne pourront en aucun cas exercer le mandat sollicité. Aussi, l'admission de la candidature à l'issue du délai de trois jours imparti à la Cour d'appel pour statuer ne saurait préjuger de la validité d'un éventuel mandat du candidat, dont l'inéligibilité aura été ultérieurement constatée par le juge. D'ailleurs, les articles L.238 et L.274 prévoient, dans le contexte post-électoral que le représentant de l'État – d'office ou à l'initiative de tout conseiller municipal ou tout électeur de la commune – peut à toute époque déclarer démissionnaire le conseiller municipal ou départemental qui se trouve dans un cas d'inéligibilité ou d'incompatibilité.

À noter par ailleurs qu'aucune disposition spécifique n'habilite expressément au cours du processus électoral, les électeurs ou les mandataires des listes de candidats et la CENA à intenter un recours pour cause d'inéligibilité d'un candidat.

Mais à ce propos, la CENA, en vertu de sa mission générale de « supervision et d'un contrôle des opérations électorales et référendaires » et de « son pouvoir de saisine des juridictions compétentes », peut être admise à saisir la Cour d'appel.

En ce qui concerne les mandataires, l'article R.86, alinéa 5 semble implicitement admettre un tel recours en précisant, à la suite des articles L.251 et et L.287, alinéa 2 qui disposent que « copie de l'arrêté doit être délivrée à chaque mandataire de liste de candidats », que les déclarations de candidatures reçues sont tenues à la disposition de chaque liste de candidats qui peut en vérifier le contenu par un mandataire, la vérification n'ayant de sens que si elle permet, au vu de ses résultats, de faire des réclamations. Mais l'option légale a été d'ériger l'autorité administrative comme instance de filtre du potentiel contentieux qu'aurait impliqué l'habilitation des mandataires de listes et candidats qui devront se limiter à la dénonciation des présumées situations d'inéligibilité auprès de celle-ci.

SECTION IV
LES CAS DE CANDIDATURES ET MANDATS MULTIPLES

Sous réserve des interrogations que ne manque pas de susciter l'existence même des candidatures multiples (cf. supra nº 23-11), en cas de survenance de celles-ci sur des listes concurrentes du même département ou de la même commune, la solution dégagée par le Conseil constitutionnel à l'occasion des élections législatives peut être retenue pour les élections locales avec le maintien de la candidature bénéficiant de l'antériorité du dépôt et la possibilité pour l'autre liste de procéder à une déclaration complémentaire (cf. supra nº 18-15).

Quant à la pluralité de mandats – dont l'occurrence est nécessairement consécutive à des candidatures multiples dans des communes différentes et dont l'éventualité est envisagée à l'article L.273 du Code électoral avec notamment un droit d'option laissée à l'élu – elle est seulement considérée comme un cas d'incompatibilité qui se pose après l'élection et traitée comme tel.

Mais dans la pratique, sous réserve d'inscriptions multiples sur les listes électorales, l'occurrence de candidatures ou de mandats multiples doit être exceptionnelle dans la mesure où, pour être candidat, il faut être électeur de la localité concernée.

SECTION III
LES INCIDENTS RELATIFS AUX SIGNES DISTINCTIFS

24 – 09. *En dépit de la prescription des articles L.245 et L.284 du Code électoral qui prévoient qu'un parti politique, une coalition de partis politiques ou une entité regroupant des personnes indépendantes ne peut utiliser une couleur, un sigle ou un symbole déjà choisi par un autre parti, une autre coalition de partis politiques ou une autre entité, des contestations relatives à ces signes distinctifs surviennent fréquemment à l'occasion des dépôts de candidatures et parfois même après cette phase.*

I – LE RÈGLEMENT DES CONTESTATIONS RELATIVES AUX SIGNES DISTINCTIFS

En cas de contestation portant sur l'un des signes distinctifs des listes de candidatures, le préfet ou le sous-préfet saisit le ministre chargé des élections qui, conformément à l'article L.248 relatif aux élections départementales ou à l'article L.284 relatif aux élections municipales, attribue par priorité à chaque parti politique sa couleur, son sigle et son symbole « traditionnels », par ordre d'ancienneté et à chaque coalition de partis politiques ou entité indépendante selon la date de notification de leurs signes distinctifs.

La dévolution de la compétence, pour trancher les litiges relatifs aux signes distinctifs au ministre chargé des élections et non aux autorités de l'administration territoriale, s'explique par le fait que c'est celui-ci qui est dépositaire des dossiers de déclarations des partis politiques comportant notamment lesdits signes. Toutefois, pour les coalitions de partis politiques qui se forment ponctuellement à l'occasion d'élections locales déterminées, le titre et les signes distinctifs pouvant être notifiés à l'autorité administrative jusqu'à la veille de la date de clôture des dépôts de candidature, leur remontée jusqu'au ministre en charge des élections apparaît bien complexe comme procédé pour trancher ce contentieux mineur, qui aurait pu l'être à la base.

Qu'il s'agisse d'une omission involontaire ou d'une option délibérée du législateur en raison du nombre élevé des listes de candidats, l'on peut remarquer qu'aucun recours n'est prévu au Code électoral contre la décision du ministre intervenue dans le cadre des élections locales et, ce même si les articles L.252 et L.288, prévoyant le recours contre les actes du préfet ou du sous-préfet, visent parmi les dispositions applicables en cas de contestation d'un acte du préfet ou du sous-préfet les articles L.248 et L.284 qui habilitent le ministre chargé des élections à trancher le contentieux relatif aux attributs des listes de candidats.

D'ailleurs, l'absence de toute référence à un recours contre la décision intervenue dans le cadre des élections municipales aurait pu laisser penser que le législateur, contrairement à l'option retenue pour les élections nationales, a entendu exclure tout recours en la matière à l'occasion des élections locales en dépit du renvoi maladroit des articles L.252 et L.288 – relatifs aux contestations des actes du préfet ou du sous-préfet – respectivement aux articles L.248 et L.284 concernant le contentieux des signes distinctifs dévolu au ministre en charge des élections.

À ce propos, il y a lieu de relever toutefois que la Cour suprême a pu faire une lecture discutable de l'article LO.25, en estimant que « [la Cour d'appel qui a pu se déclarer incompétente pour connaître du litige relatif aux signes distinctifs des listes de candidats aux élections locales], a méconnu le sens et la portée [des dispositions de l'article LO.25 aux termes desquelles] les cours d'appel sont compétentes pour le contentieux électoral de leur ressort » (Cour suprême, Administrative, Arrêt n° 32 du 24 juin 2014).
Cette interprétation est particulièrement extensive comme le laisse clairement apparaître une lecture plus exhaustive de l'article LO.25, qui constitue la disposition unique de la section 3 intitulée « Des Cours d'appel », du chapitre premier, du titre premier du Code et qui s'énonce ainsi :

> *« Les compétences dévolues en matière électorale à la Cour d'appel dans le cadre du présent code sont exercées par la Cour d'appel de*

Dakar. Toutefois, chaque Cour d'appel est compétente pour les élections départementales et municipales au niveau des circonscriptions électorales de son ressort. Dans le cas où la Cour d'appel concernée n'est pas installée, la Cour d'appel de Dakar est compétente ».

L'article LO.25 invoqué, dans le cas d'espèce, pour annuler la décision de la Cour d'appel, cité in extenso, apparaît nettement comme une simple dérogation aux règles générales de répartition des compétences juridictionnelles ou même, sous un certain angle, comme une disposition transitoire qui ne règle qu'une question de répartition de compétences entre la Cour d'appel de Dakar et les autres cours d'appel, installées ou non encore installées, relativement aux élections nationales.

La Cour suprême, dans la même décision a, par contre, relevé à juste raison que la saisine directe de la Cour d'appel doit être sanctionnée par l'irrecevabilité de la requête pour non-respect du « préalable de la contestation devant [l'autorité administrative] qui élève le conflit au niveau du ministre chargé des élections ».

II - LE CAS DE CONFUSION DE SIGNES DISTINCTIFS IMPUTABLE À L'ADMINISTRATION

Le contentieux des signes distinctifs ne naît pas toujours de réclamations de signes sur lesquels des candidats ou listes de candidats prétendent avoir un droit exclusif que confère l'antériorité de l'usage et du dépôt ou de la notification à l'administration compétente.

Dans certains cas, l'administration électorale chargée de confectionner les documents électoraux peut être à l'origine de la situation pouvant être source de confusion de signes distinctifs, notamment s'agissant de la confection des bulletins de vote.

Cette situation est parfois vainement invoquée comme une irrégularité ayant eu pour effet d'entacher la sincérité du scrutin et constituant un motif d'annulation de l'élection dans le cadre du contentieux électoral post-scrutin, avec toutefois peu de chance de voir prospérer une telle contestation en raison de la difficulté d'apprécier de l'influence que l'irrégularité a pu avoir sur les résultats.

À ce propos, un cas typique de dysfonctionnement grave imputable à l'Administration et non sanctionné mérite d'être rappelé, car le dysfonctionnement a très probablement pu influer fortement sur les résultats :

Sur les listes annexées à l'arrêté portant publication des listes de candidatures régulièrement déclarées, dont la sienne, la coalition Benno Bokk Yakaar a choisi, pour ses bulletins de vote, la couleur marron-beige, une tête de cheval beige sur fond marron, orientée vers l'est comme symbole, et le sigle APR. Ces bulletins de vote ont été imprimés avec la couleur, le symbole et le sigle, choisis cependant sans mention du titre de la coalition Benno Bokk Yakaar et sans les mentions « titulaires et suppléants » sur chaque colonne de la liste des candidats. Or, il s'avère que l'APR est une des composantes de la coalition Benno Bokk Yakaar, qui a choisi le sigle APR, parti politique n'ayant pas présenté de liste de candidats.

La Cour d'appel saisie a estimé que la confusion notée dans l'impression des bulletins a pu avoir une incidence sur le choix des électeurs ou les induire en erreur et ainsi vicier les élections.

Par contre, la Cour suprême a estimé, pour censurer la Cour d'appel, que :

« - l'arrêt attaqué qui relève cette confusion commise par l'administration n'indique cependant pas en quoi et comment l'utilisation de ces bulletins a pu avoir une incidence sur le choix des électeurs ou a pu les induire en erreur ;

- ces erreurs commises dans la confection des bulletins de vote n'ont fait l'objet d'aucune observation portée sur l'un quelconque des procès-verbaux des bureaux de vote par les acteurs des opérations électorales qui ont comptabilisé les voix pour "l'APR" aux lieu et place de la coalition Benno Bokk Yakaar ;

- la commission départementale de recensement des votes, usant de son pouvoir de rectification et de redressement, a, quant à elle, décompté les voix de l'APR pour la coalition Benno Bokk Yakaar, sortie largement victorieuse du scrutin et ce, en présence du représentant de la liste du Parti socialiste qui n'a mentionné aucune observation sur le procès-verbal de la commission ;

- [et enfin] le juge de l'élection est tenu de veiller au respect du choix de l'électeur, l'annulation du vote de celui-ci ne pouvant être qu'exceptionnelle et devant être justifiée par des motifs indiscutables faisant ressortir que son choix a été vicié par des irrégularités avérées ».

Ainsi, en dépit du risque relativement important de confusion que peut entraîner la dénomination inexacte des listes de candidats en lice, la haute juridiction a estimé qu'en annulant le scrutin du 29 juin 2014 dans la commune de Médina Sabakh sans établir que le dysfonctionnement imputable à l'Administration dans la confection des bulletins de vote a influé, ou pu influer sur la régularité et la sincérité du scrutin, la Cour d'appel a fait une mauvaise appréciation des faits de la cause et a infirmé son arrêt (Cour suprême, Arrêt nº 09 du 23 janvier 2015, O. Guèye, maire de Médina Sabakh, M. Intérieur/S. Touré, mandataire du Parti socialiste).

Ce cas de figure typique devrait inciter les candidats et mandataires à plus de vigilance dans la phase de confection et de dépôt des candidatures, en étant notamment assidus aux réunions préparatoires organisées par l'administration électorale.

CHAPITRE III

L'ARRÊTÉ ET LA PUBLICATION DES DÉCLARATIONS DE CANDIDATURES

24 - 10. *Soixante-dix (70) jours avant le scrutin, le préfet ou le sous-préfet compétent arrête et publie les déclarations de candidatures et délivre copie de l'arrêté à chaque mandataire de listes de candidats.*

La liste, une fois publiée, doit demeurer intangible, aucune substitution ou retrait de candidature n'étant plus admis. Il n'est fait exception à cette règle que si, entre la date limite de dépôts des listes et la veille du scrutin à minuit, le décès ou l'inéligibilité d'un ou plusieurs candidats viendrait à se produire ou à se révéler. Dans un tel cas, le mandataire de la liste concernée fait sans délai, comme indiqué aux articles L.253 et L.289, déclaration complémentaire de candidature à l'autorité administrative compétente, qui la reçoit et qui, après en avoir vérifié la régularité, la publie par voie d'affichage et en assure la diffusion dans tous les bureaux de vote concernés.

Toutefois, sur le fondement des articles L.252 relatif aux élections des conseillers départementaux et L.288 relatif aux élections des conseillers municipaux, les mandataires de listes peuvent, dans les trois jours de la notification, se pourvoir devant la Cour d'appel.

La Cour d'appel saisie statue dans les trois jours de l'enregistrement de la requête au greffe de ladite Cour.

La loi n'a pas précisé si le délai imparti à la Cour est impératif ou seulement indicatif comme cela est le cas pour d'autres délais prévus dans le cadre des élections locales notamment aux articles L.250 et L.286 qui instituent des délais impératifs au-delà desquels l'objet de la contestation est tranché par la loi, qui a prévu une solution supplétive consistant en l'admission de la candidature contestée.

Si l'on considère que ce délai est seulement indicatif, la Cour d'appel ne serait tenue qu'à des diligences qui permettent l'élaboration et la confection des documents électoraux nécessaires pour la poursuite du processus électoral dans de bonnes conditions. Le recours juridictionnel ne peut alors constituer un obstacle à la publication des listes de candidats par l'autorité administrative compétente. Aussi, la décision qui pourrait intervenir après la publication des listes et qui serait susceptible d'entraîner des modifications de la liste, pourra, faute de dispositions légales spécifiques, faire l'objet d'un traitement similaire à celui prévu aux articles L.253, L.289 et R.89 qui prévoient que relativement aux déclarations complémentaires post-publication effectuées en cas de décès ou d'inéligibilité de candidats déclarés, « l'autorité administrative reçoit et publie par voie d'affichage et [...] assure la diffusion dans tous les bureaux de vote » des candidats de substitution de même sexe. Cette dernière solution semble plus appropriée en raison de la brièveté du délai.

❖

CHAPITRE IV
CAMPAGNE ÉLECTORALE

Article L.290.- La campagne [en vue des élections des conseillers départementaux et municipaux] est ouverte à partir du quinzième jour précédant le scrutin.
Elle dure quatorze (14) jours et prend fin la veille du scrutin à zéro heure.

Article R.91.- La campagne électorale est ouverte à partir du quinzième jour précédant la date du scrutin.

Elle est close la veille des élections à zéro heure.

Article L.291.- La Cour d'appel compétente veille à l'égalité entre les candidats. Saisie par la CENA ou par un candidat, elle intervient, le cas échéant, auprès des autorités compétentes pour que soient prises toutes les mesures susceptibles d'assurer sans délai cette égalité.

Est interdite toute activité assimilable à une campagne électorale dans les conditions définies par l'article L.61.

Est également interdite, toute propagande électorale le jour du scrutin.

Saisie d'une réclamation, la Cour d'appel compétente peut, en cas de besoin, adresser des injonctions aux autorités concernées ou au candidat dont l'attitude est incriminée.

Elle veille à la régularité de la campagne électorale. Ses arrêts en la matière ne peuvent faire l'objet d'aucun recours.

La campagne par voie d'affichage est régie par les dispositions des articles L.60 et L.62 ainsi que par les dispositions réglementaires du Code électoral.

La tenue des réunions électorales est régie par les dispositions de l'article L.59 du présent code.

Chaque liste de candidats peut faire imprimer et adresser aux électeurs, avant le scrutin, une circulaire de propagande comprenant une page en recto et verso de format de 21 x 27 cm. Cette circulaire est soumise à la formalité du dépôt légal.

❖

Article R.92.- L'impression des bulletins de vote et des documents de propagande est à la charge de l'État. //L'acheminement et la mise en place des bulletins de vote sont également à la charge de l'État.

NOTE SUR
LA CAMPAGNE POUR LES ÉLECTIONS LOCALES

La campagne officielle pour les élections municipales se déroule concomitamment et suivant les mêmes modalités que pour les élections des conseillers départementaux et fait l'objet des mêmes observations.

CHAPITRE PREMIER
LA DURÉE DE LA CAMPAGNE ÉLECTORALE

25 – 01. *Aux termes des dispositions des articles L.254 et L.290 du Code électoral, pour les élections départementales et municipales qui se déroulent dans les mêmes circonstances temporelles et matérielles, la campagne électorale est ouverte quinze jours avant la date du scrutin et close la veille des élections à minuit.*

Depuis l'adoption du Code de 2014, dont les dispositions relatives à la campagne électorale ont été reprises dans le Code en vigueur, la durée de la campagne électorale pour les élections locales dure désormais 14 jours au lieu de 21 jours auparavant.

Cette réduction pourrait se justifier par la nature de ces types d'élections qui font plus appel à un compagnonnage dans la durée et à une démarche de proximité avec les électeurs qu'à la propagande ponctuelle dans la proche période du scrutin.

La période de la campagne est déterminée en fonction de la date de l'élection retenue dans le décret de convocation des électeurs. Il est interdit d'anticiper sur la date retenue pour l'ouverture de la campagne ou de prolonger celle-ci au-delà de son terme, étant entendu d'ailleurs que les articles L.255, alinéa 3 et L.291, alinéa 3 interdisent formellement toute propagande le jour du scrutin (cf. supra n° 14-11).

CHAPITRE II
LES ASPECTS DE LA CAMPAGNE ÉLECTORALE

25 – 02. *Sous réserve d'une spécificité notable relative à l'absence d'une propagande organisée dans les médias du service public, la campagne pour les élections municipales et départementales se déroule suivant les règles du droit commun qui ont fait l'objet de développements par ailleurs, et qui ne nécessitent, dans le cadre de la présente note, qu'un bref rappel accompagné des renvois idoines.*

I - LA PROHIBITION DES ACTES DE PROPAGANDE DÉGUISÉE

Les articles L.255, alinéa 2 et L.291, alinéa 2 du Code électoral interdisent les actes « assimilables » à une campagne électorale déguisée dans les conditions définies à l'article L.61 (cf. supra nos 14-01 à 14-10).

II – LA PROPAGANDE DANS LES MÉDIAS

La campagne officielle pour les élections départementales et municipales se caractérise par rapport à l'élection présidentielle et aux élections législatives par le fait qu'aucun temps d'antenne n'est aménagé dans les médias du service public pour la diffusion de la propagande électorale des listes de candidats. Le nombre de listes et la diversité des élections qui se déroulent concomitamment dans toutes les circonscriptions municipales et départementales rendraient d'ailleurs impossible une gestion ordonnée des temps d'antenne consacrés aux diverses listes de candidats.

Aussi, pendant cette compétition électorale, la couverture médiatique est faite librement par les professionnels de la communication conformément à leur déontologie qui prescrit la production d'une information plurielle et équilibrée et au respect de la prohibition légale de la propagande déguisée et des actes assimilés.

III - LES RÉUNIONS ÉLECTORALES

Comme indiqué aux articles L.255, alinéa 6 et L.291, alinéa 7 qui renvoient à l'article L.59 du Code électoral, pendant la campagne électorale, les réunions électorales se tiennent librement sur l'ensemble du territoire national après simple déclaration préalable faite vingt-quatre heures avant la date de la réunion, auprès de l'autorité administrative compétente (cf. supra n° 14-32).

IV - LA PROPAGANDE PAR AFFICHES ET CIRCULAIRES

Conformément aux dispositions des articles L.216, alinéas 5 et 7 et L.247, alinéas 5 et 7 qui renvoient aux articles L.60 et L.62 et aux dispositions réglementaires pertinentes, notamment à l'article R.92 du Code électoral, les listes de candidats peuvent faire imprimer des affiches et circulaires pour la diffusion de leurs sigle, logo, slogans, messages et programme. Les frais de confection sont à la charge de l'État et des emplacements sont spécialement aménagés pour les recevoir.

La prise en charge par l'État de ces documents officiels de propagande est une contribution indirecte au financement de la campagne électorale allant dans le sens de la recherche de l'égalité des candidats, mais grève lourdement le Trésor public avec l'inflation des candidatures constatée (cf. supra nos 14-26 à 14-31).

V - LA SUPERVISION ET LE CONTRÔLE DE LA RÉGULARITÉ DE LA CAMPAGNE

25 – 03. *Le contrôle au quotidien qui s'exerce sur le terrain est effectué par la Commission électorale nationale autonome (CENA) ainsi que par ses démembrements, dénommés Commissions Électorales Départementales Autonomes (CEDA), prévu notamment aux dispositions des articles L.8 et R.9 et suivants du Code électoral. La CENA – qui a accès aux médias du service public, mais qui utilise également le canal de tout autre média – peut alerter l'opinion, intervenir auprès des autorités administratives compétentes de la République en cas de contravention à la loi électorale en général, et saisir l'autorité judiciaire compétente en cas de commission d'une infraction électorale.*

La Cour d'appel, qui veille à l'égalité entre les candidats, peut aussi être saisie par la CENA ou par les candidats en lice. Elle peut alors procéder par voie d'interpellation ou adresser des injonctions aux autorités administratives compétentes ou aux candidats concernés. Elle peut également rendre des décisions non susceptibles de recours (cf. supra n° 14-24).

L'on remarquera l'absence, dans le dispositif légal de contrôle et de supervision de la campagne pour les élections locales, du Conseil national de Régulation de l'Audiovisuel (CNRA), absence dont la justification première est liée à celle de l'inexistence d'une campagne électorale officielle réglementée comme c'est le cas pour les élections nationales (cf. supra nos 14-21 à 14-24 et 19-06 à 19-11). Mais le CNRA doit nécessairement s'impliquer par le recours à l'exercice de ses attributions permanentes comme « organe chargé d'assurer [la] cohésion et de faire respecter les règles de pluralisme, d'éthique, de déontologie, les lois et règlements en vigueur ainsi que les cahiers de charges et les conventions régissant l'audiovisuel », comme le décrit le législateur dans l'exposé des motifs de la loi n° 2006-04 du 4 janvier 2006, portant création du CNRA. Ainsi, même si l'article 8 de ladite loi semble circonscrire le champ d'intervention du CNRA à la gestion du temps d'antenne en précisant que « le Conseil National de Régulation de l'Audiovisuel fixe les règles concernant les conditions de production, de programmation et de diffusion des émissions réglementées des médias audiovisuels pendant les campagnes électorales », la mise en œuvre de sa mission de faire respecter le pluralisme de l'information ne peut trouver de contexte de mise en œuvre plus opportun que la période d'une campagne électorale quand bien même celle-ci ne serait pas réglementée concernant les médias, dès lors que l'égalité des candidats demeure une exigence légale.

❖

CHAPITRE V
VOTE, RECENSEMENT ET PROCLAMATION DES RÉSULTATS

Article L.292.- Les électeurs sont convoqués par décret publié au Journal officiel au moins quatre-vingt-dix (90) jours avant la date du scrutin.

Article L.293.- Le recensement des votes et la proclamation des résultats sont effectués conformément aux dispositions de l'article L.257 du présent code.

Les résultats définitifs des élections municipales font l'objet d'une publication dans le Journal officiel, bureau de vote par bureau de vote par les soins du Premier Président de la Cour d'appel.

Cette publication est faite également sur internet et par tout autre moyen de communication.

❖

NOTE SUR LES OPÉRATIONS ÉLECTORALES, LE RECENSEMENT ET LA PROCLAMATION DES RÉSULTATS DES ÉLECTIONS LOCALES

26 – 01. *Les conseillers départementaux et municipaux sont certes élus par des électorats distincts rattachés aux entités géographiques et administratives que sont le Département et la Commune, mais les différentes phases du processus électoral, de la campagne électorale à la publication des résultats en passant par le vote et le recensement, se déroulent conjointement avec notamment, d'une part, l'émission par un même vote d'un double suffrage respectivement pour l'élection départementale et l'élection municipale, d'autre part, un dénombrement séparé des suffrages pour chaque élection.*

Aussi sera-t-il procédé à un regroupement de l'examen des thèmes similaires qui se rapportent à ces deux élections.

CHAPITRE PREMIER
LES OPÉRATIONS ÉLECTORALES DES LOCALES

Stricto sensu, les opérations électorales désignent le vote et les opérations matérielles préalables au vote. Elles sont précédées, avant le scrutin, d'un ensemble d'opérations préparatoires dont la convocation des électeurs que le législateur sénégalais rattache dans l'agencement formel du Code électoral aux opérations électorales proprement dites.

SECTION PREMIÈRE
LA CONVOCATION DES ÉLECTEURS POUR LES LOCALES

26 – 02. *Le décret de convocation des électeurs est préalable soit à des élections de renouvellement intégral des membres des assemblées locales en cas d'expiration du mandat, d'annulation de l'ensemble des opérations électorales soit à des élections des membres d'un ou de plusieurs conseils locaux en cas de dissolution ou de démission collective des conseillers locaux, soit à des élections complémentaires en cas perte du tiers des membres de l'assemblée locale par suite de l'épuisement des listes.*

Le décret de convocation des électeurs aux élections locales est publié conformément aux articles L.256 et L.292 du Code électoral applicables respectivement aux élections départementales et municipales au Journal officiel au moins quatre-vingt-dix jours avant la date du scrutin.

En fixant les modalités de l'organisation spatio-temporelles du scrutin, le décret de convocation des électeurs détermine incidemment la période de dépôt des candidatures et celle de la campagne électorale.

À la différence des élections nationales, à l'occasion desquelles le contentieux des opérations est dévolu au Conseil constitutionnel (cf. supra n° 16-01), l'article 92, alinéa 2 de la loi fondamentale dispose que :

> *« La Cour suprême [...] juge en premier et dernier ressort de l'excès de pouvoir des autorités exécutives [...] est compétente en dernier ressort dans le contentieux [...] des élections aux conseils des collectivités territoriales [...] ».*

Aussi, le contrôle de la régularité du décret de convocation des électeurs, tant avant les élections locales que dans la phase du contentieux des élections, relève à l'évidence de la compétence de la Cour suprême.

Mais à l'instar du contrôle de la légalité du décret de convocation des électeurs devant le Conseil constitutionnel, le contentieux de l'appréciation de la régularité du décret de convocation change de nature en fonction du moment de la saisine de la juridiction compétente et la portée de la décision de la juridiction compétente sera différente selon qu'elle se situe dans la phase préélectorale ou dans la phase postélectorale.

Avant le scrutin, la saisine de la Cour suprême statuant en matière administrative rentre dans le cadre traditionnel du contrôle de la légalité des actes administratifs comme précise l'article 1er, alinéa 2 de la loi organique n° 2017-35 du 8 août 2017 sur la Cour suprême, qui dispose que :

> *« La Cour suprême est juge en premier et dernier ressort de l'excès de pouvoir des autorités administratives [...] » (à noter qu'avant la loi constitutionnelle n° 2016-10 du 5 avril 2016 portant révision de la Constitution, cette compétence était consacrée par la Constitution en son article 92, alinéa 2 disposant que « la Cour suprême juge en premier et dernier ressort de l'excès de pouvoir des autorités exécutives »).*

Elle statue en conséquence, à titre principal, sur l'irrégularité qui, si elle est avérée, est susceptible d'emporter annulation du décret de convocation et, par suite, report des élections. Le grief qui est le plus souvent susceptible d'être invoqué est relatif au non-respect du délai de convocation des électeurs prévu pour permettre une information suffisante nécessaire à l'exercice normal du droit électoral des citoyens et à une campagne électorale équitable pour les candidats en lice.

Par contre, si la saisine est postérieure à l'élection, la Cour d'appel, compétente pour connaître en premier ressort du contentieux des opérations, pourrait, par voie d'exception, apprécier de la régularité éventuelle du décret de convocation sans pour autant en prononcer l'annulation, même en cas d'irrégularités avérées ; ces irrégularités sont alors seulement appréciées en fonction des circonstances de chaque espèce, pour notamment déterminer l'influence qu'elles ont pu avoir sur les résultats de l'élection.

Aussi, l'irrégularité du décret de convocation des électeurs ne peut emporter automatiquement une annulation de l'élection et sa conséquence, qui serait l'organisation d'un nouveau scrutin dans l'ensemble des circonscriptions électorales de la République, dès que la compétence de chaque cour d'appel est limitée à son ressort territorial (cf. supra n° 04-01). Or, il n'est pas concevable que l'annulation d'un acte de portée nationale n'ait que des effets limités à une portion du territoire comprise dans le ressort juridictionnel d'une cour d'appel déterminée. Aussi, la question de l'annulation de l'acte de convocation des électeurs ne peut être envisagée dans le cadre du contentieux post-scrutin des élections locales dans le contexte national contrairement au dispositif qui existe en France dans lequel, le fait que l'acte de convocation des électeurs est l'objet d'un arrêté préfectoral, l'annulation dans le contentieux électoral peut être diversement appréciée (cf. supra n°14-37 concernant les élections nationales).

Par ailleurs, l'élection s'étant déjà tenue conformément à l'acte de convocation des électeurs, la demande d'annulation de cet acte s'avérera à certains égards sans objet et en conséquence irrecevable, dès lors qu'il n'est pas démontré que l'irrégularité qui a pu affecter cet acte constitue une manœuvre de nature à porter atteinte à la sincérité du scrutin.

SECTION II
LES OPÉRATIONS ÉLECTORALES PROPREMENT DITES

26 – 03. *Les opérations des élections locales se déroulent suivant les modalités à peu près identiques à celles des élections législatives avec les mêmes caractéristiques qui ont déjà fait l'objet de développements, notamment sous les dispositions consacrées aux élections législatives et aux dispositions communes à toutes les élections (cf. supra nos 20-01, 20-02, 14-01 et surtout nos 11-01 à 11-25).*

La spécificité qu'il faut relever consiste en l'émission par l'électeur, le jour du scrutin, d'un double suffrage pour respectivement l'élection des conseillers départementaux et l'élection des conseillers municipaux.

CHAPITRE II
RECENSEMENT ET PROCLAMATION DES RÉSULTATS PROVISOIRES DES LOCALES

27 – 04. *Si les règles régissant le déroulement des opérations électorales et la répartition des mandats aux assemblées locales s'apparentent à celles qui sont applicables aux élections législatives (cf. supra nos 20-04 à 20-11), le recensement général des résultats et le contentieux électoral présentent des particularités avec, d'une part, une Commission départementale avec des attributions différentes à certains égards de celles de la Commission départementale, officiant dans le cadre des élections nationales, d'autre part, avec la Cour d'appel et la Cour suprême qui, quand bien même les questions* *de fond sont généralement traitées par le biais des mêmes techniques juridiques, procèdent suivant des procédures spécifiques.*

La Commission départementale créée à cet effet procède au recensement général des votes, à la répartition des sièges de conseillers départementaux et des sièges de conseillers municipaux des communes de droit commun et, s'il y a lieu, des conseillers municipaux de ville ainsi qu'à la proclamation des résultats provisoires des élections.

SECTION PREMIÈRE

LA CRÉATION ET LA COMPOSITION DE LA COMMISSION DÉPARTEMENTALE

27 – 05. *L'article L.257 relatif aux élections départementales auquel renvoie l'article L.293, alinéa 1er relatif aux élections municipales précise les modalités de création et la composition de la Commission départementale de recensement des votes qui ainsi sont identiques à celles des commissions de recensement des résultats des élections municipales (cf. supra nos 15-01 et 15-02 et procéder mutatis mutandis). Dans la pratique, c'est d'ailleurs la même structure qui procède successivement au recensement et à la proclamation des résultats des deux ou trois élections, si l'on prend en considération l'élection éventuelle des conseillers municipaux de ville.*

Installée généralement au siège du tribunal d'instance, la Commission départementale de recensement des votes doit être à pied d'œuvre dès la clôture du scrutin pour recevoir et exploiter les procès-verbaux des bureaux de vote dans les formes et délais légaux.

SECTION II

LE FONCTIONNEMENT DE LA COMMISSION DÉPARTEMENTALE

27 – 06. *Le processus décisionnel au sein de la commission départementale est similaire à celui qui est en vigueur au sein de la commission créée pour le recensement des votes à l'occasion des élections nationales. Seuls les magistrats membres de la commission ont voix délibérative, les autres membres pouvant seulement faire leurs observations par écrit (cf. supra n° 15-03).*

SECTION III

LES OPÉRATIONS DE LA COMMISSION DÉPARTEMENTALE

Aux termes des dispositions de l'article L.257, alinéa 4, la Commission départementale de recensement des votes, au vu des documents électoraux, procède, s'il y a lieu, à la rectification, à l'annulation ou au redressement des procès-verbaux des bureaux de vote, à la répartition des sièges et dresse un procès-verbal des travaux avant de proclamer les résultats des élections départementales et municipales.

I - LA RÉCEPTION ET L'OUVERTURE DES PLIS

27 – 07. *Les plis contenant les procès-verbaux des bureaux de vote du département ainsi que les pièces annexées sont transmis à la Commission départementale suivant un plan de ramassage établi par l'autorité administrative par des personnes assermentées, les présidents des bureaux de vote ou les membres des forces armées conformément aux dispositions de l'article L.86 du Code électoral.*

Dès réception des enveloppes et avant de les ouvrir, le président de la Commission fait constater aux membres que les plis sont scellés, comme indiqué à l'article L.257, alinéa 2 du Code électoral. Toutefois, cette formalité ne doit pas être le prétexte à des réclamations de nature à retarder le déroulement des opérations, car une manipulation maladroite peut bien être l'origine d'un descellement qui ne prête à conséquence que si le procès-verbal comporte des mentions différentes par rapport aux exemplaires détenus par les représentants des listes de candidats ou par la CENA.

II - L'EXAMEN DE RÉGULARITÉ DES PROCÈS-VERBAUX

27 – 08. *Comme rappelé ci-dessus, l'examen des procès-verbaux peut donner lieu soit à la rectification, au redressement ou à l'annulation de ceux-ci en cas d'irrégularité, soit à la validation et à la prise en compte de ceux-ci.*

A - LA RECTIFICATION DES PROCÈS-VERBAUX

27 – 09. *La rectification des procès-verbaux des bureaux de vote au sens de l'article L.257, alinéa 2 du Code électoral s'entend du redressement des erreurs de calcul ou des données chiffrées erronées que l'examen intrinsèque du procès-verbal fait apparaître ou que le recours aux pièces annexées au procès-verbal permet de déceler.*

La confrontation du procès-verbal du bureau de vote transmis à la Commission départementale avec les exemplaires détenus par la CENA ou les représentants des listes de candidats peut aussi permettre d'en combler les lacunes (cf. supra n° 15-07).

B - LE REDRESSEMENT DES PROCÈS-VERBAUX

27 – 10. *Si l'examen d'un procès verbal d'un bureau de vote révèle des incohérences dont la cause peut être décelée en recourant aux pièces jointes ou par la confrontation avec les exemplaires détenus par la CENA et les représentants des listes de candidats, la Commission départementale peut* *procéder au redressement du procès-verbal quand l'incohérence relevée ne revêt pas une ampleur de nature à mettre en doute la sincérité des opérations de vote ou ne résulte pas de manœuvres frauduleuses (cf. supra n° 15-06).*

Ce redressement peut également être effectué par le procédé du redressement hypothétique basé sur un mécanisme qui, en dépit de l'anonymat des bulletins de vote qu'implique le secret du vote, permet de redresser des résultats incohérents par une redistribution d'un certain nombre des suffrages (cf. supra n° 15-17).

Les suffrages irréguliers pouvant faire l'objet d'un retranchement ou d'un ajout de suffrages au détriment ou en faveur de certaines listes ne doivent pas être d'un nombre dont l'importance serait susceptible d'entamer la sincérité du scrutin. Ces suffrages peuvent correspondre à :

- *des bulletins de vote dont la validité est contestée et qui n'ont pas été joints au procès-verbal ;*
- *un nombre déterminé de suffrages émis dans des conditions irrégulières, quand par exemple les électeurs concernés ne sont pas passés par l'isoloir ;*
- *une différence entre le nombre de suffrages exprimés ou obtenus par l'ensemble des candidats ou listes de candidats et le nombre de votants, etc.*

C- L'ANNULATION DES PROCÈS-VERBAUX

***27 – 11.** L'article L.257, alinéa 3 du Code électoral, qui habilite la Commission départementale à annuler des procès-verbaux dans le cadre du recensement des votes émis pour les élections départementales et municipales, lui confère ainsi une fonction juridictionnelle qu'elle exerce dans des conditions à peu près identiques à celles applicables devant la Commission nationale de recensement des résultats des élections nationales (cf. supra nos 15-13 et 15-14).*

III - LE RECENSEMENT GÉNÉRAL DES VOTES ET LA DÉTERMINATION DES AGRÉGATS ÉLECTORAUX

***27 – 12.** L'inventaire des données de procès-verbaux permet de déterminer les agrégats électoraux suivants : la masse des inscrits, des votants, des bulletins nuls, des suffrages valablement exprimés et des voix obtenues par chaque liste de candidats dans chaque département et dans chaque commune.*

Les agrégats électoraux sont déterminés séparément pour chaque commune. Le cumul des agrégats électoraux de l'ensemble des communes donne le résultat des votes du département et s'il y a lieu, les résultats.

En fonction de ces résultats globaux et du mode de scrutin, il est procédé à l'attribution des sièges de conseillers départementaux, de conseillers municipaux des communes et éventuellement de conseillers municipaux de ville, aux différentes listes de candidats suivant les modalités prévues au Code électoral. ***15 – 13***

IV – L'ATTRIBUTION DE SIÈGES

27 – 13. *Les sièges de conseillers départementaux et des conseillers municipaux dont le nombre est fixé par décret au prorata de la population de la commune ou du département dans les fourchettes prévues aux articles L.226 et L.262 sont attribués suivant les modes de scrutin applicables soit conformément à l'article L.227, alinéa 2 pour 45 % au scrutin de liste majoritaire à un tour et pour 55 % au scrutin proportionnel en ce qui concerne les élections des conseillers départementaux, soit comme indiqué à l'article L.263, alinéa 2, pour moitié au scrutin majoritaire et pour moitié au scrutin proportionnel en ce qui concerne les élections des conseillers municipaux.*

1 - L'attribution des sièges de conseillers au scrutin majoritaire

27 – 14. *Les conseillers départementaux et municipaux sont, comme précisé aux articles L.227 et L.263, alinéa 2 du Code électoral, élus au scrutin de liste majoritaire à un tour sans panachage, ni vote préférentiel et sur liste complète.*

Il s'agit ainsi d'un scrutin avec listes bloquées dont l'électeur ne peut modifier ni le classement ni la composition et qui comporte un nombre de candidats titulaires et un nombre de candidats suppléants égal au nombre de sièges à pouvoir.

La liste de candidats qui recueille le plus grand nombre de voix remporte la totalité de ces sièges du quota de 45 % des sièges de conseillers départementaux à pourvoir ou la moitié des sièges de conseillers municipaux à pourvoir (cf. supra n° 20-06).

En cas d'égalité de suffrages entre deux listes de candidats, la liste comportant des candidats dont la moyenne d'âge la plus élevée l'emporte, en application des articles L.227, alinéa 3 et L.263, alinéas 3 et 4 (cf. supra n° 20-06).

2 - L'attribution des sièges de conseillers départementaux et municipaux au scrutin proportionnel

27 – 15. *Les conseillers départementaux et municipaux sont élus pour 55 % au scrutin de liste à la représentation proportionnelle avec application du quotient départemental ou municipal et répartition des restes selon le système de plus fort reste, comme indiqué aux articles L.229 et L.263, alinéas 2 et 3 du Code électoral.*

Pour déterminer le quotient départemental ou municipal, le nombre total de suffrages valablement exprimés est divisé par le nombre de conseillers municipaux à élire. Autant de fois ce quotient est contenu dans le nombre de voix obtenu par chaque liste, autant celle-ci obtient de candidats élus.

La répartition d'un ou de plusieurs sièges non attribués au quotient est faite suivant le système du plus fort reste, c'est-à-dire en fonction du nombre de suffrages non encore utilisés pour chaque liste, l'âge départageant les candidats susceptibles d'être élus en cas d'égalité *(cf. supra n°s 20-07 à 20-11).*

❖

CHAPITRE VI
DISPOSITIONS SPÉCIALES RELATIVES À LA DÉSIGNATION DES CONSEILLERS MUNICIPAUX DE VILLE

Article L.294.- Les dispositions des, alinéas 2 et 3 de l'article L.262 sont applicables à la ville.

Article L.295.- Les conseillers municipaux de la ville sont désignés à partir des élections des conseillers municipaux des communes qui la composent, pour moitié provenant des conseillers élus sur les listes proportionnelles et pour l'autre moitié provenant des conseillers élus sur les listes majoritaires.

Chacune des communes dispose par scrutin au minimum de deux sièges au conseil municipal de la ville. Des sièges supplémentaires sont attribués par décret en fonction de la population de la commune concernée.

Article L.296.- Pour les listes majoritaires, ces sièges sont attribués aux conseillers municipaux de chaque commune élus au scrutin majoritaire, dans l'ordre de leur inscription sur la liste, à concurrence du nombre de sièges dont dispose la commune au conseil municipal de la ville. En cas d'égalité, les sièges sont attribués à la liste ayant la moyenne d'âge la plus élevée des candidats susceptibles d'être élus.

Pour les listes proportionnelles, il est appliqué le système du quotient local de ville. Pour déterminer ce quotient, on divise le nombre total des suffrages valablement exprimés dans cette commune par le nombre de conseillers municipaux de ville à y élire. Autant de fois ce quotient est contenu dans le nombre de suffrages obtenus par chaque liste, autant celle-ci obtient de candidats élus. La répartition des restes se fait selon le système du plus fort reste. En cas d'égalité, le siège est attribué au plus âgé des candidats susceptibles d'être élus.

En cas de vacance sur la liste des conseillers municipaux de ville, il est fait appel en priorité au candidat du même sexe non élu placé en tête de la liste dans laquelle la vacance s'est produite. Il sera fait appel ensuite aux candidats suppléants jusqu'à épuisement de la liste des candidats non élus.

❖

CHAPITRE VII
CONTENTIEUX

Article L.297.- Tout électeur ou tout candidat à une élection municipale peut réclamer l'annulation des opérations électorales. La Cour d'appel de ressort est compétente.

Les requêtes doivent être déposées, en double exemplaire, dans les cinq (05) jours qui suivent la proclamation des résultats, à la préfecture ou au greffe de la Cour d'appel. Il en est donné acte par le préfet ou le greffier en chef. Lorsque la requête est déposée à la préfecture, le préfet la transmet immédiatement au greffier en chef de la Cour d'appel.

Sous peine d'irrecevabilité, la requête doit préciser les faits et les moyens allégués.

S'il estime que les conditions et les formes légalement prescrites n'ont pas été remplies, le préfet peut, également, demander l'annulation des opérations électorales. À cet effet, il adresse une requête, en double exemplaire au Ministre chargé des Élections dans les huit (08) jours suivant la proclamation des résultats. Le Ministre chargé des Élections transmet la requête au Greffier en chef de la Cour d'appel qui lui en donne acte.

Article L.298.- Le Greffier en chef communique un exemplaire de la requête au Ministre chargé des Élections ainsi qu'aux conseillers dont l'élection est contestée. Ceux-ci disposent d'un délai de huit (08) jours à compter de la date de la réception de la requête, pour déposer un mémoire en réponse. Il est donné acte de ce dépôt par le greffier en chef.

Article L.299.- La Cour d'appel statue en premier ressort dans le délai d'un mois à compter de l'enregistrement de la requête en annulation des opérations électorales au greffe de la Cour d'appel. En cas de renouvellement général des conseillers municipaux, ce délai est porté à trois (03) mois.

S'il intervient une décision ordonnant une preuve, la Cour d'appel doit statuer définitivement dans le mois à partir de cette décision.

Les délais fixés au premier, alinéa du présent article ne commencent à courir, dans le cas prévu à l'article L.300, que du jour où le jugement sur la question préjudicielle est devenu définitif.

Faute par la Cour d'appel d'avoir statué dans les délais ci-dessus fixés, la réclamation est considérée comme rejetée. La Cour d'appel est dessaisie. La partie intéressée peut porter sa réclamation devant la Cour suprême dans un délai d'un (01) mois à compter de la date d'expiration desdits délais.

De même, en cas de rejet, la partie intéressée peut interjeter appel devant la Cour Suprême dans le même délai à compter du jour de la notification de la décision.

Article L.300.- Dans le cas où une réclamation formulée en vertu du présent code, implique la solution préjudicielle d'une question d'État, la Cour d'appel renvoie les parties à se pourvoir devant les juges, et la partie doit justifier de ses diligences dans les délais de quinze (15) jours. À défaut de cette justification, il sera passé outre, et la décision de la Cour d'appel devra intervenir dans le mois à partir de l'expiration du délai de quinzaine.

Article L.301.- Les conseillers municipaux proclamés élus restent en fonction jusqu'à ce qu'il ait été définitivement statué sur les réclamations.

Article L.302.- En cas d'annulation définitive de l'élection, le corps électoral est convoqué dans un délai qui ne peut excéder six (06) mois.

❖

NOTE SUR LE CONTENTIEUX DES ÉLECTIONS LOCALES

En cas de réclamations relatives aux opérations électorales, la décision de la Cour d'appel statuant sur les réclamations emporte proclamation des résultats définitifs des résultats des élections départementales et municipales ou annulation desdites opérations, sous réserve de l'appel éventuel contre la décision de la Cour d'appel, appel porté devant la Cour suprême.

CHAPITRE PREMIER
REMARQUES PRÉLIMINAIRES

27 - 01. *Outre l'intervention du juge pénal chargé de sanctionner, par l'application de peines corporelles ou pécuniaires, les irrégularités incriminées dans la phase du déroulement des opérations électorales, le législateur a institué un contrôle a posteriori de la régularité de ces opérations dont les résultats peuvent être rectifiés ou invalidés quand les conséquences des irrégularités constatées ont pu avoir un effet décisif sur l'issue d'un scrutin donné.*

Le contentieux électoral – dans lequel se déroule ce contrôle a posteriori par le juge de l'élection – doit être distingué du contentieux préélectoral en ce qu'un tel contentieux concerne exclusivement les opérations électorales que sont le vote, le dépouillement du vote, le recensement et la proclamation des résultats, même si des irrégularités commises avant le scrutin peuvent être prises en compte en raison de leur impact sur les résultats, comme par exemple une manipulation des listes électorales ou une rétention délibérée des cartes d'électeur, qui a pu être à l'origine de la privation de leur droit de vote pour un nombre important d'électeurs.

Qu'il s'agisse des élections nationales ou des élections locales, le contentieux y relatif est spécifique par rapport aux contentieux traditionnels que sont le contentieux de l'annulation des actes administratifs et le contentieux de pleine juridiction ou plein contentieux, même s'il emprunte certains caractères à l'un ou à l'autre. En effet, si le juge électoral, comme le juge de l'excès de pouvoir, peut annuler certaines opérations électorales ou l'ensemble des opérations électorales qui seront alors reprises, il peut aussi, comme le juge de plein contentieux, dans le cadre du contrôle de la sincérité des résultats, en redresser les irrégularités et les incohérences. Mieux, il peut, en redressant les irrégularités, en arriver à une inversion des résultats et proclamer élu un candidat différent de celui qui a été désigné lors de la proclamation des résultats provisoires.

L'importance des prérogatives du juge électoral justifie la dévolution de ce contentieux à des organes se situant à un niveau élevé de l'appareil judiciaire. Ainsi, alors que pour les élections nationales, c'est le Conseil constitutionnel placé au sommet de cet appareil qui est compétent, pour les élections locales, la Cour d'appel connaît en premier ressort du contentieux qui peut être élevé devant la Cour suprême en cas d'appel.

Le contentieux de la régularité des élections des conseillers départementaux et celui des élections des conseillers municipaux sont régis par des règles à peu près identiques, même si le Code électoral présente séparément « le contentieux des élections départementales », objet du chapitre IV du titre V et « le contentieux des élections municipales », objet du chapitre VII du titre VI. Aussi, pour éviter les redondances qu'aurait impliquées un examen séparé, les développements qui suivent sont consacrés aux élections locales comprenant aussi bien les élections départementales que les élections municipales, les articles L.258 à L.261 relatifs au contentieux des élections départementales et les articles L.297 à L.302 relatifs au contentieux des élections municipales, étant d'ailleurs libellés à peu près dans les mêmes termes.

CHAPITRE II
LE CONTENTIEUX DEVANT LA COUR D'APPEL

La Cour d'appel compétente, saisie de réclamations dans les formes et délais légaux par des personnes habilitées, rend des décisions emportant soit annulation des opérations électorales, soit par le rejet des requêtes, validation des résultats proclamés par les commissions départementales de recensement des votes.

SECTION PREMIÈRE
L'EXERCICE DU RECOURS

Introduites par les personnes dûment habilitées, les réclamations électorales visent soit l'annulation, soit la rectification des résultats des élections d'une ou de plusieurs départements ou communes déterminés.

I - L'AUTEUR DU RECOURS

27 - 02. *En raison de la nature des élections qui ont pour objet de pourvoir aux sièges des assemblées locales qui connaissent des questions de proximité dans les domaines économiques et sociaux intéressant plus directement les membres des collectivités locales, le recours est plus ouvert.*

Ainsi, peuvent porter des réclamations devant la Cour d'appel aux termes des dispositions des articles L.258, alinéa 1er et L.297, alinéa 1er :

- *tout électeur, c'est-à-dire toute personne régulièrement inscrite sur les listes ;*
- *tout candidat à une élection départementale ou municipale ;*
- *le préfet en ce qui concerne aussi bien les élections départementales que les élections municipales.*

En spécifiant ainsi aux articles L.258, alinéa 5 et L.297, alinéa 5 que le préfet, pour les élections départementales et municipales, peut demander l'annulation des opérations électorales « s'il estime que les conditions et les formes légalement prescrites n'ont pas été remplies », le législateur confère ainsi à l'autorité administrative compétente un droit de regard éminent sur les opérations, car en droit commun, le recours dont disposent les électeurs et les candidats ne vise qu'à sanctionner les irrégularités qui ont pu avoir une influence décisive sur les résultats d'une élection donnée. Or, en habilitant l'autorité administrative – dont le statut qui incline à la neutralité entre les candidats en lice ne saurait autoriser une prise en considération des résultats – la loi en fait un censeur de toute irrégularité par rapport aux normes régissant l'élection. Cette autorité dispose ainsi d'une voie de recours qui pourrait – quand elle est utilisée de façon efficiente – lui offrir l'opportunité de se forger une stature républicaine de témoin de régularité des opérations électorales, après avoir fait l'objet, dans le passé, de toutes sortes de suspicion.

L'on peut par ailleurs noter que la loi semble apparemment exclure que les mandataires de listes de candidats puissent intenter directement le recours. Mais il pourrait toujours être fait appel à la jurisprudence dégagée par le Conseil constitutionnel dans le cadre du contentieux des élections législatives, en relevant à la suite de cette juridiction – mutatis mutandis – que :

> *« la requête présentée dans le délai de la loi par le mandataire désigné d'une liste habilité expressément par les articles [L.205 ancien pour les élections régionales et R.71, alinéa 1er ancien pour les élections municipales à l'occasion desquelles les candidatures sont déposées par les partis politiques et R.72, alinéa 1er exigeant l'identité complète du "candidat mandataire" de la liste] à déposer des déclarations de candidature, à recevoir communication des requêtes présentées [devant le juge électoral] et à présenter, les cas échéant, un mémoire, est également recevable en la forme [car] affirmer le contraire serait réduire à néant tout un ensemble de dispositions du Code électoral »* *(cf. supra n° 21-02).*

Mais comme le mandataire est en principe électeur, le recours à cette jurisprudence peut en principe s'avérer inutile.

Le recours étant personnel, il doit être donc introduit par l'autorité administrative compétente, un candidat, un électeur ou un mandataire d'une liste en lice. Mais, une fois la requête déposée par une personne habilitée, la représentation du requérant par un avocat-conseil est admise pour tous les autres actes de la procédure, surtout que la représentation par un conseil est une pratique habituelle devant la Cour d'appel qui se réunit en assemblée générale pour statuer sur les recours en matière électorale.

II - LES DÉLAIS DE RECOURS

27 – 03. *Le délai est différent selon qu'il s'agit des élections départementales ou des élections municipales.*

La requête aux fins d'annulation des opérations électorales doit être déposée en double exemplaire, conformément aux dispositions de l'article L.258, alinéa 2 du Code électoral, dans les huit jours qui suivent la proclamation des résultats des élections départementales par la Commission départementale de recensement des votes ou en application de l'article 297, alinéa 1er dans les cinq (5) jours à partir du même point de départ pour les élections municipales.

Ce dépôt peut être effectué à la préfecture (et non à la sous-préfecture si l'on s'en tient à la lettre de la loi) ou directement au greffe de la Cour d'appel. Il en est donné acte, selon les cas, par le greffier en chef ou par le préfet, qui transmet immédiatement la requête au greffe de la Cour d'appel.

Si la requête est formée par le préfet lui-même, il en adresse deux exemplaires dans le délai de huit jours au ministère chargé des élections, qui transmet la requête au greffier en chef de la Cour d'appel contre donné acte.

Aussi bien pour les élections départementales que pour les élections municipales, la date d'enregistrement de la requête au greffe de la Cour d'appel est sans influence sur la recevabilité dès lors qu'elle a été enregistrée dans le délai légal à la préfecture. Il incombe seulement au préfet de transmettre « immédiatement » toute requête reçue.

Par contre, doit être déclarée irrecevable pour tardiveté la requête envoyée par la poste – en dépit du cachet faisant foi de la date d'envoi – si elle n'a été reçue et enregistrée qu'après l'échéance du terme du délai. Ceci se justifie par le fait que l'envoi par la poste n'est pas prévu comme mode de transmission ou de dépôt de la requête.

Le délai de recours qui commence à courir le jour qui suit la proclamation des résultats à minuit (ou, ce qui revient au même, le jour de la proclamation des résultats à vingt-quatre heures) arrive à son terme, selon les cas, le jour suivant le huitième ou le jour suivant le cinquième jour au plus tard à minuit.

En effet, pour la computation de délais francs, conformément à l'article R.26 du Code électoral, « lorsque le premier ou le dernier jour des délais prescrits au présent Code est un dimanche, un jour férié ou chômé, le délai expire le premier jour ouvrable ». Aussi, le dies a quo – c'est-à-dire le jour où s'est produit l'événement qui lui sert de point de départ, en l'occurrence la proclamation des résultats – est exclu du délai ; de même est exclu du délai le dies ad quem, c'est-à-dire le jour où mathématiquement le délai vient à expiration. Et si le jour suivant, le dies ad quem, coïncide avec un jour férié ou un samedi, le délai est prorogé jusqu'au prochain jour ouvrable à minuit.

Toute réclamation déposée avant la proclamation des résultats ou au-delà des délais ci-dessus spécifiés est déclarée irrecevable.

Le point de départ du délai étant déterminé à partir de la proclamation des résultats au regard des dispositions légales, il en découle que les commissions de recensement des votes sont tenues de procéder à ladite proclamation. Mais en cas de force majeure ou en toutes autres circonstances ayant pu empêcher la proclamation des résultats, la jurisprudence dégagée par le Conseil constitutionnel à l'occasion du contentieux de l'élection présidentielle avec le « blocage » des travaux de la Commission nationale de recensement des votes (cf. supra n° 15-07) ne peut être applicable, car il n'appartient pas à la Cour d'appel – à la différence du Conseil constitutionnel dans le cadre des élections nationales – de procéder à la proclamation des résultats définitifs. Mais à l'expiration du délai imparti aux commissions pour proclamer les résultats, le recours dont elle peut être saisie va astreindre la Cour d'appel, dans le cadre de l'instruction de la cause, à procéder au recensement des résultats avant d'apprécier la régularité des opérations électorales.

Dans tous les cas, le délai de recours et l'instance devant la Cour d'appel – et éventuellement devant la Cour suprême en cas d'appel de la décision de la Cour d'appel – n'est pas suspensif.

Aussi, les conseillers proclamés élus à l'issue des travaux des commissions de recensement restent en fonction jusqu'à ce qu'il ait été définitivement statué sur les réclamations, comme indiqué à l'article L.301 applicable aux élections municipales, mais dont les dispositions peuvent être étendues aux élections départementales.

III - LA FORME ET LES ÉNONCIATIONS DE LA REQUÊTE

27 – 04. *La Cour d'appel compétente est saisie d'une requête présentée en la forme écrite et articulant les faits et moyens allégués, conformément aux dispositions pertinentes du Code électoral et aux articles 769 à 775 du titre III du Code de Procédure civile intitulé « De la procédure en matière électorale ».*

1 - L'exigence d'un écrit

L'article 770 du Code de procédure civile, qui renvoie pour la forme d'introduction du recours, à l'acte d'institution de l'assemblée dont les opérations électorales sont contestées, prévoit que :

> *« La Cour peut être saisie par une requête déposée et enregistrée à son greffe par les personnes déclarées recevables à se pourvoir par l'acte d'institution [de l'assemblée dont les opérations électorales sont contestées] dans les délais fixés par ledit acte.*
>
> *Le greffier en chef délivre récépissé de ce dépôt ».*

Même si le Code électoral est muet sur la forme de l'acte introductif, les usages administratifs, la nécessité pour le requérant de décliner son identité ainsi que l'obligation légale d'énoncer les faits et moyens qui délimitent définitivement le champ des débats et la portée virtuelle de la décision à intervenir, imposent la forme écrite pour l'introduction de la requête devant le juge de l'élection.

2 - L'énonciation des faits et des moyens

La requête doit, aux termes des dispositions des articles L.258, alinéa 4 du Code électoral pour les élections départementales et L.297, alinéa 2 pour les élections municipales, énoncer les faits et les moyens allégués à peine d'irrecevabilité (cf. supra n°s 16-06 et 21-03).

IV - L'OBJET DU RECOURS

***27 – 05.** Aux termes des dispositions des articles L.219, alinéa 1er applicable aux élections départementales et L.253, alinéa 1er applicable aux élections municipales, tout électeur ou tout candidat à une élection locale peut réclamer « l'annulation des opérations » devant la Cour d'appel compétente. Ainsi, l'objet du recours est-il l'annulation de tout ou partie des opérations électorales. La requête comportant de simples observations critiques ou la dénonciation d'irrégularités qui ne visent pas l'annulation de tout ou partie des opérations électorales doit être déclarée irrecevable.*

Mais en cas d'inéligibilité alléguée de candidats, si le moyen s'avère fondé, en principe, c'est l'élection des candidats concernés qui est invalidée, et dans ce cas, les candidats les mieux placés sur la même liste – mais qui n'ont pas été proclamés élus par la Commission de recensement des votes – seront en définitive investis du mandat de conseiller.

Toutefois, si l'investiture de plusieurs candidats non éligibles a été faite sciemment pour faire bénéficier indûment une liste de la notoriété et de la popularité de ceux-ci, le fait pourrait en fonction de l'ampleur du phénomène s'analyser en une manœuvre de nature à vicier les résultats des élections et constituer un motif d'annulation de l'ensemble des opérations électorales.

Le juge de l'élection qui a le pouvoir d'annulation peut également rectifier les résultats provisoires lorsque la réclamation dont il est saisi porte sur le décompte des suffrages ou est fondée sur des moyens de nature à entraîner une modification du décompte des suffrages qui changerait l'issue des élections.

Dans tous les cas, si les moyens sont fondés sur des faits qui, par leur ampleur, sont de nature à vicier la sincérité du scrutin sans qu'il soit possible d'en circonscrire avec précision l'impact sur les résultats.

Le juge pouvant annuler les opérations dans un ou plusieurs bureaux, si le nombre de bureaux affectés par l'annulation est si important que les résultats globaux des élections puissent en être bouleversés, le juge de l'élection devra procéder à l'annulation de l'ensemble des opérations électorales d'un département ou d'une commune.

À cet égard, il y a manifestement bouleversement des résultats globaux quand l'attribution des sièges au scrutin majoritaire au terme des travaux des commissions de recensement des votes est susceptible d'être changée par suite de la modification des résultats pouvant résulter de l'annulation des opérations dans un certain nombre de bureaux de vote. Dans un tel cas, il y a lieu de reprendre le scrutin car une annulation partielle des opérations électorales ne peut avoir pour conséquence l'inversion des résultats du scrutin par la substitution d'une autre liste gagnante à celle dont les candidats avaient été déclarés élus d'après les résultats recensés, parce qu'en l'occurrence, les irrégularités retenues comme moyens d'annulation peuvent vicier radicalement l'élection. En effet, si une annulation partielle, portant sur les opérations d'un nombre limité de bureaux de vote peut entraîner une redistribution de quelques sièges attribués au scrutin de liste à la représentation proportionnelle, il ne peut être admis qu'elle puisse aboutir à une inversion des résultats du scrutin de liste majoritaire, qui changerait de manière substantielle la configuration des élections dans leur ensemble, en raison notamment de l'imbrication des deux scrutins, avec l'émission d'un double suffrage par le même vote (cf. supra n°s 20-05 et 26-01).

Par contre, la rectification des résultats par le redressement d'erreurs de calculs ou d'erreurs matérielles par le juge de l'élection – à partir de l'analyse des mentions des procès-verbaux des bureaux de vote ou en recourant aux données des documents électoraux joints aux procès-verbaux (listes d'émargement, feuilles de pointage, etc.) – peut, sans vicier fondamentalement l'élection, avoir pour conséquence d'en modifier sans limite les résultats, ceci en raison du fait que la rectification ne fait que restituer aux résultats une sincérité initialement compromise par des erreurs dont les effets ont pu être circonscrits avec précision.

SECTION II

L'INSTANCE DEVANT LA COUR D'APPEL

La Cour d'appel, après instruction de la cause, rend sa décision dans un délai qui peut varier en raison d'incidents pouvant modifier le cours de la procédure.

I - L'INSTRUCTION DE LA CAUSE

27 - 06. *Si le caractère contradictoire ou non de la procédure suivie devant le Conseil constitutionnel statuant en matière électorale a pu faire l'objet de controverse (cf. supra n° 13-12), devant la Cour d'appel réunie en assemblée générale pour connaître des recours en matière électorale, la procédure, dans tous les cas, est contradictoire.*

Conformément aux dispositions des articles L.259 applicable aux élections départementales et L.298 applicable aux élections municipales, les requêtes sont communiquées par le greffier en chef de la Cour d'appel aux candidats dont l'élection est contestée et/ou aux listes de candidats auxquelles la décision à intervenir pourrait faire grief.

Cette communication est faite comme prévu à l'article 771, alinéa 2 du Code de Procédure civile, s'agissant « d'élection de liste par avis donné au seul candidat figurant en tête de liste ». Les requêtes sont également communiquées au ministère chargé des élections notamment de l'organisation matérielle de celles-ci et qui est responsable donc au premier chef de certaines des défaillances susceptibles d'être révélées.

À partir de la date de communication de la requête, le ministère chargé des élections et les candidats ou listes de candidats concernés ont un délai de huit jours pour déposer auprès du greffier en chef de la Cour d'appel un mémoire en réponse aux faits et moyens articulés dans la requête.

À noter que le Code de Procédure civile prévoit des formalités qui recoupent et complètent les dispositions du Code électoral en son article 77, qui précise que :

> *« Dans les huit jours de l'enregistrement de la réclamation non compris les jours fériés, le Premier président de la Cour d'appel désigne un rapporteur parmi les conseillers et donne connaissance, par la voie administrative, du recours aux candidats dont l'élection est contestée.*
>
> *[...] Dans le même délai, il informe du recours le ministre de l'Intérieur s'il s'agit d'élections départementales et municipales, dans les autres cas, il informe le ministre dont relève l'assemblée [...] dont les opérations électorales sont contestées.*

En même temps, il prescrit, par ordonnance le dépôt au greffe de la Cour, dans le délai qu'il fixe, des actes organisant l'élection, les listes d'émargement, des procès-verbaux de dépouillement et de recensement des votes ainsi que tous documents utiles à la manifestation de la vérité ».

II - DURÉE DE L'INSTANCE

27 – 07. *La durée de l'instance de la Cour d'appel varie selon qu'il y a ou non un des incidents prévus par la loi et susceptibles de modifier le cours de la procédure.*

A - EN L'ABSENCE D'INCIDENT

Aux termes des dispositions de l'article L.260, alinéa 1er relatif aux élections départementales et L.299, alinéa 1er relatif aux élections municipales, la Cour d'appel statue dans un délai d'un mois à compter de l'enregistrement de la requête au greffe de la Cour d'appel.

Les mêmes dispositions précisent qu'en cas de « renouvellement général » des conseils, ce délai est porté à trois mois.

Mais en fait, avec, d'une part, la coexistence d'une liste de candidats titulaires avec une liste de candidats suppléants présentées simultanément par les groupements politiques en compétition, d'autre part, les dispositions des articles L.196 et L.226 qui prévoient que dans l'année qui précède le renouvellement intégral, des « élections complémentaires » – qui correspondent suivant la terminologie classique aux « élections partielles » – ne sont organisées que si le conseil départemental ou municipal a perdu, par l'effet des vacances survenues, la moitié de ses membres, le renouvellement général constitue le mode normal et presque exclusif de mise en place des assemblées locales.

B - EN CAS D'INCIDENT

Deux types d'incidents de procédure peuvent être cause d'une prorogation des délais impartis à la Cour d'appel pour statuer. Il s'agit de la décision ordonnant une preuve ou de la solution d'une question préjudicielle d'état.

1 - L'intervention d'une décision ordonnant une preuve

Avant de se prononcer sur la réclamation portée devant elle, la Cour d'appel peut, par une décision préparatoire, ordonner la production de certaines pièces ou ordonner une enquête. Le cas échéant, ces mesures d'instruction interrompent le délai qui recommence à courir pour une nouvelle durée d'un mois, s'agissant d'élections partielles, ou de trois mois, s'agissant de renouvellement général.

2 - La solution préjudicielle d'une question d'état

Conformément aux dispositions des articles L.261 relatif aux élections départementales et L.300 applicable aux élections municipales, lorsqu'une réclamation formulée implique la solution préjudicielle d'une question d'état, la Cour d'appel renvoie les parties à se pourvoir, devant les juges compétents, et celle qui est demanderesse doit justifier de ses diligences dans un délai de quinze jours, faute de quoi il est passé outre et la Cour statue dans le mois qui suit l'expiration du délai de quinzaine.

Ainsi, quinze jours après le renvoi des parties devant le Tribunal de grande instance qui a compétence exclusive pour connaître des actions en réclamation ou en contestation d'état, conformément à l'article 95 du Code de la famille, la partie qui entend faire établir un état différent de celui qu'il possède actuellement ou mettre fin à l'état qu'une autre personne possède actuellement, doit faire la preuve de ses diligences en déposant notamment au greffe de la Cour d'appel l'acte de saisine dudit tribunal.

Si la partie concernée fait la preuve de ces diligences, le délai – de trois mois en cas de renouvellement général des assemblées locales et celui d'un mois en cas d'élections complémentaires – ne recommence à courir, comme indiqué aux articles L.260, alinéa 3 et L.299, alinéa 3, que du jour où le jugement est devenu définitif faute d'appel dans les deux mois du prononcé du verdict, ou bien à partir du prononcé de l'arrêt de la Cour d'appel statuant en appel, s'il y a lieu.

III - LA DÉCISION DE LA COUR D'APPEL

27 – 08. *Après les formalités judiciaires usuelles, la Cour d'appel compétente statue en Assemblée générale.*

A – LES FORMALITÉS PRÉPARATOIRES

Du point de vue formel, la décision est rendue dans les conditions de droit commun précisées notamment aux articles 769 à 773 du Code de la Procédure civile.

Ainsi, sur le rapport d'un conseiller commis parmi les membres de la Cour, le Premier président fixe le délai « unique » pendant lequel les parties pourront prendre connaissance du dossier au greffe.

À une audience dont la date est portée à la connaissance des parties par lettre recommandée ou par voie administrative, les parties peuvent user du droit de présenter des observations orales limitées au moyen de la réclamation.

La décision qui est rendue à la date de la première réunion de la Cour d'appel ou à une audience ultérieure tenue dans le délai légal est notifiée par le greffier en chef au ministre de l'Intérieur ainsi qu'à chacune des parties par lettre recommandée avec accusé de réception.

B - LA DÉCISION PROPREMENT DITE DE LA COUR D'APPEL

La Cour d'appel saisie de réclamations peut les rejeter ou procéder à des redressements éventuels, à la rectification des résultats proclamés par les commissions de recensement des votes ou à l'annulation de tout ou partie des opérations électorales d'une ou de plusieurs communes.

1 - Les redressements et/ou rectifications des résultats

Les redressements et/ou rectifications des données chiffrées peuvent éventuellement entraîner des variations mineures comme ils peuvent aboutir à un bouleversement des résultats des élections et à une totale redistribution des sièges à pourvoir notamment. Il en sera ainsi quand le scrutin majoritaire a été remporté avec une petite marge au terme de la proclamation des résultats provisoires. En effet, dans un tel cas, même une inversion des résultats est admise dès lors qu'à la différence d'une annulation partielle des opérations électorales, les redressements ou rectifications de données chiffrées ne font que restituer aux résultats leur exacte réalité (cf. supra n° 15-07).

2 - L'annulation des opérations électorales

Si l'on peut envisager le redressement des résultats des élections départementales par suite de rectifications d'erreurs de calcul ou d'annulation partielle des résultats des élections municipales, la loi n'a pas prévu l'annulation directe des élections départementales dont les résultats ne sont que la résultante des résultats des élections dans les communes qui le composent.

Ainsi, c'est l'annulation des élections dans une ou plusieurs communes par décision définitive, faute de recours contre celle-ci ou à l'issue des recours, qui entraîne de nouvelles élections dans les communes concernées dont le processus reprend par une nouvelle convocation des électeurs et éventuellement, par le dépôt de nouvelles listes de candidats pour le scrutin devant être organisé à nouveau dans les six (6) mois.

Mais l'annulation, qui peut n'être que partielle, ne doit, dans ce cas, avoir pour effet d'inverser les résultats en ce qui concerne le scrutin majoritaire d'un département ou d'une commune (cf. supra n°s 374 et 375).

Par ailleurs, en raison de l'imbrication des modes de scrutin, l'annulation des élections dans une ou plusieurs communes d'un département est susceptible d'impacter l'élection des conseillers départementaux dès lors que les résultats des scrutins départementaux sont déterminés à partir des résultats de l'ensemble des communes du département.

Mais si les résultats du scrutin proportionnel ne peuvent être proclamés qu'au vu de l'ensemble des résultats du département, les résultats du scrutin départemental de liste majoritaire peuvent être proclamés si une liste de candidats présentée à ce scrutin obtient plus de 50 % des suffrages, même dans l'hypothèse où elle ne recueillerait aucune voix dans la commune ou les communes concernées par l'annulation, ceci par application de la technique de retranchement hypothétique, fort utile pour rattraper certains travers électoraux (cf. supra n° 15-17).

3 - Le rejet des réclamations et la validation des résultats

Le rejet des réclamations portées devant la Cour d'appel par décision définitive emporte ratification des résultats proclamés par les commissions de recensement sous réserve de l'appel interjeté contre la décision.

En tout état de cause, comme prévu à l'article L.301 du Code électoral relatif aux élections municipales, mais dont les dispositions peuvent être étendues aux élections départementales, les conseillers proclamés élus par les commissions de recensement des votes restent en fonction jusqu'à la décision de la Cour d'appel ou jusqu'à celle de la Cour suprême, s'il y a lieu.

CHAPITRE III
LE RECOURS PORTÉ DEVANT LA COUR SUPRÊME

27 – 09. *Le contentieux des élections départementales ou des élections municipales peut éventuellement se poursuivre devant la juridiction d'appel, en l'occurrence la Cour suprême, statuant exceptionnellement comme juge de second degré qui examinera la cause qui lui est ainsi soumise non seulement en droit, mais également comme juge du fait.*

Aux termes des dispositions des articles L.260, alinéa 4 et L.299, alinéa 4, faute, par la Cour d'appel, d'avoir statué dans les délais sus-indiqués, la réclamation est considérée comme rejetée, conformément aux dispositions sus-visées (à noter que le décret n° 2013-1071 du 6 avril 2013 modifiant le Code de Procédure civile a fort opportunément supprimé en son article 774 nouveau l'ancienne disposition équivalente desdits articles, qui consacraient le fâcheux procédé de la décision par défaut qui s'apparente à un déni de justice).

À partir de cette décision implicite de rejet, faute, pour la Cour d'appel, d'avoir statué dans les délais, la partie intéressée peut porter sa réclamation devant la Cour suprême, comme prévu aux articles L.260, alinéa 4 et L.299, alinéa 4. De même, en cas de rejet exprès de sa réclamation, le requérant peut faire appel de la décision de la Cour d'appel devant la Cour suprême, en application des articles L.260, alinéa 5 et L.299, alinéa 5 ou de l'article 78 de la loi sur la Cour suprême.

La Cour suprême statue en dernier ressort dans un délai maximum d'un mois sur la réclamation, dans les formes prévues à la loi organique sur la Cour suprême en application notamment des dispositions suivantes :

> *« Article 78. Le ministre chargé des élections et les parties intéressées ont un délai d'un mois pour se pourvoir contre les décisions de la Cour d'appel statuant sur le contentieux des élections départementales et municipales.*
>
> *Ces délais courent à peine d'irrecevabilité, soit à compter de la date de la notification de la décision attaquée, soit à l'expiration du délai imparti à la Cour d'appel pour statuer.*
>
> *Article 78-1. Le pourvoi est formé par simple requête enregistrée au greffe de la Cour suprême. Il est notifié, dans les deux jours qui suivent, par le greffier, à la partie adverse par lettre recommandée avec avis de réception.*
>
> *Le demandeur est dispensé du ministère d'avocat.*
>
> *Article 78-2. La partie adverse aura, à compter de la date de la notification, un délai de quinze jours pour produire sa défense au greffe de la Cour suprême ».*

❖

TITRE VII

DISPOSITIONS SPÉCIALES RELATIVES AU VOTE DES SÉNÉGALAIS ÉTABLIS OU RÉSIDANT HORS DU SÉNÉGAL À L'ÉLECTION DU PRÉSIDENT DE LA RÉPUBLIQUE ET AUX ÉLECTIONS DES DÉPUTÉS

CHAPITRE PREMIER
CONDITIONS D'ORGANISATION DES OPÉRATIONS ÉLECTORALES HORS DU SÉNÉGAL

Article L.303.- Sont organisées des opérations électorales en vue de l'élection présidentielle, des élections législatives et du référendum, dans les pays où sont établis ou résident des Sénégalais et sur le territoire desquels s'exerce la juridiction d'une représentation diplomatique du Sénégal.

Pour les besoins du scrutin majoritaire aux élections législatives, l'extérieur du pays est divisé en des entités dénommées « département ».

Les départements de l'extérieur du pays sont :
- le département Afrique du Nord ;
- le département Afrique de l'Ouest ;
- le département Afrique du Centre ;
- le département Afrique australe
- le département Europe de l'Ouest, du Centre et du Nord ;
- le département Europe du Sud ;
- le département Amérique - Océanie ;
- le département Asie - Moyen-Orient.

Sur proposition du ministre chargé des Affaires étrangères, un décret détermine le nombre de députés à élire dans chaque département de l'extérieur du pays, en tenant compte de l'importance de l'électorat de chaque département.

Article L.304.- Sur proposition du ministre chargé des Affaires étrangères et sous la supervision de la CENA, un décret établit vingt-cinq (25) jours au moins avant le démarrage des opérations de révision des listes électorales, la liste des pays concernés après avis consultatif des partis politiques légalement constitués. Il est transmis dans les quinze (15) jours à la CENA et aux partis politiques légalement constitués. Toute liste de candidats, tout candidat peut en demander copie.

Lorsque le nombre des Sénégalais inscrits sur la liste électorale de la représentation diplomatique ou consulaire atteint deux cents (200) à la date de la clôture des listes électorales, le vote y est organisé en vue de l'élection présidentielle, des élections législatives et du référendum.

Le ministre chargé des Affaires étrangères en rapport avec le ministre chargé des élections dresse la liste des juridictions où sont organisées les élections.

Article L.305.- Les dispositions du titre premier au titre trois (03) du présent code sont applicables à la participation des Sénégalais établis ou résidant hors du Sénégal à l'élection présidentielle, aux élections législatives et au référendum, dans la mesure où elles ne sont pas contraires au présent titre VII et au titre VIII et IX ci-après.

❖

CHAPITRE II
LE CORPS ÉLECTORAL

Article L.306.- Sont électeurs les Sénégalais des deux sexes remplissant les conditions fixées par les articles L.27 à L.29 et ne se trouvant dans aucun des cas d'incapacité définis aux articles L.31 et L.32.

Article L.307.- Ne sont admis à prendre part au scrutin que ceux des Sénégalais qui sont établis ou résident dans un pays compris dans la juridiction d'une représentation diplomatique ou consulaire où sont organisées des opérations électorales, et qui sont inscrits sur les listes électorales de ladite représentation diplomatique ou consulaire.

Les membres des corps militaires et paramilitaires en mission à l'étranger et qui échappent à la juridiction sénégalaise, ne participent pas aux scrutins.

❖

CHAPITRE III
LES LISTES ÉLECTORALES

SECTION 1
CONDITIONS D'INSCRIPTION SUR LES LISTES ÉLECTORALES

Article L.308.- Nul ne peut refuser l'inscription sur les listes électorales :

1) à un citoyen sénégalais jouissant de ses droits civils et politiques et remplissant les conditions fixées par les articles L.306 et L.307 [du présent code] ;

2) à un citoyen sénégalais par naturalisation, après la date d'acquisition de la nationalité sénégalaise par le mariage, après la date d'expiration du délai d'incapacité prévu par l'article 7 du Code de la nationalité ;

3) aux personnes qui, frappées d'incapacité électorale à la suite d'une condamnation bénéficient de la réhabilitation ou font l'objet d'une mesure d'amnistie.

Article L.309.- Nul ne peut être inscrit plusieurs fois sur la même liste ou sur plusieurs listes électorales.

Article L.310.- Les listes électorales comprennent :

1) tous les électeurs qui ont leur domicile réel dans la juridiction de la représentation diplomatique ou consulaire où se trouve le pays d'organisation des opérations électorales ;

2) ceux qui sont assujettis à une résidence obligatoire en qualité de fonctionnaire ou agent de l'État ou des établissements publics ou des entreprises nationales.

Article L.311.- Sont également inscrits sur la liste électorale les citoyens sénégalais qui, ne remplissant pas les conditions d'âge et de résidence lors de la formation de la liste, les rempliront le jour du scrutin.

❖

Article R.93.- Lorsque le premier ou le dernier jour des délais prescrits dans le présent code est un dimanche ou un autre jour non ouvrable compte tenu notamment des pratiques locales, le délai expire le premier jour ouvrable suivant.

Tous les délais prescrits sont des délais francs.

Les départements cités à l'article L.146, alinéa 3 sont ainsi composés :

- Département « Afrique du Nord » : la Mauritanie, le Maroc, la Libye, la Tunisie et l'Égypte ;
- Département « Afrique de l'Ouest » : le Burkina, le Bénin, le Cap-Vert, la Côte d'Ivoire, la Gambie, le Ghana, la Guinée, la Guinée-Bissau, le Mali, le Niger, le Nigeria et le Togo ;
- Département « Afrique du Centre » : l'Angola, le Cameroun, la Centrafrique, le Gabon, la Guinée Équatoriale, la République Démocratique du Congo, la République du Congo et le Tchad ;
- Département « Afrique australe » : l'Afrique du Sud, le Mozambique et la Zambie ;
- Département « Europe de l'Ouest, du Centre et du Nord » : l'Allemagne, l'Angleterre, la Belgique, la France, le Luxembourg, la Suisse et les Pays-Bas ;
- Département « Europe du Sud » : l'Espagne, l'Italie et le Portugal ;
- Département « Amérique - Océanie » : le Canada et les États-Unis ;
- Département « Asie - Moyen-Orient » : l'Arabie Saoudite, le Koweït et le Liban.

❖

SECTION 2
ÉTABLISSEMENT ET RÉVISION DES LISTES ÉLECTORALES

Article L.312.- Les listes électorales sont permanentes. Elles font l'objet d'une révision exceptionnelle avant chaque élection nationale sous la direction du chef de la représentation diplomatique ou consulaire et la présence des partis politiques légalement constitués.

En cas de consultation référendaire, une révision exceptionnelle peut être décidée dans la même forme.

Article L.313.- La liste électorale est dressée, sous la supervision de la CENA, par une commission administrative composée du chef de la représentation diplomatique ou consulaire ou son représentant faisant office de président et d'un représentant de chaque parti politique légalement constitué au Sénégal.

La Commission administrative doit comprendre au moins trois 03) membres et peut être subdivisée en deux ou plusieurs sous-commissions comprenant, chacune, au moins, un président désigné par le chef de la représentation diplomatique ou consulaire et un représentant de chaque parti politique légalement constitué au Sénégal ou coalition de partis déclarée.

Dans le cas où les représentants des partis ou coalitions de partis politiques sont inférieurs à deux (02), ces commissions et sous-commissions sont complétées à trois (03) membres par le chef de la représentation diplomatique ou consulaire, parmi les agents sénégalais de la représentation ou à défaut, parmi les électeurs inscrits sur la liste électorale de la juridiction.

Article L.314.- La commission administrative doit faire figurer sur la liste électorale les renseignements susceptibles d'identifier l'électeur.

Pour justifier son identité, l'électeur produit sa carte [d'identité biométrique CEDEAO]. En outre, il doit justifier qu'il est établi ou qu'il réside à l'Étranger par la présentation de sa carte consulaire, d'un certificat de travail, un contrat de location ou de toute autre pièce permettant de prouver sa résidence.

Article L.315.- La commission administrative délivre à chaque électeur un récépissé portant le numéro d'inscription sur la liste électorale et sa date de délivrance.

Article L.316.- Les listes électorales sont déposées auprès des représentants diplomatiques ou consulaires. Elles sont communiquées et publiées dans les conditions fixées par décret.

❖

Article R.94.- La révision exceptionnelle des listes électorales prévue par l'article L.312 a lieu avant chaque élection nationale. Elle est instituée par décret qui fixe la période et les délais. Les conditions et modalités sont déterminées par les articles suivants à moins que ledit décret qui l'institue n'en dispose autrement.

En cas de référendum, une révision exceptionnelle peut être instituée.

Article R.95.- La commission administrative prévue à l'article L.268 reçoit les demandes d'inscription, de modification et de radiation qui lui sont présentées.

Les militaires en poste dans les Ambassades, Consulats, organismes internationaux s'inscrivent au même titre que les civils.

Les membres des corps militaires et paramilitaires en mission à l'étranger et qui échappent à la juridiction sénégalaise ne sont pas admis à s'inscrire sur les listes électorales.

Article R. 96.- La commission ajoute à la liste électorale les personnes :

1. qu'elle reconnaît avoir les qualités exigées par la loi pour être électeurs de la juridiction de la représentation diplomatique ou consulaire ;
2. qui auront acquis les conditions d'âge et de résidence au plus tard le jour du scrutin ;
3. qu'elle reconnaît avoir indûment omises.

Article R.97.- La commission retranche, de la liste électorale, les électeurs :

1. décédés ;
2. dont la radiation a été ordonnée par l'autorité compétente ou qui ont perdu les qualités requises par la loi ;
3. qu'elle reconnaît avoir indûment inscrits, bien que leur inscription n'ait été attaquée.

Article R.98.- La commission apporte, à la liste, toutes les modifications nécessaires dues au changement de pays d'établissement ou de résidence de l'électeur ou à des erreurs constatées sur ses prénoms, nom, filiation, profession ou domicile.

Article R.99.- Les inscriptions, modifications et radiations prévues aux articles R.96, R.97 et R.98 sont effectuées sur des carnets confectionnés et mis à disposition par le Ministère chargé des Élections.

Les carnets ainsi que les feuillets qu'ils contiennent sont numérotés.

Les carnets sont également visés par le Chef de la Mission Diplomatique ou Consulaire, par le président de la commission et le contrôleur de la CENA.

Article R. 100.- Les décisions de la commission sont prises au moment de la demande d'inscription, de modification ou de radiation, en présence du demandeur.

Lorsque la commission refuse d'inscrire un électeur, cette décision lui est notifiée. Il est délivré un avis de rejet motivé. L'intéressé est informé qu'il dispose de la possibilité d'exercer un recours gracieux en application des articles L.317 et 318.

Lorsque la commission radie d'office un électeur pour d'autres causes que le décès, ou lorsqu'elle prend une décision à l'égard d'une inscription qui a été contestée devant elle, il est délivré au plus tard à la date fixée par le décret instituant la révision exceptionnelle, un avis motivé de radiation d'office, destiné à l'électeur radié.

La liste des électeurs radiés d'office est conservée à la représentation diplomatique ou consulaire et peut être consultée par tout électeur. Elle est communiquée à la CENA.

Article R.101.- La commission prévue à l'article L.318, saisie en vertu dudit article, notifie sa décision dans les deux (02) jours qui suivent à l'intéressé.

Article R.102.- Le Chef de la Représentation diplomatique ou consulaire transmet les décisions de la commission prévue à l'article L.318 à la commission administrative, à partir de la date fixée par le décret instituant la révision exceptionnelle. Celle-ci modifie ou rédige, en conséquence, les feuillets d'inscription, de modification ou de radiation.

Article R.103.- Les carnets d'inscription, de modification ou de radiation sont transmis sans délai par le Chef de la Représentation diplomatique ou consulaire au Ministre chargé des Élections par l'entremise du Ministre chargé des Affaires étrangères par valise diplomatique.

Article R.104.- Au vu des carnets d'inscription, de modification et de radiation, le Ministère chargé des Élections procède, sous la supervision et le contrôle de la CENA, à l'établissement ou à la révision des listes électorales.

Une fois cet établissement ou cette révision effectuée, toutes les listes électorales sont déposées dans les représentations diplomatiques ou consulaires concernées. Elles sont communiquées à la CENA et aux partis politiques légalement constitués qui le demandent. Le chef de la représentation diplomatique ou consulaire dresse un procès-verbal de réception des listes électorales.

Ce document est affiché sur un panneau des annonces officielles ou sur tout autre panneau prévu à cet effet dans les locaux de la représentation diplomatique ou consulaire ou dans tout autre local en tenant lieu en application de l'article L.316.

Cette formalité vaut publication de la liste électorale. Elle fait courir le délai du contentieux prévu par le décret organisant la révision.

Article R .105.- À l'issue de l'établissement ou de la révision des listes électorales le Ministère chargé des Élections transmet au Ministère chargé des Affaires étrangères, pour acheminer aux missions diplomatiques ou consulaires concernées, par valise diplomatique, la liste de tous les mouvements subis par la liste électorale.

Conformément aux dispositions de l'article L.304, alinéas 3 et 4, le Ministre chargé des Affaires étrangères dresse par arrêté la liste des pays où le vote est organisé après avis du Ministre chargé des Élections.

❖

SECTION 3
CONTRÔLE DES INSCRIPTIONS SUR LES LISTES ÉLECTORALES

Article L.317.- Dans les conditions fixées par décret, les électeurs qui ont fait l'objet d'une radiation d'office de la part de la commission administrative, ou ceux dont l'inscription est contestée sont convoqués par le chef de la représentation diplomatique ou consulaire.

Notification leur est faite de la décision de la commission administrative. Ils peuvent exercer un recours gracieux. Tout électeur inscrit sur la liste électorale, tout représentant de parti politique légalement constitué, peut réclamer, dans les mêmes conditions, l'inscription ou la radiation d'un électeur omis ou indûment inscrit, après la publication de la liste électorale ; le même droit appartient au chef de la représentation diplomatique ou consulaire.

Les délais de recours sont prévus dans le décret qui organise la révision.

Article L.318.- Le recours contre les décisions de la commission administrative est porté devant la même commission complétée au besoin par un juriste appartenant à la représentation diplomatique ou consulaire s'il en existe.

Le recours est formé par simple déclaration écrite adressée au chef de la représentation diplomatique ou consulaire par la personne radiée ou son mandataire ou par la personne qui conteste l'inscription sur la liste électorale. Le chef de la représentation diplomatique ou consulaire réunit la commission qui statue, après lecture du rapport établi par un de ces membres désignés par le chef de la représentation diplomatique ou consulaire, sur simple avertissement donné à l'avance à toutes parties intéressées. Le requérant peut se faire assister par une personne de son choix sans considération de nationalité. La décision est prise à la majorité des voix.

Toutefois si la demande portée devant elle implique la solution préjudicielle d'une question d'état, la commission renvoie préalablement les parties à se pourvoir devant le juge sénégalais compétent et fixe un délai raisonnable dans lequel la partie qui a levé la question préjudicielle devra justifier ses diligences. En cas d'annulation des opérations de la commission administrative, les recours sont radiés d'office.

Les délais de recours et de traitement sont prévus dans le décret organisant la révision.

Article L.319.- La décision de la commission administrative prise en application des articles L.317 ou L.318 peut être attaquée devant la Cour Suprême qui devra statuer dans les délais fixés par le décret instituant la révision exceptionnelle des listes électorales.

Article L.320.- Les listes électorales, modifiées conformément aux dispositions des articles L.313 à L.314, sont conservées dans les archives de la représentation diplomatique ou consulaire. Tout électeur, tout représentant de parti politique légalement constitué, tout représentant de liste des candidats, tout candidat a le droit d'en prendre communication ou copie à ses frais.

L'autorité diplomatique ou consulaire chargée de la conservation desdites listes est tenue de déférer à toutes requêtes dans ce sens.

Toutefois, la copie est gratuite pour le représentant de la CENA.

Article L.321.- Les citoyens omis sur la liste électorale par suite d'une erreur purement matérielle ou radiés de ces listes sans observation des formalités prescrites à l'article L.317 peuvent saisir le chef de la représentation diplomatique ou consulaire aux fins de leur inscription sur la liste électorale. Ces demandes d'inscription sont accompagnées de l'ancienne carte d'électeur de l'intéressé s'il y a lieu ou du récépissé de sa demande d'inscription cité à l'article L.315 ou de toute autre pièce justificative de nature à établir le bien-fondé de la requête.

Le chef de la représentation diplomatique ou consulaire réunit les membres de la commission administrative définie à l'article L.313. La commission statue sans délai sur ces demandes après consultation de la liste électorale.

Les décisions de la commission peuvent faire l'objet d'un recours gracieux dans les conditions fixées à l'article L.318.

Article L.322.- Les carnets d'inscription, de modification et de radiation remplis par chaque représentation diplomatique ou consulaire sont transmis par le Ministère chargé des Affaires étrangères au Ministère chargé des Élections. Ils font l'objet d'un fichier spécial. La CENA et les partis politiques légalement constitués ont un droit de regard et de contrôle sur la tenue de ce fichier. Un décret détermine les conditions d'organisation et de fonctionnement de ce fichier spécial.

Article L.323.- Lorsqu'il est constaté qu'un électeur a sollicité plus d'une demande d'inscription sur une ou plusieurs listes électorales, seule la première demande sur la liste de la juridiction est maintenue.

Article L.324.- Les rejets d'office ont lieu à l'initiative soit de la commission administrative, soit du service du fichier général des électeurs, à chaque fois qu'il est constaté qu'un électeur s'est fait inscrire plus d'une fois sur la liste de la juridiction.

❖

Article R .106.- Lorsqu'un électeur est décédé, son nom est rayé de la liste électorale. Tout électeur résidant dans le pays de juridiction de la représentation diplomatique ou consulaire a le droit d'exiger sa radiation. Une fiche de contrôle de radiation est transmise au Ministre chargé des Élections par valise diplomatique et sous le couvert du Ministère chargé des Affaires étrangères et notifiée à la CENA.

Article R.107.- Tout électeur qui, en application de l'article L.320, prend communication d'une liste électorale doit s'engager au préalable et par écrit à ne pas en faire un usage commercial.

❖

Article L.325.- La carte d'électeur est couplée à la carte d'identité biométrique CEDEAO. Celle-ci fait office de carte d'électeur.

En cas de demande de duplicata pour cause d'altération ou de perte de la carte d'identité biométrique CEDEAO faisant office de carte d'électeur, devant un centre d'instruction ou une commission administrative, celle-ci est rééditée à l'identique avec le même délai de validité et porte la mention « duplicata ».

Cependant, une demande de modification de données électorales [ne] peut se faire [que] devant une commission administrative et pendant la période de révision des listes électorales.

Si l'électeur fait la déclaration de perte de sa carte d'électeur auprès d'une commisssion administrative, celle-ci établit une attestation sur la base de laquelle il peut demander la délivrance d'un duplicata.

Article L. 326.- Il est créé, au sein de chaque représentation diplomatique ou consulaire, une commission chargée de la distribution des cartes d'électeur et composée d'un représentant du chef de la représentation diplomatique ou consulaire en qualité de président ainsi que d'un représentant de chaque parti politique légalement constitué au Sénégal ou coalition de partis déclarée.

La commission peut être subdivisée en deux (02) ou plusieurs sous-commissions comprenant, chacune, au moins un président désigné par le chef de la représentation diplomatique ou consulaire et un représentant de chaque parti politique légalement constitué au Sénégal ou coalition de partis déclarée.

En cas de nécessité, le chef de la représentation diplomatique ou consulaire peut assurer le transport des membres de ces commissions et sous-commissions, de leurs lieux de résidence respectifs aux lieux retenus pour la distribution des cartes.

Article L. 327.- La commission visée à l'article précédent procède à la remise individuelle des cartes à chaque électeur sur présentation de sa carte d'identité biométrique CEDEAO et du récépissé d'inscription.

Les cartes d'électeur non distribuées sont regroupées auprès des bureaux de vote. Elles peuvent être retirées jusqu'à la clôture du scrutin.

La CENA veille au respect des règles relatives à la composition et au fonctionnement de la commission de distribution des cartes.

Après le scrutin, la distributuion des cartes non retirées est assurée par le Chef de la Mission diplomatique ou consulaire.

❖

Article R.108.- Il est fait application des dispositions de l'article R.47.

Toutefois, l'attestation de déclaration de perte prévue par l'article L.325 établie par le président de la commission doit comporter des indications précises sur l'identité de l'électeur ainsi que les circonstances de la perte.

Elle comporte également l'identité du président de la commission qui doit l'authentifier et la faire viser par le contrôleur de la CENA

Article R.109.- Auarante-cinq (45) jours avant le scrutin, le Chef de la Représentation diplomatique ou consulaire, institue par décision, une commission de distribution des cartes et précise les locaux dans lesquels elle doit fonctionner. Cette commission est constituée en application de l'article L.326.

Les prénom, nom, profession, adresse ainsi que le numéro d'inscription sur la liste électorale des représentants des partis ou coalitions de partis politiques légalement constitués au Sénégal doivent être notifiés au Chef de la Représentation diplomatique ou consulaire cinquante-cinq (55) jours au moins, avant l'ouverture du scrutin. Le chef de ladite représentation délivre un récépissé de cette déclaration dans les trois (03) jours qui suivent.

Lorsqu'aucun parti politique ou coalition de partis politiques ne notifie les prénom et nom de ses représentants, le Chef de la Représentation diplomatique ou consulaire ou son représentant procède à la distribution des cartes d'électeur sous la supervision et le contrôle de la CENA.

Article R.110.- La distribution des cartes d'électeur est permanente.

Elle est effectuée par une commission de distribution des cartes d'électeur pendant toute la période de révision des listes électorales et durant les 45 jours avant la date du scrutin ; ce, jusqu'à la clôture des opérations de vote.

En dehors des périodes susmentionnées, la distribution est assurée par le Chef de la Représentation diplomatique ou consulaire, sous la supervision de la CENA. Le Chef de la Représentation diplomatique ou consulaire ou bien le président de la Commission de distribution des cartes d'électeur assure la conservation et la garde desdites cartes pendant la période de distribution qui lui est impartie.

Les cartes d'électeurs à retirer doivent se trouver dans des lieux sécurisés ; des malles munies de cadenas de sécurité doivent leur servir de réceptacle. Elles doivent y être classées et n'être ouvertes ou fermées qu'avec la présence obligatoire de la CENA. Les locaux dans lesquels ces cartes sont conservées doivent répondre à toutes les conditions de sécurité requises.

À la fin de la période de distribution, le représentant du chef de la représentation diplomatique ou consulaire ou le président et les membres de chaque commission dressent un procès-verbal des opérations visé par la CENA.

Ce procès-verbal, les cartes non distribuées, les listes d'émargements des électeurs ainsi que le registre des opérations dans lequel figurent les contestations éventuelles constituent le dossier de passation d'activités pour les besoins de la permanence de la distribution.

❖

CHAPITRE IV
OPÉRATIONS ÉLECTORALES, RECENSEMENT ET PROCLAMATION DES RÉSULTATS

Article L.238.- Le scrutin a lieu le même jour que celui fixé au Sénégal compte tenu des décalages horaires.

Article L.329.- Il est créé un centre de vote dans chaque représentation diplomatique ou consulaire.

Un centre de vote peut comprendre un ou plusieurs lieux de vote lesquels peuvent à leur tour, abriter un ou plusieurs bureaux de vote. Si la situation locale l'exige, le chef de la représentation diplomatique ou consulaire peut créer des bureaux de vote en dehors des locaux de la représentation diplomatique ou consulaire soit dans la même ville soit dans des villes différentes. Cette création est obligatoire pour chaque tranche de 600 électeurs (sénégalais) inscrits. Au besoin, il sera fait appel aux Sénégalais vivants dans le pays concerné et inscrits sur la liste électorale pour la constitution des bureaux.

Article L.330.- Les superviseurs et contrôleurs de la CENA veillent au bon déroulement de l'ensemble des opérations électorales depuis l'ouverture du bureau de vote jusqu'à la proclamation et l'affichage des résultats dans le bureau concerné, conformément à l'article L.19 du titre premier du présent code.

Chaque liste de candidats ou chaque candidat a le droit d'exercer le même contrôle par des mandataires désignés à cet effet et munis de cartes spéciales délivrées par le chef de la représentation diplomatique ou consulaire. Les prénoms, nom, date et lieu de naissance des mandataires ainsi que leur adresse et leur numéro d'inscription sur la liste électorale sont notifiés par le candidat ou son représentant ou la liste de candidats qu'ils représentent au moins dix (10) jours avant l'ouverture du scrutin. Cette notification est faite au chef de la représentation diplomatique ou consulaire ou son représentant qui en délivre récépissé au moins huit (8) jours avant le scrutin. Le récépissé sert de titre et garantit les droits attachés à la qualité de mandataire.

Les mandataires ont compétence dans un ou plusieurs bureaux de vote. Ils peuvent entrer librement dans ces bureaux et exiger l'inscription au procès-verbal de toutes leurs observations et contestations.

Article L.231.- La liste complète des bureaux de vote sur l'ensemble du territoire du pays d'organisation des opérations doit être définitivement arrêtée et publiée par le chef de la représentation diplomatique ou consulaire, ou son représentant, au plus tard trente (30) jours avant le début du scrutin.

Le chef de la représentation diplomatique ou consulaire ou son représentant est tenu de dresser la liste des membres du ou des bureaux de vote ainsi que de leurs suppléants.

Cette liste doit être validée par la CENA avant d'être publiée par ses soins vingt (20) jours et notifiée dix (10) jours, au moins, avant le début du scrutin :

1) au représentant de la CENA et à tous les représentants de candidats ou liste de candidats ;

2) s'il y a lieu, aux détenteurs de la liste électorale où les membres du bureau de vote sont normalement inscrits pour que mention y soit portée. Le nombre des électeurs considérés comme étant inscrits sur cette liste est augmenté d'autant pour le décompte des inscrits.

Chaque bureau de vote est composé d'un président, d'un assesseur, d'un secrétaire, désignés par le chef de la représentation diplomatique ou consulaire et d'un représentant par liste de candidats ou candidats en qualité de membres.

Les membres des bureaux de vote régulièrement inscrits sur la liste électorale sont autorisés à voter dans les bureaux où ils siègent, sur simple présentation de leur carte d'électeur.

Les journalistes en mission de reportage et les chauffeurs chargés de transporter le matériel électoral, le jour du scrutin, sont autorisés à voter dans les mêmes conditions sous réserve d'avoir fait viser, au préalable, leur ordre de mission par les autorités diplomatiques ou consulaires et par le président de la D.E.CENA

Article L.332.- Il est fait application des dispositions de l'article L.73, sauf celles relatives au décret de convocation des électeurs. Le chef de la Représentation diplomatique ou consulaire, au vu du décret de convocation des électeurs, prend une décision de convocation des électeurs qui précise les heures d'ouverture et de clôture du scrutin en tenant compte du nombre des électeurs inscrits et des décalages horaires existant entre le Sénégal et le pays où il exerce sa mission.

❖

Article R. 111.- Il est fait application des dispositions des articles R.57 et R.58 en ce qu'elles concernent les élections présidentielles ou législatives.

Les bulletins de vote sont mis, en nombre suffisant, à la disposition du Ministre chargé des Affaires étrangères par le Ministre chargé des Élections. Ils sont envoyés impérativement quinze (15) jours au moins avant le scrutin aux représentants diplomatiques ou consulaires concernés, par valise diplomatique.

Article R. 112.- Le scrutin est ouvert à huit (08) heures et clos le même jour à dix-huit (18) heures lorsque le pays d'organisation des opérations électorales se trouve sur le même fuseau horaire que le Sénégal. Dans le cas contraire, les heures d'ouverture et de clôture du scrutin font l'objet d'une décision du chef de la représentation diplomatique ou consulaire qui doit tenir compte des particularités et usages locaux. Cette décision est notifiée à la CENA aux représentants des partis ou coalitions de partis politiques légalement constitués au Sénégal. Elle est affichée dans les locaux de la représentation diplomatique ou consulaire au panneau des annonces officielles ou à défaut au panneau qui en tient lieu quinze jours (15) jours au moins avant le scrutin.

Toutefois, pour faciliter aux électeurs, l'exercice de leur droit de vote, le chef de la représentation diplomatique ou consulaire peut prendre une décision afin d'avancer l'heure d'ouverture ou de retarder l'heure de clôture du scrutin. Cette décision est aussitôt affichée à l'entrée du bureau de vote.

Article R.113.- Les prénom, nom, qualité des superviseurs et contrôleurs de la CENA, des membres des bureaux de vote, des représentants et de leurs suppléants des candidats ou listes des candidats sont notifiés au Chef de la Représentation diplomatique ou consulaire trente (30) jours au moins avant le début du scrutin.

Article R.114.- Toutes discussions et toutes délibérations des électeurs sont interdites à l'intérieur du bureau de vote.

Le président du bureau de vote a seul la police de l'assemblée des électeurs. Nulle force armée ne peut sans son autorisation être placée dans la salle de vote ni aux abords immédiats de celle-ci.

Article R.115.- Le Président du bureau de vote peut demander au chef de la représentation diplomatique ou consulaire de faire appel aux forces de police ou assimilées du pays de sa juridiction pour mettre fin à un trouble grave compromettant le bon déroulement des opérations électorales ou à un scandale. Si les personnes concernées sont membres du bureau de vote, et si elles sont coupables de scandale caractérisé dûment constaté par le président du bureau de vote et les autres membres, elles sont immédiatement remplacées par leurs suppléants. Mention de ces incidents doit être faite obligatoirement dans les procès-verbaux.

Article R.116.- Nul ne peut être admis à voter, s'il n'est inscrit sur la liste électorale de la Juridiction.

Article R.117.- Sont applicables les dispositions des articles L.72 à L.85, R.63, R.66, alinéas 1 à 3, R.67, R.69, R.70, R.71, et R.73.

❖

Article L.333.- Il est fait application des dispositions de l'article L.76. Toutefois, les termes « frappées du timbre de la circonscription électorale » sont remplacés par « frappées du timbre de la représentation diplomatique ou consulaire ».

Article L.334.- Il est fait application des dispositions de l'article L.83.

Article L.335.- Il est créé, pour chaque département de l'extérieur, une Commission départementale de Recensement des Votes. Ces commissions siègent à Dakar, dans un lieu déterminé par le Président du Conseil constitutionnel.

Elles sont composées et fonctionnent conformément aux dispositions des articles 86 et LO.138 du présent code.

Article L.336.- À la clôture du scrutin et à la fin des opérations de dépouillement, le président donne lecture à haute voix des résultats qui sont aussitôt affichés. Mention de ces résultats est portée au procès-verbal qui est clos par la signature des membres du bureau.

Les résultats sont extraits et portés sur une fiche spécialement conçue à cet effet et destinée à la transmission immédiate desdits résultats à la Commission départementale de Recensement des Votes.

Tous les membres du bureau de vote doivent obligatoirement signer la fiche spéciale de recueil des résultats et le procès-verbal avec, le cas échéant, leurs observations, réclamations et observations.

Article L.337.- Le contrôleur de la CENA ainsi que tous les membres du bureau de vote doivent recevoir un exemplaire du procès-verbal et de la fiche spéciale de recueil des résultats du bureau de vote.

L'original du procès-verbal des opérations électorales et celui et de la fiche spéciale de recueil des résultats du bureau de vote, accompagnés des pièces qui doivent y être annexées est transmis par les soins du Chef de la Représentation diplomatique ou consulaire au président de la Commission départementale de Recensement des Votes par valise diplomatique, dès que les résultats ont été proclamés et affichés.

Toutefois après la proclamation et l'affichage des résultats, le Chef de la Représentation diplomatique ou consulaire doit immédiatement transmettre la fiche spéciale de recueil des résultats par télex, téléfax ou courriel au Président de la Commission départementale de Recensement des Votes.

Par dérogation à l'alinéa 4 de l'article L.86, la Commission départementale de Recensement des Votes publie les résultats au plus tard à 12 heures le mercredi qui suit le scrutin.

❖

CHAPITRE V
DISPOSITIONS PÉNALES

Article L.338.- Les dispositions des articles L.88 à L.104, L.106 à L.109, L.113 et L.114 sont applicables par les juridictions sénégalaises compétentes.

Article L.339.- Toute personne chargée de transmettre les documents indiqués à l'article L.320 ou L.327 ou de communiquer les résultats selon les procédés définis à l'article L.337, qui aura modifié ou altéré ces documents ou résultats, sera punie d'un emprisonnement de six (06) mois à deux (02) ans et frappée de l'interdiction du droit de voter et d'être éligible pendant cinq (05) ans au moins et dix (10) ans au plus.

Article L. 340.- Quiconque aura reçu les documents indiqués à l'article L.337 ou les résultats communiqués par télex ou téléfax au président de la commission nationale de recensement des votes, les aura modifiés ou altérés, sera puni des peines prévues par l'article L.339.

❖

TITRE VIII

DU référendum

Article L.341.- Le corps électoral est convoqué par décret. Il décide à la majorité des suffrages exprimés.

Le texte soumis au référendum est annexé au décret.

Article L.342.- Les modalités d'organisation du référendum sont fixées par décret.

Article L.343.- Une révision exceptionnelle des listes électorales peut être organisée.

Article L.344.- Les organisations qui concourent à l'expression des suffrages, désireuses de participer aux opérations référendaires s'organisent pour s'identifier au « courant du OUI » ou au « courant du NON », le notifier à l'autorité administrative et déclarer l'identité de leurs plénipotentiaires au plus tard la veille du démarrage de la campagne référendaire, conformément à la procédure décrite à l'article 68 du Code électoral.

Les termes « candidats », « listes de candidats », « partis politiques », « coalitions de partis politiques » ou « entités regroupant des personnes indépendantes » figurant dans le Code électoral sont remplacés par « représentants du courant du OUI » ou « représentants du courant du NON ».

Article L.345.- Il est mis à la disposition de l'électeur, à l'exclusion de tout autre, deux bulletins de vote de couleurs différentes :

- un bulletin de vote de couleur blanche avec écritures noires représentant la réponse « OUI » ;
- un bulletin de vote de couleur noire avec écritures blanches représentant la réponse « NON ».

Article L.346.- La liste des électeurs par bureau de vote est remise au mandataire national de chaque courant et à la CENA sur support électronique et en version papier dans un délai fixé par le décret évoqué à l'article L.342.

NOTE SUR LE RÉFÉRENDUM

Les règles d'organisation du référendum ont été fixées aux articles L.341 à L.346 du titre VIII intitulé « Du référendum » de la loi n° 2017-12 du 18 janvier 2017 portant Code électoral actuel, qui a comblé un vide existant jusqu'à présent, car, en dépit de quelques références éparses à des « opérations référendaires » dans les précédents codes, aucune réglementation spécifique n'était consacrée à ce mode d'expression du suffrage.

CHAPITRE PREMIER
DÉFINITION ET TYPOLOGIE DES RÉFÉRENDUMS

Mode d'expression de la volonté populaire, le référendum comporte plusieurs variantes.

SECTION PREMIÈRE
LE RÉFÉRENDUM, MODE D'EXPRESSION DE LA VOLONTÉ POPULAIRE

Le référendum est une procédure de mise en œuvre de la démocratie directe et, à côté des procédures parlementaires d'adoption des lois, il apparaît ainsi comme le mode alternatif d'expression de la volonté populaire comme indiqué à l'article 3, alinéa 1er de la Constitution de la République qui dispose que « la souveraineté nationale appartient au peuple sénégalais qui l'exerce par ses représentants ou par la voie du référendum ».

Type de votation à l'occasion de laquelle une loi – le plus souvent de statut constitutionnel – est soumise à l'approbation de l'ensemble des électeurs, le référendum constitue, avec le suffrage universel s'exprimant à l'occasion d'élections politiques à des mandats représentatifs au sein d'instances exécutives ou délibérantes, les moments les plus importants de la participation citoyenne dans les systèmes démocratiques modernes.

SECTION II
LES DIVERS TYPES DE RÉFÉRENDUMS

Outre le référendum décisionnel qui – dans ses deux variantes ci-dessous présentées – constitue le mode le plus courant, l'on peut distinguer des référendums spécifiques en raison de leur caractère, de leur objet ou du moment de leur intervention.

I - LE RÉFÉRENDUM FACULTATIF ET LE RÉFÉRENDUM OBLIGATOIRE

Le référendum peut se distinguer par le caractère obligatoire ou facultatif du recours à celui-ci.

Obligatoire quand une disposition expresse de la Constitution le prévoit sur des points précis, le recours au référendum est donc en principe une faculté laissée à l'Exécutif de soumettre un projet ou une proposition de révision à l'approbation des électeurs.

La Constitution peut prévoir le recours obligatoire au référendum dans des cas précis. C'est ainsi que l'article 27 ancien de la Constitution, abrogé par la loi constitutionnelle du 5 avril 2016 adoptée par le référendum du 20 mars 2016, avait prévu un cas de référendum obligatoire en disposant que :

> *« La durée du mandat du président de la République est de sept ans. Le mandat est renouvelable une seule fois.*
> *Cette disposition ne peut être révisée que par une loi référendaire ».*

Après cette réforme constitutionnelle de 2016, le référendum obligatoire stricto sensu n'a pratiquement plus droit de cité dans le contexte sénégalais sous réserve du cas de référendum de ratification – ci-dessous évoqué – dont le caractère obligatoire est assujetti à la volonté du président de la République.

II - LE RÉFÉRENDUM CONSULTATIF ET LE RÉFÉRENDUM DE RATIFICATION

Parfois désigné par l'expression « référendum antérieur », le référendum consultatif est celui à l'occasion duquel le corps électoral est appelé à donner un simple avis.

Le référendum de ratification ou référendum postérieur est consécutif à la signature d'un traité ou à l'adoption par l'Assemblée nationale d'une loi dont les dispositions sont soumises à l'ensemble du corps électoral pour approbation. Il en est ainsi, conformément à l'article 103, alinéa 3 de la Constitution, quand « le projet ou la proposition de révision de la Constitution est adopté par l'Assemblée nationale selon la procédure de l'article 71 » de la Constitution sauf lorsque le président de la République décide de soumettre le projet ou la proposition à la seule Assemblée nationale.

III - LES RÉFÉRENDUMS DÉCISIONNELS

En considération du domaine dans lequel il intervient, le référendum décisionnel peut être soit un référendum constituant, soit un référendum législatif.

Le référendum constituant porte sur l'adoption d'une Constitution (2001) ou la révision de dispositions constitutionnelles (2016).

Le référendum législatif a pour objet l'adoption ou la révision d'une loi ordinaire ou d'une loi organique. Ce type de référendum est assez exceptionnel et l'histoire des institutions sénégalaises n'en offre pas d'exemple à ce jour. Mais il peut arriver qu'il soit la meilleure option, notamment quand il s'agit soit de l'adoption d'une disposition législative dont les implications sociales ou sociétales paraissent si importantes dans le contexte du moment qu'il faille recourir à la vox populi, soit de l'éventuel cas où l'Exécutif entend passer outre une position rétive de la représentation nationale quant à l'adoption d'un projet de loi.

Le référendum décisionnel dont le résultat vaut adoption définitive des dispositions soumises directement à l'approbation des électeurs est véritablement la consultation populaire par excellence. Il est prévu par la Constitution de la République en son article 51 ci-dessous énoncé (II) et constitue le mode de procédure référendaire le plus commun au Sénégal.

SECTION III
RECOURS ET INITIATIVE EN MATIÈRE DE RÉFÉRENDUM

La Constitution de la République dispose, en son article 51, que :

> *« Le président de la République peut, après avoir recueilli l'avis du président de l'Assemblée nationale et du Conseil constitutionnel, soumettre tout projet de loi constitutionnelle au référendum.*
> *Il peut, sur proposition du Premier ministre et après avoir recueilli l'avis des autorités indiquées ci-dessus, soumettre tout projet de loi au référendum.*
> *Les cours et tribunaux veillent à la régularité des opérations de référendum. Le Conseil constitutionnel en proclame les résultats ».*

Au regard de ces dispositions, il peut être recouru au référendum pour toute disposition de loi même si l'alinéa 1er de l'article sus-énoncé semble, dans une démarche quelque peu incompréhensible, apporter une restriction du périmètre référendaire « à la loi constitutionnelle » pour le référendum d'initiative présidentielle alors que le référendum sur proposition du Premier ministre peut porter sur « tout projet de loi ».

Ainsi, tant les lois organiques ou que les lois ordinaires peuvent, à l'instar des lois constitutionnelles, être soumises au référendum, en raison de l'importance de l'objet qui peut amener le président de la République à juger opportun de les porter à l'approbation directe du peuple.

L'on remarquera l'absence de référendum d'initiative populaire qui pourrait notamment être mis en œuvre à l'initiative d'une fraction déterminée d'électeurs inscrits. De même, il n'est pas prévu à proprement parler de référendum d'initiative parlementaire même si l'article 103, alinéas 1er et 3 de la loi fondamentale prévoit un référendum de ratification lorsque qu'un projet ou une proposition de révision de la Constitution est adopté par l'Assemblée nationale selon la procédure de l'article 71, ladite révision n'étant définitive qu'après avoir été approuvée par référendum.

SECTION IV
LE PÉRIMÈTRE DU CHAMP RÉFÉRENDAIRE

Le référendum peut en principe porter comme indiqué à l'article 51 de la Constitution sus-énoncé sur tout projet de loi, sous réserve de certaines dispositions déclarées non révisables. Mais l'intangibilité proclamée de celles-ci ne fait pas toujours l'unanimité des observateurs.

I - LES NORMES CONSTITUTIONNELLES HORS DE PORTÉE DE TOUTE REVISION

Le référendum ne peut concerner des dispositions déclarées intangibles ou « clause d'éternité » qui ne peuvent faire l'objet de modification.
Il en est ainsi relativement :

- *à la forme républicaine de l'État ;*
- *au mode d'élection du président de la République déterminé à l'article 26 qui dispose :*
  « Le président de la République est élu au suffrage universel direct et à la majorité absolue des suffrages exprimés.
  Cet article ne peut faire l'objet de révision » ;
- *à la durée et le nombre de mandat du président de la République fixés à l'article 27 de la Constitution qui dispose que :*
  « La durée du mandat du président de la République est de cinq ans.
  Nul ne peut exercer plus de deux mandats consécutifs ».

L'intangibilité de ces dispositions constitutionnelles est énoncée à l'article 103, alinéa 7, qui dispose que :

> *« La forme républicaine de l'État ne peut faire l'objet d'une révision, le mode d'élection, la durée et le nombre de mandats consécutifs du président de la République ne peuvent faire l'objet de révision ».*

L'intangibilité de la disposition prévoyant les intangibilités particulières est à son tour proclamée à l'alinéa 8 du même article qui dispose :

> *« L'alinéa 7 du présent article ne peut faire l'objet de révision ».*

II - APPRÉCIATIONS CRITIQUES SUR LE PÉRIMÈTRE SANCTUARISÉ

La consécration d'un périmètre constitutionnel sanctuarisé a pour but de préserver de tout changement un certain nombre de règles considérées comme les valeurs fondatrices du socle de l'édifice institutionnel, des principes irréductibles inhérents au système démocratique, en les inscrivant dans le granit de la loi fondamentale.

Il est, certes, louable ce souci de mettre à l'abri de toute profanation des règles considérées comme des fondamentaux de l'État démocratique et des acquis de la citoyenneté qu'une instrumentalisation idéologique de circonstance s'autorisant de la légitimité électorale ou d'un concours d'événements favorable peut remettre en cause. Mais l'on peut tout aussi bien s'interroger sur la pertinence de telles clauses qui priveraient les générations futures de la liberté de procéder à des réaménagements normatifs apparaissant comme nécessaires en fonction des exigences nouvelles de leur temps.

La clause intangible, en réduisant un système de normes dynamique à un corpus de dispositions techniques figé, pétrifie le droit dans la loi et a ainsi pour effet d'entraver toute évolution. À cet égard, la suggestion du Conseil constitutionnel dans son avis, objet de sa décision n° 1/C/2016, de décloisonner le périmètre sanctuarisé dans le sens d'une éventuelle extension – par l'ajout du membre de phrase « sauf pour en étendre l'application » – semble traduire une certaine réserve à l'égard de telles clauses dans la mesure où le champ de l'intangibilité ne serait alors plus figé dans les limites des seules dispositions ciblées dans le projet de révision, la porte étant laissée ouverte à l'élection éventuelle d'autres dispositions au même statut. Cette recommandation, qui n'a pas été retenue, n'en demeure pas moins une illustration du caractère relatif, ou à tout le moins, discutable, de telles clauses.

D'ailleurs, dans la pratique, l'histoire récente des constitutions africaines offre un argument de poids aux contempteurs des clauses dites intangibles qui, même si elles sont affublées par les commentateurs de l'étiquette d'éternité, ont parfois une durée de vie relativement brève. En effet, l'on peut relever un cas typique de précarisation des clauses dites d'éternité avec l'adoption, par le référendum du 25 octobre 2015 en République du Congo d'une nouvelle Constitution – permettant désormais au président en exercice atteint par la limite de mandats de briguer trois autres mandats de cinq ans – qui s'est substituée à l'ancienne constitution qui comportait une telle clause dite d'éternité limitative de mandats du président de la République dont le mandat de sept ans ne pouvait être renouvelé qu'une fois.

La moralité est que, d'une part, aucune œuvre humaine n'a vocation à s'inscrire dans l'éternité, d'autre part, seule une veille vigilante de la juridiction compétente assure la stabilité nécessaire aux règles constitutionnelles fondamentales. Aussi serait-il seyant d'habiliter la juridiction constitutionnelle à exercer un véritable contrôle de constitutionnalité des projets de révision – par des décisions au lieu d'un simple avis consultatif – en examinant leur conformité « à l'esprit de la Constitution », c'est-à-dire l'idée générale qui a inspiré son élaboration et dont les grandes articulations se retrouvent dans le préambule, étant entendu que le projet une fois adopté, aucun contrôle de conformité ne peut plus être envisagé, en vertu de l'adage « vox populi, vox dei ».

D'ailleurs, dans le cadre d'une saisine certes purement consultative, le Conseil constitutionnel a adopté une démarche qui semble se situer dans cette perspective pour donner son avis sur le point du projet de référendum du 20 mars 2016 relatif à l'application de la disposition fixant la nouvelle durée de cinq ans du mandat du président de la République au mandat en cours de sept ans. En effet, le Conseil constitutionnel a estimé à ce propos devoir « se prononcer sur le respect des principes et des valeurs sur lesquels repose la Constitution », même s'il justifie sa démarche « par les termes généraux par lesquels la demande [d'avis] est formulée ».

Le Conseil devait ainsi rendre une « décision-avis » qui a soulevé des critiques acerbes paraissant injustes pour deux raisons qui procèdent de la logique la plus simple qui confortent le motif articulé dans la décision :

- *si l'on inversait les données de la révision portant sur la substitution d'un septennat à un quinquennat, nul ne penserait à son application immédiate et à une rallonge du mandat en cours de cinq ans ;*
- *si le référendum devait se tenir entre la cinquième année et septième année du septennat en cours, l'impossibilité matérielle de l'application sur le mandat en cours de la disposition nouvelle instituant le quinquennat donne une indication claire.*

En dépit du verrou supplémentaire posé à l'alinéa 8 de l'article 103 qui prévoit que l'alinéa 7 dudit article ne peut faire l'objet de révision, l'efficacité de telles dispositions demeure problématique ; une formule triviale dont l'usage est de mise en la matière n'enseigne-t-elle pas qu'il ne sert à rien de fermer la porte à double tour quand c'est la serrure que l'importun envisage de faire sauter, comme dans le cas ci-dessus évoqué ?

Dans la pratique, dans les cas énumérés ci-dessous où la procédure référendaire a été mise en œuvre, ce fut sur l'initiative de l'Exécutif.

SECTION V
LES PRÉALABLES ET SUITES DU RÉFÉRENDUM

Après les avis préalables requis, la problématique du contrôle des normes adoptées par la votation référendaire peut se poser.

I - LES AVIS PRÉALABLES

L'article 51, alinéas 1er et 2 de la Constitution de la République que le président de la République doit recueillir l'avis du président de l'Assemblée nationale et du Conseil constitutionnel, avant de soumettre un projet de loi au référendum.

Le débat sur la nature obligatoire ou non de l'avis du Conseil a particulièrement pollué la période précédant le référendum du 20 mars 2016 (cf. ci-dessous) alors que la Constitution ne fait aucune distinction entre cet avis et celui du président de l'Assemblée nationale dont nul ne peut raisonnablement alléguer du caractère obligatoire.

II - LA PROBLÉMATIQUE DU CONTRÔLE DES LOIS RÉFÉRENDAIRES

En principe, en raison des compétences strictement attributives du Conseil constitutionnel, en application de l'article 92 de la Constitution et de l'article premier de la loi organique sur le Conseil constitutionnel, le contrôle de conformité avec la Constitution est possible si les dispositions adoptées relèvent du domaine de la loi ordinaire ou de la loi organique.

Mais quid plus spécifiquement des dispositions adoptées par un référendum législatif ?

Faute de cas d'organisation de référendum législatif au Sénégal, le recours à la jurisprudence du Conseil constitutionnel français fournit une indication intéressante à ce sujet. En effet, cette juridiction a pu relever qu'elle n'est pas compétente pour examiner la conformité à la Constitution des lois adoptées par référendum, car en dépit de sa « mission d'apprécier la conformité à la Constitution des lois organiques et des lois ordinaires [...], il résulte de l'esprit de la Constitution qui a fait du Conseil constitutionnel un organe régulateur de l'activité des pouvoirs publics que les lois que la Constitution a entendu viser [...] sont uniquement les lois votées par le Parlement et non point celles qui, adoptées par le peuple à la suite d'un référendum, constituent l'expression directe de la souveraineté nationale ». (Conseil constitutionnel français, Décision n° 62-20 du 6 novembre 1962).

SECTION VI
LE DÉROULEMENT DES OPÉRATIONS RÉFÉRENDAIRES

Pendant des décennies, l'organisation du référendum n'ayant pas fait l'objet de dispositions spécifiques, la pratique devait suppléer ce vide juridique en appliquant les dispositions régissant le vote et la campagne électorales prévus au Code électoral qui ne se réfère de façon expresse aux opérations référendaires qu'à l'occasion de la détermination des attributions des organes intervenant dans l'organisation des élections (article L premier du Code électoral relatif aux attributions des ministres en charge des élections sur le territoire national et à l'étranger) ou dans le contrôle et la supervision des « électorales et référendaires » (article L.5 relatif aux attributions générales de la CENA).

Ce n'est qu'avec la loi n° 2017-12 du 18 janvier 2017 portant code électoral actuel que des règles d'organisation du référendum ont été fixées aux articles L.341 à L.346 du titre VIII intitulé « Du référendum ».

L'article 342 prévoit que les modalités d'organisation du référendum sont fixées par décret tandis que l'article 344, alinéa 2 renvoie mutatis mutandis aux dispositions du Code par le remplacement des termes « candidats », « listes de candidats », « partis politiques », « coalitions de partis politiques », « entités regroupant des personnes indépendantes » par « représentants du courant du OUI » ou « représentants du courant du NON ».

À ce propos, l'on peut remarquer que ce renvoi pêche par son imprécision, la référence aux dispositions communes à toutes les élections et l'élaboration dans la loi ou au décret annoncé à l'article 342 des règles spécifiques au référendum auraient paru plus appropriées.

SECTION VII

LE RÉFÉRENDUM DANS L'HISTOIRE DES INSTITUTIONS SÉNÉGALAISES

Outil de la démocratie directe, ce type de votation a été utilisé sur des questions d'intérêt national en 1958, 1963, 2001 et 2016, sur l'initiative de l'Exécutif.

I - LE RÉFÉRENDUM DU 28 SEPTEMBRE 1958

Le référendum du 28 septembre 1958 organisé par la France a porté sur l'évolution des territoires d'outre-mer et la création d'une communauté franco-africaine associant la France et ses anciennes colonies, qui devraient être dotées d'une certaine autonomie. Ce référendum portant sur une question fondamentale formulée de manière à permettre une claire expression des choix des votants pour le courant « Oui » (pro-communauté) ou le courant « Non » (indépendantiste), été remporté par le courant du « Oui ».

II - LE RÉFÉRENDUM DU 3 MARS 1963

(loi n° 63-22 du 7 mars 1963 portant Constitution)

Le référendum de 1963 s'est déroulé dans le contexte post-indépendance d'une jeune nation dans laquelle les mécanismes démocratiques n'étaient pas encore très éprouvés avec la quasi-monopolisation du jeu politique officiel par un parti dominant, l'Union progressiste sénégalaise. Il a été l'occasion de la mise en place d'un régime présidentiel.

III - LE RÉFÉRENDUM DU 22 FÉVRIER 1970

(loi n° 70-15 du 26 février 1970 portant révision de la Constitution)

Le référendum du 22 février 1970 a eu notamment pour objet l'institution du poste de Premier ministre dans le but d'une certaine « déconcentration du pouvoir exécutif ».

IV - LE RÉFÉRENDUM DU 7 MARS 2001

(loi n° 2001-03 du 22 janvier 2001 portant Constitution)

Le référendum de 2001 consécutif à la première alternance survenue en 2000 était pratiquement le prolongement de celle-ci avec l'euphorie unanimiste du moment. L'approbation était requise sur l'ensemble de la nouvelle Constitution qui en réalité n'apportait pas de changement significatif dans le jeu institutionnel.

V - LE RÉFÉRENDUM DU 20 MARS 2016

(loi n° 2016-10 du 5 avril 2016 portant révision de la Constitution)

La révision constitutionnelle soumise au référendum ne comportait pas de changements de nature à impacter de manière fondamentale le fonctionnement des institutions surtout après l'abandon du point relatif à l'instauration du quinquennat applicable au mandat en cours du président de la République en exercice qui avait été élu pour sept ans et qui en était à la quatrième année de mandature. Mais son déroulement mérite de retenir l'attention comme étude de cas.

SECTION VIII

ÉTUDE DE CAS À TRAVERS LE RÉFÉRENDUM DU 20 MARS 2016

Le référendum du 20 mars 2016 a été caractérisé par la diversité des points de révision de la Constitution, une certaine maîtrise des opérations électorales et surtout une campagne électorale chaotique.

I - L'OBJET DU RÉFÉRENDUM

Le référendum devait porter sur les quinze (15) points suivants après le retrait du point relatif à l'applicabilité de la réduction du mandat du président de la République au mandat en cours :

1 - la modernisation du rôle des partis politiques dans le système démocratique ;

2 - la participation des candidats indépendants à tous les types d'élections ;

3 - la promotion de la gouvernance locale et du développement territorial par la création du Haut Conseil des collectivités territoriales ;

4 - la reconnaissance de nouveaux droits aux citoyens : droits à un environnement sain, sur leur patrimoine foncier et sur leurs ressources naturelles ;

5 - le renforcement de la citoyenneté par la consécration de devoirs du citoyen ;

6 - la restauration du quinquennat pour le mandat présidentiel ;

7 - le renforcement des droits de l'opposition et de son chef ;

8 - la représentation des Sénégalais de l'Extérieur par des députés à eux dédiés ;

9 - l'élargissement des pouvoirs de l'Assemblée nationale en matière de contrôle de l'action gouvernementale et d'évaluation des politiques publiques ;

10 - la soumission au Conseil constitutionnel des lois organiques pour contrôle de constitutionnalité avant leur promulgation ;

11 - l'augmentation du nombre des membres du Conseil constitutionnel de 5 à 7 ;

12 - la désignation par le président de l'Assemblée nationale de 2 des 7 membres du Conseil constitutionnel ;

13 - l'élargissement des compétences du Conseil constitutionnel pour donner des avis et connaître des exceptions d'inconstitutionnalité soulevées devant la Cour d'appel ;

14 - la constitutionnalisation des principes de la décentralisation et de la déconcentration.

II - LES OPÉRATIONS RÉFÉRENDAIRES

Menées tambour battant en raison de délais de préparation très brefs, les opérations référendaires se sont néanmoins tenues dans des conditions correctes, ce qui illustre la parfaite maîtrise de l'organisation des diverses votations par l'administration électorale.

III - LA CAMPAGNE RÉFÉRENDAIRE

La campagne qui a précédé le scrutin a été pour le moins confuse avec notamment des interférences de thématiques étrangères aux points soumis au référendum, une implication équivoque de certaines organisations de la société civile et des médias.

A – LE DÉVOIEMENT DES ENJEUX RÉFÉRENDAIRES PAR DES POSITIONNEMENTS PARTISANS

Les interférences avec le contexte politique, économique, social, religieux ne peuvent pas manquer, aussi tout référendum est une arme à double tranchant dans la mesure où l'approbation ou l'improbation des points soumis à la consultation populaire est interprétée comme une adhésion ou un désaveu à la politique voire comme une expression de défiance à l'égard des initiateurs.

Mais en dépit des difficultés de délimiter les frontières ténues entre la nécessaire information sur le contenu des questions soumises au référendum pour un choix éclairé de l'électeur et la propagande en faveur des chapelles politiques, les acteurs de la sphère politique, de la société civile et des médias doivent néanmoins veiller à éviter que les enjeux institutionnels fondamentaux ne s'égarent ainsi des stratégies politiciennes secondaires.

La campagne référendaire du référendum du 20 mars 2016 est une illustration parfaite du dévoiement de la procédure référendaire avec une personnalisation du débat autour de la promesse de campagne du président de la République de réduire son mandat en cas d'élection et par l'évocation de thèmes sans aucun rapport avec les points proposés au référendum.

À l'occasion de la précampagne et la campagne, l'on a pu assister à une fragmentation du discours public sur des théâtres d'affrontement domestiques avec des responsables politiques rivalisant pour un plus grand score qui serait censé attester de leur popularité personnelle dans leur fief. Cela se traduira, après la proclamation des résultats par des commentaires décalés du genre : « Tel a été battu dans son propre bureau de vote » ou « Tel a gagné dans sa commune », etc.

Ce brouillage du débat a d'ailleurs entraîné ce référendum sur une pente plébiscitaire avec pour alternative : « Pour ou contre le pouvoir en place » et a constitué un test grandeur nature pour des consultations en perspective.

Le faible niveau de la participation (38,59 %) qui est par ailleurs souvent imputé à la désaffection pour la politique, est en l'occurrence en rapport direct avec le manque de lisibilité des enjeux réels du référendum.

Le nombre et la complexité des questions soumises à l'approbation populaire ont pu impacter aussi négativement la lisibilité et la compréhension des électeurs et accentuer l'abstention.

Enfin, le vain débat sur le caractère obligatoire ou non de l'avis du Conseil constitutionnel a contribué à occulter davantage les termes du référendum du 20 mars 2016, alors que – même non obligatoire d'un point de vue strictement juridique comme l'ont amplement démontré les sachants – il sied à l'autorité qui requiert l'avis de la plus haute juridiction nationale sur des questions de sa compétence d'en tenir compte.

B - L'ACTION DE LA SOCIÉTÉ CIVILE ET DES PARTIS POLITIQUES

La société civile, qui se définit comme instance à équidistance des formations politiques, ne peut néanmoins demeurer indifférente aux enjeux sociopolitiques majeurs. Elle a donc le devoir de s'impliquer dans une campagne référendaire, mais uniquement soit pour promouvoir et défendre, soit pour prôner le rejet de propositions portant sur des questions qui concernent la bonne marche des institutions, les fondamentaux socio-économiques de la nation, mais toujours avec des arguments déconnectés des positionnements partisans. Certes, elle peut se retrouver de façon tout à fait conjoncturelle dans les mêmes positions que les partis politiques tellement est ténue la ligne de partage entre devoir d'information et d'éducation à la citoyenneté et la posture partisane.

Mais en tout état de cause, son combat doit être fondé sur des principes en évitant les considérations crypto-personnelles inspirées par des thématiques politiques ponctuelles.

À ce propos, le référendum du 20 mars 2016 fournit l'exemple du rôle ambigu de diverses organisations de la société civile qui n'ont pas hésité à s'engager politiquement sous prétexte de la défense de valeurs.

En adoptant une posture inspirée par une certaine actualité politique comme ce qui a pu être considéré comme le reniement d'une promesse électorale – promesse faite pendant la campagne électorale par le candidat Macky Sall, une fois élu président de la République de s'appliquer la réduction du mandat du président de la République de sept à cinq ans – une partie des organisations de la société civile s'est jointe à des partis politiques pour le rejet des propositions du référendum. Le slogan « wax waxet » (reniement) – qui avait fait florès à l'occasion de la Présidentielle de 2012 et fait le malheur du président sortant-sorti Abdoulaye Wade, avec l'exploitation à outrance qui en avait été faite par ses adversaires – a été ressorti pour cette fois-ci faire l'objet d'un vain emploi, illustrant ainsi le propos de Marx qui avertissait que lorsque l'Histoire se répète, la première fois c'est une tragédie, la seconde fois une comédie.

Il faut néanmoins relever que certaines des organisations de la société civile ne sont heureusement pas tombées dans ce travers. Ainsi, il faut saluer et encourager notamment la position du Forum civil exprimée par son coordinateur M. Mbodj, qui a estimé à juste raison que le référendum a été mis en œuvre sans les concertations nécessaires, dans un délai qui ne permettait une bonne imprégnation des citoyens quant au contenu qui n'en comportait pas moins des avancées positives pour la démocratie, même si elles étaient insuffisantes par rapport notamment aux propositions de la Commission nationale de Réforme des Institutions, qui a diagnostiqué une séparation imparfaite et un déséquilibre des pouvoirs exécutif, législatif et judiciaire peu propice à la bonne gouvernance (émission « Sans détour », seneplus.com, publication 10/03/2016).

Il faut noter également la réaction lucide du conseil d'administration de la RADDHO qui s'est publiquement désolidarisé de l'engagement de l'un de ses dirigeants – même si c'est tardivement quand s'est posée la question des accréditations des observateurs du scrutin – en rappelant sans équivoque que « la RADDHO peut participer à des cadres de veille citoyenne, mais dans le respect strict des principes et valeurs qui fondent l'organisation [et qu'elle] doit dans ses prises de position se conformer strictement aux statuts, notamment [au] caractère non partisan de l'organisation » (Communiqué du conseil d'administration de la RADDHO du 11 mars 2016).

C - L'ACTION DES MÉDIAS

L'action de médias, tant publics que privés, a été fortement décriée lors de la campagne référendaire de 2016 par la publicité commerciale ou des prises de position partisane le jour même du scrutin.

Le comité conjoint de veille mis en place par le Conseil national de Régulation de l'Audiovisuel, la Commission électorale nationale autonome et le Comité d'observation des règles d'éthique et de déontologie (des journalistes) ont relevé, dans leur communiqué du 20 mars 2016, des déséquilibres dans le traitement de l'information et des dérapages au cours de la campagne avec notamment l'ostracisme d'un média public vis-à-vis d'une tendance et la propagande outrancière d'un média privé jusqu'au jour même du scrutin.

En conclusion, l'on peut retenir que si le référendum de mars 2016 a encore pu démontrer que ce mode de votation demeure un précieux outil de démocratie participative, il faut néanmoins que les propositions soumises à l'approbation populaire soient spécifiées de manière à ne pas rebuter l'électeur moyennement imprégné des subtilités des mécanismes juridiques ou institutionnels. À cet égard, les propositions trop complexes d'une révision constitutionnelle portant sur divers points présentés en vrac (référendum de mars 2016), voire l'adoption d'une nouvelle Constitution qui ne change pas fondamentalement la nature du régime politique (référendum de janvier 2001), ne permettent un choix éclairé et exposent la consultation populaire au piège plébiscitaire, l'électeur ayant tendance alors à se prononcer non pas sur le fond des points du référendum, mais sur la politique générale qui est en train d'être mise en œuvre, s'il ne s'abstient pas faute d'avoir une visibilité sur les enjeux du référendum.

❖

TITRE IX

DISPOSITIONS PARTICULIÈRES

Article L.347.- Le vote a lieu dans le pays où se trouve la Représentation diplomatique ou consulaire et éventuellement, dans les pays couverts par la même Représentation diplomatique ou consulaire.

Lorsque dans un pays coexistent une représentation diplomatique et une représentation consulaire, les élections sont organisées par la représentation consulaire. Le chef de celle-ci peut disposer aux fins de cette organisation, des locaux et du personnel de la Représentation diplomatique dans les conditions fixées par le ministre chargé des Affaires étrangères.

Article L.348.- Pour les élections municipales et l'élection des députés au scrutin départemental, seule la procédure prévue par l'article L.38 est applicable.

Article L.349.- Les dispositions des titres VII et de celles du présent titre s'appliquent compte dûment tenu des règles impératives du droit du pays d'organisation des élections.

Article L.350.- L'électeur ne peut figurer qu'une seule fois dans le fichier général, qu'il soit établi à l'intérieur du pays ou qu'il réside à l'étranger. S'il demande, conformément aux dispositions des articles L.38 et L.323, à figurer sur la liste d'une collectivité donnée, il est automatiquement radié de sa liste d'origine et les données électorales de sa nouvelle carte d'identité biométrique CEDEAO modifiées en conséquence.

TITRE X

DISPOSITIONS TRANSITOIRES

Article L.351.- Par dérogation aux dispositions des articles L.172, pour les élections législatives de 2017, les dossiers de candidatures sont déposés au Ministère chargé des Élections soixante (60) jours au moins et soixante-cinq (65) jours au plus avant la date du scrutin par le mandataire soit du parti politique, soit de la coalition de partis politiques légalement constitués, soit de l'entité regroupant des personnes indépendantes.

Article 352.- Par dérogation aux dispositions des articles LO.179, et pour les élections législatives de 2017 juin 2014, le Ministre chargé des Élections arrête et publie, au plus tard cinquante (50) jours avant le scrutin, les déclarations de candidature reçues, modifiées, éventuellement, compte tenu des dispositions des articles L.175, alinéa 2 et L.178.

Article 353.- Pour les besoins des élections législatives de 2017, et en application des dispositions des articles L.147, alinéa 3 et L.303, alinéa 4, il est fait référence à l'actuel fichier électoral pour déterminer le nombre de députés à élire dans chaque département de l'extérieur du pays.

Article 354.- Pour les besoins des élections législatives de 2017, le numéro du récépissé de dépôt peut faire office de numéro de carte d'électeur pour le dépôt des dossiers de candidatures et pour le parrainage des listes indépendantes.

Article 356.- Pour les besoins des élections législatives de 2017, il n'est pas fait application des dispositions de l'article LO.152 du présent code.

Article 356.- Sont abrogées toutes dispositions contraires à la présente loi.

La présente loi sera exécutée comme loi de l'État.

Fait à Dakar, le 18 janvier 2017

❖

ANNEXE

QUELQUES RÉFLEXIONS SUR LA PROBLÉMATIQUE DU FINANCEMENT DE LA VIE POLITIQUE

La question du financement de la vie politique est généralement évoquée comme la panacée pour l'assainissement de la vie politique et le renforcement de l'équité dans la compétition électorale. Mais cet unanimisme de façade laisse souvent perler quelques réserves dirimantes quant à sa mise œuvre constamment assujettie à des préalables.

Cette problématique est le plus souvent abordée dans une perspective étriquée qui la circonscrit au volet du financement des partis politiques qui polarise le plus l'attention des acteurs politiques sans se traduire par une quelconque mise en œuvre pratique ; ce qui a pu amener certains à le qualifier de serpent de mer.

Or, le financement de la vie politique comporte deux volets qu'il faut nettement distinguer, à savoir :

- le financement des campagnes électorales ;
- et le financement public des partis politiques.

Les deux modes de financement de la vie politique peuvent faire l'objet d'une option exclusive ou coexister. C'est ainsi qu'actuellement, il n'y a dans le système sénégalais qu'une forme indirecte de financement des campagnes électorales. En dépit de son importance pour l'expression des sensibilités politiques aux moments cruciaux que constituent les élections dans la vie politique, ce mode de financement est souvent occulté par le financement public des partis politiques qui constitue paradoxalement le volet qui suscite des controverses aussi bien quant à son principe que s'agissant des modalités de sa mise en œuvre.

I - LE FINANCEMENT PUBLIC DES CAMPAGNES ÉLECTORALES

Il existe déjà dans le système électoral sénégalais une forme efficace de financement des campagnes électorales dont le contrôle est aisé et qui s'adapte bien au contexte quoiqu'elle soit en principe limitée à la propagande électorale et à la prise en charge de certains documents électoraux.

Ce concours de la puissance publique consiste en la prise en charge de certaines prestations prévues au Code électoral notamment :

- la confection des bulletins de vote, des circulaires et affiches ;
- la création d'emplacements spécialement aménagés et mis gratuitement à la disposition des candidats ;
- l'accès gratuit au service public de l'audiovisuel par l'affectation d'un temps d'antenne spécialement aménagé pour chaque candidat ou liste de candidats à l'occasion des élections nationales.

La loi n° 89-36 du 12 octobre 1989 modifiant la loi n° 81-17 du 6 mai 1981 relative aux partis politiques prévoit également, même hors des périodes de campagne électorale, la diffusion, par le service public de la radiodiffusion-télévision nationale, des communiqués de presse, de certains temps forts de la vie des partis politiques (manifestations statutaires) ou de la politique nationale (sessions de l'Assemblée nationale) et la participation à des émissions à caractère politique, notamment sous la forme de débats ou de tables rondes.

La plupart de ces prestations matérielles et services sont, sous d'autres cieux où le financement direct des partis politiques est prévu, à la charge des candidats dont les partis sont bénéficiaires dudit financement.

Ce mécanisme de « financement indirect » qui est en fait une assistance matérielle apportée aux activités de propagande constitue déjà une charge assez lourde pour les finances publiques. À titre d'illustration, l'organisation matérielle des élections locales du 29 juin 2014 auraient coûté au Trésor public environ quinze milliards de francs CFA, dont environ quatre milliards consacrés uniquement à la seule impression de plus de 100 millions de bulletins de vote pour 2 707 listes de candidats présentées par les partis politiques - dont le nombre était estimé à 228 - (Déclaration du ministre de l'Intérieur, Sud Quotidien du 16 mai 2014).

Ce mode de financement de la vie politique peut être amélioré, mais paraît adéquat en considération des réalités du contexte national et notamment des particularités du système partisan.

Il semble en tous cas formellement conforme à la mission primordiale des partis politiques qui, aux termes de la Constitution qui dispose en son article 4 que « les partis politiques et coalitions de partis politiques concourent à l'expression du suffrage », surtout qu'en l'état actuel, les partis politiques qui ont une activité visible sur le terrain politique, fonctionnent essentiellement comme des appareils de recherche et de captation de suffrages, les rares activités des « écoles de parti » et autres instances dédiées à la formation étant réduites à leur plus simple expression.

Le second volet du financement de la vie politique relatif au financement public des partis politiques n'en demeure pas moins une préoccupation récurrente dans le débat public.

II - LE FINANCEMENT PUBLIC DES PARTIS POLITIQUES

Dans la perspective de l'amélioration du jeu politique, le financement direct des partis politiques peut certes se justifier à plusieurs égards, mais sa mise en œuvre requiert quelques préalables et la prise en considération de quelques difficultés qui ne manqueront pas de se poser.

A – LES JUSTIFICATIONS

Les justifications du financement des partis politiques peuvent être identifiées dans certaines sources formelles et dans le souci d'une moralisation de la vie politique.

1 – Les référentiels de légitimation

Outre les modèles fournis par l'expérience de pays étrangers qui l'ont adopté, le financement des partis politiques a nourri une réflexion assez poussée et inspiré des recommandations dans quelques instruments juridiques nationaux.

a) La Constitution de la République

En prévoyant en son article 4 ancien que « les partis politiques et coalitions de partis politiques concourent à l'expression du suffrage » la Constitution de la République du 22 janvier 2001 se conformait à la tradition minimaliste conférant à ces organismes une mission de service public qui requiert en principe un soutien de la puissance publique, sans prescription impérative de traduction en mesures concrètes.

La révision constitutionnelle adoptée par le référendum du 20 mars 2016 - objet de la loi n° 2016-10 du 5 avril 2016 portant révision de la Constitution - préconise « la modernisation du rôle des partis politiques dans le système démocratique » et a remplacé l'article 4 de la Constitution par les dispositions suivantes :

> « Article 4.- Les partis politiques et coalitions de partis politiques concourent à l'expression du suffrage dans les conditions fixées par la Constitution et par la loi. Ils œuvrent à la formation des citoyens, à la promotion de leur participation à la vie nationale et à la gestion des affaires publiques.
>
> La Constitution garantit aux candidats indépendants la participation à tous les types d'élections dans les conditions définies par la loi. Les partis politiques, de même que les candidats indépendants, sont tenus de respecter la Constitution ainsi que les principes de la souveraineté nationale et de la démocratie. Il leur est interdit de s'identifier à une race, à une ethnie, à un sexe, à une religion, à une secte, à une langue ou à une partie du territoire. Ils sont également tenus de respecter strictement les règles de bonne gouvernance associative sous peine de sanctions susceptibles de conduire à la suspension et à la dissolution.
>
> La Constitution garantit des droits égaux aux partis politiques, y compris ceux qui s'opposent à la politique du Gouvernement en place. Les règles de constitution, de suspension et de dissolution des partis politiques, les conditions dans lesquelles ceux-ci exercent leurs activités et bénéficient d'un financement public sont déterminées par la loi ».

Cette réforme qui se veut plus volontariste dans sens de « l'approfondissement continu de la démocratie » appelle nécessairement l'élaboration d'un cadre normatif et la mise en œuvre éventuelle de mesures de soutien qui pourrait éventuellement consister, concurremment à la prise en charge de frais de campagne, en l'octroi de subventions pour couvrir tout ou partie des dépenses courantes des partis politiques.

b) Les « Assises nationales »

Dans la « Charte de gouvernance démocratique », les « Assises nationales » organisées au Sénégal en 2008-2009 par de larges secteurs de l'espace politique et citoyen, retient le principe du financement en ces termes :

> « Il est urgent d'adopter une législation relative au financement des partis politiques et des campagnes électorales [qui] devra

définir des règles et mécanismes permettant de garantir que le financement des partis politiques et des campagnes électorales se fasse avec équité et transparence [avec toutefois un préalable au financement consistant à] rationaliser les critères de leur création, sur la base d'une double exigence de viabilité et de seuil de représentativité ».

L'on peut constater ainsi que même si elles ont été favorables au financement des partis politiques, les « Assises nationales » l'ont assujetti au préalable d'une « rationalisation » des modalités de création des partis politiques avec la prise en compte de critères de « viabilité » et de « représentativité », critères sur lesquels tout le monde s'accorde, mais demeure particulièrement rétif à l'opérationnalisation.

c) Le rapport du Pr El Hadji MBODJ

Le président de la République Abdou Diouf avait, par décret n° 98-657 du 7 août 1998, nommé le professeur de droit constitutionnel El Hadji Mbodj médiateur chargé de mener une étude et de formuler les recommandations consensuelles sur le statut de l'opposition et le financement des partis politiques. Le Président Diouf ayant quitté le pouvoir avant la fin de la mission dudit médiateur, aucune suite officielle connue n'a été ultérieurement donnée par son successeur au rapport élaboré par ledit médiateur. Ce rapport, qui n'en constitue pas moins un document de référence sur la question, propose notamment l'institution d'une autorité indépendante chargée de la régulation du financement des partis pour l'allocation des ressources, le contrôle de l'utilisation et du plafonnement des dépenses par la vérification des comptes de campagne.

d) Les recommandations de la (CENA)

Dans son Rapport annuel d'activités 2009, la « Commission électorale nationale autonome » (CENA) recommande l'élaboration d'une certaine forme de financement indirect des partis politiques, pour notamment améliorer l'exécution des tâches qui incombent à leurs représentants dans le processus électoral. Elle propose ainsi d'« étudier la possibilité d'une prise en charge, par l'État, des représentants des partis politiques dans les commissions d'inscription sur les listes électorales, dans les commissions de distribution des cartes d'électeur et dans les bureaux de vote » (p. 23).

e) Le droit communautaire

L'article 1er du « Protocole A/SP1/12/01 sur la démocratie et la bonne gouvernance additionnel au protocole relatif au mécanisme de prévention, de gestion, de règlement des conflits, de maintien de la paix et de la sécurité » prévoit dans les « Principes de convergence constitutionnelle » que :

> « [...] i) les partis politiques se créent et exercent librement leurs activités dans le cadre des lois en vigueur.
> Leur formation et activités ne doivent avoir pour fondement aucune considération raciale, ethnique, religieuse, ou régionale.
> Ils participent librement et sans entrave ni discrimination à tout processus électoral. La liberté d'opposition est garantie.
> Chaque État peut mettre en place un système de financement des partis politiques, sur des critères déterminés par la loi ».

2 – les nécessités d'une transparence de la vie politique

Le financement des partis politiques doit permettre aux candidats présentés aux élections par les partis politiques, en raison de l'insuffisance de ressources procurées par le biais du financement militant, de faire face aux dépenses qu'exige une participation efficace sans avoir besoin de recourir à des financements occultes provenant de lobbies locaux ou étrangers à la recherche d'affidés présents dans certains cercles des pouvoirs politiques.

Ce faisant, le financement en dotant tous les partis d'un minimum de moyens instaure une certaine équité dans la compétition en assurant l'égalité des postulants à des charges publiques par voie élective. Mais pour atteindre ce but, il faut nécessairement limiter les dépenses, car, sans plafonnement des dépenses de campagne pour atténuer ou supprimer le déséquilibre résultant des niveaux de fortune, le financement direct ne peut que révéler inefficace.

II - LES MÉCANISMES D'UNE MISE EN ŒUVRE

La mise en œuvre du financement des partis politiques pourrait, sous la supervision et le contrôle d'un organe qui en assure la régulation, consister en l'allocation directe de ressources dans des conditions et modalités déterminées.

A - L'ALLOCATION DE RESSOURCES

Le financement direct des partis peut concerner l'ensemble des partis légalement reconnus par la prise en charge de leurs dépenses courantes, notamment les frais de leur siège et de leur personnel « permanents ». A ce propos, l'allocation d'un montant forfaitaire à chaque parti politique serait une option plus judicieuse en raison des coûts variables desdites charges.

Si l'on se réfère à des expériences en cours dans d'autres pays, le montant des fonds alloués au titre des activités de propagande électorale sont généralement indexés sur le niveau des dépenses réelles exposées par les partis politiques dans la limite d'un plafond fixé au préalable.

Mais pour être éligible au financement un certain pourcentage de voix obtenues à l'occasion de précédents scrutins peut être exigé. Par exemple un seuil de représentativité peut être retenu pour écarter des partis politiques qui pourraient continuer à parasiter le système. Un tel mécanisme de financement va nécessiter la participation préalable à des « élections de représentativité » qui permettra d'évaluer le poids des partis, à moins de prendre comme référence les résultats des élections passées, l'évaluation de la représentativité étant alors faite à partir du nombre de députés, de conseillers départementaux et municipaux, soit à partir du pourcentage des suffrages obtenus à l'occasion des dernières élections.

Mais, resterait alors le sort à réserver aux partis nouvellement créés ou n'ayant tout simplement pas encore participé à des élections. Aussi pour éviter l'arbitraire d'une mise en œuvre du financement qui pourrait paraître impromptue dans certaines de ses implications, une période transitoire permettant de jauger de la représentativité des partis serait nécessaire.

B - LA CONTREPARTIE DE L'ALLOCATION

La contrepartie du concours de la puissance publique doit être l'obligation :

- de tenir des instances régulières pour l'administration au quotidien du parti ;
- de procéder régulièrement au dépôt des comptes annuels du parti ;

- de s'adonner à un minimum d'activité de formation et d'encadrement des militants et sympathisants avec la régénération ou la redynamisation des « écoles de partis » ;
- de participer, au moins, à une élection au cours de chaque cycle électoral (comprenant une Présidentielle, des législatives et des locales), étant entendu que la participation aux législatives et aux locales doit être significative au regard du nombre d'un nombre minimum de circonscriptions électorales concernées par les candidatures présentées par chaque parti politique concerné.

Cette dernière condition au financement public relative à une participation effective et significative à des élections peut dans une certaine mesure inciter au regroupement-fusion des partis politiques et contribuer à un certain assainissement de l'espace politique.

Mais, dans tous les cas, ces préalables, même réalisés, doivent être complétés, d'une part, par un contrôle de l'utilisation des fonds alloués, d'autre part, par un plafonnement des dépenses de campagne autorisées.

C - LE CONTRÔLE ET LE PLAFONNEMENT DES DÉPENSES

À l'heure actuelle, le financement des partis politiques est circonscrit aux cotisations, dons et libéralités de ses membres dès lors qu'ils sont régis comme toutes les associations par le Code des obligations civiles et commerciales en ses articles 811 à 826.

L'article 819 institué par la loi n° 68-08 du 26 mars 1968 dispose à ce propos que :

> « L'association dont les statuts ont été régulièrement déposés et dont la déclaration a été enregistrée possède la personnalité morale ; elle peut recevoir les cotisations de ses membres et acquérir à titre onéreux, tous les biens, meubles ou immeubles nécessaires à son fonctionnement.
> Elle ne peut acquérir à titre gratuit que par libéralité d'un de ses membres ».

La loi n° 81-17 du 6 mai 1981 relative aux partis politiques précise le mode de financement spécifique en ses dispositions suivantes :

> « Article 3 - Outre les formalités relatives au fonctionnement des associations, prévues au Code des Obligations civiles et commerciales, chaque parti politique doit : [...]
> 2 ° déclarer chaque année, au plus tard dans les huit jours qui suivent la date anniversaire du récépissé de ses statuts [les

coordonnées] de ceux qui, à un titre quelconque, sont chargés de son administration.

3 ° déposer chaque année, au plus tard le 31 janvier, le compte financier de l'exercice écoulé ; ce compte doit faire apparaître que le parti politique ne bénéficie d'autres ressources que celles provenant des cotisations, dons et legs de ses adhérents et sympathisants nationaux et des bénéfices réalisés à l'occasion de manifestations [...] ».

« Article 4 - (tel que modifié par la loi n° 89-36 du 12 octobre 1989) - Les déclarations et dépôts prévus aux articles 2 et 3 sont effectués, sous peine de dissolution, auprès du ministre de l'Intérieur qui est tenu d'en délivrer récépissé.

La dissolution intervient également :

1° dans le cas où un parti a reçu directement ou indirectement des subsides de l'étranger ou d'étrangers établis au Sénégal [...] ».

Ce dispositif normatif d'encadrement du financement des partis politiques - qui prévoit le financement militant, les libéralités des sympathisants nationaux et les produits de manifestations - ne semble apparemment exclure que le financement par des fonds provenant de l'Extérieur ou de personnes étrangères alors que le financement par des fonds d'origine illicite ou de subsides alloués à mauvais escient peut être également le fait de personnes physiques ou morales de nationalité sénégalaise.

En outre, les libéralités provenant de « sympathisants » dont les relations avec le parti politique peuvent être pour le moins nébuleuses, peuvent consister en des montants substantiels d'origine occulte faute d'un contrôle efficace, surtout quand il est avéré que dans la pratique, les déclarations et dépôts de pièces comptables qui auraient permis un contrôle ne sont pas généralement faits par les dirigeants. Ce qui est de nature à contribuer à rompre l'égalité des chances dans la compétition électorale.

Un système de financement public des partis politiques - qui a justement pour finalité de renforcer la moralité et l'équité dans la vie politique - suppose, non seulement, un contrôle sur l'utilisation des fonds alloués pour éviter qu'ils ne servent à d'autres fins que celles pour lesquelles ils sont mis à la disposition des partis politiques, mais également, que d'autres fonds de provenance occulte ne continuent à trouver, par les procédés de blanchiment divers comme l'empilage, un terreau fertile dans les activités politiques.

Mais tout contrôle serait aléatoire s'il n'est accompagné d'une limitation des dépenses autorisées pour les campagnes électorales, limitation sans laquelle les dépenses peuvent être alimentées à l'infini par les généreuses libéralités des « adhérents » et autres « sympathisants » des partis, dans une surenchère effrénée pour procurer plus de visibilité à la propagande partisane, voire pour s'aménager des opportunités de corruption électorale.

Ainsi les dispositions légales notamment en ce qui concerne le dépôt des comptes annuels doivent être appliquées de façon rigoureuse pour un contrôle efficace des ressources propres des partis politiques, soit par une autorité de régulation, soit par une juridiction habilitée à cet effet.

Le non-respect du plafonnement des dépenses autorisées suivant les modalités légales peut faire encourir des sanctions pouvant consister en des sanctions pénales comme l'amende ou l'inéligibilité, étant entendu que le financement par des fonds prohibés en raison de leur origine fait encourir comme sanction la dissolution du parti en application des dispositions de l'article 4 - 1° ci-dessus énoncé de la loi n° 81-17 du 6 mai 1981 relative aux partis politiques.

III - LES OBSTACLES À LA MISE EN ŒUVRE

Des obstacles à la mise en œuvre du financement public des partis politiques - liées à la configuration du système partisan, à l'existence des coalitions, à la diversité des modes de présentation des candidats ou listes de candidats et à la prévalence de l'informel - doivent être pris en compte pour la détermination des mesures préalables nécessaires et l'adoption de la formule de financement la mieux adaptée s'il y a lieu.

A – LA CONFIGURATION DU SYSTÈME PARTISAN

L'augmentation exponentielle des partis politiques depuis l'instauration du multipartisme intégral des années 1980 a configuré un système partisan malade de son émiettement qui implique, d'une part, l'amenuisement des fonds provenant des quelques vrais militants, d'autre part, un manque de crédibilité et d'épaisseur doctrinale et programmatique qui n'est pas de nature à attirer dons ou legs licites.

La prise en charge des partis politiques par un seul leader ou quelques leaders et la quasi-patrimonialisation qui s'ensuit dévoilent le système partisan dans des enjeux de promotion de destins individuels qui peut dissuader de l'option d'un financement public.

Dans ce contexte, les partis politiques végètent souvent sous l'ombre titulaire du fondateur se réclamant formellement d'une sensibilité politico-idéologique parfois confusément articulée et difficilement identifiable dans les programmes portés à l'attention du public ou dans activités courantes menées.

Le caractère superficiel du lien partisan a tendance à engendrer souvent un phénomène de scissiparité, des partis politiques naissant des flancs de partis plus anciens surtout à l'occasion des querelles d'investitures aux élections ou du choix d'un « numéro 2 » ou de désignation de cadres à des instances intermédiaires au cours de quelque « congrès sans débat » ou hors de tout congrès dont la convocation constitue un moment de péril imminent dans la plupart des partis politiques.

Aussi est-il communément admis que le système partisan doit nécessairement être réformé. Cette réforme - qui permettra une purge du système - contribuera aussi à la dépollution l'espace politico-médiatique encombré de « leaders » de partis-zombis qui ne s'animent qu'à la vue de micros complaisamment tendus et à la veille des élections pour une cooptation dans une coalition.

Mais si une restructuration du paysage politique partisan dans le sens d'un regroupement des partis politiques sur la base d'affinités idéologiques et politiques est une mesure de salubrité de l'espace politique, une remise à plat du système partisan suivie d'une reconstitution apparaît, même revêtue de l'autorité de la loi, comme un procédé autoritaire non démocratique qui ne peut être sérieusement envisagé. De même, la solution de la dissolution automatique des partis pour cause d'insuffisance d'activités ou de représentativité serait inacceptable parce qu'en porte à faux avec les libertés fondamentales d'expression et d'association.

La réforme du système partisan constitue une préoccupation majeure présente dans la récente révision constitutionnelle adoptée par le référendum du 20 mars 2016 qui, en raison de la difficulté de mise en œuvre, s'est prudemment limité à annoncer, en tête des innovations énoncées dans l'exposé des motifs de la loi référendaire, « la modernisation du rôle des partis politiques dans le système démocratique » et à spécifier à l'article 4 nouveau de la Constitution, à côté de leur mission classique de « concourir à l'expression du suffrage », celles d'œuvrer « à la formation des citoyens, à la promotion de leur participation à la vie nationale et à la gestion des affaires publiques » et en rappelant notamment l'obligation « de respecter strictement la bonne gouvernance associative », pour enfin renvoyer, le soin de déterminer les conditions dans lesquelles les partis politiques « exercent leurs activités et bénéficient d'un financement », à la loi dont les contours ne seront pas aisés à élaborer en raison de la configuration du système partisan qu'elle a vocation à régir.

B – L'EXISTENCE DES COALITIONS

L'existence de coalitions de partis politiques hétéroclites qui se forment souvent à la veille des élections sans aucune affinité politique fondée sur une proximité idéologique ou une entente programmatique pérenne peut se révéler comme facteur de complexification d'un processus de mise en œuvre du financement des partis politiques en contribuant à amoindrir la pertinence du critère de la représentativité parlementaire.

En effet, le poids électoral déterminé par la participation des partis sous leur propre bannière et non dans des coalitions Yobalema (« amène-moi avec toi » en wolof) permettra de juger de la représentativité et de la crédibilité de partis qui représentent réellement des courants ou sensibilités significatives dans la société.

Faute de mieux, l'on peut envisager que chaque coalition formée à l'occasion d'une élection comporte formellement des sous-ensembles représentant les partis coalisés et permettant de les jauger individuellement.

C - LA GÉNÉRALISATION DES CANDIDATURES INDÉPENDANTES

Avec la reconnaissance des candidatures indépendantes à toutes les élections, la problématique du financement des partis politiques se complique encore un peu plus en raison d'une plus grande précarisation du système partisan avec la concurrence à l'occasion de toutes les élections de ces groupes de personnes indépendantes qui parfois ne se distingueront des partis politiques traditionnels que par leur caractère spontané et informel.

La révision de la Constitution par le référendum du 20 mars 2016, dont l'un des points a porté sur la modernisation du rôle des partis politiques dans le système démocratique, a modifié l'article 4 de la loi fondamentale ci-dessus-énoncé (cf. supra II - A - 1 -). Mais en dépit de la glose proclamatoire de l'exposé du projet de révision, la réalisation de l'ambition louable de modernisation des partis politiques ne manquera pas de se heurter à des obstacles en raison d'une part de la configuration actuelle du système partisan sénégalais et des effets induits de la révision constitutionnelle qui a habilité les personnes indépendantes à présenter des candidats à tous les types d'élections.

En effet, avant cette révision constitutionnelle, seuls les partis politiques pouvaient présenter des listes de candidats aux élections législatives et aux élections locales et les personnes indépendantes ne pouvaient participer à l'élection présidentielle qu'au prix d'une quête laborieuse de la signature d'électeurs représentant au moins dix mille inscrits « domiciliés » dans six régions à raison de cinq cents au moins par région.

Si ce système des parrainages par des électeurs qui demeure toujours applicable à l'élection présidentielle en vertu de l'article 29, alinéa 3 de la Constitution peut être étendu aux élections des députés en raison du caractère partiellement national du mode de scrutin, il ne peut l'être concernant les élections municipales et départementales sauf à réduire, proportionnellement à la taille des circonscriptions électorales, le nombre de signatures d'électeurs exigées.

Dorénavant, au lieu de s'enfermer dans le carcan de partis que l'on veut moderniser en leur assignant des missions d'éducation et de formation citoyenne et en les soumettant à une discipline associative, la voie royale pour la participation aux élections va très probablement être la candidature indépendante à moins de poser des conditions qui constitueront des obstacles suffisamment dirimants pour dissuader les candidats indépendants même si ces derniers sont plus crédibles et susceptibles d'engranger des gains électoraux plus substantiels que les candidats parrainés par les partis politiques. Ce qui serait pour le moins un paradoxe par rapport à l'ambition proclamée d'approfondissement de la démocratie qui a inspiré cette réforme constitutionnelle.

Enfin il faut relever un effet pervers sur le système partisan de la généralisation des candidatures indépendantes à toutes les élections avec le phénomène des « mouvements » politiques qui auront tendance à proliférer dès lors qu'ils peuvent présenter des candidatures.

D - LA PRÉVALENCE DE L'INFORMEL DANS LES RELATIONS SOCIO-ECONOMIQUES

Le financement public des partis et le plafonnement des dépenses autorisées à l'occasion des campagnes ne constituent des facteurs de transparence financière de la vie politique que si un contrôle méticuleux est susceptible d'assurer le respect des règles du jeu.

En effet, le risque de dépassement du plafond des dépenses autorisées pour une élection donnée, qui est normalement le pendant du financement public pour assurer l'égalité dans la compétition électorale, est souvent constaté dans sa mise en œuvre dans les systèmes cités généralement comme référence.

Ce risque est d'autant plus avéré dans le contexte d'un environnement local où l'informel domine. En effet, il sera ardu pour l'organisme chargé du contrôle des dépenses de campagne d'établir la traçabilité des fonds alloués et notamment d'évaluer le montant des libéralités reçues par tel candidat ou remises par tel autre candidat dans les arrière-cours, sous forme de largesses philanthropiques à tel chef de village, de « adiya » (obole) au marabout de telle contrée ou de frais de « furaal » (rencontre récréative) aux jeunes de tel quartier, à la prise en charge du fonctionnement des « groupes de soutien » ou aux frais de déplacement des divers « courtiers électoraux ».

Bref la nature des rapports sociaux, dans un contexte d'économie informelle caractérisé par la circulation des espèces par simple tradition, constitue une difficulté majeure pour le contrôle du plafonnement des dépenses.

IV – DE LA NÉCESSITÉ D'UNE RÉFLEXION PLUS POUSSÉE

Dans une situation de rareté des ressources publiques, l'allocation de subsides - qui favorisera l'érection d'un succédané de fonction publique politique en permettant le recrutement de « permanents » squattant à demeure les locaux des « sièges-permanences », en lieu et place du bénévolat militant - ne semble pas participer d'une saine gestion de la chose publique.

D'ailleurs la prise en charge des salaires et indemnités des personnels politiques dans les assemblées délibérantes nationales et locales ne constitue-t-elle pas une forme de financement indirecte qui s'ajoute aux prestations gracieusement fournies par l'Administration à l'occasion des campagnes électorales ?

Les partis politiques ne doivent pas se muer en simples moyens de captation de subsides alloués dans le cadre du financement sans que des mesures d'évaluation strictes de l'atteinte des missions assignées puissent être mises en œuvre efficacement. Il faut en effet prendre garde que des entrepreneurs politiques ne s'accommodent opportunément des normes édictées par la réglementation sur le financement des partis politiques en mettant à profit les failles pour en contourner les prescriptions.

Faut-il nécessairement s'engager dans une aventure démocratique incertaine du financement direct des partis politiques sans s'assurer de l'issue heureuse de sa mise en œuvre alors que les expériences dans d'autres pays n'ont pas toujours été concluantes ?

L'heureuse formule qui fait florès dans certains débats sur la problématique du financement des partis politiques et qui, à force d'être ressassée, a tendance à s'ériger en dicton suivant lequel « la démocratie n'a pas de prix, mais a un coût », relève plus du slogan performatif qui ne saurait se substituer à une anticipation lucide à partir des paramètres objectifs du contexte sociopolitique. Cette prise en compte des réalités nationales et le souci de l'utilisation efficiente de l'argent du contribuable dans le cadre d'une réflexion libérée de toute tentation mimétique paraît nécessaire pour une mise en application efficiente du financement public des partis politiques.

Table des matières

TITRE II

DISPOSITIONS RELATIVES À L'ÉLECTION DU PRÉSIDENT DE LA RÉPUBLIQUE

TITRE III

DISPOSITIONS RELATIVES AUX ÉLECTIONS DES DÉPUTÉS À L'ASSEMBLÉE NATIONALE

TITRE IV

DE L'ÉLECTION DES HAUTS CONSEILLERS

TITRE V

DISPOSITIONS RELATIVES AUX ÉLECTIONS DES CONSEILLERS DÉPARTEMENTAUX

TITRE VI

DISPOSITIONS RELATIVES AUX ÉLECTIONS DES CONSEILLERS MUNICIPAUX

TITRE VII

DISPOSITIONS SPÉCIALES RELATIVES AU VOTE DES SÉNÉGALAIS ÉTABLIS OU RÉSIDANT HORS DU SÉNÉGAL À L'ÉLECTION DU PRÉSIDENT DE LA RÉPUBLIQUE ET AUX ÉLECTIONS DES DÉPUTÉS

Le Sénégal aux éditions L'Harmattan

Dernières parutions

L'ESTHÉTIQUE SOCIALE DES PULAAR
Socioanalyse d'un groupe ethnolinguistique
Sy Harouna
L'esthétique sociale pulaar est une mise en ordre éthique de la vie sociale. Elle est l'inventaire systématique de ce qu'il y a de beau et de laid dans le social relativement à ses valeurs, à ses normes, à ses règles et à ses codes qui commandent des postures, des relations, des rapports et des qualités appropriés. L'analyse des contradictions de la société pulaar du Fuuta Tooro a révélé des logiques et des stratégies fondées sur des rapports de castes et sur les représentations sociales que ces rapports produisent.
(31.00 euros, 304 p.)
ISBN : 978-2-343-11189-6, ISBN EBOOK : 978-2-14-002810-6

LE BAYNUNK GUNAAMOLO, UNE LANGUE DU SUD DU SÉNÉGAL
Analyse phonologique, morphologique et syntaxique
Diop Sokhna Bao - Préface de Denis Creissels
Le Sénégal est un pays multilingue avec des langues majoritaires et des langues minoritaires, de par le nombre de leurs locuteurs, mais également de par la quantité de travaux dont chacune dispose. Les langues majoritaires ont fait l'objet de nombreuses recherches, à la différences des langues minoritaires. Ce constat est à l'origine du choix porté sur la description de la variante gunaamolo du baynunk (parlé au sud du Sénégal, plus précisément à Niamone, dans la région de Ziguinchor) qui est une langue en danger très peu décrite. L'utilité et l'intérêt de ce travail résident dans la sauvegarde et la connaissance de cette langue et sa communauté. Elle peut servir aussi de référence à des recherches futures.
(Coll. Études africaines, 38.50 euros, 392 p.)
ISBN : 978-2-343-09614-8, ISBN EBOOK : 978-2-14-002913-4

DE L'HÉRITAGE ARABO-ISLAMIQUE SAINT-LOUISIEN
Une illustration par les œuvres d'Abbas Sall et d'Abdoulaye Fall Magatte
Fall Cheikh Tidiane - Préface de Samba Dieng et Postface de Mouhamed Habib Kébé
Cet ouvrage porte sur la réhabilitation du legs culturel arabo-islamique ouest-africain en général et saint-louisien en particulier. Revaloriser un pan du patrimoine culturel par l'entremise de l'imagination poétique locale de deux intellectuels demeure l'objectif principal de cette étude. Une partie descriptive constituée de la traduction d'une cinquantaine de poèmes suivie d'un volet analytique constitue la méthodologie de ce travail de recherche. La moisson tirée de ce travail préliminaire apporte quelques éclairages sur l'intérêt de la traduction de manuscrits arabes, notamment ceux produits par d'éminents ulémas du Sénégal, tels les deux poètes faisant l'objet de cette étude.
(Harmattan Sénégal, 35.00 euros, 340 p.)
ISBN : 978-2-343-11306-7, ISBN EBOOK : 978-2-14-003014-7

L'AGRICULTURE DU SÉNÉGAL SOUS LA COLONISATION
Diop Ismaïla
L'introduction de l'arachide au Sénégal au début du XXe siècle révolutionne le paysage agricole. La France décide alors de faire du Sénégal une colonie arachidière. Le Sénégal devient la troisième puissance arachidière du monde après les États-Unis et l'Inde. Cette monoculture extensive aboutit à un déficit vivrier chronique, une dégradation des sols, une dépendance vis-à-vis des importations de riz en provenance d'Asie. Pour y remédier, le rapport de la mission Roland Portères de 1952 recommande des mesures d'aménagement du territoire, de restauration des sols, de promotion de l'agriculture intégrée sérère.
(Harmattan Sénégal, 23.50 euros, 218 p.)
ISBN : 978-2-343-11129-2, ISBN EBOOK : 978-978-2-14-002836-6

CASAMANCE
À quand la paix ?
Bassène René Capain - Préface du père Nazaire Diatta
Malgré leur volonté et leur engagement affichés d'aller vers la fin du conflit armé en Casamance, la position des parties en guerre n'a jamais réellement évolué. L'État du Sénégal se dit prêt à négocier sur tous les points, sauf sur ceux relatifs à l'intégrité territoriale et l'unité nationale, alors que, de son côté, le MFDC soutient une position contraire en déclarant être disposé à ne négocier que sur la question se rapportant à l'indépendance totale de la Casamance. Cette situation montre que le conflit armé est encore loin de finir en Casamance.
(28.50 euros, 276 p.)
ISBN : 978-2-343-10426-3, ISBN EBOOK : 978-2-14-002593-8

PARCOURS D'UN JOURNALISTE AUTODIDACTE
Ndiaye Pape Ngagne - Préface de Mamoudou Ibra Kane
Pape Ngagne Ndiaye, par son style, est devenu un rendez-vous incontournable de l'espace audiovisuel sénégalais. L'émission « Faram Faccce » qu'il anime présentement sur TFM est très courue des hommes et femmes politiques pressés de se soumettre au feu roulant et nourri des questions du redoutable interviewer, unique dans son genre. Ce livre n'est pas seulement une autobiographie, mais aussi une réflexion thématique et une sélection rigoureuse de certains numéros de la célèbre émission qui se veut « un décryptage des questions majeures de l'actualité nationale ».
(37.00 euros, 360 p.) ISBN : 978-2-343-09916-3, ISBN EBOOK : 978-978-2-14-002822-9

DES FRANCENABE AUX MODOU-MODOU
L'émigration sénégalaise contemporaine
Fall Papa Demba - Préface du Professeur Abdoulaye Bara Diop
Principalement centré sur la France et ses anciennes colonies d'Afrique, le champ migratoire sénégalais s'est, de manière originale, progressivement étendu à des destinations naguère méconnues ou peu fréquentées (comme les États-Unis, l'Italie, l'Espagne, l'Afrique du Sud ou le Brésil). Peu à peu, les migrants sont devenus des acteurs incontournables du développement. La prise en compte de ces populations, et de leurs mouvements, devient donc nécessaire aux programmes et politiques de développement durable.
(Harmattan Sénégal, 40.00 euros, 559 p., Illustré en noir et blanc)
ISBN : 978-2-343-10796-7, ISBN EBOOK : 978-2-14-002539-6

« DOYEN » AMADY ALY DIENG, LE TRANSMETTEUR INTÉGRAL (1932-2015)
Économie biographique ou sémio-Histoire
Ngaïdé Abdarahmane
Amady Ali Dieng nous a quittés il y a un an. Pour lui rendre hommage et s'en rappeler les enseignements, l'auteur de cet ouvrage a décidé de compiler ses nombreux écrits ou interventions. Les quatorze textes qui composent cette anthologie sont représentatifs et significatifs de la personnalité, du style et des préoccupations d'Amady Ali Dieng. On y retrouve son style, son humour et son esprit critique.
(Harmattan Sénégal, 23.50 euros, 228 p., Illustré en noir et blanc)
ISBN : 978-2-343-10855-1, ISBN EBOOK : 978-2-14-002561-7

41 RULES TO BE HAPPY
Kane Babaly
Seeing that happiness is the goal towards which all men strive for, the author wrote this book to help the reader in treasuring the joyous of life and realizing his desires in entirety, to be fulfilled, to claw his way to the top and to assure him it will turn out well in the end. Moreover, this book intends to give the keys us to get the secret for reaching we want in this life. 41 rules to be happy is a little self help book which has 41 rules that are meant to allow every reader to live life in full potential.
(Harmattan Sénégal, 14.50 euros, 138 p.)
ISBN : 978-2-343-10904-6, ISBN EBOOK : 978-2-14-002583-9

SÉNÉGAL
Les limites du Plan Sénégal Émergent
Mansour Samb El Hadji
Cet ouvrage présente une analyse profonde des politiques publiques en décortiquant le Plan Sénégal Émergent (PSE) qui jusque-là n'a fait l'objet d'aucune analyse critique sérieuse. Le Sénégal est face à un défi, le défi de son émergence, un défi qu'il compte relever avec tous ses fils. Ce défi qui mobilise aujourd'hui tout le monde doit nous pousser à proposer de nouveaux chemins et à animer un débat nécessaire et incontournable dans tout processus d'émergence.
(Harmattan Sénégal, 27.00 euros, 276 p.)
ISBN : 978-2-343-09721-3, ISBN EBOOK : 978-2-14-002372-9

SÉNÉGAL
Dynamiques paysannes et souveraineté alimentaire
Le procès de production, la tenue foncère et la naissance d'un mouvement paysan
Diop Amadou Makhouredia - Préface d'Yves Guillermou ; Postface de Fodé Niang
Le présent ouvrage contribue à la compréhension des stratégies développées par la petite paysannerie et les dynamiques qui animent les exploitations agricoles familiales permettant la production de biens nécessaires à l'alimentation et l'entretien des familles. La capacité des paysans à prendre en main leurs propres préoccupations a été mise en évidence par l'émergence d'organisations, de groupements, d'associations et d'unions dans tout l'espace rural sénégalais.
(Harmattan Sénégal, 26.00 euros, 256 p.)
ISBN : 978-2-343-10852-0, ISBN EBOOK : 978-2-14-002457-3

HISTOIRE ET SOCIOLOGIE DES RELIGIONS AU SÉNÉGAL
Tamba Moustapha
Le Sénégal reste une exception dans le domaine religieux : 90 % de musulmans, 5 % de chrétiens et 5 % d'adeptes de l'animisme. C'est aussi le pays où les musulmans et les catholiques partagent le même cimetière, où les conjoints partagent des religions différentes, où les écoles privées catholiques comptent 60 à 70 % d'élèves de confession musulmane, etc. Ce phénomène n'est pas dû au hasard. L'histoire et la sociologie des religions permettent de l'expliquer amplement. Cet ouvrage souligne cette exception sénégalaise pour montrer qu'au moment où notre monde est en proie au fanatisme, à l'intolérance et au terrorisme religieux, le Sénégal propose un autre « modèle ».
(Coll. Études africaines, série Economie, 41.00 euros, 426 p.)
ISBN : 978-2-343-10424-9, ISBN EBOOK : 978-2-14-002506-8

FIGURES DU POLITIQUE ET DE L'INTELLECTUEL AU SÉNÉGAL
L.S. Senghor - M. Dia - A. Ly - CH. A. Diop A. Diouf & F. Mitterrand - J.R. De Benoist - A. Seck - TH. Fall - A. M. Samb - A.M. Samb JR - TH. Monod - H. Bocoum - G. R. Thilmans
Samb Djibril
Cet ouvrage réunit des personnalités politiques et/ou intellectuelles très diverses : Léopold Sédar Senghor, l'Immortel Noir ; Mamadou Dia, le brillant économiste ; François Mitterrand et Abdou Diouf, deux experts politiques, ou encore Théodore Monod, le savant probe. Ces figures sont autant de coryphées auxquels l'auteur a voulu rendre hommage, afin de rappeler que la terre africaine du Sénégal ne manque pas de princes de l'esprit ni de nourriture intellectuelle.
(26.00 euros, 266 p.)
ISBN : 978-2-343-10731-8, ISBN EBOOK : 978-2-14-002513-6

TÉLÉVISIONS AU SÉNÉGAL
Entre désert de contenu et sécheresse intellectuelle
Djimbira Cheikh Mouhamadou
« Il faut lire ce livre en considérant qu'il a été sciemment écrit dans l'intention de nuire à la société spectaculaire. Il n'a jamais rien d'outrancier. » Cette pensée de Guy Debord nous permet de comprendre à bien des égards, l'ouvrage de Cheikh Mouhamadou Djimbira qui est un plaidoyer pour la création de programmes audiovisuels de qualité.
(11.50 euros, 80 p.)
ISBN : 978-978-2-343-10790-5, ISBN EBOOK : 978-978-2-14-002528-0

UN SCOUT SÉNÉGALAIS
L'aventure citoyenne (deuxième édition)
Ndene Pascal - Préface de Jacques Moreillon
Lorsque nous parlons de l'adolescence, nous évoquons l'autonomie, la responsabilisation, la citoyenneté, le jeu, les relations avec les parents et avec les pairs. Toutes ces questions sont abordées dans ce livre qui montre avec humour le parcours éducatif d'un adolescent dans le scoutisme. Ce livre s'adresse à tous les jeunes, garçons et filles, aux parents et éducateurs de tout milieu social et culturel, ainsi qu'à tous les scouts et guides du monde.
(14.00 euros, 124 p.)
ISBN : 978-2-343-10965-7, ISBN EBOOK : 978-2-14-002526-6

LA PENSÉE DE CHEIKH AHMADOU BAMBA FACE AUX DÉFIS AFRICAINS
Sow Cheikh Mar
Cheikh Ahmadou Bamba Mbacké a su déterminer une nouvelle vision aux yeux de ses contemporains en formulant d'une façon très claire des idées novatrices capables de faire bouger le peuple. Cette conception de la société dans sa globalité a permis «à chaque individu de devenir un centre d'initiative, de création et de responsabilité à tous les niveaux : celui de l'économie, de la politique, de la culture ; une conception qui ne soit ni individualiste, ni totalitaire mais fondée sur les communautés de base».
(Harmattan Sénégal, 24.00 euros, 238 p.)
ISBN : 978-2-343-10021-0, ISBN EBOOK : 978-2-14-002284-5

LE MODERNISME EN ISLAM
Introduction à la pensée de Sayyid Amir Ali
Diagne Mbengue Ramatoulaye
« Les thèmes abordés par le Professeur Ramatoulaye Diagne dans sa lecture de la pensée d'Amir Ali ont tous un lien indéfectible avec le pluralisme et la paix. (…) Dans la lecture de son ouvrage, on arrive à comprendre que le modernisme d'Amir Ali est une sorte de renouveau dans la pensée islamique. C'est un mouvement d'intellection qui intègre, dans une cohérence architecturale, l'usage de la raison, l'esprit du soufisme pratique ghazalien et la finalité de la prière qui concilie l'ascèse de l'âme à la transformation positive des sociétés. » Abdoul Aziz Kebe, Ancien Chef du Département d'Arabe UCAD-DAKAR.
(Harmattan Sénégal, 15.00 euros, 144 p.)
ISBN : 978-2-343-09977-4, ISBN EBOOK : 978-2-14-002211-1

MA RENCONTRE AVEC ALLAH
De l'obscurité à la lumière
Mbengue Adama Ousmane
Cet ouvrage traite surtout de la question essentielle du Mahdi qui vient pour apporter les solutions idoines en s'appuyant sur la Sharia mouhammadiya et la Tariqah ahmadiya afin d'offrir à tout individu le meilleur profil dans la société idéale qu'il compte établir.
(Harmattan Sénégal, 14.50 euros, 134 p.)
ISBN : 978-2-343-10299-3, ISBN EBOOK : 978-2-14-002277-7

L'HARMATTAN ITALIA
Via Degli Artisti 15; 10124 Torino
harmattan.italia@gmail.com

L'HARMATTAN HONGRIE
Könyvesbolt ; Kossuth L. u. 14-16
1053 Budapest

L'HARMATTAN KINSHASA
185, avenue Nyangwe
Commune de Lingwala
Kinshasa, R.D. Congo
(00243) 998697603 ou (00243) 999229662

L'HARMATTAN CONGO
67, av. E. P. Lumumba
Bât. – Congo Pharmacie (Bib. Nat.)
BP2874 Brazzaville
harmattan.congo@yahoo.fr

L'HARMATTAN GUINÉE
Almamya Rue KA 028, en face
du restaurant Le Cèdre
OKB agency BP 3470 Conakry
(00224) 657 20 85 08 / 664 28 91 96
harmattanguinee@yahoo.fr

L'HARMATTAN MALI
Rue 73, Porte 536, Niamakoro,
Cité Unicef, Bamako
Tél. 00 (223) 20205724 / +(223) 76378082
poudiougopaul@yahoo.fr
pp.harmattan@gmail.com

L'HARMATTAN CAMEROUN
BP 11486
Face à la SNI, immeuble Don Bosco
Yaoundé
(00237) 99 76 61 66
harmattancam@yahoo.fr

L'HARMATTAN CÔTE D'IVOIRE
Résidence Karl / cité des arts
Abidjan-Cocody 03 BP 1588 Abidjan 03
(00225) 05 77 87 31
etien_nda@yahoo.fr

L'HARMATTAN BURKINA
Penou Achille Some
Ouagadougou
(+226) 70 26 88 27

L'HARMATTAN SÉNÉGAL
10 VDN en face Mermoz, après le pont de Fann
BP 45034 Dakar Fann
33 825 98 58 / 33 860 9858
senharmattan@gmail.com / senlibraire@gmail.com
www.harmattansenegal.com

L'HARMATTAN BÉNIN
ISOR-BENIN
01 BP 359 COTONOU-RP
Quartier Gbèdjromèdé,
Rue Agbélenco, Lot 1247 I
Tél : 00 229 21 32 53 79
christian_dablaka123@yahoo.fr

www.ingramcontent.com/pod-product-compliance
Lightning Source LLC
LaVergne TN
LVHW011222061026
849535LV00001BA/132